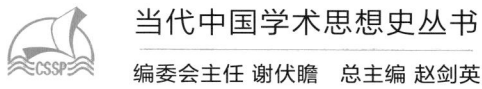

当代中国学术思想史丛书

编委会主任 谢伏瞻　总主编 赵剑英

当代中国近代史研究

Contemporary Studies of
Modern Chinese History

(1949—2019)

上 卷

曾业英 主编

中国社会科学出版社

图书在版编目(CIP)数据

当代中国近代史研究：1949—2019：全2卷/曾业英主编. —北京：中国社会科学出版社，2019.12（2023.7重印）

（当代中国学术思想史丛书）

ISBN 978-7-5203-5264-2

Ⅰ.①当… Ⅱ.①曾… Ⅲ.①中国历史—近代史—研究 Ⅳ.①K250.7

中国版本图书馆 CIP 数据核字（2019）第 216033 号

出 版 人	赵剑英
责任编辑	刘志兵
责任校对	闫 萃
责任印制	戴 宽

出 版	中国社会科学出版社
社 址	北京鼓楼西大街甲 158 号
邮 编	100720
网 址	http://www.csspw.cn
发 行 部	010-84083685
门 市 部	010-84029450
经 销	新华书店及其他书店

印刷装订	北京君升印刷有限公司
版 次	2019 年 12 月第 1 版
印 次	2023 年 7 月第 2 次印刷

开 本	710×1000 1/16
印 张	63.75
字 数	980 千字
定 价	358.00 元（全二卷）

凡购买中国社会科学出版社图书，如有质量问题请与本社营销中心联系调换
电话：010-84083683
版权所有 侵权必究

当代中国学术思想史丛书
编辑委员会

主　　任　谢伏瞻

副主任　蔡　昉　高　翔　高培勇　姜　辉　赵　奇

编　　委　(按姓氏笔画为序)

　　　　　　卜宪群　马　援　王延中　王建朗　王　巍
　　　　　　邢广程　刘丹青　刘跃进　李　扬　李国强
　　　　　　李培林　李景源　汪朝光　张宇燕　张海鹏
　　　　　　陈众议　陈星灿　陈　甦　卓新平　周　弘
　　　　　　房　宁　赵　奇　赵剑英　郝时远　姜　辉
　　　　　　夏春涛　高培勇　高　翔　黄群慧　彭　卫
　　　　　　朝戈金　景天魁　谢伏瞻　蔡　昉　魏长宝

总主编　赵剑英

书写当代中国学术史，加快构建中国特色哲学社会科学

谢伏瞻[*]

在中华人民共和国成立70周年之际，中国社会科学出版社修订出版《当代中国学术思想史丛书》（以下简称《丛书》），对于推动我国当代学术史研究，加快构建中国特色哲学社会科学学科体系、学术体系、话语体系具有重要的意义。

党的十八大以来，以习近平同志为核心的党中央高度重视哲学社会科学。2016年5月17日，习近平总书记主持召开哲学社会科学工作座谈会并发表重要讲话，明确提出加快构建中国特色哲学社会科学学科体系、学术体系、话语体系的重大论断和战略任务。这是一个极为重要的战略考量，关系我国哲学社会科学的长远发展，关系中国特色社会主义事业发展全局，是重大的学术任务，更是重大的政治任务。广大哲学社会科学工作者要以高度的政治自觉和学术自觉，以强烈的责任感、紧迫感和担当精神，在加快构建中国特色哲学社会科学"三大体系"上有过硬的举

---

[*] 谢伏瞻：中国社会科学院院长、党组书记。

措、实质性进展和更大作为。《丛书》即为加快构建中国特色哲学社会科学"三大体系"的具体措施之一。

研究学术思想史是我国的优良传统之一。学术思想历来被视为探寻思想变革、社会走向的风向标。正如梁启超在《论中国学术思想变迁之大势》中所言，"学术思想与历史上之大势，其关系常密切。""学术思想之在一国，犹人之有精神也；而政事、法律、风俗，及历史上种种之现象，则其形质也。故欲觇其国文野强弱之程度如何，必于学术思想焉求之。"我国古代研究学术思想史注重"融合""会通"，对学术辨识与提炼能力有特殊要求，是专家之学，在这方面有大成就者如刘向、刘歆、朱熹、黄宗羲等皆为硕学通儒。近代以来，随着"西学东渐"，我国哲学社会科学各学科逐渐发展起来，学术思想史研究亦以梁启超的《中国近三百年学术史》为发轫，以章炳麟、钱穆等为代表的一批学者用现代学术视角"辨章学术、考镜源流"，开始将学术思想史研究与近现代哲学社会科学发展结合起来，形成了不少有影响的名品佳作。新中国成立以后，在马克思主义指导下，我国哲学社会科学不断发展，特别是改革开放以来，哲学社会科学的地位更加凸显，在研究工作的广度和深度上不断取得新突破。但是，我国当代学术思想史研究没有跟上哲学社会科学发展的步伐，呈现出"有数量缺质量、有专家缺大师"的状况，有分量的研究成果寥若晨星，公认的学术思想史大家屈指可数。新时代，我国哲学社会科学地位更加重要、任务更加繁重，有组织、有计划地开展学术思想史研究和出版工作，系统梳理我国当代哲学社会科学各学科学术思想的发展脉络，总结各学科积累的优秀成果，既是对学术研究传统的继承和发扬，弥补当代学术思想史研究的不足，也将在中国特色哲学社会科学"三大体系"建设中发挥独特而重要的作用。

中国社会科学院是党中央直接领导的哲学社会科学研究机构，在加快构建哲学社会科学"三大体系"建设中发挥着主力军作用。早在建院之初的1978年，胡乔木同志主持的《1978—1985年全国哲学社会科学发展规划纲要（初稿）》就提出了研究"中国经济思想史""中国政治思想史""中国教育思想史""中国伦理思想史"等近10种"学术思想史"的规划。"当代中国学术思想史"丛书初版于2009年，在新中国成立70周年之际，予以修订再版，充分体现出我院作为"国家队"的担当。《丛书》以新中国成立以来学术思想史演进中的脉络梳理与关键问题分析为主要内容，集中展现在中国共产党坚强领导下，创建、发展和繁荣哲学社会科学各学科学术思想史的历程，突出反映70年来哲学社会科学各领域的成就与经验，资辅当代、存鉴后人，具有较强的学术示范意义。

学术思想史研究为哲学社会科学学科体系建设提供了有力的支撑。学科体系是加快构建中国特色哲学社会科学的根本依托。经过几十年的发展，我国哲学社会科学已拥有20多个一级学科、400多个二级学科，学科体系已基本确立，但还不健全、不系统、不完善，离习近平总书记提出的基础学科健全扎实、重点学科优势突出、新兴学科和交叉学科创新发展、冷门学科代有传承的要求还有相当大的差距。学科体系建设的前提是对各学科做出科学准确的评估，翔实的学术思想史研究天然具备这一功能。《丛书》以"反映学科最新动态，准确把握学科前沿，引领学科发展方向"为宗旨，系统总结文学、历史学、语言学、美学、宗教学、法学等学科70年的学术发展历程。其中既有对基础学科、重点学科学术思想史的系统梳理，如《当代中国美学研究》《当代中国文艺学研究》等；又有对新兴学科、交叉学科和冷门学科学术思想史的开拓性研究，如《当代中国近代思想史研究》《当代中国边疆研究》《当代中国简帛学研究》等。从学术思想史的角度，系统评价各学科的发展，对于健全学科体系、优化学科布局，加快构建中国特色哲学社会科学学科体系无疑是大有裨益的。

学术思想史研究为哲学社会科学学术创新提供了坚实的基础。学术体系是加快构建中国特色哲学社会科学的核心。主要包括两个方面：一是思想、理念、原理、观点、理论、学说、知识、学术等；二是研究方法、材料和工具等。习近平总书记指出，理论的生命力在于创新。只有不断推进知识创新、理论创新、方法创新，才能着力打造"原版""新版"的哲学社会科学。学术创新是有前提的，正如总书记所深刻指出的，理论思维的起点决定着理论创新的结果，理论创新只能从问题开始。从某种意义上说，学术创新离不开学术思想史研究，只有通过坚实的学术思想史研究，把握学术演进的脉络、传统、流变，才能够提出新问题、新思想，形成新的学术方向，这是《丛书》为哲学社会科学学术创新作出的贡献之一。学术思想史的研究内容、研究方法、材料与工具自成体系，具有构建学术体系的各项特征。《丛书》通过对学术思想史研究的创新，为哲学社会科学学术创新提供了有益的尝试。

一是观点创新。中华人民共和国成立以来，随着马克思主义在哲学社会科学领域指导地位的确立，我国思想界发生了大规模、深层次的学术变革，70年间中国学术已经形成了崭新格局。《丛书》紧扣"当代中国"这一主题，突破"当代人不写当代史"的思想束缚，独辟蹊径、勇于探索，聚焦中国特色哲学社会科学的发展道路、马克思主义指导下的中国学术发展、中国传统学术继承和外来学术思想借鉴，民族复兴在学术思想史上的反映等问题，从而产生一系列的观点创新。

二是研究范式创新。一个时代的主流思想和历史叙事，是由反映那个时代的精神的一系列概念和逻辑构成的。当代中国学术的源流、变化与当代中国政治、经济、文化、社会的变革密切相关。《丛书》把研究中国特色学术道路的起点、进程与方向作为自觉意识，贯穿于全丛书，注重学术思想史与中国学术道路的密切联系、学理化研究与中国现实问题的密切联系、个别问题研究与学术整体格局的密切联系、研究当代中国与启示中国未来的密切联系，开拓了学术诠释中国道路的新范式。

三是体例创新。《丛书》将专题形式和编年形式相互补充与融合，充分体现了学术创新的开放性，为开创学术思想史书写新范式探路。对于当代学术思想史研究，创新之路刚刚开始，随着《丛书》种类的增多，创新学术思想史研究的思路还会更多，更深入。

学术思想史研究为构建哲学社会科学话语体系提供了广阔的平台。话语体系是学术体系的反映、表达和传播方式，是有特定思想指向和价值取向的语言系统，是构成学科体系之网的纽结。习近平总书记指出，在解读中国实践、构建中国理论上，我们应该最有发言权。这就要求我们在构建话语体系时，要坚持中国立场、注重中国特色，用中国理论阐释中国实践，用中国实践升华中国理论，更加鲜明地展现中国思想，更加响亮地提出中国主张。要主动设置议题，勇于参与世界范围的"百家争鸣"。《丛书》定位于对当代中国学术思想的独家诠释，内容是原汁原味的中国学术，具有学术"走出去"、参与国际学术对话、扩大我国学术思想影响力、增强中华文化软实力的条件。《丛书》通过生动的叙述风格传播中国学术、中国文化，全面、集中、系统地反映我国当代学术的建构过程，让世界认识"学术中的中国""理论中的中国""哲学社会科学中的中国"。习近平总书记强调，把中国实践总结好，就有更强的能力为解决世界性问题提供思路和办法。《丛书》通过对当代中国学术思想史的描绘，让世界了解中国特色的学术发展之路，进而了解中国特色社会主义文化和中国特色社会主义道路。《丛书》中的《当代中国法学研究》《当代中国宗教学研究》《当代中国近代史研究》《当代中国近代社会史研究》等已经翻译成英文、德文等多种语言，分别在有关国家出版发行，为当代中国学术思想的国际化传播开拓了新路。

目前，《丛书》完成了出版计划的一部分，未来要继续作好《丛书》出版工作。关键是要坚持正确的政治方向、学术导向和价值取向。要提高政治站位，增强"四个意识"，坚定"四个自信"，做到"两个维护"，在思想上政治上行动上同以习近平同志为核心的党中央保持高度一致。要坚持马克思主义的指导地位，特别是用习近平新时代中国特色社会主义思想指导学术思想史研究和出版工作。要落实意识形态工作责任制，做到守土有责、守土负责、守土尽责。作好《丛书》出版工作必须坚持以质量为生命线。在任何时候都要坚持质量第一的方针，坚持"宁缺毋滥"的原则，多出精品力作。要把社会效益放在首位，实现社会效益和经济效益相统一。要严格遵守学术规范，秉承认真负责的治学态度，严肃对待学术研究，潜心研究，讲究学术诚信，拿出高质量的学术成果。

当今世界处于百年未有之大变局，中国特色社会主义进入新时代，这都对哲学社会科学提出了更高的要求，广大哲学社会科学工作者要积极响应习近平总书记和党中央号召，以习近平新时代中国特色社会主义思想为指导，努力提高政治站位，增强思想自觉，敢于担当，奋发有为，繁荣中国学术，发展中国理论，传播中国思想，加快构建中国特色哲学社会科学"三大体系"，为实现"两个一百年"奋斗目标，实现中华民族伟大复兴的中国梦作出应有的贡献。

是为序。

2019 年 10 月

撰写人员及分工

曾业英(中国社会科学院近代史研究所研究员)	《前言》，第一章《概述》，第三章《晚清政治史》第三节，第二十三章《近代史资料的整理与出版》第三节，第二十五章《2009—2019 年的中国近代史研究》
张海鹏(中国社会科学院近代史研究所研究员)	第二章《理论与方法问题》
姜　涛(中国社会科学院近代史研究所研究员)	第三章《晚清政治史》第一、二节
汪朝光(中国社会科学院世界历史研究所研究员)	第四章《中华民国史》
虞和平(中国社会科学院近代史研究所研究员)	第五章《经济史》
刘　统(上海交通大学历史系教授)	第六章《军事史》
茅海建(澳门大学历史系特聘教授)	第六章《军事史》
龚书铎(北京师范大学历史学院教授)	第七章《思想史》
董贵成(北京师范大学历史学院教授)	第七章《思想史》
邱　涛(北京师范大学历史学院教授)	第七章《思想史》
刘志琴(中国社会科学院近代史研究所研究员)	第八章《文化史》
胡逢祥(华东师范大学中国史研究所教授)	第九章《史学史》第一、二节
刘俐娜(中国社会科学院近代史研究所研究员)	第九章《史学史》第三、四节

侯中军（中国社会科学院近代史研究所研究员）	第十章《中外关系史》
杨婉蓉（中国历史研究院科研管理部历史学博士）	第十章《中外关系史》
王先明（南开大学历史学院教授）	第十一章《社会史》
何一民（四川大学城市研究所教授）	第十二章《城市史》
刘晶芳（中共中央党校教授）	第十三章《工人运动史》
郑永福（郑州大学历史学院教授）	第十四章《妇女史》
吕美颐（郑州大学历史学院教授）	第十四章《妇女史》
李玉琦（中国青少年研究中心研究员）	第十五章《青年运动史》
夏春涛（中国社会科学院历史理论研究所研究员）	第十六章《太平天国运动史》
王　杰（广东省社会科学院研究员）	第十七章《孙中山研究》
章开沅（华中师范大学教授）	第十八章《辛亥革命史》
张建军（内蒙古师范大学历史文化学院教授）	第十九章《北洋军阀史》
杨奎松（华东师范大学历史系教授）	第二十章《中共党史》
荣维木（中国社会科学院近代史研究所编审）	第二十一章《抗日战争史》
马　勇（中国社会科学院近代史研究所研究员）	第二十二章《人物研究》
庄建平（中国社会科学院近代史研究所编审）	第二十三章《近代史资料的整理与出版》第一、二节
雷　颐（中国社会科学院近代史研究所研究员）	第二十四章《海外中国近代史研究著作的译介》第一、二节
杜继东（中国社会科学院近代史研究所编审）	第二十四章《海外中国近代史研究著作的译介》第三节

总 目 录

上 卷

前言 …………………………………………………………… (1)
第一章　概述 ………………………………………………… (1)
第二章　理论与方法问题 …………………………………… (37)
第三章　晚清政治史 ………………………………………… (70)
第四章　中华民国史 ………………………………………… (105)
第五章　经济史 ……………………………………………… (129)
第六章　军事史 ……………………………………………… (168)
第七章　思想史 ……………………………………………… (182)
第八章　文化史 ……………………………………………… (213)
第九章　史学史 ……………………………………………… (239)
第十章　中外关系史 ………………………………………… (289)
第十一章　社会史 …………………………………………… (335)
第十二章　城市史 …………………………………………… (361)
第十三章　工人运动史 ……………………………………… (393)
第十四章　妇女史 …………………………………………… (438)
第十五章　青年运动史 ……………………………………… (484)

下　卷

第十六章　太平天国运动史 …………………………………………（507）

第十七章　孙中山研究 ………………………………………………（542）

第十八章　辛亥革命史 ………………………………………………（571）

第十九章　北洋军阀史 ………………………………………………（601）

第二十章　中共党史 …………………………………………………（660）

第二十一章　抗日战争史 ……………………………………………（712）

第二十二章　人物研究 ………………………………………………（765）

第二十三章　近代史资料的整理与出版 ……………………………（792）

第二十四章　海外中国近代史研究著作的译介 ……………………（821）

第二十五章　2009—2019 年的中国近代史研究 …………………（849）

主要参考文献 …………………………………………………………（934）

目　录

上　卷

前言 ……………………………………………………………… (1)

第一章　概述 ………………………………………………… (1)
　第一节　初期发展 …………………………………………… (1)
　第二节　严重挫折 …………………………………………… (9)
　第三节　空前繁荣 …………………………………………… (17)
　第四节　新的趋势 …………………………………………… (29)

第二章　理论与方法问题 …………………………………… (37)
　第一节　20世纪50年代有关中国近代史分期的讨论 ……… (37)
　第二节　20世纪80年代有关中国近代史基本线索的讨论 … (41)
　第三节　关于中国近代史的"沉沦"与"上升" ………………… (51)
　第四节　关于中国社会性质与"告别革命"问题 ……………… (55)
　第五节　晚清史与中国近代史的关系以及对"新清史"的认识 …… (60)

第三章　晚清政治史 ………………………………………… (70)
　第一节　新体系的形成 ……………………………………… (70)
　第二节　研究的深入发展 …………………………………… (82)
　第三节　21世纪初年的新进展 ……………………………… (91)

第四章　中华民国史 (105)

第一节　历史回顾 (105)

第二节　改革开放后的进展 (109)

第三节　新世纪的新进展 (117)

第四节　影响研究的若干因素 (121)

第五节　存在的问题 (125)

第六节　研究趋向前瞻 (127)

第五章　经济史 (129)

第一节　新中国初期的发展 (129)

第二节　1966—1976年间的停滞 (137)

第三节　改革开放后的反思和繁荣 (138)

第四节　新世纪之初的创新与开拓 (151)

第六章　军事史 (168)

第一节　最初的工作 (168)

第二节　研究的起步 (170)

第三节　研究转向细化 (172)

第四节　亟待建立学科体系 (178)

第七章　思想史 (182)

第一节　初具规模的开创性研究 (183)

第二节　方兴未艾的系统性研究 (186)

第三节　繁荣的专题研究 (197)

第四节　几点思考 (210)

第八章　文化史 (213)

第一节　从历史反思发端的文化热 (214)

第二节　20世纪后期热点追踪 (219)

第三节　世纪末文化研究主题的转化 (230)

第四节　新世纪文化研究的多元纷争 ……………………………（233）

第九章　史学史 ……………………………………………………（239）
　　第一节　兴起与初期发展 …………………………………………（239）
　　第二节　理论与方法的检视 ………………………………………（253）
　　第三节　新世纪初年的持续发展 …………………………………（267）
　　第四节　对学科体系的新思考与展望 ……………………………（283）

第十章　中外关系史 ………………………………………………（289）
　　第一节　发展概况 …………………………………………………（289）
　　第二节　专题论述 …………………………………………………（293）
　　第三节　几点感想 …………………………………………………（332）

第十一章　社会史 …………………………………………………（335）
　　第一节　史学困局与社会史的萌动 ………………………………（335）
　　第二节　三个发展阶段 ……………………………………………（339）
　　第三节　近代社会史研究的新走向 ………………………………（345）
　　第四节　社会史研究的学科影响 …………………………………（354）
　　第五节　未来发展态势 ……………………………………………（357）

第十二章　城市史 …………………………………………………（361）
　　第一节　丰硕的成果 ………………………………………………（362）
　　第二节　理论探索 …………………………………………………（372）
　　第三节　问题与展望 ………………………………………………（386）

第十三章　工人运动史 ……………………………………………（393）
　　第一节　兴起与严重挫折 …………………………………………（394）
　　第二节　恢复、开展和繁荣 ………………………………………（400）
　　第三节　20世纪90年代的深入开展 ……………………………（413）
　　第四节　21世纪初的进展和深化 …………………………………（423）

第十四章 妇女史 (438)

第一节 妇女运动与妇女解放思想 (439)

第二节 妇女生活 (457)

第三节 妇女人物 (471)

第四节 研究中的几个问题 (477)

第十五章 青年运动史 (484)

第一节 三个发展阶段 (484)

第二节 成果概述 (491)

第三节 未来走向 (501)

前　言

今年 10 月 1 日，是中华人民共和国成立 70 周年的日子。70 年来，特别是改革开放 40 年以来，中国近代史研究进入了一个空前繁荣的发展时期。不仅研究队伍日益壮大，研究领域也不断扩大和深入，学科体系渐趋完整和成熟，研究成果更如雨后春笋层出不穷，在中国历史学的发展史上写下了光辉的一页。

20 年前，我任《近代史研究》杂志主编。为庆祝中华人民共和国诞生 50 周年，并检视 50 年来中国近代史的研究历程，曾与两位副主编黄春生和徐秀丽商定以"50 年来的中国近代史研究"为主题，推出一期《近代史研究》专刊。然后，拟定中国近代史研究的理论与方法、晚清政治史，以及中国近代经济史、文化史、思想史、社会史、城市史、妇女史、青年运动史、工人运动史、中外关系史、中华民国史、中共党史等 24 个专题，约请内地一批研究有素的专家撰写学术回顾文章，总结过去，展望未来，以推动中国近代史研究的健康发展。我们的设想，得到了众多知名专家的支持。后因刊物篇幅有限，无法一次容纳全部来稿，又将这期《近代史研究》专刊，加上专刊上暂未发表的 8 篇文章，结集成《五十年来的中国近代史研究》一书，在上海书店出版社的大力支持下出版了。

这期《近代史研究》专刊和《五十年来的中国近代史研究》一书出版后，引起历史学界特别是青年学子的广泛关注。这期《近代史研究》专刊成了多年来发行量最大的一期。《五十年来的中国近代史研究》一书初版于 2000 年 4 月，2002 年 7 月出了第 2 版。2003 年 8 月，又被国务院批准的高等教育 211 工程"十五"建设重点项目之一的"高校经典教材数字图书馆工程"列为入选书目，由上海书店出版社制成电子图书，供100所"211工程"高校、400所有研究生培养任务的高校和1000所普通高校的师生网上阅读。2008年10、11月，我在台北访查史料期间，也听到多位台湾同行朋友谈起此书，说"这边也卖得很好"，问我："有无兴趣继续做下去？"于是，便有了2014年中国社会科学出版社出版的《当代中国近代史研究（1949—2009）》一书。

这部《当代中国近代史研究（1949—2009）》，由《五十年来的中国近代史研究》一书修订、增补而成。除了将其各个专题统一改成章节体外，主要是在内容上增加了"概述"一章和各章1999—2009年的研究概况，有的还写到了2012年。对于1999年之前的研究概况，有些章节也作了较大的修正和补充。而对研究概况的介绍则主要坚持了以下原则：一是由于本书篇幅有限，不能事无巨细，一一介绍研究者涉及的所有问题，因而只能重点介绍重大事件、重要人物和在某一领域研究得相对集中、相对充分，而且是持之有故，言之成理，叙事详尽的研究成果。二是客观介绍研究者提出的有代表性的观点。对有分歧的问题，同时介绍各种不同的观点，力求避免只介绍，或多介绍自己赞同的观点和支持自己意见的观点，不介绍，或少介绍自己不赞同的和不支持自己意见的观点。三是对于某些在学术界和社会上影响较为广泛的有代表性的观点，酌情介绍研究者所持的主要理由和关键性的事实根据。四是对以往研究中的成败得失和未来前景适当作些实事求是的评述和切实可行的展望。当然，凡事说来容易做来难，虽然尽可能如此做了，在读者看来，很可能实际并不尽如人意。

至于其他方面则一仍《五十年来的中国近代史研究》的旧例，未作统一要求和改动。如在内容方面，保留了该书的23个专题，仅"教育史"一章，由于原作者王炳照先生已经故去，其他学者又不便续貂，只好忍痛割爱。在作者方面，绝大部分还是该书的原作者，唯"社会史""北洋军阀史""史学史"等少数几章，因多种原因或更换了作者，或增加了新的作者。在体例方面，本着尊重作者多元选择的原则，除了将每个专题改为一章外，各章的具体写作体例均未作统一处理：有的按问题性质分节，有的依时间为序分节；有的侧重于观点介绍，不加评论，有的观点介绍与评论并举；有的以介绍专著为主，有的以介绍论文为主，有的二者兼而不废，相对全面。在文字表述方面，有的以自我叙述为主，不多加引用，有的引用多于自我叙述，等等。当然，为统一各章体例，我也为一些没有拟定分节标题，仅以"一、二、三"之类的数字划分段落的篇章代拟了分节标题，并酌情调整了一些篇章的分节标题。为平衡章节间的字数，还对个别篇章作过一些删节，有的删节得较多；有的推倒重来，进行了整体改写；其他大多数则主要是对个别史实作修订和增补。这方面如有什么不妥，均与原作者无关，当由本人负责。此外，还保留了个别篇章中就一部专书的整体要求来说，似不宜保留的部分稍显重复的内容，没有将其一并删去。这是因为：（1）当初设计篇章时，忽略了有些篇章存在部分史事重叠的现象，已难以绝对避免；（2）该书虽由24章组成一个整体，但各章又事实上单独成篇，须适当兼顾各章的独立性、完整性和内在逻辑性；（3）它们虽稍有重复，但各自重点不同，详略不一，可互为补充。

今天这部献给中华人民共和国70周年大庆的《当代中国近代史研究（1949—2019）》，则无论是体例还是内容，基本上都是《当代中国近代史研究（1949—2009）》一书的延续。所不同的主要有二：一是限于字数总量的控制，由我对原第八章《文化史》和第十二章《城市史》作了文字压缩；二是增加了以论文为主的2009—2019年的中国近代史研究内容，依序编次为第二十五章。需要说明的是，改革开放特别是最近十多年以来，由于时代变迁和国家工作重心的转移，研究者为满足社会的期待，在研究兴趣和课题选择方面相应发生了很大的变化。有的课题受到研究者广泛关注，有的却鲜有研究者问津，成果数量，自然悬殊不一。而先前所拟的章节，如资料的整理与出版，海外研究著作的译介，随着科技的进步，互联网的普及，已不难检索。因此，第二十五章不再沿用先前体例，按24节逐一补充其内容，而是根据实际情况，归纳为史学理论、方法与学术讨论，晚清政治史，民国政治史，经济史，中外关系史，革命史，思想、文化史，社会史，台湾史九大节，并将其他方面的研究成果归入相关各节中，如"太平天国运动史""辛亥革命史"的研究成果，归入晚清政治史，"妇女史"的研究成果归入社会史，等等。

本书的出版，首先要感谢各位专家的热情赐稿，其次要感谢中国社会科学出版社慨允纳入《当代中国学术思想史》丛书出版，再次便要感谢该社刘志兵先生在文字简洁、注释规范、规制把握和编纂主要参考文献等方面所付出的辛劳。无奈我学识浅薄，能力有限，再加年事已高，精力不济，挂一漏万，甚至错漏真知灼见之处，在所难免，竭诚欢迎专家学者和读者朋友批评指正。

曾业英

2019 年 5 月于中国社会科学院近代史研究所

第 一 章

概　　述

中华人民共和国成立以来，中国近代史研究由先前中国历史研究中最为薄弱，甚至不被人们视为"学问"的研究领域，发展成今日中国历史学界公认的已建立自己的科学体系的分支学科，呈现出前所未有的繁荣局面，这是有目共睹的。然而，同样有目共睹的是在国内外各种因素的影响下，它的发展也不是一帆风顺的，与整个中国社会科学的发展一样出现过这样那样的问题，遭受过严重的挫折，经历了一个曲折的过程。简略回顾一下这一曲折过程，对今后的中国近代史研究的发展，无疑是必要的，也是有益的。

第一节　初期发展

中华人民共和国成立后，中国近代史研究受到中央人民政府特别是它的最高领导人——中国革命的杰出领袖毛泽东的高度重视。

早在1950年5月1日，新中国诞生刚刚半年，中央人民政府就在华北大学历史研究室的基础上，建立了一个由马克思主义历史学家范文澜任所长的中国近代史研究所。这是中华人民共和国成立后在人文社会科学领域建立的第一个研究所。1953年9月，依据中共中央宣传部的提议，经中共中央设立的"中国历史问题研究委员会"议决，以历史研究所第三所的名义正式划归全国科学研究中心——中国科学院。不久恢复原名，改称中国科学院近代史研究所，并由此演变为今天的中国社会科学院近代史研究所。该所草创之际，研究人员并不多，不过10多人，主要成员都是一些中国共产党民主革命时期培养起来的历史研究者，后来陆续吸收了一批旧中国高等院校或科研机构有成就的从事历史研究的老专家，以及新中国自己培养出来的青年历史研究工作者，很快就发展到了100多人，成了内地中国近代史研究的重镇。其间，还有不少省、市、自治区，如上海、天津市和湖南、广东等省也成立了历史研究所，其中不少人是研究中国近现代史的。此外，众多高等院校历史系都设有中国近现代史教研室，聚集了一大批中国近代史的教学研究人员。仅仅10多年，总计中央与各省、市、自治区研究机构及高等院校历史系的中国近代史研究人数，可以毫不夸张地说，已远远超过了旧中国，足见新中国对中国近代史研究的重视。

在中央和各级地方政府的大力支持，以及广大研究工作者的共同努力下，这一时期的中国近代史研究在以下三方面取得了显著的进展。

首先是初步建立了独立的科学的中国近代史学科体系。长期以来，包括中国近代史在内的中国历史学未能走上科学的道路，总是以统治者的"英明""圣贤"与否来解释国家的兴亡和社会的盛衰，用各种唯心主义谬说来掩盖阶级斗争的事实。虽然中国资产阶级民主派的历史学家也在疑古辨伪的口号下，批判过帝王家谱式的传统历史观和历史体裁，对中国历史学的发展起过一定的进步作用，但由于他们始终否定生产力对历史进程的决定作用，因而也否定阶级斗争在历史上的作用，仍然无法揭示中国近代历史的真相。中华人民共和国成立后，广大中国近代史研究者通过学习马克思主义唯物史观和阶级分析的方法及研究实践，明确了"一切社会的历史都是阶级斗争的历史"，虽然对中国近代史上的某些具体问题也存在这样那样的不同认识，但对中国近代史的上下时限、基本线索和研究方法等学科体系问题的认识则基本趋于一致。大多认同中国近代史上起1840年的鸦片战争，下迄1919年的五四运动（改革开放后，随着研究的深入，下延至1949年中华人民共和国的成立）；中国近代社会的性质是半殖民地半封建社会，其基本任务是反帝反封建斗争。因此，中国近代史研究的基本线索应是中国人民的反帝反封建斗争运动及其发展，而马克思主义唯物史观和阶级分析方法则是它的根本方法。充分反映和展示这一学科体系的代表著作有三种：第一、第二种是1962年出版的大学历史系中国近代史教学用书，分别为中国科学院院长郭沫若主编、中国科学院近代史研究所副所长刘大年组织本所研究人员集体编写的《中国史稿》第 4 册，北京大学翦伯赞主编、邵循正和陈庆华编写的《中国史纲要》第 4 册；第三种是胡绳编著的《从鸦片战争到五四运动》，它虽然出版较晚，1981 年才面世，但其体系与以上二书并无差异。

其次是搜集、整理、出版了一批中国近代史的基本资料，为中国近代史研究的发展奠定了坚实的基础。史料是历史研究的核心和基础，没有史料，历史研究就无从谈起。因此，由"中国历史问题研究委员会"议决成立的中国史学会，还在筹备阶段就把搜集、整理、出版中国近代史的基本资料列为自己的头等大事。1949 年 7 月，中华人民共和国成立前夕，负责筹备中国史学会的范文澜已开始谋划这方面的工作了。他提出要编辑《中国近代史资料丛刊》，组织历史学家对近代重大历史事件分别编辑专题资料，陆续出版。趁 1950 年纪念义和团运动 50 周年之机，由翦伯赞主持编辑、出版了《义和团》专题资料一种。1951 年 7 月中国史学会正式成立后至 1959 年，按计划先后编辑、出版了《太平天国》《回民起义》《戊戌变法》《鸦片战争》《中法战争》《中日战争》《辛亥革命》《捻军》《洋务运动》等专题资料 10 种，其中多者 8 册，二百几十万字，少者 4 册，也有一百几十万字，可说是中华人民共和国成立初期中国历史学界编辑出版的规模最大的一套资料集。1954 年又在中国科学院近代史研究所创办《近代史资料》杂志，专门刊发中国近代史资料。与此同时，在中国史学会的统一规划下，中国科学院经济研究所严中平等众多经济史学家也开始了中国近代经济史资料的编辑工作，先后出版了包括《中国近代经济资料选辑》《中国近代工业史资料》《中国近代农业史资料》《中国近代手工业史资料》《中国近代对外贸易史资料》《中国近代铁路史资料》《中国近代航运史资料》《中国近代外债史统计资料》《旧中国公债史资料》等在内的《中国近代经济史参考资料丛刊》，包括《中国海关与滇缅问题》《中国海关与英德续借款》《中国海关与义和团》等在内的《帝国主义与中国海关资料丛编》，包括《北京瑞蚨祥》《上海民族橡胶工业》《上海市棉布商业》《上海民族机器工业》《上海民族火柴工业》《上海民族毛纺织工业》《永安纺织印染公司》《旧中国机制面粉工业统计资料》等在内的《中国资本主义工商业史料丛刊》，包括南洋兄弟烟草公司、荣家企业、刘鸿生企业等专题资料在内的《上海资本主义典型企业史料》丛书。这些丛刊、丛编都是经过专家学者认真筛选，具有相当参考价值的近代政治、经济史资料，至今仍为中国近代史研究者广泛引用。需要说明的是，这些还仅仅是其中几种比较突出的大型资料集，限于篇幅，其他如罗尔纲主持编纂的《太平天国史料丛编简辑》、全国政协编辑的《辛亥革命回忆录》、军事科学院编辑的《中国人民解放军第二次国内革命战争时期资料选编》和《中国人民解放军第三次国内革命战争时期资料选编》等众多篇幅不一的资料集，不能在此一一列举。但是，仅此已足可说明中国近代史研究者这时对资料建设的重视和在这方面所取得的成就是不容置疑的。

最后是对帝国主义侵华史、太平天国农民运动、辛亥革命、资本主义经济等中国近代史上的重大事件及专题进行了比较系统、深入的研究。关于帝国主义侵华史，首先面世的是刘大年的《美国侵华史》、钦本立的《美帝经济侵华史》。随后又出版了丁名楠等人集体编著的《帝国主义侵华史》第一卷，该书虽然只写到中日甲午战争，但对晚清各主要资本主义国家"压迫中国，反对中国独立，阻碍中国社会进步的历史"，作了比较全面和系统的"综合叙述"。太平天国农民运动是这一时期研究进展最为显著的领域，发表论著最多。以当时主要历史类学术刊物《历史研究》的刊文为例，1966 年"文化大革命"之前，《历史研究》发表中国近代史各类专题论文约 113 篇，有关太平天国研究的 65 篇，占各类总数的 57.52%，几乎是 2/3 了。① 专著方面，出版了罗尔纲撰写的纪传体通史《太平天国史稿》及《太平天国史记载订谬集》《太平天国史事考》《太平天国史料辨伪集》《天历考及天历与夏历公历对照表》《太平天国史料考释集》《太平天国文物图释》《太平天国史迹调查集》7 种在史事考证方面取得重大进展的文集。辛亥革命史的研究成就虽不及太平天国，但从"文化大革命"前《历史研究》所发表的论文数量来看，也达到 22 篇，居于第二位。② 更重要的是在研究方向和重点方面发生了重大变化，不再像旧中国

---

① 参见本书第 87—88 页。
② 同上。

的史学那样仅仅侧重于孤立的政治事件的叙述和少数知名人士的个人活动的研究，转而强调经济背景和阶级关系的探讨、强调人民群众的地位和作用了，把辛亥革命看作是清末社会主要矛盾激化的产物，从而大大丰富了辛亥革命史的内容，有助于恢复它的本来面目。至于对资本主义经济的研究，首先是研究成果丰硕，"文化大革命"之前，仅出版的重要专著就多达 61 种，如吴杰的《中国近代国民经济史》、尚钺的《中国资本主义关系发生及演变的初步研究》、吴承明的《帝国主义在旧中国的投资》、魏子初的《帝国主义与开滦煤矿》、傅筑夫等人的《中国原始资本积累问题》、周秀鸾的《第一次世界大战时期中国民族工业的发展》、张郁兰的《中国银行业发展史》、杨培新的《旧中国的通货膨胀》，等等。[①] 其次是开辟了许多新的研究领域，如关于资本原始积累、民族市场、民族资产阶级和买办资产阶级、农产品商品化、新民主主义经济、少数民族经济，以及太平天国、戊戌维新、辛亥革命对经济发展的影响等问题，都是这时才引起研究者重视，而且取得了一定进展的新课题。

这一时期的中国近代史研究之所以能取得如此显著的进展，除如前所说有中央和各级地方政府的重视外，还有以下几个重要原因。

一是有个相对安定的读书研究时间。任何一项科学研究，要想取得成功，都必须在研究对象和研究者自身两方面具备一定的条件。对于中国近代史研究而言，前者最要紧的是要解决一个理论、方法问题，一个资料问题。如前所说，既已确立了马克思主义唯物史观和阶级分析方法，又有了一定的资料准备，自然不是什么问题了。关键是后者，即中国近代史研究者有无积极性，有无不受其他无关之事的干扰而专心治学的时间问题。中国革命的胜利，中华人民共和国的成立，洗刷了百余年来帝国主义强加给中国人民的屈辱，基本结束了国家的分裂和战乱状态，中国近代史研究者，无论是中华人民共和国成立前素负盛名的老专家，还是之后成长起来的新生力量，都与全国人民一样无不欢欣鼓舞，无不希望为发展新中国的科学文化事业贡献最大力量，积极性空前高涨，这是毋庸置疑的。因此，真正的关键便只有一个，那就是有无读书研究的时间了。"文化大革命"

---

① 参见本书第 131 页。

之前，特别是20世纪50年代前期，中共中央虽然也开展了一次又一次的打退所谓资产阶级思想进攻的思想批判运动，强调社会科学研究人员必须改造世界观，因而研究工作常要为思想批判运动让路，以致中断研究之事也时有发生，但是，相对此后而言，毕竟时间较短，规模不大，仍可说是个相对安定的时期。许多研究者凭着自己对新中国文化建设的一颗赤诚之心和对中国近代史研究的热爱，利用这一相对安定的环境，以坚强的意志和毅力，抓住一切可以利用的时间，孜孜不倦地从事着自己的研究工作，应是这一时期中国近代史研究取得显著进展的原因之一。

中国近代史研究在这一时期取得显著进展的另一原因，是大致贯彻了"百花齐放，百家争鸣"的方针。1953年8月，毛泽东为推动历史研究工作的发展，亲自为即将创刊的《历史研究》杂志提出"百家争鸣"的办刊方针。1956年5月2日，又在最高国务会议上的讲话中正式宣布，在艺术和科学领域要"百花齐放，百家争鸣"。他说："社会科学，也有这一派、那一派，让他们去谈。在刊物上、报纸上可以说各种意见。"① 这是一个意义深远的方针，不仅最大限度地调动了广大科学工作者的积极性，而且是发展科学的必由之路。因为只有经得起不同观点自由讨论的学术观点，才可能是站得住脚的真理。纵观这一时期的中国近代史研究，相对于此后的"文化大革命"时期，自由讨论的空气还是比较浓厚的。例如，1954年胡绳在《历史研究》上发表《中国近代历史的分期问题》后，便立即引起了一场热烈的讨论，持续时间竟长达三年多。据1957年新华社发布《中国近代史分期讨论告一段落》的消息时统计，三年来共发表相关论文24篇。以时间如此之长、人数如此之多的规模集中讨论一个历史问题，这在迄今为止的中国近代史研究史上，似乎是绝无仅有的。又如，1961—1962年姜铎在上海《文汇报》上发表《试论洋务运动对早期民族资本的促进作用》《试论洋务运动的经济活动和外国侵略资本的矛盾》等文之后，也很快引起一场不同学术观点的激烈争论。对姜铎的看法，有反对的，也有持中间立场的，赞成反对各半的，体现了中国近代史研究者当时为追求真理，畅

---

① 转引自逄先知、金冲及主编《毛泽东传》(1949—1976)上，中央文献出版社2003年版，第486、492页。

所欲言，各抒己见的良好风范。即使 1963—1964 年戚本禹在《历史研究》上发表《评李秀成自述》和《怎样对待李秀成的投降变节行为？》两文之后，也仍有学者站出来发表不同意见。虽然这些学者为此受到过政治批判，但那是后来"文化大革命"中的事，并不发生在当时，不能以此完全否定这次讨论的"争鸣"意义。诸如此类的事例，都说明这一时期的"双百"方针还是贯彻得比较好的，对推动当时的中国近代史研究发展起了重要的促进作用。

这一时期的近代史研究取得显著进展，还有第三个原因，就是一批德高望重的老一辈历史学家发挥了引路人的重要作用。因为这一时期的近代史研究不只表现为取得了显著进展，还表现为也存在一定的问题，甚至错误倾向，必须及时克服和纠正。如革命战争年代，由于可以理解的原因，任何工作都必须服从于推翻蒋介石国民党政权，为建设新中国扫清道路这个根本任务，一些历史学家曾运用历史学作为对敌斗争的工具，对包括蒋介石在内的历史上的统治阶级的活动采取一律骂倒的态度，甚至借用某些历史现象影射当时的蒋介石和国民党，这种现象有无检讨的余地和必要？又如对于马克思主义理论，是学习、领会它的精神实质，还是采取教条主义的态度，盲目照搬本本？等等，都是需要及时纠正的带有方向性的问题。何况随着形势的发展，还随时可能出现新的问题。在此情况下，有无正确的引路人，对于研究工作的顺利开展就至关重要了。幸运的是，这时还有一批德高望重的老一辈历史学家，如郭沫若、范文澜、翦伯赞等人不但身体健康，而且尚能正常发挥引路人的作用。他们不但看到了此类问题的存在，还及时以对科学事业高度负责的精神，运用他们丰富的学识和经验，频频著书为文，发表讲话，为中国近代史乃至整个学术研究指明方向。

以范文澜为例。早在 1950 年，他就开始以实事求是的科学精神和高度的自我批评精神，审视自己的旧版《中国通史简编》和《中国近代史》了，并公开发表自我检讨文章，希望引起大家的批评。范文澜在检讨文章中说，对于整个封建时代的历史和个别历史人物，都应该采取马克思主义的历史分析态度。无分析的一律抹杀和一律颂扬，都是主观主义的非历史主义的表现。又说，有些地方因为"借古说今"，也损害了实事求是的历史观点。他所说的"借古说今",在《中国通史简编》中,是借吴蜀联合类比抗日民族统一战线,借孙权类比国民党反动派破坏统一战线,借武则天斥责国民党的特务统治;在《中国近代史》中,则是借鸦片战争时道光皇帝的"求降难"骂蒋介石。① 范文澜这种实事求是、勇于自我批评的精神,为历史学界树立了一个光辉的榜样。1954年,他针对一些历史研究者常常被马克思主义经典作家的个别论断所束缚的情况,特地写了一篇《试论中国自秦汉时成为统一国家的原因》,从中国历史的实际出发,认为汉民族在秦汉时已逐渐形成,而不是如斯大林所说,必须到资本主义时代才能形成民族,为反对照搬本本的教条主义做了一次具体示范。1957年,他在北京大学历史系的一次讲演中进一步指出,学习马克思主义,要"神似"而不是"貌似",说:"问题的发生,新变无穷,解决他们的办法也新变无穷,这才是活生生的富有生命力的马克思主义,这才是学习马克思主义得其神似。貌似是不管具体实践,把书本上的马克思主义词句当作灵丹圣药,把自己限制在某些抽象的公式里面,把某些抽象的公式不问时间、地点和条件,千篇一律地加以应用。这是伪马克思主义、教条主义。"范文澜这里所说的"神似",就是要学习、领会马克思主义的精神实质,所谓"貌似",就是不顾具体历史条件,盲目照搬个别具体结论的教条主义,是完全不可取的。② 1961年,他针对1958年"大跃进"之后有些历史研究者也不免染上浮夸之风,喜发高论,特地在《历史研究》上发表《反对放空炮》一文,批评这些人不愿做调查研究工作,仅把自己杜撰的一些公式和规律,演成篇幅。指出要写好历史著作或论文,"必须对所要研究的历史事件做认真的调查工作,阅读有关的各种书籍,系统地从头到底读下去,详细了解这件事情的经过始末,然后用马克思列宁主义、毛泽东思想的观点方法来分析事情发生的原因和发展过程中发生的好的因素和坏的因素,判断这件事情的趋向是什么"。"必须坚持'有实事求是之意,无哗众取宠之心'的老实态度。切忌临时抓夫式的搜集材料。"等等。他

---

① 参见刘大年《范文澜与历史研究工作》,《刘大年史学论文选集》,人民出版社1987年版,第535—537页。
② 参见蔡美彪《回忆范老论学四则》,《学林旧事》,中华书局2012年版,第198页。

在这里既讲了工作态度，也讲了研究方法。①

郭沫若、范文澜、翦伯赞等一批德高望重的老一辈历史学家，屡在关键时刻为中国近代史乃至整个学术研究纠正错误倾向，指明正确方向，在学术界引起很大反响。正是他们这种无可替代的引路人的作用，推动了这一时期中国近代史研究的发展。

第二节　严重挫折

中华人民共和国高度重视中国近代史的研究，人们学习、研究中国近代史的积极性又因中国革命的胜利而空前高涨，按理说中国近代史研究应可走上持续发展的坦途了。但事实并不是如此，20世纪50年代前期的良好发展势头，很快就被1957年的反右派斗争扩大化运动延缓下来了。

从这时起，整个国家进入全面"政治挂帅"时期，各部门各单位的中心任务被一个又一个的政治运动所代替。广大知识分子，无论老少、新旧，都被认定为资产阶级知识分子，必须进行思想改造，走所谓"又红又专"的道路。他们在资产阶级世界观未改造好以前，是无法从事社会科学的研究工作的。而改造资产阶级世界观，最好的办法就是"知识分子劳动化"，到工厂、农村去劳动锻炼。1958年，各高等院校开始全面贯彻教育与生产劳动相结合的方针，生产劳动被列为必修课。② 1963年，中国科学院哲学社会科学部所属各研究所也开始对每年新分配来的大学毕业生，实行刚性的先去农村劳动一年的所谓"劳动实习"制度。1965年，身为中国科学院副院长、号称马克思主义理论家的陈伯达，"先后两次向中国科学院正式提出取消哲学社会科学部各研究所，遣散全体研究人员"。1966

---

① 参见蔡美彪《实与冷——对范文澜治学精神的两点体会》，《学林旧事》，第208—209页。
② 我手头有一份某大学1958—1963年历史专业毕业生的成绩表，从中可以看到，五年之中除1961—1962学年因处于国家经济困难时期，学生体质欠佳，未安排"劳动"课外，其他四年都有"劳动"这门课的考查成绩，而且1958—1959年仅仅开设五门课，在哲学、俄文、古代汉语、体育之外，就是"劳动"课了，可见这时对劳动课的重视。所谓"劳动"课，就是每周安排一定时间到学校农场去种地。

年1月，那个没有任何理论著作的"理论家"康生也在哲学社会科学部的一份《情况简报》上写下一大篇批语，认为"社会科学研究人员在他们的资产阶级世界观改造好以前，无权从事研究工作，也无权为农民服务，可做的事只有一件，就是下到农村去劳动"。① 至于为提高研究人员所谓"思想觉悟"的政治学习活动，或被紧急动员起来去打退所谓资产阶级思想进攻的斗争就更是家常便饭了。所谓"又红又专"，不过是只"红"不"专"的代名词而已。研究人员如此频繁地脱离研究实践，以大部分时间和精力耗费在这无休无止的所谓资产阶级世界观改造上，当然难以维持中国近代史研究的持续发展。

　　问题还远不止于此。1957年反右派斗争扩大化运动以后，所谓"社会主义社会的阶级斗争尖锐化"的观点开始广泛流行，批判资产阶级思想的斗争一浪高过一浪。经过1958年各高等院校的"拔白旗，插红旗"等一系列批判运动，在中国近代史研究方面，除了如前所述存在以马克思主义的一般原理代替具体问题具体分析这种教条主义倾向以外，又在研究方向、道路等重大问题上出现了新的偏向。

　　首先是由片面理解马克思主义关于阶级和阶级斗争的学说，导致阶级斗争观点的绝对化、简单化、公式化。在中国近代史研究中，只讲阶级斗争，不讲阶级社会是不同阶级的对立统一；只讲农民战争如太平天国对历史的推动作用，不讲封建统治阶级某些调节政策对社会生产的促进作用，即如戊戌变法、辛亥革命这样的资产阶级改良运动和革命运动，也是批判远胜于肯定。总之，被剥削阶级的一切思想和活动都是好的，进步的，革命的；剥削阶级的一切思想和活动总是坏的，落后的，反动的。黑白分明，毫不含糊。更有甚者，连一些大学历史系的"中外关系史"专业命名也受到指摘，认为这是丧失无产阶级立场的表现，被"要求改为帝国主义侵华史，后来又改为中国人民反帝斗争史"②。其次就是要求历史研究为现实政治服务。起初还仅仅是要求给某些现实政策寻找历史依据，作点历史注解而已。随着所谓社会主义社会阶级斗争形势尖锐化观点的强化，这种

---

① 黎澍：《中国社会科学30年》，《黎澍自选集》，广东人民出版社1998年版，第99页。
② 黎澍：《马克思主义与中国历史学》，《黎澍自选集》，第140页。

"研究"似乎就远远不够了。1965年，戚本禹在《历史研究》上发表《为革命而研究历史》一文，要求历史研究完全为眼前的政治需要，即阶级斗争需要服务，将历史研究直接变成眼前政治斗争的一部分。至于这样的研究是否符合历史的真实，是否真正有利于社会进步，有利于中国近代史研究的发展，似乎都是无须计较的。最后就是轻视基础研究，反对所谓"烦琐考证"，崇尚"以论带史"。一个最为典型的事例，就是关于洪秀全有无胡子的问题，成了反对"烦琐考证"者的口头禅，经常被他们拿来作为批判的对象，认为这种考证毫无意义。其实，这种看法也未必全面，后人为了某种需要，如为洪秀全画像，或将其形象搬上戏剧舞台，岂能说这种考证也是不必要和毫无意义的？这些偏向无不是影响中国近代史研究持续发展的因素。

不过，由于这时并未全面中断中国近代史的研究，研究者虽不得不以大部分时间和精力耗费在"资产阶级世界观"的改造上，但总的说来仍可断断续续从事一些这方面的工作。1961年前后中央又重申了"百花齐放，百家争鸣"的方针。如前所述，还有像郭沫若、范文澜、翦伯赞这样一批德高望重、敢于坚持真理的历史学家不顾越来越严重的"宁左勿右"的错误思潮，不断对这些偏向提出异议，甚至批评。学术空气一度有所回暖。因此，这时的中国近代史研究尚能维持一个缓慢发展的局面，不仅先前基础较为深厚的研究领域多多少少取得了一些惯性式的进展，还开辟了一个主要从社会调查入手的家史、村史、社史（即人民公社史）、厂史"四史"研究的新领域，并取得若干初期成果。

但是，即使这种差强人意的局面也没能维持多久。1966年"文化大革命"全面爆发，中国近代史研究与其他社会科学一样，由此遭受到江青、林彪集团长达10年的大破坏，几乎陷入毁灭的命运。他们先是宣布包括高等院校在内的各级学校停课，科研机构、学术团体全部停止工作，《历史研究》等学术刊物立即停刊，将一些卓有成就的历史学家全部打成反党、反社会主义、反毛泽东思想的"三反分子"，或"反动学术权威"，全盘否定中华人民共和国成立17年以来历史研究的成就，迫使中国近代史的科学研究长期陷于停顿。

这是否意味着江青、林彪集团要彻底取消包括中国近代史研究在内的历史研究呢？当然不是。恰恰相反，他们对历史研究其实是非常重视的，他们此时大力砍杀历史研究，不过是借此取消一切科学的历史研究，代之以他们所需要的历史研究而已。因此，他们在迫使历史科学的研究陷于停顿的同时，又很快恢复了《光明日报》的"史学"专栏，并抽调中国科学院近代史研究所和历史研究所的部分研究人员，组成"农民战争史组"，专事农民战争史的研究。尽管这个研究组很快就因戚本禹的倒台而关张，没有造成任何不良后果，但已足可证明他们并非不重视历史研究。林彪集团垮台后，江青集团又情有独钟，于1974年破例恢复了《历史研究》杂志的出版。为了阻止当时主持中央工作的周恩来对"文化大革命"采取扶正祛邪措施，实现"打倒一切"，篡党夺权的政治阴谋，他们网罗一些历史研究者组成写作班子，或以"梁效""罗思鼎"的名义，或打着工农兵"理论小组"的旗号，大造中国历史从春秋战国以来仅是一部所谓"儒法斗争史"的舆论，鼓吹"儒法斗争继续到现在，影响到将来"，"现代中国还有儒，最大的儒"，矛头直指周恩来。[①] 整整10年，对于中国近代史研究来说，简直就是一场噩梦，除了惨痛的教训，几乎没留下什么。

那么，究竟有什么惨痛的教训？哪些是值得我们永远记取的呢？个人以为，主要有以下三点：

第一，不能把历史研究直接变成政治的一部分，以学术为手段进行政治斗争。这种倾向，如前所说，早在"文化大革命"之前就出现了，这时则被江青、林彪集团发展到了登峰造极的地步。他们反复强调要"为巩固无产阶级专政研究历史"，"为现实政治斗争服务"。要求历史研究者把迁就和满足眼前的政治需要当作唯一神圣的任务。换句话说，就是要"政治挂帅"。由于他们打着"无产阶级司令部"的旗号，谁也不敢说个不字，以致泛滥成灾。

诚然，唐太宗说过，以史为镜，可以知兴替。说的是历史研究具有通古今，明是非，知得失，推动社会继续向前走的作用。人们研究历史也从来不是没有现实价值取向，纯粹为研究而研究的。否则，历史学早该在社

[①] 参见黎澍《"四人帮"对中国历史学的大破坏——评所谓儒法斗争史的骗局》，《黎澍自选集》，第62页；刘大年《范文澜与历史研究工作》，《刘大年史学论文选集》，第544页。

会科学中出局了,不可能有如此长久的生命力。从这个意义上说,的确"一切历史都是当代史"。但是,江青、林彪集团要求历史研究者把"为现实政治斗争服务",也即"为无产阶级政治斗争服务"当作唯一神圣的任务,就不但不妥,而且有害了。

  首先,这个口号本身就是不完善的。一来这个口号只是片面强调了科学为政治服务,完全忽视了政治为科学服务。事实上,如果政治不为科学服务,不给科学提供必要的条件,如"百花齐放,百家争鸣"这样的基本条件,科学就无法存在,更谈不到为无产阶级政治服务了。二来就历史研究的社会功能而言,这个口号也显得过于褊狭。难道历史研究只为无产阶级的政治服务,而不为无产阶级的经济、文化、教育服务?[①] 其次,任何事物都是变化发展的,现实政治也不可能固定不变,永远停留在同一个要求上。如果紧紧追随这种急功近利的所谓"为巩固无产阶级专政""为现实政治斗争服务"的要求而研究历史,那就势必因为一时要适应这个政治要求而说历史是这样的,另一时候又因要适应那个政治要求而说是那样的,结果只会造成一个又一个的混乱,根本无历史真实可言。当年的《苏联共产党(布)历史简明教程》不就是这样吗?斯大林在世时是一个样子,赫鲁晓夫上台后成了另一个样子,勃列日涅夫上台后又是一个样子,让人不知何者为真?最终失去了人民的信任。最后,这是一个完全可以被人曲解和利用,无论对社会发展还是历史学自身都危害极大的口号。江青、林彪集团在"文化大革命"十年中的表演已充分证明了这一点。他们为了篡党夺权,抛出这个颇具威慑力的口号,任意歪曲、篡改历史,把一部中国历史搞得乌烟瘴气,面目全非,这已是人尽皆知的事实。当然,任何口号都只能是提出一般号召,都可能被人曲解和利用。但是,诚如黎澍所说,问题是"这个口号并没有针对历史学本身的特点提出要求,并没有回答历史学作为科学的任务是什么。其实马克思主义历史科学的奠基者早就对这个问题作了明确的论述,指出它的根本任务就是揭示历史发展规律"[②]。而要揭示历史发展规律,就必须忠于历史真实,不容许对它进行任

[①] 参见黎澍《1979 年的中国历史学》,《黎澍自选集》,第 118 页。
[②] 同上书,第 119 页。

何歪曲和篡改，否则就不是规律，而是没有任何事实根据，对社会进步不起任何作用的"鬼律"了。这是将历史研究的任务仅仅局限在"为现实政治斗争服务"的范围内的必然结果。

可见，任何形式的，无论是江青、林彪集团这种明火执仗式的，还是其他不露痕迹地把历史研究直接变成政治的一部分，以学术为手段进行政治斗争的所谓研究，都是不可能推动历史研究正常发展的，都是应当坚决反对和摒弃的。

第二，不能硬套模式。人类历史从来就是复杂的，变化多端的。当然，也并非只是一团解不开的乱麻，这种变化也是有规律可循的，然而又绝不是仅仅按照某种固定不变的死板模式整齐划一发展的。因此，研究中国近代史必须从历史的实际出发，不能硬套死板模式。

以所谓儒法斗争史为例。江青自称发现儒法斗争是解释中国历史的新线索，经过她的追随者的补充和发展，制造出一系列的死板模式。如凡是法家都是受压的，基层起来的，爱国的，爱护群众的，儒家则完全相反；反儒必定尊法，尊儒必定反法；主张统一或对统一有贡献的人定是法家，主张分封或搞割据分裂的人定是儒家，等等。依据这些死板的模式，他们在中国近代史领域，简单地将洪秀全、康有为、章太炎等人划为法家，杨秀清、石达开、蒋介石等人划为儒家。认为洪秀全、杨秀清之间的权力之争是"反孔派"与"尊孔派"之间的路线斗争，天京内讧是"尊孔派"篡权，等等。

其实，这些死板的模式本身就是江青集团为了自己的政治需要捏造出来的，根本不能成立，以它们为模式来解释中国近代史就更荒唐了。洪秀全之所以反孔，主要是因为他是农民起义的组织者和领袖，他从外国传教士那里发现有一个上帝可以用来号召群众，而必须尽力排除向来受到中国人尊奉、号称"至圣"的孔老夫子，否则就不能使他的上帝在群众中获得信仰，可说与"反儒尊法"毫无关系。康有为和章太炎则是 19 世纪末 20 世纪初中国资产阶级革命运动兴起，儒学在西方传入的资产阶级社会学说和自然科学的冲击下，面临严重危机之时内部出现的两种不同倾向的代表人物，前者为儒家学派的著名今文经学家，后者为儒家学派的著名古文经学家，他们都是资产阶级的代表人物，而不是什么法家。至于蒋介石，他因参加反清革命、推翻北洋军阀统治，的确受过压，也残酷镇压过共产党人及革命群众，但能说他参加反清、推翻北洋军阀统治，与共产党联合抗日取得反法西斯战争的胜利以及在台湾坚持"一个中国"的原则，都不是爱国的吗？何况他还一度标榜自己是维护统一的，怎么就不是什么"法家"，而成了所谓"儒家"了呢？岂非对所立儒家标准的自我否定？

事实证明，在人类历史的研究中，对于各色人等构建的历史模式，我们首先要做的是检验一下这些模式是否符合中国历史的实际，考察一下他们构建这些历史模式的真正用意，而不是不分青红皂白，自以为捡到了什么宝贝，急不可耐地盲目套用。否则，贻笑大方不说，倘若因此歪曲了历史，就不是一般的小事了。

第三，不能违背科学精神。中国近代史研究既然是科学研究，就必须按照科学本身的规律来对待这一研究，也就是说必须坚持科学精神。这是中国近代史研究能否取得更大成就的必要条件。

可是，"文化大革命"十年，手握重权的江青、林彪集团不但没有按照这一原则提出要求，反而从外部强制推行一系列反其道而行之的措施，将中国近代史研究推向万劫不复的深渊。在研究范围方面，他们设置种种禁区，只允许研究农民战争史、帝国主义侵华史、人民反帝斗争史、中共党史，而对中共党史的研究也只允许研究伟大领袖的理论及其实践活动，不能研究其外的人和事，更不能研究反对过伟大领袖的人和事，即使研究也只能揭露其"三反"罪行，人为地把一部丰富多彩的中国近代史，变成一个犹如在寒风中踽踽独行的干瘪老太婆，只剩下几根骨头，少有血肉。其实，人类历史并不那么狭窄，各种现象又是互相联系的，不研究这一现象，就不能完整、全面、透彻地说明另一现象。因此，马克思、恩格斯向来认为历史学是无所不包的科学，从来不主张限制它的研究范围，硬性规定这个可研究，那个不可研究。

在研究方法方面，江青、林彪集团虽然高谈阔论阶级分析，却把它发展成高度简单化、绝对化，可以任意张贴的标签。请看戚本禹 1966 年发表的《爱国主义还是卖国主义——评〈清宫秘史〉》一文，他在文章中将义和团捧上天，把戊戌维新说成罪恶，实际贯穿着一个极其简单的模式，即：劳动人民什么都好，剥削阶级什么都不好；暴力斗争在任何情况下都应当肯定，政治改良在任何情况下都应当否定。这是罔顾事实的彻头彻尾的主观主义、实用主义。义和团是一场农民的自发斗争，虽然具有反帝爱国的革命性质的一面，但它笼统排外，反对一切外国事物，又带有浓厚的农民落后的封建蒙昧特点，根本无法与戊戌维新同日而语。戊戌维新虽是资产阶级民主性质的改良运动，却是一种变封建主义为资本主义的政治理想和救国途径，不管它多么不彻底、不切实际，都是以往几千年的农民运动未曾提出，也不可能提出的，因而具有划时代的意义。

在对待不同学术观点方面，江青、林彪集团无视毛泽东早已提出的发展艺术和科学的"双百"方针，不顾毛泽东多次要求对艺术和科学中的是非问题，应当通过艺术和科学界的自由讨论去解决，通过艺术和科学的实践去解决，而不应当简单地利用行政力量强制推行或禁止一种风格、一种学派，公然宣布在艺术和科学领域实行全面专政。他们除了承认文艺方面的八个样板戏外，在历史学方面便只承认忠实为其"现实政治斗争服务"的梁效、罗思鼎两家，完全堵塞了近代史研究的发展道路。历史研究是科学事业，不是政治宣传，而科学事业是有着完全不同于政治宣传的发展特点的。因为历史研究的根本任务是揭示历史的本质和内在发展规律，决定了它必定是一个充满错误和失败的曲折而复杂的过程，不是一次研究所能完成的，无论是犯错误还是改正错误，都是认识真理的环节。每改正一次错误，都会接近真理一步，任何拘守现成结论，拒绝进一步的研究都是错误的。因此，必须力避行政力量的干涉，允许不同意见的自由讨论。

总之，坚持科学精神，是包括中国近代史研究在内的一切科学事业的生命线，万万忽视不得。

需要指出的是，江青、林彪集团也不是任何时候，在任何问题上都可一手遮天的。1972年6月，周恩来亲自指示由河南息县"五七"干校搬到明港军营，清查所谓"五一六"反革命阴谋集团一年多的中国科学院哲学社会科学部各研究所，全部返回北京，恢复工作。周恩来这一指示，为"文化大革命"中的中国近代史研究带来了两个难得的亮点。

一是大大促进了沙俄侵华史的研究。沙俄侵华史研究一度被新中国为维护中苏友好关系而列为禁区，后虽因中苏关系破裂而解禁，也有一批即使在中苏友好时期仍坚持认为沙俄疯狂侵略过中国的学者始终在从事这方面的研究，但终因无休止的政治运动而少有进展。直到这时，中国科学院近代史研究所重新聚集人才，成立了《沙俄侵华史》编写组，才取得了相当可观的成绩。1974—1975年，他们先后发表《驳谎言制造者——关于中苏边界的若干问题》《历史真相不容歪曲——关于〈中俄尼布楚条约〉的几个问题》等文，1976年3月完成《沙俄侵华史》第一卷的编写，10月由人民出版社正式出版。这些论著虽在某些措辞上仍不免带有那个时代的印记，但却都是尊重历史事实，经得起时间考验的严肃学术著作。

二是开辟了中华民国史研究的新领域。1972年9月，中国科学院近代史研究所成立了一个集中40余人的中华民国史研究组，按照写一部书——《中华民国史》，编三种资料——《中华民国大事记》《中华民国人物传》和《中华民国的政治、经济和文化（专题资料）》的计划，拉开了内地中华民国史研究的序幕。虽然这时尚处"文化大革命"时代，研究人员精神创伤严重，工作进展缓慢，成果有限，而且在有限的成果中也同样留有那个时代的印记，但毕竟为此后的大发展启动了风帆，奠定了初基。

这两个亮点，可说是"文化大革命"不幸中的万幸。

第三节　空前繁荣

1976年10月，继林彪集团之后，江青集团也垮台了，"文化大革命"终于结束。随着国家改革开放和社会主义现代化建设新时代的到来，中国近代史研究也翻开了新的一页，由倒退进入一个空前繁荣的时期。其主要表现，可归纳如下：

第一，研究队伍的壮大和素质的提高。1977年5月，中共中央批准中国科学院哲学社会科学部改建为中国社会科学院，升格成与中国科学院同级的部委单位。紧随其后，各省、市、自治区也纷纷聚集人才，成立省、市、自治区社会科学院。再次表明中央和各级地方政府对社会科学事业的高度重视。与此同时，许多理工科大学，如北京清华、武汉华中科技（原华中工学院）、上海东华（原华东纺织工学院）等大学，也恢复或新建了历史系，加上众多新增高等院校的历史教学研究人员，这时的中国近代史研究队伍已大大超过了"文化大革命"前的规模。以中国社会科学院近代史研究所为例,"文化大革命"之前全所工作人员最多时为 165 人,到了 20 世纪 80 年代最多时达 250 人。虽然此后由于贯彻离休、退休制度,工作人员逐年有所下降,截至 1999 年底甚至降到了 140 人[①],但是,就全国而言,由于新增了许多地方社科院的历史研究所和高等院校的历史系,中国近代史研究队伍的壮大是毋庸置疑的。

更为重要的是经过多年的新陈代谢,"文化大革命"以后培养出来的新生力量逐渐成为这支队伍的主力和骨干。他们受过系统的基础训练,不少人还有国外深造的经历,研究素质越来越高,也是个不争的事实。对此,只要看一下许多历史研究所和重点高校历史系招聘人才时,对应聘人员学历条件的要求越来越高就一清二楚了。20 世纪 80 年代中期以前,大学本科毕业生尚被社会视为"天之骄子",持有本科文凭就足够了。但是,80 年代后期开始,因为有越来越多的硕士毕业生走出校门,本科文凭渐渐不管用了。到了 90 年代,特别是中后期,随着大批博士毕业生走上社会求职,标准再次提高,唯有博士毕业生才够格了。进入 21 世纪以后,更是水涨船高,连博士文凭也风光不再,而必须是有过博士后研究经历,或"海归"博士了。这一招聘条件的变化,真实反映了中国近代史研究队伍整体素质的提高。

第二,学术团体、学术刊物的大量增加和学术讨论会的频繁举办。在学术团体方面,除了恢复的"文化大革命"前已成立的中国史学会及各省、市、自治区的历史学会,还涌现了一大批由研究者自行发起、组建的研究会。直接以中国近代史为研究对象的就有中南地区辛亥革命史研究会、北京太平天国历史研究会、南京太平天国史学会、义和团运动史研究会、孙中山研究学会、西南军阀史研究会、中国近代史史料学学会、新四军和华中抗日根据地研究会、中国抗日战争史学会、中国现代史学会等 10 多个。加上同时兼含研究中国近代史内容的,如中国中外关系史学会、中国中日关系史学会、中国现代文化学会、中国中俄关系史研究会、中国商

---

① 张海鹏:《前言》,载中国社会科学院近代史研究所科研处编《中国社会科学院近代史研究所研究人员著述目录(1950—2000)》,2000 年 5 月印,第 1 页。

业史研究会、天津史研究会等就更多了。

在学术刊物方面，此前仅有《历史研究》《史学月刊》《历史教学》《文史哲》《近代史资料》等不多的几家涉及中国近代史研究内容的刊物和少数大学学报，这时除了出版专门发表中国近代史研究成果的《近代史研究》杂志外，还创办有《国外中国近代史研究》（1995年后因经费不支而停刊）以及《民国档案》《民国春秋》《民国研究》《抗日战争研究》《中共党史研究》《党的文献》《北京档案史料》《东北沦陷史研究》《历史档案》《档案与史学》等众多完全或主要发表中国近代史研究成果及资料的刊物。

至于学术讨论会，更是一个接着一个，频率之高、规模之大，都是前所未有的。以辛亥革命史为例，"文化大革命"结束前的27年间，仅1961年在武汉举办过一次全国性的学术讨论会。而"文化大革命"结束后，除了湖南、广东、浙江、武汉、上海这些与辛亥革命关系密切的省、市经常举办这方面的学术讨论会，中国史学会还每隔10年就举办一次百人以上的国际性学术盛会，迄今已举办包括2011年百年纪念大会在内的5次。其他如中国近代经济史、近代中国会党问题、中华民国史、中国现代史、全国革命根据地史、抗日战争史、中国近代社会史、中国近代文化史、甲午中日战争史、洋务运动史、太平天国史、中法战争史、西南军阀史、义和团运动史、护国运动史、中国国民党"一大"、遵义会议、九一八事变等中国近代史分支学科和重大历史事件，以及孙中山、林则徐、左宗棠、蔡锷、胡汉民、张学良等著名历史人物，甚至如黄远生、王金发这样知名度并不高的历史人物均举办过学术讨论会，有的还不止一次。更为难得的是，这时的学术讨论会还有一个共同特点，即思想活跃，讨论热烈，往往在同一个问题上发出多种甚至对立的声音，体现了真正自由讨论的气氛。

第三，开辟了许多新的研究领域，大大丰富了中国近代史的内容。尽管毛泽东早在1941年就指出，要先对中国近代史"作经济史、政治史、军事史、文化史几个部门的分析的研究，然后才有可能作综合的研究"，也有学者早在中华人民共和国成立之初，就提醒中国近代史研究者要努力避免"政治史内容占了极大的比重，而社会生活、经济生活和文化的叙述分量很小，不能得到适当的地位"①，但是，此前的中国近代史研究却始终未能摆脱这一困境，即使开展得比较充分的政治史研究，也仍然限制在一个极小的范围内，无非是两个过程，三个高潮，八大事件；直到这时才有了明显的改变，不但政治史的研究范围大为拓宽，还最大限度地扩大了整个近代史的研究领域，真正打破了政治史与"社会生活、经济生活和文化叙述"比率严重失衡的局面。

首先，复兴和重建了中国近代社会史、文化史两个分支学科。它们作为独立的分支学科，虽有各自不同的研究方向、范围和体系，但也有若干共同点：一是都很重视所谓"下层"，即社会大众的研究；二是都很重视社会大众生活的研究，所不同的只是精神生活与物质生活的区别而已；三是都很重视重大社会问题的研究，而这些问题在城市和乡村中的表现是完全不同的，因而又推动了近代城市史研究的兴起和发展。正是这些研究整体弥补了以往中国近代史研究的不足和欠缺。

其次，以往颇受重视的研究领域也有了新的突破，如政治史中洋务运动、清季新政、北洋军阀史、西南军阀史这些长期受冷落的课题，这时开始受到研究者的重视，并且出版了《清末新知识界的社团与活动》《晚清学部研究》《袁世凯传》《北洋军阀史》《西南军阀史》等一批研究成果。又如太平天国运动史，虽然此前备受重视，但研究重心却始终局限在农民一方，至于地主阶级则只是一种背景性的陪衬研究。这时，不但有学者大声疾呼要加强对地主阶级的研究，而且身体力行进行了深入的研究，出版了《太平天国时期的地主阶级》《湘军史稿》《曾国藩传》《曾国藩幕府研究》等颇有学术价值的论著。再如，对于抗日战争史，也不再仅仅停留于研究共产党领导的敌后游击战争，还对国民党的正面战场和游击战争展开了广泛而深入的研究，比较真实地反映了抗日战争史的全貌。由于这时整个国家已转入以经济建设为中心的现代化建设，有的学者提出中国近代史研究应"从最薄弱、最繁难而又最重要"的近代经济史入手寻找突破口②，因此，经济史方面开辟的新领域和所取得的成果也最多。一些几乎无人涉

---

① 胡绳：《中国近代历史的分期问题》，《历史研究》1954 年第 1 期。
② 刘大年：《中国近代史研究从何处突破》，《光明日报》1981 年 2 月 17 日。

足的领域，如工业化问题、企业管理问题、经济法规问题和近代海关问题，等等，都纳入了研究者的视野，像近代海关史还成了研究热点，获得显著进展，先后出版了《中国近代海关史》晚清部分和民国部分。一些先前有所研究的领域也有不少新的拓展，如商业史研究中的商会史研究就取得了显著的进展，先后出版了《上海商会史》《传统与近代的二重变奏——晚清苏州商会个案研究》《商会与中国早期现代化》《苏州商会档案丛编（1905—1949）》《天津商会档案汇编（1903—1950）》等研究著作和资料书籍。

最后，也是最重要的一点，就是对各领域的具体史事展开了广泛、深入的研究，并取得了众多较为符合或者接近历史真实的成果。这些成果，虽然所涉史事大小不一，影响程度也不同，但有一个共同特点，就是无不体现唯物史观的要求：清除意识形态对历史的曲解，"把历史的内容还给历史"。

这里仅举数例，以见一斑。一是1841年5月广州三元里人民抗英斗争的领导者是谁的问题。此前仅依据中华人民共和国成立后的口碑调查资料，而且还是菜农韦绍光后裔一面之词，就认定这次抗英斗争的领导者是菜农韦绍光。经过改革开放后一场不大不小的学术争论，发现此说难以成立，真正的组织领导者应是爱国地主士绅何玉成。二是在太平天国人物研究中，此前都说太平军女军中有一个叫洪宣娇的大首领，她是洪秀全的妹妹。有学者甚至据此提出：洪宣娇嫁给萧朝贵是一种政治联姻，是洪秀全牵制杨秀清的手段。经学者再三研究，证明此说有误，实际并无洪秀全妹妹洪宣娇其人，而是广西桂平紫荆山区一位普普通通的农家女子杨宣娇，她并不是什么太平军女军中的大首领。三是富田事变的性质问题。1930年12月上旬，红一方面军总政治部秘书长兼肃反委员会主任李韶九奉总前委书记毛泽东之命，率部前往江西省行动委员会所在地吉安富田抓捕AB团分子。红二十军团政委刘敌认为李韶九所抓捕的并不是AB团分子，如此抓下去难保不危及自身安全，因而决定率部将其救出，并杀害拥护毛泽东的干部群众上百人，还喊出了"打倒毛泽东，拥护朱（德）、彭（德怀）、黄（公略）"的口号。随后，原江西省行动委员会和参与事变的刘敌等人，以及红二十军排长以上干部先后被全部处决。对于这次发生在富田的事变，一直以来均认定是暗藏在苏区内部的反共组织 AB 团策动的一场反革命事变。① 经学者多年深入调查与研究，证实所谓"富田事变"完全是一起子虚乌有的冤假错案。这一研究成果，现已写入 1991 年 7 月人民出版社出版的中共中央党史研究室著《中国共产党历史》（上卷）和 2002 年 9 月中共党史出版社出版的中共中央党史研究室著《中国共产党历史》第一卷（1921—1949）上册，指出：肃清"AB 团"和"社会民主党"的斗争，是严重臆测和逼供信的产物，混淆了敌我，造成了许多冤、假、错案。

值得一提的是，这样的事例，在中共党史研究方面，绝不是个别的，而是大量的。诚如杨奎松所言："自改革开放以来，中共党史研究的最为突出的成就，就是学者们在许多基本史实的研究上取得了引人注目的进展……包括早期共产主义小组的组成情况；俄共代表维经斯基来华及活动的情形；中共一大的召开时间、代表人数；共产国际代表马林来华工作的情况及国共'党内合作'政策提出的经过；苏联顾问鲍罗廷来华及其与国共两党的关系；第一次全国劳动大会召开的时间及经过；'三·二〇'事变发生的原委；上海三次工人武装起义的经过；共产国际第七次扩大执委会决议对中国革命的影响；所谓十万农军围长沙的问题；'八七'会议的情况；十一月紧急会议的情况；南昌起义、秋收起义、广州起义的情况；赣南会议的情况；宁都会议的召开时间和内容；遵义会议的召开时间及会后传达的内容……几乎所有中共党史上的重要史实，大都是在改革开放以后 10 年左右的时间里才基本上弄清楚的。用'丰硕'两个字来形容改革开放后中共党史研究在史实研究方面的收获，无论如何都是不过分的。"②

还要特别指出的是，这也不单单是中共党史研究独有的现象。中华书局 2011 年辛亥革命百年纪念前夕出版的《中华民国史》（1—12 卷）、《中华民国史大事记》（1—12 卷）、《中华民国史人物传》（1—12 卷），足可证明中华民国史研究何尝不是这样？可见，这是整个中国近代史研究的普

---

① 《毛泽东选集》多次提及这个 AB 团，并讲到 AB 团在富田、东固一带对群众影响很大，导致群众与红军对立。注释中更明确讲：AB 团是当时国民党潜伏在红色区域内的反革命特务组织（参见该书第 204、211、236 页）。

② 参见本书第 679 页。

遍现象。

改革开放后，中国近代史研究为什么能取得如此显著的进步，出现如此繁荣的局面？除了近代史研究者在国家工作重心转向经济建设的同时，实现了期盼已久的由年复一年的世界观改造和政治空谈，向具体研究工作的大转变，工作积极性空前高涨，创造精神大为发扬外，个人以为，还有以下三个重要原因：

一是思想的大解放。1978年关于真理标准的讨论和中共十一届三中全会思想解放方针的确定，打破了中国近代史研究者长期难以逾越的现代迷信、教条主义和实用主义精神枷锁的束缚，对以马克思主义为指导思想和研究方法等理论问题有了更加深刻的理解。开始抛弃以往那种简单化、绝对化的形而上学方法，恢复了具体问题具体分析的实事求是的学风。明确了马克思主义对历史学的第一要求是弄清史实，唯有史实清楚了，才有可能发现历史过程的本质和规律，才会对历史有正确的认识。而要实现这一要求，就要充分占有材料，探寻历史事件的内在联系和规律；就要以科学的态度，叙述真实的历史过程，等等。这是这一时期中国近代史研究发展的根本动力。

二是海峡两岸及中外学术交流的常态化。古人云：兼听则明，偏信则暗。对于以追求真实为第一要求的历史研究者来说，学术交流无疑是最直接、最有效的"兼听"场所和途径了。但是，毋庸讳言，长期以来，由于意识形态的不同，大陆的历史研究者与外界的学术交流是不通畅的，而且还不是一般的不通畅。海峡两岸同属一个中国，却完全被人为分隔。对于英、美等西方历史学界的了解，唯一的渠道就是那点有限的"资本主义国家反动学者研究中国近代历史的论著选译"[1]。虽然也偶尔举办过一些中外学术交流活动，但无论是中国举办的，还是国外举办的，都只是少数人的专利，非大多数一般学者所能问津。至于到西方世界去直接交流，更是一般学者所不敢想的。现在，这一切都过去了。1982年4月1—4日，美国

---

[1] 参见中国科学院近代史研究所资料编译组编译《外国资产阶级是怎样看待中国历史的——资本主义国家反动学者研究中国近代历史的论著选译》第1卷，商务印书馆1961年版，第10—14页。

亚洲研究学会在芝加哥举办年会特别学术讨论会，两岸中国近代史学者同时应邀赴会，是为两岸学者1949年分离后首次同台讨论辛亥革命史。而几乎同时，大陆也开始频频举办有对岸和外国学者参加的各种学术交流活动。尽管交流之初，仍不免为意识形态所困，两岸学者首次聚首于芝加哥，就显得相当拘谨①，而大陆举办的一些学术交流活动，学者的住处也往往被特地分隔于宾馆的不同楼群，但是，学术交流的闸门毕竟已经开启，而且越开越大，时至今日，可说是完全常态化了。大批海外中国近代史著述开始在中国出版发行，各种海外史学理论和方法先后传入中国，两岸及中外学者的学术交流，更是你来我往，日益频繁和便捷。互通信息，交换资料，切磋观点，已成家常便饭。

这种状况，既反映了中国社会的进步，也推动了中国近代史研究的发展。随便举一例，1984年10月17日，王庆成在《光明日报》刊文指出不少过去不清楚的太平天国史事，如有关杨秀清、萧朝贵地位的确立，金田起义前太平天国对儒家典籍态度的变化，天京事变前领导集团内部矛盾的激化，等等。他为什么能提出这些新见？显然得益于中外学术交流。因为这些新见，完全来源于这年春天，他前往英国学术访问时，在英国图书馆发现了《天父圣旨》和《天兄圣旨》两种太平天国印书。

三是大量新资料的披露和出版。历史研究的基本方法，如马克思所说，"必须充分地占有材料，分析它的各种发展形式，探寻这些形式的内在联系。只有这项工作完成以后，现实的运动才能适当地叙述出来"②。这个方法的核心要求是不允许按照预设的模式剪裁历史资料，而必须"充分占有材料"，完全从事实出发。"充分占有材料"，既是历史研究的起点，也是它进一步发展的前提和保障。如前所说，中华人民共和国成立之初本就十分重视中国近代史资料的发掘、整理工作，改革开放以后，不但迅速恢复了这一工作，而且大大拓展了这一工作的范围。中共党史资料，

---

① 据出席过此次会议的北京学者李宗一和台北学者张玉法先生后来相告，双方除了在会上发表不同学术意见外，会下没有任何接触，似乎都有戒心，只是远远望一望对方是台北或者北京的哪一位而已。

② 马克思：《〈资本论〉第一卷第二版跋》，《马克思恩格斯选集》第2卷，人民出版社1972年版，第217页。

尤其是档案资料，历来深藏密室，从不对没有"级别"的一般学者开放，遑论整理、出版？但是，这时不同，不仅中共中央及各省、市、自治区档案馆的开放尺度大为放宽，还出版了如《中共中央文件选集》（1—18集）、《中共党史参考资料》、《江西党史资料》、《共产国际与中国革命资料选辑（1919—1924）》和《共产国际、联共（布）与中国革命档案资料丛书》等众多综合与专题性的原始档案资料。至于民国史资料的出版，更如雨后春笋，不但出版了大批资料书籍，如《中华民国史档案资料汇编》《北洋军阀》《冯玉祥日记》《抗日战争》《抗日战争时期国民党军机密作战日记》《审讯汪伪汉奸笔录》《周佛海日记》等，还影印出版了大批清季及民国时期的旧报刊，如《申报》《大公报》《顺天时报》《盛京日报》《民国日报》《中央日报》，等等。正是这些新资料的披露和出版，为中共党史、中华民国史、中国近代社会史的研究提供了极大方便，大大推动了中国近代史研究的发展。

当然，事物总是在各种矛盾中前进、发展的，这时的中国近代史研究也不例外，在此大繁荣、大发展的背后，似乎也显露出一些值得重视的倾向。近年来，已有不少学者注意到这些问题，并发表了一些很有见地的意见，本书各章也多有评介和讨论，这里不再重复，仅在此基础上提出几点相关看法，以供大家讨论。

第一个值得重视的倾向是追名逐利的问题。如前所述，改革开放前，近代史学界也流行"政治挂帅"，一切为政治服务。现在虽无人公开倡言"经济挂帅"，但种种迹象表明，这却是个不争的事实。一些人学习、研究中国近代史，似乎不是为了追求真理，不是为了给人以科学的历史知识，使其通过了解过去，更好掌握今天，洞察未来，促进社会进步，而仅仅是为了一己私利。否则，就不会出现那么多心浮气躁的所谓专家、学者，不会产生那么多低水平的重复之作，不会抖搂出那么多抄袭甚至剽窃之类的丑闻，不会在各种荣誉和社会科学基金评审中传出那么多明争暗斗的恶例了。也许有人会说，"但有故人供禄米，微躯此外更何求"，都是那些不近情理的考核制度、高房价之类的生活压力造成的，纯属"逼良为娼"。坦白说，这话有一定道理，但我并不完全赞同。为什么？因为在同样的条件下，不是也有一大批真正以学习、研究中国近代史为崇高事业，不求升官发财、社会闻达，一心只做自己的研究，并取得相当成就，从而受到社会各界赞赏的年轻学者吗？为什么他们能这样做，而我们却不能？人生在世，谁不想过得富足、风光一些？本无可厚非，但要取之有道，得来无愧。不能将不可取的"政治挂帅"，又一变而为同样不可取的"经济挂帅"，不择手段地一味追名逐利。黎澍在谈到个人崇拜时说过一句话："应该说，毛泽东利用人家对他的崇拜来发动'文化大革命'是不对的；但有那么多人都去崇拜，这就是我们大家的责任了。"[①] 他说的个人崇拜，与"经济挂帅"，虽性质不同，但所说"我们大家"要负"责任"却是相同的。因此，一个负责任的研究者，是不可以也不应该推卸自己应负的责任的。

进而言之，或许这还是一个值得历史研究者进一步思考、研究的问题。纵观千百年的历史，许多悲剧不都和这个问题密切相关吗？庙堂之上者，以奖、惩两手御于下。庙堂之下者，往往不问是非，顺着杆儿往上爬。不正是这一自觉不自觉的上下结合态势，导致了一幕又一幕的历史悲剧的重演吗？可见，不仅要研究庙堂之上者的所作所为，也要研究庙堂之下者的所作所为，研究他们究应具备什么样的品行和素质，非此不能有效推动社会的进步。

第二个值得重视的倾向是双重标准的问题。历史研究离不开臧否人物，评价史事，而人类历史又总是在充满先进与落后、保守与革新、革命与反动、前进与倒退的矛盾和斗争中前进的。近年来，人人都说要客观、公正对待历史。这就产生了一个以什么标准和怎样运用这个标准评价历史的问题。是采用公认的统一标准，还是按不同标准，各是其是，各非其非？正确的做法当然是前者。否则，不仅无法实现真正的"客观、公正"，还可能被人斥为不过是挂在嘴上的宣传口号。

有位年轻人发现，多年来有一"引用率极高的史学箴言"，这就是陈寅恪的所谓"了解之同情"。应该说，这位年轻人的观察是准确的。改革开放以来，的确有许多人，特别是年轻人对陈寅恪这一说法倍加青睐，认为"无论如何，'了解之同情'的态度是值得提倡的"，因而每每对自己

[①] 《与〈光明日报〉记者的谈话》，《黎澍自选集》，第79页。

所研究的问题"表一种'了解之同情'"。① 那么，陈寅恪说这话的本意究竟是什么？真的是要求历史研究者对任何历史问题，都要"表一种'了解之同情'的态度"，而不是要他们将此作为一种分析历史问题的"方法"吗？个人以为，这是对陈寅恪的误解。请看他的原话："凡著中国古代哲学史者，其对于古人之学说，应具了解之同情，方可下笔。盖古人著书立说，皆有所为而发。故其所处之环境，所受之背景，非完全明了，则其学说不易评论。"这里说的，显然是"方法"问题，即在评论"古人学说"之前，必须完全明了其"所处之环境，所受之背景"。虽然他在解释"完全明了"，即"所谓真了解"的含义时，也说过要"神游冥想，与立说之古人，处于同一境界，而对于其持论所以不得不如是之苦心孤诣，表一种同情，始能批评其学说之是非得失，而无隔阂肤廓之论"，但紧接其后，又对"表一种同情"作了否定性的说明："此种同情之态度，最易流于穿凿附会之恶习；因今日所得见之古代材料，或散佚而仅存，或晦涩而难解，非经过解释及排比之程序，绝无哲学史之可言。"② 可见，陈寅恪虽然说过"了解之同情"这句话，但从前后整体意思看，他并不赞同以"'了解之同情'的态度"对待历史问题。他的"了解之同情"，只是一种分析历史问题的"方法"，一种类似于1914年列宁指出的马克思主义分析任何社会问题，都要"把问题提到一定的历史范围之内"③ 的方法。"方法"与"态度"，其实是两个性质有别的概念。作为"方法"，诚然有可取之处，但将其转变成一种对待历史的"态度"，就未必了，因为"同情"与"客观"是难以兼容的。"同情"，难以"客观"。"客观"，不需要"同情"。有学者批评改革开放以来，许多历史人物研究者往往"研究谁，就爱上谁"④，其思想根源，就在这里。

---

① 刘巍：《"诸子不出于王官论"的建立、影响与意义——胡适"但开风气不为师"的范式创新一例》，《近代史研究》2003年第1期。

② 陈寅恪：《审查报告一》，载冯友兰《中国哲学史》下册《附录》，中华书局1961年版，第1—4页。

③ 列宁：《论民族自决权》（1914年2—5月），《列宁选集》第2卷，人民出版社1960年版，第440页。

④ 参见本书第791页。

退而言之，就算陈寅恪真的要求历史研究者，以"'了解之同情'的态度"对待历史问题，也应以这一态度为统一标准，平等对待历史运动中的矛盾、斗争各方吧。否则，怎谈得上客观、公正？然而，稍微留意一下多年来的中国近代史研究实践，就不难发现，事实并不完全如此。大多数研究者固然能以同一态度对待矛盾、斗争中的各方，不搞双重标准，但也有部分研究者往往厚此薄彼，不能一视同仁。他们对清廷、北洋政府及南京国民政府一方，无不极力"表一种'了解之同情'"，但对另一方，如孙中山领导的旧民主主义革命和中国共产党领导的新民主主义革命，却不表任何"'了解之同情'"，而只以找"问题"、揭"真相"为能事了，充分反映他们实行的是与客观、公正大相径庭的双重标准。

需要说明的是，我并不反对"找问题"，揭"真相"，只是认为必须统一标准，"一碗水端平"。否则，不但不能把"历史的内容还给历史"，还会人为地造成历史的更大混乱，岂不有违我们研究历史的初衷？

第三个值得重视的倾向是弱化政治史研究的问题。以往的历史研究过于集中在政治史领域，把错综复杂的社会历史极为简单地归结为阶级斗争的历史，将丰富多彩的社会生活一概斥为"宣扬剥削阶级腐朽生活方式"。20世纪80年代初，一些学者开始"积极倡导'复兴和加强社会生活史的研究'"，认为这是走出所谓"史学危机"的"一条切实可行的途径"。[①]打这时起，史学界一直存在一种弱化政治史研究的倾向。不少研究者自觉不自觉地转向人类文明史、社会生活史、风俗习惯史等方面的研究。衣食住行、祭祀、礼仪、庙会、茶馆、宗族、士绅等成为一些研究者追逐的时尚，而政治史则明显受到一些人的冷落，甚至有人提出要将其清除出中学历史课堂，倡导历史教学不要再讲第一次世界大战和第二次世界大战了。

其实，针对以往历史研究过度突出政治史的状况，在新的历史时期有所改变和侧重是可以理解的，也是无可厚非的。而且，如前所说，恢复社会史研究，不但没错，还为中国近代史研究的进步作出了重要贡献。因为历史本来就是丰富多彩的，政治史并不是历史的全部，而仅仅是其中一部分，何况历史学家如何选择研究方向，也是个人的自由。但是，如果将这

[①] 参见本书第338页。

类研究与政治史研究对立起来,变成非此即彼、扬我抑彼、唯我独尊的二元对立问题,意欲人为地将政治史从历史本身中抹去,让人误以为没必要再从事这方面的研究了,那就是另一回事了。

一来政治史是客观存在,不是人为抹去得了的;二来平心而论,政治虽属上层建筑,不如经济基础那样对社会发展起决定性的作用,但事实早已证明,其对社会发展的反作用也是显而易见的,在一定条件下甚至起着关键性的作用。试想,哪个时代的社会变迁不和政治密切相关,不是政治大变动的产物?以衣着打扮为例,辛亥革命前人人头上那根辫子,不就是有了武昌起义的枪声,才有了剪去的可能吗?还有,当年那套男女老少"皆宜"的色泽单调、式样一律的"毛式"干部服,不就是改革开放以后才发生彻底改变的吗?没有1978年后的改革开放,哪有今天城乡街市那五颜六色、多姿多彩、赏心悦目的绚丽衣着风景线?可见,政治大变动,乃是迅速、彻底改变社会生活的重要条件,我们没有理由忽视政治史研究,更无理由轻视政治史研究。

第四节 新的趋势

中国近代史研究,自2000年以后开始进入一个新的发展时期。不但"文化大革命"结束后渐成内地"显学"的中华民国史研究取得了令人瞩目的成就,如前所述,于2011年出版了中国社会科学院近代史研究所中华民国史研究室组织编撰的《中华民国史》(1—12卷)、《中华民国史大事记》(1—12卷)、《中华民国人物传》(1—12卷),向辛亥革命百年纪念献了一份厚礼,即如太平天国、戊戌变法、中外关系等以往学者研究有素的老课题也同样取得了不俗的进步,推出了一批引人注目的学术著作。例如,通史方面有实现了中国社会科学院近代史研究所几代人夙愿的该所研究员张海鹏主编的《中国近代通史》。专题研究方面有华东师范大学历史系茅海建教授的《戊戌变法史事考》《从甲午到戊戌:康有为〈我史〉鉴注》,原中国社会科学院近代史研究所研究员(今北京大学历史系教授)王奇生的《党员、党权与党争:1924—1949年中国国民党的组织形态》,

华东师范大学历史系教授杨奎松的《国民党的"联共"与"反共"》,等等。随着蒋介石、胡汉民、张学良以及共产国际等各方面资料的开放和出版,在史实重建方面更取得了不少突破,如20世纪20年代的东北易帜、中东路事件,30年代国民党内部的派系政治,40年代毛泽东与共产国际的关系,抗战结束后的东北政局等不少历史真相,均逐渐揭开了被人为包裹的面纱。鉴于相关研究者对此均有深切了解,这里不一一赘述,仅依个人观察,就这一时期中国近代史研究领域的若干新趋势,略作介绍。

第一个新趋势是,由不乏情绪化的类似"非此即彼"式的研究转变为冷静的理性研究。由于改革开放前,史学界普遍受到教条主义、阶级斗争绝对化的困扰,改革开放后中国近代史与中国历史研究的其他领域一样,也经历了一个异常普遍与深刻的反思阶段,对以往研究中的简单化、片面性进行了全面清理。例如,有的对过度夸大太平天国《天朝田亩制度》的革命性提出了异议;有的对百年来帝国主义列强强加在中国人民头上的不平等条约进行了实事求是的考查和分析,提出了更具说服力的客观、科学的标准,排除了某些不实甚至错误的认定;有的对历史人物评价中"以人划线"的偏颇提出了批评,对以往所谓"公认"的历史事实进行了重新研究,客观而公正地恢复了不少历史人物的本来面目,等等。应该说,这些都是非常必要的,效果也是好的,对保证中国近代史研究沿着正常的科学道路前进起了重要的推动作用。

但是,事物往往有复杂的一面。随着反思过程的推进,人们发现有些"反思"似乎并不如反思者自诩的那样客观,除了事实不清,尚须深入研究、探讨外,似乎还存在一种历史研究者不应有的对追寻历史真相极其有害的情绪化倾向,自觉不自觉地陷中国近代史研究于新的简单化、片面性的困境之中。如有的只知一味指责义和团的愚昧、落后,而对它的反帝爱国精神却不赞一词;有的只字不提引发历次革命运动的深刻社会危机,却不遗余力地强调其对社会造成的"损失"和"破坏"[1];有的不但把帝国主义列强的军事侵略与政治、经济、文化完全分开,认为列强军事侵略固

---

[1] 参见吴剑杰《关于近代史研究"新范式"的若干思考》,《近代史研究》2001年第2期;李文海《认识近代国情的几个重大历史是非》,《近代史研究》1996年第6期。

然给中国造成负面影响,但在军事以外的经济、政治、文化、教育等方面,在促进中国近代化发展方面却"做了不少努力",给中国"引进了新的社会因素","在中国实行了改革",甚至进一步认为,不但在"经济、政治、文化、教育等方面,就是军事战争也对中国产生了正面影响"。他们以鸦片战争为例,说"它既是西方殖民主义者对东方一个主权国家的侵略战争,又是上升阶段的资本主义对桑榆暮年的封建王朝的战争,有进步意义的一面。从这一点着眼,有人甚至得出结论,认为鸦片战争如果来得早一点,中国的面貌就不至于像后来那样落后,也不至于遭受那样的屈辱"①。等等。

此类情绪化的反思,不但与事实相悖,还有一定的蛊惑性,虽尚未成为多数人的主流意见,但若任其泛滥,则难免对史学研究和社会大众产生不良影响,因此,不但屡有学者呼吁研究者不宜重复以往那种"非此即彼"的错误倾向,而应秉持理性原则,实事求是地研究中国近代史,既否定旧的教条主义、简单化和片面性,也拒绝新的教条主义、简单化和片面性。要积极团聚众多冷静思考和研究中国近代史的学者为一个理性学派,为近代史研究的健全、长远发展作出贡献。更有广大学者身体力行,努力将这一原则贯彻于自己的研究实践之中,并取得了相当可观的成绩。

第二个新趋势是,由简单照搬西方史学理论和方法转变为将其与中国历史实际相结合的研究。改革开放后一个时期以来,基于历史研究者皆可理解的原因,诸如所谓"现代化范式"、"施坚雅模式"、比较史学、计量史学、田野调查等西方史学理论和方法被纷纷引入中国近代史研究领域。为发展本民族文化,借鉴外国先进文化,本无可厚非。但是,不可否认的是,每个国家都有自己的国情,西方史学理论和方法毕竟是在西方的土壤中培育出来的,因为文化背景相同,思维方式一致,用以解释相应的西方国家的历史,当然行之有效。倘若原封不动搬入中国,强解中国近代史,由于文化背景、思维方式的不同,加上对中国的了解又未必深入,所知有

---

① 转引自汪敬虞《关于中国近代史研究中的殖民主义观点问题》,《近代史研究》1996年第6期。

限，就难保不发生削足适履的荒唐事了。何况有些所谓理论和方法还并不是今天的新发明，所谓比较史学、计量史学就是中国史学界早已普遍采用的方法，所谓"田野调查"也不过是往日采用的"社会调查"概念的另一种说法，并不具有什么补偏救弊的新功能。正因如此，所以有关如何借鉴西方史学理论和方法的讨论，多年来，在中国近代史学界，乃至整个中国史学界，就始终没有停止过。

以"现代化范式"为例，不少学者指出，其实，它也不是什么新理论，早在20世纪三四十年代，蒋廷黻就曾步西方后尘，提出过类似的概念，与范文澜提出的中国近代史是帝国主义入侵、变中国为半封建半殖民地和中国人民反帝反封建的历史，即今天所说的"革命史范式"，形成最早的一次对立。今天的多数倡导者，与蒋廷黻当日以此对抗"共产革命"的目的根本不同，主要是希望借此为以经济建设为中心的时代任务提供借鉴。但是，历史研究的基本要求是从实际出发，任何背离历史事实的研究都难以发挥真正的借鉴作用。大凡熟悉中国近代史发展历程的学者都清楚，以推翻帝国主义、封建主义、官僚资本主义三座大山为目标的人民革命，不仅是中国近代史上不以人的意志为转移的客观事实，而且是最为波澜壮阔的篇章，是中国近代史所发出的最强音。可是，有的研究者不愿正视这一客观事实，反而一叶障目，自觉不自觉地主张以"现代化范式"取代"革命史范式"，或曰将"革命史范式"转换成"现代化范式"。说法不同，偏颇则一。不少学者依据自己的研究经验，指出以"现代化"作为研究中国近代历史进程的视角，固然有一定的意义，"它使读者通过另一个视角看到了近代中国的历史。但是这样的观察与研究，也终究不能把一部完整的中国近代史呈现在读者面前"。而用"现代化范式"取代"革命史范式"，将客观存在的波澜壮阔的革命篇章排除于中国近代史之外，更不能说是"正确的替代"。即如"现代化范式"包含"革命史范式"说，也难掩其捉襟见肘的窘境。因为近代中国的两大基本任务——争取国家"独立"和"富强"并"不是平行进行的"，"在近代中国，主题还是谋求中国的独立和平等。正是这一主题，制约着近代中国历史的发展，制约着中国现代化的发展方向"。为此，他们认为较为可取的办法应是尊重历史实际，以"革命史范式"为主，吸取"现代化范式"之长，取长补短。唯有如此，才能全面反映中国近代历史的真实面貌。①

再看"施坚雅模式"。自1998年中国社会科学出版社翻译出版美国人类学家兼亚洲研究专家施坚雅于1964—1965年发表的有关中国近代社会经济史研究的论文，对中国市场体系提出一个新的分析模式，即结构—功能分析模式以后，它就引起了中国历史研究者的广泛关注。"施坚雅模式"，对中国近代史学者来说，的确是个相当新鲜的理论。它肯定市场体系对农民具有重要的意义，并且开创了研究农村市场的新局面，自有其贡献和合理性。但它是否完全符合中国乡村市场的历史实际？有无局限，局限在哪里？何种程度上能移用于中国乡村市场的研究？中国社会科学院近代史研究所研究员王庆成怀着追求真理、尊重科学的态度，利用华北数十州县的方志，特别是利用形成于光绪早期的《青县村图》《深州村图》中的丰富资料，对晚清时期华北的集市和集市圈的各类不同情况进行了详尽的研究。发现华北各州县集市数量参差不齐，甚至差距很大，集市数与州县人口数、村庄数及土地面积的关系，亦无有规则的比率。集市圈即集市与赶集村庄的空间构成，所包含的村庄多至近百村，少则两三村，甚至一村，不仅无法与施坚雅所谓的"市场区域的正六边形模式"相吻合，甚至对他提出的"中国农村社会结构，不是村庄，而是基层市场社区，即基层市场体系的空间区域，是农民的实际社会区域"的重要理论也要打个重重的问号。诚如王庆成所言："半个多世纪前中国社会学家费孝通提出：'中国乡土社区的单位是村落，从三家村起可以到几千户的大村。'目前，我宁愿相信这看法可能比较正确——既然集市是农民的基本社区之说还缺少确切的根据。"② 当然，也有一些学者认为"从方法论的角度看，施坚雅模式仍是我们从事中国近代史研究可以借鉴的有效资源"。这是学术研究的正常现象，不足为奇。不过，这些学者也承认"西方学者可能不懂中国，更难以将中国国情穷形尽相"，"用事实去衡量一种理论框架"，"本无可厚非；对一种理论做度长量短的批评也是旁观者应有的反思，或可推动认

---

① 参见张海鹏主编《中国近代通史》第1卷，江苏人民出版社2006年版，第56—60页。
② 参见王庆成《晚清华北的集市和集市圈》，《近代史研究》2004年第4期。

识的发展"。① 如此看来，即使是这部分学者也并不反对"用具体的经验和研究"，对西方史学理论和方法加以必要的检验。这就够了，彼此有一颗尊重真理、服从真理的心，就没有不能解决的难题。

可见，已有越来越多的学者不满足于简单照搬西方的史学理论和方法，开始转向将其与中国历史实际相结合的研究，并通过自己的研究实践证明：只有经过这样的研究，才能对西方的史学理论和方法有所证实，有所修正，有所发明，有所创造；对我们中国的近代史研究者来说，才能判定何种理论和方法是可取的，或者部分可取的，何种理论和方法是不可取的，或者部分不可取的。这是对待西方史学理论和方法唯一可取的态度。虽然相对而言，迄今参与这种研究的学者尚不够广泛，成果也还有限，但可以预见，只要努力去做，前途必定是光明的。因为早在中国民主革命时期，毛泽东就以其伟大的实践和成功，为我们证明了这一点。

第三个新趋势是，由大多以主要精力关注历史细节的研究转变为同时兼顾历史大视野的研究。改革开放一个时期以来，为纠正以往中国近代史研究中的片面性和尽可能地"还原"历史，众多学者一面对以往的研究成果进行认真梳理，一面对许多无人涉足的新课题展开深入研究。对于这一时期的研究，如用人们常说的宏观、微观研究标准加以区分，则似乎无论哪方面的研究，都基本属于微观研究，或者说细节性的研究。因为其研究结论大多是对具体史实的"有"与"无"、"是"与"非"的回答，或者具体历史过程的描述，而少有对整体历史走向的思考。当然，宏观研究也不是没有，相对较少而已。这些细节研究所取得的成就有目共睹，诚如华东师范大学历史系教授茅海建所说："我们今天对许多历史事件有了新鲜的认识，有了恰当的把握，得出较为中肯的结论，似非为在观念或方法论上有大的突破，很可能只是明晰了其中一些关键性的历史细节。"② 历史细节研究既有如此之大的作用，当然没有不继续坚持做下去的理由。

然而，历史研究的最终目的，毕竟不全在评价古人的功过是非，最主

---

① 参见任放《施坚雅模式与中国近代史研究》，《近代史研究》2004 年第 4 期。
② 茅海建：《戊戌变法史事考二集》，生活·读书·新知三联书店 2011 年版，《自序》第 2 页。

要的还是探讨今日中国的路怎么走。为了今日中华民族乃至全人类的命运,为了未来社会的进步,这就不能离开宏观的研究,或者说"历史大视野"的研究;就不能只戴观察历史细节的显微镜,而不戴预测历史未来的望远镜。必须两镜齐备,在研究历史细节的同时,也对历史作长时段、全方位的思考,从中找出历史发展的脉络和规律。何况即使评价古人,也不是仅靠研究他本人一时、一事、一地、一方面的"细节"表现,而不对其前后左右的人和事,如对他的家庭、对手、朋友、上下级、周围漠不关心者,他所面对的社会舆论,他听到什么、看见什么,等等,做全面的综合研究所能实现的。因此,在充分肯定研究"历史细节"的必要性的同时,也有不少学者提出要对中国近代史做"大视野"的研究。认为首先要在纵向,即时间上"打通",取消以1919年为界划分为近代、现代前后两个阶段,对1840—1949年的历史做整体研究。胡绳1997年7月在祝贺《近代史研究》出满100期的贺词中说:"我谨重提一个建议:把1919年以前的八十年和这以后的三十年视为一个整体,总称之为'中国近代史',是比较合适的。这样,中国近代史就成为一部完整的半殖民地半封建中国的历史,有头有尾。"[①] 其次还要在横向,即空间上"打通",将政治、经济、思想、文化、社会生活等各个方面,甚至与周边国家的历史联系起来做"大视野"的研究。北京大学历史系教授罗志田在反思改革开放30年的中国近代史研究时就说过:"研究近代中国,不仅要深入了解所谓'前近代'的中国,至少还须参考三方面的外部历史,即19世纪以来的西方、日本和各殖民地(以及后人对其的研究)。""只有对19世纪以来的西方和日本——特别是其发展变化的一面——具有较深入实在的了解,才能真正认识近代中国很多前所未有的变化。但过去的研究很少真正做到这一点,尤其在日本和中国的关联方面做得最不够(常见的不过是对比双方改革之成败)。"[②] 更为可喜的是还有不少学者怀着一颗追求真理的赤诚之心,不畏艰难地迈开了这方面的探索步伐。尽管他们的研究尚待付出更多的努力,

---

[①] 《近代史研究》1997年第4期。
[②] 罗志田:《近三十年中国近代史研究的变与不变——几点不系统的反思》,《社会科学研究》2008年第6期,转引自步平《改革开放与中国近代史研究》,《近代史研究》2009年第5期。

但作为一种值得肯定的新趋势似是毋庸置疑的。

中华人民共和国成立以来的中国近代史研究，走过一条曲折的路，有发展，有挫折，有繁荣；有经验，也有教训。今天，中国又进入了一个崭新的时期，全国上下都在为实现中华民族的伟大复兴而奋斗，中国近代史研究大有可为，其前景必定更加灿烂和美好。

第 二 章

理论与方法问题

第一节　20世纪50年代有关中国近代史分期的讨论

1949年中华人民共和国成立之后，中国近代史研究有了很大进展，无论是研究机构、研究队伍、研究成果，还是研究的深度和广度，都有了往昔不能相比的发展。但是，我认为，最重要的进步是在历史观方面，是在中国近代史研究的理论与方法方面。

1954年在《历史研究》创刊号上，胡绳发表了《中国近代历史的分期问题》一文，引起了近代史学者的强烈关注和热烈讨论。1957年，《历史研究》编辑部汇集了三年来学者讨论的文章予以出版。这是中国近代史学界学习唯物史观、寻求在中国近代史研究领域建立马克思主义史学体系的宝贵记录。中国近代史如何划分时期，看起来是编写近代史教科书的一个具体问题。但是依据什么标准分期，却涉及历史观问题，涉及研究中国近代史的理论与方法问题，涉及叙述和研究中国近代史的主要任务是什么，以什么来做中国近代史的基本线索问题。胡绳有感于1949年以前有些中国近代史教科书按照"道光时代""咸丰时代""同治时代"，或者按照"积弱时期""变政时期""共和时期"来叙述历史，认为是不足道的、不足取的，因为它们"没有反映出社会历史发展中的本质的东西"①；另一些教科书，甚至包括一些企图用马克思主义的阶级分析的方法来说明历史的书在内则放弃了历史分期的办法，按照重大事件来叙述历史，叙事时大致上采用了"纪事本末体"的方法，这种方法，往往"拆散了许多本来是互相关联的历史现象，并使历史发展中的基本线索模糊不清"②。在讨论分期标准的时候，胡绳批评了那种拿帝国主义侵略形态作划分时期标准的看法，认为"只看到侵略的那一面，而看不到或不重视对侵略的反应这一面，正是历来资产阶级观点的近代史著作中的主要缺点之一"③；同时也批评了单纯用社会经济生活的变化来做划分时期标准的做法，认为那样会走到经济唯物论的立场上去，对中国近代史分期，必须全面考察当时社会的经济基础和上层建筑，而上层建筑的变化并不是亦步亦趋地跟随着基础的变化。胡绳依据马克思主义唯物史观，依据毛泽东有关中国近代史的说明，提出了"基本上用阶级斗争的表现来做划分时期的标准"的重要意见。他还特别指出，马克思主义对中国近代史研究的要求不是在于给各个事变、各个人物一一简单地标上这个阶级或那个阶级、进步或革命的符号。如果在一本近代史著作中不过是复述资产阶级观点的书中的材料，只是多了这样一些符号，那并不就是完成了马克思主义研究的任务。"要使历史研究真正渗透着马克思主义的思想力量，就要善于通过经济政治和文化现象而表明在中国近代历史舞台上的各种社会力量的面貌和实质，它们的来历，它们的相互关系和相互斗争，它们的发展趋势。"④应该说，这是第一次向学术界提出了用马克思主义研究中国近代史的任务，从学术上提出了要使历史研究真正渗透马克思主义的思想力量的重要观点。依据这种观点，胡绳还提出了"中国近代史中的三次革命运动的高涨"（此后史学界一般称"三次革命高潮"）的概念，并对1840—1919年

---

① 胡绳：《中国近代历史的分期问题》，载《中国近代史分期问题讨论集》，生活·读书·新知三联书店1957年版，第2页。这里胡绳指的是李泰棻《新著中国近百年史》（1924年版）、孟世杰《中国最近世史》（1926年版）。

② 胡绳：《中国近代历史的分期问题》，载《中国近代史分期问题讨论集》，第2页。胡绳所指一些企图用马克思主义的阶级分析的方法来说明历史的书，是指华岗著《中国民族解放运动史》（1951年增订版）、范文澜著《中国近代史》上编第一分册（1947年版）。

③ 同上书，第4页。

④ 同上书，第7页。

的中国近代史分期提出了自己的见解。

　　胡文发表后，引起学术界热烈反应。至1957年新华社发布《中国近代史分期讨论告一段落》的消息，共有24篇论文发表。三年之间，先后有孙守任、黄一良、金冲及、范文澜、戴逸、荣孟源、李新、来新夏、王仁忱、章开沅等发表讨论文章，阐明自己的观点。报纸还报道了天津师范学院历史系中国近现代史教研室、中国人民大学第六次科学讨论会以及综合大学文史教学大纲讨论会上有关中国近代史分期问题的讨论意见。许多人同意或基本同意胡绳有关分期标准的见解，同时也提出了若干不同的见解：有人认为应以中国近代社会的主要矛盾的发展及其质的某些变化为标准[①]，有人主张"必须严格地遵循历史唯物主义的原理，树立以中国人民为中国历史主角的思想"[②]，有人认为"分期标准应该是将社会经济（生产方式）的表征和阶级斗争的表征结合起来"[③]，有人认为，"帝国主义及其走狗的经济政治压迫和中国人民的民族民主革命成为贯穿这一历史时期的根本矛盾，也就成为贯穿各个事件的一条线索"[④]，等等。因为对分期标准的认识不同，或者虽然相同，但理解不一定相同，因而形成了对中国近代史分期的种种不同主张。

　　评价这次讨论，我认为，不在于对分期标准的认识是否统一，不在于对具体的历史分期取得了多少进展，而在于，这是中华人民共和国成立以后中国近代史学界（不仅限于中国近代史学界）结合研究中国近代史分期问题，认真学习马克思主义、历史唯物主义，消除旧中国封建主义的、资产阶级的史学观的一次重要机会。通过这次讨论，明确了研究中国近代史，必须采用马克思主义的、历史唯物主义的理论和方法。讨论者几乎一致认为，毛泽东所说的"帝国主义和中国封建主义相结合，把中国变为半

[①] 参见孙守任《中国近代历史的分期问题的商榷》，载《中国近代史分期问题讨论集》，第15页。

[②] 黄一良：《评孙守任〈中国近代历史的分期问题的商榷〉一文》，载《中国近代史分期问题讨论集》，第43页。

[③] 金冲及：《对于中国近代历史分期问题的意见》，载《中国近代史分期问题讨论集》，第45页。

[④] 范文澜：《中国近代史的分期问题》，载《中国近代史分期问题讨论集》，第98页。

殖民地和殖民地的过程，也就是中国人民反抗帝国主义及其走狗的过程"，原则上表述了中国近代史的基本内容，因此，应当考虑以中国人民的反帝反封建的斗争运动及其发展作为中国近代史的基本线索。与此同时，史学界还开展了中国古代史分期问题讨论、中国奴隶制与封建制分期问题讨论、中国土地制度问题讨论、汉民族形成问题讨论、中国资本主义萌芽问题讨论，等等，所有这些讨论，是发生在20世纪50年代的一次马克思主义大学习，是一次不可多得的百家争鸣，它推动了史学界形成学习理论特别是学习唯物史观的浓厚风气，使一大批来自旧中国的学者，以及刚刚成长起来进入史学战线的青年受到了马克思主义的教育，受到了学习运用马克思主义的基本观点、运用唯物史观观察和研究中国历史，特别是中国近代史的锻炼，推动了中国近代史学科的建设，推进了中国近代史领域若干重大理论问题和历史实际问题的研究。回顾这次讨论，我们仍然感到，中国近代史学科所以有今天这样的局面，我国近代史研究学者所以有今天这样的思想水平，是如何受惠于50年代的那次讨论的。

经过50年代的讨论以后，近代史学界关于中国近代史研究的科学性和革命性问题、关于中国近代史研究的指导思想问题、关于中国近代史的基本线索问题，大体达成了共识。此后出版的三本中国近代史课本，体现了这次讨论的结果。其中两本是1962年出版的：一本是郭沫若主编、刘大年组织中国科学院近代史研究所的研究人员编写的《中国史稿》第4册，一本是翦伯赞主编、邵循正和陈庆华编写的《中国史纲要》第4册；第三本是胡绳编著的《从鸦片战争到五四运动》，此书虽然出版于1981年，反映的仍是那次讨论的结果。前两本书是为大学历史系编写的教材，后一本是为广大干部编写的近代史读本。

以前讲中国近代史的书，包括拥有众多读者的范文澜著《中国近代史》，一般带有纪事本末的特点，而且内容偏重于政治史。这在当时是有道理的，但是需要改进。《中国史稿》第4册的作者们努力作出了改变。依照《中国史稿》第4册主持人刘大年的看法，1840—1919年近代中国80年的历史，明显地表现为鸦片战争至太平天国失败、1864年至戊戌变法与义和团运动失败，以及1901年至五四运动爆发三个不同时期。在那几个时期里，帝国主义、中国社会各阶级的相互关系，他们的矛盾斗争各有特点。其中社会经济状况、阶级斗争、意识形态是结合在一起的，统一的。因此，新的著作要求根据历史演变的时间顺序讲述事件；不只讲政治事件，也要讲经济基础、意识形态，不只讲汉族地区的历史，也要讲出国内各民族在斗争中与全国的联系和相互关系。《中国史稿》第4册这种写法，就是总结了中华人民共和国成立以来中国近代史学科的理论建树和研究成果，加以概括和升华，给中国近代史搭起了一个新的架子，有些地方作出了可喜的概括。当时它是指定的高等学校教材，印数很多。1982年全国近代史专家在承德举行学术讨论会，有的研究者评论说，20世纪60年代最有影响的近代史著作是郭沫若主编、实际上是刘大年写的《中国史稿》第4册。这个评论指出了那本书在一段时间里流行的情形。胡绳的著作，规模较大，条分缕析，议论恢宏，在一定程度上体现了作者刻意追求的马克思主义的思想力量，对教学和研究工作以及对广大群众的爱国主义教育产生了深远影响。

　　学者们对以上三本书，尽管在某些具体问题的论述上可能有不同意见，但是基本上确定了中国近代史教科书的编写体例和框架，确认了用阶级分析的方法考察中国近代史的历史进程，确认了近代中国社会是半殖民地半封建社会，确认了近代中国的基本任务是进行反帝反封建的斗争，在具体编写上大体接受了三个革命高潮的概念。20世纪80年代中期以来出版的数以百计的中国近代史教科书和普及读物，大体上都是按照这个框架编写的，可以看作是学者们接受这个框架的标志。

第二节　20世纪80年代有关中国近代史基本线索的讨论

　　1980年起，中国近代史学界再次掀起中国近代史基本线索问题的讨论。经过十年动乱，一些学者从拨乱反正、解放思想出发，要求抛弃极"左"的政治枷锁和教条主义的绳索，要求纠正由于指导方针上的失误在史学研究中出现的片面化、简单化的倾向，反思近代史研究的基本状况，对早先胡绳提出并得到相当多学者支持的基本上用阶级斗争的表现作划分时期的标志以及三个革命高潮的概念，提出了怀疑和驳难。李时岳首先在1980年第1期的《历史研究》上发表了题为《从洋务、维新到资产阶级革命》的论文，引起了有关中国近代史基本线索问题的新一轮讨论。这次讨论中也涉及近代史的分期问题，却不像20世纪50年代的讨论那样，使近代史基本线索这样一个重大理论问题附丽于分期问题上，而是直接提出了问题。

李时岳的文章发表后，在20世纪80年代中期形成了争鸣的热潮，直到90年代还有相关文章发表。与50年代的那次讨论比较，这次讨论，问题提得更广泛了，角度更新了，研究更深入了，分歧也更显著了。概括起来，大体有三种主要观点。一派以李时岳为代表。李时岳提出："1840—1919年的中国近代史，经历了农民战争、洋务运动、维新运动、资产阶级革命四个阶段"，"反映了近代中国社会的急剧变化，反映了近代中国人民政治觉悟的迅速发展，标志着近代中国历史前进的基本脉络"①。认为要重视近代史上资本主义经济发生发展的意义，给予资产阶级政治运动以应有的政治地位②；强调要以"洋务运动—维新运动—资产阶级革命"作为中国近代史的进步潮流或基本线索。一些学者把这种提法概括为"三个阶梯"论，李时岳本人认为不确切，曾著文修正说应当包括太平天国农民战争而称之为"四个阶梯"论。它的依据是，近代中国社会的发展实际上存在着两个而不是一个趋向：一是从独立国家变为半殖民地（半独立）并向殖民地演化的趋向，一是从封建社会变为半封建（半资本主义）并向资本主义演化的趋向。前者是个向下沉沦的趋向，后者是个向上发展的趋向。李时岳表示赞成基本上用阶级斗争的表现为线索，认为"四个阶梯"论与"三次高潮"论并非根本对立，只是部分的修正和补充，"三次高潮"论有不完善的地方，"在于没有把阶级斗争和社会经济紧密地联系起来，从而没有把唯物史观贯彻到底"③。在中国近代史基本线索问题的讨论中，有的学者认为毛泽东的"两个过程"论没有概述中国近代史的"全部内

---

① 李时岳：《从洋务、维新到资产阶级革命》，《历史研究》1980年第1期。
② 李时岳：《中国近代史主要线索及其标志之我见》，《历史研究》1984年第2期。
③ 同上。

容",是对毛泽东本人原意的"误解",要求"摆脱""两个过程"论的"束缚",重新学习马克思主义的理论,"悟出一些新的道理,把我们的研究建立在科学理论的基础上"①。有的认为,中国近代社会"争取独立和谋求进步始终是历史的主题;而向西方学习,发展资本主义,则是近代中国争取独立和谋求进步的根本道路"②;或者说,近代"中国人民面临着争取民族独立(反对帝国主义)和谋求社会进步(发展资本主义)两项根本任务。这两项任务贯串着整个中国近代史,一切斗争,包括政治的、经济的、思想文化的斗争在内,都是围绕着这两项根本任务进行的。它们构成中国近代史的基本线索"③。依据这种理解,他们以资本主义运动(包括经济和政治两方面)作为主要线索来考察中国近代历史发展的进程,认为洋务运动、维新运动、辛亥革命"反映了近代中国人民政治觉悟的迅速发展,标志着近代中国历史前进的基本脉络"④。他们认为,在当时的社会历史条件下,要争取民族独立和谋求社会进步,就必须向先进的西方资本主义国家学习,改变中国贫穷落后的状况,实现中国的近代化。

另一派大体上坚持胡绳原先提出的观点。胡绳在《从鸦片战争到五四运动》一书的序言和1997年再版序言以及其他文章中,仍坚持三次革命高潮的观点,认为前一派的看法抹杀了农民革命在近代中国历史中的作用。苏双碧⑤、苑书义⑥、张海鹏⑦、荣孟源⑧等也先后发表争鸣文章,认为中国近代史的发展线索应制约于中国是半殖民地半封建社会的性质,中

---

① 胡滨:《打破框框,开阔视野》,《文史哲》1983年第3期"关于中国近代史基本线索问题(笔谈)"专栏。
② 据《历史研究》编辑部近现代史编辑室《国内史学界关于近代中国资产阶级的研究》,《历史研究》1983年第4期。该项资料注明这段文字出自1981年3月12日《人民日报》发表的李时岳、胡滨著《论洋务运动》一文。经查上述资料所引述的这段文字,与原文有出入,但并不违背作者的本意,或者可以看作是对作者本意的一种概括。
③ 胡滨:《打破框框,开阔视野》,《文史哲》1983年第3期"关于中国近代史基本线索问题(笔谈)"专栏。
④ 李时岳:《中国近代史主要线索及其标志之我见》,《历史研究》1984年第2期。
⑤ 苏双碧:《关于中国近代史的发展线索问题》,《光明日报》1983年11月9日。
⑥ 苑书义:《论近代中国的进步潮流》,《近代史研究》1984年第2期。
⑦ 张海鹏:《中国近代史的"两个过程"及有关问题》,《历史研究》1984年第4期。
⑧ 荣孟源:《谈中国近代史的两个过程》,《历史教学》1984年第7期。

国人民的中心任务是摆脱帝国主义和封建主义的统治，其中也包括建立自己的民族工业，在中国发展资本主义，这个过程就构成为近代中国历史发展的主要线索。他们认为毛泽东关于中国近代史所说的"两个过程"，正确地概括了中国近代史的基本线索，不同意把"向西方学习，发展资本主义"当作"近代中国争取独立和谋求进步的根本道路"，认为中国只有通过民主革命，推翻帝国主义、封建主义的统治，才能发展资本主义。与前一派意见相比较，这一派意见不同意简单地把洋务运动当成进步运动，也不赞成把义和团运动列在基本线索之外。

第三派意见比较复杂，基本上依违于以上两种意见之间，或者另有生发。章开沅发表《民族运动与中国近代史的基本线索》（《历史研究》1984年第3期）一文，试图从民族运动的角度来阐明中国近代史的基本线索。该文认为鸦片战争是中国近代民族运动的发端，把近80年的近代中国历史以1900年为界标，概括为"两个阶段，三次高涨"，即：第一阶段经历了太平天国和甲午战后的戊戌维新、义和团两次民族运动的高涨；第二阶段经历了辛亥革命这次更具有近代特征的民族运动的高涨。他说，民族运动的这三次高涨，是近代中国历史客观存在的发展态势，体现了中国近代史的基本线索和发展规律。章开沅认为，"洋务—维新—革命"只是一个简单的框架，特别容易忽略农民和土地问题这样重要的社会内容。因为中国是一个半殖民地半封建社会，不能机械搬用近代史及资本主义发生、发展和衰败的历史之类现成公式。他又认为"三次革命高潮"还是不用为好，因为"革命"一词有广狭两种理解，说三次革命高潮不仅容易引起概念理解上的歧义，而且容易使人联想到新民主主义革命史三次国内革命战争的提法，使作为整个中国近代史组成部分的新、旧民主主义史缺乏体例上的协调。他又特别指出，毛泽东说的"两个过程"可以作为我们据以探究近代中国历史基本线索的基点。说近代中国历史发展过程是一种民族运动，并不意味着以另一套线索取代"两个过程"而作为基本线索。"两个过程"是客观存在的历史实际，是中国近代史全过程的主干，因而也就理所当然地被人们理解为贯穿始终的基本线索。由此看来，这第三派虽然对前两派都有所批评，其主张的实质与胡绳的意见是较为接近的。

戚其章是另外一种看法。他说"两个过程"就是中国近代史的基本线索，是难以成立的。他认为，考虑基本线索时不宜空泛地谈论"阶级斗争的表现"，反帝斗争固然不能体现基本线索，就是反封建斗争也不一定每次都能体现基本线索，"基本线索的标志，应该是能够反映近代中国社会发展前途的国内阶级斗争"，"只有推动社会变革的国内阶级斗争才能体现中国近代史的基本线索"。他提出，在中国近代史上，只有太平天国、维新运动和辛亥革命才能体现基本线索，洋务运动和义和团运动不能列入基本线索的标志之内。这样，"太平天国—维新运动—辛亥革命，便构成了近代中国历史发展的三个阶梯"。[1]

以上是20世纪80年代中期有关中国近代史基本线索争论的几种主要见解。这些见解，都是以1840—1919年的中国历史过程作为立论的史实根据的。三派意见有许多共同之处，即都承认要以阶级斗争的表现作为确认中国近代史基本线索的标志，理论上的分歧表现在：或者强调阶级斗争要与社会经济的发展相联系，要求重视资本主义发生发展的意义和资产阶级的政治地位，提出向西方学习，发展资本主义，是近代中国争取独立和谋求进步的根本道路，因而高度评价洋务运动的历史地位，贬低义和团运动的作用。或者强调阶级斗争要与反映近代中国社会发展前途的社会变革相联系，认为不能把洋务运动和义和团运动列入基本线索之内。但是这种意见认为不能把中国近代史的"两个过程"和反帝反封建算作中国近代史的基本线索，则显然与其主张的"只有推动社会变革的国内阶级斗争才能体现中国近代史的基本线索"相违背，有理论上不够严密的地方。就具体分歧而言，三派意见最大的不同，是对洋务运动和义和团运动的评价。就洋务运动而言，第一派认为，洋务运动促进了中国资本主义的发生，是进步运动。经济史研究专家汪敬虞研究了洋务企业和近代中国资本主义的发展和不发展后认为，中国资本主义现代企业的产生，以商人为主体的民间活动先于洋务派官僚为主体的官场活动。最先在中国接触资本主义并且实践资本主义的是和入侵的外国资本主义发生联系的新式商人。洋务派官办、官督商办企业后来虽然在中国资本主义现代企业产生过程中居于主导地位，但洋务派并不能成为扶助中国资本主义发展的积极力量，洋务派官

---

[1] 戚其章：《关于中国近代史基本线索的几点意见》，《历史研究》1985年第6期。

僚不是站在促使中国资本主义走向发展的一面。① 汪敬虞在研究了洋务派的官督商办企业以后得出结论："插手现代企业的洋务派官僚，并不能承担发展中国资本主义的历史任务。"② 经济史研究专家姜铎在讨论洋务企业的性质时，认为洋务企业属于早期官僚资本性质，具有买办性和封建性，"洋务企业的垄断排他倾向，抑制了私人资本的自由发展，也是客观存在，不应否认的"③。还有人指出："近代中国存在着几种不同性质的资本主义运动。只有民族资本主义才是对中国历史的发展和中国人民的解放有利的，才是进步的。官僚资本主义和殖民主义，则是造成中国贫穷落后的根本因素，是反动的。中国不是多了民族资本主义，而是多了封建主义、官僚资本主义和帝国主义。比较起官僚资本主义和帝国主义在华开办的企业，民族资本主义企业是十分微弱的。因此，不加分析地以资本主义运动作为主要线索来考察中国近代历史发展的进程，笼统地说洋务运动反映了近代中国人民政治觉悟的迅速发展，代表了时代前进的方向，是难以令人首肯的。"④ 就义和团而言，各家评价不一，但对于义和团是北方农民自发的反帝爱国运动，似乎并无很大分歧。问题是胡绳当初界定第二次革命高涨，并没有把义和团作为唯一标志，而且申明"把第二次革命运动高涨仅看作1899—1900年的义和团的发动是不完全的"，他是把"戊戌维新"和义和团一起看作是第二次革命运动高涨时期的特征。他指出，"二者在第二次革命高涨期间虽然都存在着，但二者是完全各不相关的。追求资本主义理想的改良主义运动表现为短命的'戊戌维新'。以农民群众为主体的自发的斗争则在悲惨地失败了的义和团运动中取得歪曲的表现"⑤。胡绳除了在《从鸦片战争到五四运动》一书中正面叙述洋务运动和义和团外，还在初版前言中指出，"本书不认为有理由按照'洋务运动—戊戌维新—辛亥革命'的线索来论述这个时期的历史的进步潮流"；同时指出，"在充分

---

① 汪敬虞：《近代中国资本主义的发展和不发展》，《历史研究》1988年第5期。
② 汪敬虞：《洋务派不能承担发展中国资本主义的历史任务》，《历史研究》1985年第4期。
③ 姜铎：《略论洋务企业的性质》，《历史研究》1985年第6期。
④ 张海鹏：《中国近代史的"两个过程"及有关问题》，《追求集——近代中国历史进程的探索》，社会科学文献出版社1998年版，第14—15页。
⑤ 胡绳：《中国近代历史的分期问题》，载《中国近代史分期问题讨论集》，第8—9页。

估计义和团运动的反帝斗争意义的时候，必须看到它具有的严重弱点；同时也不能因为在当时的历史条件下，义和团运动不可能发展为一个健康的反帝斗争，就把它的历史地位抹煞掉"。在全面坚持三个革命高潮观点的时候，胡绳对义和团的评价显然是有分寸的。

至于强调阶级斗争与社会经济发展相结合，这其实是胡绳当初提起问题讨论的题中应有之义。胡绳认为，研究中国近代史的基本任务，是要通过具体历史事实的分析来说明在外国帝国主义侵略中国的条件下，中国社会内部怎样产生了新的阶级，各个阶级间的关系发生了些什么变化，阶级斗争的形势是怎样发展的。[①] 按照马克思主义的政治经济学概念，所谓阶级指的是在一定社会生产体系中、在一定社会经济结构中处于不同地位的集团。所谓阶级斗争，则是基于经济利益根本冲突的集团之间的斗争。提出研究中国社会内部怎样产生了新的阶级这样的问题，当即指在半殖民地半封建社会内部产生了怎样新的社会经济结构，并由此产生了新的阶级结构和阶级斗争。要研究新的阶级、各阶级间的关系以及阶级斗争的形势，自然就是要求研究新的社会经济结构，要求把阶级斗争与社会经济结构的研究结合起来。刘大年在1980年提出"中国近代史从何处突破？"这样的问题，强调研究中国近代经济史的重要性，提倡用唯物史观研究中国近代史，也是这样的用意。应当指出，20世纪50年代以后，关于中国近代史线索、关于三次革命高潮的理解和运用越来越简单化、公式化，对阶级斗争的表现的理解，也越来越教条化、线条化，许多中国近代史教科书千篇一律、一个面孔，使读者越来越不满意，引起大量反思和讨论，是可以理解的。这种反思和讨论，对于重新学习和理解马克思主义，学习和理解唯物史观，加深理解中国近代史复杂的历程，多角度、多面向、全过程探讨中国近代史，是有很大好处的。

中国近代史基本线索的讨论，到了20世纪80年代末以后又有了新的进展。学者们不满足于以往的讨论局限于1840—1919年的近代史分期，主张中国近代史下限应当延至1949年的呼声高涨了。《历史研究》1988年第3期发表了陈旭麓的《关于中国近代史线索的思考》，就是把1840—

[①] 胡绳：《中国近代历史的分期问题》，载《中国近代史分期问题讨论集》，第6页。

1949 年的 110 年历史作为一个完整的历史时期来考察的。陈旭麓在该文认为："所谓完整的历史时期，就是说这个 110 年不同于秦汉以来任何一个历史朝代，而是一个特殊的历史社会形态，即在封建社会崩溃中被卷入资本主义世界的半殖民地半封建社会。要从这样一个特殊的完整的社会形态及其丰富的内涵来考虑。"陈旭麓从这个路向出发，按革命的本意来定义革命高潮，认为中国近代史上确有三次革命高潮，但不是经胡绳提倡、得到大多数学者接受的那三次革命高潮。他认为在 19 世纪的中晚期，中国在推动变革的道路上，有过农民起义的高潮，有过维新变法的高潮，有过反帝运动的高潮，它们以不同的斗争方式、程度不等地推动或体现了新陈代谢的历程，但并没有形成如后来那样的反帝反封建的革命高潮。只是到了 20 世纪才出现具有完全意义的革命，形成高潮。他断言，这三次高潮是：1912 年的辛亥革命，推翻了清朝政府；1927 年的大革命，打倒了北洋军阀政府；1949 年中国共产党领导的解放战争，推翻了国民党的统治，夺取全国胜利。他强调，中国近代史上只有这三次革命高潮，没有这三次高潮，就赶不走帝国主义，也打不垮封建势力。夏东元也从 110 年中国近代史的角度，提出了他对中国近代史基本线索的理解。他认为："'一条主线'（即资本主义酝酿、发生和发展为线索）'两个过程'（即'帝国主义和中国封建主义相结合，把中国变为半殖民地和殖民地的过程，也就是中国人民反抗帝国主义及其走狗的过程'）相结合，阐明中国近代 110 年的历史规律；既不同意'三次革命高潮'说，也不认为'四个阶梯'说是妥当的。"① 这位作者确定以资本主义为主线，认为将洋务运动、戊戌维新、辛亥革命列为三个进步运动，虽然是四五十年前的陈说，但经过重新论述，注意到了资本主义发生发展的规律性，但未把 110 年历史联系起来看，而且完全把洋务运动与戊戌变法、辛亥革命并列起来是不适宜的，因为洋务运动是反对资本主义的核心问题——民主政治改革的。因此他确信，以资本主义的酝酿、发生和发展与"两个过程"相结合，以实现民主与反实现民主规定资本主义的发展和不能顺利发展为基本线索，将 110 年

---

① 夏东元：《中国近代史应予改写》，上海《社会科学报》1988 年 9 月 22 日；《110 年中国近代史应以戊戌变法微分断线》，《历史研究》1989 年第 4 期。

的中国近代史以戊戌变法为界标划分为前后两段，是比较能全面体现历史发展规律的。① 1997 年张海鹏接续对这个问题发表意见。张海鹏认为：中国近代史研究，从 20 世纪 50 年代起，就沿用中华人民共和国成立以前的说法，分为中国近代史（1840—1919 年）和中国现代史（1919—1949 年）两个时期。直到现在，大学里还是这样分别设置教研室，分别讲授课程。他认为，这样的分法，对历史认识和学科建设，都没有好处。中华人民共和国成立已近半个世纪，对于 1949 年上溯至 1840 年那一段中国历史，我们现在是看得更清楚了，应该有更好的认识和解说。总起来说，他认为应该将 1840—1949 年的中国历史打通来研究，这不论对中国近代史还是 1949 年以后的中国现代史，不论对于中国革命史还是中共党史的研究，都会有好处。他还认为，李时岳前几年提到半殖民地是"历史的沉沦"，半封建即半资本主义是"历史的上升"②，颇有新意，但说半殖民地半封建中国同时既有沉沦的一面又有上升的一面，则很难使人信服。李时岳问道，如果说近代中国只有历史的沉沦，那么，"'历史的沉沦'何所底止？漫漫长夜宁有尽头？"③ 张海鹏由此受到启发，进而提出主张：从半殖民地半封建中国 110 年历史来考察，近代中国历史到了 20 世纪初（大约在 1901—1915 年），可以说是半殖民地半封建社会沉沦到谷底的时期。1901 年是《辛丑条约》的签订，1915 年是日本向中国提出二十一条、袁世凯称帝以及陈独秀创办《新青年》。这些重大事件，大大刺激了中国社会成长中的新的社会阶级力量，促进了他们的觉醒，促进了整个中华民族的觉醒。从此以后，中国社会内部的发展开始呈现上升趋势，新文化运动的发展和五四反帝爱国运动的爆发是这一上升趋势的明确表征。此后，资产阶级及其政治代表的力量，无产阶级及其政治代表的力量迅速成长并终于先后取代旧势力，成为主导社会发展的力量。④

张海鹏还认为，胡绳提出的三个革命高潮的概念是中国近代史中很重

---

① 参见夏东元《110 年中国近代史应以戊戌变法微分断线》，《历史研究》1989 年第 4 期。
② 参见李时岳《中国近代史主要线索及其标志之我见》，《历史研究》1984 年第 2 期。
③ 李时岳：《关于"半殖民地半封建"的几点思考》，《历史研究》1988 年第 1 期。
④ 参见张海鹏《中国近代史的分期及"沉沦"与"上升"诸问题》，《近代史研究》1998 年第 2 期。

要的概念。从政治史或者革命史的角度来观察，这个概念的提出，是反映历史实际的。固然，从经济史、思想史、文化史或者从近代化史的角度观察中国近代史，可以从各相关专业的需要出发提出不同的、反映各相关专业历史实际的某些概念，但是，从中国近代史的全局衡量，恐怕都要考虑三个革命高潮概念的统率、制衡作用，把三个革命高潮概念完全撇开不用，恐怕是难以反映历史真实的。

但是，胡绳当初提出这个概念的时候，所处理的对象是中国近代史的前半期，即1840—1919年间。把中国近代史的下限放在1949年9月，则胡绳所提中国近代史的三个革命高潮的概念之不符合实际，是很明显的。从这个角度对三个革命高潮论所作的批评，是完全有道理的。因此，从中国近代史的全局考虑，有必要重新考虑中国近代史上的革命高潮问题。

考虑到胡绳当初提出革命高潮概念的用意，是为了说明中国近代史发展的基本线索，是为了"通过经济政治和文化现象而表明在中国近代历史舞台上的各种社会力量的面貌和实质，它们的来历，它们的相互关系和相互斗争，它们的发展趋势"，是为了认识"革命运动高涨的时期乃是社会力量的新的配备通过激烈的阶级斗争而充分表露出来的时期"[①]，我们就会明了，他并不是从革命的本来意义来定义"三次革命运动的高涨"这一概念的。他提出这个概念的出发点是可以理解的，它对于我们从政治上来认识中国近代史发展的基本线索和特点，恰恰是很重要的。况且，19世纪几次革命运动的高涨（如太平天国运动、戊戌维新、义和团等），为此后真正革命运动的到来做了认真的准备，提供了思想资料，是从旧民主主义革命过渡到新民主主义革命不可缺少的准备阶段。缺少了这些，我们认识中国近代史的基本线索，总结中国近代史的发展规律，就缺少了必要的环节。从这个认识出发，中国近代史的革命高潮依然应该把19世纪的几次革命运动包括在内。当然，不一定非要三次不可。从全局衡量，应该有七次。它们是：太平天国革命运动；戊戌维新和义和团运动；辛亥革命；新文化运动和五四运动；1927年大革命；1937—1945年抗日战争；解放战争的胜利和中华人民共和国的成立。以上七次革命运动或革命高潮，基本

[①] 胡绳：《中国近代历史的分期问题》，载《中国近代史分期问题讨论集》，第4、7页。

上决定了近代中国的政治走向，包括了从旧民主主义革命到新民主主义革命的所有主要阶段，包括了民族民主革命的基本内容。这就是中国近代史发展的基本线索。①

关于中国近代史基本线索的讨论，虽然近年来发表的文章少了，但是学者们没有停止思索。我希望并且相信，我们的讨论不会就此停步。重要的是要保持百家争鸣的良好态势。我们不需要只有一个声音。在马克思主义指导下，我们可以形成多个学派，提出多个不同的框架，促进中国近代史研究的真正繁荣。

必须强调，研究中国近代史的基本线索，是要探索观察中国近代历史的一种方法，以便运用这种方法，去发现中国近代史发展的基本规律。中国近代史的基本线索，并不等同于中国近代史。中国近代史所反映的历史事实，是中国近代史的基本内容，并不是全部内容。中国近代史的全部内容比这些要丰富得多、复杂得多。无比丰富的历史现象，好比旧时代的铜钱，这些基本线索好像绳索，可以把一堆散乱的铜钱贯穿起来，人们认识这堆铜钱的整体就方便多了。我们对中国近代史的基本线索有了明确的认识，我们对全部中国近代历史的认识就会有条理多了，对中国近代历史的发展方向和发展规律就较易把握了。

以上有关中国近现代史的分期、有关中国近代史基本线索的认识，以及大体上取得共识，是中华人民共和国成立以来中国近代史学科所取得的重大成就。有了这些成就，中国近代史这门学科的整体面貌就清楚了。说它是一个独立的学科，在一定的意义上是指此而言。就是在这样一个整体认识的架构下，展开了中国近代史学科领域丰富多彩的研究成果。

第三节　关于中国近代史的"沉沦"与"上升"

中国近代史的"沉沦"与"上升"问题，涉及的是中国近代历史的发

---

① 参见张海鹏《中国近代史的分期及"沉沦"与"上升"诸问题》，《近代史研究》1998年第2期。

展趋势问题，也是如何看待近代中国历史的发展方向的一个饶有兴趣的问题。

以往对中国近代历史发展趋势的认识，一般是说近代中国"沉沦"到半殖民地半封建社会的"深渊"。① 20世纪80年代初，李时岳提出近代中国社会的发展实际上存在着两个而不是一个趋向：一是从独立国家变为半殖民地（半独立）并向殖民地演化的趋向；一是从封建社会变为半封建（半资本主义）并向资本主义演化的趋向。前者是个向下沉沦的趋向，后者是个向上发展的趋向。半资本主义，对封建社会是一种历史的进步。半资本主义的存在，就是"上升"。所以，半殖民地半封建社会不仅有"沉沦"，而且有"上升"。这种"沉沦"和"上升"是同时并存的。这是历史学家对近代中国历史的又一种解说。这个说法很新颖，对近代史学界影响很大。汪敬虞曾评论这一观点说："根据作者的论证，人们可以得出这样的结论，那就是：中国近代社会，既可以说是半殖民地半封建，也可以说是半殖民地半资本主义。因为半封建＝半资本主义。"② 显然，汪敬虞并不赞同这个观点，但未深入讨论。此外，专文讨论者，尚付阙如。

李时岳提出上述观点，是在1919年为下限的中国近代史的框架内思考的。在这个框架内思考，对中国近代史发展趋势的新解说，有几点说不通的地方。第一，在1919年前，中国遭受列强十分重大的打击，《南京条约》《北京条约》《马关条约》《辛丑条约》《民四条约》等，严重束缚着中国，割地赔款，外国驻军，租界和租借地，协定关税，领事裁判，外国经济实力控制着中国经济生活，说中国"沉沦"在半殖民地半封建社会的"深渊"，基本上符合历史事实。说这时候的中国同时存在着"上升"，比较难以说通。第二，经过洋务运动，资本主义生产方式在中国经济生活中所占成分十分微弱，民族资本主义在19世纪末刚刚形成且十分微弱，说中国半封建的另一半是半资本主义，显然并不合适。第三，学术界对半殖民地半封建社会的理解，一般是把它作为社会形态看待的，实际上所谓社

---

① 参见李时岳《近代中国社会的演化和辛亥革命》，《纪念辛亥革命七十周年学术讨论会论文集》上册，中华书局1983年版，第173页；《中国近代史主要线索及其标志之我见》，《历史研究》1984年第2期。

② 汪敬虞：《中国近代社会、近代资产阶级和资产阶级革命》，《历史研究》1986年第6期。

会形态是一个马克思主义的概念，它是介于资本主义和社会主义之间的一种过渡性的社会形态。说半殖民地是对国家地位而言，说半封建是对半资本主义而言，固然有某种道理，但是，把一种社会形态割裂开来，在科学上是说不过去的，是缺乏理论支撑的。

如果把中国近代史理解为1840—1949年的历史，全面观察110年历史发展趋势，则情况就不一样了，视野就开阔了，我们就可以看到近代中国"沉沦"和"上升"的全过程。我经过10多年的思考，就近代中国的"沉沦"和"上升"问题撰写了文章，与李时岳的观点相商榷。我就近代中国110年的历史考察，提出了"沉沦""谷底""上升"的看法。在我看来，在1840—1900年，中国历史的发展趋势主要表现为"沉沦"，这个时期，也有"上升"的现象，但那是次要的因素；1901年到1920年期间，中国历史表现为"沉沦"到"谷底"的时期，所谓"谷底"时期，实际上是"沉沦"到"上升"的交错期，是黑暗到黎明的交错期。这个时期，是《辛丑条约》签订后中国最困难的时期，半殖民地半封建社会完全形成，因此是"沉沦"表现最严重的时期；辛亥革命、五四运动在这个时期发生，表明中国的"上升"因素已经上升到可以与"沉沦"表现相抗衡的时期。渡过了"谷底"时期以后，中国的历史发展趋势就主要表现为"上升"了。[①]

据我所知，一些学者对上述观点发表了评论。多数人认为"谷底"说颇具新意。有的学者评论说，这一说法"饱含着作者创造性的学术探索"，"尝试性地提出了中国近代史的一种新的理论架构"[②]。有的学者认为，"《关于中国近代史的分期及其"沉沦"与"上升"诸问题》一文，是一篇旨在重新构建中国近代史学科体系的很有价值的文章"，"半殖民地半封建社会深渊'谷底'的问题，是一个很值得继续讨论的重要学术问题"[③]。还有学者认为，"关于中国半殖民地半封建社会的'谷底'说

---

① 参见张海鹏《关于中国近代史的分期及其"沉沦"与"上升"诸问题》，《近代史研究》1998年第2期。
② 陈铁军：《关于中国近代史的一种新的理论架构》，《史学理论研究》1999年第4期。
③ 袁成毅：《再探中国近代半殖民地深渊的"谷底"》，《杭州师范学院学报》2001年第2期。

和中国近代社会的'沉沦'、'上升'的理论，使我们对半殖民地半封建社会的认识更加清晰了，更加形象化了，更加接近历史的实际了。历史的发展是曲折的，是不断进步的，中国近代社会也是这样，这就给人们以信心，给人们以力量。尤其是我们从近代社会的发展中看到，尽管近代各个阶级、各个阶层为避免社会的'沉沦'做出了他们的努力，但只有无产阶级才使中国避免了继续'沉沦'为殖民地的厄运，才使中华民族获得独立和解放"，"这是张先生对中国近代史体系的重大贡献"①。"我完全赞同张先生对中国近代社会发展轨迹的描述，尤其是他提出的'谷底说'，发前人所未发。""张海鹏先生的谷底说和对近代中国社会发展轨迹的描述，是对近代社会发展最形象最具体的说明，最科学的解释。张先生的描述，使人们对近代中国社会发展的轨迹清晰可见，不仅看到了近代社会的屈辱和灾难，而且也看到了近代社会前进的力量和方向，从而使人们对近代社会有了一个科学的认识。这是张先生对中国近代史宏观研究的一大贡献。"②

对于近代中国"沉沦"的"谷底"究竟在哪里，学者有不同的看法。有的认为，"谷底"应该在甲午战争到《辛丑条约》签订之间③；有的认为，应该在1931—1945年日本侵华期间④。

还有学者对"谷底"说提出了质疑，认为"'谷底'之说所以不完全正确，最要紧之处是它完全否定或者低估了辛亥革命的胜利成功及其划时代的里程碑的历史意义"⑤。

看来，继续探讨近代中国的"沉沦"与"上升"以及"谷底"问题，对认识近代中国历史的发展轨迹或者历史发展趋势，认识中国近代史的本

---

① 张华腾：《一部全新的中国近代史著作——评张海鹏先生主编的〈中国近代史〉》，《殷都学刊》2001年第3期。
② 张华腾：《关于对中国近代社会发展及其发展轨迹的认识——兼与张海鹏先生商榷》，《殷都学刊》2003年第2期。
③ 同上。
④ 参见袁成毅《再探中国近代半殖民地深渊的"谷底"》，《杭州师范学院学报》2001年第2期。
⑤ 陈铁健：《近代中国社会沉沦谷底问题浅议——读潘荣〈北洋军阀史论稿〉》，《史学月刊》2008年第1期。

质特征，还是很有意义的。进一步展开学术争鸣与探讨是必要的，是值得提倡的。

第四节　关于中国社会性质与"告别革命"问题

　　判断人类历史上某一阶段的社会性质，是一个马克思主义的命题。最早提出关于中国近代社会性质观点的是列宁。列宁从帝国主义时代特点出发，提出了殖民地和半殖民地理论。[①] 早在1912年和1919年间，列宁曾在自己的文章中分别提到中国是半封建的国家和半殖民地国家，他是从过渡阶段的社会这样的角度分别提到这两个"半"的，但未作论证。中国人接受这样的观点，是在中国共产党成立之后。[②] 1922年7月，在中共"二大"通过的《关于"国际帝国主义与中国和中国共产党"的决议案》和《关于议会行动的决案》，已经开始出现"半殖民地"概念。同年9月，蔡和森在《统一、借债与国民党》和《武力统一与联省自治——军阀专政与军阀割据》等文章中，明确地使用了"半殖民地""半封建"概念来说明中国社会的性质。在此前后，陈独秀、蔡和森、邓中夏、萧楚女、李大钊、罗亦农等人均明确认识到中国是半殖民地社会。1926年，蔡和森在《中国共产党史的发展（提纲）》中提到"半殖民地和半封建的中国"和"半封建半殖民地的国家"，是目前所能查考到的最早将两"半"概念联结起来的完整表述。中共中央在自己的文件中正式提出完整的半殖民地半封建概念，是在1929年2月的《中央通告第二十八号——农民运动的策略》中，那是在中共"六大"以后。[③] 与此同时，中国的思想理论界还爆

[①] 参见赵德馨《列宁关于半殖民地半封建社会的学说》，《青海社会科学》1984年第4期。
[②] 孙中山讲过中国是"次殖民地"，认为"次殖民地"的地位比殖民地的印度还不如，这是对殖民地理论的误解。
[③] 参见陈金龙《"半殖民地半封建"概念形成过程考析》，《近代史研究》1996年第4期；陶季邑《关于"半殖民地半封建"概念的首次使用问题》，《近代史研究》1998年第6期；李洪岩《半殖民地半封建理论的来龙去脉》，载《中国社会科学院近代史研究所青年学术论坛》2003年卷，社会科学文献出版社2005年版。

发了一场关于中国社会性质问题的大论战。一些在马克思列宁主义指导下做研究的理论工作者,以新思潮派为代表,与中国托派的动力派和国民党学者新生命派,进行了长期的理论斗争,对中国社会性质和革命性质问题进行了严肃思考和理论创造。1938—1940年,毛泽东连续发表《战争和战略问题》《中国革命和中国共产党》《新民主主义论》等指导性论著,系统地、科学地、正确地解决了中国的社会性质问题。他指出:"自从一八四〇年的鸦片战争以后,中国一步一步地变成了一个半殖民地半封建的社会。""帝国主义列强侵略中国,在一方面促使中国封建社会解体,促使中国发生了资本主义因素,把一个封建社会变成一个半封建社会;但是在另一方面,它们又残酷地统治了中国,把一个独立的中国变成了一个半殖民地和殖民地的中国。"① "中国的特点是:不是一个独立的民主的国家,而是一个半殖民地的半封建的国家;在内部没有民主制度,而受封建制度的压迫;在外部没有民族独立,而受帝国主义压迫。"② 这是对于近代中国社会性质最经典的表述。毛泽东不止一次强调指出:只有认清中国社会的性质,才能认清中国革命的对象、中国革命的任务、中国革命的动力、中国革命的性质、中国革命的前途和转变。总之,认清中国的社会性质问题,才能解决近代中国历史发展的基本规律问题。从此以后,中国共产党的理论工作者,以及在中国革命成功的推动下愿意接受马克思主义指导的史学工作者,在中国的社会性质问题上,都认同了近代中国是半殖民地半封建社会的观点。③

对这个认识,有人提出质疑和挑战。有的文章认为,帝国主义"破坏了中国的国家主权和领土完整,但没有也不可能改变中国的社会性质",因而辛亥革命之前的中国仍是封建社会,辛亥革命以后的中国是半封建或半资本主义社会(也有文章认为是资本主义社会),辛亥革命之前和之后,无论如何都不是半殖民地半封建社会,因此半殖民地半封建社会"这个说

---

① 毛泽东:《中国革命和中国共产党》,《毛泽东选集》(合订本),人民出版社1964年版,第620、624页。
② 毛泽东:《战争与战略问题》,《毛泽东选集》(合订本),第530页。
③ 参见李洪岩《半殖民地半封建理论的来龙去脉》,载《中国社会科学院近代史研究所青年学术论坛》2003年卷。

法究竟是否恰当，似有必要重新加以研究"。还有人对"两半论"提出了直接的质疑和驳难，认为"两半论"是"失误"，"延误了我们反封建历史任务的完成"。① 有记者采访某研究员，问："您的意思是不是说，应该否定'半殖民地半封建'这一理论概括，提出新的概括，以突破现存的近代史的框架，探索新的架构呢？"答："显然有这样的意图，确切地说，重新检讨'半殖民地半封建'这一提法，是要为设计新的近代史构架寻找理论基点。"② 这里已经把问题提到相当尖锐的程度了。

质疑者说"要为设计新的近代史构架寻找理论基点"。质疑者要设计的新的近代史构架是什么，支持这一构架的理论基点找到了没有，始终未见下文。但是，我们对论者所谓"半殖民地半封建"理论"延误了""反封建历史任务的完成"却百思不得其解。前已指出在革命中，认清了中国社会的性质，就认清了中国革命的任务、革命的对象。中国革命的任务就是反帝反封建，这是由半殖民地半封建社会性质本身所规定了的。所谓"推翻三座大山"，不就是指完成了反帝反封建的革命任务吗？我们倒是要问，如果否定"半殖民地半封建"这一理论概括，在中国近代史研究中，能够正确坚持反帝反封建的观点吗？

在半殖民地半封建社会问题的讨论中，有一种分歧值得注意。所谓半殖民地半封建社会，是一种适应于近代中国社会的社会形态，是一种过渡性的社会形态，它恰当地反映了近代中国社会的政治、经济、文化状况。作为社会形态，它是不可分割的。另一种意见认为，半殖民地是对国家地位而言，半封建是对半资本主义而言，两者不是互相补充，而是互相对立的。③ 这个分歧是很大的。分歧的任何一方在据此观察近代中国历史时，都可能得出不完全相同的结论。

究竟如何看待近代中国的半殖民地半封建问题，可以从学理上去分

---

① 《中国近代社会性质的再认识》，广州《学术研究》1988年第6期。这篇报道用的第一个标题就是"毛泽东'两半'论的权威面临挑战"。

② 《关于近代中国社会性质问题答记者问》，广州《学术研究》1988年第6期。

③ 以上有关半殖民地半封建理论的质疑和讨论，参看倪玉平《近20年"两半"问题研究述评》，广州《学术研究》2008年第10期；《关于"半殖民地半封建社会"问题研究之新进展》，《北京日报》2009年2月16日。

析，也可以从历史实践上去分析。但是任何学理的分析，都只能基于历史实践。脱离了历史实践的分析，都是书生之见，是靠不住的。近代中国的新民主主义革命，它的历史实践是什么呢？它正是基于对中国社会性质的正确认识和分析，才制定出新民主主义革命的战略、策略，才能明确革命对象、明确革命力量、明确革命前途。中华人民共和国的成立，社会主义道路的选择，都是这个历史实践的结果。离开这个历史实践，虚构种种臆测的理论，怎么能与历史的实践相符合呢？历史研究是基于史实的探讨，离开了史实，仅凭思辨是不能解决问题的。

从20世纪50年代以来，中国近代史研究领域，关于革命和改良问题发生过多次争论。80年代的争论，主要涉及如何正确评价改良派或者改良主义问题。那时候的争论，对于革命的作用，一般都是肯定的。问题是如何评价改良派的历史作用，这主要涉及戊戌维新运动的评价以及清末立宪运动、立宪派以及资政院、咨议局等作用的评价。早期对改良派的评价比较低，80年代以后，对改良派的评价已渐趋平实。我在《中国近代通史》第1卷中谈及这个问题：

回顾历史，我们看到，改良与革命只是近代中国人改造中国的不同道路的选择，尽管它在近代中国的历史命运不尽相同，但它对于推动近代中国历史进程的进步作用都是不容抹杀的。

当然，这样说并不意味着改良与革命可以等量齐观。有一种见解说革命与改良，是推动近代中国历史前进的双轮。这个观点需要加以讨论。何谓双轮？好比一辆车子，两个车轮同时向前滚动，才能带动车厢向前运动。革命与改良，是否是这样的两个轮子，同时推动着近代中国历史的前进呢？还需要根据事实和理论作出具体的分析。

革命与改良的关系到底如何？对于社会历史的前进运动来说，革命和改良都是推动历史前进的动力。改良是常态，革命是变态。每一个国家，每一个时代，总是经常处在改良的状态中，否则，那个社会就停滞了，不前进了。所以改良是经常存在的。而革命则不然，社会革命不能经常存在，一个社会不能经常处在革命的状态中，如果是那样，这个社会就会是病态的。

诚然，革命并不是社会历史前进的唯一推动力。革命的发生是有条件的，不是可以任意制造出来的。社会发展的经常形式是社会改良。当阶级矛盾不到激化的程度，解决社会阶级利益的冲突，往往要靠阶级妥协与调和；解决社会政治利益的冲突，往往要靠社会改良的种种办法。阶级调和的办法，社会改良的办法，也能促进社会的发展，但它们只能在同一个社会制度内运行，如果要推翻旧制度，建立新制度，阶级调和、社会改良，是无能为力的，只能让位于革命手段。革命发生，才能使社会发展发生质的变化。因此，革命虽不是社会发展的唯一推动力，却是社会历史发展的根本动力。否定这一点，无原则地歌颂社会改良，显然是一种反历史主义的态度。

正因为革命是社会发展的根本动力，它能推动历史发展产生质的变化，而改良则不以推翻一个社会的制度为目的，它是在社会制度允许的范围内进行的，用今天的话来说，是在体制内进行的。因此，一个真正的革命家并不拒绝改良，而一个改良主义者则往往拒绝革命。也往往是这样的情况：一个社会的改良进行不下去的时候，或者那个社会不允许改良的时候，往往就可能爆发革命。从这个角度说，改良为革命准备着条件，改良为革命积聚着能量。在这种情况下，实行改良的人和实行革命的人，往往不是同一批人。[1]

以上这些话，大体上是总结了学术界的多次争论得出的认识。今天看来，得出这样的认识应该是公允的。

但是，在20世纪90年代，出现一种"告别革命"的言论。这种理论在西方社会早已有之，在中国则从90年代中期开始出现。始作俑者，似乎是李泽厚。1994年李泽厚在一篇对话里说："辛亥革命是搞糟了，是激进主义思潮的结果……自辛亥革命以后，就是不断革命：'二次革命'，'护国、护法'，'大革命'，最后就是（19）49年的革命，并且此后毛泽东还要不断革命"，"现在应该把这个观念明确地倒过来：'革命'在中国并不一定是好事情"[2]。1995年，李泽厚、刘再复在"回望二十世纪中国"的时候，在香港出版了一本标题为《告别革命》的书。该书几乎否定了历

---

[1] 参见张海鹏主编《中国近代通史》第1卷，江苏人民出版社2006年版，第127—128页。
[2] 李泽厚、王德胜：《关于文化现状、道德重建的对话》，《东方》1994年第5期。

史上的一切革命，当然也否定了近代中国的一切革命。他们宣布，改良比革命好。这本小书是谈话记录，谈不上什么理论依据，没有论证，不过是反映谈话者厌恶革命的心理。这就不是理论的误区、学术方向的误区，而是作者们政治倾向的误区了。

我在一篇评论里曾经指出：为什么要提出"告别革命"说？反对法国大革命，是为了反对十月革命；反对辛亥革命，是为了反对中国共产党的新民主主义革命。他们要"反省整个中国近代史"，就是这个目的。他们要改变反共反社会主义的策略，于是"放弃激进的社会/政治批判话语，转而采取文化上的保守主义话语"，实际上是"隐喻了某种意识形态的企图"。这还说得不够明确。《告别革命》一书的序言，把"告别革命"说的目的全盘托出："这套思想，恰恰是'解构'本世纪的革命理论和根深蒂固的正统意识形态最有效的方法和形式。"原来如此。把近代中国的革命历史都否定了，把20世纪的革命理论都"解构"了，所谓反帝反封建自然不成立了，中华人民共和国的成立自然就失去合理性了。如此，则所谓有中国特色的社会主义、社会主义的市场经济，岂不是都消解殆尽了么？[①]

"告别革命"的思想，是一种历史虚无主义的表现，在思想文化领域有着广泛的影响，很值得学术界、理论界注意。

这里需要指出，历史研究，需要实事求是，需要从历史事实出发，就是对历史上发生过的既有的事实、事件、人物的表现、历史过程，做出客观研究，提出认识，给后人指出历史借鉴。革命和改良，是历史上发生过的事件，历史学者的任务，就是对革命和改良的来龙去脉、事实经过做出研究，对革命和改良在历史发展中对当时和后世发生的影响，作出评估。

第五节　晚清史与中国近代史的关系以及对"新清史"的认识

晚清史研究，是清史研究的基本组成部分，也是中国近代史研究的基

[①] 参见张海鹏《"告别革命"说错在哪里？》，《当代中国史研究》1996年第6期。

本组成部分。在今天，这是毫无疑义的。1999年姜涛发表《50年来的晚清政治史研究》(《近代史研究》1999年第5期) 点破这一点以前，学术界的认识是不明确的，人们谈到清史，实际上并不包括道光二十年以后的历史。人们说到中国近代史，往往是指1840年以后的中国历史，似乎晚清的历史不在清史研究的范围内。国家清史编纂工程即将启动之际，我参加一个座谈会，一个研究清史的著名学者开出一个清史著作书目，竟都是嘉庆以前的，我问道光以后的算不算清史，那位先生无以应对。还是在那个时候，一位今天在清史编纂工程中承担重要任务的学者，说自己并不适合在清史工程中担任职务，基本理由是自己的专业是中国近代史研究。可见，在那个时候，中国近代史与清史之间是存在壁垒的，在研究者的心目中，是划有界限的。

从学科分野的角度说，清史与中国近代史之间，是有某种区分的。这种区分，主要是在1949年以后，当中国近代史作为一个独立的学科形成，当新成立的中国科学院首先出现以近代史冠名的研究所，当中国近代史作为一门独立的课程在各大学普遍讲授以后。在大学里，嘉庆以前的历史放在中国古代史里讲授，道光以后的历史作为中国近代史讲授。晚清史与中国近代史的区分，就在学者中自然形成了。没有人专门论述过晚清史与中国近代史的区分问题，也没有任何行政部门就此发表过意见。这是一个学科成长的自然历程。

中国近代史的学科对象有一个演变的过程。很长时间里，大多数学者把1840—1919年的中国历史作为中国近代史。最近20年来，大多数学者把1840—1949年的中国历史作为中国近代史。不管中国近代史学科对象如何演变，鸦片战争至清帝被推翻这一段晚清史，都包括在中国近代史的学科范围内。因此，从学科演变的历史来说，晚清史与中国近代史发生了不可分离的关系，换一句话说，晚清史包括在中国近代史内。

从中国近代史的角度看晚清史，1840年鸦片战争起始，中国出现国势陵夷的数千年未见的变局，西方势力侵入，西方思想东渐，儒学日渐衰颓，社会性质发生变化；从社会底层到庙堂之上，各方面人士思想动荡，社会严重不安。随着外国侵略加深，不仅对外战争不断，国内战争也不断。从太平天国、洋务运动，到戊戌维新、义和团运动，再到中国同盟会倡导、推动的革命，直至清廷被推翻，中华民国成立，中国社会出现从"沉沦"到"上升"的转变。西方的机器和资本主义的生产技术移植到中国，中国国内生产方式开始发生变化，社会上产生了新的阶级力量，新的知识群体，譬如工人阶级和资产阶级，譬如与传统士人不同的新的知识分子群体，戊戌维新开始，国内逐渐出现各种社会团体，为中国的改革和革命奔走呼号。这些社会新势力，都是区别于传统势力的。这也是中国社会从"沉沦"到"上升"转变的重要标志。

如果从清史的角度看晚清史，情形或许稍有不同。从道光二十年鸦片战争起始，中国出现国势陵夷的数千年未见的变局，西方势力侵入，西方思想东渐，儒学日渐衰颓，社会性质发生变化；社会底层各方面人士思想动荡，社会严重不安。高官显贵声色犬马如故，他们想的是如何保住朝廷，如何保住乌纱帽，对民间改革朝政的呼声往往视而不见，对农民起义或者革命行动一律采取镇压政策。从清政府一面看，中国社会是在"沉沦"中。庙堂之上不做认真反思，不谋对策，不思进取，没有危机意识，多次失去发展机遇。

所谓发展机遇，含义有三：一是要发展，二是要有国际比较，三是机会来了要抓住不放。所谓抓住，是指决策者自觉的认识和实践。观察晚清社会，并不缺少发展机遇。只是由于当时的决策者不能很好认识迅速发展自己，以赶上世界先进国家的必要性，以至机遇来临时不能很好抓住，终于造成晚清一系列因落后而挨打的悲惨境遇。这是历史留给我们的沉痛教训。

鸦片战争虽然给中国带来打击，统治者却并不了解事态的严重性。朝廷对世界事务仍是懵懂无知，甚至《南京条约》签订以后，道光皇帝对英国在何方向、道里远近仍全然不晓。林则徐、魏源们虽然得出了"师夷之长技以制夷"的正确认识，也撰写了《海国图志》那样介绍外国历史地理的书籍，在日本引起轰动，但是在中国国内却反应寥寥。直到太平天国农民起义爆发，太平军所向无敌，其势力活动于大半个中国，其间，英法发动第二次鸦片战争，英法联军打到北京，咸丰皇帝不得不"北狩"热河，清政府才切身感受到了外国人的"船坚炮利"。但最高统治阶层仍认为这些只是"肢体之患"，真正构成"肘腋之患"的还是农民起义。太平天国农民大起义被彻底镇压以后，国内曾经出现了 20 多年相对平静的时期。统治阶层某些上层人物对中外发展的差距已有较多认识，政权相对也比较稳定，如果利用这个机会发展自己，事情未必不可为。日本正是在这个时候通过明治维新，奠定了发展资本主义的基础。中国统治阶层中一部分人如军机大臣奕䜣，封疆大吏曾国藩、李鸿章发起洋务新政，造船造炮，发展军事工业，随后又以官办或官督商办形式发展了一些民用工业。这些人试图只在器物层面上做一些变动，而不变动思想观念、社会制度来谋求民富国强。即使这样局部变动也没有取得整个统治阶级的共识，顽固派、反对派，朝野上下所在多有。最高统治者慈禧太后也只是居中驾驭，并无定见。这与明治维新以后的日本统治阶级正好相反。一次发展自己的机会就这样没能抓住，失去了。甲午一战，北洋海军全军覆没，洋务新政主持者们求富求强的梦破灭了。

晚清发展的第二次机会是在戊戌维新时期到来的。甲午战后的民族危亡给那些不曾"入仕"的知识分子们以极大的刺激和启迪。他们讲学办报，集会结社，一方面积聚力量，同时也给群众以新知识的宣传和灌输。他们希望通过由下而上，再由上而下的方式，变革朝政，变革思想，发展国家的资本主义。康有为、梁启超是这些人的代表。恰好年轻的光绪皇帝想巩固自己亲政的地位，摆脱慈禧太后和老旧重臣的控制，于是与康梁一拍即合，发动戊戌变法。但是变法不过百日，慈禧一伙发动宫廷政变，囚禁光绪，处死戊戌六君子，断送了变法的前程，使中国再次失去了发展的机遇。皇帝尚且不能掌握朝廷实权，那些流亡海外的士子们以保皇相号召，也只是徒呼奈何了。

光绪二十六年（1900）十二月初十，清廷借光绪皇帝名义发布变法上谕，特别指出："懿训以为取外国之长，乃可补中国之短；惩前事之失，乃可作后事之师。自丁戊以还，伪辩纵横，妄分新旧。康逆之祸，殆更甚于红拳。迄今海外（甫）逃，尚以富有、贵为等票诱人谋逆。更借保皇保种之妖言，为离间宫廷之计。殊不知康逆之谈新法，乃乱法也，非变法也……实则剪除乱逆，皇太后何尝不许更新。"[①] 这是说，慈禧太后是不反

[①] 《光绪朝东华录》第 4 册，总第 4601 页。

对取外国之长补中国之短的，在剪除了康、梁等"乱逆"以后，她是同意变法维新的。这是慈禧太后在新的形势下的自我辩护。这表明，她不是不愿意变法，而是不许光绪皇帝、康有为、梁启超等主持变法，她要按照自己的意愿来实行变法，要把变法事业抓到自己手里来做。其实质是在维护皇权的前提下实行变法。

20世纪初中国出现了第三次发展的机会。在由谁来掌握这机会上却出现了复杂的情况。在朝的统治者和在野的革命派、立宪派都想掌握这次机会，而且在朝、在野各自演出了程度不等的悲喜剧。八国联军侵华给清统治者留下了极为深刻的教训。他们认识到完全按旧的方式很难维持统治，决心实行新政。从1901年到1911年，清政府在实行新政方面确实有了相当大的动作。朝中大臣反对实行新政的声音很小，反对新政改革的派别几乎不存在。这是与前两次新政根本不同之点。清政府不仅派出五大臣赴东西洋各国考察政治（这是承认政治不如人的表示），而且在政治、军事、经济、教育、法制改革方面迈出了较大的步伐，颁布了大量的政策法令、规章条例。某些措施已经触动了清朝统治的根本，如在政治上宣布预备立宪，在中央设资政院，在各省设咨议局，扩大了民意表达，在官制方面也作了一些革新；在经济措施上鼓励资本家投资工商企业、鼓励资本家发展，商会的普遍发展在客观上鼓励资本家组织起来；在教育上废除科举，建立新式学制，举办大中小学，形成了新的人才培养机制；在法制改革方面也冲击了传统的政法不分、立法司法不清的观念，等等。这些都是此前的两次新政不可比拟的。如果把这次新政提前40年，中国的发展道路可能不同，发生中国式的明治维新并非不可能。但这次新政改革是在中国已经诞生了新的阶级力量的历史条件下进行的，新式知识分子群已较多认识到中外发展的差距而力求有更大的改革动作，最高统治者捍卫皇权神圣意志坚决，对体现皇权的有力统治机构军机处不许触动，把应允预备立宪的时间拖得太长。满族亲贵加紧控制政权，尤其加紧控制新练的军队，得罪了热衷于君主立宪的立宪派，加深了满汉矛盾；清政府完全站在革命派的对立面，改革以巩固皇权、防止革命为目的，使得这次改革在革命派和立宪派的联合攻击下失败，使得清政府失去了最后一次借改革以谋求发展的机遇。这一次失去发展机遇，对清朝统治是致命的。它在革命派和立宪派的联合攻击下，失去了统治的合法性，终于被迫走向灭亡。

从清史的角度看晚清史，晚清历史是一部"沉沦"史，是一部走向灭亡的历史。

综合起来看，晚清史与中国近代史，既有区别也有联系。区别方面，除了上面所讲外，还有一点，晚清史只是中国近代史的一部分，不是它的全部。联系方面是很清楚的，而且是基本的，那就是，从清史看晚清史，或者从中国近代史看晚清史，所看的部分是同一个，晚清历史是基本的研究对象。从这一点来说，前面所说的研究角度的不同，也不能说得太过绝对。

美国研究清史的学者提出了"新清史"概念，据说被称为一个学派，而且在美国学术界引起深刻辩论。所谓"新清史"学派，在中国学术界近年也引起关注，出现一些评论。我发现，中国学者对所谓"新清史"多持怀疑甚至不大赞成的态度。

我对"新清史"学派的论著缺乏深入研究，只看过一些评论和介绍。"新清史"派的研究中主张重视作为中国统治民族满族的主体性研究，主张重视利用满文档案和其他民族的文字书写，主张重视满族在创建清朝中国中的贡献，注意研究清朝统治者的"满族性"，这是对清史研究有积极意义的学术见解。但是，对"新清史"的学术成就不能有过高的评价，毋宁说"新清史"的基本学术倾向是值得质疑的。什么"不同凡响"，什么"挑战"，云云，是不切实际的评论。"新清史"的主体观点是所谓满洲帝国与中国不能画等号，中国只是满洲帝国的一部分，等等，是找不到史料支持的空中楼阁，是研究者的主观想象，是西方世界观在中国历史研究上的折射，不值得称赞。华裔美籍历史学家何炳棣的评论是值得重视的。中国学者刘小萌、黄兴涛等先后做出了学术评论。[①] 刘风云、刘文鹏编了《清朝的国家认同——"新清史"研究与争鸣》文集，搜集了美国学者有关"新清史"的辩论和中国学者的反应[②]，中国人民大学清史研究所在

[①] 参见刘小萌《清朝史中的八旗研究》，《清史研究》2010年第2期；黄兴涛《清代满人的"中国认同"》，《清史研究》2011年第1期。

[②] 参见刘风云、刘文鹏编《清朝的国家认同——"新清史"研究与争鸣》，《清史研究丛书》，中国人民大学出版社2010年版。

2009年专门召开国际学术讨论会,以"新清史"的讨论作为会议的主题。会议论文集题名《清代政治与国家认同》,发表了众多学者的见解。①

有的学者开始采用"新清史"的观点研究清史。有一篇介绍《乾隆朝满文寄信档译编》(以下简称《满文寄信档》)的文章,分析、介绍了这本书的史料价值。《满文寄信档》的主旨是运用"新清史"的观点和方法来介绍这本书,研究是否达到预期,是令人怀疑的。据作者介绍:乾隆朝满文寄信档"是清代军机处专门抄载寄信上谕的重要档簿,无汉文副本,珍贵性毋庸置疑"。作者认为,"'新清史'无疑具有极大的挑战性,需要深入研究清史特别是深入研究满文档案之后予以验证和回答"。② 这篇文章介绍,乾隆朝满文寄信上谕反映了西北边疆和东北等地政治、军事、民族、外交等诸多方面的史实,特别是边疆民族事务,以及边疆地区与外国关系事务,在没有汉文副本的情况下,它对于研究清史的史料意义特别重大。该文作者引用"新清史"研究者的观点指出:"重建清代政治、社会、经济、文化等各种不同层面更完整的图像,满文档案扮演着重要角色。"如果这的确是所谓"新清史"派的观点,这句话等于白说。很明白,无论是中国,还是美国,研究清史需要重视满文档案,从来没有人怀疑过。中国清史学界怀疑这一点吗?从来没有过。注意发掘满文老档和整理、编辑、翻译满文档案一直是清史研究者努力追求的。③

《满文寄信档》引用"新清史"观点指出:"'新清史'认为满洲人从未失去他们在清代社会中是一个特殊群体的想法,他们可以维持少数统治的原因,主要因为他们能够一方面运用中国政治传统,一方面又同时维持其独特之认同。"在研究清史的学者看来,这句话没有任何新意。满族始终是有清一代中国社会的统治者,那个时代的中国社会始终存在着满汉矛

---

① 参见刘风云、董建中、刘文鹏编《清代政治与国家认同》,社会科学文献出版社2012年版。
② 常建华:《从"新清史"研究看〈乾隆朝满文寄信档译编〉的史料价值》,《历史档案》2011年第1期。
③ 参见王钟翰《满文档案与清史研究》,《清史余考》,辽宁大学出版社2001年版;吴元丰《满文与满文古籍文献综述》,《满族研究》2008年第1期;吴元丰《近百年来满文档案编译出版综述——以中国大陆为中心》,《满语研究》2011年第2期。

盾，一直到 1909 年三岁的宣统继位，他的父亲载沣任摄政王，还在排斥汉大臣，1911 年 5 月成立的所谓责任内阁，实际上是排斥汉大臣的"皇族内阁"或者"亲贵内阁"。这正是满族亲贵维持其满族独特统治之认同的强烈表现。当然，正是这一表现，加速了满族王朝的崩溃。

《满文寄信档》在"乾隆朝满文寄信档的'新清史'研究价值"一节中，指出了几个事实：一是寄信档没有使用中国、中华字样，而是使用了"大清国"字样，作者认为，"自称'大清国'并不能说不代表中国，这就类似于自称'大明'而不说'中国'"。应该说"大清"与"大唐""大元""大宋""大明"一样，正是继承了中国历代王朝改朝换代后的命名传统。二是"满文寄信档的对外叙事中，大量出现的是'天朝'一词"。作者指出，"由于'天朝'一词为汉族语汇，传统上代表中国，因此'天朝'延续了'中国'的用法和含义。我们难以判断'天朝'是'大清'而非指'中国'"。以上两点正是说明满族统治者的"中国认同"，在这个大关节上，我们看不出任何与此不同的独特的满族特点。据黄兴涛研究，《清圣祖实录》卷 143 所载碑文辞，康熙时期"大清国"与"中国"已经在完全相同的意义上使用。可以毫无疑问地断言，入关之后的"满洲"不过是满人的族群认同符号而已，它与其自称"中国"的国家认同之间存在着本质差别。[①]

《满文寄信档》在指出满语为清朝国语，承办八旗事务及边疆少数民族事务的满蒙官员，一般都用满文缮写公文，不准擅自使用汉文；有关诰敕、谕旨、寄信及各部院的行文，也都用满文书写。同时，作者指出"满人的汉化也是明显的事实"。这一节的研究结论，处处反驳了"新清史"的观点。这告诉我们，"新清史"的观点是没有充足理由的。

"新清史"是美国一些研究清史的年轻学者提出的主张，在美国也引起争辩。在我看来，"新清史"没有那么新。说"它的出现已经在一定程度上对如今的清史研究提出了挑战"[②]，未必是准确的。"新清史"的研究

[①] 参见黄兴涛《清代满人的"中国认同"》，《清史研究》2011 年第 1 期。

[②] 贾建飞：《"新清史"刍议》，《中国社会科学报》2010 年 3 月 16 日，国家清史编委会中华文史网站转载。

者只强调清初的历史,未能观照到晚清的历史。综观有清一代的历史,"新清史"的缺陷是明显的。"新清史"十分关注清初对边疆地区开发的研究,将清史研究从中原转移到边疆,有一定的道理,但清末的边疆正是资本主义列强侵略的对象,"新清史"在这里如何解释呢?如果将"新清史"称为一个学派,它应该对全部清史有一个贯通始终的解释体系。实际上,我们没有发现这样的体系。研究清史,从客观的学术立场来说,不必过分强调大汉族主义,也不必过分强调大满族主义。反对大汉族主义,不必否认满族的汉化,满族的汉化是一个缓慢的长期的过程,所谓汉化,主要是指满族统治阶级对汉族文化的全盘吸收和提倡,满语和满文从政治生活和日常生活中逐渐消失。指出这一点并不是强调满族统治阶级的"满洲性"已经泯灭,满族作为有清一代的统治阶级,在政治上对汉族的提防和限制是一直存在的。"皇族内阁"的成立是一个明显的标志。主张大满族主义,不必对满族的汉化刻意回避。汉族在长期的历史发展中,经济文化发展水平明显高于各少数民族。中国历史发展中,存在着各民族的冲突、碰撞与融合,长达几千年。这样一个过程中,汉族当然从各民族中学习、吸纳了不少文化因素,但总体而言,是高度发展的汉族文化成为其他各民族学习吸纳的主要对象。这正如资本主义发展成熟以后,资本主义的经济文化明显高于前资本主义,在炮舰政策的推广下,资本主义经济文化影响了世界各民族。即使自称高度发展的汉族经济文化,也受其影响,满族文化自不待言。

在 2009 年中国人民大学清史研究所举办的"清代政治与国家认同"国际学术讨论会上,哈佛大学东亚语言与文明系讲座教授、"新清史"学派的代表性学者欧立德(Mark C. Elliott)发言说:"新清史"很难说是一个学派,只是一种视野或思潮。他个人的研究只是强调满族人之所以成功不仅是因为汉化,而主要是因为保持着强烈的满洲特色。对于 10 多年前何炳棣与罗友枝之间的那场论战,他非常倾向于何炳棣的观点。他认为,清史确实是中国史的一部分,清朝和中国是不可分的。[1] 这一段即兴发言,

---

[1] 欧立德的发言,转引自董建中、刘文鹏所写的《清代政治与国家认同》后记,见《清代政治与国家认同》,第 870—871 页。

几乎颠覆了"新清史"学派的基本主张,使研究回到了正确的清史研究轨道上来。

趋新厌旧,可能是人们追求知识的秉性。但是,对于新,要做出分析与判断。有的"新",是新瓶装旧酒;有的"新"里埋下了毒药;有的新,是真正的创新。晚清政治史研究,要创新,要有新的研究视角和新的理论与方法。对于外洋号称的新理论,一味趋新厌旧,不一定是可取的。晚清政治史研究,不可跟风走,不可被所谓"新清史"蒙蔽了学术视野。中国学者,要有学术自信。

第 三 章

晚 清 政 治 史

晚清政治史是中国近代史的重要组成部分。

由于"近代"本身是一个相对的概念，随着时间的推移，中国近代史的时段范围已有了重大的变化。在20世纪50年代，中国近代史基本上是专指1840年鸦片战争到1919年五四运动的这一段历史；而在迈入21世纪的今天，研究中国近代史的人们已公认从1840年直到1949年中华人民共和国成立这一时段之内，都属于近代史的范围。尽管如此，晚清（从1840年鸦片战争爆发到1912年清帝逊位）之属于近代范畴迄今并没有变，而晚清政治史也始终是中国近代史的重要组成部分。

对于1949—2009年的晚清政治史研究，本章以1978年的改革开放和2000年进入21世纪为界，大略划分为1978年前、1978年后和21世纪初年三个阶段进行简括的叙述。

第一节 新体系的形成

1978年以前的近30年，尤其是"文化大革命"前的17年，是新的近代史体系的形成时期。晚清政治史的研究被严格纳入中国近代史新体系的框架之中，并取得了丰硕的研究成果。

中华人民共和国的建立，是中国共产党人的胜利，是中国人民的胜利，是灾难深重的旧中国近百年动乱、变革的最终结果。国家主流意识形态，不可避免地成为研究晚清以来中国近代史的指导思想，而相关历史的研究，也就与现实政治结下了不解之缘。

重视对鸦片战争以来近百年历史的研究，是中国共产党人的一贯主张。早在1941年5月，毛泽东就批评了那种"对于自己的历史一点不懂，或懂得甚少，不以为耻，反以为荣"的恶劣学风，提出：对于近百年的中国史，应聚集人才，分工合作地去做，克服无组织的状态。应先作经济史、政治史、军事史、文化史几个部门的分析的研究，然后才有可能作综合的研究。[①]

1949年6月30日，为纪念中国共产党成立28周年，毛泽东在《人民日报》上发表《论人民民主专政》一文，不仅历述了自1840年鸦片战争失败以来，先进的中国人千辛万苦向西方国家寻找真理而不果的痛苦经历，也总结了在找到马克思列宁主义这个"放之四海而皆准的普遍真理"之后，中国所发生的变化，说明了中国共产党人之所以"一边倒"和走俄国人的道路的必然。值得注意的是，毛泽东在文中列举了在中国共产党出世以前几位向西方学习的先进中国人：自从1840年鸦片战争失败那时起，先进的中国人，经过千辛万苦，向西方国家寻找真理。洪秀全、康有为、严复和孙中山，代表了在中国共产党出世以前向西方寻找真理的一派人物。[②] 这四位，一位是太平天国的天王，两位是戊戌维新的主将，还有一位是辛亥革命的领袖。毛泽东正是以他们为代表，概括了100多年来中国人民不屈不挠、前仆后继地反对内外压迫者，最终由中国共产党人完成先人遗志的斗争历程，从而表达了中国共产党人对1840年鸦片战争以来的中国历史的一种崭新的解释。

同年9月30日，毛泽东又在为人民英雄纪念碑起草的碑文中，对中国近百年史的几个节点，做出了相当明确的表达：三年以来，在人民解放战争和人民革命中牺牲的人民英雄们永垂不朽！三十年以来，在人民解放战争和人民革命中牺牲的人民英雄们永垂不朽！由此上溯到一千八百四十年，从那时起，为了反对内外敌人，争取民族独立和人民自由幸福，在历

[①] 毛泽东：《改造我们的学习》，《毛泽东选集》（横排合订本），人民出版社1967年版，第594页。

[②] 毛泽东：《论人民民主专政》，《毛泽东选集》（横排合订本），第1358页。

次斗争中牺牲的人民英雄们永垂不朽!

其中所谓的"三十年以来",就是1919年五四运动以来。以后对自1840年到1949年的中国近百年史,就是以1919年的五四运动为界,分为前后两个部分:通常以前一部分为中国近代史,而以后一部分为中国现代史;而从革命史的角度,前一部分又称为旧民主主义革命阶段,后一部分又称为新民主主义革命阶段。所谓近代史,也即旧民主主义革命阶段的历史,实际上就是晚清史再加上民国时期最初的8年。然而,晚清史本身此时还不可能有自己的独立地位。

由中国共产党人在民主革命的实践中所提出的,此时作为新的历史体系指导思想的有关阐述主要有:

关于近代社会的性质。鸦片战争以来直到中华人民共和国成立以前的中国社会,既不是资本主义社会,也不完全是封建社会,而是一种过渡性的社会——半殖民地半封建社会。这一概念,系中国共产党人根据马克思列宁主义的学说,最初于20世纪20年代末所提出。毛泽东在《中国革命和中国共产党》(1939年12月)和《新民主主义论》(1940年1月)等论著中,对鸦片战争以来中国社会的半殖民地半封建性质,作了系统的阐述和论证。

关于近代社会的主要矛盾或根本矛盾。毛泽东在《中国革命和中国共产党》中提出:"帝国主义和中华民族的矛盾,封建主义和人民大众的矛盾,这些就是中国近代社会的主要的矛盾。"[①] 范文澜为此曾解释道:在鸦片战争后,中国社会有两个根本矛盾,一个是原有的(按:指封建主义和人民大众的矛盾),一个新添的。这个新添的根本矛盾,就是中华民族反对外国资本主义后来变成帝国主义的经济政治压迫的矛盾。中国封建势力和外国侵略势力结合成一个反动势力,从某种意义上来说,两个根本矛盾也就合并成一个根本矛盾。以帝国主义为主,以封建势力为辅的反动势力成为这个矛盾的一面,因之中国人民的革命矛头,直接对着封建势力时,实际也对着帝国主义;反过来,也是一样。它们利害相关,互相勾结,这就使得中国人民革命不得不同时负担起反帝反封建的双重任务,而这个任

---

① 《中国革命和中国共产党》,《毛泽东选集》(横排合订本),第594页。

务中国农民阶级和资产阶级是不可能担当的。旧民主主义革命时代所有的反抗，都以失败而告结束，原因就在这里。①

与这一命题密切相关的是毛泽东的另一论述："帝国主义和中国封建主义相结合，把中国变为半殖民地和殖民地的过程，也就是中国人民反抗帝国主义及其走狗的过程。"② 这一原则性论述，也即所谓"两个过程"论，被看作是了解中国近代历史的基本线索。

在研究体制上，中国科学院近代史研究所的建立，应是最为明确的标志。这个于新中国诞生之初即行设立的国家级研究机构，是以范文澜为首的来自延安和华北解放区的部分史学工作者于1950年5月组建的。③ 各综合性大学和师范院校的历史系开设中国近代史课程，设立中国近代史教研室，也培养和聚集了一批中国近代史的研究和教学人才。

在研究史料的建设上，以郭沫若、吴玉章和范文澜为正、副会长的中国史学会成立之初，就把主编"中国近代史资料丛刊"的工作确定下来，作为对中国近代史研究的提倡。编辑这套资料丛刊主要"是供给高中和大学的教师们、历史研究工作者们做参考"。在以徐特立、范文澜、翦伯赞、陈垣、郑振铎、向达、胡绳、吕振羽、华岗、邵循正、白寿彝11人组成的总编辑委员会的指导下确定编选的有关资料，集中地反映了发生在晚清时期的一系列重大事件，实际上也可以说是晚清政治史的资料。这个编委会的规格之高，为迄今所仅见；而相关资料的编选者，也多为著名的学者。20世纪50年代所编成的10种资料中，最先出的是第9种《义和团》（1950年编成，1951年出版）。这部书的提早出版，是为了纪念义和团运

---

① 范文澜：《中国近代史的分期问题（一）》（1955年），《范文澜历史论文选集》，中国社会科学出版社1979年版，第117页。

② 毛泽东：《中国革命和中国共产党》，《毛泽东选集》（横排合订本），第595页。

③ 按：新华社于1950年7月1日发出的《中国科学院半年工作概况》的新闻稿中提到，中国科学院在成立之后的半年中，"先后合并了华北大学研究部，接管了前北京［北平］研究院各所、前中央研究院各所、前中国地理研究所、前静生生物调查所、前西北科学考察团等二十四个单位"。"在中国科学院之下暂分设：近代史、考古、语言、社会、近代物理、应用物理、物理化学、有机化学、生理生化、实验生物、水生生物、植物分类、地球物理十三个研究所，一个紫金山天文台，一个工学实验馆。各所、台、馆负责人员，业经中央人民政府政务院第三十三次会议通过任命。"《新华月报》1950年8月号，第923—924页。

动50周年,又由于当时适逢朝鲜战争爆发,"清算帝国主义的血账,是纪念义和团最好的方法",也是赶在此时出版这部书的重要原因。第5种《洋务运动》于1959年编成,1961年出版,它之所以最后编成是由于洋务运动本身历时最久(几占中国近代史80年中的一半时间),而相关资料包罗万象,篇幅过巨,编选难度较大之故。10种资料中,《太平天国》《捻军》《回民起义》3种,共同反映了以太平天国革命运动为中心的各地各族人民的反清斗争。因此,这10种资料可以归纳为"八大事件"。有关资料的"序言"或"叙例"中对这些事件的概括,乃是资料的编选者——首先是研究者,经反复推敲而形成的见解,它们实际上是50年代近代史学界对晚清政治史中相关事件的一种已成共识的经典性表述[1]:

关于鸦片战争,编者指出:"鸦片战争是中国历史上划时代的大事,它给中国人民带来的灾难是深重的。从鸦片战争以后,中国便逐步地陷入半殖民地、半封建的历史阶段,但同时也激起了中国人民的反帝反封建的革命斗争。""在中国共产党和中国人民的伟大领袖毛主席的领导下,中国人民终于胜利地推翻了帝国主义、封建地主阶级的统治,结束了由鸦片战争引起的历史命运。但是这并不等于说:垂死的帝国主义和封建残余不想作最后的挣扎而甘心退出历史舞台。因之,了解近百年来中国人民在帝国主义和封建主义双重压迫下的悲惨景况,和学习中国人民百折不挠的反抗精神,是十分重要的政治教育。鸦片战争是中国近代史的开端,学习中国近代史应当从鸦片战争开始。"

关于太平天国和各地各族人民的反清斗争,编者指出:"一百年前的太平天国革命运动,前后坚持了十四年,势力扩展到十七省,革命的英雄们建立了自己的国家,组织了强大的武装,实行了各种革命政策,发动了广大农民为推翻封建的土地制度而斗争,并且担负起反对外国资本主义侵略势力的任务,他们的这些英雄行动,在中国历史上写下了光辉的一页。固然太平天国仍旧是没有工人阶级领导的单纯农民战争,它在中外反革命联合进攻之下最终失败了。但是太平天国所表现的中国人民的光荣的革命

---

[1] 按:以下引文均摘引自《中国近代史资料丛刊》各种资料的"序言""叙例"或"题记",不再一一注明。

传统和崇高的爱国主义是永远值得中国人民引以自豪的。""太平天国革命前夕，在南方的粤、桂、湘、赣，北方的苏、皖、鲁、豫，各地农民群众因不堪虐政的压迫，已纷纷起来，反抗封建地主阶级的统治。这些农民军，大大小小的组织非常多，其中声势比较雄厚的，在南方要算天地会，在北方则是捻军……捻军是北方农民的大规模武装起义，也是太平天国革命在北方的再起。研究太平天国革命而忽视捻军和其他反对满清专制王朝的起义军的活动，对于太平天国革命的研究是不够全面的，也就不能看出当时农民革命战争的坚强性和普遍性。""把回民起义简单地看作回民单纯的活动，是不对的；把回民起义看作回汉两族的斗争，是更不对的。我们应该把回民起义看作是中国人民进行阶级斗争的一个形式，云南回民起义和西北回民起义正是当时全中国人民反清斗争洪流中的两支猛流。"

关于洋务运动，编者指出："洋务运动从十九世纪六十年代起，到中日甲午战争，前后约三十多年。这是清政府一部分带有买办倾向的当权派，采用资本主义外壳以保持封建统治的一种自救运动。它的产生，是清政府在两次鸦片战争的失败和对太平军作战中，一部分官僚军阀认识到自己军器窳败、船只缺乏的危险，他们一方面感觉到洋人船坚炮利的可怕，而对外国屈服；同时也感到洋人的武器可以利用来巩固自己的统治，因而有意识地提倡起所谓'新政'。""西方的资本主义国家通过战争手段在中国抢得更多的权益后，认为清朝统治阶级已彻底屈服；清政府兴办这些'新政'对它们不但不是什么威胁，反而更便于对中国人民进行深度的剥削与奴役。这就是它们和清朝统治阶级互相勾结的政治基础。因此在这期间，它们尽量把巨额的军火和大批军官、技术人员供给清政府，共同合作来屠杀中国人民。""这种'新政'并经不起考验，它在中法战争和中日战争的过程里，遭到了彻底的破产。然而，为期三十多年的洋务运动，对十九世纪后半叶的中国历史，也产生过一定的作用……它给中国资本主义的发生与发展，造成了某些有利条件。并且，使中国的无产阶级获得了一些发展。同时，清政府既办理洋务，便不得不培养一些懂洋务的人才，通过同文馆、水师学堂及派送留学生，栽植了一些通达外情、理解科学的技术人员。这些人中，一部分在洋务派官僚集团中做了走卒，但也有些人因接触西洋事物而接触了新的思想，对资本主义思想在中国的传播，起了桥梁作用。"

关于中法战争,编者指出:"中法战争是指十九世纪八十年代中国人民为了反抗法国资产阶级的侵略越南和中国各地而进行的正义的战争。""当时在太平天国革命失败之后十几年中,中国本身已经迅速地沦为世界资本主义的商品市场,外国侵略者在中国已经建立起来它们的统治秩序;但它们同时还分别向中国的邻邦下手,要灭亡这些国家,藉为进攻中国的基地。法国在侵略越南的战争中,就公开地叫嚣着要进入中国的西南。因此中法战争不仅是援助越南,也是中国自卫的战争,也就是说,它是中国近代史上一次重要的民族战争。""中法战争的特色,在于中国人民主动地进入了战争,许多官吏和将领也都大声疾呼主张奋起抗战。满清统治者看到自身利害的关系,被迫应战,甚至主张投降的洋务派首领李鸿章也不敢公开地阻挠出兵……这次战争,以冯子材将军统帅的部队在谅山大破敌军而终止。它是中国近代史上中国对外国侵略者艰苦作战而获得巨大胜利的一次战争,尽管当时主张投降的统治者甘心自认失败,法国侵略者却不能不狂叫着北圻的惨败。""在中法战争以前,中国统治阶级中洋务派的图富图强的设施表面上已略具规模了。但在战争过程中,打败仗的多是受有新式训练具有新式装备的淮军——洋务派首领李鸿章的嫡系部队;而马江一役,大小新式兵轮几全数沉毁,南洋援闽兵船更是遇敌便逃。所以当时甚嚣尘上的洋务运动,不必等到中日战争才告垮台,在这次战争中已是原形毕露了。""总而言之,中法战争是中国人民不断反抗帝国主义及其走狗的过程中一个具有重大意义的历史事件。中国人民又一次表现了抵抗外侮的巨大力量。同时在战争过程中,打击了国内的反动的腐朽统治势力,揭露了洋务派官僚的媚外卖国和洋务运动的本相。"

关于中日战争,编者指出:"中日战争是中国近代史上一个巨大的事件。一方面它标志着中国遭受更严重的侵略和奴役的开端,因为甲午战后中国成为帝国主义列强在东方矛盾的焦点,中国迅速地进一步半殖民地化,而且一度面临着被敌人瓜分的危机。另一方面,从甲午战争开始,中国人民的反抗斗争,也跟随着日益严重的局面加紧加强。在战争过程中,中国人民进行了正义的、英勇的反抗。在统治者向敌人屈辱投降之后,台湾省人民坚持着反抗侵略者的英勇斗争,全国人民反对马关条约的呼声，促使革命形势迅速高涨，国内阶级关系发生了显著的变化，因此研究一八九五年以后几年中国社会各方面的变化，不能不以中日甲午战争为起点。""中日战争的性质是极其明显的。日本军国主义者长期以来蓄意侵略朝鲜，并进一步侵略中国，这是大量的史料（包括尽人皆知的所谓'田中奏折'）以及战争的结果所早已证明的。美国资产阶级支持日本的扩展，企图趁机垄断朝鲜和中国东北的市场，也是众所周知的事实。因此在这次战争中，中国人民和朝鲜人民所进行的抵抗，同样是反侵略的、自卫的斗争。没有疑问，在这一次战争中，正义是属于中国人民和朝鲜人民的。这次战争也深刻地显示着英勇的朝鲜人民和中国人民在共同反对殖民主义的斗争中的紧密的相互关系。这在今天看来，是有极伟大的现实意义的。"

关于戊戌变法，编者指出："五十五年前（按：即1898年），中国已在中日战争中遭受严重的失败，国际帝国主义进一步加紧侵略中国，使中国处于被瓜分的危机中。为了逃脱危机，并进而谋中国的独立自强，以康有为梁启超等为代表的中国一部分受到西方资本主义思想影响的上层知识分子，继承了他们前辈的改良主义的政治主张，发动了变法维新的运动。他们曾运用学会、学堂、报纸等工具，向当时的知识分子群众，进行了宣传教育和组织的工作；他们企图运用政权力量，自上而下地实行他们所想望的君主立宪的政治主张，并从而使中国走上资本主义的道路。""在当时的中国历史条件下，戊戌变法运动是具有爱国主义性质和进步意义的。但这个运动主要的是代表了当时从地主官僚转化过来的资产阶级的政治倾向，所以只能是一种软弱的改良主义的运动。领导这个运动的人，看不见农民革命的力量，他们所企图的都是用改良主义的办法，来抵制农民的革命。他们和当权的封建势力并不是根本对立的，只是要求封建统治势力让出一点位置来给新起的资产阶级。这样的脱离最广大人民群众的软弱的改良主义运动，注定了只能得到悲惨的失败。""戊戌维新运动在当时社会中所起的思想启蒙作用是不能低估的。在戊戌变法失败后不久，资产阶级的革命思想开始蓬勃地发展了起来，并战胜了改良主义的思想。戊戌时期的维新派，到了后一时期，已成为资产阶级革命派的反对者，但是从历史发展上看，应该承认，维新派在戊戌时期不仅向顽固的封建势力作了猛烈的思想斗争，而且又通过自己的政治实践来证明了改良主义思想的破产，这就对于后一时期资产阶级革命思想的发展，尽了前驱的作用。"

关于义和团运动，编者指出："这一个曾经震撼世界的伟大农民暴动，到今年已经过去了半个世纪。数不清的事实，证明了自义和团暴动失败以来的半个世纪中，国际帝国主义者对于中国人民的迫害，有加无已。自第二次世界大战以来，美帝国主义对于中国的侵略，简直达到了绝顶猖狂的时代。最近竟公然武装侵略我们的台湾并轰炸我们东北的领土，妄想和五十年前一样，再来一次对中国人民的大屠杀与大洗劫。五十年前的义和团反对帝国主义的斗争是带着狭隘与落后性的，这是在没有无产阶级领导时农民革命的不可避免的现象，因此它之陷于失败的悲剧也是难以避免的。但是现在解放了的中国人民已经是不可欺侮了，已经有能力来清算帝国主义侵略中国的一切血账。"

关于辛亥革命，编者指出："一九一一年的辛亥革命，是近代中国的一次伟大的民主主义革命。""这次革命，推翻了清朝的统治，结束了两千多年的君主专制，制定了资产阶级民主性质的临时约法，建立了民主共和国，奠定了民主主义的思想基础，给中国资本主义的发展创造了条件，为此后中国人民的解放事业开辟道路，功绩是辉煌的，意义是重大的。""由于当时中国处在半殖民地半封建社会，中国资产阶级有它的软弱性，领导革命不能彻底，以致辛亥革命胜利之后，革命的果实反被北洋军阀篡窃，既没有改变中国的社会性质，民主主义革命事业也并未完成。这是历史条件的限制，是值得我们研究的问题。"

这一套资料丛刊计 10 种 64 册，共约 2300 万字。① 它们的出版，为中国近代史——首先是晚清政治史的研究打下了坚实的资料基础，海内外的研究者们深受其惠，至今仍有其重要的利用价值。但这套资料丛刊的编选，依然有着那个时代的局限。比如，《鸦片战争》资料中，编者们对选自清人李元度《国朝先正事略》中《林文忠公事略》的材料，就做出了自认为是必要的删节——将林则徐根据自己谪戍新疆时的亲身经历而对后进

---

① 按：这套丛刊中的另一种《第二次鸦片战争》（计 6 册约 250 万字）迟至 1979 年方由上海人民出版社出版。

们所作的提防俄罗斯侵略的几句谆谆告诫给删略了。①

1954年，胡绳在《历史研究》创刊号上发表《中国近代历史的分期问题》，从而引发了一场持续三年多方告一段落的有关分期问题的大讨论，生活·读书·新知三联书店还为此出版了讨论专辑。② 据作者自己说，所谓分期问题，"是指从鸦片战争到五四运动约八十年间的历史应如何细分为若干阶段，若干时期的问题"。究其本意，是想解决对相关历史的叙述体系和内容结构的问题，以克服近代史中"政治史内容占了极大的比重，而关于社会生活、经济生活和文化的叙述分量很小，不能得到适当的地位"的缺点。而据作者的分析，这种缺点的产生，虽然有种种其他原因，但与既有的中国近代史论著中在逐一叙述若干重大事件时类似于纪事本末体的体裁很有关系，"因为在近代史中，如果只选取突出的大事件来做叙述的主题，就会很容易弄到眼前只看见某一些政治事件"。

但从讨论的结果看，作者的这一初衷似乎并没有真正达到。因为作者在批评近代史中政治史占了极大比重的同时，旗帜鲜明地提出了以阶级斗争为标志来划分时期，并提出在中国近代史中曾出现过三次革命运动的高涨，即太平天国为第一次，甲午战争以后到义和团失败为第二次，辛亥革命为第三次。学者们的讨论尽管在具体的分期问题上见仁见智，甚至各不相让，但却基本赞同了以阶级斗争作标志的"三次革命高潮"论。由此也可看出，这场分期问题的讨论之所以重要，本不在于具体时段的划分，而在于提出了一种新的结构性诠释体系，提出了一个统系全局的纲。至此，中国近代史的新的结构体系已趋于完备和成熟，不仅依旧是以晚清政治史为基本框架，而且以阶级斗争为纲的革命史的味道更加浓郁了。"八大事件"并没有也不可能为"三次高潮"所取代，而是从此有机地融合在一起。故而，人们往往将"两大矛盾""三次高潮""八大事件"相提并论，并以此作为对这一体系的概括。

---

① 按：被删略的有关记载是："时方以西洋为忧，后进咸就公请方略，公曰：'此易与耳！终为中国患者，其俄罗斯乎！吾老矣，君等当见之！'然是时俄人未交中国者数十年，闻者惑焉。"《中国近代史资料丛刊·鸦片战争》第6册，第263—267页。

② 参见历史研究编辑部《中国近代史分期问题讨论集》，生活·读书·新知三联书店1957年版。

到了20世纪60年代初,也就是1966年"文化大革命"之前,一些按照新体系编写的教科书陆续问世。其中最为突出的是人民出版社于1962年出版的《中国史稿》第4册。《中国史稿》是由中国科学院院长郭沫若主编的一部历史著作,其中的第4册为《半殖民地半封建社会》(上),也即近代史部分(1840—1919),由刘大年负责组织近代史研究所的有关人员编写。《中国史稿》第4册力图克服以往的近代史著作,包括拥有众多读者的范文澜的《中国近代史》叙事类似于纪事本末体,且内容偏重于政治史的缺点,决定根据历史演变的时间顺序讲述事件:不仅讲政治事件,也讲经济基础、意识形态、文化发展;不仅讲汉族地区的历史,也讲国内各民族在斗争中与全国的联系和相互关系。郭沫若曾盛赞这本不足20万字的书"写得扼要、明确、流畅,有吸引力。反帝、反封建的一条红线,像一条脊椎一样贯穿着,这是所以有力的基本原因"[①]。这部书当时是指定的高等学校教材,印数也多,是60年代最有影响的近代史著作。

在专史研究中,则以帝国主义侵华史和太平天国史的研究最为深入(由于相关研究都已有专题论述,这里不作细述)。

20世纪50年代初出版的刘大年的《美国侵华史》是一种大跨度的研究,晚清只是其中的一个部分。50年代末出版的丁名楠等集体编写的《帝国主义侵华史》第1卷(从鸦片战争到甲午战争),系根据当时所能找到的材料,对晚清时期各主要资本主义国家"压迫中国,反对中国独立,阻碍中国社会进步的历史比较全面和系统地加以综合叙述"[②]。但此书所侧重的还是外国侵略者与中国之间的政治关系。

以太平天国革命为中心的各地各族人民反清斗争,是晚清政治史中最为重大的事件,但也只是在新中国才具备了深入研究的条件。由于农民是中国共产党所领导的民主革命中的主要力量,作为旧式农民战争最高峰的太平天国史的研究也得到了空前的重视。下文附表是笔者据《历史研究》创刊后40年间发表的有关晚清政治史论文所作的分类统计。从中可见,

---

[①] 郭沫若:《致刘大年》(1962年8月26日),载刘潞、崔永华编《刘大年存当代学人手札》,中国社会科学院近代史研究所1995年印制。

[②] 丁名楠等:《帝国主义侵华史》第1卷"弁言"(1957年12月),人民出版社1973年版。

在1966年以前所发表的论文中,有关太平天国的竟占到近58%,远超过占第二位的辛亥革命(约占19%)。

政治史和人物研究有着不解之缘。政治史是历史的基本框架或主要内容,而政治史的一个显著的重要特点,就是离不开形形色色的人物的活动。如果说晚清历史是一个大舞台,凸显的前台就是晚清政治史,而活跃于前台的形形色色的人物,就是我们所要研究的对象。由于"文化大革命"前的晚清政治史研究中的革命史色彩日益加重,对晚清人物的研究有着过于偏重革命营垒的倾向,而对统治阶级也即所谓反动营垒中人物的研究则是很不够的。笔者据《中国近代史论文资料索引(1949—1979)》[①]所搜集的材料进行了一番统计:1949年到1979年的30年间,在国内各主要报刊(含高等院校学报)上发表的有关晚清人物(有些已跨到民国时期)的论文、资料中,篇目最多的是关于孙中山的,计453篇,其中"文化大革命"前发表的就有422篇,且以1956年最为集中,也即其诞辰90周年的前后。其次是有关李秀成的,计306篇,主要集中于1964年和1965年,也就是戚本禹借《李秀成自述》发难,攻击其为"叛徒"以后。位居第三的是章太炎,计137篇,各时期都有,而主要集中于1974—1975年,也就是"评法批儒"高潮时期,这是因为他在此期间被"四人帮"封为"法家"的缘故。其他篇目在20篇以上的晚清人物依次如下(按篇目多少为序,括号中为论文或资料的篇目数):洪秀全(93)、秋瑾(70)、龚自珍(62)、林则徐(58)、石达开(56)、梁启超(52)、严复(50)、康有为(45)、魏源(41)、谭嗣同(40)、詹天佑(38)、杨秀清(36)、陈玉成(29)、曾国藩(22)、袁世凯(22)、张謇(22)、李鸿章(20)、洪仁玕(20)。

这其中,詹天佑并不是政治人物,而是由于他对铁路事业的贡献。龚自珍主要是因其诗文,张謇则是由于他兴办实业的活动。若除去这三人,则太平天国人物占了多数。在晚清权倾一时的曾国藩、李鸿章、袁世凯的排名都很靠后。另外,晚清大吏中,以兴办洋务著名的张之洞有19篇,而与曾国藩、李鸿章齐名的左宗棠竟然只有4篇,其中发表于"文化大革

[①] 徐立亭、熊炜编:《中国近代史论文资料索引(1949—1979)》,中华书局1983年版。

命"前的只有1篇（其他3篇发表于1978年与1979年）。这就很能说明问题了。

1966年以后，也就是"文化大革命"的十年间，"左"的路线愈演愈烈，正常的历史研究几乎已无法开展，值得一提的只有晚清时期中俄关系史的研究。至于在1967年为配合批判《清宫秘史》而形成高潮的赞颂义和团、红灯照的文章，为配合"批林批孔"而陆续发表于1974—1976年间的有关太平天国反孔斗争的文章，都已不属于严肃的历史研究的范畴了。

第二节　研究的深入发展

1976年"文化大革命"结束以后，尤其是1978年中共十一届三中全会实行改革开放和重新确立实事求是的原则以后，晚清政治史的研究也开始拨乱反正，并得到前所未有的发展。

由于中华人民共和国自身历史的形成（到目前为止的60多年已远远超过民国史的38年），越来越多的人赞成1840—1949年的历史为统一的中国近代史。也正因如此，晚清史虽然仍是中国近代史的重要组成部分，但其作为清代史之组成部分的固有属性已愈益显露，与清代前、中期史的联系也有所加强，而与民国史的区分愈益突出了。有意思的是，以前在讨论近代史分期时，参与讨论的学者们或是尽力避免以清王朝被推翻的时间作为分期的节点，或是虽用作节点也只提辛亥革命的失败和袁世凯的上台而绝口不提清帝的逊位，现在却成了心照不宣、不证自明的自然的分期依据。20世纪90年代初陆续出齐的10卷本《清代全史》（王戎笙主编），已正式将晚清史纳入其体系之中，其中的第7、第9两卷为晚清政治史的专卷。范文澜编写、蔡美彪等续编的《中国通史》（10卷本），本来撰写到清代嘉庆朝为止，现也续撰晚清史部分。中国第一部大型综合性百科全书《中国大百科全书》的《中国历史》卷中，根本就没有"中国近代史"的位置，而是将有关内容分别纳入"清史"和"中华民国史"的门下。

但中国近代史依然有其存在的根据，晚清政治史也依然是中国近代史的重要组成部分。道理很简单：人们需要知道自己的昨天和前天，而晚清离我们毕竟还不够"远"；更重要的是，自18世纪末叶西方工业革命以来，曾经落后的西方（西欧、北美再加上后起的实际上位于东方的日本）一跃而成为世界上最为先进的地区，而这一基本态势自西方工业革命以来迄今并没有实质上的改变。

同是晚清史，从近代史的角度与从断代的角度进行研究是有区别的。从断代的角度看，晚清对于大清王朝来说，已是巅峰过后的下坡，是"盛世"之后的"末世""衰世"，是其一步步走向衰亡的"没落史""衰亡史"。而"近"本身却是相对于"今"而言，从近代史的角度审视晚清史，研究者着眼于现实，更看重的是与现实密切相关的新的力量、新的因素的形成与发展。正如刘大年所指出的：我们的近代史研究，应该反映时代发展中人们需要知道的与现实相关的过去。如果不这样去做，那就很像有人说过的，"他们是在回答谁也没有问过他们问题的聋子"①。

20世纪70年代末80年代初，是晚清政治史研究最为活跃的时期。随着一批研究单位乃至高校相关学科专业的恢复和创建，随着有关学术刊物的增多，随着各种大中小型学术会议的召开，学者间的学术交流空前活跃，大量的论文和著作得以发表和出版。这些论著中，有一些是"文化大革命"前就已写就而由于种种原因积压下来的，新撰写的论著中，也有一些是"文化大革命"时就已有所研究积累的成果。

在这些论著中，中国社会科学院近代史研究所的《中国近代史稿》（刘大年主编，人民出版社出版，第1册1978年出版，第2、3册1984年出版），是一部具有近代通史性质的著作，它的前身就是《中国史稿》第4册。该书大体采用了原有的框架，对这一段历史也没有提出什么新的看法，但通过大量史实的补充，强化了《中国史稿》第4册的那些基本观点，克服了原书"有骨头无肉"的缺憾，而且每一个时期各有总评，成一家之言。可惜的是，此书只出了前3册，叙述的内容从1840年第一次鸦片战争到1901年《辛丑条约》的订立，比原计划写到1919年五四运动少

---

① 参见刘大年为张海鹏的《追求集——中国近代历史进程的探索》（社会科学文献出版社1998年版）所写的序言。

了近20年。但它对晚清从鸦片战争到义和团运动的60年历史的叙述已较为完备了。

胡绳于1981年出版的《从鸦片战争到五四运动》，则是按照作者自己提出的"三次革命高潮"论编写的。在这部新著中，他借用了章太炎在1906年所说的"以前的革命，俗称'强盗结义'；现在的革命，俗称'秀才造反'"的机智提法，重申了自己的论点：太平天国时期是"强盗结义"，不是"秀才造反"；到了戊戌维新和义和团时期，还是"强盗结义"，而"秀才"已开始迹近"造反"，不过"秀才"是不愿把自己卷入"强盗结义"中的。到了同盟会时期，已是"秀才造反"为主，而且"秀才"还想运用"强盗"的力量。——三次革命高潮时期形势的不同，就发动力量来说，基本上就是这样。当然，所谓"强盗"和"秀才"是都有一定的阶级含义的。①

胡绳还在序言中强调："本书不认为有理由按照'洋务运动—戊戌维新—辛亥革命'的线索来论述这个时期的进步潮流。"胡著确系大手笔，"条分缕析，议论恢宏，在一定程度上体现了作者刻意追求的马克思主义的思想力量，对教学和研究工作以及对广大群众的爱国主义教育产生重大影响"②。然而这部著作也继承了作者在《帝国主义与中国政治》一书中过分强调"中外反动派"相互勾结共同镇压革命的原有观点，不加辨析地继续将"中外同心以灭贼为志"（即中央和地方同心协力镇压太平天国）错误地理解为与外国侵略者"同心灭贼"，同时也继续将慈禧太后于1900年6月的对外宣战，"几乎描写为极其机智地借刀杀人的恶毒策略"③，这就多少削弱了该书应有的力度。

然而，随着改革开放的进一步深入和扩大，以经济建设为中心已成为不可逆转的事实，人们已不再满足于中国近代史基本是政治史，甚至只是革命史的状况，对现有的框架模式与相关的结论，也试图予以突破。首先

---

① 胡绳：《从鸦片战争到五四运动·序言》，人民出版社1981年版。
② 张海鹏：《中国近代史研究的回顾》，《追求集——中国近代历史进程的探索》，第116—117页。
③ 孙守任：《中国近代历史的分期问题的商榷》，《中国近代史分期问题讨论集》，第21—22页；并参见姜涛《"中外同心以灭贼为志"新释》，《光明日报》1986年6月18日。

是在理论方面的探讨，集中表现在对中国近代历史发展线索的不同看法。1980年，有文章提出用"农民战争—洋务运动—维新运动—资产阶级革命"来表述中国近代历史发展的基本脉络，由于文中主要论述了从洋务、维新到资产阶级革命三段"重要历程"，所以这一观点又被称为"三个阶梯"说，并得到相当一部分学者的赞同。这一观点发展到后来，则是对鸦片战争以来中国社会的半殖民地半封建性质本身，也即所谓"两半"论提出了质疑和挑战。

从资本主义发展的角度，从近代化、工业化的角度看，"三个阶梯"说有其合理之处，或可补"三次高潮"论的不足。但"两半"论本身还是有其生命力的：半殖民地半封建的提法，固然凸显了反帝反封建的革命目标的一面，但同时也隐含了半独立半资本主义的另一面，因而它同样也为发展资本主义，为实现近代化、工业化的另一目标提供了根据。

我们注意到刘大年近年来在多种场合对"两个基本问题"说的表述：中国近代史的研究，早已使我们得出了一个概括，一个明确的认识：近代中国历史的基本问题，一是民族不独立，要求在外国侵略、压迫下解放出来；二是封建统治使中国社会生产落后，要求实现工业化、近代化。这个概括来自种种具体问题的研究，它合乎历史事实，而又可以帮助我们分析、观察今天的现实。[①]"两个基本问题"说——这是在新的认识基础上的整合和重新统一。

其次是相关研究领域的进一步拓宽。具体表现在政治史以外的其他各领域的研究得到加强：经济史、军事史、社会史、文化史，等等，都已渐次展开并各有成就。

与晚清政治史密切相关的中外关系史也受到重视。曾因"左"的思潮冲击被迫中断的《帝国主义侵华史》课题，也于20年后的1978年重新上马，并于1986年出版了第2卷（从甲午战后到五四运动）。沙俄侵华史、日本侵华史等专题研究也相继取得成果。

在晚清政治史本身的研究中，对清朝统治阶级的研究也已得到了加

---

① 见刘大年为张海鹏的《追求集——中国近代历史进程的探索》所写的序言；并参见刘大年《抗日战争时代》，中央文献出版社1996年版，第3、15、125页。

强。对于统治集团中的重要人物，首先是曾国藩、左宗棠、李鸿章等人，不仅都有研究专著和大量研究论文，而且还出版了他们的文集。此外，对清廷枢纽人物如恭亲王奕䜣、慈禧太后等人的研究，对湘、淮军集团的研究，也取得了一些成果。

对被简称为"八大事件"的晚清重大事件的专题研究也在继续深入。如茅海建的《天朝的崩溃——鸦片战争再研究》（生活·读书·新知三联书店1995年版）对第一次鸦片战争中清政府的信息传递制度、公文书写制度、军事调拨制度以及战争过程等都进行了比较接近史实的研究，虽因其近代化的取向一度引起反弹，但毕竟比较全面和深入地呈现了这次鸦片战争的历史场景。戚其章《甲午战争史》（上海人民出版社1990年版）一书则通过亲身参与史料编撰过程中的积累，辩驳了由来已久的各种误传，澄清了甲午战争的历史真相。孔祥吉《康有为变法奏议研究》（辽宁教育出版社1988年版）被认为是继台北黄彰健之后对戊戌变法研究最重大的突破。

太平天国研究曾是成果最丰硕的领域，但也是"文化大革命"的"重灾区"。早在"文化大革命"前，就有着过分拔高农民起义，且以太平天国比附共产党人的革命等一些不正常的做法。1964年，戚本禹在康生的指使下借李秀成的"叛徒"问题发难，又伤害了一批持不同见解的学者。"文化大革命"时期，"四人帮"更是利用太平天国大做文章。洪秀全被抬到前所未有的高度，而其他一些重要人物，包括杨秀清、石达开，也和李秀成一样，被打成投降派、叛徒、分裂主义者，等等。甚至洪秀全的一首"地转实为新地兆，天旋永立新天朝"的"地震"诗，也在唐山大地震后被"四人帮"作为鼓舞人心之用。对此，学者们早就憋足了一股气，所以太平天国研究的最早"复苏"也就不是偶然的了。1979年5月，近代史学界第一次大规模的国际学术讨论会——太平天国史国际学术讨论会在南京召开。一时间，太平天国史的研究蓬蓬勃勃，又出现了一派热闹的景象，曾有人为此戏言："研究太平天国的人简直比太平军还要多。"但随着近代史其他研究领域的陆续开发，众多人一哄而上挤在太平天国领域的现象很快得以克服，研究的热点也渐次后移。因此，当太平天国史专家王庆成后来在英国发现《天父圣旨》《天兄圣旨》等珍贵的太平天国文献时，虽也曾引起近代史学界的震动，但有关文献却始终没有得到很好的利用，有关的研究也没有得到什么反响，表明研究热点已发生变化。

辛亥革命，尤其是孙中山的研究继太平天国后成为新的热点，这跟大陆学术界与台湾地区及国外学术交流的加强也有一些关系。除报刊论文外，还出版了一些极有分量的学术专著，如章开沅、林增平主编的3卷本《辛亥革命史》，金冲及、胡绳武合著的4卷本《辛亥革命史稿》等。

随着以经济建设为中心的改革开放的深入，洋务运动的研究也开始"热"起来，对研究对象——洋务运动本身的评价也逐步升高，如一些研究者提出洋务运动是进步运动，有着爱国的倾向和抵制外侮的作用，它对中国民族资本主义的发生和发展所起的促进作用是主要的，限制作用是次要的。夏东元《洋务运动史》（华东师范大学出版社1992年版）一书对此作了较为公允的评价。因此，在本质上，洋务运动与太平天国、戊戌变法、辛亥革命一样，是中国近代史上的进步运动，等等。上面提到的新的主线说，也即"三个阶梯"说，与"洋务运动热"是密切相关的。

对于晚清政治史中的若干专题研究，因头绪较多，不再一一细述，兹据《历史研究》所载论文的情况，列表分析如下①：

《历史研究》所反映的晚清政治史各专题研究状况（1954—1993）

（单位：篇）

相关专题	1966年前	所占百分比（%）	1974—1983年	所占百分比（%）	1984—1993年	所占百分比（%）
两次鸦片战争	5	4.42	4	3.31	10	7.41
太平天国	65	57.52	37	30.58	17	12.59
洋务运动	2	1.77	16	13.22	34	25.18
戊戌变法	13	11.50	6	4.96	15	11.11
义和团运动（及其他）	4	3.54	6	4.96	7	5.19
辛亥革命	22	19.47	42	34.71	51	37.78
帝国主义侵华	2	1.77	10	8.26	1	0.74
总计	113	99.99	121	100.00	135	100.00

---

① 据《〈历史研究〉目录索引》整理。按：1954—1983年的索引原系按专题排列，1984—1993年的索引则系按时期排列。现已尽可能地作了归并，以利对比。

《历史研究》自1954年创刊,1966年停刊,1974年复刊直至今天,虽有月刊、双月刊的反复变化,但其研究论文的容量还是相对稳定的,因此可用来进行一些比较。需要说明的是,《〈历史研究〉目录索引》中,无论是按专题或是按时期划分,上表都有一些论文不属于或不纯属于晚清政治史的范围。本表的统计中只剔除了那些明显不属于政治史的论文。

首先,有关晚清政治史论文的总量略呈上升趋势:1966年"文化大革命"发动之前约12年,发表有关论文113篇;1974年复刊至1983年的10年,计发表121篇;1984年起的新的10年,计发表135篇。

其次,各专题篇目数量变化明显。

两次鸦片战争:在三个时期均非热门,但在1984年后略多,呈上升趋势。

太平天国革命:由"文化大革命"前的第一热门(几占总数的2/3)逐渐转冷,1984年后退居第三(已不足1/7)。

洋务运动:由冷转热,由"文化大革命"前的最末位,逐步上升,1984年后已跃居第二(1/4强)。

戊戌变法:热—冷—热,除"文化大革命"期间一度受冷遇外,稳定在11%左右(1/9)。

义和团运动:始终未能成为热门。

辛亥革命:稳定上升,由"文化大革命"前的第二(但只占1/5),上升为第一位(近2/5)。

帝国主义侵华:居于末位。由于有些论文已归并到各相关时期,这里主要是属于总论或按边疆地区分类的部分。但其在"文化大革命"期间显然"热"了一下,这与当时反对社会帝国主义霸权的政治背景有关。

1978年后晚清政治史研究中的这些变化,离不开以下因素:

首先是档案资料的大量开放和出版。档案是政治史研究的核心资料,中国第一历史档案馆的开放对于推动晚清政治史研究的发展至关重要。1978年恢复对外开放以来,深受研究者的欢迎,随即掀起了一股涌入该馆查阅档案资料的热潮,以至查档人数在20世纪80年代中期一度达到每年7000多人次的盛况。与此同时,有关收藏机构开始大规模整理、出版历史文献档案。例如,鸦片战争时期的《鸦片战争史料选译》(广东文史研究馆译，中华书局 1983 年版)、《鸦片战争档案史料》(中国第一历史档案馆编，上海人民出版社 1987 年版、天津古籍出版社 1992 年版)，太平天国时期的《清政府镇压太平天国档案史料》(总计 26 册，中国第一历史档案馆编，光明日报出版社 1990 年版、社会科学文献出版社 1995 年版)、《太平天国资料汇编》(太平天国历史博物馆编，中华书局 1980 年版)、《太平天国革命时期广西农民起义资料》(太平天国革命时期广西农民起义资料编辑组编，中华书局 1978 年版)、《太平天国文献史料集》(中国社会科学院近代史研究所资料编辑室编，中国社会科学出版社 1982 年版)，中法战争时期的《中法战争调查资料实录》(广西人民出版社 1982 年版)，中日战争时期的《清末海军史料》(张侠等编，海洋出版社 1982 年版)，戊戌变法时期的《康有为政论集》(汤志钧编，中华书局 1981 年版)、《康有为与保皇会》(上海市文物保管委员会编，上海人民出版社 1982 年版)、《自立会史料集》(岳麓书社 1983 年版)，义和团时期的《义和团史料——筹笔偶存》(中国社会科学院近代史研究所近代史资料编辑部、中国第一历史档案馆合编，中国社会科学出版社 1983 年版)，辛亥革命时期的《清末筹备立宪档案史料》(故宫博物院明清档案部编，中华书局 1979 年版)、《中华民国史档案资料汇编》(第 1 辑、第 2 辑，中国第二历史档案馆编，江苏古籍出版社 1981 年版)、《武昌起义档案资料选编》(湖北人民出版社 1981 年版)，等等。这些档案资料的公开出版，为晚清政治史的研究提供了极大的方便。

其次是研究大环境的改善，自由讨论渐成风气。民国政治史是现代中国的昨天，而晚清政治史则是它的前天。1978 年之前，无论是民国政治史还是晚清政治史都纳入了"革命史"的研究范式，无事不贴上阶级斗争的标签，无人不被阶级划分脸谱化，万事一律，千人一面，看不到时代的特点，看不到人物的个性，并由此形成许多不可逾越的定见。虽然毛泽东多次指出历史研究应允许"百家争鸣"，自由讨论，但实际状况并不理想，有时甚至是背道而驰的。但是，1978 年改革开放以后，情况就大不相同了，实事求是的科学精神得到了迅速的恢复，"双百"方针也不再多为口惠之辞而获得了较好的贯彻，自由讨论逐渐成了历史研究的常态。正是这种研究大环境的改善，使以史实为依据的研究得以突破许多禁区，大大改变了晚清政治史研究的面貌，其中最为典型的事例就是清末新政等新领域的研究成了众多研究者的热门选择。

　　最后是海外史学理论和方法的影响。第二次世界大战特别是朝鲜战争结束以后，对近代中国的研究在美国成为海外汉学研究的一个独特分支，而且成了显学，其影响力逐渐扩展到欧美其他国家。改革开放以后，他们的有关研究著述不再像此前那样只是供给少数研究者"内部参考"，而是开始大量公开翻译出版，成了中国近代史研究者的重要参考书目。例如，江苏人民出版社翻译出版的"海外中国研究丛书"，就成了一时的畅销书。这些研究著述以不同的视角，不同的理论和方法，不同的叙事方式，影响了中国相当一批学人，特别是年轻学人。这种影响，既有正面的，如开阔眼界，启迪思想，深化研究，等等；也有负面的，如有的人不去透彻了解人家的整体思想，仅仅依据自己的需要，寻章摘句，甚至断章取义，把人家的好东西弄得离弦走板，失去了原有的价值。而更多的则是只知生吞活剥，全盘照搬，无异于认他邦为故乡。这些都是必须引以为戒的。

　　进入20世纪90年代以来，随着时间的推移，近代政治史、晚清政治史的研究也出现了一些新的趋向。可以大略将其归结为"三多三少"，或"三弱三强"，即：在整个中国近代史的研究中，政治史的研究相对减少变弱，其他专史研究相对增多增强；在中国近代政治史领域的研究中，热点也在逐渐后移，即移向中华民国史的研究，晚清史的研究相对冷寂；在晚清政治史本身的研究中，对革命运动、革命者的研究减少，而对统治阶级、统治集团人物乃至晚清政治制度、中央和地方权力的演变等的研究得到增强。应该说，这些都是很正常的现象，是研究深入发展的题中应有之义。

　　然而，在研究中，也一度出现过一些不和谐的声音。主要是一些研究者在价值取向上逐步趋向文化保守主义实即政治的保守主义，从而反对近代史上的一切革命。就晚清政治史的范围来说，认为不但太平天国、义和团，甚至辛亥革命都搞错了，弄糟了。对统治集团中的人物，有的研究者并不是全面地、实事求是地研究和评价，而是做起"翻烧饼"式的翻案文章。如对曾国藩，说是要推翻范文澜加给曾国藩的污蔑不实之词，"所谓曾氏是镇压革命力量的刽子手的罪名难以成立"，"曾国藩不但没有'卖国投降'，而且显示了不顾个人屈辱而为国宣劳的爱国情怀"，等等；又如对李鸿章，不赞成将其一概骂倒，因为不论是其他什么"鸿章"上台都无法避免他的命运,这当然是实事求是的,但有的研究者说,看完了李鸿章的全部材料,几乎找不到他的一条缺点,这就不是实事求是的态度了。

但不管怎么说,这时晚清政治史研究中呈现出的多样性甚至某种不确定性本身还是一件极为可喜的事情。从论证共产党领导的人民革命的无比正确和必然性,转而"翻烧饼",进而再平实地研究和叙述历史,这是认识上的飞跃。历史学本是一门求实的学问,即使不用某种分期或叙述体系,只要采取实事求是的科学态度,是照样可以把历史解说清楚的。

一位智者说过:"某些事件只走一条路,并非因为它们不能走另一条路,而是因为它们绝对不可能倒退回去。"① 循着这一思路,我们也可以这样说:某些历史事件有了我们今天所知道的结局,并非说这就是必然的、不可变更的,而恰恰在于我们已不能倒退回去。人们在创造着自己的历史,但人类今天的活动将把我们自己引向何处,现代的人们也未必能确切地知道。近代史的研究将因这种不确定性而常新,晚清政治史的研究也必将因近代史的常新而常新。这并不是说,晚清政治史如什么"大饼"或"大钱"之类可任意翻转或随意排列,而是说它可以不时地凸显出它先前不为人知或不为研究者所重视的某些方面,如此而已。

第三节 21世纪初年的新进展②

进入21世纪以后,总的说来,晚清政治史研究仍没有脱离20世纪90年代以来逐渐形成的轨迹,多数研究者的研究重心仍明显偏重于清朝统治一方,而相对冷落革命运动方面的研究,其中清朝最后十年所推行的所谓"新政"改革更受到前所未有的关注。因此,21世纪初年,晚清政治史研究所取得的重要进展,也大多集中在这个领域。

---

① 马丁·加德纳:《灵巧的宇宙》,转引自伊·普里戈金《从混沌到有序:人与自然的新对话》,上海译文出版社1987年版,第284页。

② 本节参考了张海鹏、虞和平2000—2007年中国近代史研究综述(见《近代史研究》2002—2008年相关各期)及崔志海《近三年来晚清政治史研究回顾》(《史林》2012年第5期)等文,谨此致谢。

自20世纪90年代出版侯宜杰的《二十世纪初中国政治改革风潮——清末立宪运动史》(人民出版社1993年版)和朱英的《晚清经济政策与改革措施》(华中师范大学出版社1996年版)等书之后,这时又先后出版了关晓红的《晚清学部研究》(广东教育出版社2000年版)、李细珠的《张之洞与清末新政研究》(上海书店出版社2003年版)、苏全有的《清末邮传部研究》(中华书局2005年版)等多部颇有分量的研究清末新政的专著,至于报刊发表的相关论文就更不胜枚举了。这些论著分别就清末的政治制度、财政制度、法律制度、科举制度和教育制度的变革及相关人物展开了广泛的研究。现依次择要简介如下:

关于政治制度的变革。《晚清学部研究》一书从政治制度的演变、晚清人脉关系、晚清教育行政体制和学务的发展,以及中学和西学的传承等方面,对学部的意义及其存在的问题作了较为全面系统的探讨。指出1905年学部的设立是晚清中央行政体制的重大调整和新政变革的重要一环,其诞生的历程、运作及其复杂的人脉关系,相当典型地反映了新旧体制转换的艰难和曲折。学部作为清廷的一个职能部门,在新旧、官民、中外等矛盾冲突激化,危及统治秩序之际,往往牺牲科学规律以顺从朝廷意旨,结果成为清王朝的殉葬品。此外,本书作者还先后发表了一系列的专题论文,分别对晚清州县考绩制度的演变、督抚衙门行政体制的改革过程、直省会议厅的设置与运作、官制改革与行政经费及直省公费与吏治整顿间的关系,以及晚清外官改制的试办与实质、成效与困境,晚清府厅州县改制的成效和意义等,作了深入的考察和分析,揭示了晚清政体变制和社会转型的复杂性。[①]《清末邮传部研究》一书对1906年设立邮传部的背景及其官制、机构、经费、规章管理、职掌等制度作了系统、全面的探讨,重点

[①] 参见关晓红《清末州县考绩制度的演变》,《清史研究》2005年第3期;《晚清督抚衙门房科结构管窥》,《中山大学学报》2006年第3期;《清季督抚文案与文案处考略》,《近代史研究》2006年第3期;《从幕府到职官:清季外官制改革中的幕职分科治事》,《历史研究》2006年第5期;《独断与合议:清末直省会议厅的设置及运作》,《历史研究》2007年第6期;《清末官制改革与行政经费》,《学术研究》2009年第11期;《晚清直省公费与吏治整顿》,《历史研究》2010年第2期;《清季外官改制的地方困扰》,《近代史研究》2010年第5期;《清末外官改制的试办与成效》,《史学月刊》2011年第11期;《清季府厅州县改制》,《学术研究》2011年第9期。

论述了该部在发展中国交通事业和回收利权方面的事功,并对其政策决策作了深入检讨和重新审视。另有学者对晚清官员的俸禄制度进行了探讨,指出清政府在改革旧有俸禄制度方面取得了一定成效,但只是官制改革的辅助措施,最终并未完成,与官制改革一样不可避免地失败了。① 还有学者对清末新政时期的平满汉畛域问题作了专门探讨,指出在清廷平满汉畛域的措施中,地方官特别是东三省改制后的地方官,多任用汉族人,而中央核心层仍由满族亲贵控制。宣统年间,平满汉畛域的措施推行趋缓,尤其出现"地方平而政权中枢不平"的局面,这种情形加剧了社会的不满,加速了清廷的覆亡。② 有学者考察了晚清的课吏馆,认为它是一个集官吏培训、考核和甄别为一体的官方非编制内机构,最初只为个别地方官员自行设置,1902 年后作为新政的一部分而遍设于各地,不久又多被法政学堂取代,性质发生异化。另有学者认为它为清廷整顿吏治而设,但地方政府则把它当作一种缓解仕途压力的办法。在管理上,清廷虽力图注重实务、实学,但课吏之举依旧流于虚文,仍然没有解决官员队伍问题。③

关于财政制度的变革。有学者对清末新政时期的财政体制进行了研究,认为清末新政时期的财政体制也发生了某些变化,在一定程度上反映了清末新政时期政治、财政上所发生的近代变革,新组建的度支部权力进一步加强,而银库的权力也有进一步加强的趋势,使从前纷乱复杂的外省分头批解京师各衙门的制度趋于简化,国库制度似乎已呼之欲出。④ 另有学者对光绪中叶以来引介近代西方预算制度及清季的财政改革作了较为系统的考察和论述,并具体揭示清朝中央政府在推行财政制度改革过程中所遭遇的困境。⑤ 还有学者对晚清鸦片厘金的起源和各省税率的沿革进行了比较系统的研究,指出晚清鸦片厘金的征收实际上始于咸丰四年(1854),

---

① 参见鞠方安《清末官制改革中官员的俸禄改革》,《中国人民大学学报》2001 年第 5 期。
② 参见迟云飞《清末最后十年的平满汉畛域问题》,《近代史研究》2001 年第 5 期。
③ 参见肖宗志《晚清的课吏馆》,《清史研究》2006 年第 1 期;田涛《清末课吏馆述论》,《天津师范大学学报》2007 年第 3 期。
④ 参见任智勇《试述晚清户部银库制度与庚子之后的变革》,《清史研究》2005 年第 2 期。
⑤ 参见陈锋《晚清财政预算的酝酿与实施》,《江汉论坛》2009 年第 1 期;刘增合《西方预算制度与清季财政改制》(《历史研究》2009 年第 2 期)、《清季中央对外省的财政清查》(《近代史研究》2011 年第 6 期)。

至咸丰七年（1857）实际上已为咸丰帝所默认。洋药厘金自《烟台条约》生效后归海关统一征收，此后内地土药厘金税率也大幅提高。庚子以后，土药厘金陆续改征统捐，收入激增，但为响应禁烟舆论和支持万国禁烟会议，清廷在倍增鸦片厘金的同时，取消了鸦片厘金统捐。①

关于法律制度的变革。有学者从社会史角度对晚清的讼狱制度进行了系统考察，从积案、待质、京控、狱政、刑讯及讼狱制度影响下的社会心理等方面阐述了晚清讼狱制度的严重危机，认为这一危机是社会危机的先兆和表现，也是社会变革的重要契机，讼狱制度在晚清的运行状况深刻说明了中国法制近代化必须依赖社会制度的根本变革。② 另有学者具体考证了清末《刑事民事诉讼法》的修订情形，认为该法的修订本是为了回应守旧大臣的批评，适应当时改革的即时之需，因而被定位为暂行章程，具有简单、务实性。不过，与此不协调的是，立法者又试图引入一些时人并不熟悉的西方制度。这次立法虽以不了了之的方式告终，但作为法典编纂的一个失败案例，却给后人留下了有益的启示。③ 也有学者对晚清刑部皂役收入变化及影响做了专门研究，指出皂役收入的多寡和构成直接影响清代基层行政的运作；晚清皂役滥用权力，以权谋私的普遍化，既有人事的原因，更有制度的弊端。④ 有学者考察了清末提法使的设立过程及其在晚清官制和法制改革中的意义，强调提法使作为承上启下衔接司法与行政的枢纽机构，在清廷法制改革的制度设计中具有重要的位置。⑤ 有学者对清代自新所的演变作了较为系统的考察，认为清代自新所的流变说明"晚清狱制转型并非仅为西方新式狱制的简单移植"⑥。还有学者在考察晚清洗心

---

① 参见周育民《清季鸦片厘金税率沿革述略》，《史林》2010 年第 2 期。
② 参见赵晓华《晚清讼狱制度的社会考察》，中国人民大学出版社 2001 年版。
③ 参见吴泽勇《清末修订〈刑事民事诉讼法〉论考——兼论法典编纂的时机、策略和技术》，《现代法学》2006 年第 2 期。
④ 参见谢蕤《晚清刑部皂役收入研究》，《史学月刊》2009 年第 4 期。
⑤ 参见史新恒《清末官制改革与各省提法使的设立》，《求索》2010 年第 10 期；《效法西方话语下的自我书写——提法使与清末审判改革》，《历史教学》2010 年第 10 期；《分科改制：提法使官制向近代科层制的演进》，《求索》2011 年第 6 期。
⑥ 陈兆肆：《清代自新所考释——兼论晚清狱制转型的本土性》，《历史研究》2010 年第 3 期。

局、迁善局的出现与演变之后指出：受西方教养院制度和社会形势变化的影响，晚清洗心局、迁善局，不同于传统慈善事业，只偏重于生活救助，而且注重思想改造，表现出拯救灵魂的努力，不但对后来的刑狱制度改革产生深远影响，而且在中国慈善事业发展史上也具有重要意义。①

关于科举制度和教育制度的变革。有学者以刘大鹏、朱峙三两位乡村士子的日记为基本史料，对所谓科举制度废除与四民社会解体及知识分子"边缘化"的观点提出了修正意见，认为众多士子在诸多渠道中经过重新分化组合，再度融入并服务于社会，不仅基本能够维持原来的社会地位，而且在权力向基层延伸的过程中成为地方精英的重要组成部分，继续掌握着各种权力资源，占据社会权势的重要位置。② 但是，也有学者认为，晚清"废科举，兴学堂"，在清廷眼里仅仅是一个教育制度的改革，实则导致了中国社会三维共构中的文化之道统、政治之王统、社会之族统的全面散构与转型。③ 有学者对晚清科举经费从"福利教育"到"缴费教育"的转变过程作了颇有学术价值的考察，认为晚清地方政府对于科举经费的筹支活动，既维持了科举制的运作，延续着"福利教育"的道路，同时又推动了科举制的废除，促成了从"福利教育"到"缴费教育"的转变，具有承上启下的重要意义。④ 另有学者以直隶为例，对晚清查学和视学制度作了深入考察，经与日本比较研究后指出：近代中国地方视学制度虽源于欧美、日本，但省视学的职权范围又超出监督的一般定义，体现了清廷试图通过地方视学对地方教育加强控制的意旨。⑤ 还有学者于重新考察清末立停科举制的过程和后果后指出：在张百熙、端方、袁世凯等人的推动下，

---

① 参见黄鸿山《拯救灵魂的努力：晚清洗心局、迁善局的出现与演变》，《史林》2009年第4期。
② 参见关晓红《科举停废与近代乡村士子——以刘大鹏、朱峙三日记为视角的比较考察》，《历史研究》2005年第5期。
③ 参见高钟《废科举：中国儒家社会全面散构的多米诺骨牌》，《江苏社会科学》2005年第4期。
④ 参见徐毅《晚清科举经费研究——兼论从"福利教育"到"缴费教育"的转变》，《历史档案》2010年第1期。
⑤ 参见汪婉《晚清直隶的查学和视学制度——兼与日本比较》，《近代史研究》2010年第4期。

清政府采取断然措施，终结科举制，但也遗留诸多问题。① 在对清末留学日本热潮的研究中，有学者对清末"五校特约"留学计划的形成背景、过程及内容、实施状况进行了探讨，指出这一计划的实施，实现了由以速成留学为主的混乱阶段向以高等专门学校为中心的有序留学阶段的转变，直接导致了归国留学生学业水平的提高。② 另有学者针对鲜有人研究留日学生群体在清末新政中的作用的缺陷，具体考察了留日学生在清末筹备立宪、教育改革、编练新军、法制变革等方面的种种活动，认为留日学生对于清末新政改革发挥了广泛的影响，起了重要作用。③

关于相关人物的研究。这方面的研究主要集中于以下三人，一是张之洞，二是袁世凯，三是光绪帝。有学者具体考察了清末新政的重要文献《江楚会奏变法三折》出台的前因后果，认为"三折"由张之洞主稿，其主要思想来源于他以《劝学篇》为中心的变法思想主张。"三折"不但推动了清末新政的开展，对于确立张之洞在新政过程中的角色和地位也有重要意义。④ 如上所述，该文作者随后还推出专著《张之洞与清末新政研究》一书，对张之洞推行新政的实际情况进行了系统、深入的研究。另有学者考察了袁世凯的幕府，揭示袁如何广泛网罗人才，利用这一传统机构帮助自己在直隶总督任上举办各项新政，对直隶和全国的新政推行发挥了重大作用。⑤ 还有学者对1909年1月2日摄政王载沣驱袁事件产生的背景及经过做了再研究，说明载沣驱袁事件既是清廷内部的权力斗争，也与当时中、美、日三国之间的外交有着十分微妙的关系，在载沣驱袁权力斗争的历史背后，同时浮现出日、美两国较量的影子。⑥ 此外，不少学者还就光绪帝的死因展开了热烈讨论。有学者依据若干清廷重臣的传世日记，考证光绪、

---

① 参见关晓红《议修京师贡院与科举制的终结》，《近代史研究》2009年第4期；《终结科举制的设计与遗留问题》，《中山大学学报》2011年第5期。
② 参见吕顺长《清末留日学生从量到质的转变——关于清末"五校特约"留学的考察》，《浙江大学学报》2001年第1期。
③ 参见尚小明《留日学生与清末新政》，江西教育出版社2002年版。
④ 参见李细珠《张之洞与〈江楚变法三折〉》，《历史研究》2002年第2期。
⑤ 参见李志茗《袁世凯幕府与清末新政》，《史林》2007年第6期。
⑥ 参见崔志海《摄政王载沣驱袁事件再研究》，《近代史研究》2011年第6期。

第三章　晚清政治史　97

慈禧之死的种种迹象，认为光绪应系病死，并非被害而死。① 但更多学者根据现代精密仪器在光绪帝头发中发现大量砒霜，并结合相关档案和文献资料，认为光绪帝不是正常病死，而是被人谋害，死于砒霜中毒。② 而另一些学者则根据宫中光绪皇帝脉案资料，依然坚持光绪帝为正常病死，对他人谋害说持审慎态度，认为此说尚有诸多疑点，不可率尔作为定论。③

此外，边疆地区的新政研究历来是一个薄弱环节，这一时期也有了良好的开端。有学者对东北、蒙古、新疆、西藏与川边地区在清末新政时期有关政治、经济、军事、文化教育等方面的改革举措及其经验教训，进行了较为全面系统的探讨，为学界的进一步研究奠定了基础。④

这时的晚清革命史研究，虽然较晚清新政研究相对冷落，但也并非毫无佳绩可言。事实上，这方面的许多研究领域都取得了不俗的进步，只是程度不等而已。其中进展最为显著的是戊戌变法的研究。主要表现在：首先，在戊戌变法的"史实重建"方面取得了重大进展，先后出版了茅海建的《戊戌变法史事考初集》（生活·读书·新知三联书店 2005 年版）、《从甲午到戊戌：康有为〈我史〉鉴注》（生活·读书·新知三联书店 2009 年版）、《戊戌变法史事考二集》（生活·读书·新知三联书店 2011 年版），提出了一系列的新见。前者主要涉及戊戌政变的时间、过程与原委，中下层官员与民众对变法的建策，张之洞调京主持朝政与机会错失，光绪帝的对外观念，日本政府对戊戌变法的观察与反应，等等。中者就康有为所著《我史》从甲午（1894 年）至戊戌（1898 年）的 5 年记录，逐条进行厘定，鉴别真伪，并分析康有为作伪的原因，为读者澄清了以往许

---

① 参见马忠文《时人日记中的光绪、慈禧之死》，《广东社会科学》2006 年第 6 期。
② 参见钟里满《清光绪帝砒霜中毒类型及日期考》，《清史研究》2008 年第 4 期；戴逸《论光绪之死》，《清史研究》2008 年第 4 期；崔志海《光绪皇帝和慈禧太后之死与美国政府的反应——兼论光绪死因》，《清史研究》2009 年第 3 期。
③ 参见王开玺《关于光绪帝死因的思考与献疑》，《晋阳学刊》2009 年第 6 期；朱金甫《再论光绪帝载湉之死》，《历史档案》2010 年第 4 期。
④ 参见赵云田《清末西藏新政述论》，《近代史研究》2002 年第 5 期；《清末新政期间的"筹蒙改制"》，《民族研究》2002 年第 5 期；《清末新政期间东北边疆的政治改革》，《中国边疆史地研究》2002 年第 3 期；《清末川边改革新探》，《中国藏学》2002 年第 3 期；《清末新政期间新疆文化教育的发展》，《西域研究》2002 年第 2 期。

多似是而非的说法，也为研究者正确使用《我史》乃至其他戊戌变法史料奠定了坚实的基础。① 后者主要关注其中的许多细节，如"公车上书"的背后推手，戊戌前后的"保举"及光绪帝的态度，康有为与孙家鼐的学术与政治之争，下层官员及士绅在戊戌期间的军事与外交对策，张元济的记忆与记录，康有为移民巴西的计划及其戊戌前入京原因，康有为及其党人戊戌真奏议之补篇，康有为《我史》手稿本之考察，等等。与此同时，茅海建还就戊戌变法期间的张之洞的动向推出5篇专题论文，深化了张之洞和戊戌年间政局的研究。② 其次，对梁启超《戊戌政变记》的史料价值，有学者提出了新认识，认为此书与康、梁师徒1898年末至1899年初流亡日本时的政治活动密切相关，其中有关戊戌变法的宏观陈述和关键细节在形成过程中受到了作者政治活动与当时舆论的影响，是康、梁等人为达到争取外援、反击舆论的政治工具，"实为康梁应急的政治宣传品，而非纪实的信史"③。再次，对维新派的"围园"密谋和袁世凯的"告密"问题，展开了热烈的讨论。有学者对维新派的"围园"密谋提出了修正意见，认为"康有为等确有利用袁世凯派兵围颐和园的计划"，但对以往学界考证围园密谋的重要证据——毕永年《诡谋直纪》的真实可靠性提出了质疑，认为是毕永年依据"八月初三日后甚至戊戌政变后听到的密谋事而编写的"④。关于袁世凯"告密"问题，有学者认为缺乏根据，荣禄才最有可能是告密者。也有学者考察了袁世凯通过荣禄"电庆邸达之"向慈禧告密而引发戊戌政变的全过程，认定袁是告密元凶。⑤ 最后，对戊戌时期的一

---

① 参见茅海建《从甲午到戊戌：康有为〈我史〉鉴注》及其《康有为与他的〈我史〉》（《广东社会科学》2009年第1期）。

② 详见茅海建《戊戌变法期间张之洞之子张权、之侄张检、张彬的京中密信》《张之洞与杨锐的关系——兼谈孔祥吉发现的"百日维新密札"作者》《戊戌政变前后张之洞与京、津、沪的密电往来》《张之洞与〈时务报〉、〈昌言报〉——兼论张之洞与黄遵宪的关系》《张之洞与陈宝箴及湖南维新运动》，依次刊载《中华文史论丛》2010年第3、4期及2011年第1、2、3期。

③ 戚学民：《〈戊戌政变记〉的主题及其与时事的关系》，《近代史研究》2001年第6期。

④ 房德邻：《维新派"围园"密谋考——兼谈〈诡谋直纪〉的史料价值》，《近代史研究》2001年第3期。

⑤ 参见刘路生《戊戌政变袁世凯初四日告密说不能成立——兼与郭卫东先生商榷》，《清史研究》2005年第1期；孔祥吉《蔡金台繁密札与袁世凯告密之真相》，《广东社会科学》2005年第5期。

些人物进行了深入研究。如有学者撰文揭示百日维新后期光绪帝任命黄遵宪为驻日特命全权公使的直接原因,并非出自维新派的推荐,而是由于日本方面的主动邀请,指出此举引发了光绪帝亲自书写上谕、国书,并派遣军机与总署大臣联络日本公使,试图推行联合日本,大举新政,以此来寻求变法的出路。① 另有学者就戊戌时期李盛铎与康、梁之间的关系做了一些有价值的补正,指出李盛铎、陈炽与梁启超等人曾有过合作创办日报《公论报》的计划,以及李盛铎在戊戌保国会前与康、梁积极策划开会事宜过程中的一些具体细节等。②

与此同时,辛亥革命研究也取得了多方面的进展,主要表现在:一是对清王朝迅速崩溃的原因进行了多层次多角度的研究。有学者全面考察长沙抢米风潮中官、绅、民三者的角色及相互关系之后指出:这场严重的社会冲突是官、绅、民三者共同酿成的,是清朝统治迅速走向崩溃的重要表征。③ 另有学者论述了清政府在清末舆论和军队控制,应对诸如丁未黄冈起义、长沙抢米风潮、武昌起义等危机和"苏报案"问题上的失策,以及在对付康、梁维新派和国内立宪派政策。④ 二是对立宪派在辛亥革命中的地位和作用有了更深入的研究。有学者采用社会学、经济学、文化学等理论和方法,对立宪派重要人物张謇与近代中国社会之间的互动关系进行了

---

① 参见孔祥吉、村田雄二郎《一个日本书记官见到的康有为与戊戌维新——读中岛雄〈随使述作存稿〉与〈往复文信目录〉》,《广东社会科学》2009 年第 1 期。

② 参见马忠文《戊戌期李盛铎与康梁关系补正——梁启超未刊书札释读》,《江汉论坛》2009 年第 10 期。

③ 参见杨鹏程《长沙抢米风潮中官、绅、民》,《近代史研究》2002 年第 3 期。

④ 详见苏全有《论清末新军的国家失控》(《学术研究》2009 年第 7 期)、《清末新军失控现象的另类解读——以袁世凯式军队控制为视点》(《郑州大学学报》第 42 卷第 4 期)、《从丁未黄冈起义看清政府的危机应对》(《中州学刊》2009 年第 3 期)、《清末的舆论失控与政府应对》(《东岳论丛》第 31 卷第 9 期)、《清末官员背离政府的成因探析——以孙宝瑄为例》(《福建论坛》2010 年第 5 期)、《清末舆论缘何失控》(《求索》2010 年第 12 期)、《从 1910 年长沙抢米风潮看清政府的危机应对》(《历史教学》2010 年第 24 期)、《从武昌起义看清政府的危机应对》(《湖北大学学报》第 37 卷第 6 期);李细珠《清末民变与清政府社会控制机制的效能——以长沙抢米风潮中的官绅矛盾为视点》(《历史研究》2009 年第 4 期);王敏《从苏报案看晚清政府对政治危机的应对》(《社会科学》2009 年第 6 期);崔志海《晚清维新派、立宪派的兴起与清朝的覆灭》(载中国社会科学院近代史研究所政治史研究室、湘潭大学曾国藩研究中心编《晚清史论丛·湘淮人物与晚清社会》第 3 辑,社会科学文献出版社 2011 年版)。

全面研究；并通过对张謇与另一个立宪派代表人物汤寿潜交谊关系的研究，提出了新的认识：辛亥革命时期的东南地区和东南精英在全国政局变化中已处于举足轻重的地位，但其总体实力还不足以一举取代北方的传统政治中心地位，而在实际上主导社会潮流的东南精英乃是半新不旧的过渡时代英雄，所以辛亥革命只有以南北妥协宣告结束。革命派的英勇斗争是导致君主专制制度崩溃的最重要的冲击力量，然而以张謇、汤寿潜为代表的立宪派在各项革新事业中的贡献，对国民政治觉醒也起了一定的推波助澜作用。另有学者对各省咨议局联合会的来历，尤其是其第二届会议的内容及其政治影响进行了新的探讨，认为各省咨议局联合会的最大议题是反对皇族内阁和广练民兵。这次会议是大多数议员及其所代表的立宪派开始在政治上与清廷决裂的征兆，也是清朝统治的政治基础开始塌陷的重要标志。① 三是对某些众所周知的革命事件提出了新的看法。如有学者对发生在1903年的"苏报案"进行了再研究，披露许多鲜为人知的细节，揭示了章太炎、邹容这两位英雄人物在法庭上的表现，并对该案发生后100多年间中外各种传媒对其英雄形象的建构过程进行了系统梳理，从而说明"苏报案"这一历史事件是如何被赋予各种政治意义并被意识形态化的，事件的主角章太炎、邹容又是如何被神圣化的。这一研究，在一定程度上改变了以往内地史学界对苏报案的固化认识。② 四是触及了革命派、立宪派在革命过程中的一些失误。如有学者认为由于革命派以恢复建立汉族国家为目标，明显存在狭隘的"民族国家主义"，这就在客观上为日本黑龙会等外国侵华势力提供了可乘之机，也导致了国内满、蒙、回、藏等民族对革命充满疑惧而产生离心倾向，国家面临领土分裂和由此引起大规模民族仇杀的巨大危机。后以江浙一带象征五族共和的"五色旗"取代武汉军政府象征十八省汉族铁血团结的"十八星旗"，作为中华民国的国旗，标

---

① 参见章开沅等《张謇与近代社会》，华中师范大学出版社2001年版；章开沅《张汤交谊与辛亥革命》，《历史研究》2002年第1期；耿云志《辛亥革命前夕的各省咨议局联合会》，《福建论坛》2002年第2期。

② 参见王敏《西方列强与苏报案关系述论》，《历史研究》2009年第2期；《反清·抗俄·反帝——苏报案英雄形象的建构》，《史林》2009年第4期；《苏报案研究》，上海人民出版社2010年版。

志着五族共和被确立为国策。这一转变具有重大的历史意义。也有学者实事求是地指出辛亥时期知识界的民族国家认同观念并非一致，革命派与立宪派在满汉关系问题上的看法和见解皆有正确和谬误之处。① 有学者系统考察了南京光复至清帝退位数月内同盟会、湖北集团、江浙集团三方的政治关系，指出三方虽有反清共同点，但各有利益取舍，无法形成合力，因此，当袁世凯加入反清阵营后，只能与之妥协。革命党人虽有美好的愿景，却心有余力不足，无法确立民主宪政的基石。还有学者直言革命党人利用会党是一个失误，认为会党不仅没有帮助革命党联系群众，还给革命事业造成了损失。各省独立后，会党成了社会不稳定的重要因素，甚至成了反对民主共和的反动势力。② 等等。

太平天国、义和团运动等领域的研究成绩虽远不及以上两个领域，但也有一定收获。在太平天国方面，有学者对太平军北伐时是否用强制性"裹胁"手段补充兵员的问题进行了专门研究，认为北伐军最终败亡，与"裹胁"不无关系。有学者重新研究《天朝田亩制度》后指出，所谓"平均分配土地"，只是对《天朝田亩制度》误解的说法。对于所谓"圣库制度"，有学者认为并不是绝对平均的"军事共产主义"；圣库是已经在朝内和军中建立的一种机构，《天朝田亩制度》中提出的国库是打算将来在每个社会基层组织建立的仓库，二者在"级别"、性质、职能和物资来源等方面都截然不同，且没有必然联系，用国库来解释圣库是不妥的，说国库来源于圣库亦纯属推测。但另有学者认为太平天国既然一直将所有公共拥有的仓库称为"圣库"，那么，将公共生活必需品的供给制度称为"圣库制度"，是可以成立的。《天朝田亩制度》中的"国库"就是"圣库"。而以往学者们认为圣库制度是一种"军事共产主义式的分配制度"，也仍是

---

① 参见张永《从"十八星旗"到"五色旗"——辛亥革命时期从汉族国家到五族共和国家的建国模式转变》，《北京大学学报》2002年第2期；崔志海《辛亥时期思想界关于满汉关系问题论争的再考察——以〈民报〉和〈新民丛报〉为中心》，《史林》2011年第4期；李帆《辛亥革命时期的"夷夏之辨"和民族国家认同》，《史学月刊》2011年第4期。

② 参见张皓《无法和谐的奏鸣曲——论同盟会、湖北集团和江浙集团之间政治关系的演变》，《民国档案》2007年第3期；欧阳跃峰《利用会党：辛亥革命的一个误区》，《史学月刊》2007年第2期。

说得通的。① 还有学者通过对太平天国时期苏州三县、常熟和江西农村政治实情进行研究，指出其政治实践即使是不完善的，也仍然因其艰难的尝试和摆脱旧习惯的愿望而具有自身的历史价值。② 等等。在义和团运动方面，有学者从中央统治集团内部和地方督抚两方面探讨了义和团运动爆发的原因。有的认为1900年发生的"庚子事件"与戊戌政变后清朝统治阶级内部崛起的一个新的政治集团——以端王载漪为首的"大阿哥党"的疯狂活动有着密切的关系。有的认为在枝强干弱的晚清，直隶、山东督抚对义和团的态度、政策，不仅影响着义和团运动的发生、发展，也影响了清朝中央统治集团对义和团的决策。③ 另有学者就庚子年张之洞的动向及其有无帝王思想展开讨论。有的根据日本史学界新发现的宇都宫太郎日记及张之洞的表现，认为张之洞庚子年在内心深处存在独立称王思想。④ 有的则提出商榷意见，认为张之洞庚子年的活动不足以证明他有谋异动的野心，所谓张之洞庚子年的"帝王梦"之说难以成立。⑤ 此外，他们还就义和团运动中亲庆王奕劻和时任巡阅长江水师大臣李秉衡二人的评价问题进行了有益的探讨。⑥

---

① 参见池子华等《北伐太平军"裹胁"问题述论》，《历史档案》2001年第3期；王国平《〈天朝田亩制度〉新议》，《江海学刊》2005年第1期；欧阳跃峰《"圣库制度"考辨》，《近代史研究》2005年第2期；吴善中《太平天国圣库制度辨正》，《近代史研究》2011年第1期。

② 参见王明前《太平天国苏州三县农村政治研究》，《苏州科技学院学报》2006年第4期；《太平天国常熟县农村政治研究》，《常熟理工学院学报》2006年第5期；《太平天国江西农村政治研究》，《江西师范大学学报》2006年第5期。

③ 参见周育民《己亥建储与义和团运动》、喻大华《东直督抚与义和团运动的兴起》，《清史研究》2000年第4期。

④ 参见孔祥吉《张之洞在庚子年的帝王梦——以宇都宫太郎的日记为线索》，《学术月刊》2005年第8期；《再释张之洞帝王之梦——兼答李细珠先生》，《近代史研究》2010年第5期；《日本档案中的张之洞与革命党——以吴禄贞事件为中心》，《福建论坛》2010年第5期。

⑤ 参见李细珠《张之洞庚子年何曾有过帝王梦——与孔祥吉先生商榷》，《近代史研究》2010年第3期；戴海斌《庚子事变时期张之洞的对日交涉》（《历史研究》2010年第4期）、《庚子年张之洞对日关系的若干侧面——兼论所谓张之洞的"帝王梦"》（《学术月刊》第42卷11月号，2010年11月）。

⑥ 参见孔祥吉《奕劻在义和团运动中的庐山真面目》（《近代史研究》2011年第5期）、《义和团运动中李秉衡的言行考察》（《清史研究》2011年第3期）；戴海斌《"误国之忠臣"？——再论庚子事变中的李秉衡》，《清史研究》2011年第3期。

当然，任何事物都是复杂的，21世纪初年的晚清政治史研究固然取得不少进展，但也不能说它已完美无缺，毫无改进余地了。以下三个问题，或许值得我们重视。

第一，不能仅仅止步于模糊不清的"合力"研究。改革开放以来，在包括晚清政治史研究在内的中国近代史研究中，盛行着一个别开生面的"合力"说。如在辛亥革命研究中，几乎都以"合力"说评价康、梁立宪派的历史作用，认为它与孙中山革命派目标一致，都要在中国建立民主政体，实现国家的独立富强，只是在实现的手段上存在分歧。二者都主张扩大民权，只是一个要限制君权，一个要彻底取消君权。因此，康、梁立宪派也是推翻清王朝的"合力"之一。有人甚至认为除革命派、立宪派外，袁世凯也应列入革命的"合力"之中。这里不讨论"合力"是不是历史前进的动力问题[①]，也不讨论袁世凯应否列入"合力"之中，仅就尽可能"还原"历史真实而言，这类研究似乎也是不够的，甚至是有缺陷的。诚然，由于立宪派与革命派同属资产阶级营垒，将其列入推翻清王朝的"合力"，无可厚非。但是，要想真正"还原"历史的真实，似乎不能仅仅到此为止。因为它只"还原"了历史真实的一半，而没有打破砂锅问到底，进一步解决立宪派与革命派到底谁的作用大、谁的作用小，大到什么程度、小到什么程度等问题，因而仍然是不准确的，模糊不清的。唯有继续深入研究，走完研究过程的另一半，才能给出较为准确、精当的答案。

第二，不能忽视历史"不变性"的研究。历史总是发展变化的，这是一定的。近代中国历史因为遭遇"三千年未有之大变局"，所呈现的最大特点就是一个"变"字。经济基础在变，上层建筑在变，统治阶级在变，被统治阶级也在变，可以说整个社会都在变。晚清政治史研究者以主要精力，甚至全部精力，对这种"变"的历史进行持久的研究，当然是必要的，有利于社会进步的，因为它们毕竟是晚清政治史的主流。然而，历史

[①] 20世纪80年代史学界曾开展过一场不大不小的争论。刘大年发表文章，明确表示不能认同"合力"说，也有学者发表文章与刘大年商榷。参见刘大年《历史前进的动力问题》（《刘大年史学论文选集》，人民出版社1987年版，第106—134页）、郑宏卫《历史的动力与合力：兼评刘大年的〈说"合力"〉》（《学术研究》1988年第3期）、吴廷嘉《合力辩：兼与刘大年同志商榷》（《历史研究》1988年第3期）等文。

的辩证法从来就是有主流必有支流，有"变"必有不"变"，或者暂时未"变"的一面。如帝王思想、特权思想、迷信思想之类的形形色色的封建专制主义思想，不但晚清时期大量存在，即便辛亥革命推翻清王朝、中国共产党完成新民主主义革命以后也还若隐若现地继续残留在人们的头脑中，或多或少地影响着历史的进程。这已是被历史充分证明了的事实。遗憾的是长期以来，对于这种历史"不变性"的研究，如它的主要表现是什么，是怎样形成的，为什么能形成，何以能够长期不变，有什么影响，该如何清除它等问题，却基本没有研究者问津，不能不说是一大不足。其实，这种研究同样是必要的，必须引起重视。

第三，要加强宏观研究。与中国近代史其他研究领域一样，大多数研究者对晚清政治史的研究都停留在一些个案的具体史实的真假对错的研究上，而少有研究者做长时段的全方位的研究和思考，基本属于就事论事，"碎片化"的研究。厘清史实是必要的，这是历史研究的第一步，也是历史科学的第一要求。史实不清，真假不分，是非对错，无从谈起，在此情况下作出这样那样的判断，得出这样那样的结论，不但荒唐，而且荒谬。但是，历史研究的根本任务，不全是为了"纪勋"，也不全是为了"揭丑"，更为根本的是为了今天，为了未来，为了让今人和后人了解在什么历史条件下做事能够成功，怎样做事才符合绝大多数人的利益，才是推动社会进步，才称得上成功。一句话，就是为了吸取历史的经验教训，走好、走正今天和未来的路。而要达到这一目的，光有辨别个案具体史实真假对错的微观研究是不够的，必须同时甚至更多地从事综合的宏观研究，获取被历史实践反复证明为正确的规律性认识才有可能。因为历史经验不止一次地告诉过我们：凡事此时真实，彼时未必真实，局部可行，全局未必可行，唯有经过综合的宏观研究，才能获得真正符合事实的启人智慧的规律性认识。

不过，这些都是前进中的问题，只要我们沿着实事求是的道路继续向前迈进，就一定能够在前进中逐步解决，晚清政治史研究也一定能取得更多的进展和更大的成就。

第 四 章

中华民国史

中华民国史研究是中国历史研究中的新兴学科。虽然 1949 年以前已有学者对民国史有初步研究，但是，民国史作为历史研究的学科，其建立则是在 1949 年以后。尤其是 1978 年以后国家政治经济大环境的变化，改革开放政策及其带来的百花齐放、百家争鸣的局面，使民国史学科得以真正建立、发展和繁荣。可以说，中华民国史研究是中国历史研究诸学科中建立较晚，但发展较为迅速、取得成就较为显著的学科之一。本章拟以有限的篇幅，为民国史学科 1949—2009 年间的发展勾画出大致的线索，并对研究中现存及未来需要解决的若干问题作简略的评论与展望，俾便研究者的参考利用。[1]

第一节 历史回顾

中华民国处在中国近代前所未有之风云变幻的历史时期。还在民国年间，已有学人开始搜集整理有关民国史料，并有初步的研究。[2] 但就总体而言，1949 年以前，国内战乱连年，缺乏研究所需的必要环境与资料，而

---

[1] 本文所述民国史研究成果，时限大体为 1949 年 10 月 1 日中华人民共和国成立至 2008 年底，主要为有关民国时期政治史的研究，军事、经济、思想、文化、中外关系、人物研究以及中国台湾、中国香港地区与外国学者的研究情况，因篇幅所限，只在必要时有所论及。

[2] 民国年间出版的一些民国史料和研究著作，颇具参考价值，至今仍为学者所利用，请参阅有关论述。

且民国成立时间不长，一般学者格于当朝人不写当朝史的中国史学传统，身处民国自身的环境，也还没有将民国史作为学科研究的意识。①

中华人民共和国成立后，民国史研究开始进入中国史学研究科目之列。1956年，国家社会科学十二年规划将民国史列为重点项目。1971年，全国出版工作会议再度将民国史列入国家重点出版计划。为此，中国科学院近代史研究所（今中国社会科学院近代史研究所）在1972年成立民国史研究组，成为内地第一家以"民国史研究"命名的研究单位。随后，该组开始进行民国史的资料整理与初步研究，编辑《中华民国史资料丛稿》。但因为长期极"左"思潮的影响和干扰，民国史上的诸多事件与人物已有政治"定评"，民国史研究的空间甚为狭窄，缺乏学术研究所需的自由讨论的空间。同时，受中国历史分期问题的影响，1919年以前的民国史被划入中国近代史，1919年以后的民国史被划入中国现代史，被人为割裂成两段。② 而中国现代史研究的主要内容又局限于新民主主义革命史和中共党史，民国史只能作为陪衬。因此，1978年以前，少数关于民国史的研究主要局限在揭露帝国主义侵略和国民党统治方面，成为政治"大批判"的工具和附庸。唯有在近代经济史领域，有一批学者做了相当出色的开创性工作，他们主持下的近代经济史资料的系统整理与出版，是当时近代史研究中较有成绩的方面之一，其中相当一部分有关民国时期的经济统计资料至今仍在研究中被广为利用。③ 不过，1978年以前，民国史

---

① 1930年南京国民政府决定成立国史馆筹备委员会，1947年在南京正式成立国史馆，专事民国史料的搜集整理与民国历史的研究，但是格于当时战乱频仍的实际，国史馆并未能做多少实际工作。

② 关于中国近代史的分期问题，当时主要有两种意见：一种意见将1840—1919年划为近代史，将1919—1949年划为现代史；另一种意见是将1840—1949年划为近代史。前一种意见是多数。目前，大多数学者在研究中已经接受了后一种分期方法，但在学校教学中，前一种分期方法仍在运用。

③ 如严中平等人的《中国近代经济史统计资料》、吴承明的《帝国主义在旧中国的投资》、陈真等人的《中国近代工业史资料》、彭泽益的《中国近代手工业史资料》、章有义的《中国近代农业史资料》、汪敬虞和宓汝成的《中国近代铁路史资料》、徐义生的《中国近代外债史统计资料》，等等。这些资料虽均标以"近代"字样，但其中相当一部分是民国时期的统计资料。由于篇幅原因，本文第一、第二节所引著作概未注明版本，请读者自行查阅，或参考刊登于《五十年来的中国近代史研究》一书的相应部分。

研究的范围非常有限，影响也不大。民国史研究作为一门学科，仍然没有建立。

以1978年的真理标准问题讨论为开端，思想解放运动蔚为潮流，改革开放成为国策，国家政治经济大环境发生了重大变化，从而也带来了学术研究的空前繁荣。受惠于这样的大环境，1978年，近代史研究所的民国史组改称民国史研究室，由该室编辑的《民国人物传》第1卷于当年出版，这是1949年以后以"民国"作为书名而公开出版的第一部著作①，标志着民国史学科的真正起步。1981年，该室主持编写的《中华民国史》第1编第1卷出版，成为中华民国史学科建立的奠基之作。从此，有关民国史研究的著作和史料大量出版，学术研究队伍迅速扩大，学术交流活动日渐频繁，民国史研究已经发展成为中国历史研究诸学科中的后起之秀。

一个学科建立并成熟的标志，就是有可以代表这个学科研究水平的高质量研究著作的出版。近代史所民国史研究室于成立初始即决定编写一套包括研究专著、人物传和大事记在内的系统的《中华民国史》，这套著作的出版实际成为民国史学科建立的标志，也是迄今内地民国史研究的代表性成果。《中华民国史》分为3编12卷，由国内知名学者数十人共同撰写，已先后出版了第1编全1卷（辛亥革命和南京临时政府，李新主编），第2编第1卷（袁世凯统治时期，李宗一、曾业英、徐辉琪、朱宗震等著）、第2卷（皖系军阀统治时期，彭明、周天度主编）、第5卷（北伐战争和北洋军阀的覆灭，杨天石主编），第3编第2卷（从淞沪抗战到卢沟桥事变，周天度、郑则民、齐福霖、李义彬等著）、第5卷（从抗战胜利到全面内战爆发前后，汪朝光著）、第6卷（国民党的失败和中华民国的覆亡，朱宗震、陶文钊著）；其他各卷已经交稿，将于近期全部出版。《民国人物传》共12卷（孙思白、朱信泉、严如平、熊尚厚、娄献阁等主编），收录民国时期有影响的政治、军事、外交、经济、文化等各界人物近1000人，已全部出版。《中华民国大事记》（序编1905—1911年，正编1912—1949年，韩信夫、姜克夫主编）全5册39卷，逐日记述民国

---

① 笔者尚未详加查考有关书名，但1949年以后，"民国"作为一中性的书名似应自此书始。

时期政治、军事、外交、经济、文化等方面的大事、要事，已全部出版。此三项工程构成了民国史较为完整的体系，为民国史学科研究奠定了坚实的基础。

在民国专史方面，20世纪最后20年出版的较为重要的著作有：章开沅、林增平主编《辛亥革命史》，金冲及、胡绳武《辛亥革命史稿》，林家有主编《辛亥革命运动史》；来新夏主编《北洋军阀史稿》，谢本书等《护国运动史》，莫世祥《护法运动史》；黄修荣《国民革命史》，刘继增、毛磊、袁继成《武汉国民政府史》，王宗华、刘曼容《国民军史》；张同新《国民党新军阀混战史略》和《蒋汪合作的国民政府》，郭绪印《国民党派系斗争史》，杨奎松《西安事变新探》；中国社会科学院近代史研究所《日本侵华七十年史》，军事科学院军事历史研究部《中国抗日战争史》，罗焕章等《中国抗战军事史》；解学诗《伪满洲国史新编》；资中筠《美国对华政策的缘起和发展》，陶文钊、杨奎松、王建朗《抗日战争时期的中国对外关系》，石源华《中华民国外交史》；彦奇、张同新《中国国民党史纲》，刘健清《中国国民党史》，刘永明《国民党人与五四运动》；谢本书、冯祖贻主编《西南军阀史》，匡珊吉、杨光彦《四川军阀史》，莫济杰等《新桂系史》；许涤新、吴承明主编《中国资本主义发展史》，杜恂诚《民族资本主义与旧中国政府》，徐鼎新、钱小明《上海总商会史》；姜克夫《民国军事史略》；徐矛《中华民国政治制度史》，袁继成主编《中华民国政治制度史》；张静如、刘志强《北洋军阀统治时期中国社会变迁》；陈锡祺主编《孙中山年谱长编》，李宗一《袁世凯传》，严如平、郑则民《蒋介石传稿》，吴景平《宋子文评传》；还有若干有关民国历史研究的丛书。

有关民国史研究的论文更多，难有确切统计数字，散见于各学术期刊。但目前较有影响、学术价值与研究质量较高的论文，主要发表在少数学术刊物上，如《历史研究》《近代史研究》《抗日战争研究》等，由于这些刊物长期形成的学术地位，这种现象不会在短期内改变。各大学学报和省级社科刊物发稿量较大，可称民国史研究论文发表的主要阵地，但因种种原因，质量参差不齐。

第二节　改革开放后的进展

1978年以前，民国史研究尚未真正展开，加上极"左"思潮的影响和干扰，研究领域"禁区"重重，研究者心有所忌，有限的研究也被套上政治的框框，成为政治的传声筒，甚至"民国"这个词都很难不带贬义地出现在历史著述中。1978年以后的思想解放运动，真正开启了民国史研究自由讨论的空间。在学术研究思想解放、百家争鸣的形势下，民国史研究突破以往旧有条条框框的限制，取得前所未有的发展，其中最根本的变化就在于实事求是的原则和方法得到了恢复和发展，研究者可以按照历史的实际发展状况及其内在规律去研究历史，民国史上许多以前没有研究或不能研究的问题，现在有人研究并提出了自己的看法，而以前已经有所研究并有"定评"的问题也不断有人重新研究并提出新的看法。

1978年至20世纪末的民国史研究大体可分为两个阶段。1978—1989年为第一阶段，表现为民国史学科建立，并突破研究领域的限制，大胆提出新的观点与看法，在宏观领域取得较大进展。1990—1999年为第二阶段，随着研究的深入，研究者更注重于具体问题的个案研究，在微观领域将研究推向深入。[①]

民国史研究最先在辛亥革命问题上取得突破。辛亥革命是导致民国诞生的重大历史事件，是中华民国的开端，但是1949年以后史学界对其研究不多，评价也一直不高。1981年，以辛亥革命70周年纪念为先导，史学界推出一批专著和论文，论证了辛亥革命的资产阶级民主革命性质，充分评价了同盟会和孙中山在领导辛亥革命、建立南京临时政府、推翻中国几千年封建帝制方面的历史功绩。对于资产阶级在这次革命中的地位和作用，对于各个地区，各个阶级和阶层，各个政治派别、团体与代表人物在

[①] 本节叙述大体以这两个时段划分，但为了照顾叙述的方便与连贯，偶尔也有两个时段的交叉叙述。

这次革命中的表现，做了相当具体深入的研究。① 这次讨论最重要的进展，就是明确肯定资产阶级革命在当时中国的进步意义，"资产阶级政权优于封建政权，具有一种崭新的面貌"②。这样的评价，在以往极"左"思潮盛行的年代是不可能有的。

继辛亥革命的研究取得突破之后，民国史研究随着历史时段的延伸而不断深入，不断取得新的进展，这一进展的主线，就是资产阶级及其代表人物在民国时期的历史地位与进步作用不断得到肯定与深入探讨。在关于护国运动的研究中，如实肯定其资产阶级革命性质，认为"护国运动是辛亥革命的继续"，"是一次资产阶级革命运动"；明确肯定以往遭到贬斥的梁启超和进步党人在护国运动中的领导作用。③ 一般而论，梁启超是资产阶级温和派的代表，主张立宪而不主张革命，因而以往对他们的批判较之对以孙中山为代表的资产阶级革命派的批判更为严厉。因此，在肯定了资产阶级革命派的历史功绩之后，对资产阶级温和派历史贡献的肯定，具有重要的意义。民国政府成立后，中央和各地方政权很快又落入了北洋军阀以及各地方军阀手中。对这一段历史的评价，过去着重于批判军阀投靠帝国主义，误国残民，阻碍历史发展的一面。在这方面，1978 年以后的研究体现了一定的继承性，但更多地注意用历史事实论证。④ 另一方面，研究者也认为军阀与帝国主义的关系有利害冲突与矛盾的一面，内容变化复杂，因时因地而异，不能简单地将军阀类比为帝国主义的"工具"；巴黎和会中国代表拒绝签约，不仅是民众反对的结果，也与统治阶级内部矛盾导致的"分裂型政治"有关。⑤ 与此同

---

① 参见《中华民国史》第 1 编第 1 卷；《辛亥革命史》；《辛亥革命史稿》；《纪念辛亥革命七十周年学术讨论会论文集》。

② 《中华民国史》第 1 编第 1 卷，下册，第 439 页。

③ 参见《中华民国史》第 2 编第 1 卷；《护国运动史》；谢本书《蔡锷传》；董方奎《梁启超与护国战争》；金冲及《护国运动中的几种政治力量》、曾业英《云南护国起义的酝酿和发动》，《历史研究》1986 年第 2 期。

④ 参见裴长洪《西原借款与寺内内阁的对华策略》、章伯锋《皖系军阀与日本帝国主义的关系》，《历史研究》1982 年第 5、6 期。

⑤ 参见孙思白《试论军阀史研究及相关的几个问题》，《贵州社会科学》1982 年第 2 期；俞辛焞《日本对直奉战争的双重外交》，《南开学报》1982 年第 4 期；丁雍年《对张作霖的评价亦应实事求是》，《求是学刊》1982 年第 5 期；邓野《巴黎和会中国拒约问题研究》，《中国社会科学》1986 年第 2 期。

时，学术界对北洋政权的阶级属性这一主题有所讨论。有论者认为，北洋军阀官僚资本是私人资本，并认为北洋军阀"以封建地主阶级为其主要的社会基础"，但"又在一定程度上具有了资产阶级性质"①。既然北洋政府具有代表资产阶级利益的一面，它的各项政策当然有对当时经济发展起促进作用的一面。有论者认为，北洋政府制定了一系列有利于民族工商企业发展的政策和法令，而正是这种新生产力和生产关系的发展，导致了当时中国社会政治结构、经济结构、思想文化等各方面的变化，从而引起社会革命，最终导致了北洋军阀的衰亡。② 在关于北洋时期群众运动的研究中，值得一提的是，有论者对国民党与五四运动的关系做了研究，认为国民党积极参加并推动了五四运动，他们在运动前宣传鼓吹，在运动中制定策略与方法，推动其发展；五四运动的"政治性质和思想主题，以至于运动的预演、爆发和取胜，均同国民党人的政治言行有直接关系"；因此，"五四运动的真正推动和领导者应该是以孙中山为首的资产阶级民主革命派"③。过去一向将资产阶级及其代表党派置于群众运动的对立面，而新的研究结论有了变化，承袭了1978年以后对资产阶级在民国时期的历史作用给予积极评价的趋势。

  1927年以后的国民党政权，向来是民国史研究中较为敏感的领域，1978年以前对其几乎没有什么研究。1978年以后，关于国民党统治时期的研究首先在对抗日战争时期的国民党政权研究方面取得了相当进展。以1985年纪念抗日战争胜利40周年为契机，出现了一大批研究成果，对国民党对日政策由"攘外安内"到联共抗日的转变，对其在抗战前为抗战所做的军事、经济准备工作，如整编军队、构筑国防工事、发展军事工业、制定抗日战略、进行国防经济建设，对抗战中国民党军队负担的正面战场的地位和作用，以及正面战场的历次重要战役，均给予了适度的、积极的

---

  ① 彭明：《北洋军阀研究提纲》，《教学与研究》1980年第1期；来新夏、郭剑林、焦静宜：《北洋军阀史研究中的几个问题》，《学术月刊》1982年第4期。
  ② 参见沈家五《从农商部注册看北洋时期民族资本的发展》，《历史档案》1984年第4期；张静如等《北洋军阀统治时期的社会和革命》，《教学与研究》1986年第6期。
  ③ 刘永明：《国民党人与五四运动》，黄金华、漆良燕：《也谈"五四"运动的领导者及其性质》，《理论探讨》1988年第5期。

评价。① 与此同时，研究者对于国民政府建立后的关税自主、法币改革，以及抗战时期经济政策的作用等问题，也都予以一定的积极评价。② 关于抗日战争中正面战场的作用及其与敌后战场的关系，以往研究突出了敌后战场，而忽略了正面战场，此时有论者认为，无论是相持阶段之前还是之后，"国民党正面战场和共产党敌后战场，都具有同等重要的战略地位，不存在主要战场和次要战场之分"；两个战场有摩擦的一面，但相互配合、相互依存的关系一直贯穿于整个抗日战争期间。③ 可喜的是，关于抗战历史的研究，是大陆学者和台湾地区学者在民国史研究领域最早开展交流与互有回应的论题之一。如关于抗战的战略，台湾学者认为，国民党政府自抗战一开始就制定了持久战战略，并主动发动淞沪战役，诱使日军改变进攻方向，奠定了抗战胜利的基础。大陆学者则多认为国民党的持久消耗战略是在抗战中逐渐形成的，而且这个战略仍有重要缺陷，即其不彻底性和动摇性，而且"始终是不完全的"，"实际上只是指狭义的军事作战行动战略"；至于发动淞沪战役的战略意图，目前并无史料依据支持台湾学者的上述设想，同时这一战役也未起到转换全局的作用。④ 尽管双方的观点未尽相同，但这样的交流与回应对于民国史研究而言则是有重要意义的。

---

① 参见何理《抗日战争史》；郭大钧《从"九・一八"到"八・一三"国民党政府对日政策的演变》，《历史研究》1984年第6期；李义彬《华北事变后国民党政府对日政策的变化》，《民国档案》1989年第1期；陈谦平《试论抗战前国民党政府的国防建设》，《南京大学学报》1987年第1期；乐嘉庆、姜天鹰《评抗战前夕国民党南京政府的抗日准备》，《复旦学报》1987年第5期；袁旭等《论抗战初期的正面战场》，马振犊《"八一三"淞沪战役起因辨正》，江抗美《武汉保卫战述评》，郭学旺、孟国祥《中条山会战述评》，《近代史研究》1985年第4、5期，1986年第6期，1987年第4期。

② 参见高德福《试论国民党政府的关税自主政策》，《史学月刊》1987年第1期；樊小钢《论国民党南京政府的关税改革》，《浙江财经学刊》1987年第2期；虞宝棠《一九三五年国民党政府币制改革初探》（《华东师范大学学报》1982年第4期）、《试论国民党政府的法币政策》（《历史档案》1983年第4期）；朱镇华《重评1935年的"币制改革"》，《近代史研究》1987年第1期；郑会欣《一九三五年币制改革的动因及其与帝国主义的关系》，《史学月刊》1987年第1期；《民国档案与民国史学术讨论会论文集》，档案出版社1998年版。

③ 徐焰：《抗日战争中两个战场的形成及其相互关系》，《近代史研究》1986年第4期。

④ 余子道：《中国正面战场对日战略的演变》，《历史研究》1988年第5期；《中国正面战场初期的作战方向问题》，《军事历史研究》1987年第4期；王建朗：《抗战初期国民党军事战略方针述评》，《复旦学报》1985年第4期。

值得注意的是，对于国民党统治时期的研究，虽然相对敏感且基础薄弱，但是研究者并不回避矛盾，而是勇于开拓，在一些宏观领域的重大问题上取得了明显进展。蒋介石是国民党及其政权的领袖人物，过去被冠以"独夫民贼""人民公敌"之衔。此时有论者认为，在整个抗战期间，国民党处理抗日与反共的关系时，抗日还是主要的方向，因为中日民族矛盾没有解决；只要抗日，就属于人民的范围，因此当时的蒋介石集团也包括在人民之内。[1] 有论者对抗战前后的蒋介石作了较为全面的评价，认为蒋战前放弃"攘外必先安内"的错误政策，联共抗日，顺应了历史潮流；抗战初期，蒋与中共合作，指挥国民党军队抗击日军，是对国家民族的贡献，但其片面抗战、消极防守战略，也使国家蒙受了不必要的损失；抗战中期，蒋没有放弃抗战，没有完全中断国共合作，但坚持一党专政和独裁统治，制造反共摩擦，消极被动，保存实力，限制和降低了国民党军队的抗战作用；抗战胜利后，蒋违背历史潮流，坚持个人独裁统治，最终彻底失败。[2] 对抗战研究中的一些具体问题，也有论者根据历史事实提出了自己的看法。如关于蒋介石与汪精卫的关系，有论者认为，蒋与汪的叛国投敌"毫无关系"，他们"不可能有共同的语言，更不可能有一致的行动"；将曲线救国"作为国民党当局的指示方针"不符合历史事实；国民党对汉奸政权一概打倒，汉奸财产一律没收，汉奸主要头目多被处决，至于对汉奸将领的委任，"只是出于反共和抢占沦陷区目的的一时利用"。[3]

关于官僚资本的研究与讨论也在这一时期取得了重要进展。官僚资本是民国年间就开始使用的概念，1949年以后，为研究者所沿用，而且其适用对象有扩大的趋势，即凡军阀、官僚，以及国家、机关投资创办的企业一概称为官僚资本主义。此时有论者提出，官僚资本是已为群众接受的通俗名称，可以作为特定范畴使用，但它的实质，用政治经济学术语说，就是不同政权下的国家资本主义。又有论者认为，官僚资本是个政治概念，

---

[1] 参见王桧林《抗日战争史研究中的几个问题》，《北京师范大学学报》1985年第4期。
[2] 参见严如平、郑则民《试论抗日战争中的蒋介石》，载《民国档案与民国史学术讨论会论文集》。
[3] 蔡德金：《试论抗战时期蒋汪关系的几个问题》，载《民国档案与民国史学术讨论会论文集》。

不应用于标明企业性质；官僚私人投资与国家投资是不一样的，即使是军阀官僚投资的资本也属于民族资本中的私人资本。① 同时有论者明确提出，既然官僚资本是个政治概念，我们就有责任使用科学的经济概念；军阀官僚原始积累的来源并不能决定他们所办企业的性质。"从政治方面看，国民党统治时期有过掌握党、政、军、财经大权的四大家族，然而从经济方面看，那一时期却并没有四大垄断资本家族。"② 在民国经济史研究中，以更严格、更科学的国家资本概念代替不尽科学的官僚资本概念有可能成为史学界的共识，但因为官僚资本概念在民国时期即被广泛使用，因此在民国政治史研究中，运用这一概念仍有其必要性。

总体而言，1978—1989 年的民国史研究已经初步改变了过去研究不多、"禁区"不少的局面，展现出一派繁荣发展、百家争鸣的兴旺景象，并且在若干重要问题上有所突破。不足之处是，研究尚不够深入，因此一些讨论缺乏应有的学术深度，而仅仅表现了拨乱反正的政治意义。

1990—1999 年，可以视为民国史学科建立后研究历程的第二个阶段。随着前一阶段研究的进展，不少研究者感到，仅仅突破某些研究领域的限制，对一些问题提出新的看法，只是浅层意义上的进展，而且有些新的看法不过是随着思想解放的潮流应时而生，还缺乏深入的研究，而真正具有学术意义的突破与创新，应该是在深入研究的基础上得出的。因此，这一时期的民国史研究者更注意具体问题的个案研究。

民国史个案研究的进展表现在很多方面，首先应该提到与档案资料相结合的研究。20 世纪 90 年代以来，不断有新的、过去不为人知的有关民国事件与人物的档案公布，同时，藏于海外的民国史料也引起了学者们的注意，还公布了大量与民国史密切相关的中国共产党的档案资料，所有这些为研究者提供了良好的研究条件。这些利用档案资料研究取得的进展包括：北伐时期若干问题的研究，西安事变若干问题的研究，以及主要利用

---

① 参见许涤新、吴承明《中国资本主义发展史》第 1 卷总序；丁日初《关于"官僚资本"与"官僚资产阶级"问题》，载《民国档案与民国史学术讨论会论文集》；《西南经济研究讨论会综述》，《中国经济史研究》1986 年第 1 期。

② 丁日初、沈祖炜：《论抗日战争时期的国家资本》，《民国档案》1986 年第 4 期。

海外所藏档案史料对民国史事件与人物的研究。①

有关抗日战争的个案研究也有相当进展。如关于"不抵抗主义",有论者认为,"不抵抗主义"是东北地方当局所采用的说法,蒋介石当时并无不抵抗的直接命令,但蒋和南京政府默认了东北地方当局的"不抵抗";张学良对"不抵抗"负有相当责任。也有论者综合运用中日双方史料,对于卢沟桥事变作了相当具体的历史过程的构建,认为该事变完全是日本的预谋,日本有学者提出的谁先打"第一枪"的争辩毫无意义;蒋介石和国民政府对事变的处置是正确的,作出了应战部署,推动了全国抗战。② 关于抗战时期国民党军队的敌后游击战,过去从无研究,此时有论者从其最初的决策、实施的过程、特点以及在敌后各战区的发展情况作了较为全面的介绍并给予了一定的积极评价。③ 关于正面战场一些以往已有定论的问题,此时也有论者予以重新评价。如1944年的正面战场,过去强调的是失地千里,但有论者提出,国民党实行的是"东守西攻"战略,东线失败并不关系全局,而西线滇缅战场的胜利解除了中国两面受敌的威胁,开辟了重要的交通线,因此1944年的整个正面战场是得大于失。关于正面战场的战略反攻问题,有论者提出,1945年4月的湘西战役是正面战场反攻的开始,从此正面战场屡胜日军,收复了不少国土;由于中国是弱国的特殊环境,中国的反攻不同于别国,力不从心、时间短促,但仍值得肯定。④ 在关于国民党统治时期的研究中,这些年里也有一些值得注意的研究成

---

① 参见《中华民国史》第2编第5卷;杨天石《海外访史录》;杨奎松《西安事变新探》;陈谦平《论"紫石英"号事件》,《南京大学学报》1998年第2期。杨(天石)著以大量海内外所藏档案史料为依据,论证了1927年张作霖查抄北京苏联大使馆时据以为由的所谓苏联"阴谋文证"完全是伪造,揭开了20世纪30年代中期国民党内部各个派别之间若干矛盾的内幕;杨(奎松)著着重利用中共与共产国际的档案资料,揭开了西安事变中若干问题之谜,修正了一些固有说法的不确;陈著则利用英国档案材料,对轰动一时的"紫石英"号事件的前因后果作了详细考证。

② 参见冯筱才《"不抵抗主义"再探》,《抗日战争研究》1996年第2期;蔡德金《对卢沟桥事变几个问题的思考》,《抗日战争研究》1997年第3期。

③ 参见戚厚杰《国民党敌后游击战争初探》,《军事历史研究》1990年第1期;韩信夫《试论国民党抗日游击战场》,《民国档案》1990年第3期;张业赏《论国民党军在山东敌后战场的地位》,唐利国《关于国民党抗日游击战的几个问题》,《抗日战争研究》1996年第1期、1997年第1期。

④ 参见温锐、苏盾《重评1944年中国抗日战争的正面战场》,刘五书《论抗日战争正面战场的战略反攻》,《抗日战争研究》1996年第4期、1995年第3期。

果，如关于国民党政权建立初期的财经政策，关于三青团的研究，关于重庆谈判问题，关于战后东北问题，关于中美商约的研究，等等。①

在北洋军阀及其政权研究方面，这一时期的研究对于北洋政权的资本主义性质有了较多的共识。这主要源于对北洋政府经济政策的研究，研究者多认为北洋时期的经济政策促进了资本主义的发展，反映了资产阶级的利益。有论者认为，北洋政权制定的经济政策，除了极少数因财政困难和不平等条约的制约未能贯彻外，其他基本上都得到了具体落实。也有论者通过档案资料的研究，认为民国初年的经济法制建设，门类齐全、内容详尽，初步形成了资本主义经济法制体系，体现了资产阶级利益，是历史的进步。② 还有论者认为，由于北洋时期中央政权名存实亡，自清朝后期开始的国家资本主义发展方向中断了，中央政府缺乏权威，无力控制经济活动，使经济得以循自由资本主义道路发展。③ 在关于北洋时期政治外交的研究方面，有论者对北洋政府的"修约外交"予以一定肯定④，关于北洋政权后期兴起的国民革命运动，有论者以详尽的统计数字，从家庭人口的生活水平角度，论证北洋时期普通人民的贫困化，从而证明社会变革的必要⑤。以往研究不多的民国时期社会、文教方面的课题也正在引起更多研

---

① 参见宗玉梅《1927—1937年南京国民政府的经济建设述评》，《民国档案》1992年第1期；程道德《试述南京国民政府建立初期争取关税自主权的对外交涉》，张生《南京国民政府初期关税改革述评》，《近代史研究》1992年第6期、1993年第2期；贾维《三青团的成立与中共的对策》《国民党与三青团的关系及其矛盾之由来》《三青团的结束与党团合并》，《近代史研究》1995年第2期，1994年第4、1期；章百家《对重庆谈判一些问题的探讨》，《近代史研究》1993年第5期；杨奎松《1946年国共两党斗争与马歇尔调处》，汪朝光《抗战胜利后国民党东北决策研究》，《历史研究》1990年第5期、1995年第6期；薛衔天《战后东北问题与中苏关系走向》，《近代史研究》1996年第1期；任东来《试论一九四六年"中美友好通商航海条约"》，《中共党史研究》1989年第3期；陶文钊《1946年"中美商约"：战后美国对华政策中经济因素个案研究》，《近代史研究》1993年第2期。

② 参见黄逸平《辛亥革命后的经济政策与中国近代化》，《学术月刊》1992年第6期；虞和平《民国初年经济法制建设述评》，《近代史研究》1992年第4期。

③ 参见杜恂诚《北洋政府时期国家资本主义的中断》，《历史研究》1989年第2期；石波《辛亥革命与中国民族资本主义经济的发展》，《湖北社会科学》1991年第8期。

④ 参见《中华民国史》第2编第5卷。

⑤ 参见刘志强、姚玉萍《对北洋政府时期下层人民家庭功能及革命动因的考察》，《近代史研究》1991年第5期。

究者的注意,他们的研究成果得到了许多学术期刊的支持。[1]

　　这一时期的民国史研究,由于个案研究的进展,选题更为广泛与多样,在叙述与评价方面,更注重具体与细致的分析,以往那种绝对肯定或绝对否定的研究方法与结论此时已很少见到了,这种状况本身也说明了民国史研究的深入与发展。不足之处是,一些研究成果只是就事论事,缺乏在此基础上提升到理论高度的追求,尤其缺乏对重大问题的理论探讨。

第三节　新世纪的新进展[2]

　　进入 21 世纪以来,民国史研究不断有新的进展,已经成为中国历史学最为引人注目的研究领域。在民国史综合研究方面,有张宪文主编的《中华民国史》(南京大学出版社 2006 年版),还有朱汉国等主编的《中华民国史》(四川人民出版社 2006 年版)。张海鹏主编的 10 卷本《中国近代通史》(江苏人民出版社 2006 年版),其中有 5 卷研究的也是民国时期的历史。上述这些著作,虽然都是通论性论著,但基本上仍以政治史为论述的中心,有关经济、文化、社会方面的内容仍待加强。

　　在民国史综合研究方面,还应该注意到学术讨论会的意义。近些年来,每年都举办过若干次研究民国史的国际学术讨论会,如由中国社会科学院近代史研究所主办、2002 年召开的中华民国史国际学术讨论会,由中国社会科学院近代史研究所民国史研究室和四川师范大学历史系主办、2004—2007 年召开的 20 世纪 10—40 年代的中国国际学术讨论会,由南京大学历史系主办、2000 年和 2006 年召开的中华民国史国际学术讨论会等。

---

　　[1]　《近代史研究》于 1998 年内集中刊发了多篇研究论文,如饶东辉的《民国北京政府的劳动立法初探》、严昌洪的《民国时期丧葬礼俗的改革与演变》、陈蕴茜、叶青的《论民国时期城市婚姻的变迁》等(《近代史研究》1998 年第 1、5、6 期),表现了这一中国近代史研究领域的领衔刊物对社会史研究的重视。这些论文从一个较少为人研究的侧面,对民国时期的社会生活做了较深入的研究,为我们多方面认识与了解民国时期的社会发展提供了可能性。

　　[2]　本文第三、第四节承中国社会科学院近代史研究所赵利栋、罗敏副研究员提供不少资料,谨此致谢。

这些会议的参加者来自海内外各研究单位，研究领域较为宽泛，研究成果具有前沿性，研究者可以从中观察目前海内外民国史研究的最新进展与研究动向及发展趋势，充分反映了民国史研究已经成为一门国际性学科的特色。

在民国史专题研究方面，近年的研究重点更多在南京国民政府时期。就研究领域而言，政治、经济、军事、外交史为传统研究领域，研究成果仍然较多。同时，许多新的研究领域，如社会、文化、地域、城市史，等等，正在不断吸引研究者的关注。就研究倾向而言，学者们本着自由讨论的精神，对民国史上的诸多问题，或提出新的观点，或修正原有看法，大大推进了对民国史的认识，而在方法论方面，亦呈多元发展的态势，其中基于实证的个案研究，仍为民国史研究的主体。就发表成果的形式而言，除了每年出版的诸多专门著作之外，研究论文的大量发表，亦为展示民国史专题研究成果的重要方面。以下仅就近年来在民国政治史研究方面的若干成果略予介绍。

对于20世纪20年代中期国民革命的研究，过往学界较多从中共党史研究的视角出发，关注国共关系的形成、演变及其结果。最近以来的研究，开始从当时的历史实际出发，注意到影响国民革命发生、发展过程的诸多因素，尤其是北方的情况。罗志田认为，当时中国政治的主要矛盾关系是"南北之争"而非国共之争，以此出发，他对影响国民革命的诸因素，如地缘文化、社会认同等问题进行了再检讨。[①] 杨天宏对善后会议的研究，也有别于以往南方政府反对北方"军阀"视角，认为国民党与段祺瑞政府就善后会议发生的争执，更主要的是在争夺中央及地方政府的控制权，但由于国民党缺乏实力，未能迫使有奉系支持的段政府做出实质性让步，双方关系最终破裂。[②]

对于国民革命时期的群众运动，过往研究多从革命史的角度出发，冯筱才则以段祺瑞执政府为讨论对象研究五卅运动，认为运动的扩大与执政

[①] 参见罗志田《南北新旧与北伐成功的再诠释》，《开放时代》2000年第9期；《北伐前夕北方军政格局之演变（1924—1926）》，《史林》2003年第1期；《"有道伐无道"的形成：北伐前夕南方的军事整合及南北攻守势易》，《中国社会科学》2003年第5期。

[②] 参见杨天宏《国民党与善后会议关系考析》，《近代史研究》2000年第3期。

府的政治、外交策略相关，实际成为执政府可以利用的工具，因此在近代中国，群众运动从来不是单纯的民意表达，忽略群众运动背后的力量，就无法理解近代中国群众运动的复杂内涵。① 对于国民革命时期的农民运动，以往研究较多的是中国共产党领导或影响下的两湖农民运动，梁尚贤的研究则以国民党与广东农民运动的关系为研究对象，认为国民党曾经扶持广东农运，但又与地主士绅保持着密切关系，在后来的清党运动中，国民党放纵土豪劣绅民团对农会和农民的报复，并波及努力于国民革命的党内忠实同志与革命青年，使国民党走上政治腐败之路，并埋下了日后失败的种因。② 对于1924年的广州商团事件，以往研究多从孙中山和革命政府的角度观察历史，邱捷通过对清末民初广州商人团体产生和发展历史的研究，认为此次事件是由英国和南北军阀阴谋策动的传统说法，迄今尚缺乏有力证据，其发生与清末民初广东特殊的政治、社会背景以及商团发展的历史特点有直接关系，也许是商人团体同政府冲突的特殊事例。③ 敖光旭亦通过对广东商团产生与发展历史的研究，认为在愈演愈烈的官商摩擦、军团冲突、罢市风潮及全省联团活动中，逐渐形成了以商团为驱动中心，以民团为外围组织，以士绅和商人为主要社会基础，以民治或自治为核心理念的一体化社会网络，以社会主体自居的大商团主义也随之形成，进而以实力与广东政府分庭抗礼，出现类似西方早期现代化时期的市民社会及其发生模式。④

国民党统治在民国时期的兴衰起落向为学界所关注。王奇生对国民党组织制度史的系列研究，独辟蹊径，着重从国民党治党史的角度，以历史学研究为本，结合社会学和政治学的研究取向，深入考察了国民党的组织结构、党员构成、录用体制、党政关系、派系之争等问题，条分缕析，创

---

① 参见冯筱才《沪案交涉、五卅运动与一九二五年的执政府》，《历史研究》2004年第1期。
② 参见梁尚贤《国民党镇压农民运动及其影响》《国民党与广东民团》，《近代史研究》2002年第2期、2003年第6期。
③ 参见邱捷《广州商团与商团事变——从商人团体的角度的再探讨》，《历史研究》2002年第2期。
④ 参见敖光旭《商人政府之梦——广东商团及大商团主义的历史考察》，《近代史研究》2003年第4期；《共产国际与商团事件》，《中国社会科学》2003年第4期。

见迭出，引起学界的关注。他认为，国民党在20世纪20年代中期改组后，其组织的实际形态和制度形态之间存有较大差异，组织形态散漫如故，清党运动造成国民党党内人才的逆淘汰，唯有听任土豪劣绅和投机腐化分子分掠地方资源，其所受之自我创伤几乎不亚于共产党所受的打击；国民党在中央实行以党统政，在地方实行党政分开，党权在地方政治运作中日趋弱化，在很大程度上削弱了国民党的党治权威和基础，国民党最终只能建立起弱势独裁的党治国家秩序。① 南开大学的江沛等运用政治学理论研究国民党党国体制的源流、理念、实践、变异及其影响，认为在南京国民政府成立后，国民党实施"党国"体制，以党的意识形态作为治国的基本原则，以"党政双轨制"的权力管理体系作为自上而下的行政运作模式，这既是西方政党政治理念特别是苏俄政党体制进入中国政坛的结果，也是传统中国政治文化与西方现代政党体制及理念相互作用的产物，但是，由于国民党统治体系内党、政、军利益的纷争以及党、政管理系统并存且关系滞碍而导致行政成本倍增，进而演变为国民党政治制度的顽症。②

有关国共关系的研究，一直是学界关注的中心问题之一，近年的研究，对国民革命和战后时期的国共关系有较多的拓展。

杨奎松考察了孙中山与共产党关系的演变和国民党内"容共"还是"分共"的争论，认为孙中山接纳共产党一方面是基于联俄的现实需要，同时也是试图利用共产党在宣传和组织方面的才能改造国民党，但并未改变孙中山基本的政治目标和理念；"容共"还是"分共"，自始即成为国民党内矛盾冲突的中心话题；孙中山去世后，制约力量的消失导致国共关系不可避免地走向破裂。在此基础上，杨奎松进一步研究了国民党发动的清党运动，认为清党采取了暴力形式，并且借助于军队和地方旧势力，不仅使军队成为地方权力的受益者，而且在很多地区重新恢复了旧有的统治关系，实际导致了国民党"党格"的分裂，这既包括组织上党的系统相对

---

① 参见王奇生《党员、党权与党争：1924—1949年中国国民党的组织形态》，上海书店出版社2003年版；《论国民党改组后的社会构成与基层组织》《清党以后国民党的组织蜕变》，《近代史研究》2000年第2期、2003年第5期；《党政关系：国民党党治在地方层级的运作（1927—1937）》，《中国社会科学》2001年第3期。

② 参见江沛等《中国国民党"党国"体制述评》，《安徽史学》2006年第1期。

激进和权势部门的相对保守与腐化，也包括某些思想理念与实际政策之间的严重脱节。① 邓野、汪朝光对抗战胜利前后国共关系的研究，诸如联合政府、国共谈判、政协会议、东北交涉，等等，揭示出国共两党关系的复杂性、多样性及其受制于国内外形势发展的诸般面相，以及影响两党关系发展演变的各种因素，进而深化了人们对相关历史问题的认识。②

有关蒋介石的研究，也为学者所关注。杨天石利用新近公开的蒋介石日记，对蒋介石及相关人物和事件做了较为全面的研究，引起海内外学界的广泛关注。③ 黄道炫对蒋介石提出的"攘外必先安内"政策作出新的诠释，认为九一八事变前该政策并不具有强烈的针对性，"攘外"基本限于口号宣传，"安内"则首先是针对反蒋的地方实力派；九一八事变后，"安内"是中心，妥协是"攘外"的主基调，但妥协又有限度；1934年该政策的倾向发生重大变化，"安内"的重点转向国内建设，政策重心明显向"攘外"方向转移。④

第四节　影响研究的若干因素

一是研究资料的开放。历史资料是史学研究的基础，近年来民国史研

---

① 参见杨奎松《孙中山与共产党——基于俄国因素的历史考察》《"容共"，还是"分共"？——1925年国民党因"容共"而分裂之缘起与经过》，《近代史研究》2001年第3期、2002年第4期；《1927年南京国民党"清党"再研究》，《历史研究》2005年第6期。

② 参见邓野《联合政府与一党训政——1944—1946年间国共政争》，社会科学文献出版社2003年版；《联合政府的谈判与抗战末期的中国政治》，《中国社会科学》2002年第5期；《国民党六届二中全会研究》《东北问题与四平决战》《南京谈判与第二次国共合作的终结》，《历史研究》2000年第1期、2001年第6期、2002年第2期；《论国共重庆谈判的政治性质》，《近代史研究》2005年第1期。参见汪朝光《1946年早春中国民主化进程的顿挫——以政协会议及国共关系为中心的研究》《战后国民党对共政策的重要转折——国民党六届二中全会再研究》，《历史研究》2000年第6期、2001年第4期；《战与和的变奏——重庆谈判至政协会议期间的中国时局演变》《战后中苏东北经济合作交涉研究》，《近代史研究》2002年第1、6期；《关于战后对苏外交及东北问题的激烈争执》，《民国档案》2006年第3期。

③ 参见杨天石《找寻真实的蒋介石》，山西人民出版社2008年版。

④ 参见黄道炫《蒋介石"攘外必先安内"方针研究》，《抗日战争研究》2000年第2期。

究的进展，首先得益于历史资料的开放及获取的相对便利。如大陆各档案馆所藏民国档案尤其是民国地方档案史料，台湾地区所藏蒋中正档案和国民党档案，美国斯坦福、哥伦比亚、哈佛大学等处所藏蒋介石、宋子文、孔祥熙等民国重要人物的档案，俄罗斯所藏共产国际的档案等，都在最近若干年中逐步对研究者开放。① 以上学界在国民革命、国共关系、蒋介石研究方面所取得的进展，都受益于这些档案资料的开放。再如金以林、罗敏对蒋介石和国民党派系、地域之争的研究，主要依据的是台湾地区所藏的档案史料②；陈红民对国民党领导人胡汉民的研究，主要依据的是美国哈佛燕京图书馆所藏胡汉民档案③；吴景平对民国财政金融史的研究，主要依据的是上海市档案馆所藏民国时期的财政金融档案④。还应该注意的是，影印出版的民国报刊史料（如以《申报》和《东方杂志》为代表的民国时期的若干主要报刊均已影印出版）及大陆各省、市编辑出版的大量有关民国时期地方情况的档案文献史料（这些史料几乎涉及民国时期各地方、各时期、各行业、各人物的情况），对于研究者也是非常有用的。目前，对于治民国史的学者而言，根本的问题已不在于史料不足，而在于如何利用众多的史料从事研究，以及如何从浩如烟海般的史料中发现并解决问题。

---

① 这些档案史料有的已刊布出版，如大陆翻译出版的《联共（布）、共产国际与中国国民革命运动（1920—1925）》《联共（布）、共产国际与中国国民革命运动（1926—1927）》《共产国际、联共（布）与中国革命文献资料选辑（1926—1927）》（均为中共中央党史研究室第一研究部译编，北京图书馆出版社1997—1998年版；台湾地区编辑出版的《蒋中正总统档案事略稿本》《阎锡山档案要电录存》，台北"国史馆"2003—2008年版。

② 参见金以林《地域观念与派系冲突——以二三十年代国民党粤籍领袖为中心的考察》《蒋介石的第二次下野与再起》，《历史研究》2005年第3期、2006年第2期；《从汪、胡联手到蒋、汪合作——以1931年宁粤上海和谈为中心》《宁粤对峙前后阎锡山的反蒋倒张活动》，《近代史研究》2004年第1期、2005年第5期。参见罗敏《从对立走向交涉：福建事变前后的西南与中央》，《历史研究》2006年第2期；《"矛盾政策"中寻找出路——四届五中全会后的胡汉民与西南时局》，《近代史研究》2007年第5期。

③ 参见陈红民《函电里的人际关系与政治：读哈佛—燕京图书馆藏"胡汉民往来函电稿"》，生活·读书·新知三联书店2003年版；《两广与福建事变关系述论》，《近代史研究》2001年第4期。

④ 参见吴景平《江苏兼上海财政委员会述论》《"九一八"事变至"一二八"事变期间的上海银行公会》，《近代史研究》2000年第1期、2002年第3期。

二是研究领域的拓展。过往的民国史研究,主要是政治、经济、军事、外交史等传统领域。目前,在对传统研究领域的研究继续之同时,新的研究领域被大大扩张,诸如社会史、文化史、地区史、城市史、制度史等明显增多。其原因有研究理念的变化(如由研究的"外向化"而"内向化",由研究的"向上看"转为"向下看"),研究资料的拓展(如地方史料、口述史料、图片史料、影像史料的运用,等等),大量新进研究人员和博硕士研究生对于论文的选题考虑,等等。如以往并不为学者重视的商民运动,朱英等有了较多研究。[1] 魏光奇对清末至北洋时期行政制度的研究[2],温锐对20世纪上半叶地方基层政府社会管理职能的研究,有助于我们对近代中国地方制度现代化转型功用的认识[3];王兆刚对30年代县自治的研究[4],曹成建对40年代地方自治的研究,引发人们从社会基层控制的角度思考国民政府统治崩解的原因[5];王先明等对30年代县政建设运动与乡村社会变迁关系的研究[6],张伟对广西乡村基层政权建设的研究[7],汪汉忠对民国时期苏北地区催征吏的研究[8],李巨澜对民国时期县以下乡村基层政权的研究[9],为我们认识近代乡村社会的演进与转型,以及国家权力

---

[1] 参见朱英《商民运动与中国近代史研究》,《天津社会科学》2005年第4期;霍新宾《国共党争与阶级分野——广州国民政府时期工商关系的实证考察》,《安徽史学》2005年第5期;乔兆红《大革命初期的商民协会与商民运动》,《文史哲》2005年第6期;李柏槐《商民的利益集团:商民协会——成都与上海等地商民协会差异之比较》,《社会科学战线》2005年第1期。

[2] 参见魏光奇《官治与自治——20世纪上半期的中国县治》,商务印书馆2004年版。

[3] 参见温锐《20世纪上半叶地方基层政府社会管理职能的初步转型——以赣闽粤三边地区为例》,《文史哲》2004年第1期。

[4] 参见王兆刚《论南京国民政府的县自治》,《安徽史学》2001年第2期。

[5] 参见曹成建《20世纪40年代新县制下重庆地方自治的推行及其成效》《20世纪20年代末至30年代前期南京国民政府的地方自治政策及其实施成果》《20世纪30年代前期南京国民政府对地方自治政策的调整》,《四川师范大学学报》2000年第6期,2003年第1、5期。

[6] 参见王先明《20世纪30年代的县政建设运动与乡村社会变迁——以五个县政建设实验县为基本分析样本》,《史学月刊》2003年第4期。

[7] 参见张伟《民团、学校与公所——1930年代广西乡村基层政权之建构》,《中国农史》2005年第3期;《官意与民意之间:1930年代广西的村街民大会》,《史学月刊》2006年第8期。

[8] 参见汪汉忠《试论民国时期的催征吏——苏北个案研究》,《民国档案》2001年第3期。

[9] 参见李巨澜《略论民国时期的区级政权建设》,《史林》2005年第1期。

与乡村的关系提供了新的思考。李里峰对民国时期文官考试制度的研究①，使我们认识到当时政府组织体制构成的特定方面。阎天灵对战前国民政府内蒙古政策的研究②，反映出民国时期民族问题和民族政策复杂与特殊的方面。一些以往历史研究者很少介入的领域，也被纳入研究视野。如王奇生对漫画与北伐关系的研究，李恭忠对中山陵建筑与政治关系的研究③，汪朝光对民国电影检查制度的研究④，等等。研究领域的拓展有助于后人对民国历史的认识更趋全面而深入，也有助于后人对民国历史多重而复杂面相的了解。

三是研究趋向的转换。历史研究的基本方法，当然是基于史料的实证研究。然而，近年来的民国史研究，尤其是一些新进学者的研究，也较多运用社会科学的研究方法，注重问题的提出、框架的构建与理论的分析。如杨念群关于中国近代医疗卫生制度的研究，引入社会学研究的方法，关注现代医疗制度的建立同中国传统文化与伦理以及其他现代体制如警察系统、新型自治组织的关系，现代医疗制度对社会组织控制及市民日常生活的影响，国家权力经由医疗程序和身体控制的途径在其中所起的作用。⑤冯筱才则以五四时期发生在上海的"日人置毒"谣言风潮为个案，尝试从社会心理层面探讨上海普通市民对五四运动的反应，认为五四运动在当时

---

① 参见李里峰《民国文官考试制度的运作成效》，《历史档案》2004年第1期；《南京国民政府公务员考试制度的几个问题》，《史学月刊》2004年第1期；《现代性及其限度：民国文官考试制度平议》，《安徽史学》2004年第4期。

② 参见阎天灵《试论抗战前十年国民政府对内蒙古的政策定位》，《中国边疆史地研究》2001年第1期。

③ 参见王奇生《北伐中的漫画与漫画的北伐》、李恭忠《开放的纪念性：中山陵建筑精神的表达与实践》，《南京大学学报》2004年第4期。

④ 参见汪朝光《民国电影检查制度之滥觞》《检查控制与导向——上海市电影检查委员会研究》，《近代史研究》2001年第3期、2004年第6期；《战后国民党政府的电影检查》，《南京大学学报》2001年第6期；《抗战时期沦陷区的电影检查》，《抗日战争研究》2002年第1期；《影艺的政治——1930年代中期的中央电影检查委员会研究》，《历史研究》2006年第2期；《"不怕死"事件之经纬和美国辱华片被查禁之先例》，《近代中国的城市和乡村》，社会科学文献出版社2006年版。

⑤ 参见杨念群《再造病人——中西医冲突下的空间政治（1832—1985）》，中国人民大学出版社2006年版；《北京"卫生示范区"的建立与城市空间功能的转换》，《北京档案史料》2000年第4期。

上海下层民众心中，可能更重要的是因为日人放毒谣言而引发的集体恐慌行动，而在那些极力推动"民族主义运动"的"精英"看来，这恰是"民气"的体现。① 民国史研究趋向的转换目前仍在持续发展之中，未来可能有更多新的成果出现，尤其是不少新进研究人员与研究生更注重于此。

第五节　存在的问题

尽管民国史研究目前非常活跃，研究成果众多，但因其开展时间较晚以及种种因素的作用，研究仍有诸多不足之处，以下略举一二介绍之。

一是缺少对话与讨论。目前的民国史研究，似乎更偏重于个案研究，选择前人较少触及的论题，使用过去未见运用的史料。其优处在于拓展研究领域，填补研究空白，而其劣处在于各说各话，缺乏交集与讨论，故近年来鲜见对于民国史全局问题的讨论与争鸣。而且，对同一论题，除去一些应景式的研究外，一般情况下，学者不愿重复研究，尤其是新进学者更是如此。这也或多或少影响到对相关问题的讨论。就个人阅读所及，近年来同题讨论较多也较有意义的，是对1924年广州商团事件的研究。以往研究，主要是从广东政府和孙中山的角度观察。近年的研究，从广州商人团体的角度，探讨事件的前因后果，认为英国和南北军阀阴谋策动事件的传统说法，迄今尚缺乏有力的证据，而共产国际则是事件中居支配地位的因素之一；事件的发生与近代广东特殊的政治、社会背景以及商团发展的历史特点有直接关系。②

由于过去学术批评泛政治化倾向的影响，加以学术批评可能引发的社会反响，学者们对学术批评多持谨慎态度，严肃的学术批评和讨论较少见

---

① 参见冯筱才《上海下层民众对五四运动的反应：以"日人置毒"风潮为中心》，《社会科学研究》2005年第3期。

② 参见邱捷《广州商团与商团事变——从商人团体的角度的再探讨》，《历史研究》2002年第2期；张洪武《1924年广东商团与广东革命政府关系之嬗变》，《四川师范大学学报》2002年第1期；敖光旭《共产国际与商团事件》（《中国社会科学》2003年第4期）、《商人政府之梦——广东商团及大商团主义的历史考察》（《近代史研究》2003年第4期）。

到。近年所见的学术批评有对民国时期浙江省自治运动的讨论。冯筱才对浙江省自治运动提出了与前人有别的看法，而沈晓敏则认为，浙江省自治运动的失败，恰好证明前人关于军阀扼杀自治、文人主张在军人武力前无效、军阀缺乏实施省宪的诚意等论点符合历史实际，不宜轻易推翻，并对冯文中的史料运用提出了自己的看法。①

二是民国史研究的定位问题。民国史研究在学界一般被理解为对于民国时期统治阶级历史的研究，一定程度上是专史研究，而非通常意义的通史研究。由此带来的问题是，民国时期的一些历史事件和人物，未必都能纳入这样的研究框架之中，而且也不易得到充分的研究，如民国史研究和中共党史研究的关系。黄道炫对国共内战时期第五次"围剿"及反"围剿"的研究，将其置于广阔的历史背景下，侧重从社会史角度，对第五次"围剿"与反"围剿"战争作出新的解读。② 邓野对北平和平解放前后傅作义政治转型的研究，认为傅作义的反正过程具有强烈的双重性，其两手准备的策略是为可能的再起留出余地，也是过渡时期特有的现象。③ 由于民国史研究的特殊性及其研究深度的不足，目前将民国史研究完全纳入通史体系的框架，或许条件还不够成熟，未来一段时间内，民国史研究作为专史和通史研究将会并存。随着时间的推移与研究的深入，民国史研究的定位及其研究体系和对象问题终将得到解决，并为民国史研究开拓更为广阔的空间。

三是要继续拓宽研究领域。虽然民国史的研究领域较前已大为拓宽，

---

① 参见冯筱才《理想与利益——浙江省宪自治运动新探》，《近代史研究》2001年第2期；沈晓敏《也谈浙江省自治运动——兼与冯筱才先生商榷》，《史学月刊》2003年第10期。

② 参见黄道炫《第五次反"围剿"失败原因探析——不以中共军事政策为主线》，《近代史研究》2003年第5期。

③ 参见邓野《傅作义政治转型过程中的双重性》，《历史研究》2005年第5期。其实，稍早朱宗震已指出："我们现在通常称傅作义在北平起义，但根据近几年公布的史料，当时毛泽东并没有同意给傅作义以'起义'的政治名义和地位。傅作义在北平和平解放后，还经过一段思索的过程，才表示接受中共的政治路线。当时，军事和政治斗争的环境很复杂，双方经过数年血战，要建立和平自然不是一件容易的事。事过境迁，后来容易把当年复杂的斗争简单化。"见朱宗震《傅作义接受北平和平解决的政治性质初探》，载丁日初主编《近代中国》第7辑，上海立信会计出版社1997年版，另收入氏著《孤独集》，上海书店出版社2001年版，第218—243页。

但目前仍有不少空白点，有些重要时段和问题，仍缺乏深入的研究。如关于北京政府时期的研究，已经出版了几本通论性著作①，但除对当时的外交关系研究较多外②，专题研究仍比较缺乏。北京政府时期的诸多事件和人物，至今还没有深入的研究。③ 北京政府时期的诸多问题，至今也还缺乏合理的解读，如对北京政府时期议会制度的评价。再如，关于抗日战争的研究，多集中于抗日方面，而沦陷区的研究，尤其是沦陷区经济、社会、文化方面的研究较为缺乏。在这方面，近年来虽有一些研究成果出现④，但仍远远不够。关于国民党统治中国头十年的研究也还有不足。

第六节　研究趋向前瞻

尽管民国史研究经过 30 年的成长，成果与创见迭出，但毕竟其开展时间不长，研究成熟度不够，仍有许多亟待深入研究的领域与深入讨论的问题，如继续发掘与运用丰富的历史资料，开拓民国史研究的领域与范围，对民国史研究的重要问题提出新的见解，加强与海外民国史研究者的交流，等等。可以预期未来的研究趋向是：

第一，民国史研究的传统领域——政治史、经济史、外交史等仍将得到众多研究者的关注，其中的薄弱环节将被不断弥补；社会史、文化史、制度史、区域史等新的研究领域，正在日渐成为研究者的关注重点，并将得到更进一步的发展。

第二，由于民国史研究起步较晚，空白甚多，加之研究风气的转变，个案研究在民国史研究中仍将占据重要地位。而个案研究的进展，对于民

---

① 如：来新夏等《北洋军阀史》，南开大学出版社 2000 年版；郭剑林等《北洋政府简史》，天津古籍出版社 2000 年版；莫建来《皖系军阀统治史稿》，天津古籍出版社 2004 年版。
② 参见金光耀等主编《北洋时期的中国外交》，复旦大学出版社 2006 年版。
③ 最新的研究成果可见苏智良等主编《袁世凯与北洋军阀》，上海人民出版社 2006 年版。
④ 如：余子道等《汪伪政权全史》，上海人民出版社 2006 年版；王强《汉奸组织新民会》，天津社科院出版社 2006 年版；潘敏《江苏日伪基层政权研究（1937—1945）》，上海人民出版社 2006 年版。

国史研究未来之宏观定位与把握有着重要意义。

第三，在注重个案研究的同时，也将注重对问题的讨论，注重以小见大，使个案研究兼有订正史实与探究问题之意义。

第四，海内外民国史档案资料的日渐开放，海内外学术交流的日渐频繁，无论对民国史宏观研究还是微观研究都将是较大的推动因素，并有助于研究者对民国历史的深入探讨。

第五，随着高等教育事业的发展，每年都有大量博硕士研究生选择民国史作为毕业论文的选题，这将持续推动民国史研究的发展尤其是研究选题的拓展。

第六，当下社会对历史研究的需求与认知的变化，将在一定程度上推动民国史研究选题与取向的变化，而各种传媒将在其中起到相当的作用。

第 五 章

经 济 史

中华人民共和国成立以来，中国近代经济史学科既取得了巨大的研究成就，也经过了艰难曲折的历程。在1966年之前的17年中，它随着社会主义经济和文化建设的全面展开而快速发展起来；在1967—1976年的10年中，它受"文化大革命"的影响而遭受严重挫伤；在1977年（特别是1979年）之后的22年中，它在对外开放、经济体制改革和社会主义现代化建设高潮的带动下走向繁荣，且成为中国近代史研究的一个重要突破口；进入21世纪以来，它随着改革开放和现代化建设新时期的到来，呈现出深入发展和开拓进取的新面貌。

第一节 新中国初期的发展

中华人民共和国成立后，近代经济史学科与整个历史学科一起进入了以马克思主义为主导的新时代，并取得了较大的发展。在中国共产党和人民政府的支持下，学术研究有计划、有组织、有重点地重新开展起来，建立了新的研究队伍，取得了大量的研究成果，形成了完整系统的学科体系，呈现出一个新发展的高潮。这种喜人的发展势头，一直持续到1966年"文化大革命"爆发才被打断。

一 学科发展的基本状况

第一，在中国共产党和人民政府的倡导下，科研、工商管理和教育部门共同努力，开始有计划地进行近代经济史的学科建设和学术研究。1953年，由中央政府组织成立的中国历史问题研究委员会决定编辑出版一套中国近代经济史资料书，由中国科学院经济研究所（现在的中国社会科学院经济研究所，以下简称经济研究所）具体负责。1960年，毛泽东在政治经济学的读书笔记中指出："很有必要写出一部中国资本主义发展史。"同年，周恩来亲自把这一编写任务交给了当时在中央工商行政管理局工作的许涤新，并指示说："这本书如写得好，对学习马克思主义政治经济学有帮助，对中国青年的教育有重要意义。"① 这两项倡导性部署，有力地促进了以经济研究所、中央和地方的工商行政管理机构、大学的有关教学和研究机构为核心的三支近代经济史研究骨干队伍的形成，极大地推动了本学科的建设和学术研究。

经济研究所经济史组从1954年起，由严中平负责着手主编"中国近代经济史参考资料丛刊"，在1966年之前先后编辑出版了《中国近代经济史统计资料选辑》，以及工业、农业、手工业、外贸、铁路、外债、公债等专题资料，在编中的航运、工商行会的资料也于20世纪80年代出版。该所在编辑这些资料的同时开始了各项专题研究，很快成为中国近代经济史研究的核心力量。

国家工商行政管理局系统从1958年起，在许涤新的主持下，与经济研究所等单位合作，组织上海、武汉、广州、重庆、青岛、哈尔滨等城市的工商行政管理部门成立专门班子，开展"中国资本主义工商业史料丛刊"的编辑工作，到"文化大革命"前出版了5种史料，"文化大革命"后又有一些史料编成出版。从1960年起，由许涤新、吴承明负责，开始组织中央工商行政管理局和各经济研究机构的有关人员，着手编写《中国资本主义发展史》。

其他有关的科研、教学和管理机构，也在上述两项主导性研究工作的带动下积极行动起来，组织科研和教学人员学习马克思主义经典作家的有关理论和政治经济学，开展中国近代经济史的研究和教学，编辑出版了一些资料书和教科书，有的大专院校开设了中国近代经济史课程。如上海科

---

① 许涤新、吴承明主编：《中国资本主义发展史》第1卷，人民出版社1985年版，总序。

学院经济研究所主持编辑的"上海资本主义典型企业史料","文化大革命"前已出版4种,"文化大革命"后又有几种出版;对外贸易部海关总署研究室编辑出版了"帝国主义与中国海关"资料15册。一些大学的有关系所和个人也日益进入研究近代经济史的行列,编辑和撰写了一些颇有学术价值的资料和论著。

第二,增强了学科建设意识,明确了学科概念。有些学者指出了加强近代经济史研究对深化经济学和历史学研究的重要性和必要性。如严中平结合其所主持的近代经济史资料编辑工作,撰文指出,近代经济史是政治史、军事史、文化史等专史和通史的基础,但是这一学科的研究无论在经济学研究中还是近代史研究中都是薄弱环节,如果再不加强这一薄弱环节,其他专史和通史都很难深入前进了。[①] 有些学者讨论了国民经济史的研究对象和方法,以及其与政治经济学、历史学的关系。如孙健提出,国民经济史的研究对象主要为一个国家生产关系演变的规律,虽然要研究生产关系与生产力的相互作用,但其范畴不包括生产力,它与政治经济学及历史学既有联系又有区别。[②] 其他学者也就经济史的学科概念发表了看法,虽然观点有所不同,但是都有这样一个基本共识:中国近代经济史是一门运用历史学和经济学的研究方法,以生产关系为主要研究对象,探讨近代社会经济发展变化规律的,介于历史学和经济学之间的边缘学科。

第三,取得了相当丰硕的研究成果,形成了新的研究重点,开拓了新的研究领域。17年中,出版专著61种、资料38种,发表论文570余篇。重要的著作有吴杰的《中国近代国民经济史》、尚钺的《中国资本主义关系发生及演变的初步研究》、钦本立的《美帝经济侵华史》、吴承明的《帝国主义在旧中国的投资》、魏子初的《帝国主义与开滦煤矿》、傅筑夫和谷书堂的《中国原始资本积累问题》、周秀鸾的《第一次世界大战时期中国民族工业的发展》、张郁兰的《中国银行业发展史》、杨培新的《旧中国的通货膨胀》等。从这些研究成果的内容结构来看,已形成了两个研究重点。一是突出揭露帝国主义经济侵华,出版有关的著作和资料书14

[①] 参见严中平《中国近代史研究上的一个薄弱环节》,《人民日报》1956年7月17日。
[②] 参见孙健《国民经济史研究的对象、方法和任务》,《经济研究》1957年第2期。

种，发表论文78篇，均占总数的14%左右；二是兴起了研究资本主义经济的热潮，出版有关著作和资料书56种，发表有关论文220余篇，分别占总数的56%和40%左右。研究的领域，除了对资本主义工矿各业、外国在华资本、官僚资本和官僚资产阶级、洋务企业等旧有领域做更加全面深入的研究之外，还有不少新的开拓，有关资本原始积累、民族市场、民族资产阶级和买办资产阶级、农产品商品化、新民主主义经济、少数民族经济，太平天国、戊戌维新、辛亥革命对经济发展的影响等课题，几乎都是中华人民共和国成立后才有较多研究的，并取得了程度不等的成果。

二　讨论的主要问题

在这17年中，近代经济史研究开辟了不少新的领域，并展开了不同观点的热烈讨论，推进了各相关问题的研究。

第一，中国的原始资本积累问题。这一问题的讨论始于1956年初，到1965年基本结束。讨论的中心问题是：中国有没有原始资本积累？其特点和实质是什么？参加讨论的多数学者认为，中国有原始资本积累的过程。这一过程主要发生在鸦片战争之后，当时有一部分破产的农民和手工业者流入新式工业；政府和官僚把一部分利用暴力搜刮来的财富投资于工业；一些买办和商人的资本转向工业投资，在中国原始资本形成过程中占有极其重要的地位；外资入侵也造成了中国的商品和劳动力市场。其特点是：有外国资本的参与；对小生产者的剥夺特别残酷；速度慢而不充分，规模大而数额少；原始积累和资本积累交叉并进。①

少数学者认为没有原始资本积累过程。其理由是：农民和手工业者处于被压迫和破产的境地，不可能进行原始积累；官僚、地主、商人的货币财富绝大部分用于购买土地、商业投机和高利贷活动，即便有少数投入民族工业，也只是资本的转化和积累，不属于原始资本积累；政府则因其压

---

① 参见傅筑夫、谷书堂《中国原始资本积累问题》，《南开大学学报》1956年第1期；从翰香《关于中国民族资本的原始积累问题》，《历史研究》1962年第2期；黄逸峰《中国资本原始积累的形式及其特点》，《江海学刊》1962年第3期；陈绛等《中国原始积累问题》，《江汉学刊》1962年第3期。

制民族工业,不能充作原始资本积累的工具。①

另有少数学者提出,中国原始资本积累经过了两个阶段。鸦片战争之前为第一阶段,它与资本主义萌芽同时开始于16世纪中叶,其特点是民族的、自发的、零散的和迂回曲折的。鸦片战争之后为第二阶段,其基本特点是半殖民地半封建性。②

第二,民族市场问题。对这一问题的讨论,主要发生在1961—1963年间。讨论的焦点是民族市场的形成与否及其形成的时间和性质。参加讨论的多数学者认为近代中国已形成民族市场,但对形成的时间和发展的过程有不同的意见。有的认为,自明代中叶以来,随着商品经济的发展,全国统一的民族市场已逐渐形成;有的认为1840年以后民族市场逐步形成;有的提出19世纪末开始形成,到20世纪20年代后有较大的发展;他们还指出,这种民族市场虽然带有半殖民地性,但是不能由此否定它的存在。③也有少数论者认为,中国始终没有形成民族市场,只在1840年后出现了半殖民地性质的国内市场,而且由于经济发展的不平衡、货币和物价的不统一、帝国主义的争夺和军阀战争,国内市场处于分裂的状态。④

第三,洋务运动与中国资本主义问题。对这一问题的讨论,各种观点的争论更为激烈,重点讨论了洋务企业的性质及其对民族资本的作用。这次讨论是由姜铎的文章引发的,他在1961年底和1962年初先后发表三篇文章,在指出洋务企业因存在浓厚的垄断倾向而对民族资本有限制和阻碍作用之后,重点强调了洋务企业因仿效西方资本主义生产方式而具有的对民族资本的刺激和促进作用。并认为"官督商办""官商合办"制度,在当时的社会条件下是资本主义初期发生阶段所必经的过程,有利于民族资本的发生和发展,并与外国资本存在着明显的矛盾。⑤

---

① 参见伍纯武《中国资本的原始积累问题》,《学术月刊》1961年第3期。
② 参见关梦觉《中国原始资本积累问题初步探索》,上海人民出版社1958年版。
③ 参见杨志信《中国民族市场是明末开始的》,《学术月刊》1962年第10期;李家寿《试论中国民族市场的形成问题》,《光明日报》1963年5月13日;孔经伟《鸦片战争前中国社会是否形成了统一市场》,《学术月刊》1961年第5期。
④ 参见陈诗启《近代中国有没有民族市场的形成》,《中国经济问题》1961年第5期。
⑤ 参见姜铎《试论洋务运动对早期民族资本的促进作用》《试论洋务运动的经济活动和外国侵略资本的矛盾》,《文汇报》1961年12月28日、1962年1月12日。

姜铎的文章很快引来了不同观点的商榷。如牟安世指出，洋务企业只是进行了技术改革，没有改变封建的生产关系，因此不能说是仿效西方资本主义生产方式。洋务企业都是实行经济垄断的排他性企业，官督商办制度不仅成为民族资本发生和发展的阻碍，并且成为封建买办官僚侵吞民族资本的一个有力工具。邵循正认为，洋务企业的官僚资本主义色彩是很清楚的，洋务运动主要庇护的是买办化官僚集团，其次是民族资产阶级上层，中下层得不到什么庇护。张国辉认为，官督商办制度是洋务派官僚与买办相结合的形式，其实质是官僚买办集团对近代企业的垄断和分肥，形成早期的官僚资产阶级，并阻碍民族资本主义的发展。①

还有第三种观点。如夏东元认为，洋务军用工业虽然向官僚买办型发展，但已具有相当程度的资本主义性质。李运远和汪敬虞认为，洋务派创办各类企业的过程，并不单纯是官僚资本的形成过程，而需要注意到的它的分化。中国民族资本近代工业的产生道路和方式是多种多样的，纯粹商办的是一种，由官办、官督商办、官商合办而转化的是另一种，且更为主要，更占优势。②

第四，中国民族资本主义的发生和发展问题。对这一问题的讨论，集中于考察近代机器工业的产生与资本主义萌芽和外国资本的关系。一种观点认为，资本主义工业的产生与资本主义萌芽基本上没有关系。这是因为，鸦片战争后中国的工场手工业遭到严重摧残，很少能向机器工业过渡，近代机器工业不是鸦片战争以前已经孕育着的资本主义萌芽的延续，而是在外国资本的刺激下，依靠封建国家的权力和官僚、商人、买办的投资创办起来的。③

另一种观点认为，两者有着比较密切的联系。18—19世纪中国城市小

---

① 参见牟安世《关于洋务运动对中国早期民族资本的作用问题》，《文汇报》1962年5月17日；邵循正《洋务运动和资本主义发展关系问题》，《新建设》1963年3月；张国辉《中国近代煤矿企业中的官商关系与资本主义发生问题》，《历史研究》1964年第3期。

② 参见夏东元《论清政府所办近代军用工业的性质》，《华东师范大学学报》1958年第1期；李运远《中国民族资本主义近代工业的产生》，《财经科学》1957年第3期；汪敬虞《从上海机器织布局看洋务运动和资本主义发展关系问题》，《新建设》1963年8月。

③ 参见樊百川《中国手工业在外国资本主义侵入后的遭遇和命运》，《历史研究》1962年第3期。

手工业已很发达，许多地区已存在民营和官营的手工业工场。前者为民族资本近代工业准备了一定的条件；后者虽具有纯粹的封建性，但对19世纪后半叶近代工业的发生有着重要的作用。它们或继续存在，并逐步发展成为近代工业，或在洋货的竞争下转产，或虽被迫停闭，但其资金、技术和工人流向其他近代工业。因此，外资入侵不能切断资本主义萌芽与近代工业的联系，工场手工业是近代工业形成的重要途径。[1]

第三种观点认为，两者之间的关系既不是很密切，也不是没有。一些大工业基本上都没有经过工场手工业阶段，而是直接采用机器生产的，但多数行业经过了这一阶段，有的还长期停留在这个阶段上。从企业家数量来说，近代中国的资本主义工业有80%是工场手工业。工场手工业与近代工业之间既有上述联系，外资也不能完全切断它们两者之间的联系，但使萌芽不能独立发展。中国社会经济的基础及其在外国侵略下的变化，是产生中国近代工业的第一位原因。[2]

第五，民族资产阶级和买办资产阶级的问题。民族资产阶级的研究所涉及的，一是关于形成的时间，有19世纪70年代形成说和1895年前后形成说两种观点，都是通过考察民族资本的企业和投资者的数量而提出的，后一种观点还以戊戌变法运动认定民族资产阶级已成为一个独立的阶级。二是关于分层，有关研究都认为民族资产阶级有上、中、下三层之分。也有持四层说者，即把三层说的中层再分为上下两层：其上层为较大的工商业资本家、中等银行家和大钱庄老板；其下层为中等工商业资本家、小银行家和中小钱庄老板。[3]

买办资产阶级的研究所涉及的，一是把它的产生发展的过程，分为1912年之前的初步形成和发展阶段，1912—1927年的发展阶段，1927—

---

[1] 参见孙毓棠《十九世纪后半叶中国近代工业的发生》，《中国近代工业史资料》第1辑，科学出版社1957年版，序言。

[2] 参见吴承明《中国资产阶级的产生问题》，《经济研究》1965年第9期；戴逸《中国近代工业和旧式手工业的关系》，《人民日报》1965年8月20日。

[3] 参见郭沫若《中国史稿》第4册，人民出版社1962年版；张万全等《中国民族资产阶级究竟何时形成的》，《学术月刊》1963年第9期；范文澜《中国近代史》，人民出版社1979年版；翦伯赞《中国史纲要》第4册，人民出版社1964年版；樊百川《试论中国资产阶级的各个组成部分》，《中国科学院历史研究所第三所集刊》第2集，1955年。

1949年的发展为官僚资产阶级阶段。二是把它的性质和作用定为，是外来资本主义势力与中国封建势力相结合的产物，是完全依附于外国资本的反动阶级，代表中国最反动的生产关系，阻碍和破坏了社会生产力的发展，但也有学者认为它与民族资产阶级有若干共性，在一定条件下有相互转化的可能。三是认为它是外资侵华的重要合伙者和支持者。[①]

三 一种值得注意的倾向

由上可见，在这17年中，中国近代经济史研究取得了丰硕的成果和明显的进展，但是也存在一种隐患，这就是不能很好地贯彻"双百"方针，不能正确地理解学术研究为现实服务的精神，使学术研究过多地受现实政治的影响，存在着从某些政治原则出发作简单逻辑推理的现象。

在对外国在华资本的研究中，为了适应当时反帝斗争的需要，在较多地注重外资的经济侵略性和资本主义剥削的反动性的研究时，忽视了探讨外资输入对近代中国社会经济变化的客观作用，不注意研究中外资本之间的正常经贸关系。

在关于中国原始资本积累问题的讨论中，有些论者简单地从毛泽东提出的没有外国资本主义的影响，中国也将缓慢地发展到资本主义社会的理论原则出发，对提出中国的原始资本积累过程主要发生在外资入侵之后观点的学者进行批判，甚至加之以"美化帝国主义"的罪名。

在对中国资本主义和资产阶级的研究中，从为当时的阶级斗争和资本主义工商业社会主义改造服务出发，较多地批判其剥削工人、抵制无产阶级革命的反动性和软弱性，很少探讨其在近代中国社会发展中的积极作用。对于中国资本主义的发展状况和水平，从半殖民地半封建社会的落后性出发，简单地认定为"日趋没落"，即使有短暂的发展阶段也完全归结于中国人民反帝斗争和帝国主义列强因世界大战放松侵略的结果，很少从国际条件和国内社会制度、经济机制的变革等方面进行分析。

[①] 参见黄逸峰《关于旧中国买办资产阶级的研究》，《历史研究》1964年第3期；伍丹戈《论旧中国买办资本的落后性和反动性》，《光明日报》1964年8月12日；聂宝璋《中国买办资产阶级的发生》，中国社会科学出版社1979年版。

在关于近代中国政府对资本主义经济发展的作用的研究中，存在着从政府的政治性质出发而完全否定的现象。如对洋务运动的研究，有些论者从阶级斗争和清政府的封建性、反动性出发，认为清政府为镇压太平天国起义，依赖于外国资本和技术而发展起来的洋务运动，只是一次清政府挽救其封建统治地位的运动，是一次反动的卖国运动，不仅不是为了发展中国的资本主义，而且阻碍了中国民族资本主义的发生发展，毫无进步可言。又如对晚清和民国政府所制定经济政策的作用问题，也往往从政府的反动性和封建性出发，不是作简单的否定，就是以"徒具形式"论之。

指出上述这些倾向，并不是说近代经济史研究不需要为现实社会服务，也不是说这些研究的成果都是不正确的，而是意在总结经验教训。这些倾向的出现，从总体上说是时代所造成的，虽然难以避免，但应该引以为鉴。从研究方法上来说，带有教条主义的色彩，缺乏实事求是的精神，用阶级性、政治性、阶级斗争、政治斗争的价值判别标准来衡量经济的落后或先进、衰退或发展，甚至取代经济标准和经济法则。从学术方向上来说，是没有很好贯彻"双百"方针的反映，为了迎合形势，论述畸轻畸重，尊己抑彼，对持不同研究视角和不同学术观点者，不能以民主平等的学术讨论方式对待之，更不能以开拓进取的精神鼓励之。这些倾向，到"文化大革命"时被利用、发挥到登峰造极的地步，对本学科造成了极大的危害。

第二节　1966—1976年间的停滞

正当本学科在已取得丰硕成果的基础上即将进入全面发展的时候，"文化大革命"发生了。当时，极"左"路线猖獗，搞经济建设被视为"修正主义"；"影射史学"横行，儒法斗争史和阶级斗争史代替了整个史学。在这种背景下，以中国近代经济发展过程为主要研究对象的近代经济史当然要被打入冷宫，上一阶段已经开始的所有研究项目都被迫中止，新的研究课题更无从着手，本学科的研究几乎处于完全停止的状态。

就研究成果而言，在1966—1976年这10年间，只有1本书和9篇文章问世，其数量之少令人难以置信。如果再仔细看一看这些有幸出世的书和文章的内容，更显示出极"左"路线对本学科的摧残。这一本书就是1975年由上海人民出版社出版的《江南造船厂史》，它的内容，主要是通过叙述该厂工人的反帝反封建斗争史实，反映近代中国无产阶级如何锻炼成长为最革命、最有觉悟的阶级。它的出版过程更显示了极"左"路线对学术研究的压制，该书原是1964年完成的《江南造船厂厂史》书稿中的一部分，因当时政治形势的需要将这部分抽出来经加工后先行出版，并在书中污蔑和攻击刘少奇，而有关该厂创建和发展过程的部分均被删除，直到1983年原书稿才由江苏人民出版社出版。发表的9篇文章中，有3篇是关于太平天国的圣库制度和江苏、安徽农村的阶级和土地关系的，2篇是关于工人阶级的，2篇是关于帝国主义经济侵略和资本主义剥削的，2篇是配合中苏边界争议而写的关于黑龙江以北乌苏里江以东的经济开发问题的。显而易见，这些文章都只是由于对当时的阶级斗争或国际斗争有一定的可鉴之处才得以发表的。

就学术讨论而言，这一阶段已没有真正的学术讨论可言，而只有以极"左"面目出现的"批判"和"禁区"。如把洋务运动作为批判"洋奴哲学"的靶子，洋务运动和洋务派成了"崇洋媚外"和"洋奴"的同义语，不许人们对此持有任何异议，洋务运动史几成研究的"禁区"。

第三节　改革开放后的反思和繁荣

"文化大革命"结束后，本学科的研究工作迅速恢复和发展起来。10年前已在研究而被迫中断的项目从新着手进行，已完成而未能出版的论著和史料得到解放，新的研究工作也很快起步。特别是1978年底中共十一届三中全会以后，受全国社会主义现代化经济建设高潮的带动，也由于历史学和经济学深入研究的需要，本学科的研究在继承和反思以往研究的基础上，深入研究旧课题，不断开拓新领域，积极开展国际学术交流，进入了欣欣向荣的全面繁荣阶段。

一 学科发展的基本状况

第一,学科的意义和价值更加受到重视。随着经济建设高潮的兴起和历史学、经济学、社会学研究的深入发展,近代经济史学科更加受到重视。1981年,刘大年首先发表文章,指出加强近代经济史研究对深入研究近代史的重要性和必要性:中国近代经济史是整个近代史研究的基础,如果要把历史研究真正建立在唯物主义基础上,就必须认真研究经济史。在以往的近代史研究中,凡是得出了基本正确评判的重大历史问题,都是因为有经济史研究成果的支持。因此,近代经济史研究是深入研究近代史的最重要课题和突破口。1983年,经君健又从开展广义政治经济学研究的角度指出了研究经济史的重要性。他认为,中国的政治经济学界只重视社会主义和资本主义两部分,且在资本主义政治经济学的研究中,对其一般经济法则在半殖民地半封建社会所发生作用的问题很少有人问津。中国人口众多,幅员辽阔,历史悠久,对历史上各种生产方式的经济运动规律做具体研究,将对广义政治经济学的建立具有重要的意义。1986年,严中平在中国经济史学会成立大会的开幕词中,在总结和反思本学科研究的经验教训后,提出本学科的目标和任务:对内应发挥经济史学的社会效应,对外要走上国际讲坛,以我们的成果树立中国经济史学科在世界学术之林中的地位。[①]傅筑夫、丁日初、魏永理、张永东等学者,也先后就此发表了文章。他们所提出的有关加强近代经济史研究的认识和观点,得到了学术界广泛认同和响应,在一定程度上推进了近代经济史研究的发展。

第二,研究的队伍进一步增强。相应于近代经济史研究受到重视,从事本学科教学和研究的队伍逐渐扩大。不少高等院校的历史系和经济系增开了近代经济史课程,有的院校和研究所还陆续开始招收本专业的硕士和博士研究生,这些经过专业训练的新生力量陆续进入本学科研究的行列,

---

[①] 参见刘大年《中国近代史研究从何处突破》,《光明日报》1981年2月17日;经君健《加强中国经济史研究是发展经济学科的一项重要战略任务》,《经济研究》1983年第10期;严中平《在中国经济史学会成立大会上的开幕词》,《中国经济史研究》1987年第1期。

有不少已成为优秀的研究人员和学科创新的主力群体。同时，还有一批原来从事一般历史学、经济学、农林学、社会学，乃至自然科学研究的学者涉足本学科的研究；有些在图书馆、档案馆、博物馆和地方志编写机构工作的研究和编写人员也陆续加入了本学科的研究、编写和资料整理工作。全国政协文史资料编辑委员会，以及有些地方政协文史资料编辑委员会，也逐步开创了工商资料专辑的编写工作。

除了研究人员数量的增加和构成的多元化之外，本学科的学术团体组织也日益推广。1983年的全国史学规划会上成立了"中国近代经济史丛书编辑委员会"，并开展了一些促进学科发展的工作，如编辑出版了几期《中国近代经济史研究资料》和"中国近代经济史资料丛刊"。1986年12月中国经济史学会成立，内设近代经济史分会，13年来做了许多学术交流工作，对学术研究的发展起到了一定的促进作用。地方性和专题性的学术团体也从20世纪80年代初开始陆续组建，至今许多省市成立了经济史研究会之类的学术团体，专题性的学术团体亦多有设立，如中央革命根据地经济史研究会、中国商业史研究会、中国少数民族经济史研究会、中国城市史研究会、中国商会史研究会、张謇与南通研究中心、中国海关史研究中心等。这些学术团体，有的通过举行研讨会开展学术交流活动，推进学术研究，有的则组织和进行了相关专题的实际研究工作。

第三，研究的方法不断创新。在改革开放的时代精神带动下，为了使本学科的研究适应时代的需要，提高研究水平和国际学术地位，研究方法日益受到研究者的重视。如严中平、吴承明、彭泽益、张仲礼、詹向阳等不少学者，都在20世纪80年代初期撰文强调要注意改进经济史的研究方法，提出要扩大视野，不能就中国论中国、就近代论近代、就经济论经济、就事论事；要采用经济学和统计学的方法，进行定量分析、计量研究；要注意典型解剖，以点观面。后来，继续有学者就此提出自己的见解，特别是吴承明对此贡献最多，提出了一系列的新见解，如关于经济史研究中应当如何运用史料学和考据学、历史唯物主义、经济计量学、发展经济学、中地理论（中心地区和边缘地区理论）、社会学、系统论等方法，对改进经济史研究方法很有启发意义。刘佛丁对此也致力颇多，尤其重视采用各种计量经济学的方法进行研究。[①]

在实际研究工作中，各种新的研究方法被日益广泛地采用。除了上述有关学者所提出的各种新方法均有不同程度的运用之外，还有一些新的理论方法被采用，如现代化理论、法学、城市社会学、经济社会学、经济伦理学、市民社会理论、价格理论、房地产理论等。这些新理论方法的运用，对研究的视野扩大和角度创新，对分析的深化和合理化，都产生了程度不同的作用。

第四，研究的领域不断扩展，研究的角度不断创新。随着国家经济体制改革和经济建设的逐步发展，经济史研究方法的不断创新，本学科的研究领域得到广泛的拓展，呈现出总体研究开拓新思路，专题研究日益多元化的趋向。如在工业化问题、企业制度、企业文化、企业集团、生产技术、房地产业、价格结构、消费结构、产业结构、市镇经济、农村经济、城乡经济、区域经济、国际收支、华侨投资、人口经济、经济社团、市民社会、经济政策、民国经济、战时经济、革命根据地经济、海关制度、海洋经济等以前几近空白的领域，都有了一定的研究。

以前有所研究的领域，又开辟了不少新的研究内容。如农业史研究中的农垦事业、经营地主、农业近代化；手工业史研究中的手工业与现代工业的互动关系；商业史研究中的商业行帮和商事习惯；金融史研究中的信托、保险、有价证券和交易所；交通史研究中的港口、公路、航空和邮电；民族市场研究中的农村集市、城市市场、区域市场、全国市场、生产资料市场、劳动力市场、资本市场、技术市场、信息市场、房地产市场等；少数民族和边疆经济史研究中，不仅所涉及的民族和地区进一步扩大，而且开始探讨发展模式的问题。在中外经济关系、外国资本、官僚资本、买办资本、资产阶级、太平天国经济、洋务企业、地主经济等以前有较多研究的领域，不仅有进一步的深入研究，而且走出了片面和僵化的模式，向着系统全面和实事求是的方向前进。

[①] 参见严中平《科学研究方法十讲》，人民出版社1986年版；吴承明《市场·近代化·经济史论》（云南大学出版社1996年版）、《中国经济史研究中的计量问题》（《历史研究》1985年第3期）；刘佛丁等《近代中国的经济发展·导论》，山东人民出版社1997年版。

第五，研究的成果迅速增加，研究的水平明显提高。上述这些客观和主观条件的改变，有力地推动了本学科的研究，研究成果持续快速增加。1979—1999年的21年中，本学科共出版著作约760种，发表论文约6260篇。其中1985年之前的7年中，出版著作近140种，发表论文近1600篇，平均每年出版著作20种，发表论文229篇，总数已大大超过中华人民共和国成立后前30年的总数，特别是论文数量超过了1.5倍。1986年之后的14年，研究成果以更快的速度增加，平均每年出版著作44种，发表论文333篇，尤以著作的增加为快。

在学术研究中涌现了一批高水平的、开创性的优秀著作。如：20世纪50年代启动的许涤新和吴承明主编的《中国资本主义发展史》3卷本，50年代开始准备，80年代初着手写作的严中平主编的《中国近代经济史（1840—1894）》2册，由人民出版社分别于1985、1990、1993和1989年出版；祝慈寿撰写的《中国近代工业史》，由重庆出版社于1989年出版；陆仰渊、方庆秋主编的《民国社会经济史》，由中国经济出版社于1991年出版。这些著作代表了本时期中国近代经济史总体研究的前沿水平。同时，一些具有开创性意义的专题研究也有大量著作问世。有些专题已有比较全面的研究，取得了较多的成果，如：张仲礼、隗瀛涛、罗澍伟、皮明庥等主编的上海、重庆、天津、武汉等地的城市史；从翰香、苑书义、孔经纬、段本洛等编撰的华北、东北、江南等地的区域（农村）经济史；陈诗启、戴一峰等撰写的海关史；徐鼎新、马敏、朱英、虞和平等撰写的上海、苏州、全国的商会史；刘佛丁、王玉茹、张东刚、陈争平等撰写的有关经济发展、价格结构、国际收支等方面的计量经济史；樊百川、凌耀伦、张后铨、朱荫贵等的有关轮船航运业史著作；马伯煌、叶世昌等的经济思想史著作。有些专题目前虽然尚为个别人所研究，成果也比较单一，但其开创性的学术价值已显示出重要的发展方向，如房地产史、证券史、企业制度史、经济政策史等。

二　讨论的主要问题

与思想解放、研究方法创新和研究领域开拓相应，这一阶段本学科的学术讨论集中于两个方面，一是对以往有关讨论的反思和深化，即旧题新论，二是对新领域研究中的重要问题的讨论。

就旧题新论而言，突出表现为不再机械地从社会政治状况和阶级政治属性的传统判断出发，对近代经济和资产阶级状况作推理性的论述，而是注意实际状况的考察，使政治与经济、政治与资产阶级的互动关系分析，更加符合辩证唯物主义的原理。讨论的主要问题有下述几个。

第一，关于中外经济关系问题。对于中外贸易，丁日初、沈祖炜认为，暴力掠夺性贸易同按经济规律办事的正常贸易是交织在一起的，从长期的变化趋势来看，后者是主流。这种中外贸易尽管产生了一些不利于中国的因素，但毕竟在客观上对中国经济发展和社会进步起了积极作用，诸如推动商品经济发展，加速自然经济分解，促进城乡经济繁荣和近代工业发展等。张仲礼、李荣昌认为，中美贸易与中英、中日贸易不同，具有较多的自由贸易色彩，有显著的比较利益，有促进进口替代和出口导向型产业的兴起和技术输入等方面的作用。对于外国在华投资，丁日初认为，它向中国人提供的银行和运输服务、贷款、现代化机器设备和技术训练，是有利于中国资本的一面；它力图挤垮或兼并中国同类企业，是排挤中国资本主义的一面。然而后者只存在于某一时期或局部范围内，且到条件发生变化时就可能减弱以至于消失。因此从历史的宏观和外资的整体来考察，它对中国民族资本主义促进的一面终究占主要地位。曹均伟还认为，中外合资企业也有积极的一面，它扩大了资本主义生产关系，缓和了中国的资本短缺等。聂宝璋、陈绛认为，外资轮运业虽有威胁民族轮运业发展的一面，但它对中国封建社会的冲击、震动和刺激，对民族轮运业的发生和发展起了客观的促进作用。[1]

第二，关于传统经济与资本主义经济的关系问题。对这个问题的讨论，比较重视考察传统经济成分在外国和本国资本主义经济影响下发生的内在变化。传统手工业，特别是棉纺织业、丝织业、井盐业、榨油业、陶瓷业中的资本主义萌芽，不仅继续存在，而且有所发展，成为民族资本主义工业的一个有机组成部分，还为机器工业的产生发展提供了一定的工人、技术和市场

---

[1] 有关论者的文章参见章开沅、朱英主编《对外经济关系与中国近代化》，华中师范大学出版社1990年版。另参见丁日初《议经济现代化》，载《上海研究论丛》第2辑，上海社会科学院出版社1989年版；曹均伟《对近代中外合资企业的再认识》，《广东社会科学》1988年第4期。

条件，有的更逐渐转化为机器工业。① 传统商业和金融业，特别是经营洋货和农副产品的商业，在鸦片战争后就陆续具有资本主义商业和金融业的性质。其经营的商品逐渐以资本主义生产为主要基础；其市场流通范围逐步扩大；其取得的利润已成为资本主义平均利润的一部分；其生产关系已具有明显的资本主义雇佣性质；其经营方式逐渐采用经销、代销、包销、拍卖、批发、信用结算等新方式。② 农业经济虽然仍以传统农业为主体，但是新型的资本主义农业也在缓慢发展。如经营地主、富农、农垦公司在逐渐增加；耕种、灌溉、化肥、种子等方面的新式技术和设备在逐渐推广；通商口岸附近和铁路沿线地区的农产商品化程度在不断提高；农业人均产出亦非一直处于下降状态，而是有升有降，且总体上呈上升趋势；农业总产值中的资本主义农业所占的比重也在逐渐提高，1936年时达到10%的最高水平。③

第三，关于国内市场问题。这一阶段的研究较之以前有很大的进展，主要表现为四个方面。一是对农产商品化发展状况的考察，用计量研究的方法，论证了近代的农产品商品化增长速度比鸦片战争前大大加快，并呈现为加速度发展的状态，从而使农产品的商品市场不断扩大。二是对国内贸易总值和市场规模的考察，用各种计量研究方法，对某些阶段和某些年份的国内贸易总值进行了估算，特别是吴承明估算出1870、1890、1908、1920、1936年5个基期的市场商品总值和期间的年均增长率分别为：10.4、11.7、23.0、66.1、120.2亿两（规元）；1.20%、

---

① 参见彭泽益《近代中国工业资本主义经济中的工场手工业》，《近代史研究》1984年第1期；夏林根《论近代上海地区棉纺织手工业的变化》，《中国社会经济史研究》1984年第3期；段本洛《近代苏州丝织手工业18年间的演变》，《近代史研究》1984年第4期；汪敬虞《中国近代手工业及其在中国资本主义产生中的地位》，《中国经济史研究》1988年第1期；许涤新、吴承明主编《中国资本主义发展史》第2卷，人民出版社1990年版。

② 参见朱英《近代中国民族商业资本的发展特点与影响》，《华中师范学院研究生学报》1985年第1期；黄逸平《近代中国民族商业资本的产生》，《近代史研究》1986年第4期；张国辉《晚清钱庄和票号研究》，中华书局1989年版。

③ 参见丁长清《试论中国近代农业中资本主义发展水平》，《南开学报》1984年第6期；刘克祥《1895—1927年通商口岸附近和铁路沿线地区的农产品商品化》，《中国社会科学院经济研究所集刊》第11集；吴承明《中国农业生产力的考察》，《中国经济史研究》1989年第2期；虞和平《改造传统农业》，载章开沅主编《比较中的审视——中国早期现代化研究》，浙江人民出版社1993年版。

1.14%、6.28%、2.89%。① 三是对各种类别市场的研究。如关于华北、四川、江苏、广西等农村市场的研究,探讨了市场的区域等级结构、商品流通渠道和交易规模,以及地方特点等。关于上海、天津、武汉、重庆等城市市场的研究,探讨了市场的发育过程、交易方式、功能作用和特点等。关于生产要素市场的研究,张仲礼等认为,在近代上海,生产资料市场、劳动力市场、资本市场已完全形成,技术市场、信息市场也开始出现;王玉茹则认为,到20世纪40年代,生产要素市场在经济发达地区初步形成,但仍发育得很不完善;赵津探讨了全国主要房地产市场的经营方式及其与金融业和政府的关系。四是关于市场价格体系的研究。所涉及的内容包括:民国时期的价格变动及其规律;城市房地产价格变动规律及其对城市土地利用、城市"建筑革命"等方面的调节和促进作用;工农业产品价格剪刀差并不存在,以及借贷利率下降、工农业工资差距扩大、土地价格上涨对资源配置和产业结构优化的影响。五是关于市场需求的研究。如张东刚的研究估算了19世纪80年代至20世纪40年代的国民消费需求总额、农业投资总额、政府部门经常性支出等的长期变动数列,以及一些横截面统计数据,认为近代中国总需求呈不断上升的总体趋势,其基本特征是低水平波动上升,增长幅度较小,结构变动也不尽合理,但也对经济的发展和结构变化产生了相应的促进作用。②

---

① 参见许涤新、吴承明主编《中国资本主义发展史》第2、3卷,人民出版社1990、1993年版;曹幸穗《旧中国苏南农家经济研究》,中央译出版社1996年版;吴承明《中国资本主义与国内市场》(中国社会科学出版社1985年版)、《近代国内市场商品量的估计》(《中国经济史研究》1994年第4期);杜恂诚《20世纪30年代中国国内市场商品流通量的一个估计》,《中国经济史研究》1989年第4期;沈祖炜《1895—1927年中国国内市场商品流通规模的扩大》,上海《近代中国》第4辑,1995年。

② 参见从翰香主编《近代冀鲁豫乡村》,中国社会科学出版社1995年版;谢放《清末民初四川农村商品经济与社会变迁》,《四川大学学报》1990年第4期;唐文起《清末民初江苏农村市场论述》,《江海学刊》1992年第5期;张仲礼《近代上海市场发育的若干特点》(《上海社会科学院学术季刊》1994年第2期)、《近代上海城市研究》(上海人民出版社1990年版);罗澍伟等《近代天津城市史》,中国社会科学出版社1993年版;皮明庥等《近代武汉城市史》;隗瀛涛等《近代重庆城市史》,四川大学出版社1991年版;赵津《中国城市房地产史论》,南开大学出版社1994年版;贾秀岩、陆满平《民国价格史》,中国物价出版社1992年版;王玉茹《近代中国价格结构研究》,陕西人民出版社1997年版;张东刚《总需求的变动趋势与近代中国经济发展》,高等教育出版社1997年版。

第四，关于洋务企业问题。有关论者大都认为官督商办民用企业具有资本主义性质，但属何种资本主义则见解不一。刘大年、黄逸峰、姜铎、汪熙、张国辉、黄如桐、樊百川等都坚持官僚资本的观点。丁日初、沈祖炜、李时岳、胡滨、张耀美等认为属于民族资本，或称国家资本。其理由是：这些企业的所有权属于国家，经营管理上虽然有封建性，但没有买办性和垄断性，与国民党政府的官僚资本不可相提并论。① 汪敬虞、夏东元、董蔡时等则提出了早期官僚资本（雏形）与早期民族资本（胚胎）共存论，认为两者同时产生，彼此渗透，互相转化，分途发展。②

第五，关于资本主义经济发展水平问题。新的研究不赞同以往那种政治日趋黑暗导致经济日益衰败的观点。不少学者通过大量的计量研究，认为近代中国经济的发展虽然是艰难曲折的，但总的来说是逐步增长的，而且指出第一次世界大战结束至抗战爆发和抗战结束后的时期，中国的经济仍有程度不同的增长，并提出了近代中国经济增长周期的理论。③

第六，关于资产阶级的问题。新的研究认为：洋务运动时期不存在官僚资产阶级与民族资产阶级的分野，丁日初则认为不存在官僚资产阶级和买办资产阶级，明确提出了"一个阶级"论；买办不仅可以向民族资产阶级转化，而且是其中的一部分；把民族资产阶级分为上、中、下三个层次，并以此认定其政治态度，与历史事实不符，这是把政治态度和经济地位机械联系的结果；有的学者提出，从资本集团、资产阶级团体的角度入

---

① 参见丁日初、沈祖炜《论晚清的国家资本主义》，《历史研究》1983年第6期；李时岳、胡滨《李鸿章与轮船招商局》(《历史研究》1982年第4期)、《从开平矿务局看官督商办企业的历史作用》(《近代史研究》1985年第5期)。

② 参见汪敬虞《论中国资本主义两个部分的产生》，《近代史研究》1983年第3期；夏东元《略论洋务运动的多边关系》，上海《社会科学》1982年第9期；董蔡时《洋务运动必须正名》，《求索》1984年第5期。

③ 参见吴承明《中国资本主义的发展述略》，载《中华学术文集》，中华书局1981年版；张仲礼《关于中国民族资本在20年代的发展问题》，上海《社会科学》1983年第10期；王玉茹《论两次世界大战之间中国经济的发展》，《中国经济史研究》1987年第2期；许涤新、吴承明主编《中国资本主义发展史》第2、3卷；刘佛丁《近代中国的经济发展》，山东人民出版社1997年版。

手进行研究，更能揭示资产阶级的实际面貌。①

就新辟领域的研究而言，讨论较多的有下述几个问题。

第一，关于历届政府的经济法规和政策问题。对晚清政府所制定的工商法规和振兴实业措施，朱英做了比较全面的研究，他通过分析经济政策的制定过程、具体内容和实施状况，在指出其弊端和缺陷之外，亦肯定其对资本主义经济法制建设的先导作用，对维护资产阶级利益和促进资本主义发展的积极作用。虞和平认为，就制定过程、科学性和可行性而言，其与资产阶级和经济发展的要求尚有较大的差距，但对资本主义经济伦理的产生具有较大的促进作用。②

对民国北京政府所制定的经济法规和政策，一些专题论文和有关民国经济史的著作，对其法规内容和政策措施做了较多的陈述。虞和平的有关研究还认为，它的种类结构初步形成了资本主义经济法制体系，它的内容构成具有较高的科学性和可行性，它的制定过程较多地体现了资产阶级的利益，它的功能作用较大地改善了资本主义经济社会秩序，在近代中国经济法制建设进程中处于承上启下的地位。但是在实际的贯彻执行上，对强化管理执法颇严，对扶持和保护企业及企业家的利益和权利常常有法不依，从而限制了它对经济发展促进作用的发挥。

对南京国民政府所制定的经济法规和政策，近年来有较多的研究。除了对其法规体系和基本政策进行比较全面的陈述和一分为二的评价之外，着重研究了一些重要的专项政策措施。一是对法币政策的研究，认为它具有稳定汇率、松动信贷、降低利率、协调物价、促进农工商业发展、使中国的币制进入现代型行列等一定的客观积极作用。二是对关税自主政策的研究，认为它虽有一定的历史局限性，但不能说是欺骗宣传、徒有形式，

---

① 参见丁日初《关于"官僚资本"与"官僚资产阶级"问题》（载《民国档案与民国史学术讨论会论文集》，档案出版社1988年版）、《买办商人、买办与中国资本家阶级》（《文汇报》1987年3月17日）；王水《买办的经济地位和政治倾向》，《中国社会科学院经济研究所集刊》第7集；章开沅《关于改进研究中国资产阶级方法的若干意见》，《历史研究》1983年第5期。

② 参见朱英《晚清经济政策与改革措施》，华中师范大学出版社1996年版；虞和平《商会与中国早期现代化》（上海人民出版社1993年版）、《清末民初经济伦理的资本主义化与经济社团的发展》（《近代史研究》1996年第4期）、《民国初年的经济法制建设》（香港《二十一世纪》第7期，1991年10月）。

它在一定时期内和一定程度上改善了中国的海关主权状况,并在提高进口税、减免出口税、保护本国工商业、改变进口货物结构、增加财政收入等方面都有一定的积极作用。三是对抗日战争时期经济统制政策的研究,认为它既有掠夺性的一面,又有积极性的一面。金融统制增加了政府的经济实力,阻止了白银外流;工矿统制扶助了工农业生产;贸易统制维持了对外贸易,从而有利于抗战和国计民生。[①]

第二,关于商会和其他经济团体的问题。在商会史的研究方面,不仅讨论了商会的产生发展过程、政治和社会属性及其在清末政治运动和辛亥革命中所起的作用,而且逐渐深入和延伸到商会的角色地位、组织结构、功能作用、现代化作用、与政府的互动关系、外交活动、中外比较、商案仲裁、市民社会等问题,并以此考察中国资产阶级的形成时间和程度。其中讨论较多的问题有:对其性质属性问题,朱英认为清末商会具有"官督商办"的性质和特点;虞和平认为它是一种商办的法人社团。对其组织构成与行会的关系问题,马敏、朱英认为商会的根本宗旨、基本职能、组织结构和总体特征等,都是与行会截然相异的;虞和平认为,鸦片战争后行会内部已具有的对现代社会的潜在适应性是其与商会结合的同质因素,两者还在协调成员关系和官商关系、经济管理、利益自维等功能上,具有相同和互相依赖的关系,使两者有机地结合在一起。对其促进早期现代化的作用问题,朱英、马敏、徐鼎新比较全面地论述了它的经济促进作用;虞和平从改善资本主义经济秩序、有助于资产阶级的政治参与和民族独立运动,以及商人外交的产生和发展等角度,考察了商会的这一作用。对其与资产阶级成长关系的问题,朱英从商会的组织状况和政治活动角度,提出商会的诞生是资产阶级初步形成的重要标志;虞和平则认为,清末各地商

[①] 参见陆仰渊、方庆秋《民国社会经济史》,中国经济出版社 1991 年版;石柏林《凄风苦雨中的民国经济》,河南人民出版社 1993 年版;黄如桐《1935 年国民党政府法币政策概述及其评价》,《近代史研究》1985 年第 6 期;慈鸿飞《关于 1935 年国民党政府币制改革的历史后果辨析》,《南开经济研究》1985 年第 5 期;朱镇华《重评 1935 年的币制改革》,《近代史研究》1987 年第 1 期;高德福《试论国民党政府的关税自主政策》,《史学月刊》1987 年第 1 期;李良玉《论民国时期的关税自主》,《南京大学学报》1986 年第 3 期;丁日初《论抗日战争时期的国家资本》,《民国档案》1986 年第 4 期。

会的诞生使资产阶级进入从自在状态向自为状态转化的过渡阶段，民国初年全国商会联合会的成立，则使之进入基本自为的阶段，亦即完整形成阶段。对其与政府的关系问题，王迪认为清末时主要是在振兴实业基础上的相互依赖和合作关系；虞和平认为，在1904—1930年间，呈现为依法的管理与被管理关系向着超法的控制与反控制关系转变的趋势；朱英认为在清末民初时期主要是良性互动的关系。①

对于行会、行帮、同乡组织和其他经济团体的研究，开始从单纯地研究其封建性质，转向探讨其组织形态和功能特征及其现代化过程。徐鼎新、虞和平认为，鸦片战争以后，传统行会的组织性质和功能作用逐渐朝着现代性组织和资本主义化的方向转变，一些新兴的资本主义行业所建立的行会组织更具有这种现代的资本主义组织性质。同乡组织则从清末民初开始日益增多地采用现代的同乡会组织形式，其功能作用也从传统的以"救死"和联谊为主，改变为以"救生"和扶持同乡经济利益为主，并带动传统的同乡组织朝着这一方向转变。民国初年成立的以振兴实业为宗旨的大量经济社团，则更是一种以目标和利益认同为基础，并为实现共同的目标和利益而奋斗的现代经济社团，在当时的经济现代化建设中起到一定的社会动员作用。②

第三，关于经济现（近）代化问题。关于经济现代化的促进因素，有论者认为，外部的西方资本主义刺激，是具有决定性影响的主导因素，内部的资本主义萌芽是次要因素，因为它远未达到诱发出产业革命的程度，

---

① 参见徐鼎新《旧中国商会溯源》（《中国社会经济史研究》1983年第1期）、《上海商会史》（上海社会科学院出版社1991年版）；马敏、朱英《传统与近代的二重变奏——晚清苏州商会个案研究》，巴蜀书社1993年版；朱英《从清末商会的诞生看资产阶级的初步形成》（《江汉论坛》1987年第8期）、《转型时期的社会与国家》（华中师范大学出版社1997年版）；虞和平《商会与中国资产阶级自为化问题》（《近代史研究》1991年第3期）、《商会与中国早期现代化》（上海人民出版社1993年版）；王迪《试论清末商会的设立与官商关系》，《史学月刊》1987年第4期。

② 参见徐鼎新《清末上海若干行会的演变和商会的早期形态》，载《中国近代经济史研究资料》第9辑，上海社会科学院出版社1989年版；虞和平《鸦片战争后通商口岸行会的近代化》（《历史研究》1991年第6期）、《清末以后城市同乡组织形态的现代化》（《中国经济史研究》1998年第3期）、《民国初年的实业团体活动》（《孙中山和他的时代》，中华书局1989年版）、《辛亥革命与中国经济近代化的社会动员》（《社会学研究》1992年第5期）。

不可能促使中国走上现代化的道路。另有论者认为，除外部因素外，内部因素同样具有重要的作用，如明清时期的经济结构变化已显示出现代化模式的潜在自然形态；政府的重商主义政策，大量的工场手工业，是工业化的一个真正的内部因素。

关于经济现代化的阻碍因素，有的论者认为，西方资本主义的侵略是主要原因，它使中国的经济现代化处在被扭曲的状态。有的论者认为，西方侵略固然是一重大原因，但是决定性的原因还在中国内部，如：统治者没能迅速进行全面改革，对新式企业进行不合理的干预和控制；传统文化积淀制约了应有的"二元结构"中某些优势的发挥。又有论者认为，这两方面的因素都存在，只是各有不同的阻碍作用。

关于经济现代化进程的总体状况，罗荣渠认为是一种依附性增长趋势，其具体表现为：被完全纳入世界资本主义经济体系，并处在这个体系的边缘地位；现代工业是以沿海条约口岸城市为中心的布局，主要是轻工业，也只能在外资企业的夹缝中生存和发展，外国资本在中国现代化经济部门中和中国比较现代化的地区占据支配地位；广大农村被卷入商品经济体系，但其商品化的发展速度落后于工业；经济增长是一种土洋结合的二元经济，但现代工业增长缓慢、发展畸形，传统经济一直占主体地位。[①]

关于中外经济现代化的比较，朱英、虞和平、朱荫贵认为：在日本、欧美等西方国家的经济现代化进程中，以资产阶级为主导力量；官商之间密切配合；经济立法及时、完备、高效；经济社团与经济现代化进程同步产生和发展，经济促进功能明确，并以民主自由为基础，以法律制度为保障；工业化的启动具有较强的主动性，既移植西方的生产技术也移植经济体制，利用政府权力进行大规模的资本原始积累；农业现代化与工业化同时并进，互相促进；对外贸易和商业不仅发展迅速，而且成为工业化的重要推动力。在近代中国的经济现代化进程中，资产阶级始终不能单独承担

[①] 参见章开沅、朱英主编《对外经济关系与中国近代化》；高亚彪、吴丹毛《现代化进程中的文化制约与求解程序》，《北京社会科学》1989年第1期；罗荣渠《现代化新论》，北京大学出版社1993年版。

这一使命；官商关系极不稳定，时而改善，时而恶化；经济立法滞后、残缺、低效；经济社团的产生和发展与经济现代化进程不尽一致，政治因素较多，时而高涨，时而低落，缺乏民主和法律的保障；工业化的启动有较大的被动性，只移植西方的生产技术而不移植经济体制，政府在资本的原始积累中没有充分发挥作用；农业的现代化滞后，没能成为工业化的强大支柱；对外贸易和商业虽然有较大的发展，但在半殖民地的社会经济制度下，不能充分发挥其应有的推动工业化作用。朱荫贵认为，中国的轮船招商局与日本的三菱会社（邮船会社）之所以会有不同的发展道路和结局，主要是由于两国政府在人才培养、资金筹措、管理制度等方面的干预政策的不同，日本政府的干预政策具有全局性和长期性，中国政府的干预政策则不然。严立贤认为，需求增长和市场扩大是日本早期工业化的发生发展及其向近代大工业过渡的主要推动力；农业的低剩余率和极不发达的国内流通制度，则是导致中国早期工业化及其向近代大工业过渡中徘徊不前，远远落后于日本的症结所在。[①]

第四节 新世纪之初的创新与开拓

一 学科发展的基本状况和研究方法的创新

进入 21 世纪后，本学科的研究在前一时期的基础上继续繁荣发展，且朝着深入和开拓的方向进取。就 2000—2007 年而言，共出版著作约 480 种，平均每年 60 种，明显超过上一阶段；发表论文约 2260 篇，平均每年 283 篇，略低于上一阶段的后 14 年。与此同时，随着研究的进展和时代的发展，研究的方法和视角亦有所创新，研究的问题和领域也有较大深入和较多开拓，在一些课题的研究中呈现出既重视学术跟踪又注重社会联系的新特点，使学术性和时代性实现了较好的结合。

[①] 参见章开沅、罗福惠主编《比较中的审视：中国早期现代化研究》第 2、3 章，浙江人民出版社 1993 年版；朱荫贵《国家干预经济与中日近代化》，东方出版社 1994 年版；严立贤《中国和日本的早期工商会与国内市场》，北京大学出版社 1999 年版。

在这一阶段中，本学科最重要的一个创新是社会经济史日益受到关注。早期的经济史研究，主要是把它作为宏观经济学的一部分来对待的，研究的对象主要是部门、行业、企业、统计，研究的方法主要是各种经济学。虽在中华人民共和国成立前后已出现社会经济史的提法，但对其学科概念的认识并不清楚，研究所涉及的内容也主要限于商帮、行会、阶级之类。20世纪八九十年代以来，社会经济史开始受到重视，中国社会科学院近代史研究所在80年代设立经济史研究室时就以社会经济史为主体研究方向。也有个别学者撰写了相关著作，并提出其研究的对象，认为：研究生产关系和生产力，"反映两者之间适合或不适合，以及两者之间关系，就是社会经济史的全部内容"。研究的内容应包括影响经济变化的"各种政治的、军事的、文化的因素"和政府的决策、政策，以及民族资本与官僚、商人和买办的关系。[①] 近年来认同面进一步扩大，原本以经济学为出发点的经济史研究机构和著名学者，也非常重视和采纳社会经济史的方法和内容。如吴承明在2001年时指出："目前中国的经济史研究可以说有三大学派，一派偏重从历史本身探讨经济的发展，并重视典章制度的演变。一派重视从经济理论上阐释经济发展过程，乃至计量分析。一派重视社会和文化思想变迁，自成体系。"并明确表示"赞成社会经济史的提法"。其理由是："经济发展和制度革新必然引起社会结构、社会群体组织和行为的变迁。社会结构的变化也会影响经济发展。"[②] 也就是说，社会经济史不仅要考察经济发展的现象，更要考察现象背后的社会制约因素，要考察经济与政治、文化、社会的互动关系。因此，吴承明所说的第一学派也可以与第三派归纳在一起，统称为社会经济史。除了经济史学家之外，社会史学家也注意到了这个问题。如行龙在2003年发表文章指出，经济与社会本不可分离，只有将经济因素置放于社会整体历史的变迁中进行考察，才能使经济史的研究走向全面深入。2007年，又在其著作中谈及这个问题，进一步指出，各行各业的经济活动"与地理、环境、生态等因素本身就是难舍难分的统一体"；并强调"首先从区域史的角度开展社会经济史研

[①] 陆仰渊、方庆秋主编：《民国社会经济史》，中国经济出版社1991年版，绪论第3页。
[②] 吴承明：《经济史：历史观与方法论》，《中国经济史研究》2001年第3期。

究",要采用田野调查的方法。① 也有些高等院校成立了社会经济史的研究机构,并被教育部批准为重点学科或研究基地,标志着社会经济史作为一个独立的学科,已为学界和政府教育部门所公认。但是,迄今为止,对社会经济史的学术范畴尚未形成明确的概念,尚处于混沌状态,有关的研究者只是界定了自己的研究内容,或因自己的研究内容超出纯经济的范围,故而称之为社会经济史,因此社会经济史的学科概念和研究方法尚待进一步的探讨。

在具体研究中,有不少学者趋向社会经济史。汪敬虞主编,人民出版社于2000年出版的《中国近代经济史(1895—1927)》3册,以及刘克祥、吴太昌主编,人民出版社于2010年出版的《中国近代经济史(1927—1937)》3册,其内容结构,与以前吴承明、严中平主编的中国近代经济史整体研究著作相比,社会经济史的内容已有明显的增加和加强,反映了经济史学科内容体系向社会经济史扩展的新动向。其中能够体现社会经济史特色的内容有:农业经济中租佃关系、雇佣状况、生产力及其改革;政府政策中的税收、财政、公债、工商政策和法规。此外,在专题研究中,具有社会经济史特色的内容和领域已有众多成果,主要集中于经济体制、经济政策和法规,企业制度、企业文化、生产技术,商会、农会、经济协会、同业公会等的经济团体,农业、农村、农民的状况及其现代化改造等方面;还有一些论著着力于经济史与社会史的融合,或从经济史的角度考察社会,或从社会史的角度考察经济。

运用新制度经济学进行研究,也是近年来的一种方法创新。对这一方法运用较多的是杜恂诚,他运用诱致性变迁和强制性变迁的概念研究了近代金融制度变迁过程。所谓诱致性变迁,是指由制度不均衡引致的民间自发性变迁;强制性变迁是指由政府法令引起的变迁。政府处于弱势时,诱致性变迁仍可能发生,而强制性变迁则很难发生,如北洋政府时期;政府处于强势时,强制性变迁就易于发生,如南京国民政府时期。他还指出近代金融制度强制性变迁中的两种类型:一是以诱致性变迁为基础的强制性

---

① 行龙:《经济史与社会史》,《山西大学学报》2003年第4期;《走向田野与社会》,生活·读书·新知三联书店2007年版,第75页。

变迁，是正向交替，其中的政府只能尊重市场的原有基础，并以此决定自己的作为，起到纠正市场缺陷的作用。另一类是强制性变迁，是逆向交替，其中的政府不是为了纠正市场的缺陷，而是从执政者的利益出发，强制推行自己单方面制定的方针政策。① 他还对儒家伦理与企业制度的关系进行了研究，认为道德背景同交易成本紧密相关，民间商人在创办企业时所采用的家族企业制度，使道德背景刺激交易成本上涨的机会最小，其中儒家伦理无疑起了十分重要的作用。但是，儒家伦理对企业也有负面影响，家族企业在缺少凝聚核心的情况下，往往会出现分家析产而降低竞争能力，导致二代而亡。② 他又通过对近代上海钱庄业经营体制从习惯法到成文法变迁的考察，认为上海钱业公会是以习惯法进行自我治理的同业组织，体现出一些西方学者所谓"第三方实施机制"的制度特征，可视为新制度经济学的一个典型案例。③

新经济社会学的社会网络，或商业网络的视角亦时有采用。如应莉雅考察了天津商会的网络化组织和功能作用，认为天津商会由于具有较为完善的网络化组织系统，使之能够发挥减少区域市场交易成本的功能。④ 王红曼认为，抗日战争时期的后方地区，初步形成了以国家四行二局为核心，以省市县银行为卫星，以简易储蓄所、邮汇局网点为基层组织的战时三层金融网络体系，这也是战时从中央到地方基层的国库网，从而使西南区域经济在得到难得的发展契机的同时也受到外部因素的制约。⑤ 张思认为，在整个19世纪，华北地区有一张由进出口商人、栈房业者、内地中间商人、城乡集市与零售店铺以及城乡消费者结成的传统市场网络，它卓有成效地促进了开放口岸与华北内地间长距离贸易的发展。⑥ 还有一些学者研究了铁路与贸易网络形成的关系。此外，也有学者研究国际的商业网

---

① 参见杜恂诚《近代中外金融制度变迁比较》，《中国经济史研究》2002年第3期。
② 参见杜恂诚《儒家伦理与中国近代企业制度》，《财经研究》2005年第1期。
③ 参见杜恂诚《近代上海钱业习惯法初探》，《历史研究》2006年第1期。
④ 参见应莉雅《网络化组织与区域市场交易成本——以天津商会为个案（1903—1928年）》，《南开经济研究》2004年第5期。
⑤ 参见王红曼《四联总处与西南区域金融网络》，《中国社会经济史研究》2004年第4期。
⑥ 参见张思《19世纪天津、烟台的对外贸易与传统市场网络——以洋纱洋布的输入与运销为例》，《史林》2004年第4期。

络，如戴一峰考察了南中国海与中国东南地区的社会经济网络，认为这一华人跨国网络的最初形态是华商跨国贸易网络，进入近代后，则从单一的贸易网络逐渐演化为一个由贸易、移民、金融、社会等网络交叉构成的复合网络，并对闽南地区的经济发展产生了既促进又制约的重要影响。①

在采用一些新研究方法的同时，也对前些年从国外引进的一些研究方法进行了检讨和修正。如美国学者施坚雅所提出的中国近代市场结构理论，曾引起中国经济史学者的较大反响，引用者有之，批评者亦有之。王庆成以实证研究与之进行了一系列的商榷。首先通过研究所得的华北若干州县的集村比率、人口密度、市场面积、市场人口的实际数字，与施氏"基层市场社区平均面积和人口"表中的基本相关数字相比较，证明施表基本上不符合实际。②史建云认为，施坚雅所提出的市场模型，从他自己所设定的几何学意义上来说，可能确如其所言无懈可击，但在经济学意义上来说，则是不能成立的。③任放的看法有所不同，认为施坚雅的三级市场理论模式与社会实际之间虽然存在着差异，有些事实不能被理论所解释，这是因为它涉及一些人为的、历史的和自然条件的干扰因素，但与理论本身无关，不能作为反对、推翻该理论的有效证据，只是存在缺陷。从方法论的角度看，它仍是从事中国近代史研究可以借鉴的有效资源。④

二 研究领域的开拓和新观点的提出

第一，关于"三农"问题研究。所谓"三农"问题即农村、农业和农民问题，这在中国近代经济史研究中历来都是一个备受关注的领域。近几年，在中共中央和国家提出"三农"建设方针的影响下，"三农"研究更加受到重视，并在继续对"三农"进行分别研究之外，注意到"三农"的综合研究。研究内容主要涉及以下两方面：

一是通过考察近代"三农"状况提出新的观点。在农民素质的层面

---

① 参见戴一峰《南中国海与近代东南地区社会经济变迁——以闽南地区为中心》，《史林》2005年第2期。
② 参见王庆成《晚清华北的集市和集市圈》，《近代史研究》2004年第4期。
③ 参见史建云《对施坚雅市场理论的若干思考》，《近代史研究》2004年第4期。
④ 参见任放《施坚雅模式与中国近代史研究》，《近代史研究》2004年第4期。

上，刘兴豪认为，在1912—1937年间的湖南，虽然地租、赋税、高利贷的繁重和农民生活的异常困苦严重制约了农业现代化进程，但是农民受教育程度的提高、非农化趋向又对农业现代化起到一定的促进作用。[1] 王先明等人认为，20世纪前期山西乡村雇佣关系的社会构成涉及乡村社会各主要阶层，雇工和雇主双方角色并不完全固化，而"社会分化不充分"既是雇佣关系普遍化和雇工身份非固定化的导因，也是雇工群体不能构成一个相对独立阶层的根本原因。[2]

在农民经济负担的层面上，对旧有研究中所说的地租率高于50%，提出了不同的观点。高王凌通过研究地租的"实收率"，认为多数地方并不能照定额租征收，而是按原额折成交租，如果实收率只有租额的七八成左右，地租额约为产出的40%，那么实收地租率只有产出的30%，或是略多一点。[3] 邢丙彦的研究支持了高王凌的估算，他根据上海市档案馆藏"典于记"租册记载，认为民国时期，松江、青浦两县仍延续着清朝以来的地租减免惯例，在1918—1936年间，"正租"的"租成"最高不过八成，最低为七三成，平均在七七成左右。在实际收取时，佃户还可再获得"荒让"的地租减免；田地因修筑圩岸、沟洫者，亦给予地租减免；对部分佃户还有交纳地租"逢限免米若干"的减免办法。[4] 但是，史志宏的研究支持了旧有的估算，他利用河北省清苑县4个村庄在1930年、1936年、1946年时相关情况的调查资料，对其地租率进行了估算，认为粮租为38%—45%，钱租为45%—54%。[5] 这种不同的研究结果，可能是南北差异的反映。

在农村社会治理的层面上，有学者研究了以往未注意的水资源与乡村社会的新课题。胡英泽以调查所得的200余块水井碑刻及访问材料，考察

---

[1] 参见刘兴豪《1912—1937年湖南"三农"问题探析》，《广西社会科学》2006年第10期。
[2] 参见王先明、牛文琴《二十世纪前期的山西乡村雇工》，《历史研究》2006年第5期。
[3] 参见高王凌《地租征收率的再探讨》，《清史研究》2002年第2期。
[4] 参见邢丙彦《民国时期松江、青浦的地租减免惯例与农村社会经济秩序——上海市档案馆馆藏"典于记"租册研究之一》，《上海师范大学学报》2004年第4期。
[5] 参见史志宏《20世纪三四十年代华北平原农村的租佃关系和雇佣关系——以河北省清苑县4村为例》，《中国经济史研究》2003年第1期。

了明清以来山西、陕西、河南等北方地区的水井习俗和制度。认为北方乡村水井在建构社区空间、规定社会秩序、管理社区人口、营造公共空间、影响村际关系等方面有重要作用。由水井组织产生的多种关系,使合作式的相互依存成为必要,地缘关系突出,血缘关系减退,还形成了一套相对严密的井汲规约,并内化为乡村社会的秩序。① 韩茂莉探讨了山西、陕西地区水权保障系统及其运作方式。指出,水权保障系统是以获得水资源为目的的民间组织,农户自愿介入,寻求维护自身水权的保障。为了维护地缘、血缘两个层面的水权,农户间形成一套有别于政权体系的管理原则。水资源的分配形成灌渠、利户两个受益层面,由此又使水权保障系统形成以渠系、村落为基点的地缘水权圈以及以家族为中心的血缘水权圈,两者相互交织,融社会习俗、社会惯性为一体,在乡村社会中占有重要地位。②

二是通过考察民国时期的乡村建设运动,力图对"三农"做综合性和体制性的研究。近年来,这一问题的研究多有著作问世,主要有:郑大华的《民国乡村建设运动》、李德芳的《民国乡村自治问题研究》、徐秀丽主编的《中国农村治理的历史与现状:以定县、邹平和江宁为例》③;有关的论文就更多了,所涉及的地区除了以往有所研究的河北、山东之外,又有江西、浙江、江苏、安徽、福建等省。这些著作,从乡村的政治改革、文化教育、农业合作、农产加工、农村治理等方面,对所涉地区的"三农"做综合性的考察。众多论文则多是专题性的研究,提出了一些新的见解。如虞和平认为,从社会经济史和现代化史的角度来看,乡村建设运动的主体目的和内容,主要是对乡村政治进行自治化和民主化的制度改革,对农业经济推行企业化和市场化的股份制合作社建设,对农民素质实施知识化和文化的普及教育,从而显示了一种农村改造的现代性模式。④ 张秉福认为,乡村建设运动的模式虽不能根本解决中国乡村问题,但是其反对

---

① 参见胡英泽《水井与北方乡村社会——基于山西、陕西、河南省部分地区乡村水井的田野考察》,《近代史研究》2006 年第 1 期。

② 参见韩茂莉《近代山陕地区地理环境与水权保障系统》,《近代史研究》2006 年第 1 期。

③ 分别出版于 2000 年(社会科学文献出版社)、2001 年(人民出版社)、2004 年(社会科学文献出版社)。

④ 参见虞和平《民国时期乡村建设运动的农村改造模式》,《近代史研究》2006 年第 4 期。

模仿和照搬西方模式的思路仍值得新世纪农村建设借鉴。① 孙诗锦认为，在晏阳初的定县实验区中，知识分子倡导的乡村建设运动是与政府的农村复兴运动相结合的，这表明当时政府和民间在重构国家权威上的一致性。② 郑立柱考察了抗战时期晋察冀边区的"三农"政策和国统区的"三农"问题，初步展现了国共两党在此问题上的不同措施及其效果。③ 对于国民政府的合作政策，赵泉民认为，1928年后国民政府开展的合作运动，不仅是其实现民生主义的手段，而且是其统治合法性在乡村社会重建的一种努力，因此是一场政府主导下的"强制性制度变迁"，更多体现了政府意志。④ 李玉敏等人认为，合作社经济政策的完善程度与积极意义值得肯定，但在实际推行中绩效明显不足；其产生缺陷的原因，主要在于对合作社价值及属性的认识偏差，缺乏有效的组织保证、权威资源和财力支撑，以及政权的专制性。⑤ 对于农村合作金融问题，张书廷认为，抗战前农村合作社由于自集资金十分短绌，社员贷款多属社外资金，从而未能成为农民自己的组织。⑥ 赵泉民等人也指出，乡村合作事业主要靠政府强力与银行资本的资助来推进，使合作社"异化"为银行资本在乡村的"代理人"；又认为信用社在促使城市过剩资金流向乡村的同时，又为现实政治制度环境所掣肘，形成了乡村借贷关系中进化与异动并存的局面，即信用社的"大发展"与高利贷的继续盛行。⑦

---

① 参见张秉福《民国时期三大乡村建设模式：比较与借鉴》，《新疆社会科学》2006年第2期。
② 参见孙诗锦《定县实验与农村复兴运动》，《史学月刊》2006年第7期。
③ 参见郑立柱《论抗战时期晋察冀边区的"三农"政策》，《河北大学学报（哲学社会科学版）》2007年第3期；《抗战时期国统区"三农"问题研究》，《重庆社会科学》2007年第4期。
④ 参见赵泉民《政府意志：20世纪三四十年代中国乡村合作运动价值取向论》，《中国社会经济史研究》2006年第1期。
⑤ 参见李玉敏、栾雪飞《国民政府的合作社经济政策及其评价》，《东北师大学报》2006年第4期；李玉敏《国民政府合作社政策缺陷的产生原因》，《社会科学辑刊》2006年第4期。
⑥ 参见张书廷《关于抗战前中国农村合作金融的几个问题》，《福建师范大学学报》2006年第2期。
⑦ 参见赵泉民、忻平《资金构成与合作社的"异化"——基于20世纪三四十年代中国乡村社会变迁的考察》，《华东师范大学学报》2006年第2期；赵泉民《进化与异动：合作社对乡村借贷关系影响分析——以20世纪前半期中国的乡村信用社为中心》，《江海学刊》2006年第5期。

第二，关于企业史的研究。企业史研究，在一些发达国家早就是历史学研究中的一个重点和热点，美国、日本、英国的研究成果尤为丰硕，出版了不少颇有影响的著作。中国历史学界和企业界，在改革开放之前虽也编写了一些企业史书籍，但大多是宣传性的简易读本，且以讲述本企业的革命斗争、阶级斗争和社会主义改造的故事为主体内容。改革开放以后，随着企业制度改革和"三资企业"的兴起，对企业史的学术性研究开始起步。尤其是1993年11月中共十四届三中全会提出建立现代企业制度以后，近代企业史研究引起了诸多学者的重视，已成为中国近代经济史研究中一个比较引人注目的新方向，但大多限于单个企业发展史的研究。2000年前后，企业史研究开始朝着更广阔、更深入的方向发展，在研究方法、研究领域和学术观点上的创新和开拓着力甚多。众多论著运用历史学与经济学、管理学、社会学、行为学相结合的方法，并采取现代化和工业化的角度，以企业制度、企业管理和企业文化为重点进行研究。既研究企业与政府的关系，也研究企业与社会的关系；既研究企业的政治属性，也研究企业的经济属性；既研究企业的组织结构模式，也研究企业的组织协调机制；既研究企业的内部生产，也研究企业的市场竞争；既研究企业的管理方式，也研究企业的精神理念；既研究企业的成功经验，也研究企业的失败教训。其中研究较多的主要是以下三个问题。

一是关于近代企业的股份制问题。这是近年企业史研究中最热闹的一个方面。主要的著作有：沈祖炜主编的《近代中国企业：制度和发展》，着重从法规层面论述企业制度的发展变化，分析了有关法规对商业、工业、金融业企业制度和企业发展的影响；还分析了影响企业制度变化和企业发展的其他多种因素，如外资企业、市场竞争、企业家精神、科技进步、通货膨胀、社会环境等。邹进文著《公司理论变迁研究》，从经济学的角度对清末和民国时期的公司制度和思想进行了初步的研究，勾勒了它的发展变化过程、基本内容和特点；还介绍了"股份制优越性论""公司属性论""公司治理结构论""股东控制权变化论""发展股票市场论"。李玉著《晚清公司制度建设研究》，着重研究了"官督"与"商办"在晚清公司制度建设中的互相调适关系，以及《公司律》的法理与功能，政府发展公司的制度举措，公司制度建设中的制约因素。张忠民著《艰难的变迁：近代中国公司制度研究》，主要内容包括：传统企业组织形式、《公司法》、公司形态的演进及其数量与分布、公司的类型及其特点、公司股本的筹集及其"官利制度"、公司治理结构以及管理制度的演进等。①

相关的论文数量较多，主要的有：朱荫贵的一篇文章考察分析洋务运动时期产生的36家股份制企业，认为它们是引进西方新型工商企业组织形式而产生的近代中国第一批股份制企业，并从这批企业成立时所需要履行的手续，股票的形制、内容、发行与买卖的途径和方式，以及企业的章程等方面，考察了它们与传统企业及西方股份制企业的异同；另一篇文章考察近代股份制企业的特点，认为它们除了具有西方企业组织运行的一般特点外，还带有浓厚的中国特点和传统经济要素的痕迹。② 宁全红认为，晚清引进西方公司制度的历程表明，公司制在引入中国后即被"扭曲"，从而造成形似而神不似的结果。③ 李玉考察了北洋政府时期股份有限公司的股份制度，认为北洋政府时期公司股份来源方面较晚清有所变化。④

二是企业的经营管理问题。这一问题的研究，在一些有关企业史和企业家的著作中多有涉及；专题论文则数量众多，既有总体性研究的，也有个体性研究的。较有特色的论文主要有：陈争平研究张謇大生企业集团的产业结构模式，认为它具有以机器纺织业为中心、工农业结合、多角发展的特点。并认为这种经营策略，不仅使企业能够自给自足，而且带动了南通地区经济的全面发展。他的另一篇文章论述了大生企业制度的历史地位，认为大生企业在靠股份制兴办社会化大生产、建立公开而严明的企业管理机制等方面进行了一系列制度创新。"大生"模式的形成，标志着中国近代企业制度发展史上的"官营"模式占统治地位时代的终结，民营化

---

① 所列各书分别出版于1999年（上海社会科学院出版社），2002年（人民出版社），2002年（上海社会科学院出版社），2000年（湖南人民出版社）。
② 参见朱荫贵《近代中国的第一批股份制企业》，《历史研究》2001年第5期；《中国近代股份制企业的特点——以资金运行为中心的考察》，《中国社会科学》2006年第5期。
③ 参见宁全红《形似而神不似——公司制在近代中国的命运》，《兰州学刊》2006年第11期。
④ 参见李玉《北洋时期股份有限公司的股份制度述论》，《民国档案》2006年第3期。

成为主流发展方向时代的到来。① 高新伟考察了股份公司内部的人事关系，认为公司制移植到中国后，对"内部人"进行控制的正式制度并未发挥应有作用，而主要借助传统手段来完成。又以另文考察了近代公司中少数股东的自我保护机制，认为中小股东更多采用间接方式、依赖非正式制度实现对公司的约束。②

三是企业文化问题。目前，这一问题已引起不少研究者的注意，但实际研究还比较薄弱，专题性研究成果较少，除有少数文章涉及近代企业文化的概念和总体性研究之外，较多的是关于广告和商标的研究，涉及国货意识、品牌意识、企业精神。在总体性研究方面，有学者认为，"企业文化"是一种形成于从事经济活动的组织中的特殊文化，它的本质是为该组织成员所共同认可的，以特定价值观为核心，由群体意识、行为规范等系统所构成的意识形态和物质形态的总和，中国民族企业在20世纪的前半叶就创造了独具特色的、适合中国国情的企业文化。凭借这种文化，一些民族企业不断成长、发展和壮大，并与享有超经济权利的外来企业相抗衡，在某种程度上挽回了民族利益，堵塞了国权漏卮。③

在近代广告研究方面，已出版的专著有：赵琛《中国近代广告文化》，着力于探讨近代广告文化发展的内在规律，挖掘近代广告蕴含的文化价值。黄志伟、黄莹《中国近代广告》，通过广告的图文分析，揭示五口通商之后中国交通运输、纺织、服装、制药等业民族品牌的营造、创建过程。④ 朱英则以专文论述了近代广告的产生发展过程，并指出其对近代工商业发展的促进作用，不少华商巧妙地利用广告拓展自己的事业，甚至在与外国资本进行激烈竞争的过程中能立于不败之地。⑤

在近代商标研究方面，上海商标协会会员左旭初的研究成果值得注

---

① 参见陈争平《试析近代大生企业集团的产业结构》，《江苏社会科学》2001年第1期；《试论中国近代企业制度发展史上的"大生"模式》，《中国经济史研究》2001年第2期。

② 参见高新伟《试论近代公司的"内部人控制"》，《天津社会科学》2006年第4期；高新伟、高丹《略论近代公司少数股东的自我保护机制》，《兰州学刊》2006年第4期。

③ 参见汪永平《中国近代民族企业的企业文化建设》，《经济师》2004年第6期；汪永平、贺宏斌《中国近代民族企业的企业文化探析》，《中国社会经济史研究》2007年第4期。

④ 所列两书出版于2000年（吉林科学技术出版社），2004年（学林出版社）。

⑤ 参见朱英《近代中国广告的产生发展及其影响》，《近代史研究》2000年第4期。

意。他先后出版《中国近代商标简史》和《著名企业家与名牌商标》二书。前者介绍了中国商标法规的起源、商标机构、商标注册与管理等政府商标管理的内容，并对名牌商标进行系统的介绍，既有总体又有个案，着力于揭示名牌商标文化渊源。侯晓盼《方寸故事——中国近代商标艺术》，采用图像学、符号学和形式分析学等研究方法，论述近代商标的发展历史、图形样式、设计模式、创意根据，以及商标图形与近代平面设计之间的对应关系，并从社会文化、经济结构、消费心理、观念意识等层面论述商标图案的符号含义、艺术风格和时代特征。[①] 谢玉梅则通过对近代无锡企业名牌商标创立的分析，揭示科学管理、商标使用时间、产品销售领域、企业信息网络建立、广告宣传等因素对名牌商标创立的决定作用，以及名牌商标创立后，对企业知名度的提高和良好信誉的树立、市场开拓等方面的推动作用。[②]

第三，关于经济社团研究。对于经济社团的研究，在前一阶段已多有成果，但主要限于行会、商帮和商会，这一阶段则循着前一阶段的研究轨迹有较大的开拓。

一是从行会研究拓展到同业公会研究，既有总体研究，也有个案研究，其中又以上海银行公会的研究最为突出。总体研究的主要成果有：朱英主编《中国近代同业公会与当代行业协会》，研究了同业公会的兴起和发展过程、组织体系与治理结构、经济与社会功能、外部关系和政治参与。魏文享著《中间组织——近代工商同业公会研究（1918—1949）》，以"中间组织"的理论架构，考察民国时期工商业同业公会制度及其权力来源、经济作用、政治参与、社会角色等问题。李柏槐著《现代性制度外衣下的传统组织——民国时期成都工商同业公会研究》，除了与一般研究基本相同的组织、功能、运作和作用的研究之外，着重考察了成都作为一个内地城市的同业公会与沿海地区同业公会的不同之处，更多看到其传统与现代互渗的一面，从而揭示其特点所在。个案研究涉及了不少行业的同业

---

① 所列各书分别出版于 2003 年（学林出版社），2008 年（上海社会科学院出版社），2009 年（重庆大学出版社）。

② 参见谢玉梅《试论无锡近代企业名牌商标的创立、使用及保护》，《江南大学学报（自然科学版）》2007 年第 4 期。

公会，如钱业、木业、糖业、粮食业、水业、渔业、航运业、证券业、会计业等，其中成果最多的是有关上海银行公会的研究。如郑成林著《从双向桥梁到多边网络——上海银行公会与银行业（1918—1936）》，认为上海银行公会最突出的功能，在于构建了一个供其成员共享的制度化的网络体系，从而发挥了行业利益的维护者、行业运行的协调者、行业发展的设计者和行业政策的建议者的作用，有效地提升了银行业的竞争力，促进了银行业的发展。① 对银行公会的研究，也是复旦大学历史系师生们的一个重点领域，如吴景平和他的学生王晶、张天政都有重要论文发表，王、张撰写了博士学位论文，有力地推动了这项研究。②

二是商帮研究的深入。中国历史上的著名商帮有徽商、晋商、粤商、甬商（即宁波商帮）。近代以后，徽商已经衰落；晋商虽依然存在但在民国时渐趋衰落；粤商和甬商仍然发展，特别是甬商发展最大。近年来对近代商帮的研究，亦与商帮自身在近代的存在状况相类似，以宁波商帮的研究最为显眼。现有研究成果涉及三个层面：第一个层面是整体性研究，如李瑊著《上海的宁波人》，考察宁波商帮在上海的形成、发展和壮大过程及其所从事的各项社会经济活动和成就。张守广著《超越传统——宁波帮的近代化历程》，考察宁波商帮在近代融合中西工商文化，实现从传统商帮到近代资本主义工商业集团的转型过程，并分析宁波帮的商人精神和企业家精神等。乐承耀著《近代宁波商人与社会经济》，考察宁波商帮在全国各地的发展和经营活动，兼及其参与文化、慈善、社会和政治运动的状况，既揭示其在全国的网络系统，也揭示其对所在城市和地区社会经济发展的作用。陶水木著《浙江商帮与上海经济近代化研究（1840—1936）》，系统论述以宁波商帮为主的浙江商帮在上海经济近代化演进中的地位和作

---

① 所列各书分别出版于2004年（中国人民大学出版社），2007年（华中师范大学出版社），2006年（四川大学出版社），2007年（华中师范大学出版社）。

② 参见吴景平、王晶《"九一八"事变至"一二八"事变期间的上海银行公会》，《近代史研究》2002年第3期；吴景平《上海银行公会改组风波》，《历史研究》2003年第2期；王晶《上海银行公会研究（1927—1937）》，博士学位论文，复旦大学，2003年；张天政《上海银行公会研究（1937—1945）》（博士学位论文，复旦大学，2004年）、《略论上海银行公会与二十世纪二十年代华商银行业务制度建设》（《中国经济史研究》2005年第2期）。

用，总结他们经营工商业的经验教训。① 第二个层面是宁波商帮的行业史研究，如服装业、金融业、航运史。第三个层面是宁波帮著名商人的个案研究，有关论著为数甚多。

三是近代商会研究范围的扩展。在视野扩展方面，较有创新意义的是关于商会的商事仲裁问题和商人外交问题的研究。关于商事仲裁问题，从20世纪90年代中期开始受到关注，如朱英、马敏、任云兰有专题论文发表。② 这一阶段研究成果有所增加，主要有马敏、郑成林、虞和平、陶水木的论文。③ 这些论文所讨论的内容，主要涉及了商会建立的商事公断处（商事裁判所）的产生、确立和发展变化过程；商事公断处的商事仲裁功能、程序、效益、规范和原则；从商事公断处的建立和发展变化中反映出来的商人的司法参与和司法独立的意识和实践，以及其与官方司法理念和制度之间的共生、融合和冲突的复杂多维关系；杭州商会在民国后期的商事公断处建设。但是，这一问题的研究尚处于比较薄弱的状况，还没有相关的专著出现。

关于商人外交问题，也从20世纪八九十年代开始受到关注，虞和平的一篇论文和一本著作首先提出这一概念，并开始研究清末民初的中美商人外交活动，以及中国商会参加国际商会的过程。④ 这一阶段，研究有所开拓与深入。如虞和平考察了五四运动中的商人外交参与及其在近代中国商人外交史中的地位，认为由此开始，中国商人的外交活动由被动转变为主动、由间接转向直接、由依附走向独立，并日益趋向频繁化、国际化、

---

① 所列各书分别出版于2000年（上海人民出版社），2000年（西南师范大学出版社），2007年（人民出版社），2000年（生活·读书·新知三联书店）。

② 如：朱英：《清末苏州商会调停商事纠纷》，《华中师范大学学报》1993年第1期；任云兰：《论近代中国商会的商事仲裁功能》，《中国经济史研究》1995年第4期；马敏：《商事裁判与商会——论晚清苏州商事纠纷的调处》，《历史研究》1996年第1期。

③ 马敏：《略论辛亥前后商人司法意识的变迁》，郑成林：《清末民初商事仲裁制度研究》，均载中国史学会编辑《辛亥革命与20世纪的中国》，中央文献出版社2002年版；虞和平：《清末民初商会的商事仲裁制度建设》，《学术月刊》2004年第4期；陶水木、郎丽华：《略论民国后期杭州商会的商事公断》，《商业经济与管理》2003年第11期。

④ 参见虞和平《清末民初中美商会的互访和合作》，《近代史研究》1988年第3期；《商会与中国早期现代化》，上海人民出版社1993年版。

自主化、政治化、统一化、理性化。① 他和贾中福还考察了中国商会代表团参加1922年太平洋商务会议的活动情况，认为这是中国商人的第一次直接外交活动，推进了中国工商界联美制日的外交策略，也增进了中国商人走向世界的意识。② 贾中福还出版专著，考察了1905—1927年中美商人之间的外交活动及其影响和互动关系。③ 宋美云考察了20世纪初天津商会出国考察、开展贸易、开办公证和监督、交换信息等活动。④ 魏国栋考察了1921年末中国准备参加华盛顿会议期间，天津商会领导天津民众进行外交后援活动的状况，从而通过合法的渠道阐释自己的愿望，对政府的外交活动构成了制衡与支持的态势。⑤

在时间和空间扩展方面，从前一阶段的主要限于1927年之前和上海、苏州、天津的商会研究，扩展到1927年之后的商会，以及其他城市和地区的商会。就时间方面的扩展而言，魏文享研究了抗战期间商会、同业公会等民间经济组织在统制经济实施过程中的地位和作用，指出国民政府的战时经济统制在相当程度上借助了商人团体的民间组织资源。⑥ 郑成林考察了抗战后中华民国商会联合会的成立过程及其主要政治参与和经济活动，进而借此透视了抗战后商会与南京国民政府之间的错综复杂关系。⑦ 就空间方面的扩展而言，目前已有研究无锡、杭州、贵阳、山西、广西、云南、四川、江西等地商会的论文发表。

在领域扩展方面，主要是从商会扩展到商民协会。在前一阶段，有关的研究只有张亦工的一篇专题论文，探讨了商民协会的兴起过程、功能作

---

① 参见虞和平《五四运动与商人外交》，《近代史研究》2000年第2期。
② 参见贾中福《中美商人团体与近代国民外交（1905—1927）》，中国社会科学出版社2008年版。
③ 参见虞和平、贾中福《中国商会代表团参加太平洋商务会议述论》，《史学月刊》2004年第7期。
④ 参见宋美云《20世纪初天津商会对外交往与城市经济的发展》，《南开经济研究》2000年第3期。
⑤ 参见魏国栋《华盛顿会议前后天津商会活动之考察》，《社会科学研究》2007年第2期。
⑥ 参见魏文享《商人团体与抗战时期国统区的经济统制》，《中国经济史研究》2006年第1期。
⑦ 参见郑成林《抗战后中华民国商会联合会简论》，《华中师范大学学报》2006年第5期。

用，以及其与商会的关系①；其他如徐鼎新、虞和平、朱英的有关商会的著作也有所涉及。这一阶段，商民协会的研究有长足的进步，冯筱才出版了专著《北伐前后的商民运动（1924—1930）》，着力探讨商民协会和商民运动各种参加者的实际心态及其行动；力图分析国民党党部、商民协会与商会、工会等机构团体间的利益纠葛及其参与商民运动的异同。② 此外，还有多篇论文发表，既有总体性研究，也有广东、湖南、湖北、上海、江苏、浙江、四川的区域性研究，除了继续深入研究商民协会的始末过程和对国民革命的作用之外，还探讨了一些新的问题。如彭南生、李玲丽的论文认为，通过商民协会参与国民革命，使商人受到了政治熏陶，有利于商人摆脱"在商言商"的传统束缚，促进政治参与意识的形成。③ 李柏槐的论文，对内陆中心城市成都与上海等沿海地区的商民协会进行了比较研究，认为成都市商民协会不是在国民党的扶持下发展起来的，也没有成为国民党试图控制资本家的"临时党化工具"，而是在与成都总商会的斗争中产生和发展起来的，是实实在在地为商民利益奔走呼吁的商民利益集团，并最后主导了旧商会的改组。④

除了上述三方面的主要开拓和创新之外，还有一些其他值得注意的新发展。如关于博览会、原始工业化、证券业、保险业、商团等问题，都有不同程度的研究和突破。

1979年以来的中国近代经济史研究虽然开拓了不少新的领域，但受原有研究基础和资料条件的制约，研究课题的布局不平衡，以致在有较多研究的领域内出现一些低水平重复研究的现象，而在一些较少研究的领域内则存在着诸多缺少深入研究的薄弱环节，甚至空白地带。从总体上来说，对社会经济、生产力、流通、消费等领域的研究比较薄弱。对经济体制、经济法制、企业管理、企业集团、经济组织、经济网络的研究则方兴未

---

① 参见张亦工《商民协会初探》，《历史研究》1992年第3期。
② 参见冯筱才《北伐前后的商民运动（1924—1930）》，台北：商务印书馆2004年版。
③ 参见彭南生、李玲丽《略论大革命时期的湖北商民协会》，《江汉大学学报》2006年第3期。
④ 参见李柏槐《商民的利益集团：商民协会——成都与上海等地商民协会差异之比较》，《社会科学战线》2005年第1期。

艾。对房地产业、文化产业、外资企业、企业文化、人力资源的研究则微乎其微。在市场、金融、商业、农村经济、经济社团等领域虽已取得了不少的研究成果，但研究主题不平衡。如对于市场经济，研究农产品商品化、市场规模、市场区域结构的较多，研究生产要素市场和技术市场、信息市场的较少；对于金融业，研究银行、钱庄、票号等信贷机构的较多，研究保险、信托、证券的较少；对于商业，研究商业资本和内外贸易的数量、性质和作用的较多，研究商事习惯、促销方式、财务管理的较少；对于农村经济，研究华北、江南、华南地区的较多，研究其他地区的较少；经济社团研究，主要集中于1927年之前上海、天津、苏州三个地方商会和同业公会的组织性质和结构、经济和政治作用，而对1927年之后的状况、其他重要的地方商会和同业公会，以及它们的城市管理、行业治理、国际交往等则很少研究；至于其他经济社团的研究那就更少了，甚或近于空白。加强这些薄弱方面的研究，无疑是今后近代经济史研究的一个重要方面。

第 六 章

军 事 史

　　1840年到1949年的中国近代史，充满着外来的侵略和内部的斗争，战争连绵不断。作为这一时期开端的鸦片战争，清朝的军队惨败于兵力兵器相当有限的英国远征军；这一时期结束后，中国人民志愿军在朝鲜战场上，与以美国为首的"联合国军"进行了相当有力的较量。中华人民共和国成立以后，中国大陆的学术界对这一时期的军事史进行了相当广泛的研究，发表了数以千计的论文和数以百计的专著，其中不乏精彩之笔，但就整体而言，研究状态尚未达到令人满意的水平。

第一节　最初的工作

　　中国近代军事史最初一批研究成果为中国人民解放军的战史与军史。中华人民共和国成立之后，这支经历22年战争且保存丰富档案资料的军队，在中央军委的指示下，开始总结历史经验。1949年10月，原东北军区司令部编写了《东北三年解放战争军事资料》，叙述东北解放战争的基本过程。其中详细介绍了第四野战军所属12个军、东北军区所属10个军区的组织沿革、人事变更和装备情况；并依据当时的战斗总结和作战记录，编述历次重大战役。这部近百万字的资料不仅为后来的研究提供了大量第一手材料，且为后来此类著述的编写，创立了范式。1952年至1956年解放军各军区以军为单位，由军司令部组织人员编写本军的《第三次国内革命战争战史》。1956年以后，参加抗美援朝战争的部队，又以军为单位编写了《抗美援朝战史》。这批著述的主要特点是编写人员多为战争过程的亲历者，熟悉情况，对本部队的作战经过、政治思想工作和军队建设均有详细、准确的叙述，且对本部队的失败教训，也能如实记载。各军的《抗美援朝战史》，因编写时间仓促，内容及篇幅均不及《第三次国内革命战争战史》丰富。随着中国人民解放军军事学院和军事科学院于20世纪50年代中后期在南京和北京相继成立，中国人民解放军军史的研究有了专业的机构。军事学院出于教学的需要，编写了关于解放军历史上重要战役的《战例选编》。在叙述基本作战过程时，更注重决策、战术上的理论分析。军事科学院战史研究部（后更名为军事历史研究部）和图书资料处（后更名为军事图书馆）整理档案资料，编辑了多卷本的《中国人民解放军第二次国内革命战争时期资料选编》和《中国人民解放军第三次国内革命战争时期资料选编》。这两套大型资料书的编选、校勘、排列均见功力，具有较高的使用价值。与此同时，为了编写解放战争时期各大野战军的历史，有关军区成立了战史编辑室。除了文献材料的搜集外，还采访高级将领，进行专题研究，并于1962年前后完成了四大野战军的《战史》初稿和《战史资料选编》。以上研究工作，都是军队内部在保密的情况下进行的。相应的研究成果，除上送有关高级指挥员及有关高级教学研究机构参考外，皆存档。自20世纪50年代后期起，解放军的一些高级将领在政治上受到错误对待，他们的历史功绩逐渐成为研究的禁区。60年代的"左"倾思想，更使军事史上的杰出人物毛泽东被置于不恰当的位置上。中国人民解放军历史的研究人员遇到了困难。

晚清军事史的研究，其最初的成就为史料建设。中华人民共和国成立后，近代史逐渐成为显学。中国史学会组织了全国学术界的力量，编辑了"中国近代史资料丛刊"，在20世纪五六十年代，该丛刊出版了《鸦片战争》《太平天国》《捻军》《洋务运动》《中法战争》《甲午战争》（该丛刊的《第二次鸦片战争》《北洋军阀》于70年代、90年代出版）。这些大型资料书中，包含了相当多的军事史的内容。然而，非军事系统的研究人员，较少军事学的专门知识，也少有军事史的兴趣。尽管晚清历史中军事史有着极为重要的地位，但在五六十年代出版的晚清历史的著述中，军事史经常性地成为政治史、对外关系史乃至经济史的陪衬。

在20世纪五六十年代的中国近代史研究中，中华民国史是最为薄弱的一环，而中华民国军事史的研究近于一片空白。然于60年代初起，全国政协及各地政协先后成立了文史资料委员会，一大批国民党高级将领纷纷撰写军事回忆录，这些资料于60年代起陆续在各级《文史资料选辑》中发表，其中相当部分内容具有很高的史料价值，可弥补档案文献之不足。到90年代，在改革开放的大背景下，民国史，特别是抗日战争史，成为学术研究的热门，发表了大量的专著和论文。

综上所述，在20世纪五六十年代，中国近代军事史研究属于开创时期，虽然成熟的研究著作不多，但在史料整理工作上有着不俗的成就，为后来的研究提供了较为坚实的地基。

第二节 研究的起步

1966年开始的"文化大革命"，截断了中国大陆的学术研究，中国近代军事史学科也不例外。自"文化大革命"后期起，工作有所恢复。1978年由中华书局出版的资料书《清末新军编练沿革》即是其中的一项。该书大多选自中国第一历史档案馆所藏清代档案，编选得体实用。而1979年由北京出版社出版的《中国人民保卫海疆斗争史》，则明显留有那个时代的色彩，政治性冲淡了学术性；但作为中国大陆第一部叙述1840年至1974年西沙群岛自卫反击战的专题性著作，在研究海军海防问题上尚有一定参考价值。未过多久，中国近代军事史的研究，如同其他学科一样，发展渐渐增快。

最先突起的是中日甲午战争史及相关的海军史研究。1981年，戚其章的《北洋舰队》（山东人民出版社）出版，孙克复、关捷的《甲午中日海战史》（黑龙江人民出版社）出版；1982年，张侠、杨志本编《清末海军史料》（海洋出版社）出版；1983年，戚其章的论文集《中日甲午战争史论丛》（山东教育出版社）出版；1984年，孙克复、关捷的《甲午中日陆战史》和《甲午中日战争人物传》（黑龙江人民出版社）出版，在此题目下同时还有许多研究者发表了一大批论文。这是中国近代军事史研究出现的第一个热点，初步建立了关于甲午战争与清末海军的知识体系，且对后来研究的深入有很大的推力。与此同时兴起的另一个热点是太平天国军事史的研究。1982年，郦纯的《太平天国军事史概述》上、下编出版（中华书局），张一文、舒翼、沈渭滨等数十名研究者在此前后对太平天国的战役战斗及战略决策发表了上百篇论文。其他的领域虽没有如此的热度，但牟安世的《鸦片战争》（上海人民出版社1982年版）、上海社会科学院经济研究所的《江南造船厂厂史》（江苏人民出版社1983年版）等书也有不少相应的军事史内容。

张玉田、陈崇桥等人编著的《中国近代军事史》（辽宁人民出版社1983年版），是在此题目下第一部尝试性的著作，内容涉及1840年至1919年军事史的各个方面。这部书的弱点正如许多批评者所言，军事特点不够充分，这恰恰反映出那时中国近代军事史的各个领域研究尚不充分，作为综合性的著作也一时无法达到人们所企盼的水准。而由军事科学院战争理论部第三室编写的《中国近代战争史》上、中、下3册（军事科学出版社1984、1985年版），正以其较强的军事特色引人瞩目。该书叙述了1840年至1919年历次内外战争，并对战略战术的得失作了初步的分析，且附有34幅彩色作战示意图，是一部成熟之作。

这一时期最具权威性的著作应推《中国人民解放军战史》（军事科学出版社1987年版）。这部三卷本的大书是在20世纪60年代初编辑相关史料的基础上，于"文化大革命"结束后正式编写而成的。该书反复征求意见，多次修改，以极高的成本确保其准确性和严肃性。书后附有作战地图和各类统计表。读者对这部权威性著作的好评，时时可闻，但该书作者对于解放军战史中的经验教训，似过于惜墨。

值得注意的是，专业性的军事史刊物也于此时出现。1985年，中国人民革命军事博物馆创办知识性双月刊《军事史林》；1986年，上海空军政治学院创办学术性季刊《军事历史研究》；同年，原为《军事学术》增刊的《军事历史》，也改为学术性与知识性结合的双月刊，由军事科学院军事历史研究部主办，独立发行。中国近代军事史是以上各刊关注的主要内容。1987年，《抗日战争研究》也在中国社会科学院近代史研究所创办，这一学术性的季刊，也以相当大的篇幅论及军事史。

第三节　研究转向细化

自 20 世纪 80 年代中后期起，中国近代军事史的研究开始细化。研究者的视野，不再看重整体性的综合研究，而是更注重历史关键变化中的各个因素。专题研究也逐渐深化。由此至 2009 年，大约出版了上千种内容各异的著作和万余篇水准不一的论文。限于本章的篇幅，对这一时期的论文不再专门提及。有一些综合性述评，有兴趣的读者可以参阅。① 以下主要对一些有代表性的学术专著进行简要的综述，但也难免遗漏一些优秀的作品。

1. 晚清战争史。晚清历史中，战争是最主要的事件，所有的晚清史著作或多或少都会涉及晚清战争史，相关的著作很多。其中最值得注意的有：《甲午战争史》（戚其章著，人民出版社 1990 年版），特点在于考证，对战术动作的描述已到"营"一级，是同类著作中叙述最为精准者。前面介绍的关捷等著的甲午战争史，经过不断的修订补充，到 2005 年由吉林人民出版社出版关捷等总主编的《中日甲午战争全史》6 卷，分战前、战争、战后、思潮、人物等，代表了目前国内这个课题研究最广泛、深入的总结。《天朝的崩溃：鸦片战争再研究》（茅海建著，生活·读书·新知三联书店 1995 年版），特点同样在于考证事实，在战术的分析上也见功力。《太平天国军事史》（张一文著，广西人民出版社 1994 年版），以战争史为主，又突破了战争史的范围，对太平天国的军制、训练、供给、战术、战略等方面均有专门的研究。《中法战争诸役考》（黄振南著，广西师范大学

---

① 如：沈渭滨、夏林根、朱学成：《中国近代军事史研究述评》，载《中国近代军事史论文集》，军事科学出版社 1987 年版；孔德琪：《1987 年中国近代军事史研究述评》，《军事历史研究》1988 年第 1 期；张一文、刘庆、皮明勇：《中国近代军事史研究概览》，天津教育出版社 1991 年版；军事科学院外军研究部：《世界军事年鉴》（该年鉴 1993 年至 1998 年各册，皆有"军事理论研究"专栏，而该专栏大略用 1.5 万至 2 万字的篇幅，专门介绍相关年度中国近代军事史论文的大致内容及主要观点）；江英：《中国近代军事史研究新进展》（《军事历史研究》1994 年第 1 期）、《近两年中国近代军事史研究新进展》（《军事历史研究》1995 年第 4 期、1996 年第 1 期）。本文的撰写也参考了上引文字，作者在此表示感谢。

出版社 1998 年版），对中、法、越南史料综合比较，破陈出新，很值得一读。《九一八事变前东北境内外国军事势力研究》（胡玉海著，中国社会科学出版社 2006 年版），对日俄在东北的军事占领和争斗，作了详细考证，也揭示了九一八事变前东北军事格局的历史变迁，颇有特色。

2. 晚清陆军史。在这方面著作不多，其中最显功力的有两种：《湘军史稿》（龙盛运著，四川人民出版社 1990 年版）、《淮军史》（樊百川著，四川人民出版社 1994 年版），这两部书的材料搜集相当完备，对湘军和淮军的起源、组织编制、经费供给、派系集团等方面，均有细密的叙说，然在军事特点上，尤其是建军原则和惯用战术方面，尚欠火候。关于军事史上意义更大的完全采用西式装备和西式编制的北洋陆军，则没有具如此功力的著作。

3. 海军史。海军是中国第一个近代化军种，相应的研究也较多。值得注意的著作有：《龙旗飘扬的舰队：中国近代海军兴衰史》（姜鸣著，生活·读书·新知三联书店 2005 年版），几经修订，全面反映了中国近代海军从兴起到衰亡的过程，总结了中国近代海军诸多历史经验和教训。另有《中国近代海军史事日志（1860—1911）》（姜鸣著，生活·读书·新知三联书店 1995 年版）、《中华民国海军通史》（陈书麟、陈贞寿著，海潮出版社 1993 年版）、《近代中国海军》（海潮出版社 1994 年版）、《晚清海军兴衰史》（戚其章著，人民出版社 1998 年版）。从这些著作中可以看出学问的递进，其中《近代中国海军》是由海军司令部组织人员编写的，时限至 1949 年，内容包括晚清海军与中华民国海军，章节设计也更富军事特点。中国海防早于海军，杨金森、范中义著《中国海防史》（海洋出版社 2007 年版）叙述了中国海防发展的历史，但重点是在近代海防。

4. 空军史。在此领域，全面系统的著作当推《中国军事航空（1908—1949）》（马毓福著，航空工业出版社 1994 年版）。该书对抗日战争时期苏联、美国援华航空兵也辟专章介绍。全面介绍中国人民解放军空军历史的是《当代中国空军》（中国社会科学出版社 1989 年版）。近年来值得称道的几部著作有：陈应明、廖新华编著《浴血长空：中国空军抗日战争史》（航空工业出版社 2006 年版），详细介绍了抗战期间中、美、苏空军联合作战的历史情况，并对当年的空军装备作了详细介绍。林虎著《保卫祖国领空的战斗》（解放军出版社2002年版），对中华人民共和国成立后的空军作战作了全面介绍，由于作者的专业身份，战斗介绍和总结参照了当年的作战记录，富有技术特色和历史的真实性。同一时期李林山、王叶红编著《中国人民解放军空军作战史》（蓝天出版社2001年版）也有相同的参考价值。

5. 红军及其战史。在这一领域最值得称道的研究成果是，由中共中央军委牵头组织红一、红二、红四方面军战史编审委员会编写，于1989—1993年由解放军出版社出版的《中国工农红军第一方面军战史》《中国工农红军第二方面军战史》《中国工农红军第四方面军战史》《中国工农红军第25军战史》。此外，还整理出版了红二、红四方面军的《战史资料选编》。萧克的《朱毛红军侧记》（中共中央党校出版社1993年版），以亲身经历探讨与反思了红军创建时期的组织路线、建军原则与相关战略战术。长征是这一时期最重要的历史事件，成为众多研究人员最关注的课题。《红军长征史》（中共中央党史研究室第一部，辽宁人民出版社1996年版）是较全面、系统的第一部专著。军事科学院军事历史研究所编著的《中国工农红军长征全史》5卷（军事科学出版社2006年版），汇集了新发表的史料和研究成果，是长征研究的集大成者。张树军、黄一兵主编的《长征史记》（吉林人民出版社2006年版）在记述历史的同时，以"史鉴记事"和"一家之言"的方式，对长征中一些事实的考证和有争议问题的介绍，开阔了学术研究的思路。专题研究中，秦生著《西北红军长征史》（中共党史出版社2007年版）则是在一个限定的范围内，特别对西路军的研究进行了探索。《南方三年游击战争史》（阎景堂主编，解放军出版社1997年版）是一部系统全面介绍没有参加长征，在江西根据地坚持斗争的部队艰苦奋战的著作。

6. 抗日战争战史与军队史。军事科学院军事历史研究部的《中国抗日战争史》3卷（解放军出版社1994年版），与同类著作相比显得更加完整与准确。《中华民族的抗日战争》（支绍增、罗焕章著，军事科学出版社1987年版）、《中华民族抗日战争史》（王秀鑫、郭德宏主编，中共党史出版社1995年版），注重国民党军队在正面战场的积极作用。王辅的《日军侵华战争》4卷（辽宁人民出版社1990年版），则从日方资料入手，颇具特色。

《中共抗日部队发展史略》（张廷贵等著，解放军出版社 1990 年版）叙述了八路军、新四军、抗日联军及其根据地、游击区的发展史，对组织沿革、重要作战及战果亦作考证。岳思平主编《八路军》（中共党史出版社 2005 年版）是目前这一研究最全面、深入的专著。《新四军发展史》（马清武、童志强著，山西人民出版社 1997 年版）、《新四军简史》（王辅一著，中共党史出版社 1997 年版），皆为目前新四军研究较完整的专著。童志强著《关于新四军》（上海科学技术文献出版社 2005 年版）是一部论文集，对一些学术争论问题大胆提出了自己的新见解。正面战场研究是 20 世纪 90 年代以来抗战研究成果最突出的，《中国远征军战史》（徐康明著，军事科学出版社 1995 年版），全面且较为深入地研究了抗战中滇缅远征作战的历史。广西师范大学出版社 1993 年起推出的"抗日战争丛书"汇集了一批中青年学者的成果，其中林治波《大捷：台儿庄会战纪实》颇见功力。近年来，随着对抗日战争正面战场的研究逐渐深入，抗战史的研究更为全面客观。张宪文主编《中国抗日战争史》（南京大学出版社 2001 年版）是最新成果的代表作。徐康明著《中缅印战场抗日战争史》（解放军出版社 2007 年版）在前一部著作的基础上，补充了中美联合作战的新内容。

7. 解放战争史。20 世纪 80 年代末起，由中共中央军委批准，陆续组建了解放战争各野战军战史编辑室，整理、修改或重写 60 年代编写的各野战军战史。《第二野战军战史》《第一野战军战史》《第三野战军战史》《第四野战军战史》已于 1990—1998 年由解放军出版社出版。军事科学院军事历史研究部编著的《全国解放战争史》5 卷（军事科学出版社 1997 年版），从军史和战史两方面成为全面系统之作。人民出版社从 1997—2007 年陆续出版的《东北解放战争纪实》《华东解放战争纪实》《西北解放战争纪实》《中原解放战争纪实》《华北解放战争纪实》《中南解放战争纪实》（刘统、袁德金、金立昕著），以战区研究解放战争过程，与前面的战史互补。湖北省军区编写的《中原突围史》（军事科学出版社 1996 年版），叙述了 1946 年那段壮烈的战史，是区域性战史解析的专著。解放战争中的三大战役是研究者关注的领域，值得注意的著作有《辽沈决战》（系研究与文献结合的 3 卷本汇编，人民出版社 1988 年版）、《淮海战役史》（何晓环等著，上海人民出版社 1993 年版）。个别战役的研究也有许多好作品，如《海南之战》（刘振华著，辽宁人民出版社1994年版），在历史叙述后附录作战档案。《创造渡海作战的奇迹——解放海南岛战役决策指挥的真实记叙》（杨迪著，解放军出版社2000年版），则以亲身经历从司令部工作角度反映战役的特点。《血祭金门》（洪小夏著，香港新大陆出版社2001年版），以采访和史料相结合，是研究金门战斗的专著。

8. 抗美援朝战争史。《中国人民志愿军抗美援朝战史》（军事科学院军事历史研究部，军事科学出版社1990年版）、《当代中国丛书·抗美援朝战争》（中国社会科学出版社1990年版），属专门机构长期研究之作，叙述全面。20世纪90年代以来，这个专题成为军事史研究的重点。军事科学院军事历史研究部在前两部著作的基础上，经过深入的研究和修订，完成了3卷本《抗美援朝战争史》（军事科学出版社2000年版），在深度和广度上又进一步。个人研究方面，《第一次较量——抗美援朝战争的历史回顾与反思》（徐焰著，中国广播电视出版社1990年版），包含了作者个人的许多思考，富有意义。《毛泽东、斯大林与朝鲜战争》（沈志华著，广东人民出版社2007年版），则是根据苏联解密档案，从国际关系角度研究朝鲜战争的突破性成果。

9. 军事制度史。军事制度史本是军事史研究的重点，然而在中国近代军事史研究中却是令人遗憾的弱项。由中国社会科学院历史研究所与军事科学院军制研究部合作的《中国军事制度史》（大象出版社1997年版），对近代的军事组织体制编制、军事教育训练、军事法制、兵役制度、后勤体制、武官制度等均有涉及，但尚欠完备。后勤史的研究在解放军总后勤部推动下相对先进，从1983年起，解放军后勤学院（后更名为后勤指挥学院）等机构开始着手编辑《中国人民解放军后勤资料选编》，现已由金盾出版社出版了18册。相关的著作则有《中国近代军事后勤史（1840—1927年）》（陈崇桥、张玉田主编，金盾出版社1993年版）、《中国人民解放军后勤简史》（乔光烈主编，国防大学出版社1989年版）、《中国人民解放军革命战争后勤史简编》（徐庆儒主编，金盾出版社1990年版）、《中国人民解放军后勤史》（吴学海主编，金盾出版社1992年版）、《抗美援朝战争后勤史简编本》（周和编，金盾出版社1993年版）、《中国人民解放军第二野战军后勤史》（刘鲁明主编，金盾出版社1995年版）等。其中《中国人民解放军后勤史》是在资料编纂基础上编写而成，共 4 卷，分别叙述了土地革命战争、抗日战争、解放战争和当代中国的后勤史，显得更为扎实，且对历史经验进行了探讨；《抗美援朝战争后勤史简编本》更具以史为师、以史为鉴的特点，注重理论性的建设。在军事教育方面，《中国近代军事教育史》（史全生主编，东南大学出版社 1996 年版）也值得一读。

10. 传记与回忆录。由于中国近代历史的特殊性，军事人物往往同为政治人物，有关的人物传记已有不少，但写出传主军事特色的却为数不多。其中应予重视的有中央文献研究室主编的《朱德传》，解放军各元帅传记组撰写的《彭德怀传》《刘伯承传》《贺龙传》《陈毅传》《罗荣桓传》《徐向前传》《聂荣臻传》《叶剑英传》（皆由当代中国出版社出版），诸书立意严谨，考证详细；《彭德怀传》《陈毅传》《刘伯承传》军事特色更显突出，这与传主的军事生涯更丰富相关。但由于当年对传记编写有严格的体例规定，元帅传记尚嫌简略。20 世纪 90 年代以来出版的大将传记，则突破了字数限制，《粟裕传》和《陈赓传》（当代中国出版社 2007 年版）篇幅大增，记述更为详细。《毛泽东与林彪》（胡哲峰、于化民著，广西人民出版社 1998 年版）对林彪的军事生涯，作了较客观的记述。由星火燎原编辑部组织编写的《解放军将领传》，目前已由解放军出版社出版 14 集，收入了百余名高级将领的传记。王成斌等主编的《民国高级将领列传》7 卷（解放军出版社 1991 年版），收入北洋和国民党将领 300 余人。军事人物回忆录出版的总数难以准确统计，就笔者感觉而言，《粟裕战争回忆录》（解放军出版社 1988 年版）因融入传主军事思想，使人感到特别有价值；《彭德怀自述》（人民出版社 1981 年版）、《黄克诚自述》（人民出版社 1994 年版）、《萧克回忆录》（解放军出版社 1997 年版）讲真话、讲实话，使人感到作者的坦诚。

11. 资料编辑。《中国近代史资料丛刊续编·甲午战争》（戚其章主编，中华书局 1989—1996 年版），共约 400 万字，分 11 卷。《中国近代史资料丛刊续编·中法战争》（张振鹍主编），共约 300 万字，自 1995 年起已由中华书局出版 5 卷。以上两书的特点是注重外文史料的搜集。《鸦片战争档案史料》7 卷（中国第一历史档案馆编，天津古籍出版社 1992 年版）和《清政府镇压太平天国档案史料》16 册（中国第一历史档案馆编，社会科学文献出版社 1994 年版），比以前出版的资料汇编有重大的补充和修订。《中华民国海军史料》（杨志本等编，海洋出版社 1987 年版），出版虽早，但相当有用。文史资料出版社从 20 世纪 80 年代起，将全国政协等机构组织原国民党高级将领编写的回忆录，辑为专题，已出版《"围剿"中央苏区亲历记》《围追堵截红军长征亲历记》《从九一八事变到七七事变》《百万国民党军起义投诚纪实》等 10 余种，可资研究参考。《中国人民解放军历史资料丛书》是由中共中央军委部署各总部、各大军区、各军兵种及军事科学院等机构编纂，分 43 个专题、250 分册，共约 2 亿字的巨型历史资料汇编，1994 年起已由解放军出版社出版了《南方三年游击战争》《八路军》《新四军》《渡江战役》《后勤工作》等 110 册。待到出齐之后，研究者可基本掌握解放军历史各领域的历史文献和主要档案。

12. 工具书。《中国大百科全书·军事卷》（中国大百科全书出版社 1989 年版）、《中国军事百科全书》（军事科学出版社 1997 年版）是中央军委组织各总部、各大军区、各军兵种、军事科学院等机构编写的大型工具书，其中相当部分涉及中国近代军事史。这两部书的条目基本涵盖了这一时期的重要战役战斗、军兵种及其发展、军队组织沿革、高级指挥员简历，释文简练且准确。军事科学院军事图书馆所编《中国人民解放军组织沿革和各级领导成员名录》（军事科学出版社 1990 年版），依据档案等材料，将解放军在土地革命战争时期和抗日战争时期团以上建制序列与领导成员、解放战争时期师以上建制序列与领导成员，详尽列出，相当准确，使用方便。

以上的介绍，很大程度上只不过是书名的罗列，所作内容提要与评价，也只是本章作者粗浅且一般性的看法，未必准确。

还有一点必须说明，以上介绍的分类，很大程度上是依据现有研究成果状况，与中国近代军事史学科体系应有的分类有着不小的差距。

第四节　亟待建立学科体系

与中国近代史的其他学科相比，中国近代军事史的研究是比较滞后的。这里面最重要的一点，就是没有建立起完整的学科体系。

现有的研究，集中于战争史与军队建设史，尤其是解放军的战史与军史。究其原因，在于中国近代军事史是一门交叉学科，这就要求中国近代军事史的研究人员最好能有多学科的训练。但是，非军事系统的历史学界，多数人没有军事学训练，致使其从事该项研究时，军事特色并不突显。军事系统的研究人员，则开始时史学训练稍显不足，20世纪80年代以后，此类人员的史学知识与功夫因学习与积累有了相当的成长，由此推出了《中国人民解放军战史》等具有阶段性标志的成功之作。在中共中央军委的部署下，军事科学院和各军事院校建立了战史研究机构和历史教研室，解放军各大单位建立了各种临时性或相对长期性的编辑、研究机构，专门进行解放军历史的研究，由此推出了一大批质量可靠的解放军战史和军史著作。但是一个很大的问题是：军事单位的研究成果有许多不对外公开，例如总参某部编写的《中国人民解放军联络工作史》和《中国人民解放军敌军工作史》，都是叙述加资料汇编的重要专著。虽然其中的大部分内容可以在公开出版物中找到，但要耗费很大精力。此外，军事档案很少对社会开放，使许多大学和社科研究人员无法进行深入的研究，制约了军事史研究的发展。而晚清时期、北洋军阀统治时期、国民党方面的研究，由于没有专门的教学研究机构，主要靠个人申报课题，获得国家科研资助，成果相对要少一些，且缺乏系统性，尽管个别研究成果已达到很高水准。也因为如此，在中国近代军事史的研究中，时常可以看见"业余"研究者的身影。

对于中国近代的军事技术、军队制度、军事教育与训练、军事学术与军事思想等方面的研究，研究的深度和系统性都有待提高。从1840年至1949年，中国军队完成了从冷热兵器混用时代到多军兵种的转变，然而，对于这一时期中国军队使用的武器装备，现有的各种著述，尚难以反映这一转变的实际状况。而对这一时期武器装备的引进、研究开发、生产、配套，研究更少。一些军事工业企业的研究，着眼点在于经济史而非军事史，或作为中华人民共和国兵工史的背景。没有武器装备的历史的深入研究，就无从说明这一时期中国军队的编制组织和基本战术，后者是以前者为基础的。如果更进一步分析，军事学术和军事思想的探讨又以军队编制与战术的研究为基础。正因为如此,本章对后勤史研究的凸显予以尽可能的介绍。在总后勤部推动下由金盾出版社出版的"后勤历史丛书",使后勤史几乎成了继战争史和军队建设史之后研究较深的领域。

与中国近代的政治、经济、文化等众多领域不同,到1949年中华人民共和国成立之时,中国的军事力量已列世界诸强。鸦片战争与抗美援朝战争,是中国近代军事史上的两大坐标。要说明这一历史演变,仅靠短时段、单方面的研究是不行的。建立相对完整的本学科体系,是中国近代军事史研究者在21世纪应当解决的课题。

以成果最多的中国人民解放军战史与军史来看,有组织的集体编写是其成功经验,可以在比较短的时间内完成较大部头的著作,且能保证一定的质量。但这种方法的基本缺陷就是缺乏个性。为了照顾方方面面的审稿意见,最容易在审稿中抹去的恰恰是那种有特色的见解,使得著述看似全面,实则平淡。例如军事科学院编写的3卷本《抗美援朝战争史》,第1卷在审稿时顾虑到涉外问题,删去了国际冷战格局的部分内容,与其他两卷内容相比很不平衡,现在看来实在是个损失。

军事史研究中的学术争鸣与百花齐放,不仅可使军事史学科常青常新,也可为军事学的发展提供有用的素材。中国人民解放军原本是中外历史上屡败屡战的千古典范,正是这种惨烈的经历培植了他们的能力,使之最终能在朝鲜战场上与以美国为首的"联合国军"一决高下,尽管再一次付出了惨烈的代价;但在许多描写中国人民解放军历史的著作中,笔者感受不到这种力量。一路凯歌行进的壮剧,原本只存在于戏剧舞台上,感人的历史总是让人悲喜交加。

更让笔者感到此项不足的是,关于中国人民解放军军事人物的传记。传主们几乎个个深谋远虑且战无不胜。打仗原本是这个世界上最实打实的事情,书生议兵流为千古的荒唐,然在相当数量此类读物中,只是一派白面书生相,感受不到解放军军事人物特有的那种务实、狡黠、勇猛、质朴的底色。毛泽东是中国近代最伟大的军事家,毛泽东的军事生涯与军事思想的研究一直是中国近代军事史的显学,然而那种过于理论化的叙述与分析,使之失去了他极富号召力的个人魅力,我们在读他的军事传记时,失去了如同读拿破仑军事传记时引人入迷的心绪。

近现代史研究中的一些敏感问题和禁区，在军事史中表现得最为突出。例如《粟裕战争回忆录》被公认为最有学术价值的作品，但作者却回避了淮海战役的内容，使人感到其中的难言之隐。在许多解放军人物的传记中，我们看到同一个事件，却有不同的表述和解释。徐向前的《历史的回顾》，对长征中一些敏感问题的叙说与别人有所不同。如果把不同人物的传记对比来读，倒可以考证出许多重要的东西。造成这些差异的原因是传记编写者"各为其主"的立场，要做到客观公正地反映历史，尚需要一个时期的沉淀。

最后，笔者还有责任对书坊报摊上流行的"纪实"文学说明自己的看法。在商品浪潮冲击下，许多近代军事史题材不可避免地成为商业炒作的"卖点"。这是不足为奇的。但是，使人吃惊的是，一些专业的军事史研究者竟厕身其间。这个世界上的文抄公古今中外没有被消灭过，但教授不许抄书；商业性的所谓"纪实"看来一时还不会衰败，但专业的军事史研究者须恪守职业道德和学术规范。不然，我们在读其著述时无法辨别作者的用心和用力程度。参与创作那种"纪实"的研究者，慢慢会在其他研究者心中死去。

第 七 章

思 想 史

  思想史在中国是一门既古老而又年轻的学科。在中国悠久的史学发展史上，思想史历来占有十分重要的地位，留下了丰富的思想史资料以及独特的理论方法。但思想史的概念却是在 20 世纪初伴随着西学东渐而来的外来词，20 世纪 30 年代中期冠以思想史的著作开始出现（郭湛波《近三十年中国思想史》，大北书局 1935 年版），思想史才摆脱传统学术史的局限而成为一门崭新的学科。也就在此时，一批进步学者开始尝试以马克思主义为理论指导，致力于此项研究工作，在当时的思想史学术园地里取得了可观的成果，对于民族解放和国家独立作出了贡献，也为以后思想史的学术研究开辟了道路。就中国近代思想史而言，需要提及的是侯外庐的《中国近世思想学说史》（重庆三友书店 1944 年版）有关近代的部分，这是 1949 年前中国近代思想史研究的显著成果。

  但诚如作者所言，写作此书时正处于特殊的战争环境，受种种客观条件限制，此书并不是一本系统完整的近代思想史著作。近代思想史研究的蓬勃发展是在中华人民共和国成立以后。中华人民共和国成立以来，中国近代思想史的研究在曲折中取得了很大的成就。按照研究发展的情况，大体上可以分为两个阶段：从 1949 年到 1976 年为第一阶段，从 1977 年到现在为第二阶段。长期以来，不论研究和教学，中国近代史下限到五四运动前，此后为中国现代史。与之相应，中国近代思想史的下限也止于五四运动，五四运动后为中国现代思想史。本章所论重在五四运动之前，兼及五四运动后，特予说明。

第一节　初具规模的开创性研究

　　伴随新中国的诞生，上海时代书局于1949年11月出版了斐民著的《中国近代思想发展简史》。作者运用马克思主义观点，叙述了从鸦片战争到新民主主义革命时期思想发展的历程，扼要地介绍了从太平天国空想社会主义到新民主主义几种主要思想的来龙去脉及相互关系。这是中华人民共和国成立以来第一部比较系统地论述近代思想史的著作。1955年，石峻、任继愈、朱伯昆编的《中国近代思想史讲授提纲》由人民出版社出版。它的贡献主要在于为建立中国近代思想史的基本理论框架做了有益的尝试。作者以马克思主义、毛泽东思想为指导，比较全面系统地探讨了近代思想史的对象和内容、学习和研究思想史的目的、近代思想产生的社会历史条件和反帝反封建思想发展的路线等问题。该书的出版对近代思想史的研究起了推动作用，引起学术界的关注。学术界对近代思想史的基本问题展开了讨论。王忍之、徐宗勉指出该《提纲》存在三方面的缺憾：一是研究客体不全面。文章认为，《提纲》把旧民主主义革命时期反帝反封建思想的发生和发展的历史作为研究对象是正确的，而认为"近代中国社会产生的新经济、新阶级和新的政治力量，是中国近代思想发生和发展的物质基础"则是不全面的，因为它们只是中国近代新的先进的思想发生和发展的物质基础。近代中国除了有新的进步的思想，还有反映旧经济、旧政治的反动思想和为帝国主义服务的买办的奴化思想。《提纲》把中国近代思想发展的历史归结为革命思想路线和改良主义思想路线两条路线的斗争，没有研究和讨论进步的思想在跟帝国主义思想和封建主义思想进行斗争中发生和发展起来的整个过程，也是片面的；因为前者的斗争只是新的进步思想内部的斗争，后者的斗争则是中国近代思想史的主题。二是思想发展的脉络不完整。编者没有系统地说明各个时期思想的继承关系，形成思潮及思潮的发展和衰落过程，而是更多地逐一介绍思想家的思想，缺乏对整个思潮进行全面的分析与论述，这样便不能深刻全面地把握社会思想的全貌。三是没有充分揭示思想与其赖以产生的社会历史条件的内在联系。对当时的社会历史环境缺乏深入具体的说明，没有充分说明思想是如何产生、发展的。①

上述意见是很有见地的，不仅弥补了《提纲》中存在的某些不足，而且对于中国近代思想史研究也有促进作用。如新旧思想的斗争、思想家与思潮的关系、西方资产阶级思想在中国的传播等问题，一直是以后中国近代思想史研究中值得重视的问题，有些问题至今还没有得到很好的解决。

在这一阶段里，没有系统的近代思想史著作面世，而人物思想的研究却颇为活跃。除在报刊上发表了一批论文外，还出版了中国人民大学中国历史教研室编的《中国近代思想家研究论文选》（生活·读书·新知三联书店1957年版）、北京大学哲学系编的《中国近代思想史论文集》（上海人民出版社1958年版）和李泽厚的《康有为谭嗣同思想研究》（上海人民出版社1958年版）。这些论文涉及的人物范围很广泛，不仅重要人物如林则徐、龚自珍、魏源、洪秀全、康有为、梁启超、孙中山、章太炎、陈独秀、李大钊等的思想有不少研究，次要人物如冯桂芬、宋恕等的思想也有所研究。其中有些论文对人物思想的论析有独到见解，颇有学术价值。广泛而有一定深度的人物思想研究，有助于后来人物思想研究的进一步深入，也为系统的中国近代思想史著述打下了良好的基础。

在人物思想研究中，对有些人物的思想评论也有不同意见。如关于龚自珍的政治、经济思想是否有资本主义倾向，魏源思想的阶级属性，冯桂芬是具有资产阶级民主思想的改良主义者还是地主阶级改革派，康有为《大同书》成书年代和评价，梁启超后期思想的评价，谭嗣同的哲学思想是唯物主义还是唯心主义等问题。应该说，当时还颇有学术争鸣的气氛，在不少问题上都能展开讨论，各抒己见。但是从以上列举的争论问题来看，不难发现主要是关于人物思想的阶级属性问题，反映了思路相对狭隘，而对阶级观点和阶级分析的理解、把握也存在简单化的偏向。1965年，有些刊物对孙思白的《陈独秀前期思想的解剖》（《历史教学》1963年第10期）一文的批判，突出地表现了在"左"的路线影响下的教条主义、简单化的倾向。至于"文化大革命"中"四人帮"为了政治需要大搞

---

① 参见《评〈中国近代思想史讲授提纲〉》，《哲学研究》1956年第1期。

评法批儒，在此影响下出现的文章将龚自珍、魏源、章太炎等思想家都纳入儒法斗争中，定之为法家，加以随意渲染。这是对学术的严重扭曲，极不严肃。

在专门的思想史领域，也有研究成果出版。赵靖、易梦虹主编的《中国近代经济思想史》（中华书局1964—1966年版），是第一部论述近代经济思想的专著。而关于改良主义思想研究的成果有叶蠖生的《中国近代革命运动中反对改良主义的斗争》（中国人民大学出版社1956年版）和胡滨的《中国近代改良主义思想》（中华书局1964年版）两部专著。《中国近代改良主义思想》一书，系统考察了中国近代资产阶级改良主义思想兴起和没落的历史，把它分为四个阶段，从鸦片战争至19世纪60年代为酝酿时期，以龚自珍、林则徐、魏源等为代表的一部分比较开明的官僚地主阶级知识分子从封建主义正统思想中开始分化出来，他们的政治观点和学术观点虽还没有脱离封建主义的体系，但为后来的资产阶级改良主义者提供了丰富的思想资料。从19世纪60年代至1894年中日甲午战争，是改良主义思想的发生和初步发展时期。著名的改良主义思想家有冯桂芬、王韬、薛福成、马建忠、郑观应等人，政治上主张采用西方资产阶级的议会制度，经济上倡导发展民族工商业，但他们并没有形成一个完整的思想体系。从1894年中日甲午战争至1898年戊戌变法运动是高涨时期。以康、梁为首的改良主义者把改良主义思想推向了高潮，并发展为政治运动。从1898年戊戌变法至1911年辛亥革命运动是没落时期。戊戌变法失败后，康、梁等少数人仍然坚持改良主义路线并对民主革命思想进行攻击，在双方论战中，改良主义思想被击败，影响逐渐缩小。作者的论断并不都准确，但在分析不同时期或同一时期思想家时纵横对比，寻同求异，颇能切中肯綮，找出各自的特征。

系统论述鸦片战争时期社会思潮的是刘大年的《中国近代思想史的一页》（《新建设》1962年第12期）。该文通过对林则徐、黄爵滋、龚自珍、魏源、姚莹、包世臣、张穆等人的研究，指出他们敢于正视现实，揭露批判腐朽的封建制度，主张对列强的侵略进行抵抗，学习西方富国强兵之道。这种思想潮流，成为近代中国人民反帝反封建斗争的发端。作者在文章中还提出资产阶级改良主义思想对封建主义思想的论战、资产阶级革命派对改良派的论战、"五四"前一部分小资产阶级和资产阶级知识分子发起的新文化运动，是近代中国思想解放潮流的三次高潮，它们都是朝着鸦片战争时期社会思潮指出的方向进行的。

第二节 方兴未艾的系统性研究

思想史研究者自身的思想解放，是思想史研究的先决条件。1976年10月粉碎"四人帮"以后，特别是1978年12月中共十一届三中全会的召开，破除了极"左"路线的影响，在解放思想、实事求是的思想路线指引下，史学界开始冲破教条主义的束缚，努力用准确的马克思主义唯物史观来研究历史。近代思想史的研究也呈现出空前的繁荣景象，发表的有关论著可谓目不暇接，研究的深度和广度也是以前无法比拟的。

30年来，近代思想史研究与前一阶段明显不同的是一批系统的中国近代思想史著作的出版。在框架结构上，这些系统的中国近代思想史著作有其发展变化的过程，可以分为三个小段：（1）大致从1978年到20世纪80年代末，有关中国近代思想史的著作，着重于论述思想家的思想，也就是说，其系统主要由思想家构成，下限至1919年五四运动前；（2）从20世纪80年代末到90年代中期，由以人物思想为主，变为以思潮为主，下限也是至1919年五四运动前；（3）20世纪90年代后期以来，近代思想史著述的下限，由1919年五四运动前延伸至1949年中华人民共和国成立前夕。这种变化，从一个侧面反映了近代思想史研究的深化。现将各阶段的研究概况分述于下。

先看1978年至20世纪80年代末。1978年，侯外庐主编的《中国近代哲学史》由人民出版社出版。该书虽名为哲学史，实际重心在思想史（特别是政治思想史），它具有以下几方面的显著特点：第一，注重从哲学角度探求人物思想根源，从根基上把握思想的渊源，说明其思想变化的轨迹。例如，作者在论述魏源的社会政治思想时，从详细剖析魏源朴素唯物主义认识论和历史进化观入手，揭示了魏源主张政治改革和反侵略思想的根源及其局限性，从而使读者对其思想有一个深刻的理解。作者在论述人物的哲学思想时，常从认识论、历史观等多方面深入，避免简单的泛泛而谈。在论及思想家的思想时，作者往往追溯其渊源。如谈到龚自珍思想时，介绍了古代荀况、王充、王安石的唯物主义自然观，指出他们的继承关系。思想家的思想是立足于现实的，但必须从已有的思想材料中汲取养料，说明这种继承关系才能够深入揭示其思想特点。第二，注意揭示每个时期的思想与当时社会历史的有机的本质的联系，比较深刻地说明思想产生的原因，准确把握各个时期思想的特征并作深入细致的剖析。例如，作者认为鸦片战争前社会思潮的特征是经世致用思潮的兴起，鸦片战争后则是反侵略的爱国思潮。前者是一部分先进的地主阶级改革派面临封建社会末世严重的社会危机和民族危机要求救世除弊、改革现状的呼声，而后者则是鸦片战争后少数爱国知识分子总结失败教训思考未来前途的反映。第三，关注近代西方哲学社会思想的输入对中国思想界所产生的影响。书中除分散介绍有关内容外，特别对辛亥革命前后资产阶级唯心主义哲学的输入及其思想影响设立一章，比较详尽地介绍了它们的思想和在国内传播的情形，这些对于全面理解近代思想是必不可少的。作者还注意到把西方近代自然科学介绍到中国的早期科学家如李善兰、徐寿等，论述了这些具有唯物主义倾向的科学家对传统天命观的批判。第四，较全面系统地介绍了近代各时期的落后反动思想，并论述了它们和进步思想的斗争情况。由于这部书是在"文化大革命"后期特殊的政治气候下写作的，对人对事的某些评价现在看来有简单化、不客观之处。但是，它对中国近代思想史研究和系统著作的撰写产生的积极影响，则不应低估。

在《中国近代哲学史》之后出现的系统的近代思想史的著作，大多以政治思想史命名。从20世纪80年代初开始，一批著作陆续出版。比较早的有邵德门的《中国近代政治思想史》（法律出版社1983年版），其后便是桑咸之、林翘翘的《中国近代政治思想史》（中国人民大学出版社1986年版）和与之同名的宝成关的著作（吉林大学出版社1991年版）等，有10余部之多。至于论述近代政治思想和有关人物的政治思想的论文，则数量更大。这些著作揭示了中国近代政治思想发展的历史过程和总的趋势，认为近代政治思想就是对中国传统的封建主义国家观及维护这种国家观的君权神授说和三纲五常伦理道德观念的批判和摒弃，同时也是资产阶级国家观形成发展,并经过实践最终失败的历史。它们的出版对于推进和完善近代思想史的研究起了积极的作用。近代中国政治思想的另一条主线便是反侵略的爱国主义思想。维护国家主权、抵抗外来侵略是关乎国家命运的基本问题,近代任何先进的思想家大都对此提出过主张,并努力进行了实践,但最终都没有能够实现其思想主张。

中国近代政治思想的特点,首先是纷繁复杂。在短短的百余年间走过了欧洲几百年的思想历程,社会政治思想从封建主义跃进到社会主义,各个阶级、各个政治派别纷纷提出自己的政治主张。当思想的主流正汹涌澎湃之时,潜伏的支流也已潺潺流动初现端倪。今日进步思想战线的旗手,明日已沦为落后思想的护兵。有继承传统的,有借鉴外来的,有糅合中西的,政治思想成为异彩缤纷、五光十色的万花筒。其次是肤浅粗糙。近代中国的政治思想基本上是针对迫切的救亡图存的政治问题而提出的。现实斗争的紧迫性没有给思想家们提供足够的条件来构筑他们的理论体系,往往是在解决现实问题的政治方案已经形成之后才去找哲学的支撑点来建立自己的思想体系,这样便不可能形成成熟的完整的思想体系。

多年来,政治思想史的研究范围在逐渐扩大,从主要重视资产阶级扩展到地主阶级改革派和农民阶级,甚至资料甚少的义和团政治思想也受到关注;从占主流的进步政治思想延伸到相当长时期里居于统治地位的落后反动的政治思想。评价也更客观、更实事求是,如对无政府主义,既指出它的消极作用,也肯定它在中国特定的历史条件下,在反对专制主义、批判封建文化、初步介绍马克思主义方面所作的贡献。在写法上,有以派别人物为主的,也有以思潮为主的,有从总体上宏观的论述,也有个案微观的透视。当然,中国近代政治思想史需要探讨的问题还很多,比如在研究对象和范围上就存在较大的分歧,这是要进一步努力解决的。

随着一批近代思想史著作的出版,学术界对研究中国近代思想史的认识进一步深化,提出了一些中肯的意见。金冲及在《中国近代思想史研究中的几个问题》[①]一文中全面阐述了自己的观点,提出应该在四个方面加以突破:(1)把近代各种社会思潮的发展演变和它们之间的相互关系作为

---

① 载《中国文化研究集刊》第1辑,复旦大学出版社1984年版,第265—286页。

重点来研究。（2）在时间上应该重点研究从甲午战争到五四运动的 20 多年，因为这 20 多年是思想浪潮汹涌澎湃的时期。（3）要深入探索中国近代哲学思想和政治思想的关系。他认为，"在长时期内，中国近代进步思想界中占支配地位的哲学思想，一直是唯心主义（特别是主观唯心主义），而不是唯物主义"，"第一个给近代中国提供了比较完备的唯物主义思想体系，并在思想界产生广泛影响的，是严复，特别是他所翻译并加了大量按语的《天演论》"。（4）要研究西方近代社会政治思想和哲学思想的各种重要流派，特别是对中国近代思想界产生重要影响的那些思想流派及其对中国的影响，还要着重研究日本近代思想界对中国的影响，因为当时的日本对中国思想界影响巨大。作者的这些见解正切中当时中国近代思想史研究中存在的问题。例如，过去我们总认为进步的思想家在哲学思想上一般倾向于唯物主义，而唯心主义者在政治思想上必定是落后的，因此在研究先进人物时总是搜寻其唯物主义的成分，而忽略了这其中的复杂性。这些确实是值得深入探讨的课题。

其间，人们对近代思想史进行了多角度的探讨，研究工作深入细致。如汪林茂认为，在近代中国的进步思想潮流中，有四个新旧交替的转折点并各有其代表人物。龚自珍、魏源身处封建社会的大转折时代，发出了"更法""师夷长技以制夷"的呼声，首次冲击了封建统治者顽固死守的陈腐信条，成为近代思想解放潮流的先驱。冯桂芬上续龚、魏之绪，开始突破"三代圣人之法"，更明确地提出中国诸多不如"夷"的地方，进一步具体地表达了学习西方的主张，开启了改良主义的先河。维新派的激进分子唐才常突破改良思想的范畴，在变法运动失败后，开始了武装推翻清朝统治的战斗，但对改良思想却割舍不下。辛亥革命失败后，朱执信的思想开始突破旧三民主义的体系，逐渐接近马克思主义。他们都是特定时期承前启后、继往开来的进步思想的代表人物。这些论断是否都符合客观实际，自可讨论，但毕竟提出了问题，有助于研究的进一步深入。①

1988 年，张锡勤和李华兴的同名著作《中国近代思想史》（黑龙江人民出版社 1988 年版、浙江人民出版社 1988 年版）先后出版。两书都比较

---

① 参见汪林茂《中国近代思想史上的四个转折点》，《求是学刊》1985 年第 5 期。

系统地展现了中国近代思想发展的全貌,既有相同之处,又各具特点:(1)清晰地展示了中国近代思想的脉络和发展趋势,是两书的共同特点。张锡勤认为"推翻帝国主义和封建主义的统治,拯救、改造中国,使中国走向独立富强,使人民摆脱苦难,这是近代中国人民的共同愿望,也是中国近代思想史的主题"。同时,他认为,近代中国思想史的主流是学习西方,输入西方的资本主义文明,并逐渐认识到资本主义无力补救中国,最终接受了马克思主义,走向了社会主义道路。李华兴认为,中国近代思想史的中心是反帝反封建的社会政治思想,中国近代思想界的一个重大课题是向西方学习。经过艰苦的摸索,最后才将信任票投给了马克思主义,这是人民的选择,历史的选择。(2)注重从文化的角度考察思想的变迁。张锡勤认为,近代中国接受西方文明的过程,同时也就是对自身传统文化再认识、再评价,进行清理改造的过程。资产阶级思想家们深入地对比了中西文化的异同,试图改造中国传统的文化心理结构,发动了"道德革命""文学革命""史界革命"。作者对这些方面都做了较细致的评介。李华兴认为,中国人向西方学习经历了文化变迁的三个层次:器物层次—制度层次—思想文化层次。这是一个由表及里,由浅入深,不断深化的过程。近代的思想家和改革家们最终认识到,只有提高民族素质,进行深层次的思想文化变革,才能够推进中国的社会变革。虽然两位作者注意的侧重点不同,但都从文化的深层考察思想的变化。这是以前的几部专著没有顾及的。(3)吸收了新的研究成果。如两书都对洋务运动作了一定的评介,不过二者的观点不尽相同,张著认为近代中国寻找前途出路经历了包括洋务思潮的六种思潮;而李著则认为近代中国有三种先进的社会思潮,其中并不包括洋务思潮。这些都是以前的近代思想史著作所没有的。

再看20世纪80年代末到90年代中期。如果说1978年到80年代末系统的近代思想史著作是以思想家或以思想家为主兼及社会思潮为框架,那么80年代末以后的著作的框架则几乎都是社会思潮。

还在50年代,王忍之等人在文章中即论述了思想家和思潮的关系问题。"文化大革命"后,侯外庐在其《中国近代哲学史》中开始用"社会思潮"来总括某一历史时期的思想,并对某些思潮的特征做了概述。80年代末,金冲及认为中国近代思想史,最重要的是研究各种社会思潮的发展演变和它们之间的相互关系。他认为，由于不同阶级、阶层的人群所处经济地位和社会关系不同，他们的利益也不同，因而在社会上就形成不同的思潮，有主流、支流、潜流和逆流，综合构成一幅极为复杂而丰富的历史图画。尽管社会思潮潮起潮落，但总的趋势是向前发展的。

较早以"思潮"作为书名、论述整个中国近代思想史的专著，是吴剑杰的《中国近代思潮及其演进》（武汉大学出版社1989年版）。作者认为，以往有关中国近代思想史的专著和教材存在着不足，即"依时期、分派别重点地论述各个有代表性的思想家及其代表作，似难以揭示出近代政治思想潮流兴衰替嬗、发展演进的基本线索和规律性"。因此，该书"主要以近代历史上出现的几种进步性思潮，而不再以人物思想为线索"。作者正是以此为主线，论述了鸦片战争时期地主阶级改革派的社会批判、改革思想和爱国维新思想，太平天国农民革命思想，19世纪后半期的洋务思潮，戊戌时期的维新思潮，辛亥革命时期的民主革命思潮，以及资产阶级民主革命思想的低落和马克思主义的传入等。虽然也还存在着只写几种进步思潮是否就能全面反映近代中国思想发展演进的线索和规律性等问题，但这种尝试无疑是有益的。

稍后，吴雁南等主编的《清末社会思潮》（福建人民出版社1990年版）一书问世。书中所述虽然只限于甲午战争后到辛亥革命前一个时段，不是全部中国近代的历史，但中国近代思想史上的重要思潮，多数都包括在内，所涉有爱国主义思潮、变法维新思想、革命民主主义思想、君主立宪思想、教育救国思想、实业救国思想、国粹主义思想、无政府主义思想和早期社会主义思潮等。书中对于思潮的归类，自有其特点，但也有可推敲之处。如爱国主义，它是中国近代思想史的脊梁，贯穿始终，体现于各种思潮之中，单列一类，与其他思潮并列，是否妥帖，似可斟酌。

20世纪90年代中期，以"社会思潮"命名的著作增多。如戚其章的《中国近代社会思潮史》（山东教育出版社1994年版）、胡维革的《中国近代社会思潮研究》（东北师范大学出版社1994年版）、黎仁凯的《近代中国社会思潮》（河北人民出版社1996年版）、高瑞泉主编的《中国近代社会思潮》（华东师范大学出版社1996年版）等。这类著作大多以思潮为线索分类撰述，而于思潮分类也大同小异。这里不可能一一介绍，只以其中在框架上有所不同的两种著作为例。

胡维革的《中国近代社会思潮研究》在结构上有其特色，它不仅限于对近代思潮的依次论述，而且把它们作为近代中国社会思潮的一个重要内容来处理。该书着重探讨了以下几个问题：（1）关于中国近代社会思潮的开端、主线、流程和终结；（2）关于西方文化、传统文化、社会意识、知识分子群体、思想巨人与中国近代社会思潮的关系；（3）关于几种重大社会思潮的起因、内容、演变及影响。这就避免了由依时期、分派别重点论述各个有代表性的思想家及其代表作，而依序论述各个思潮的不足。尽管论述的深度以及有些论断不一定都能得到研究者的认同，但毕竟较只是依序阐述各个思潮为丰满。

高瑞泉主编的《中国近代社会思潮》则是一部专论性著作，书中所收的12篇专论，其内容与上述的一些近代社会思潮史有明显的不同。该书所论的11种思潮是：人道主义思潮、进化论思潮、实证主义思潮、唯意志论思潮、自由主义思潮、文化激进主义思潮、汉宋学术与文化保守主义思潮、无政府主义思潮、民族主义思潮、佛教复兴思潮与中国的近代化、基督教传教与晚清"西学东渐"。比较而言，这些思潮中虽也有政治思潮，但更偏重的是哲学、文化思潮。这可能是因为作者所从事的专业不同，所关注和侧重的方面也难免会有所不同。在11种思潮中没有马克思主义和社会主义思潮，编者在后记中已作了说明，理由似可成立。不过正因为马克思主义在近代中国影响甚大，而在一部研究中国近代社会思潮的著作中却没有它的位置，未尝不是缺陷。还需要提出的是，该书关于中国近代的下限，不是到五四运动，而是到中华人民共和国成立，这也是与上述各种哲学史、政治思想史、思想史、社会思潮史不同的。

五四运动到中华人民共和国成立前的思想史，大多属于政治思想史，如林茂生、王维礼、王桧林主编的《中国现代政治思想史》（黑龙江人民出版社1984年版）和王金铻、李子文著的《中国现代政治思想史》（吉林大学出版社1991年版）。前者1984年出版，是一部较系统地论述中国现代政治思想史的专著。该书认为，在新民主主义革命时期，各阶级、政党、团体及其代表人物政治思想的核心是建国问题，各种建国纲领和方针的提出及它们之间的斗争，构成了中国现代政治思想史的基本内容。

该书从而以大地主大资产阶级、民族资产阶级和无产阶级三种建国理论与主张的相互关系与斗争为基本线索，系统论述了中国现代史上的主要政派及其政治思想。后者是20世纪90年代初出版的。该书改变了通史体例的中国现代政治思想史的写法，按照思想出现的先后，系统地论述了三民主义、新民主主义、自由主义和封建买办法西斯主义四种主要思想。作者的目的是力求将中国现代政治思想的主体分别完整系统地显示出来，并由此进行深层次的研究。这种写法，自有其长处。不过30年间的政治思想错综复杂，一部中国政治思想史只反映几种主要思想，点虽突出，面却较窄。

高军、王桧林、杨树标主编的《中国现代政治思想评要》（华夏出版社1990年版）一书，不以"史"命名而有其特点。该书以纪事本末的编辑体例，论述了从五四运动到中华人民共和国成立的30年间具有影响的20余种政治思想，其中包括中国新民主主义革命理论、中国无政府主义、胡适实用主义、中国空想社会主义、中国基尔特社会主义、孙中山三民主义、国家主义派的政治思想、戴季陶主义、西山会议派的政治思想、中国法西斯主义、国民党改组派的政治思想、第三党政治思想、人权派政治思想、乡村建设派政治思想、中国托派政治思想、汉奸"新民主义"、战国策派政治思想，等等。作者对这种种政治思想不仅阐述其产生、发展的过程，而且作了分析和评价，多有新意。

最后看20世纪90年代后期至21世纪初年的研究。上述诸多关于中国近代思想史的系统著作，除高瑞泉主编的一种外，其下限都止于五四运动。而以"中国现代政治思想史"命名者，则自五四运动到中华人民共和国成立。然而情况也在发生变化，90年代后期以来新出版的关于中国近代思想史的著作，下限则是止于中华人民共和国成立。

吴雁南等主编的《中国近代社会思潮》（湖南教育出版社1998年版），全书共4卷，200多万字，时间跨度从鸦片战争到中华人民共和国成立前一个多世纪，是目前为止篇幅最长、规模最大的系统研究近代社会思潮的专著。其特点主要有：（1）比较系统全面地展示了中国近代社会思潮的多样性、完整性及其演变发展的轨迹，正确地把握了中国近代社会思潮的主流和方向，揭示出救亡图存、振兴中华、改造中国、走近代化道路是近代社会思潮的中心，爱国主义则是这些社会思潮的原动力，而科学社会主义在各种社会思潮中最终取得主导地位。同时也顾及中间和反动的思潮，并把它们同当时的社会环境和民众心理的嬗变联系起来考察。（2）从文化的角度来考察社会思潮。作者认为，近代社会思潮的发展演变，是同中西文化的冲突与融合交织在一起的，只有科学地认识中西文化，才能正确地解决中国文化发展的方向。书中以较多的篇幅来评述文化领域中的思潮与论争，这在其他系统的中国近代思想史著作中是不多见的，其中的神秘主义、非基督教等思想现象更少有人注意。

由彭明、程歗主编的《近代中国的思想历程（1840—1949）》（中国人民大学出版社1999年版）有三个显著特色。首先，作者将思潮看作是由从低到高的认识序列互相联结而成的精神体系，把思想史研究的主轴从人物分析转向更为广阔的群体意识分析。其次，在百年思潮的演进过程问题上，提出了具有新意的划分阶段的见解，认为随着时代主导意识的变化和发展，中国近代思潮先后经历了四个阶段：（1）从鸦片战争到中日甲午战争，是多种改革思潮的萌动时期；（2）从甲午战争到辛亥革命，是对传统思想的否定时期；（3）从五四运动前到20世纪30年代中期，是思想界重新调整思考方向和发生深刻的分化组合的时期；（4）从20世纪30年代中期到中华人民共和国成立，是以毛泽东为代表的中国共产党人的新民主主义思想体系开花结果的时期。上述阶段划分把握是否恰当，当然还可以研究，但此前还不曾有人做过这样明确的叙述，应该说是有进展的。最后，提出了"一部中国近代思潮史，本质上是中国人自我发现、自我觉醒和自我选择民族生存方式的认识史"，这是符合历史实际的，也是颇有新意的。

进入21世纪以来，中国近代思想史在时限上坚持将下限延伸到1949年中华人民共和国成立前夕，而如以前那样用"政治思想史"来涵盖整个近代思想史研究的情况已较为少见，近代思想史研究同时也经历了一个从系统性研究向分时段研究倾斜，继而又趋于恢复系统性研究的过程。

这一时期，系统性研究逐渐恢复，部分论著从各自一面反映了中国近代思想史研究的深化和特色。何兆武等的《中国思想发展史》（湖北人民出版社2007年版）一书，梳理了从先秦到五四运动前夕的中国思想发展脉络，分门别类地论述各个时期每一种思想的继承和发展，体现了中国几千年来思想文化的丰富内涵。该书的特色是除介绍哲学思想和政治思想外，对经济思想、科学思想、史学思想、文学思想以及农民革命思想都作了系统的阐述分析，这是思想史研究的有益尝试。葛兆光的《中国思想史》第2卷（复旦大学出版社2000年版）一书，讨论了7世纪至19世纪中国思想界的最终确立和逐渐瓦解过程。涉及近代思想，该书认为16世纪的中国开始从"天下中心"的朝贡想象逐渐进入"万国"时代，这种知识、思想与信仰世界却渐渐出现了深刻的裂缝，尽管明清嬗代，一度在表面上弥合了这种裂缝，暂时在公众和政治话语层面上重建了同一的思想，但是，这种公与私的领域之间已经分裂的传统，终于在坚船利炮的压力和诱惑中开始瓦解，特别是1895年中国被日本所败，在愤激的心情和屈辱的感觉下，中国开始按照西方的样式追求富强，走上向西转的道路，由此激荡出现代中国思想界的"救亡"与"启蒙"、"民族主义"与"世界主义"、"激进主义"与"保守主义"等种种思想。

分时段研究的成果也不少，如张汝伦的《现代中国思想研究》（上海人民出版社2001年版），汪荣祖的《从传统中求变：晚清思想史研究》（百花洲文艺出版社2002年版），陈哲夫的《二十世纪中国思想史》（山东人民出版社2002年版），王兴业的《中国现代思想文化的发展轨迹》（中国文史出版社2003年版），郑大华的《晚清思想史》（湖南师范大学出版社2005年版）、《民国思想史论》（社会科学文献出版社2006年版），等等。

随着研究的深入，学界对近代思想史研究中存在的问题和可能的发展方向、思想史学科的含义等展开了讨论。过去的近代思想史研究著作，往往只注意分析精英思想家的思想，基本上是近代思想家的思想观念发展史的状况，引发学界打通思想史和社会史、关注思想与社会互动关系的呼声。刘泽华、庞朴撰文认为，思想与社会的互动过程，不是一般的既研究思想又研究社会，也不是思想研究与社会研究的机械相加，而是两者的互动和混成现象。主要包括两方面：一是思想的社会化和社会的思想化过程；二是思想（观念）的社会和社会的思想（观念），重要的是要呈现出

"思想的社会""社会的思想"以及"思想社会化和社会思想化的过程"。①另有学者提出，思想史的学科建设需要处理好三大问题、九大关系：一是学科属性的问题，包含思想史与哲学史、文化史、学术史三大关系；二是价值中立原则的问题，包含事实判断与价值判断、主流话语与非主流话语、思想史与社会演进史三大关系；三是时代精神问题，包含民族主义与世界主义、经验主义与理想主义、传统与现代三大关系。②

对于近代思想史研究的对象和内容，学界主要有两种观点。一种观点认为，思想史研究仍应以精英思想为主，因为思想史研究的主旨是探讨人类思想观念对于人类自身历史的作用和影响，从精英思想的研究出发，可能更容易求得问题的解决，而且历史上真正的"精英思想家"的思想其实包含着一般社会思想，而沉淀于社会习俗、礼仪等方面的一般社会思想，由于其分散性和具有杂质，难以典型地展现一个时代的思想观念与精神风貌。另一种观点主张思想史不仅要研究精英思想，还要扩大到一般社会思想；不仅要研究形而上的"道"，还要研究形而下的"器"；不仅要做"加法"，还可以做"减法"，要研究历史上一度很重要而后来消失的思想观念，必须重视民众思想及其与精英思想间的互动关系。关于思想史研究方法，学者们认为：第一，广泛借鉴其他学科以及西方思想史研究的方法。要从精研学界佳作中领悟其方法，而不是搬用别人的教条和公式。第二，立足于近代中国。研究的主要问题应是中国自身的思想问题，是中国思想在近代的内在结构演变和发展脉络，外部因素只是中国近代思想变动的条件之一，而且必须通过中国社会内部的因应发生作用。第三，应具有开阔的眼界。近代思想是在中国走向世界过程中展开的，应从总体上研究影响近代思想的各种文化条件，除内部的文化条件外，必须把握西方文化观念、文化样式在近代发展变化的基本脉络，必须把握同时在非西方国家尤其是殖民地国家发生的思想、思潮。③

---

① 参见刘泽华《开展思想与社会互动和整体研究》，庞朴《思想与社会的互动》，《历史教学》2001年第8期。

② 参见许苏民《"一位擎着火炬的侍女"——论中国近代思想史学科建设中的三大问题与九大关系》，《南京大学学报》2005年第2期。

③ 参见《中国近代思想史研究方法学术讨论会综述》，《历史研究》2003年第1期。

第三节　繁荣的专题研究

　　从1977年到21世纪初年的第二阶段里，中国近代思想史的研究，除去系统的著作大量出版，取得显著成绩外，对思想家的个案研究和专门思想领域的研究，也有很大的进展。

　　在思想家研究方面，较早较集中地体现于李泽厚的《中国近代思想史论》（人民出版社1979年版）一书。该书着重论述了洪秀全、康有为、谭嗣同、严复、孙中山、章太炎、梁启超、王国维和鲁迅九人的思想，他们在中国近代思想史上都是具有时代代表性的人物。但作者并不只是停留于思想家的个案研究，而是把代表人物和思潮"结合和统一起来论述"，着重论述推动近代中国历史发展的太平天国、改良派、革命派三大思潮。作者认为"不强调从思潮着眼，无法了解个别思想家的地位和意义；不深入剖解主要代表人物，也难以窥见时代思潮所达到的具体深度"，是有见地的。书中所要论述的是从洪秀全到鲁迅，中国近代走向未来的进步浪潮，对与这浪潮相对抗的反动派的思想则没有涉及，只在后记里稍为谈了以曾国藩、张之洞、袁世凯为典型的思想。不能认为作者对此不重视，恰恰相反，作者明确指出中国近代反动派的思想"是同样值得深入研究的"，因为"这个陈旧不堪的意识形态在近代条件下，却极为顽强地通过变换各种方式阻挠着历史行程的前进"。李泽厚的另一著作为《中国现代思想史论》（东方出版社1987年版）。该书主要论述了现代史上一些重要人物的思想，也涉及学术论战、文艺思想等问题。学术界对其中有些论断有较多争议。例如，关于"救亡压倒启蒙"的问题，就有不少学者提出批评。他们认为这种说法不符合近代中国的历史实际，如果从中国近代思想发展的来龙去脉来看，恰恰是救亡引进了启蒙。一次救亡运动的高潮，总是能有力地唤起或促进一次伟大启蒙运动的到来。戊戌维新运动、辛亥革命、五四运动、"一二·九"运动等无不如此。这是中国近代历史上一种带规律性的现象。

　　人物思想研究的论文数量很多，著作也不少。除人物传记涉及思想方面外，专门研究人物思想的也多有出版和发表，在一些重要思想家的研究上取得了重要进展。

关于孙中山三民主义的深入研究一直是重点和热点。蒋大椿的《孙中山民生史观析论》(《中国社会科学》2000年第2期)一文，通过对孙中山民生史观的系统考察，尤其将它与唯物史观进行认真比较后，认为马克思的历史观是唯物辩证的实践史观，民生史观的实质是多元动力的主体进化史观。民生史观基本含义有二：一为民生是历史的重心，表明孙中山对社会历史内容和基本结构的见解，突出了历史主体的人；二为人类求生存是社会进化的定律，表明孙中山对历史发展规律及其动力的认识：社会进化的原动力，一是民生，二是"人类求生存"，三是"民生主义"。

梁启超思想尤其是戊戌后思想发展的研究，取得重大进展。由于梁启超思想的发展与他流亡日本后的经历关系密切，因此，结合中日两方面的材料来探讨梁启超启蒙思想的渊源显然是正道。郑匡民的《梁启超启蒙思想的东学背景》(上海书店出版社2003年版)一书，对梁启超思想与日本思想界的渊源关系作了深入探讨，指出梁启超对近代中国政治、思想、文化、学术均产生重大影响的启蒙思想、新民思想、民权思想、国家主义和国家有机体论等思想，均有日本思想家的影子在其中。梁启超传播西学，通过日本这一中间渠道，因而渗入了不少日本思想家的思想成分，该书厘清和析释这些成分，有助于对梁启超思想更深入和更精确的了解。关于梁启超的思想文化取向，郑师渠的《梁启超与新文化运动》(《近代史研究》2005年第2期)一文指出，梁启超在欧游前与新文化运动相一致，欧游归来则增加了反省现代性的思想支点，与新文化运动原主持者间的关系是求同存异。他坚持反对"科学万能论"，反对全盘否定中国传统文化，主张借助西方科学的精神与方法，重新估价和整理国故，以发展新文化。因此，梁启超由反省现代性归趋于整理国故，仍不失其独立的地位。

章太炎思想一直是学界研究的重点。张昭军的《儒学近代之境——章太炎儒学思想研究》(社会科学文献出版社2002年版)，将章太炎儒学思想置于中国儒学发展历史长河中动态地把握，置于儒学近代转化和中国传统文化近代嬗变的大背景下来讨论，分析了章太炎儒学思想的学术流变、思想本原、演进过程、与儒学近代化的关系及其儒学思想的政治性、时代性和社会性。指出章太炎儒学思想具有自身特点的同时，因近代儒学存在共性，需要把握并客观评价章太炎儒学思想在其思想体系中的位置。史革新的《章太炎社会思想述略》(《史学理论研究》2005年第3期)一文指出，章太炎的社会观固然深受西方社会学思想的影响，但又不为其所囿，而是在自己理解的基础上，融入了进化论、历史学、政治学以及传统儒学、诸子学、佛学等思想内容，形成对人类社会起源、组合、发展、变迁以及批判现实社会、追求理想社会等问题的一整套独特看法。

章士钊是辛亥革命时期较早关注和研究近代民主政治的知名政论家，因倡议"毁党造党"而轰动一时。陈宇翔的《章士钊的政党理念与"毁党造党"说》(《浙江社会科学》2000年第4期)一文，系统总结和分析章士钊的政党主张和理念后指出：注重政党的党纲和推崇英国式的政党内阁制是章士钊政党思想的最大特征，提出"毁党造党"论是他的政党思想发展的逻辑结果，由于近代中国缺少建立民主政治的必备条件，这必定成为无果之花。《甲寅》月刊时期，是章士钊一生思想影响最大的时期，也是他自由主义政治思想的巅峰时期。邹小站的《章士钊〈甲寅〉时期自由主义政治思想评析》(《近代史研究》2000年第1期)一文，剖析、勾画出这一时期章氏自由主义思想的轮廓：以功利主义的理论系统清理国家与个人的关系，批驳专制集权理论；捍卫民主政治的价值，提出调和立国论。他认为，章氏一方面关注国家的强大，另一方面又关注个人的自由权利；一方面认定中国应当走民主政治道路，另一方面又为中国的现实条件所困；既希望中国能够以和平有序的方式实现政治的转型，又在现实的逼迫下承认革命的正当性。因此，章士钊思想上的困惑，在中国自由主义者中具有相当典型的意义。

值得指出的是，"文化大革命"前的人物思想研究注重两点：一是唯物主义与唯心主义的斗争，认为进步的思想家必是唯物主义或倾向于唯物主义的，而唯心主义定是反动、落后者的思想特征；二是以阶级成分决定思想状况。"文化大革命"后纠正了这种片面性和简单化倾向。研究者认为唯心主义在近代进步思想界长期占主导地位，它也是进步思想家进行政治斗争的思想武器。在阶级社会里，由于各自阶级利益的不同，各阶级代表人物的思想主张是不相同的。但仅仅注意及此是不够的，因为同一阶级不同阶层、不同利益集团的思想倾向是不同的，甚至是相互对立的。探求思想家的思想，还必须从其个人的经历、思想渊源等多方面进行考察，既看到共性，也要认识其个性。对于研究人物思想，这些意见是值得注意的。

改革开放以来，中国近代思想史的研究范围空前广泛，各个专门思想领域研究的深度和广度不断拓展，几乎涵盖了近代思想的各个方面。如经济思想有赵靖、易梦虹重新修订的《中国近代经济思想史》（中华书局1980年版）等多种著作，法律思想有张晋藩的《中国近代法律思想史》（中国社会科学出版社1984年版）等，哲学思想有冯契的《中国近代哲学史》（上海人民出版社1989年版），史学思想有胡逢祥、张文建的《中国近代史学思潮与流派》（华东师范大学出版社1991年版），佛学思想有郭朋的《中国近代佛学思想史稿》（巴蜀书社1989年版），军事思想有吴信忠、张云的《中国近代军事思想和军队建设》（军事科学出版社1990年版），新闻思想有胡太春的《中国近代新闻思想史》（山西人民出版社1987年版），文艺思想有叶易的《中国近代文艺思想论稿》（复旦大学出版社1985年版）等。这里不可能一一阐述，仅就几种专题思想史的研究论著加以评介。

熊月之的《中国近代民主思想史》（上海人民出版社1986年版）是近代民主思想研究有代表性的成果。（1）该书所反映的中国近代民主思想内容丰富，比较全面，不仅论述民主政体的思想，还包括一切与专制主义相对立的思想，如自由思想、平等思想、分权思想、法治思想、反对封建纲常的思想、反对作为封建精神支柱的孔子的思想，以及其他各种反对封建专制主义的思想的发生、发展，各自的特点、影响。（2）辨析了古代"民主"（民之主）与近代"民主"（人民的权力）含义的本质区别，以及近代中国"民主"与"民权"的内涵演变。指出中国古代的民主思想重点在反对专制主义，但与近代民主思想有相通之处，是接受西方近代民主思想的历史依据。中国民主思想的直接来源是西方资产阶级民主思想，西方近代民主思想不但否定专制制度，更为近代民主国家和人民权利描绘了蓝图。（3）全面考察了近代资产阶级民主思想的演进历程，认为它经历了酝酿（鸦片战争前夜）、产生（19世纪70年代后）、发展（甲午战争后）、成熟（20世纪最初10年）和转变（民国成立后到五四运动）五大阶段，其间又经过了民主共和与君主立宪四个交替否定的过程，反映了中国人民对民主由浅入深、由表及里的思想认识路径。在此基础上揭示出了中国近代民主思想发展的内在规律及其特点。作者认为，近代中国最早是从御侮强国的目的出发而采用西方议会制度的，它较民族资本主义的进程超前出现。这样便使近代民主思想带有明显的实用主义特点，影响了对西方近代民主思想的完整理解和系统吸收，对于看似与救国没有直接联系的自由平等思想则相对冷落。正因为如此，新文化运动时更高地举起了民主的大旗，而只有中国共产党才能在中国建立真正的社会主义民主，并将使民主制度进一步趋于完善。尽管书中的某些论断未必能为研究者所认同，但不可否认，这是一部在认真研究基础上撰写的有独到之处的学术专著。

而耿云志等的《西方民主在近代中国》（中国青年出版社2003年版）一书，则是21世纪初年研究近代中国民主思想的代表作。（1）该书从思想和制度、认识和实践两大视角切入，考察自从中国的先进分子睁眼看世界开始，为改变中国落后的君主专制制度，力求在中国建立某种西方式的民主制度（包括立宪君主制和共和制）所作的种种努力和尝试。（2）该书对自鸦片战争以来中国人民主认识的发展历程，对西方民主思想和民主政体引入中国，在中国的发展、演变和尝试的历史进程作了系统考察。（3）该书根据对中国近代民主政治认识与实践两方面的考察，认为近代中国民主化进程的最大特点是，近代中国对民主政治的认识与实践并不同步，存在一个奇特的悖论。

近代民族主义思想的研究专著有唐文权的《觉醒与迷误：中国近代民族主义思潮研究》（上海人民出版社1993年版）、陶绪的《晚清民族主义思潮》（人民出版社1995年版）和罗福惠主编的《中国民族主义思想论稿》（华中师范大学出版社1996年版）等。中华民族是具有悠久历史和灿烂文化的民族，很早便形成了深厚的民族主义传统。在历史上，传统的民族主义思想在促进国内以汉族为主体各民族的融合和团结，积极开展对外交流和扩大国际影响等方面都产生过重要的影响。其中的爱国主义思想、反抗外来侵略的思想等是数十年来的民族优良传统。对于中国传统民族主义思想的形成、特点以及它存在的缺陷，各书都作了一定的探讨，对传统民族主义的特点和缺点有比较一致的看法。在近代中国，传统民族主义思想受到前所未有的挑战，发生了重要变化。陶绪在书中考察了传统民族观念中华夏文化中心的地理观念、华夏文化优越观念、羁縻怀柔观念、"夷夏之辨"观念及其在晚清的变化，比较系统地阐述了传统民族观念中有的内容因不适应社会和时代的要求而被淘汰，有的内容在新的历史条件下发生了很大变化。这种新的近代民族意识为19世纪末20世纪初民族主义思潮的形成准备了条件。晚清民族主义思潮的重要来源是西方近代民族主义思想，直接原因是中国民族危机的加剧和资本主义发展的需要。资产阶级民族主义思想是晚清民族主义思潮的主流，改良派以满汉合一为特征和革命派以排满革命为特征的不同民族观及其争论对民族民主革命产生了重大的影响。当然，民族主义思想在其他阶级、阶层也有表现，罗福惠在书中论述了太平天国运动、反洋教斗争和义和团运动中中国乡村民众民族意识的觉醒，以及对近代民族斗争的巨大影响。虽然他们限于阶级地位和认识水平不可能找到民族解放的正确道路，但却是中华民族争取民族独立的重要力量。唐文权则提出，中国近代民族主义思想不仅是政治的，而且还有经济的和文化的民族主义思想。这就拓展了民族主义思想研究的范围。

21世纪之初，又有罗志田《乱世潜流：民族主义与民国政治》（上海古籍出版社2001年版）一书面世。他以近代民族主义发展为切入点，分析了民国初年的思想与政治互相呼应、渗透、相互作用的状况，指出近代民族主义的反抗与建设两面实际是相辅相成而不可分割的，在抵御外侮的反帝运动中各政治力量对民族主义有加以政治运动的策略，同时，民国初年中国权势结构中外国在华存在有着实际和隐约的控制力量，意味着中国民族主义对外的一面与实际政治运作的关联密切。21世纪以来，近代民族主义研究的论文数量较多。耿云志的《中国近代思想史上的民族主义》一文指出：民族和民族主义的客观性和历史合理性不能否定。近代民族主要包括以下几个因素：长期共同活动的地域，历史上形成的共同文化，长期紧密联系的经济生活、政治生活、文化生活所造成的国家认同。近代民族主义的发展大体经历了三个层次：一是鸦片战争前后，中国人尚未摆脱"华夷之辨"的古代民族观念；二是在西方列强侵略的刺激下，近代中国的民族主义迅速发展起来；三是到20世纪20年代初，中国民族主义增加了为争取民族平等的世界新秩序而奋争的新内容。一定要注意民族主义的表现形式，肯定健全的民族主义、理性的民族主义，反对民族虚无主义、民族沙文主义；既反对崇洋媚外，又反对盲目排外。李文海的《对"民族主义"要作具体的历史的分析》一文认为，民族主义是以民族权益和民族感情为核心内容的一种政治观念、政治目标和政治追求，是一个历史的范畴，不同的历史时期、不同的历史人物及不同的政治派别，民族主义的内容、作用会有很大的差异，对民族主义要作具体的历史的分析。在近代中国，民族主义主要起着积极的作用，同时也不能忽视其消极的作用和影响。①

近代中国的无政府主义思潮，是改革开放后较受研究者关注的一个课题，因而发表的成果也较多。在那些系统的中国近代政治思想史、社会思潮史中，差不多都辟有专章论述这一思潮。此外，还出版了 4 部专门研究无政府主义思潮的著作：徐善广、柳剑平的《中国无政府主义史》（湖北人民出版社 1989 年版），路哲的《中国无政府主义史稿》（福建人民出版社 1990 年版），蒋俊、李兴芝的《中国近代的无政府主义思潮》（山东人民出版社 1991 年版），汤庭芬的《中国无政府主义研究》（法律出版社 1991 年版）。它们在对中国近代无政府主义思潮发展线索的认识上虽稍有差别，但基本上是一致的，即认为 19 世纪末 20 世纪初为传入时期，1907 年至五四运动前后为形成、发展时期，1923 年到 1941 年为破灭时期。其中蒋俊、李兴芝的著作就是按照无政府主义思想从传入到尾声的发展变化线索顺序撰述的，脉络清晰，比较系统。作者认为，中国无政府主义，主要是一个以小资产阶级社会主义与民主主义相结合为特点的思想派别，它不仅提出了防止资本主义的口号，而且还发表了一定的反封建和要求民主的言论，在不同历史时期有着不同的作用，不能简单地否定。这种以历史事实为依据，坚持实事求是原则的态度，是可取的。而汤庭芬的著作则横向分析解剖中国的无政府主义，具有明显的专题性研究性质，如关于中国无政府主义的兴起与破灭、思想内容、形成的历史条件、思想来源，以及与资产阶级革命派、与马克思主义的关系等问题都逐一做了较为深入的探

---

① 以上两文均载《史学月刊》2006 年第 6 期。

讨，提出了自己的见解。这几部著作都是在20世纪80年代末以后出版的，此前已有一批研究中国无政府主义的有学术价值的论文发表，如胡绳武、金冲及的《二十世纪初年的中国无政府主义思潮》（湖南人民出版社1983年版），杨天石、王学庄的《同盟会的分裂与光复会的重建》（《近代史研究》1979年第1期），张磊、余炎光的《论刘师复》[①] 等。这些研究，有助于后来专门研究的深入和专著的出版。

近代伦理思想史成为一门独立的学科是20世纪80年代以后的事，它是从哲学史中分离出来的。较早的近代伦理思想史专著是张锡勤等撰的《中国近现代伦理思想史》（黑龙江人民出版社1984年版）、徐顺教等主编的《中国近代伦理思想研究》（华东师范大学出版社1993年版）和张岂之、陈国庆的《近代伦理思想的变迁》（中华书局1993年版）。前二书着重于人物伦理思想研究，所论包括新民主主义革命时期资产阶级和无产阶级人物的伦理思想。后一书的下限至五四运动，在体例上有所突破，兼顾对社会伦理思潮和著名思想家的论述。作者对近代伦理思想发展的脉络做了清晰的阐述，明确提出中国近代伦理思想产生于洋务运动，在戊戌维新、辛亥革命、五四新文化运动的历史进程中发展，并认为，"近代中国始终没有建立起兼采中西伦理道德精华的、具有中国特色的伦理思想体系。而且由于民族生死存亡始终为最急迫的问题，这就决定了伦理思想的建设不能成为主题"。书中还就一些理论性较强、难度较大的问题提出了自己的见解。例如，在中国旧的、封建主义伦理道德中，哪些是具有封建性的糟粕，哪些是具有生命力的珍品，我们应当如何有选择地加以继承；中国近代许多著名思想家的伦理思想，都有一个从对传统伦理道德的离异或悖逆到回归或倒退的发展变化过程，为什么会出现这种情形；事实证明，中国传统伦理道德不能全部用来振兴民族精神，完全照搬西方的伦理道德也不能适应中国近代国情，那么，中国近代以来的伦理道德思想体系应当如何建构，它应当是怎样的理论形态，中国传统伦理道德与西方近代伦理学说中的精品怎样结合，等等。这些问题的确都值得探讨，它的提出对于近代伦理思想以至近代思想史的深入研究都是有助、有益的。

---

① 载《近代中国人物》（一），中国社会科学出版社1983年版。

近代学术思想史研究的兴起稍晚于近代伦理思想史，但成绩却颇为可观，近代理学思想研究是其中较为突出的领域。如龚书铎等的《清代理学史》（广东教育出版社 2007 年版），对有清一代理学思想的发展演变作了系统梳理。（1）将清代理学发展演变的历史分为三个阶段：第一阶段历经顺治、康熙、雍正三朝；第二阶段为乾隆、嘉庆及于道光中叶；第三阶段从道光中叶开始，历经咸丰、同治、光绪朝，至宣统三年止。（2）总结清代理学的特点是：无主峰可指，无大脉络可寻；学理无创新，重在道德规范；宋学与汉学既互相贬抑又兼采并蓄；宗理学者对西学的抵拒与接纳。（3）该书对有清一代理学兴衰变化的脉络，主要思想家的理学思想，以及理学内部宗程朱与宗陆王者的辩驳、调和、消长，清代理学较之宋明理学的特点等，皆做了切实有据的考辨、梳理和分析。此外，史革新的《晚清理学研究》（商务印书馆 2007 年版），张晨怡的《清咸丰年间湖湘理学群体研究》（中央民族大学 2007 年版），张昭军的《晚清民初的理学与经学》（商务印书馆 2008 年版）等，均有深入研究。

关于近代学术思想转型的研究，有一些值得注意的现象。王汎森的《从经学到史学的过渡——廖平与蒙文通的例子》（《历史研究》2005 年第 2 期）一文，以廖平与蒙文通师生之间的学术承传为例，考察近代学术研究从经学向史学转变的进路。认为，蒙文通的"古史多元论""大势变迁论"都牵涉到近代从经学向史学过渡的复杂学术背景，加之受廖平的"经学系统不是一个完整的有机体"观念的影响，于是在近代"经"与"史"地位发生激烈转变的学术背景下，开始用历史的思维处理廖平以经学思维提出的问题。刘巍的《〈教学通义〉与康有为的早期经学路向及其转向》（《历史研究》2005 年第 4 期）一文，以《教学通义》为切入点，考察康有为经学思想的演变及其原因。认为《教学通义》所反映出来的，实际上是一种基于经世理念的古今兼用的趋向，上书活动的失败，使康有为经学思想发生转变，调整了得君行道的上行路线，开辟了以匹夫自任"合民权"以保国、保种、保教的新的理论与策略，与这种思想相表里的是对孔子的重新诠释与今文经学立场的确立。桑兵的《从眼光向下回到历史现场——社会学人类学对近代中国的影响》（《中国社会科学》2005 年第 1 期）一文，考察了清末和民国时期西方社会学、人类学对中国史学产生的巨大影响，以及晚清民国史学的转向问题。指出，清季知识人提出民史的概念，并认识到用西方新起的考古学与社会学来弥补远古历史不足之重要，经过民国学人的探索，史学的"眼光向下"和社会学、人类学的重心下移合流，使民史的重建渐具雏形。但也产生了一些令史家困惑的倾向，其中重要的一点，便是史学以史料为依据，而考古学与人类学基本没有自己的文献记录，都强调实地作业，要解决此一困惑，就要"回到历史现场"。关于中国近代学术变迁的趋向问题，麻天祥在《变徵协奏曲——中国近代学术统论》(《湖南师范大学社会科学学报》2000年第2期)一文认为，在中西两种文化的冲突中，百余年来中国近代学术变迁的基本特征是：变与合。其内容包括三个方面：如何评价传统，怎样引介西方，建设什么样的未来文化。对传统的重新评价，是中国近代学术变迁的依据和核心内容；有选择地引介外来学说是变的条件；对中国文化未来的建设则是变的结果。其主要途径是：以复古为形式，以创新为内容，以中西文化比较为方法，中西互补，古今合和，建设求真而又致用的近代学术，形成了近代学术的新格局。

晚清时期，一个引人注目的学术现象，就是中国传统学术门类发生了分化，出现了现代性质的学术分科，并初步建立了现代意义上的学术门类。左玉河的《从四部之学到七科之学——学术分科与近代中国知识系统之创建》(上海书店出版社2004年版)一书，从考察晚清学术分科观念及分科方案入手，揭示了传统学术向现代学术转变的历史轨迹：从"四部之学"向"七科之学"转变，是中国传统学术向现代学术形态转变的重要标志之一；传统学术的现代化与西方学术的中国化，是中国传统学术向现代转型的关键。

近代自由主义和保守主义研究一直是近代思想史研究的一个热点。关于"问题与主义"之争，有论者认为，胡适等新文化人有意区分"问题与主义"的起因，主要是针对当时主导北京政权的安福系。因为当时的安福系也将社会主义与无政府主义等"主义"作为其研究对象。在胡适看来，既然"主义"方面大家不太分得出彼此，那么研究具体问题或不失为一种选择。有些后来以为冲突的观念，对当时当地的当事人而言，未必就那样对立，反有相通之处。至于中国问题是局部解决还是整体解决的问题，则涉及更为宽广的面相，支持者和反对者的社会构成和具体思路都相当复杂，难以用简单的二分法加以涵盖，当时中国的"马克思主义者"和"自由主义者"群体尚在形成之中，各自皆难得出系统一致的看法。[1]《独立评论》是影响很大的自由主义刊物。章清的《"学术社会"的建构与知识分子的"权势网络"》(《历史研究》2002年第4期) 一文，从传统的"士"向近代"知识分子"转型的角度，考察认为20世纪30年代《独立评论》所聚集的一群学人，其学术活动及介入公共事务所形成的"权势网络"，表明读书人力图通过重建知识的庄严，重新确立读书人在现代社会的位置；但在此过程中，知识分子衍生的"精英意识"，筑起了一张公开的与潜在的"权势网络"，他们打通了上层的渠道，却失去了"人民性"，导致读书人新的角色与身份具有很强的"依附性"。

李细珠《晚清保守主义思想的原型——倭仁研究》(社会科学文献出版社2000年版) 一书指出，"近代中国保守思想"是中国传统文化对西学东渐挑战的抗拒性回应，与近代中国"向西方学习"的进步思潮相比，是一种具体表现为更多地维护传统文化而反对引进西方文化的文化心态或思想取向。该书以倭仁为中心，以近代中西思想文化关系为背景，从中国本土思想传统中，探寻近代中国思想的渊源和流变。此外，研究保守主义的论著还有李世涛的《知识分子立场——激进与保守之间的动荡》(时代文艺出版社2000年版)、喻大华的《晚清文化保守主义思潮研究》(人民出版社2001年版)，等等。

作为新中国近代思想史研究的重点之一的马克思主义和新民主主义理论研究，这时也有了新的探索。学者们开始注意将马克思主义与其他社会思潮结合起来考察。如张太原的《自由主义与马克思主义：〈独立评论〉对中国共产党的态度》(《历史研究》2002年第4期) 一文认为，《独立评论》对中国共产党的评论，使原本同属于"新思潮阵营"的自由主义者和马克思主义者，经过一个既争论又合作的时期后，双方走向截然不同的道路。到20世纪30年代由于受社会主义及学习苏俄潮流的影响，自由主义

---

[1] 参见罗志田《因相近而区分："问题与主义"之争再认识之一》，《近代史研究》2005年第2期；《整体改造与点滴改造："问题与主义"之争再认识之二》，《历史研究》2005年第5期。

者对中国共产党的思想态度发生了很大变化。该刊对中国共产党的态度有明显的二重性：在特定的语境中，中国共产党有"同情和赞许"的一面；同时从民族主义和自由主义立场出发，中国共产党又有着"批判和反对"的一面。在逐渐形成两大政治势力对立的中国，随着各自势力的消长，前者可能使该刊周围的一些自由知识分子向"左转"，同中国共产党进行某些合作；后者可能使他们向"右走"，投入国民党政府。郑大华、谭庆辉的《20世纪30年代初中国知识界的社会主义思潮》(《近代史研究》2008年第3期）一文，考察了20世纪30年代初中国知识界的社会主义思潮，认为其兴起的直接诱因是1929—1933年资本主义世界的经济政治危机、资本主义国家加强对华经济掠夺，导致资本主义吸引力日益削弱；社会主义国家苏联第一个五年计划取得辉煌成绩，社会主义的魅力迅速彰显；以及日本侵略导致民族危机陡然增加。这一思潮在苏联完成"一五计划"和欧美经济危机最严重的1932—1933年间达到高潮，其后逐渐趋于低落，并最终被掩盖于抗日战争的浪潮之下，包括热谈苏联和社会主义、探讨苏联"一五计划"成功的原因以及追求社会主义三个既有联系而内涵各有不同的层次。与"五四"时期的社会主义思潮相比，30年代初的社会主义思潮带有浓厚的计划经济气息和缺少理论建树两个显著特点。

对于新民主主义理论，以往的研究偏重于对新民主主义革命时期新民主主义理论的分析和评判，而较少关注1949年以后新民主主义理论的发展与放弃问题，尤其没有将该理论如何创制、发展及放弃的机缘给予系统的评判。王智等的《新民主主义理论的创制与放弃》(《党的文献》2000年第1期）一文，考察了新民主主义理论孕育、形成、发展和放弃的完整过程，认为该理论的过早放弃，使得发展商品经济、吸取资本主义积极成果的奠基工作仓促收场。还有学者将新民主主义理论与现代化思潮联系起来考察。张勇在《新民主主义理论与三四十年代关于中国现代化的争论》(《中共党史研究》2000年第2期）一文中认为，新民主主义理论是中国由被动现代化转为主动现代化时期的指导理论。要科学地描述新民主主义理论的发展轨迹，必须将其放在当时的社会历史条件下，与其他现代化思潮一起加以分析和考察。在吸收和批判其他现代化思潮的基础上，新民主主义理论变得更加丰富和完善。当然，由于受到同样的社会历史条件的限制,新民主主义理论又不能不具有当时中国现代化思潮的一般特征。

关于其他社会思想的研究。对于战国策派思潮,此前学界多持否定态度,视其为"反动的鼓吹法西斯主义的思潮",江沛的《战国策派思潮研究》(天津人民出版社2001年版)一书对这种定位提出质疑。该书对这一思潮进行了全面、系统的整理,力求完整地厘清该思潮的思想主张及其价值。该书对战国策派的基本定性、对文化形态史观的评价、对其传统政治批判与现实政治关系、关于"民族意识"的倡导、围绕《野玫瑰》展开的批判等问题,都提出了不同的见解,认为该思潮突出了近代以来知识群体的社会功能,"文化形态史观"是主张在吸收西方文化的前提下,充分保持中国文化的独立性和民族性,绝非因循守旧。

过去未引起人们注意的计划经济思潮、反现代化思潮、重农思潮也进入了学者们的研究视野。黄岭峻的《30—40年代中国思想界的"计划经济"思潮》(《近代史研究》2000年第2期)一文,对20世纪30年代初期以后在中国思想界出现的颇有影响的"计划经济"思潮产生的背景、过程、主要内容及其影响作了比较详细的考察,认为该思潮的倡导者既有国民党上层人物,也有自由派知识分子,他们均试图以政府干涉的办法,避免出现严重的经济危机和尖锐的社会矛盾,把"计划经济"视为人类社会的必由之路。这一思潮导致其后政治上"大政府小社会"的格局,也引起人们对于计划经济与其赖以实现的政治条件的思考:计划经济必须与民主政治结合,才能真正推进社会生产的发展。

西方发达国家的现代化带来了巨大的物质文明,同时也造成资源浪费、环境污染、生态破坏以及经济震荡、道德沦丧、精神枯萎等弊病,东方国家由此在20世纪上半叶出现了反现代化的思潮,梁漱溟和甘地是中印两国的突出代表。陈辉宗的《梁漱溟与甘地现代化思想之比较》(《新东方》2000年第7期)一文,比较了梁漱溟与甘地现代化思想的异同,认为在排斥现代工业文明,批判西方文化,提倡本国文化,主张乡村重建方面,他们的基本观点是一致的,但也存在一定的区别,梁不像甘那样排斥工业化,在乡村重建的经济方面,梁主张"中道",既不排斥工业化,但又反对过度工业化,提倡分散、中小规模的工业化。

近代以降,现代化潮流推动着中国社会经济形态的转型,推动着国人思想观念的变革。赵泉民的《论晚清重农思潮》(《社会科学研究》2000年第6期)一文认为，自1860年后，随着新型工业的创建、对外贸易的发展、商品经济的勃兴、市场的拓展，有识之士在倡导"重商"的同时，逐渐认识到农业对工商业的支助作用，因而形成了新形势下的"农本意识"，并企图通过创办农务学堂、刊农报、设农会、讲农政、派遣留学生、广译西方农书等方式来推动农业的转型。他指出，这种重农思潮与兴农实践对于改造传统农业，促进中国社会的技术化、细密化、专门化发展起到了一定的作用。

第四节　几点思考

1949—2009年间，尤其是改革开放30年间，中国近代思想史研究取得的成绩，是20世纪前50年所无法比拟的。也可以说，中国近代思想史是在中华人民共和国成立后才真正建立起来，并不断地发展的。根据对60年中国近代思想史的简略回顾，在此提出如下几点思考。

第一，60年间，中国近代思想史的研究，从系统性著作发展的情况来看，经历了由按时期依序论述思想家及其代表作到主要按思潮分类论述，由思想史或政治思想史到社会思潮史的变化。这是一个明显的变化，有了突破，但是，也还不能说中国近代思想史的体例结构就已经完善了。因为以思潮为序与按思想家排列存在着类似的局限，民间思想很少或没有得到足够的反映。而且还给我们提出了一个问题：思想史、政治思想史、社会思潮史之间是什么关系，它们是相同还是不同？

顾名思义，思想史的内容广泛，应包括政治、经济、文化等各方面的思想，政治思想只是其中的一个方面，而社会思潮或社会思想不应等同于政治思想，它只是思想史中的一个方面。不过就现已出版的著作而言，三者并没有多大区别，主要都是写政治思想。中国近代社会是半殖民地半封建社会，面临着被瓜分、亡国的危机，民族独立和人民解放是时代的主题，政治思想突出是不奇怪的。但是突出不是唯一，它不能涵盖全部思想史。中国近代思想史的研究范围是什么，意见也不一致。例如，有的研究者认为，中国近代思想史是研究这个时期各种思想观念（尤其是社会政治思想）新陈代谢的历史过程及其规律性。看来这还需要加以探讨。

第二，20世纪90年代以来出版的关于中国近代思想史的著作，几乎都以"社会思潮"命名，但什么是社会思潮，研究者的说法也不一样。例如，有的研究者认为，所谓社会思潮，就是某一时期内，在某一阶层、阶级或整个民族中反映当时社会政治、经济情况而又有较大影响的思想潮流；而有的研究者则认为，中国近代社会思潮是指发生在中国社会的带有资本主义倾向和性质的思潮。这两种说法，存在着明显的不同。这里还牵涉到与社会学的关系问题。例如关于中国社会思想史研究的范围，有的学者是这样界定的："中国社会思想史是研究中国人在社会生产和生活实践中所形成的关于社会生活、社会问题、社会模式的观点、构想或理论发生、发展、继承和相互碰撞与融和的内在历史过程及其特点与规律的社会学分支学科。"[①] 这个定义，跟前两种关于社会思潮的界定也不一样。就中国近代社会思潮的研究来说，它的范围是什么也是值得探讨的。

第三，60年间，尤其是改革开放30年间，近代思想史研究取得了一些令人瞩目的成绩，但也有着明显不足：如研究者的素质仍有待提高。历史和历史人物是客观存在的，而研究者却都有其主观观念，要做到实事求是、准确地评析人物的思想并不容易。由于依据的主要文献是历史人物留下的文集，加上研究过程中容易产生偏爱，好的思想加以拔高，不好的思想则为之开脱、辩解，这种状况应力求避免。而思想史研究又需要多方面的学术训练，尤其需要较高的理论思维能力，不仅忠实地对待所有的思想资料，而且还能对一些重大理论问题进行有深度和说服力的分析论述。再如，一些研究者还常常片面追求新见解、新理念和新方法，而不愿做深入扎实的研究，往往以呼应海外某些时髦理论以自重，只是套用海外的所谓新方法和新理念进行简单的模仿，将历史学变成了解释学，思想史成了个人阐述自己思想的窗口，并不能真正对近代思想发展的历程有所增益，导致思想史研究领域难以见到真正质量高、影响大的成果。

第四，结合学界对中国近代思想史研究发展趋势的思考，似应注意以

---

① 《专家学者研讨中国社会思想史》，《光明日报》1999年3月26日。

下几点：一是进一步加强跨学科研究和比较研究，尤其是思想史与文化史、社会史、政治史结合；将一定时期的思想人物放入当时的社会文化大背景下进行分析，将思想人物与同时代的其他思想家（包括国外思想家）做横向的比较研究。二是社会思潮史研究和人物思想研究仍将十分活跃，并且会越来越具体，越来越深入；对思想人物的个案研究，仍会吸引更多研究者的注意。三是近代政治思想史研究在短时间内难有大的突破，而文化思想史的研究会趋于深入，晚清和民国学术思想史的研究已成为人们关注的热点，这一趋向将会更加明显；将有更多的学术人物进入研究者的研究视野。四是近代中国思想史上的重大思想观念，如民主观念、科学观念、进化观念、自治观念等都将继续展开讨论，并有可能取得新的进展。

第 八 章

文 化 史

　　20世纪从80年代伊始，在中国的学术理论界最引人注目的现象是，文化研究的遽然复兴。这是包括文化史、文化理论、文化建设与展望等一系列重大文化课题的研究性热潮。高等学府、科研机构、民间社团纷纷以文化研究为热点，城镇、企业、校园、街道以关注文化建设为时尚，其参加人数之众、讨论议题之多、发表论著之丰，不仅是中华人民共和国成立以来所未有，在世界史上也不多见。文化研究已超越传统的文史领域，日益成为当代中国学术研究、文艺实践、社会主义精神文明建设，乃至社会变革思潮的一个重要组成部分。

　　文化研究曾经在20世纪20年代"五四"前后兴盛于一时，对某些问题的论战延续了二三十年，50年代在内地悄然消退，沉寂30年之久。到20年代到80年代，这两次文化热潮相距六七十年，讨论的课题又相近、相似、重叠、交错，论题中的某些意向还可追溯到鸦片战争后第一批睁眼看世界的先进知识分子的求索。然而100多年来的历史进程表明，这又不是简单的重复和延伸。100多年来的中国历经沧桑，社会面貌发生翻天覆地的变化，使20世纪末和21世纪初的文化研究成果无论从数量上还是深度的开掘方面，都具有前人所不及的广度和力度。

　　目前要对近代文化史研究中涌动的社会思潮作总体性评价，不尽相宜，但它在学术上提出的课题，反复的论证，不同意见的争鸣，却历历在案。本章试图从学术上作一评述，为的是将纷争的诸多见解稍作整理，以留给读者更多的思索。

第一节　从历史反思发端的文化热

五四新文化运动，是中国第一次文化研究的热潮，20世纪30年代国难当头之际，政治、军事的动荡并未使文化研究萧条。1949年内地进入和平建设时期之后，文化研究却遽然冷落，从20世纪50年代到80年代前期，全国没有一所大学设置文化史课程，更没有一所专业的文化史研究机构。虽然就文化史的局部来说也不乏建树和发展，考古发掘、文化资料的积累和整理也相当丰富，但是作为最能代表文化史研究水平的综合性专著几乎绝迹，据80年代初出版的《中国文化史研究书目》[①]所见，大陆从1949年后的30年间出版的有关文化史的综合研究著作，仅有蔡尚思的《中国文化史要论》一本，基本上还是书目评介。毛泽东早在1941年就倡议编写近百年文化史，积40年之久无人问津，文化史的学科建设的长期断档，是不争的事实。

1949年后，内地理论界确立历史是阶级斗争史的观念，这对不承认阶级斗争的旧史学是一场革命性的变革，正因为如此，它吸引了众多学者的研究热情。但是把几千年的文明史全部归结为阶级斗争史，导致阶级斗争的绝对化，把影响历史的文化因素摒弃在视野以外，或者当作唯心主义的文化史观加以鞭挞，这不能不导致复杂现象的简单化。以政治、经济的发展代替文化研究，尤其是以思想史取代文化史成为普遍性的倾向。以文化革命为旗号的"十年浩劫"，几乎扫荡了一切文化遗产，接踵而至的评法批儒运动又扭曲了中国传统文化发展的源流。人们对马克思主义教条式的信奉，对社会主义不切实际的设想，向西方封闭的社会环境，自以为新中国早已解决一切文化问题，无须再从文化上反思，文化研究也就失去了生机。

再从学科建设上来说，文化史本是历史学和文化学交叉的综合性学科，

[①] 中国社会科学院近代史研究所文化史研究室编：《中国文化史研究书目》，北京史学会1984年印行。

它是在近代中国形成的新兴的学术领域，兼有与社会史共生的特点。新中国诞生后由于极"左"思潮的影响，社会学作为资产阶级的伪科学遭到取缔，导致社会史的衰落。与此相似的是，文化学被取消，文化史也受到株连。理论指导的失误，学科建设的偏颇，直接导致文化史研究的中断。

可见，文化研究的盛衰同极"左"思潮的肆虐和国家命运息息相关。国家命运的转机，自然也就成为文化研究的转折。对十年浩劫的反省和对国情的重新思考，是激起人们进行文化反思的第一动因。

1980年初夏，《光明日报》编辑部召开首都理论界座谈会，与会者痛切地指出，我们是从半封建、半殖民地国家进入社会主义的，在这样的国家，建设现代化的社会主义中国，不仅要反对封建主义残余，全党还必须大兴调查研究之风，重新认识国情和世界，逐步探索一条取得胜利的道路。次年2月13日编辑部又一次组织《认真研究中国的国情》笔谈，再次召唤理论工作者深入研究国情。这是由否定十年"文化大革命"而启动的对中国现状和历史的重新思考，由此进入对中国文化传统再认识的领域，从而兴起了研究中国文化的热潮。

与以往学术纷争不同的是，这股文化热具有自发性，人们对文化问题的热衷，不是出于行政指令或某个人的召唤，而是基于活生生的现实感受，探索中国文化的盛衰和出路，并形成群众性的热潮。它的发展进程，也反映了文化自身运行的规律。

文学是最先进入文化思考的一翼。20世纪70年代末，拨乱反正的最初时期，即有一批文学作品敏锐地反省了重大的社会课题，《伤痕》《班主任》《公开的情书》联袂而出，引起轰动和争议。如果说《伤痕》是对十年浩劫摧残人性的觉醒，那么《班主任》则是对中华人民共和国成立以来"左倾"路线戕害少年心智的拦击。《公开的情书》对沿袭数千年的伦理观念提出了挑战。这些作品来自人民的大海，从作者来说都不是专业作家，甚至也不是以艺术技巧取胜，但它又以深厚的生活气息和强烈的时代精神，引起人民群众的共鸣。这些作品的根本思想内容，是对极"左"政治造成各种创伤的揭露，以及对极"左"表现的历史渊源和封建残余的反思。人们把新时期文学的第一浪潮概括为"伤痕文学"，或是识破欺骗后的"觉醒文学"，这里有着广大民众的爱恨、悲愤、呐喊和抗争。虽然这一系列的作品，有各种档次，有的作品也遭到各种非议，但都不足以掩盖它的主流。重要的是它的社会和文化意义，从观念形态上突破禁区，触动十年、三十年、几千年奉为正统或先进的文化楷模，从对现实的政治的批判，进入历史文化的反省。随后而起的文化小说、寻根小说等都带有文化反思性，受到民众的欢迎。文化热，可以说是从文学界洞开先声。

自然科学界率先从文化传统的领域反思近代中国科学落后的原因。1982年10月，中国科学院《自然辩证法通讯》杂志社在成都召开"中国近代科学落后原因"学术讨论会，提出从文化传统探索近代中国科学为什么落后的命题。这是一个历经科学家们酝酿而从未诉诸公众讨论的问题。与会者认为，在中国的科学技术成果中，80%以上是技术成果，其中又以为大一统国家政权和地主经济服务的技术，如通信、交通、历法、土地丈量、军事等占80%左右，技术结构的非开放性，加重了技术转移的困难。儒道互补的文化体系决定了科学理论结构的核心是伦理外推的有机自然观。在这种科学技术结构中，理论、实验、技术三者互相隔裂，不能出现互相促进的循环加速过程，所以没有出现科学技术的革命。有的认为，中国封建主义的政治体系、教育和选拔人才的制度排斥和鄙弃科学技术，使得中国缺乏产生近代科学的社会条件。有的比较中西学术的差异说，在西方以求知为特点的希腊文化培育了追求真理，酷爱独立、自由的文化性格；在中国以伦理为中心的文化类型，从来不存在独立于政治意识之外的学术文化体系，这是中国不能孕育近代科学体系的重要原因。①

众所周知，中国的社会改革是从经济领域起步的，经济改革中又以引进外资为重要决策。当代世界科技的飞速发展，使人们大开眼界，痛感到振兴中华必须根本改变中国科学技术落后的面貌。自然科学是人类探索、利用和改造大自然的文化活动，中国古代的科学技术在世界史上长期居于领先的地位，但从16、17世纪以来却落后于西方，差距足以相隔一个时代。近代科学为什么不能在中国诞生，首先成为令人瞩目的问题，引起科学工作者的关注。

---

① 参见会议论文集《科学传统与文化——中国近代科学落后的原因》，陕西科学技术出版社1983年版。

就会议提供的论文来说，对近代科学落后原因的分析未必充分，但是从文化传统方面提出命题，这是从政治、经济原因来研究所不能取代的。它深入传统文化的核心结构，涉及中国沿袭数千年的价值取向、思维方式、民族心理能不能适应现代化这样一个重大的课题。与会者主要是自然科学和哲学工作者，历史学者尤其是近代史学者极少有人与会。关于近代科学问题，本应是近代史诸问题中一个不可或缺的部分，但问题的提出不是由历史学界而是由自然科学工作者首先揭橥，这是对史学研究现状的挑战和鞭策。这也是十一届三中全会以后，实施开放政策，引进西方先进的科学技术，首先在自然科学界激起的回应。

同年12月，在上海召开新中国以来第一次文化史研究座谈会，聚集哲学、历史、文学、艺术、考古、文献等学术界的著名专家教授，就如何填补中国文化史研究的巨大空白交换意见。与会学者指出：忽视中国文化史历史面貌开展总体研究的结果，不仅妨碍各种学科的研究朝纵向发展，更加妨碍我们从总体上认识中华民族的灿烂文明。比方说，中华文明的特色是什么？中国文化的历史地位如何？目前还没有能使学术界普遍同意的概括性总结。不了解一种文化的历史过程，就很难了解一个民族一个时代的整个精神状态，也对深入了解那个民族的社会全貌极其不利。与会者痛感文化史研究薄弱的现状亟须改变，倡议立即组织力量开展专题研究，做好舆论宣传，推进文化史研究的复兴。[①]

这两次会议以后，文化研究似应迅速推开，然而除了简短的报道外，并未得到热烈的响应。文化热与一般时尚不一样，要有学术研究的积累，并非如时论所言一哄而起。

文化热的真正铺开是1984年。这一年上半年新中国第一批文化史研究论著《中国文化研究集刊》和《中国近代文化史研究专辑》问世。下半年大型文化史丛书，上海人民出版社的"中国文化史丛书"、中华书局的"中华近代文化史丛书"先后付梓。有关文化史的专论、专栏遍及各大报刊，民间文化团体、文化沙龙如雨后春笋，蓬勃兴起。国际性、全国性、

---

① 参见《中国文化史研究学者座谈会纪要》，《中国文化》研究集刊第1辑，复旦大学出版社1984年版。

地区性的文化史讨论会联翩而起。上海、广州、武汉等各大城市文化发展战略会议的召开，有力地推进了民众文化热的高涨。不同职业、阶层和年龄的人们，从不同侧面提出建设社区文化、企业文化、校园文化、商业文化等各种问题，文化与经济、文化与哲学、文化与政治、文化与人生、文化与科学、文化与生态等诸多理论问题令人应接不暇。

毫无疑问，文化史的勃兴，时代的需要是决定性的因素。1984年经济改革的全面铺开，对文化研究产生了明显的增温效应。

20世纪80年代中叶，中国内地正处在以经济变革为先导的全面变革的新时期，经济改革的目的是要发展商品经济，以促成传统的计划经济向市场经济的转轨，这是社会主义现代化的必经阶段。新体制的创行在某种意义上说可以自上而下运作，但是它与旧观念的矛盾，却不能依靠行政手段去解决。邓小平在中共十二届三中全会上指出，小生产的习惯势力还在影响着人们。这种习惯势力的一个显著特点，就是因循守旧，安于现状，不求发展，不求进步，不愿接受新事物。沿袭数千年的农业小生产观念，与新体制发生矛盾、冲突，甚至使新体制扭曲变形，严重地阻碍中国现代化的进程。经济体制的改革，不仅引起经济生活的重大变化，而且引发人们生活方式和精神状态的重大变化。中国共产党的机关刊物《红旗》于1986年第14期发文说："当前热烈开展的探寻文化发展的道路，是继实践是检验真理的唯一标准的大讨论后，又一场理论上探寻社会主义发展道路的思想文化运动。"① 人们正是从对传统文化的反省、中西文化的比较和民族心理的剖析中，发掘有利于现代化的因素，摒弃旧观念，吸收新思想，以建立与社会主义商品经济相适应的文化观念和心态，给现代化赋予新的精神动力。所以，文化热在形式上表现为追溯历史的文化史热和文化反思热，正是社会变革的必然选择。

从学科建设回溯这个过程，可以看到文化热的启动和走向，大致从文学发端，进入自然科学，再深入社会科学，在理论界全面开花。这种程序又反映了文化自身演进的规律。文化作为精粹的形态是涵盖自然科学、社会科学和人文学科三大学术体系的知识丛体，这三大门类又以不同的属

---

① 芮杏文：《改革时期的文化发展战略问题》。

性，从不同层次推进了文化研究的发展，大致可以这样说：文学最敏感地反映文化思考的动向；自然科学以最活跃的姿态展现现代化的进程；社会科学则以理性的智慧对传统文化与现代化进行历史性的总结，把问题聚焦到怎样对待传统文化与西方文化这100多年来贯穿近代文化史的两大主题，出现文化渗入各门学科，各门学科通力进行文化研究的盛况。这种综合化、一体化的研究趋势，正是文化研究现代化的大方向。本来属于历史范畴的文化史，在当代具有那样广泛的群众效应和现实意义，充分表明文化热具有深厚的历史感和时代精神。

第二节　20世纪后期热点追踪

20世纪80年代以来，文化热从学坛进入社会，从历史贴近现实，从学科反省走向对未来的设计，并以它空前活跃的见解、观点和流派，表现了当代中国文化思潮的新篇章。如果暂且不从学术本身细分缕析，而从社会关注的文化热点问题考察，那么大致有如下六个问题。

第一，引人关注的是有关传统文化特性的争议。文化特性的提出，实际上是怎样评价传统文化，并进而认识国情和改造国民性的问题，文化热首先在这一问题上引起不同看法。主要有下述见解：

1. 人文主义说。一种意见认为人文主义是与神文主义相对立的思想。中国文化以伦理、政治为轴心，缺乏神学宗教体系，从而更富有人文精神。西方人文主义认为，人是具有理智、情感和意志的独立个体，每个人只能对自己的命运负责，所以强调自由、平等、尊严、权利，用这种眼光看待中国人文未形成独立的人格。而中国传统文化是把人看成群体的分子，是有群体生存需要，有伦理道德自觉的互助的个体。强调仁爱、宽容、和谐与义务，并从人际关系扩展到人与自然的关系，形成天人合一，主客互融的文化特色，用此种眼光来看待西方人文未形成社会的人格。所以，这两种形态各有长短，合理的选择应该是两者的统一。[①]

[①] 参见庞朴《中国文化的人文精神（论纲）》，《光明日报》1986年1月6日。

另一种看法是，中国传统的人文思想的主流是导向王权主义，即君主专制主义。封建专制主义恰恰以具有人文色彩的儒家思想作为统治的思想。儒家的重民、爱民，不是目的而是手段，民是被恩赐和怜悯的对象，这不是说君主不被制约，而在于其被制约的目的是保证君主地位的稳定和巩固，所以王权主义与人文思想不是两种对立的思想体系，前者是后者的一部分。近代西方人文主义思想则是与封建专制相对立的。中西人文思想所以会有这样大的差距，关键是近代西方人文主义思想的发展以商品经济为基础；而中国古代的人文思想是建立在自然经济基础之上的，这不能产生民主思想，只能产生家长主义。所以，人文主义的实质是把人视为道德的工具，排除人的物质性和自然欲望，从而使人不成其为人，其结果只能强化王权主义。[1]

2. 人伦思想说。中国古代所谓的人文和人伦都是指人与人的关系，此种关系是以君臣父子为基础，尊卑贵贱，等级分明。君臣、父子、夫妇、兄弟、朋友是基本的人伦关系，君为臣纲、父为子纲、夫为妻纲，是人伦中的纲纪，每种关系都有相应的道德规范。在家事父，竭其力尽孝；在外事君，致其身尽忠。忠孝都以绝对服从为天职，只有义务，没有权利。人在这种模式中只有隶属他人才有存在的价值，表现在人格上多受制于他人，实际上是受制于权力。隶属观念与反躬自省的道德修养相结合，使个性的压抑达到最大的强度，很难有人权自主意识的觉醒。这和西方的人文主义大相径庭。但是隶属观念表现在情感上，又增进了人与人的互相依存与协调，对家庭、国家具有强劲的亲和力。所以古人常以天下观代替国家观，又以家族观实施国家观，修身齐家治国平天下，把个人命运与家庭国家的利益融为一体，有助于中华民族的凝聚和绵延。因此，用人伦思想更能确切地表述中国文化的特质。[2]

第二，怎样对待传统文化。由于近代中国社会变迁的激烈和反复，使得这个问题的争议，经常出现弘扬传统与彻底否定传统的两极对峙，在这两极之间又存在众多歧见和程度不同的折中，从"五四"以来争议不息。

---

[1] 参见刘泽华《中国传统人文思想中的王权主义》，《光明日报》1986年8月4日。
[2] 参见刘志琴《人伦思想与现代意识》，《光明日报》1986年4月28日。

20世纪末随着文化研究的升温和海外新儒学在国内的传播与强烈的反响，两极对峙又有新的发展。

  1. 越是开放越要弘扬传统说。只有弘扬民族优秀文化，才能正确对待和吸收外来文化，也只有开放，才能使传统文化更新。综观世界，无论是发达国家还是发展中国家，文化的发展都是民族性和世界性的统一。牺牲传统的现代化，决不是现代化的正确目标，丢掉民族优秀文化，中国就会失去自立于世界民族之林的特色和基础，所以越是开放，越要弘扬民族优秀文化传统。①

  2. 与传统彻底决裂说。持这种看法的学者认为："我们不能再把儒家文化继续当成'中国文化的基本精神'，而必须重新塑造中国文化新的'基本精神'，全力创建中国文化的现代系统，并使儒家文化下降为仅仅只是这系统中的一个次要的、从属的成分。""我们正处于中国历史上翻天覆地的时代，在这种巨大的历史转折时代，继承发扬'传统'的最强劲手段恰恰就是'反传统'，因为要建立现代新文化系统的第一步必然是首先全力动摇、震荡、瓦解、消除旧的'系统'，舍此别无他路可走。"②

  3. 唯有突破传统才能创新说。长期以来对待传统文化最简练的说法就是批判继承，而批判继承最简练的说法就是取其精华、去其糟粕。"这个说法经过不断简化和滥用，已变成一种机械理论。照这种理论看来，知识结构只是各种不同成分的混合与拼凑，而不是有着内在联系的实体，因而可以进行任意分割和任意取舍。"所以对传统文化"批判的愈深，才能愈区别精华与糟粕"，"对旧传统不能突破就不能诞生新文化"。③

  第三，现代新儒学的作用问题。现代新儒学是继孔孟原始儒学、阐发孔孟之道的新儒学即宋明理学之后，力图以儒家精神融合西学以谋求现代化的具有国际性的中国文化学派。在学理上，这个流派继承陆九渊、王阳明的道统，重视传统的道德伦理价值，以弘扬儒家真精神为己任，但在扬弃名教和思考方式方面又比儒学有所前进，因此称为现代新儒家或新传统

---

  ① 参见《弘扬民族优秀文化的几个问题——天津市弘扬中国民族优秀文化理论讨论会纪实》，《理论与现代化》1990年第8期。
  ② 甘阳：《传统、时间性与未来》，《读书》1986年第2期。
  ③ 王元化：《诠传统与反传统》，《人民日报》1988年11月28日。

主义。他们宣扬的主张，又称为儒学发展的第三阶段或儒学的第三次复兴。主要代表人物，第一代有熊十力、梁漱溟、张君劢；第二代有徐复观、唐君毅、牟宗三；新一代有杜维明等。改革开放以后，新儒学思潮在内地引起强烈反响，对其作用提出了多种看法。

1. 新儒学有两重作用说。姜义华认为，新儒学的积极意义是：既希望现代化又对现代化尤其是西方式的现代化持批评的精神；批评传统，力图对传统加以改造、重构，保持了对传统的认同与衔接。它的缺陷是：对现代化表现了较强烈的浪漫主义情绪，少了一些历史主义的态度；对传统儒学在现实生活中的负面影响估计不足，把盘根错节的传统儒学过于理想化，并对非儒学部分及世界文化中的精华产生排拒反应，最终仍将限制或损害新文化的创造。[1]

2. 新儒学无作用说。有的学者认为，数十年来新儒学思潮虽然不绝如缕，阐发新义者大有人在，然而始终不能同广大民众的事业相联系，对历史的前进几乎不产生作用。[2] 有的学者认为新儒家企图站在儒者的立场来应付现实的变革，陷入难以克服的理论矛盾，终究囿于传统的藩篱不能自拔，难以对社会产生积极的影响。[3] 有的学者说，儒家的民本思想不过是统治者力图得人心，根本不能疏导出民主的规范，道器观在本质上是与科学不相容的。纲常名教被视为道的本体，方技、术数被看作末流，与科学不能相通，所以现代新儒学没有出路。[4]

3. 新儒家方案荒唐说。有的学者认为，儒学的结构和功能从根本上有利于维护封建王权主义和文化专制主义，这一传统与现在仍有生命力的小农意识、宗法观念、官僚作风、文牍主义相结合，势必构成实现现代化的巨大阻力。如果现实感强一些，了解国人由于科学民主素养低下带来的积弊，就会知道复兴儒家方案的荒唐。[5]

---

[1] 参见姜义华《二十世纪儒学在中国的重构》，《儒家与未来社会》，复旦大学出版社1990年版。
[2] 参见施忠连《新儒学与中华文化活精神》，《哲学研究》1989年第9期。
[3] 参见郑家栋《儒家与新儒家命运》，《哲学研究》1989年第3期。
[4] 参见朱曜日等《传统儒学的命运》，《吉林大学学报》1987年第3期。
[5] 参见郭齐勇《现代化与中国传统刍议》，《武汉大学学报》1986年第5期。

第四，对文化近代化历程的回顾。归纳起来，主要涉及以下几个问题。

1. 文化近代化起点问题的复出与论证。关于中国近代化的起点问题，1949年中华人民共和国成立后大体上统一于以鸦片战争为界限，认为自鸦片战争以后中国进入半封建半殖民地社会形态，凡在这一社会形态中所发生的文化问题都属于近代文化的范畴，以与鸦片战争前相区别，鲜有争议。20世纪80年代以肖萐父为首的武汉一批老中青学者，再次对50年代前论述过的明清之际是中国文化近代化开端的旧说提出新论证，认为明清之际出现突破封建藩篱的早期民主主义意识；注重新兴的"质测之学"，吸取科学发展的新成果；开辟一代重实际、重实证、重实践的新学风。就其一般的政治学术倾向看，已具有了对封建专制主义和封建蒙昧主义实行自我批判的性质，这种批判的社会基础，是地主阶级在受到农民、市民反封建起义震荡后的分化，出现了一批异端思想家和"破块启蒙"（王夫之语）的新动向。① 与此不同的是，有学者从社会史方面分析文化现象，认为过去对这课题的论证基本局限在精英文化的层次，研究的深入，有待扩大视野，从社会史的领域发掘大众文化资料。社会的近代化往往以文化的近代化为先导，文化的近代化又必然以社会的近代化为依归，这两者的发展需要同步运行，却并非是同时开启。中国文化的近代化起自明清之际，经历着开启者—中断—再开启的过程。中国早期启蒙与西方人文启蒙不同的特点是政治伦理的启蒙，这主要表现在对忠君信条的怀疑、抨击与批判，而且下延到广大民众。② 这一论述，实际上在不同程度上对美国学者费正清论述中国近代史的"冲击—反应"模式表示了异议，认为费正清的见解忽视了中国社会和文化自身的变异，发掘中国传统社会萌发近代化的思想资源是这一问题取得进展的关键。

2. 中国近代文化史特点的诸见解。一种观点认为，中国近代文化史的显著特点是多变性。有的从近代文化结构的变化分析，认为鸦片战争后，西方文化传播，同中国文化发生撞击、交错、汇合，呈现出各种色彩，新

---

① 参见冯天瑜主编《东方的黎明——中国文化走向近代化的历程》，巴蜀书社1988年版。
② 参见刘志琴《中国文化近代化的开启》，《社会学研究》1993年第2期。

旧中西，五方杂陈，中国文化结构发生深刻的变动，主要表现在：民权、平等思想逐渐在哲学、法学、政治学、教育学、史学、文艺等各个领域发挥指导作用，削弱了纲常伦理思想的权威性，使中国传统文化的内在结构发生质的变化，这是近代文化与古代文化根本的不同点。此外，古代文化的部门分类也比较粗疏简单，近代资产阶级思想和研究方法的输入，使得原来的学科和体系发生变化，形成新的科学体系，开拓了新的领域和学科。①

有的从近代文化的内容分析，认为甲午战争是近代文化史上的转折，随着民族危机的加深，救亡图存爱国运动的兴起，促进新文化运动，文学革命、白话运动、史学革命、教育救国、科学救国蔚为思潮，形成反帝反封建的资产阶级新文化体系和新的知识分子群。可以说，近代中国文化是在中国沦为半殖民地、半封建社会的过程中形成的，它从一开始就与力图改变国家和民族积弱的命运紧密相连，要求独立、民主、科学成为近代文化变迁的主要内容，爱国主义是近代中国文化的显著特征。②

3. "中体西用"的新解及其争议。在中国近代史上，由于洋务自强和维新变法的失败，人们大都对"中体西用"的方针持否定意见。20世纪80年代以后，有学者提出新的看法，认为"中体西用"是利用儒家传统引进西方文化的选择，既保持传统，又容纳西学，两者取得各自的地位，从而减弱学习西方的阻力，力图在传统文化中找到西学有可能生根的地方。通过对西学的吸收消化，实现中华文化的自我更新，依靠自身固有的活力，吐故纳新，继往开来，向现代化飞跃。"中体西用"的口号虽然本身蕴含不可克服的矛盾，但在当时起了好的作用。③ 反对这种说法的，则旗帜鲜明地表示"中体西用"乃是中国近现代文化保守主义的基本主张。④

有的从中国文化的境遇来探讨"体用"问题，认为这是清末知识界处理中西文化关系通行的思维定式。虽然在这一定式之下，有许多认识上的

---

① 参见龚书铎《近代中国文化结构的变化》，《历史研究》1985年第1期。
② 参见《全国首次近代文化史讨论会简介》，《中国近代史学术动态》1985年第1期。
③ 参见田文军《"中国走向近代化的文化历程"学术讨论会综述》，《哲学动态》1988年第1期。
④ 参见方克立《略论90年代的文化保守主义》，《走什么路》，山东人民出版社1997年版。

分歧，发生许多观念的变化，但以体用为结合点来探讨中西文化问题，大体上可以看作中西文化观念的基本形态和时代特征。"中体西用"文化观的萌生、形成、嬗变、分解的历史全过程，揭示中国文化推陈出新的艰难历程，为近代文化史研究提出了新思路。[①]

4. 洋务思潮与近代化。20世纪80年代从近代化的角度，提出洋务思潮的新概念。认为洋务思潮既有世界潮流的影响，也是龚、魏经世致用思想发展的必然结果，它对封建传统观念有一定的冲击作用。洋务思潮引进一些先进的思想，虽然不一定是科学的思想流派，但在太平天国起义失败后和维新运动兴起之前，没有比它更进步的社会思潮。洋务派与顽固派的几次争论，是中西文化对立与冲突的集中表现。中西文化在近代是有差距的，西方是工业文化，中国是农业文化。洋务派向西方学习的步伐并不大，但毕竟开了头，开启了向西方学习的新篇章。关于洋务思潮的特点，有学者归结为：一是以实用主义为归宿；二是贯穿资本主义的"用"与封建主义"体"的矛盾；三是复杂的多层次的思想活动。也有人认为，洋务思潮是以"变通""师夷""工商立国"为特点。[②]

5. 知识分子群体研究的进展。以往对近代思想文化的研究多着眼个体人物的论述，而对于近代知识分子群体的形成、特点、作用的研究相当薄弱，几成空白。20世纪80年代以来，这方面出版了一批有分量的著述。钟叔河的《走向世界——知识分子考察西方的历史》，通过多侧面的研究，对我们民族从封闭社会走向现代世界的历史作了一番纵横考察，再现了早年出国的人们在认识和介绍世界方面所经受的误解、屈辱、痛苦和走过的坎坷道路，他们的遭遇和认识反映了近代新旧思想文化的矛盾、冲突和交替的情景，为中国人正确对待外部世界起了引路和搭桥的作用。章开沅的《离异和回归——传统文化与近代化关系试析》提出了在社会转型之际，开创新制度的思想先驱对于传统文化大都曾有离异和回归两种倾向。同传统的离异，总体上是进步的潮流；向传统的回归，则比较复杂，主要是担心独立民族精神的丧失，防止被西方文化完全征服和同化。吴廷嘉的《近

[①] 参见丁伟志、陈崧《中西体用之间》，中国社会科学出版社1995年版。
[②] 参见王劲、张克非《洋务运动史第三次讨论会综述》，《历史研究》1985年第6期。

代中国知识分子》一书认为，近代中国知识分子是近代爱国政治运动的领导力量，也是近代思想文化学术史发端的承载主体，具有强烈的改革意识和献身精神；同时，又过于热衷政治，容易激进，内部派系严重。其形成带有突发性和超前性，政治上经济上缺乏有力的支持，因而实践能力和理论能力相对薄弱，这些特点至今还在发生作用。李长莉的《先觉者的悲剧——洋务知识分子研究》，认为洋务知识分子是与近代经济文化因素相联系的新型知识分子群体，为引进和传播西方科技文化作出了贡献，并形成崇尚富强的价值观念和社会改良思想。由于他们处在依附洋务官僚的地位，既受到官僚体制的约束，又受到传统士大夫的排斥，所以未能形成引进开放文化的热潮，也未能促成大的社会改革。

第五，对"五四"精神的省思和争议。

1. "五四"精神新说。五四运动作为一个历史的概念，有的偏重它的救亡主题，视为爱国的政治运动；有的突出它批判传统，倡导新文化的精神，认为是启蒙运动。都认为五四运动以它爱国革新的精神推动了新文化运动的发展，民主和科学是"五四"精神的两面大旗，这种看法在学术界处于主导地位，阐释虽有不同，实质并无歧义。20世纪末的研究对此提出异议，有的认为，"五四"精神作为一种文化思潮，只是从西方传来自由民主思想，而不是工人阶级意识形态，其核心是肯定个体价值的自由民主思想而不是社会党革命精神。现代社会显著特征是自由、民主和高效率，与这三个价值相比较，自由尤为重要。"五四"把西方文明的精髓概括为民主和科学，显然有偏颇；有的对民主与科学精神作出新的解释，认为民主实质上是人的社会性的解放，科学是人的自然性的解放，因此"五四"精神可归结为人的解放运动，第一次揭起人的解放的旗帜，把以个性解放为核心的人道主义作为全部文化思想的基础架构；"五四"精神是一种系统思想，即忧患心理、改革意识、个体解放兼容并包和马克思主义构成的多维、交渗、递嬗的思想系列，其核心是拯救和改造中国。

2. 救亡压倒启蒙说及其异议。有学者提出五四运动包含新文化运动和爱国反帝运动这两个性质不相同的运动，这两者由启蒙与救亡的相互促进发展到救亡压倒启蒙。"五四"以后救亡的局势，国家的利益，人民的饥饿痛苦，压倒了一切，压倒了知识者或知识群对自由、平等、民主、民权和各种美妙理想的追求和需要，压倒了对个体尊严、个人权利的注视和尊重，因此，从新文化运动的着重启蒙开始，又回到进行具体、激烈的政治改革。在长期严峻艰苦的政治军事斗争中，任何个人的权利、个体的尊严，相形之下都变得渺小不切实际，使得封建意识和小生产意识始终未得到认真的清算。这种不彻底性规定了后来的历史走向和命运，今天随着救亡使命的完成和现代化历史过程的重新展开，本来应该在三次论战中完成的思想文化课题，又一次等待着为民族振兴而思考和奋斗的人们去回答。①另有学者提出不同看法，认为五四运动是反帝爱国的救亡运动，在中国近代史上有划时代的伟大意义。救亡与启蒙的关系是：救亡唤起启蒙，启蒙为了救亡。戊戌时这样，"五四"时期也是这样。强调"五四"精神是民主和科学，这一精神贯穿于五四运动的各个方面，影响着整个时代，至今仍有现实意义。②

3. 对"五四"反传统的评估。"五四"时期有关抨击传统文化的论著，历来被视为激进的反传统主义论调，有学者发表不同见解，认为新文化运动的矛头所指多是封建文化最落后、最禁锢人的思想部分，并不是笼统地批判传统文化。事实上传统文化中的优秀部分都没有受到新文化运动的批判。只是新文化运动的主将们，当时着力于提倡民主、科学，批判封建文化，还来不及对传统文化中的优秀部分和糟粕部分加以区别。陈独秀宁愿看到"国粹"消亡，这更多地指糟粕，因此笼统地说五四新文化运动全盘否定传统文化不是事实。

"五四"时期的文化启蒙，在很大程度上是在帝国主义压迫下产生的，内部的思想准备并不成熟。对启蒙的功利主义倾向导致对东西文化的论断情绪化、简单化，用形式主义的方法反对传统缺乏说服力；政治斗争又淡化了必要的理论研究，在宣传方面滞留在呐喊阶段，民主和科学口号的提出，主要是造成舆论氛围，并不是实体性的操作；重视了文化和知识分子，忽视了经济和深入民众；理论相对贫困，无论是激进派、自由派和保

---

① 参见李泽厚《启蒙救亡的双重变奏》《中国现代思想史的三次大论战》，《走向未来》1986年第1、2期。

② 参见丁守和《关于五四运动的几个问题》，《历史研究》1989年第3期。

守派，都没有产生足以代表民族思想体系的时代巨人。

第六，关于传统文化与现代化关系的讨论。

1. 传统与现代化的冲突。有学者认为，中国近代文化的发展并未彻底改造中华民族文化意识的传统，当这一传统中的消极因素以沉淀方式在中国现代化事业的洪流中重新泛起时，与社会主义现代化建设的冲突表现在十个领域，这就是：建立网络型社会结构的要求与传统文化中大一统的冲突；平等原则与贵贱等级原则的冲突；法治要求与人治传统的冲突；现代民主制与家长宗法观念的冲突；个性的全面发展与共性至上的群体原则的冲突；创造需求与保守心理的冲突；开放与封闭矛盾的冲突；竞争意识与中庸信条的冲突；物质利益原则与伦理中心原则的冲突；社会消费需要与崇俭反奢的冲突。种种冲突可以概括为两种文明的矛盾，这是现代化事业向古老文明的挑战。传统文化如何走出困境，获得新的活力成为文化现代化的重大课题。① 另有学者认为，文化危机并不意味着对传统的否定，而是表明这一文化传统面临再生和兴盛的契机，即在危机中寻找自己的出路。关键是在文化的冲突中建构适应现代和本来的新的文化价值系统。知识分子要摆脱急功近利的态度，树立求真的精神，反省中西文化。②

2. 传统为现代化工具说。1988年学术界出现新权威主义思潮，持这一看法的学者认为，传统有防止人心失范的作用，它在一定程度上是传统国家在现代化过程中必要的整合社会秩序的得力工具。传统的价值体系在近代的衰微和瓦解，以及反传统的激进主义的崛起，使传统文化不能充分发挥它羁约人心和稳定秩序的功能，从而加重现代化转化的困难，从这一角度来认识辛亥革命后梁启超、康有为、章太炎的尊孔、保教的主张，可以发现，这些知识精英的价值回归，正是对激进主义者反传统的简单化态度的一种反扑，是尝试运用传统价值符号来实现民族自治和现代化的努力。③

3. "西体中用"论引起争议。有学者认为"体"是社会存在、生产方

---

① 参见曹锡仁《中西文化比较导论——关于中国文化选择的再检讨》，中国青年出版社1992年版。
② 参见陈俊民《构建适应现代化的新的文化价值系统》，《社会科学报》1990年7月5日。
③ 参见萧功秦《文化失范与现代化的困厄》，《读书》1988年第10期。

式、现实生活以及生长在这体上的理论形态。现代化不等于西方化，但西体的实质就是现代化，这是指以西方为代表的现代化的历史进程。马克思主义就是从西方社会存在本体中产生的科学理论，正是从这个意义上才可谓"西体"，而"中用"就是怎样结合中国实际加以运用。中国现代化的进程既要求根本改变经济、政治、文化传统的面貌，又仍然需要保存传统中有生命力的合理东西。没有后者前者不可能成功；没有前者，后者即成为枷锁。其实今天讲的"马列主义中国化""中国化的社会主义道路"，似也可以说是"西体中用"。附议者认为，"西体中用"论旗帜鲜明地支持改革开放，虽然将中西文化纳入"体用"范畴不尽准确，但方向是对的。有的还补充认为，"西体"的主要部分应是商品经济，发展商品经济必然与传统体制发生一系列的矛盾，提出这一观念可以与"中体西用"相对立。[①] 此论一出，即受到来自两个方向的反驳。有的认为这是"全盘西化"的论调，实质是要把西方文明全盘搬到中国，彻底重建中国文化。[②] 另一种意见则认为，"西体中用"有西化倾向，但并不等于全盘西化，含义模糊，没有超出体用二元的思维模式。[③]

4. 综合创造说。有学者提出，经过100多年来政治、经济、思想文化的变化，中国传统文化的旧系统结构已经解体，新的社会主义文化也已略具雏形。在这种条件下，经过慎重考察、认真挑选的古今中外不同文化系统所包含的要素，按照现代化的客观需要，综合成一个社会主义现代化的新中国文化系统是完全可能的。这种综合创造之所以必要，是因为：其一，中国文化的旧系统已经落后过时，不破除这种体系结构，不吸取大量的外来的先进文化要素，重新建构，中国文化没有出路。其二，完全舍弃中国的固有文化，全盘西化，既没有可能，也不符合客观需要。在世界上维护民族独立是至关重要的，没有民族的独立，现代化无从谈起，而民族的独立与民族文化的独立性是不可分割的。其三，西方文化虽然在整体上优于中国传统文化，但并非事事处处都高明，从基本精神看，各有各的

---

① 参见《中体西用之争概述》，《哲学动态》1988年第4期。
② 参见默明哲《关于中体西用与西体中用的反思》，《社会科学》1986年第6期。
③ 参见方克立《评"中体西用"和"西体中用"》，《传统文化与现代化》，中国人民大学出版社1987年版。

独创性，亦各有各的片面性，只有凭借综合创造所形成的文化优势，才有希望弥补因落后而造成的劣势。因此主张坚持社会主义原则，弘扬民族主体精神，走中西融合之路。这就要抛弃中西对立、体用二元的僵固的思维模式，排除盲目的华夏中心论与欧洲中心论的干扰，以开放的胸襟，兼容的态度，对古今中外的文化体系的组成要素和结构形式进行科学的分析和审慎的筛选，经过辩证的综合，创造出一种既有民族特色又充分体现时代精神的高度发达的社会主义新中国文化。[①]

第三节　世纪末文化研究主题的转化

文化热至20世纪80年代末就已显著降温，进入90年代以后有的热点课题逐渐退回书斋，很少再有大众参与的盛况。专业学术工作者的研究方向也有所转向。这种转折，主要表现在下述三个方面。

第一，回归传统，国学复兴。20世纪80年代的文化热虽然有所消退，但是，作为文化史重要内容的国学，在90年代不仅没有降温，而且还成为新的热点。北京大学成立中国传统文化研究中心，编辑出版《国学研究》，中国传统文化的研究悄然兴起，就是这方面的典型事例。这种兴盛的势头还表现在大量的古籍被重印、再版，国学研究的专业刊物接二连三地相继问世。整理、研究传统学术的学者明显增多，并吸引了新一代青年学者的兴趣，所以有人认为这是继"五四"之后的国学复兴热，80年代的文化热并没有断层。

从文化热到国学热，仍然贯穿传统与现代的关系问题，但又有不同的环境和背景。国学的重新提倡是对20世纪80年代反传统思潮的反拨，是作为与"西化"相抗衡的文化力量，召唤人心，重建信仰，以化解由市场经济带来的负效应。很显然，从农业社会向现代工业社会的转型，从计划经济向市场经济的转轨，剧烈的社会变革引发社会秩序的失衡和人文精神的沦丧，使人们开始怀念传统的道德调谐；海外新儒家学派对中国传统文

[①] 参见张岱年、程宜山《中国文化与文化论争》，中国人民大学出版社1990年版。

化的重新阐释，提高了国人的自信；西方后现代社会道德的失落在内地引起的震动，都助长了回归传统的情绪。人们力图重新利用传统的文化资源，从中发掘具有现代价值的养分，并不失为一种重建文化精神的探索。从总体来看，这股国学思潮，比"五四"时期的国学研究有较多的理性；比新儒家有较多的批判性；在整理古籍方面有一定的成效。但是国学热存在的一些倾向性问题，在学术界也早有非议。

怎样评价这股国学热？20世纪80年代彻底否定传统文化的民族虚无主义是一种偏差；90年代不加分析地爆炒传统文化，宣扬华夏文化优越论，以为只有儒家能够拯救世界文明也是一个误区。怎样科学地对待传统文化，在批判旧观念的同时保持和弘扬优秀的文化传统？如何吸收西方文化的优秀成果，建设社会主义的精神文明？国学研究又如何定位？其核心仍然是传统文化与现代化的问题。那种以国学排斥和取代马克思主义的论调，也显然过分夸大了国学的作用，混淆了学术与政治的界限，并不足以解决理论问题。这也说明80年代的文化热到90年代发生变奏，这将成为跨世纪的文化主题，吸引后来人的注意。

第二，大众文化崛起，社会文化研究兴旺。20世纪90年代社会主义商品经济的大发展与市场经济的导向，使得人们的社会心理从关心意识形态向关注经济生活转化，这是文化热降温的又一因素。其实这种降温只是政治色彩的淡化和文化视点的多元化。尤其是凭借现代传媒技术，为大众消费而制造的文化产品，一改传统的说教面孔，走向商业化和娱乐化，对精英文化形成不小的冲击。本来，哪个时代都有大小传统、雅俗文化和主亚文化之分，大众文化即小传统和通俗文化，并不始于现代。但是大众文化真正显示它重要的社会价值，令人刮目相看，却是现代工业文明的产物。在精英文化为主流的文化结构中，大小传统之间的隔膜，上层文化和下层文化的距离是难以避免的现象。社会主义文化强调面向劳动人民，缩小了上层文化和下层文化的差距。但是，不论是封建主义传统还是传统的社会主义，指导思想虽有不同，以精英文化为主流的一元化的文化结构，却没有多少变化，这是前现代社会文化的基本格局。

社会主义市场经济和现代科技的发展推动了新一代文化市场的发育，大众文化的崛起以锐不可当的威势，改变了雅文化主导俗文化的传统格局。以信息高科技为生产和传播特征的新兴文化产业，以大量的影视、音响、多媒体和电子读物涌向市场，与此同时，学术成果通俗化蔚为潮流，把少数人享用的专业知识，变成大众欣赏的读物。文化消费不再是精英的特权，也是平民百姓的生活需求。现代工业和都市文明造就了广大的市民消费阶层，他们的选择决定了文化市场的取向。大众文化由小传统、亚文化一跃而为中国文化的主要构成，文化史研究也失去神圣的使命，从资政济世的高阁，下移到平民百姓的书桌，甚至变成茶余饭后的消闲读物。史学研究者从"代圣人立言的帝王师"，沦为民众的一支笔。这对专事研究王朝兴亡盛衰、人类社会发展规律的那种大抱负、大事变、大业迹的治史传统是个挑战。文化史的内容从诸子百家向阅世知人转化，使得古往今来人们的生活风貌、衣食住行、社会交往以及人际关系都成为研究的对象，这些生动活泼的内容以对读者市场特有的吸引力，促使文化史工作者及时调整了研究方向，因此芸芸众生的穿衣吃饭，婚丧嫁娶，消闲娱乐，登上了大雅之堂，有的还成为国家社科基金资助的重点项目。从文化史和社会史交叉的边缘萌生的社会文化史，因为视角下移到平民百姓，开拓新的领域，给文化史的建设又带来新的发展机遇。各种各样的风俗丛书、生活丛书、衣食住行、日用器物、民众娱乐，以及描述农夫工匠、僧道隐士、侠盗乞丐等形形色色众生相的文化读物成为出版的大宗。这不仅充实了文化史中的空缺，也极大地丰富了历史表述的题材。

大众文化入主社会文化结构的态势，呼唤创生自己的理论和学术系统。《近代中国社会文化变迁录》（浙江人民出版社1998年版），堪称这一领域的奠基之作。该书以大众文化、生活方式和社会风尚的变迁为研究对象，从思想史的角度阐释社会文化现象，提出贴近社会下层看历史，世俗理性和精英文化社会化的问题，以及上层文化与下层文化的互动、磨合和对流的问题，为近代文化研究开拓了新的视野。中国社会文化史必将在21世纪得到长足的发展，并以它浓郁的民族特色受到世人的瞩目。

第三，文化史的学科建设从20世纪20年代梁启超提出设想后，发展就不平衡，50年代在大陆又中断了30年，及至此时，空白正在填补，薄弱环节有了加强，逐渐打破了原有的格局。一批有造诣的文化史专著受到读者欢迎。文化通史、文化理论、历代文化、区域文化、少数民族文化、风俗文化、企业文化、科学文化以及各种文化丛书，从无到有，从学术专著到通俗读物，成龙配套，联翩而出，避免了"五四"时期文化研究的偏颇，使文化研究渗入多门学科，以综合化、一体化的发展趋势，推动了当代社会科学和人文学科的发展。尤为可喜的是，一批中青年研究者脱颖而出，形成一批有理论修养，又有丰富知识的文化研究队伍。可以说，文化史的研究正以前所未有的出人才、出成果的优势，成为一门显学。

更为重要的是，20世纪80年代以来文化研究从学坛进入社会，从历史贴近现实，从学科反省走向对社会主义精神文明的设计，从以下三个方面表现出它在促进人的观念变革，提高国民文化素质中的作用超越了"五四"时代。其一，社会主义精神文明建设，把改善民族心理素质作为文化发展战略的出发点和归宿，提供了"五四"时代所没有的社会条件。其二，减少了"五四"时期文化论战中的片面性和实用性，从民族文化心理的良莠两方面，提供可资转换的历史借鉴。其三，"五四"时代唤起跪着的奴隶站起来，打碎封建制度的镣铐，恢复人的地位。80年代人的主体性觉醒，是要求人的自我实现，改变人的观念，提高人的价值，发挥人的潜能，逐步实践马克思指出的，共产主义社会的基本原则是人的全面而自由的发展，是更高层次的人的觉醒运动。这是"五四"英烈们梦寐以求而不能企及的新高度。

第四节　新世纪文化研究的多元纷争

进入21世纪以来，文化研究日益呈现多元蜂起，大起大落，热议纷争的局面。

一是国学持续升温，引发争议。21世纪以来，文化界一大盛事是国学的复兴。国学院、国学班，从幼儿到大学的国学教育遍地开花，并很快走向大众，形成社会思潮。一个寂寞良久的学问突然兴起，由此引发的各种争议，于今不息。

有学者认为中国文化复兴必须从娃娃抓起，儿童背诵中华文化经典，从小在心中埋下中国圣贤义理之学的种子，长大成人后自然会明白中国历代圣贤教人做人的道理。也有学者认为读经就是强迫孩子在 3 岁到 12 岁间背诵 15 万字自己并不懂的东西，这是愚民运动。包括许嘉璐、季羡林、杨振林、任继愈、王蒙等人在内的 72 位学者则发表《甲申文化宣言》，主张每个国家、民族都有权利和义务保存和发展自己的传统文化；都有权利自主选择接受、不完全接受或在某些具体领域完全不接受外来文化因素；同时也有权对人类共同面临的文化问题发表自己的意见。这是继 1935 年王新命等 10 位教授发表《中国本位文化建设宣言》和 1958 年牟宗三、张君劢等新儒家发表《为中国文化敬告世界人士宣言》以后，第三次以宣言形式的告全国民众书。

但是，也有学者对此宣言提出质疑，问道：拯救传统与完成启蒙，这个国家现在更需要哪个？或者需要齐头并进吗？即使签署这个宣言的学者，在一些具体问题上也存在不同意见。有人不认为中国的传统文化能够解决西方文明所遇到的问题，认为中国社会今天的各种问题，有许多还是应该从我们的传统中寻找原因。有人不赞同以中国传统文化来否认或忽视人类仍有共同的普遍性的价值和原则，反对将原始文明与现代文明价值等同的文化相对主义，认为文明还是有进步与落后之分的。有人认为当前的国学热与以往不同，不是由学者发起，而是来自社会的需求。2003 年有 500 万儿童读经，2004 年达 1000 万，这是来自社会底层的对道德失范的焦虑，国学需要的不是热，而是怎么做。还有人指出，文化复兴不是复古，而是文化更新，不是以传统文化代替现代文化，而是以传统文化辅助现代文化。

对于什么是国学，学者们的认识也不尽一致。有人认为国学是指六艺之教，即诗、书、礼、乐、易、春秋，它们蕴含着史学、美学、文学、哲学、政治学等多种内容。《易》学为道家所宗，是先秦的国学；由外来佛学中国化后形成的禅学，在中国根深叶茂。所以，国学是以儒学为主体兼容各派的学术体系，是一门通学，国学教育是古典文化的通才教育。有人认为讲国学，不能排斥各个民族的文化传统，各个地区的文化特点，所谓"三教九流"都应该包括在内。国学所包含的内容应该是非常广博的，比章太炎、钱穆所论述的国学内容还要广泛。还有人认为，国学是中国在 20 世纪初，经受中西文化碰撞后产生的现代概念，是一代学人在追求现代化过程中，保存优良传统的努力，是忧国忧民的思虑。当初按照西方学科体制对中国传统学术重新分类，取得积极的成效，但也因此肢解了固有的学术体系，导致国学的解体。20世纪90年代兴起的国学热，是在十年"文化大革命"对传统文化疯狂破坏后，民族传统的第一次回归。这是在经济快速发展中出现各种社会流弊后，人们对精神家园的追寻和认定，力图在全球化发展的大格局中，树立文化自尊、自强、自新的意识，以建设融合东西方文明的新国学。分歧大的还有对国学发展前景的估计。有学者提出21世纪西方文化将逐渐让位于东方文化。这一论断在21世纪引起很大的争议。有人指出，国学热要谨防民族主义问题。国外研究中国学的学者已注意到要"摆脱自己的种族中心论"，文化上的欧洲中心论已经破产，我们决不能提出什么"中国中心论"来，什么"中国文化可以拯救世界"，这不仅不可能，而且是十分有害的提法。"对于老祖宗给我们留下的遗产，必须珍视，但我们并没有为这份文化遗产增添多少光彩；相对于发达国家的学术文化现状，虽然我们已取得很大的进步，但我国当前也还没有能在学术理论上为人类做出划时代的贡献。"[①] 有人认为，提倡国学是为拯救传统文化，但如果在21世纪的今天，重建儒学的独尊地位，用经学治国平天下，重振国威，那是很可笑的事。如果国学能强国，我们就没有必要引进西方器物和思想，在现代化之途上艰难跋涉。

国学复兴本身引发争议这一现象，揭示时代要求国学以新的姿态参与当代文化建设。复兴，意味着这门古老的学问将与现代教育接轨，重新焕发光彩。尽管孔孟之道可以为中华民族搭起道德升华的平台，但承担不了文化复兴的任务，应该在马列主义和孔孟之道两个平台上实现融合。

二是启蒙路向何方。20世纪80年代初思想解放运动后期出现文化热，被认为是继"五四"后的"新启蒙运动"。90年代进入启蒙后期，在市场经济的冲击下，启蒙阵营分裂为几种主义：文化保守主义、新古典自由主义、新左派等。进入21世纪后，可称为"后启蒙时代"，在很多人看来，启蒙已经过时，是新时代的来临。

有学者认为，狭义的五四运动，是救国的大众骚动运动，与新文化无

[①] 参见舒晋瑜《中国学研究的冷与热》，《中华读书报》2009年9月30日。

关。广义的"五四"即新文化运动无助于，甚至妨碍了中国现代国家的建立。祸根在于全盘性反传统主义及其背后的惟理主义自负。受新文化熏陶的青年学生领导的国民革命，不惜从肉体上消灭一切"反动派"，向往以暴力建立民主制度，造成新制未立而传统已毁。所以，保守主义才是建设新文化的正道。这是介于激进与守旧两极之间的中间立场，是坚定的宪政主义者，张君劢、陈寅恪、吴经熊等为其杰出的代表人物。他们对中学和西学持以中正、包容的态度。而新文化运动的健将陈独秀、钱玄同、鲁迅等对西学的了解十分肤浅，他们大多只是在日本短期留学期间，通过二手资料对西方有一知半解而已。可以说激进主义在很大程度上是因为无知而无畏。中国新文明须由中国人自己创造，创造的主体自应立足于中国之体，保守主义传统值得承继、维续、扩展。

另一些学者不赞同这一看法。有的认为"五四"时期对传统的过激批评，都局限在精英的小范围内，对社会的影响并不大。有个例证可说明这一点。20世纪20年代，江苏第一师范学校有一份招生考题，要求考生列举崇拜的人物。应考者300多人，都是中小学生，统计结果，竟有200多人将孔子和孟子列为第一、第二崇拜者，占答卷人的2/3。加上还有选择颜渊、范仲淹、朱熹、王守仁等人的，表明儒学名人崇拜者占有绝对的优势。这份答卷实际上是一次难得的民意测验，说明清末民初虽然对封建礼教和儒学有过猛烈的抨击，但对中下层的读书人影响并不大，尊崇孔孟的观念仍很流行，反映了小知识分子的思想走向。有的认为儒学在中国的中断，是由于"五四"时期激烈地反孔，使中国文化发生断层，因此对中国道德文化危机的溯源，往往归罪于"五四"时期的文化激进主义，这是不公平的。"五四"时期的反礼教，打倒孔家店，对思想启蒙起了很大作用，对推进中国社会的改革是利大于弊。真正使儒学在内地衰落的是1949年后极"左"思潮的影响和"文化大革命"。鉴于种种质疑"五四"的论调，历史学家不去正本清源，是史学的悲哀。所以我们还要补上一课，理解"五四"才能真正弘扬"五四"精神。有的认为"五四"并没有定于一尊，而是开创了比较自由的论争风气。当前否定"五四"来自几方面：一是文化保守主义兴起，西学中源说又出来了，以发扬传统拯救世界。与从前不一样的是，以前维护传统的大多是饱学之士，现在大谈传统的连文言文都没念过多少,是从民族主义的情绪出发。再一种是认为"五四"导致激进是暴力革命,把后来遭遇的各种负面的东西推到"五四"激进派头上。其实"五四"并不代表一种主义,它只是冲破一些桎梏,"五四"精神本身并不等同暴力革命。至于哪条政治道路占上风,不应由新文化的倡导者负责,至少他们倡导的是民主不是专制。总之,坚持启蒙,继续解放思想,这是希望所在。

五四新文化运动是多元的,有激烈的反传统,也有如杜亚泉、梁启超等人的另一种启蒙。他们并不是保守派,而是温和启蒙派,主张在会通中西、博采众长的基础上创造新文化。所以,启蒙本身有丰富的资源,可以自我反思和提升,以重新激活启蒙。

三是对文化自觉的认同。文化自觉,是费孝通提出的著名论题,意思是说生活在一定文化中的人,要明白自身文化的来历、特色和发展方向,做到有自知之明,以加强对文化转型的自主能力。他认为各民族都要以"各美其美,美人之美,美美与共,天下大同"为文化理想。所以,文化自觉是一个艰巨的过程,只有在认识自己的文化、理解所接触的多种文化基础上,才有条件在多元文化的世界里确立自己的位置,然后经过自主适应,和其他文化一起,取长补短,共同建立一个共同认可的基本秩序和一套各种文化都能和平共处、各抒所长、联手发展的共处守则。这是在当今社会多元化、价值多元化的多种文化接触中,各民族对外来文化应持有的尊重、兼容和取长补短的心态。

在当今经济全球化的形势下,文化力量越来越成为综合国力和国际竞争力的重要组成部分。费孝通提出的这一高度概括文化发展理论的"文化自觉"概念,赢得了学术界的欢迎和认同。这是中国思想文化界对经济全球化的积极反应。

有学者认为,文化自觉,提出了一个衡量民族文化的坐标:纵轴是从传统和创造的结合中去看待未来,展开新的起点,这是时间轴;横轴是在当前的语境下找到民族文化的自我定位,确定存在的意义和对世界可能作出的贡献,这是空间轴。以此坐标来衡量,我们的传统和创造结合得很不够,还谈不上以新的观点去看待未来。"自知之明"是为了加强文化转型的自主能力,取得适应新环境、新时代文化选择的自主地位,而不是势头很猛的复旧。有人认为这100多年的近代史都错了,走的是"以夷变夏"的道路,主张建立儒教社会,这种明显的排外取向不是文化自觉的本意。在经济全球化的背景下,在保持文化自主性的同时,要理解多元文化,博采众长,才有条件让中国文化参与世界文化的建构,建立各抒所长,联手发展的共处原则。这既要反对"文化割据主义",拒绝接受外来文化,同时也要反对"文化霸权主义",宣扬文化吞并和一体化的论调。另有学者高度评价"文化自觉"是一个"全新的概念",对个人而言是增强自我反思的能力,对文化遗产的保护和传承,不仅是情感延续,而且是理性的认知,这是传承人类的精神血脉,只有到这个层次,才称得上是文化自觉。"各美其美,美人之美,美美与共,天下大同",是指各民族、国家的文化都有自己的美点,各种不同的文化都有优长之处,互相吸收,众美交融,期待天下大同,以达到文明演化的最高境界,这也是对亨廷顿"文明冲突论"的回应。

还有学者提出,文化在精神上是人类共通的,在形态上要承认差异与相互欣赏。我们的问题在于对共通的心存疑虑,对不可能趋同的又进行趋同式的误导。如说"京剧征服了世界",把文化形态无限放大,上升为国家化、民族化的统一思维,幻想你死我活的争战,这对中国文化并非吉兆。联合国2004年人类发展报告,在结论中宣布:本报告否决文化差异将导致文明冲突的理论,接受图图大主教意见:我们为差异而欣喜。文化如果失去人类的坐标和交流,中国文化将找不到出路,在自我陶醉中失去自己。文化交流形象大于思维,感性大于概念,行为大于口号。一个泰戈尔可以让印度文化纳入开放主流文化,一个海明威就让欧洲接受了美国文化。文化交流主要不以国家政策、行政活动方式,而是以有魅力的桥梁式的人物为中心来完成。

第 九 章

史 学 史

第一节 兴起与初期发展

作为历史学的一门分支学科，史学史在中国兴起和发展的历史并不长。最先明确提出把中国史学史作为一种专门学问进行系统研究的，当推"五四"以后的梁启超和何炳松。梁启超在《中国历史研究法补编》中提出中国"很有独立做史的资格"，并专题讨论"中国史学史的做法"。何炳松也在《西洋史学史》的译序中宣布了其欲从事编写中国史学史的计划。此后，较有系统的中国史学史研究论著才渐有问世，只是对近代史学史的研究，在很长一段时期内仍处于相当薄弱的状态。纵观20世纪三四十年代的史学史研究，涉及中国近代领域的，除了金静庵《吾国最近史学之趋势》（1939年）、周予同《五十年来中国之新史学》（1940年）、张绍良《近三十年中国史学的发展》（1943年）、齐思和《近百年来中国史学的发展》（1949年）等少数综论性文章外，有关个案的研究，不但数量少，且几乎都集中在龚自珍、魏源、梁启超、章太炎、王国维等人身上。在专著方面，值得注意的只有两种，一是金毓黻的《中国史学史》（重庆商务印书馆1944年版），二是顾颉刚的《当代中国史学》（南京胜利出版公司1947年版）。前者所述近代史学太过简略，连作者自己也感到不满，以致在1949年后该书重版时干脆删除了这一部分，成了一部名副其实的古代史学史。后者虽涉及近代史学的内容略多，但大多为对近代史学各重要分支学科研究成果的简要介绍和评论，颇类似梁启超《中国近三百年学术史》中的"清代学者整理旧学之总成绩"部分,主要参考价值乃在文献史料学方面,与完整意义上的史学史研究仍有相当的距离。

中华人民共和国成立以后的最初10年,由于当时史学界的注意力大多转向了学习运用唯物史观、重新认识历史和批判非马克思主义史学方面,学术讨论的重点也多为与社会革命联系较密切的宏观历史理论问题,如中国古代社会史的分期、封建土地所有制的形式、资本主义萌芽、农民战争的性质和作用、汉民族形成与民族关系,以及历史人物的评价等,对史学史这类专业化更强的学科史研究,往往因其看似与现实问题隔得稍远而不遑顾及,总体上说来,中国近代史学史的研究依然比较沉寂。20世纪50年代的高等院校历史系很少开设这门课,有的教师还因开设此课在1958年的"教育革命"中被指为"搞冷门",与火热的现实斗争不协调而不得不中辍,便说明了这一点。在这种情况下,近代史学史的研究自然难有大的作为。这一时期,不但杂志发表的有关论文寥寥可数,涉及面也颇狭窄,以致无法形成一种可观的研究规模。这种状况,直到60年代初才有所改观。

1961年4月全国文科教材会议后,教育部高等学校文科教材编审办公室委托吴泽在华东师范学院(今华东师范大学)历史系组织力量编写中国近代史学史教材。时任历史组编审组长的翦伯赞还亲自召开座谈会,专门讨论了中国近代史学史编写的一些原则问题,范文澜、吕振羽、侯外庐和尹达等都应邀出席了会议。这项计划的实施,有力地推动了内地近代史学史研究工作的开展,也标志着该学科的建设进入了实质性的启动。

从这时起至"文化大革命"前的四五年间,可以说是中国近代史学史学科建设的草创期,就其研究工作的侧重而言,主要集中在资料的搜集整理和以史家为重心的个案研究上。华东师范学院历史系自接受教材编写任务后,在系主任吴泽的主持下,召开了专门的学术座谈会,成立了教材编写组,确定了编写大纲和工作计划,并率先开展了大量基础性的资料搜集、调查和研究,先后发表了《魏源的变易思想和历史进化观点》(吴泽,载《历史研究》1962年第5期)、《康有为公羊三世说的历史进化观点研究》(吴泽,载《中华文史论丛》第1辑,1962年8月)、《魏源〈海国图志〉研究》(吴泽、黄丽镛,载《历史研究》1963年第4期)、《徐燕的史学思想》（袁英光，载《华东师范学院学报》1964年第2期）等专题论文。与此同时，各级学术杂志上的相关论文也渐渐增多。但不久"文化大革命"的爆发使这项刚刚有起色的研究事业被迫中断。

"文化大革命"结束后，学术研究重新走上了正常的发展道路。1978年，华东师范大学历史系恢复了史学史研究室的建制和中断10余年的中国近代史学史教材编写工作，并率先招收了以中国近代史学史为主攻方向的硕士研究生。与此同时，中国社会科学院历史研究所、北京师范大学史学研究所、南开大学历史系等科研机构和高校也纷纷组织力量，对中国史学史展开了从古代到近代的全面研究，一部分高校还开设了有关近代史学史的课程，从而使该学科的研究出现了一种前所未有的新局面。

从学科建设的角度说，20世纪70年代末至80年代末，可称之为学科框架体系的基本形成时期。

这一时期的研究，首先是从理论上进一步明确了中国近代史学史研究的指导思想、方法视野、主题线索、内容范围及各时期特点的认识。20世纪80年代初，白寿彝发表的《谈谈近代中国的史学》（《史学史研究》1983年第3期）对中国近代史学发展的基本脉络和特征作了概括性的通论。俞旦初的《简论十九世纪后期的史学》（《近代史研究》1981年第2期）则以丰富的史料展示了近代前期的史学演变趋势。蒋大椿的《中国史学科的回顾与展望》（载《唯物史观与史学》，吉林教育出版社1991年版）也对1840年至1949年间的史学发展作了比较完整的评述。这些都为人们了解近代史学史的基本线索提供了方便。

更为主要的是，这一时期的研究还通过大量基础性工作，包括对各种思潮、流派、史家、史著和社会史学现象的个案研讨，填补了许多学术空白，勾勒出了中国近代史学史的基本全貌。吴泽主编，袁英光、桂遵义撰著的《中国近代史学史》（江苏古籍出版社1989年版）便是这一阶段性成果的代表。本书结合近代社会变迁与史学发展的特点，将1840年至1919年之间的中国近代史学史厘为三期，分阶段具体论述了其间封建史学日趋没落，代表时代进步潮流的地主阶级改革派史学、资产阶级改良派史学和革命派史学相继兴起，以及科学的马克思主义史学在中国的初期传播和发展过程，深入揭示近代史学波浪形曲折推进的历史真相及其与时代阶级斗争的内在必然联系。其最大特点是资料丰富，论证详赡，且对近代新旧各派史学的主要代表人物、史著乃至某些历史辅助学科发展状况皆有所论列，这就为后人的进一步研究提供了坚实的基础。当然，作为内地第一部系统研究中国近代史学史的拓荒之作，也难免存在一些不足，主要是全书的框架结构基本上为"文化大革命"前所拟定，有些地方尚未能充分展现20世纪80年代学术界对近代史学的研究风格。如西方史学的输入及其影响，是中国近代史学发展史上一个非常值得注意的因素，该书前言虽也谈到了这点，但实际论述却很不够。此外，从全书的布局看，专题论文色彩过浓，相互间的关联有时反而显得不够紧密。其中个别章节的设置，也有可商榷的余地，如第1编第4章第4节"外国人和呤唎对太平天国史的研究"，就显得不是很协调，因为其中列举的都是外国人在国外编写并且很晚才被译介到国内的中国近代史著作，对中国近代史学的演进几乎谈不上有何影响，严格说来，并非中国近代史学史的研究范围，显然与全书的主旨不符。其间值得重视的专著还有尹达主编的《中国史学发展史》（中州古籍出版社1985年版），下卷专述1840年至1949年间中国史学的演进大势，内容虽稍嫌简略，却是80年代出版的通论性中国史学史著作中唯一能够完整反映近代史学发展全过程的，因而具有一定的开创意义。

这一时期的近代史学史研究，在基本资料的积累整理和研究成果的总结方面也形成了相当的规模。如华东师范大学中国史学研究所先后编辑出版了《中国近代史学史论集》（上）（华东师范大学出版社1984年版）、《王国维学术研究论集》三辑（华东师范大学出版社1983—1990年版）、《何炳松论文集》（商务印书馆1990年版）、《何炳松纪念文集》（华东师范大学出版社1990年版）和《中国当代史学家丛书》。北京师范大学史学研究所主办的《史学史研究》杂志刊载的当代史学家访问记和有关近代史学家的回忆，以及各家杂志发表的众多史学家传记，则为近代史学史的研究保存了可贵的资料。此外，吴泽和杨翼骧主编的《中国历史大辞典·史学史卷》（上海辞书出版社1983年版），陈清泉、苏双碧等编的《中国史学家评传》（下）（中州古籍出版社1985年版），仓修良主编的《中国史学名著评介》第3卷（山东教育出版社1990年版）、北京师范大学编的《陈垣校长诞生百年纪念文集》（北京师范大学出版社1980年版)、北京大学历史系编的《翦伯赞学术纪念文集》（北京大学出版社1985年版)、中山大学编辑的《纪念陈寅恪教授国际学术讨论会文集》（中山大学出版社1989年版）和北京大学中古史研究中心编的《纪念陈寅恪先生诞辰百年学术论文集》（北京大学出版社1989年版），以及中国社会科学院历史研究所编的《八十年来史学书目》（中国社会科学出版社1984年版）、刘泽华主编的《近九十年史学理论要籍提要》（书目文献出版社1992年版）等，在清理总结前人的相关研究成果方面，也都做了很好的基础工作。

特别值得一提的，还有1982年至1983年俞旦初在《史学史研究》上发表的长篇论文《二十世纪初年中国的新史学思潮初考》。该文不仅从20世纪初的各类旧期刊、翻译史著和清季历史教科书中爬梳出大量的史料，十分具体地勾勒出了"新史学"思潮的总体概貌，还为进一步拓展近代史学史研究的史料范围提供了新的示范，对后来的研究者启迪良多。葛懋春主编的《中国现代史论选》上册（广西师范大学出版社1990年版）和蒋大椿主编的《史学探源——中国近代史学理论文编》（此书1991年4月才由吉林教育出版社正式出版），可说是进一步推进了这方面的工作。

如果说，20世纪80年代的中国近代史学史研究尚属拓荒阶段的话，那么90年代则是它的第一个金色收获季节了。这明显反映在中国近代史学史研究著作的数量激增上。整个80年代，这类专著仅出版一部。而自1991年起，就先后有胡逢祥和张文建的《中国近代史学思潮与流派》（华东师范大学出版社1991年版）、高国抗和杨燕起主编的《中国近代史学史概要》（广东高等教育出版社1994年版）、陈其泰的《中国近代史学的历程》（河南人民出版社1994年版）、马金科和洪京陵编著的《中国近代史学发展叙论》（中国人民大学出版社1994年版）、蒋俊的《中国史学近代化进程》（齐鲁书社1995年版）、俞旦初的《爱国主义与中国近代史学》（中国社会科学出版社1996年版）、张岂之主编的《中国近代史学学术史》（中国社会科学出版社1996年版）、张书学的《中国现代史学思潮研究》（湖南教育出版社1998年版）等10多部著作问世。

其中，《中国近代史学思潮与流派》较早从思潮和流派结合的角度，对近代史学的发展作了系统考察。《中国近代史学的历程》和《爱国主义与中国近代史学》虽皆由论文汇编而成，但也形成了各自对于近代史学史贯通研究的基本框架结构。前者对中国近代史学研究的基本方法、视角、意义，以及重要史家均有论列。后者出版于作者身后，书中除首篇简论19世纪后期中国的史学外，其余主要是对20世纪最初10年某些宏观性史学思潮和史学现象的思索，如新史学、爱国主义史学思潮、外国史研究和历史科学观念的兴起等。其在研究上所展示的新视角和扎实细致的资料工作，受到了同行的普遍推重。《中国史学近代化进程》和《中国现代史学思潮研究》是两部讨论20世纪前半期史学的专著，其着眼点皆偏重于史学思想或史学理论的演变。前者对"新史学"、实验主义史学、"古史辨"、史料建设派、历史研究法派，以及此时期出现的某些历史观一一作了评述。后者是内地出版的第一部系统论述中国现代史学思潮之作，从历史和逻辑两方面对"五四"以来出现的实证主义、相对主义、马克思主义三股史学思潮的影响消长和相互关系进行了辩证的考察。不但对王国维、胡适、顾颉刚、傅斯年、陈寅恪、陈垣、梁启超、何炳松、朱谦之、常乃德、雷海宗、钱穆、李大钊、郭沫若、吕振羽、翦伯赞、侯外庐、范文澜等众多史家在史学理论与方法方面的贡献、特征及得失俱有评述，还对中国现代史学发展过程中遭遇到的一些理论困惑，如怎样认识"历史科学"的内涵、历史研究中"主观"与"客观"的对立、史料与理论孰重孰轻、"求真"与"致用"的矛盾等问题，作了认真的反思，体现了作者在史学史研究中着力探究时代史学脉搏的敏锐"问题意识"。《中国近代史学学术史》则是一部从学术史的角度对近代史学进行别开生面研究的专著。作者认为，史学学术史"不同于史学史，后者主要研究史观、史书体例以及史学功能等属于史学本身的演变发展历史；史学学术史研究的方面并不限于史学本身，而且包含有各种史学成果的学术价值和社会效益的估量，以及史学与其他学术成果的关系等等"[①]。因此，该书从史学哲学、史学方法和史学学术成果三方面对近代史学学术史展开了论述，并把近代史学的发轫上推到明末清初。

---

① 张岂之：《中国近代史学学术史·序》，第1—2页。

以上情况表明，这一时期有关中国近代史学史的著作，在风格和结构布局上已日益呈现出多样化的趋势。

此外，这一时期的中国近代史学史研究，还在以下三方面呈现出全新的气象：

第一，研究视野大为开阔。20世纪60年代初，中国近代史学史研究的视角和框架明显受到侯外庐《中国思想通史》的影响，突出的是对近代一些史学大家或重要史著的个案研究；对其史学思想的探讨，也往往只注重政治思想和以自然观与历史观为主的哲学思想，而不是历史学科自身的理论与方法，显得与一般哲学史或思想史研究的模式比较接近。80年代特别是90年代以后，近代史学史的研究逐步形成了自己的学科风格，特别是对直接推动学科自身发展的理论和方法演变倾注了更大的关怀。其研究内容，也不再局限于某一史家或史著的个案讨论，而将视野逐步扩展到各种影响史学变动的重要文化因素或社会史学现象方面。

如中西史学的交流，曾对中国近代史学的发展产生过很大影响，但新中国成立以后，这方面的研究一直十分薄弱。进入20世纪90年代后，有关论文日趋增多，如胡逢祥的《西方史学的输入和中国史学的近代化》（《学术季刊》1990年第1期）和《"五四"时期的中国史坛与西方现代史学》（《学术月刊》1996年第12期）、张广智的《西方古典史学的传统及其在中国的回响》（《史学理论研究》1994年第2期）和《20世纪前期西方史学输入中国的行程》（《史学理论研究》1996年第1期）、王也扬的《清末外国史书的引进与中国史学观念的变化》（《社会科学探索》1994年第5期）、于沛的《外国史学理论的引入和回响》（《历史研究》1996年第3期），以及留美学者王晴佳的《中国20世纪史学与西方——论现代历史意识的产生》（台湾《新史学》第9卷第1期，1998年3月）等，分别对西方史学输入近代中国的途径、内容、影响和特点作了论述。而桑兵的《伯希和与近代中国学术界》（《历史研究》1997年第5期），则从双向交流的角度，对西方汉学家伯希和与中国学术界的交往及相互影响作了翔实而饶有兴味的考论，使人们对这一问题的认识日趋具体。

有关近代史学思潮和流派的研究，也在这一时期得到了进一步的深化。除了前述一些专著外，还有刘俐娜的《五四时期史学思潮新探》

(《近代史研究》1991年第1期)、张和声的《文化形态史观与战国策派的史学》(《史林》1992年第2期)、张文建的《学衡派的史学研究》(《史学史研究》1994年第2期)、胡逢祥的《"五四"时期的"科学主义"思潮与中国史学的现代化建设》(《华东师范大学学报》1995年第6期)、郑师渠的《学衡派史学思想初探》(《北京师范大学学报》1998年第4期)以及侯云灏的《20世纪前期中国史学流派略论》(《史学理论研究》1999年第2期)等不少论文,也对此展开了多方面的探讨,从而为厘清近代史学头绪纷繁的演变轨迹提供了有益的启示。

在研究领域的开拓方面,更有不少新的进展。如20世纪初以来西北敦煌文献的发现和敦煌学的形成,与现代历史学特别是中西交通史、西域史、西北地理、宗教史等分支学科的发展有着密切的关系,但以往少有史学史的角度的研究。林家平等所撰《中国敦煌学史》(北京语言学院出版社1992年版),可以说在相当程度上弥补了这一缺陷。关于中外史学的比较研究,虽早有人提倡并作过一些讨论,但系统深入之作却不多见。盛邦和的《东亚:走向近代的精神历程——近三百年中日史学与儒学传统》(浙江人民出版社1995年版)对中、日(兼及朝鲜)史学近代化的系统比较,应当说在这方面做出了有意义的尝试。西方考古学的传入及其在中国的兴起,也与中国近代史学的发展有着十分密切的关系。陈星灿的《中国史前考古学史研究(1895—1949)》(生活·读书·新知三联书店1997年版)从考古学史的角度,对这一过程进行了总结。其余如黄敏兰的《学术救国——知识分子历史观与中国政治》(河南人民出版社1995年版)对思想史上各派历史观的考察,陈其泰的《清代公羊学》(东方出版社1997年版)对今文经学《春秋》公羊说与近代史学思想发展关系的系统研究,都显示了这一新动向。有的论文,还从近代历史教学体制、专业学会和杂志的作用、社会文化思潮和哲学思潮与史学的相互影响等新视角,探讨了史学近代化的进程。凡此皆不同程度地拓展了中国近代史学史的研究。

第二,研究重心明显由1840年至1919年转向了1919年至1949年的史学史。"文化大革命"之前,1919年至1949年间的史学史研究几乎是个空白。自20世纪80年代起,这方面的研究才真正有所启动。不过,最初的研究仍多集中在马克思主义史学和史家的研究方面[1]，而对非马克思主义史家的研究，则大抵不出梁启超、王国维、陈寅恪、胡适、顾颉刚、陈垣、吕思勉等数人范围。1990年以后，尤其是世纪之末，开始呈现全面铺开的态势，不但马克思主义史学史的研究硕果累累，其他各家各派的讨论也达到了相当宽广和深入的境界。

在马克思主义史学史的研究方面，最具代表性的专著是桂遵义的《马克思主义史学在中国》（山东人民出版社1992年版）。该书论述了五四运动至1956年间马克思主义唯物史观在中国的传播和中国马克思主义史学的形成发展史，是迄今为止内地最为全面反映中国马克思主义史学发展史的专著。与此同时，原先对马克思主义史家的个案研究也开始由单篇论文发展为专著，先后出版了刘茂林等人的《吕振羽评传》（社会科学文献出版社1990年版）、朱政惠的《吕振羽和他的历史学研究》（湖南教育出版社1992年版）、叶桂生等的《郭沫若的史学生涯》（社会科学文献出版社1992年版）、中国社会科学院历史研究所史学史研究室编的《新史学五大家》（社会科学文献出版社1996年版）和张传玺的《翦伯赞传》（北京大学出版社1998年版）。并且结集出版了一些有关人物的研究论集，如中国郭沫若研究学会等编的《郭沫若史学研究》（成都出版社1990年版）、中国社会科学院历史研究所中国思想史研究室等编的《纪念侯外庐文集》（陕西人民教育出版社1991年版）、林甘泉等主编的《郭沫若与中国史学》（中国社会科学出版社1992年版）等。

对于中国现代非马克思主义各派史学的研究，20世纪90年代更呈现出一种突破禁区、思想解放的新格局，一批五六十年代以来遭到批判否定的史学家或视为禁区的领域得到了重新检视和实事求是的评介。仅90年

---

[1] 参见朱仲玉《1919年至1949年间中国的马克思主义史学》（《史学史研究》1981年第3期）、白寿彝等《马克思主义史学在中国的传播和发展》（《史学史研究》1983年第1期）、叶桂生等《略论马克思主义中国历史学的创立和发展》（《学习与研究》1982年第11期）与《中国社会史论战与马克思主义历史学的形成》（《中国史研究》1983年第1期）、林甘泉等《中国古代史分期讨论五十年》（上海人民出版社1982年版）、白钢《中国封建社会长期延续问题论战的由来与发展》（中国社会科学出版社1984年版）和张静如《中共党史史学史》（中国人民大学出版社1990年版）等论著。

代百花洲文艺出版社出版的"国学大师丛书"中,就包括了胡适、陈寅恪、柳诒徵、汤用彤、郭沫若、钱穆、顾颉刚、章太炎、罗振玉、梁启超、刘师培、王国维12位史家的评传。1997年华东师范大学出版社出版的"往事与沉思"传记丛书第1辑也包括了两部现代史家回忆录(傅振伦的《蒲梢沧桑——九十忆往》和何兹全的《爱国一书生——八十五自述》)与三部现代史家传(葛剑雄的《悠悠长水——谭其骧前传》、顾潮的《历劫终教志不灰——我的父亲顾颉刚》和张耕华的《人类的祥瑞——吕思勉传》)。此外,岳玉玺和李泉的《傅斯年——大气磅礴的一代学人》(天津人民出版社1994年版)、王永兴的《陈寅恪先生史学述略稿》(北京大学出版社1998年版),以及各家出版社出版的现代学者研究丛书中对此亦多有涉及。至于单篇论文的范围就更为广泛了,对于陈垣、朱希祖、邓之诚、何炳松、张荫麟、朱谦之、常乃惪、萧一山、冯承钧、张星烺、雷海宗等,都有不同程度的讨论。

第三,逐步形成了学术争鸣的氛围。在史学思潮和流派的评价方面,争议较大的主要有国粹主义、学衡派和战国策派等。

国粹主义作为一种文化学术思潮,长期以来曾因其浓厚的保守倾向而遭到大多数人的否定。如杨天石曾发表《辛亥革命前的国粹主义思潮》(《新建设》1965年第2期)一文,认为"国粹主义思潮是一种封建地主阶级的复古思潮",它"在保存民族遗产的幌子下保存封建文化,用遗产作为抵制革命的新文化的手段"。吴泽主编的《史学概论》还把钱穆、柳诒徵、缪凤林等"五四"以后的史家归入国粹派,认为其思想实质是"美化中国古代社会","美化封建专制制度和封建文化"[①]。仅有张枬、王忍之等少数人认为1905年至1907年间出现的国粹派是当时革命派的支流,它用"保存国粹"的形式,宣传排满复汉和反对君主专制的思想,有一定的革命性。[②] 20世纪80年代以后,主张后一种观点的人有了增多的趋势,如隗瀛涛等主编的《辛亥革命史》中册(人民出版社1980年版)便对晚清国粹主义思想中蕴含的积极因素作了较多的发掘。胡逢祥和郑师渠等人

[①] 吴泽主编《史学概论》,安徽人民出版社1985年版,第348、349页。
[②] 参见张枬、王忍之《辛亥革命前十年间时论选集》第2卷序言,第16、17—18页。

则通过对20世纪初年国粹派史学活动的考察,认为不能将其视为一味排斥西学和固守传统的文化复古派。在史学研究上,他们颇能注意吸收西方近代理论和方法,"不仅同样高揭'史界革命'旗帜,猛烈批判旧史学,而且于新史学身体力行,研究硕果累累",充当了20世纪初"资产阶级史学不容忽视的一个重要的方面军"①。或者可以说,国粹派的史学主张,实际代表了"刚刚从地主阶级中分化出来,具有反帝反封建要求,但又与封建文化保持较深关系的资产阶级学术思想"②。

有关学衡派史学的讨论,情况也与此类似,长期以来一直被当作封建文化的余绪而弃置一旁。这时随着学术界对文化保守主义的研究日趋重视,学衡派的史学也得到了重新评价。郑师渠认为,学衡派的史学思想实现了与当时西方史学发展态势相近的"由实证主义史学向新史学的转换",在理论上,他们肯定历史演变的自身规律性和史学作为一门科学存在的价值,主张史学的发展应注重普及与提高并重,并在通史与专史的编纂、研究领域的开拓和学术团体的组织活动方面提出了一系列建设性的意见,颇能"得风气之先"③。

而活跃于20世纪40年代初的战国策派史学,"文化大革命"前原被定性为"法西斯史学",从政治上判决了"死刑"④,直到80年代以后,才有人从学术的角度对其进行讨论。虽然大部分文章对战国策派史学的政治倾向仍持批评态度,但至少在两个方面提出了新的评价:一是不赞成将它说成是替德、日法西斯侵略张目,理由是战国策派曾明言:"如果希特勒和东条英机取胜,只能是文化的颓萎枯竭,'希特勒绝对要不得'。有些文章指责战国策派希望法西斯统一世界,似与事实不合,果真如此,他们又何必鼓吹'战',只须提倡'降'就可以了。"⑤ 二是肯

---

① 郑师渠:《晚清国粹派的新史学探讨》,《北京师范大学学报》1991年第5期。郑师渠另有《晚清国粹派研究》(北京师范大学出版社1993年版)一书,可参看。
② 胡逢祥:《论辛亥革命时期的国粹主义史学》,《历史研究》1985年第5期。
③ 郑师渠:《学衡派史学思想初探》,《北京师范大学学报》1998年第4期。
④ 袁英光:《"战国策派"反动史学观点批判》,原载《华东师范大学学报》1958年第2期,后转载于《历史研究》。尹达主编的《中国史学发展史》基本上也持此说,参见该书第572—574页。
⑤ 张和声:《文化形态史观与战国策派的史学》注文,《史林》1992年第2期。

定其输入西方文化形态史观对于开阔国内史学理论视野具有一定的积极意义。①

至于对近代史家的讨论,争议之处就更多了。这里仅以梁启超、章太炎、陈寅恪、郭沫若为例,作些简介。

梁启超是中国近代新史学的奠基人,由于一生思想多变,学术界对其史学的认识分歧也较多,主要是:(1)关于梁氏史学理论体系的形成时间。一种意见认为当在 20 世纪 20 年代,即《中国历史研究法》发表之时②;另一种意见认为初步形成于 1902 年左右,以《中国史叙论》和《新史学》的发表为标志,此后只是进一步完善罢了③;还有一种意见主张上推到戊戌变法前夕。(2)关于梁氏史学思想的评价。一种意见认为,梁氏史学思想的演变与其政治活动基本同步,即前期进步有生气,后期伴随着政治上的落伍,史学上也不断倒退④;另一种意见认为,梁的史学总体上应基本肯定,即使是晚年思想多变,表现出对进化论的怀疑,也并非简单的倒退,其中实际包含着对历史的认识趋向深化和复杂化的一面⑤。(3)关于梁氏史学的特点。一种意见认为"批判与创新是梁启超史学的特点",即使在他晚年仍是如此⑥;另一种意见认为离开时代的变化,笼统地说梁氏史学的特点是批判和创新是不对的⑦;还有的指出梁的史学理论体系具有多元论倾向、开放型结构和不稳定性等特点⑧。

关于章太炎的史学,大部分论文都比较强调其民族主义的历史观念,

---

① 参见侯云灏《雷海宗早期史学思想研究》,《史学理论研究》1992 年第 3 期;李帆《"文化形态史观"的东渐——战国策派与汤因比》,《近代史研究》1993 年第 6 期。
② 参见刘振岚《梁启超对历史发展规律的探索》,《历史研究》1984 年第 5 期。
③ 参见胡逢祥《梁启超史学理论体系新探》,《学术月刊》1986 年第 12 期。
④ 参见胡滨《论梁启超的史学》(《文史哲》1957 年第 4 期)和李侃《梁启超史学思想试论》(《新建设》1963 年第 7 期)。
⑤ 参见刘振岚《梁启超对历史发展规律的探索》(《历史研究》1984 年第 5 期)、胡逢祥《梁启超史学理论体系新探》(《学术月刊》1986 年第 12 期)以及张书学《中国现代史学思潮研究》第 286 页。
⑥ 参见马金科《批判与创新是梁启超史学的特点》(《光明日报》1983 年 10 月 12 日)和曹靖国《梁启超进化史观的演变》(《东北师大学报》1985 年第 3 期)。
⑦ 参见吴怀祺《关于梁启超史学评价的几个问题》,《光明日报》1984 年 1 月 18 日。
⑧ 参见胡逢祥《梁启超史学理论新探》,《学术月刊》1986 年第 12 期。

认为他是中国近代由传统史学向资产阶级新史学转变的代表人物之一。[1]也有人认为其史学理论基本上来源于资产阶级进化论和西方的社会学。[2]

陈寅恪是这一时期学术界议论的一个热点,其中比较有争议的,除政治思想外,在史学思想方面,首先是他的史学方法的渊源问题。比较传统的说法,认为其史学方法主要承自"乾嘉朴学的家法"[3]。陈门弟子王永兴也认为陈之"史学渊源于宋贤","而又发展之,开辟了华夏民族史学的新时代",并特作《陈寅恪先生史学述略稿》加以阐扬。[4] 其次是其史学流派的分野问题。许冠三的《新史学九十年》将他与傅斯年一同归入"史料学派"。但海外华裔学者汪荣祖深不以为然,说:"使人觉得奇怪的是,史料居然可作为一个史学流派的称号。因史料乃任何史学流派,或任何像样的史学家必须共同重视与尊奉的,说不上是一种特点,也不是一种特长。"[5] 傅璇琮也提出,不能"把陈寅恪的学问仅仅归结为考据,那只是看到它的极为次要的部分",因他治学"决不以考据资料自限",而是十分强调"通识"的[6]。

而郭沫若则是中国老一辈马克思主义史学家中影响最为广泛并且也是最有争议的人。自他逝世以后,学术界对其史著的资料、观点、结论乃至学风都有所非议,开始是对其"文化大革命"中所撰《李白与杜甫》的指责,接着是对其以往有关曹操、武则天的翻案文章,以及古史分期看法等的批评。1981年姚雪垠在《文汇月刊》上发表的《评〈甲申三百年祭〉》除了指出其史料上的疏漏,还对他的治学态度和学风表示了极大的不满。金景芳也对郭沫若的治史学风提出了言辞激烈的批评,认为他的某些研究"既没有马克思主义的理论根据,又没有中国历史事实

---

[1] 参见吴若蔚《章太炎之民族主义史学》(台湾《太阳杂志》第13卷第6期)、李润苍《章太炎的史学观点和方法》(《学术月刊》1984年第8期)。
[2] 参见杜蒸民《试论章太炎的史学思想及其成就》,《史学史研究》1983年第4期。
[3] 俞大维、蒋天枢、萧公权、汪荣祖等皆持此见,参见《新史学九十年》第238页注16。
[4] 《陈寅恪先生史学述略稿·前言》,北京大学出版社1998年版。
[5] 汪荣祖:《陈寅恪与乾嘉考据学》,载《纪念陈寅恪教授国际学术讨论会文集》,第220页。
[6] 傅璇琮:《陈寅恪文化心态与学术品位的考察》,《社会科学战线》1991年第3期。

根据，纯粹处于主观臆造"①。这些看法，很快遭到顾诚、王守稼、缪振鹏、谢济等人的反驳，他们认为，郭沫若的历史研究固然存在着某些不足，但绝不能因此从学风上全盘否定其成就，应当从时代条件和其在历史上所起的实际作用来全面认识郭沫若史学的地位。②特别是尹达的《郭沫若》一文，高度评价了郭沫若一生的史学活动，认为他是中国无产阶级史学的拓荒者，"革命行动家与学术家兼而为之的道路，决定着郭沫若治学的特点"，无论是对中国古代史还是甲骨、金文和古器物的研究，都是如此。虽然他的某些史著，也存在着理论上的简单化和片面化倾向，有时甚至用"驰骋想象"的推理代替史实的分析，以致显得不够严谨，但难能可贵的是，对于自己的错误，他总能不断进行自我解剖，并勇于修正。③ 在有关郭沫若史学的各种评价中，还应顺便提及海外学者余英时的《〈十批判书〉与〈先秦诸子系年〉互校记》。该文最初发表于1954年香港《人生》半月刊，1994年复收入上海远东出版社出版的《钱穆与中国文化》一书，在内地产生了较大的影响。文中指责郭沫若的《十批判书》大量抄袭钱穆的《先秦诸子系年》，以致"我们便不能不对他的一切学术论著都保持怀疑的态度了"④。由于该文对郭的批评已接近攻击，引起一些内地学者的不满，翟清福、耿清珩为此撰文，列举史实，对余文逐条作了理智的辨析，指出余英时出于个人的好恶，肆意扬钱抑郭，绝非一个正直学者应有的态度，"学术批评应当实事求是，不能出于政治偏见而恶意中伤"⑤。

以上所举，虽然只是几例，但从思想解放程度看，已让我们深切感受到了这一时期内地史学风气的转换尤其是学术界思想日趋开放之势。正是这种日趋开放而健康的学术争鸣，使中国近代史学史的研究不断萌发出了

---

① 金景芳：《中国古代史分期商榷》，《历史研究》1979年第2—3期。
② 参见顾诚《如何正确评价〈甲申三百年祭〉》，《中国史研究》1981年第4期；王守稼和缪振鹏《〈甲申三百年祭〉及其在现代史学史上的地位》，《郭沫若研究》（1），文化艺术出版社1985年版；谢济《金景芳先生为何如此评论郭沫若史学》，乐山《郭沫若学刊》1991年第1期。
③ 陈清泉等编：《中国史学家评传》（下），中州古籍出版社1985年版。
④ 《钱穆与中国文化》，第119页。
⑤ 翟清福、耿清珩：《一桩学术公案的真相》，《中国史研究》1996年第3期。

新的意境和活力。①

第二节 理论与方法的检视

20世纪后半期的中国近代史学史研究，曾围绕本学科理论体系的建设，展开多方面的探索和争论，取得了不少积极的成果。兹就其大的方面，略加评述。

一 关于中国近代史学史的基本内容

中国近代史学史的基本内容与一般史学史的研究对象应当说并无差别，但由于其所处时代的特殊性，因而也有一些新的内涵与特点。李润苍认为，中国近代史学史的研究，必须从其所处的半殖民地半封建社会政治、经济、文化—思潮的基本背景出发，从史观、史法、史料、史编、史家五个方面对该时期的史学现象做出科学的说明。应"重点深入研究中国近代有代表性的史籍和史家，包括翻译的外国史学名著，探索外国史学对中国史学的影响，中外史学的交流"；"指出它们的特点、地位和作用，从而阐明其演变、发展的规律，供现代史学参考、借鉴"。尤其要重视对"史观"问题的考察，因为史观在影响史学变化的诸因素中具有决定性的主导作用。② 吴泽主编的《中国近代史学史》对此作了更为系统清晰的论述，指出，中国近代史学史的研究对象除了包括一般的史学思想、历史编纂学、史料学等外，还应看到随着近代以来学科分工的发展，"史学史研究的对象和范围也随之扩大。如考古学、民族学、宗教学、历史地理等，都是与史学史发展相关联的学科，均应作为史学史研究的对象。但这些只能作为史学发展的辅助学科，不能取代史学史的研究。还特别应当注意，由于中国近代是半殖民地半封建社会，反映在史学上，外国史学思想和史

---

① 有关20世纪80年代以前近代史学史研究的具体问题讨论情况，乔治忠、姜胜利编著的《中国史学史研究述要》（天津教育出版社1996年版）有更多的介绍，可参看。

② 李润苍：《关于中国近代史学史的基本内容和几点想法》，《史学史研究》1985年第2期。

学方法有着重大影响，不探本溯源，不易进行深入的分析，特别是有些学者片面鼓吹学习西方，主张'全盘西化'，给中国史学带来了严重后果。另一方面，我们应注意到中外史学的发展应有共同的基本规律，也有各不相同的民族特点。不研究外国史学，就没有一个综合比较的研究，也就不能认识各国史学发展的共同规律和我国史学的民族特点。因此，研究中国近代史学史，必须同时研究西方资产阶级史学及其对中国的影响"①。叶桂生则强调，现代史学史的研究应注重分析该时期史学和史家的流派及其特点，写出代表性史家的成就和性格，以便从中揭示该时期的史学动向。②这些探讨，对于拓宽史学史研究的视野，特别是促进近代史学史研究更充分地展示其时代个性，无疑具有积极的启迪意义。

二 关于中国近代史学史的发展主线和分期

这是一个涉及对近代史学史的总体认识和编写大框架的体系性问题。20世纪80年代初，白寿彝较早对此作了分析，认为由民族危机激起的"救亡图存的爱国主义史学思潮"是旧民主主义革命时期进步史学的主流，不但反映了当时的社会矛盾和时代要求，对封建主义进行了多方面的深刻批判，也为此后史学的近代化和马克思主义史学的建立准备了条件。而彻底地反帝反封建则是"五四"以后30多年中国史学近代化的最大特色和主流。并指出，史学近代化的过程主要表现为研究重心的转变和视野的日趋开阔、史观的更新、史料范围的扩大和治史方法的进步等。③ 李润苍则认为："对中国近代史学史的分期可以史观的变化为标志，把近代前80年分为两个小段：20世纪初年梁启超提出建立'新史学'、'史界革命'以前为第一段，以后为第二段。第一段自魏源的《海国图志》、徐继畬的《瀛环志略》、梁廷枏的《海国四说》起，19世纪七八十年代又有王韬的《法国志略》《普法战纪》，黄遵宪的《日本国志》等，至90年代末梁启超的《戊戌政变记》，尽管这些书中有反映反帝反封建斗争的倾向，但其

---

① 吴泽主编：《中国近代史学史·前言》，第3—4页。
② 参见叶桂生《关于现代史学史的思索》，《史学史研究》1989年第4期。
③ 参见白寿彝《谈谈近代中国的史学》，《史学史研究》1983年第3期。

史观还不能确定为资产阶级的。只有到了 20 世纪初年,随着民族资本主义的发展,民族资产阶级的改良派和革命派的形成,各种资产阶级史观的输入,当时的历史论著才有鲜明的资产阶级性质。"① 杜蒸民的《中国近代资产阶级史学概论》(《安徽师范大学学报》1983 年第 1 期)也认为 19 世纪后期的中国史学从总体上看并未跳出封建史学的框架,最多只是资产阶级史学的萌芽,至 1901 年、1902 年梁启超发表《中国史叙论》和《新史学》,才标志着资产阶级史学的真正开端。

20 世纪 80 年代后期,一些近代史学史专著对此作了更为细致的论述。如尹达主编的《中国史学发展史》认为,从鸦片战争到太平天国革命运动期间,封建史学的樊篱开始被冲破,但由于还缺乏先进阶级的力量和思想武器,其性质仍属于封建史学的范畴。洋务运动至戊戌变法期间,随着西方进化史观的输入和外国史研究的进一步展开,中国资产阶级史学开始萌芽。20 世纪初年则是中国资产阶级"新史学"创立的真正开端。"五四"以后 30 年,马克思主义史学的形成和发展成为现代史学进步的主线,中国史学从此走上了真正科学的轨道。②

吴泽在《中国近代史学史》中提出,中国近代史学的发展贯穿了唯物主义与唯心主义、唯物史观与唯心史观的斗争这一主线,故史学史的研究应注重阐明唯物史观如何在斗争中壮大自己并推进整个中国史学发展的过程及其规律。在近代史学史的分期上,该书认为,一方面应考察构成史学演变的三个要素,即史学思想、历史编纂学和史学研究范围的变化情况;另一方面则应与从根本上制约其发展阶段性的社会历史发展特点联系起来进行分析,也即"抓住每一社会形态发展过程中的各个不同历史时期的主要矛盾和主要矛盾方面,探索出当时各个社会形态中史学发生、发展、演变递嬗的规律",做出合理的分期。依据这一标准,书中主张将中国近代史学史分为四个阶段:一是鸦片战争前后到太平天国时期,其史学演变的趋势表现为封建旧史学的渐趋衰落和地主阶级改革派史学的兴起。二是太平天国革命失败到义和团运动时期,随着洋务运动的展开,西方近代史学

---

① 李润苍:《关于中国近代史学史的基本内容和几点想法》,《史学史研究》1985 年第 2 期。
② 参见尹达主编《中国史学发展史》,第 379—381、470 页。

的逐步传入和民族资产阶级登上政治舞台，资产阶级新史学开始崛起。三是义和团运动失败到五四运动时期，其时资产阶级改良派史学依然保持着相当的影响，革命派史学也异军突起。四是五四运动至1949年新中国成立，为马克思主义史学在中国产生、传播和发展并成为主流的时期。①

胡逢祥对近代史学的分期，较多地着眼于各时期史学主流的社会文化属性演变，认为中国史学变革的近代化趋势，从内容上看，"主要表现为两个方面：（1）历史研究开始反映出中国近代社会的特点，尤其是帝国主义和中华民族的矛盾、封建主义和人民大众的矛盾这些重大历史斗争的课题。（2）史学主导形态逐步由封建性向资产阶级性以及科学化转变"。据此，他主张将1840年至1949年间的中国史学发展进程划分为三个阶段：一是鸦片战争前后至19世纪90年代，为中国史学近代化的酝酿期，也即中国史学发展主流由封建史学向资产阶级史学转化的过渡期；二是19世纪90年代至新文化运动，为中国近代史学的确立期；三是"五四"至1949年新中国成立，为中国近代史学走向科学化时期。② 蒋俊的《中国史学近代化进程》则强调了中国近代的史学革命与该时期整个社会民主革命进程的一致性，因而主张以"史学革命"为主线来考察近代史学，认为19世纪末是史学革命的准备时期，20世纪初至20年代末系以资产阶级史家为主进行史学革命的时期，30年代至40年代末是以马克思主义史家为主进行史学革命的时期。

这些分歧的存在，反映了各家分期标准不一：有的强调以社会形态演变为基准；有的以中国近代的"三次革命高潮"为参照依据；有的着眼于史学自身发展的阶段特点；有的倾向于社会经济、政治、学术文化多种因素的综合分析。但就具体的分期而言，我们仍可从中发现一些基本的共识，即大部分意见都倾向以19、20世纪之交和"五四"作为两个分期的基本历史界标，将整个中国近代史学的演变划分为三个时段。

三 中国史学的近代化进程与传统史学及西方史学的关系

近代以来，中国史学经历了有史以来最为深巨的"脱胎换骨"之变，

---

① 吴泽主编：《中国近代史学史·前言》。
② 胡逢祥：《中国近代史学的发展进程及其特点》，《华东师范大学学报》1991年第4期。

几千年来一直以"道统相传"的方式递嬗并不断得到加固的传统史学体系遭到了根本的动摇，而有着不同社会与文化背景的西方史学却登堂入室，大有取而代之之势。如何看待这一历史现象，如何正确评估传统史学和西方史学在中国史学近代化过程中的实际作用和影响，这是中国近代史学史研究必须回答的问题。

对于这一问题，史学界曾出现过一些认识上的偏差。肖黎就指出，20世纪50年代以来，在很长的时间里，学术界存在着一种既漠视传统史学的优良传统，又盲目排斥西方史学理论方法的错误倾向，"文化大革命"时期，这两者更被打上了"封资修"的标记。[①] 在这种情况下，自然很难谈得上对其进行科学的研究。

一个时期以来，传统史学在近代史学发展中的地位和作用日渐受到人们的重视。陈其泰便指出："认为传统史学即封建史学，因而近代史学与传统史学之间存在一个断裂层，近代史学从理论到方法都是由外国输入，在编撰上也是摒弃了传统史书形式而从外国移植。这种似乎很时髦的论调实则同一个多世纪以来中国史学演进的客观进程相违背。"他认为，近代史学是从传统史学发展演变而来的，外来影响只是近代史学产生的条件。传统史学中既有大量糟粕，也孕育着近代因素，在外来文化大量输入之时，这些宝贵的近代因素被当时敏锐的学者所发扬，成为他们吸收外来进步文化的内在基础，并在与外来成分相糅合的过程中得到升华，形成向近代史学转变的"中介"。有成就的近代史家，其学术无不深深扎根于民族文化的土壤，做到了将外来进步思想与中国史学的优良传统相糅合。可见20世纪史学发展的主流绝不是一脚踢开传统，对外来东西的生搬硬套或简单移植。[②] 他还强调，近代史学对古代传统史学是扬弃而不是摒弃，这是一个对传统史学的吸收、改造、发挥和提高过程。[③] 瞿林东则提出，在20世纪史学发生巨大变革的过程中，传统史学受到了严峻的批判，这是史学进步的表现，但同时，由于人们对其在近现代史学发展过程中的积极作用

---

① 参见《20世纪中国历史学》（下），《光明日报》1998年1月27日。
② 陈其泰：《史学与中国文化传统》，书目文献出版社1992年版，第177—179页。
③ 参见陈其泰《论近代史学对传统史学的扬弃》，《中国史研究》1987年第1期。

估计不足,也削弱了对当代史学之民族形式的研究和追求。苏双碧也发表了类似的意见:"在中国,当资产阶级新史学兴起,以及无产阶级的马克思主义史学出现并发展起来时,就必然要破除传统史学方法,揭露传统史学的弊端,以便为新的史学方法开路,从而使零碎的、个别的历史研究变成探寻历史发展规律的研究方法。"① 但这种批判是为了史学在新社会形态下的发展,而不是从根本上否定传统史学。

这些看法,无疑表达了当代学人对这一问题的理性自觉。而如果从整个中国近代史学发展的实际过程看,更不难发现,传统史学的深刻影响力(包括其精华和某些缺陷),无论对其赞赏还是厌弃,都是不容回避的客观存在。因此,正确反映新旧文化交替过程中这层错综复杂的关系,应是近代史学史研究的一项重要任务。有鉴于此,20世纪八九十年代以来发表的近代史学史论著,有不少都对传统史学与近代史学的关系作了不同程度的探讨。如汤志钧的《近代史学和儒家经学》(《学术月刊》1979年第3期)对近代史学和传统经学之间关系的考察,陈其泰的《传统史学向近代史学的转变》(收入其所著《史学与中国文化传统》)对传统史学思想、历史编纂学、考史方法等在近代影响的分析,以及学术界对国粹派、学衡派史学和史家的研究,其关注的重点皆在于此。

至于西方史学与中国近代史学的关系,于沛的看法颇具代表性,他说:"20世纪中国史学发展的每一关键时刻,都和外国史学理论的引入、传播及中外史学的交融有着密切的关系。没有进化史观,就没有梁启超的新史学;没有唯物史观,就没有中国的马克思主义史学。"② 综观此期发表的有关论文,其讨论的主题多集中在以下几方面:首先是西方史学传入近代中国的过程问题。一种意见认为,西方史学输入近代中国的过程可以19世纪末为界线,大致分为前后两期。前期为自发阶段,主要通过两个渠道,一是西方近代来华传教士的史书编译活动,二是近代前期中国人编写的外国史地著作,内容零星而全无系统。19世纪末以后才开始步入自觉阶

---

① 《20世纪中国历史学》(上),《光明日报》1998年1月20日。
② 引自《20世纪中国历史学》(下),《光明日报》1998年1月27日。

段，内容也渐趋系统。① 另一种意见认为，从比较确切的意义上说，西方史学之输入中国并对中国史学真正产生影响，当自 20 世纪初的梁启超始。② 其次是输入的内容问题。如俞旦初的《20 世纪初年中国的新史学思潮初考》对 20 世纪初中国通过日本中介输入西方近代史学理论的过程及其内容的考察；张广智的《20 世纪前期西方史学输入中国的行程》对 20 世纪前 50 年梁启超、何炳松、李大钊、傅斯年和"战国策派"输入西方史学的活动，以及现代美国"新史学"、兰克的"客观主义史学"、西方文化形态史观等在中国的影响所作的评述等。再次是中国近代输入和吸收西方史学的特点。如胡逢祥在《西方史学的输入和中国史学的近代化》中指出，19 世纪末以后，中国史学界之吸收西方史学理论，其初往往并非直接通过史学本身，而是通过西方现代社会学的理论和方法，特别是其中的进化论和社会形态演进学说等，这种历史学与社会学的结合，是中国史学走向近代化的主要趋势之一。张书学则认为，20 世纪初叶，西方在近 200 年间先后出现的实证主义、马克思主义、相对主义三大史学思潮几乎同时被介绍到中国，对中国史学发生了共时性的影响。而中国史家在构筑自己的理论体系时，往往根据自己的理解将西方各派史学理论和方法杂糅在一起，并能注意保持自己的民族特点。他们大多是在传统史学的基础上吸收西方史学思想的。③ 这些，对于当代中国史学的建设应当说都提供了有益的借鉴。

四 关于中国近代史学思潮与流派的分野问题

史学思潮与流派的起伏兴衰，敏锐地反映着一定时期史学流变的脉息动向，因而历来受到近代史学史研究者的关注。但在如何界定近代史学思潮和流派的分野上，却众说纷纭。

关于中国近代的史学思潮，白寿彝较早就认为：自鸦片战争到辛亥革命前后，始终贯穿着一股"救亡图存的爱国主义史学思潮"④。稍后，俞旦

---

① 参见胡逢祥《西方史学的输入和中国史学的近代化》，《学术季刊》1990 年第 1 期。
② 参见张广智《20 世纪前期西方史学输入中国的行程》，《史学理论研究》1996 年第 1 期。
③ 参见张书学《中国现代史学思潮研究》，第 51 页。
④ 白寿彝：《谈谈近代中国的史学》，《史学史研究》1983 年第 3 期。

初也在有关论文中详细论述了20世纪初年国内出现的"新史学"和爱国主义两大史学思潮,"这两种思潮并起奔腾,交相辉映,在中国近代文化史上展示了灿烂的篇章"①。吴怀祺的《中国史学思想史》持论亦与此相近。他指出,在中国近代史学发展史上,主要出现过三股史学思潮:鸦片战争后,在传统史学经世观的基础上发展起来的爱国主义史学思潮贯穿了近代史学的整个过程;19世纪末到20世纪初,随着西方史学的输入及其和中国传统史学某些理论与方法的结合,新史学思潮由此蓬勃兴起;"五四"以后,马克思主义在中国的广泛传播,使唯物史观在史学领域内成为发展的主潮。②

胡逢祥、张文建则从另一个视角提出了划分近代史学思潮的看法,他们认为,中国近代史学的发展,虽然总体上始终受到爱国主义思想的深刻影响,但由于爱国主义是一种广泛影响于政治、经济和文化各层面的社会思潮,用这类概念来定义整个近代的史学思潮,似乎过于泛化了,因而主张史学思潮的界定应尽可能体现出学术史本身的特点。据此,他们提出:"从史学发展本身的特点看,中国近代真正形成史学思潮的主要有经世致用史学思潮、新史学思潮、国粹主义史学思潮、疑古史学思潮以及屡屡泛起的封建复古主义史学思潮。这些思潮依次递兴,大致经历了一个从依附于一般的学术思潮到逐步形成独立史学思潮的过程。"③ 胡逢祥还主张把"五四"时期的史学主潮概括为"科学主义史学思潮"④。

而张书学对"五四"以后史学思潮的系统清理工作,尤其值得我们注意。他认为,左右中国现代史学发展方向的主要为实证主义、相对主义和马克思主义三大史学思潮。"这三大史学思潮在相互对垒、碰撞和融会的过程中,促进了现代中国史学的发展。三大史学思潮之间的关系是一种生态关系,否定或看不到这种生态关系而架构的现代中国史学发展史,无疑会因为维度不够而捉襟见肘;或者只看到它们之间的斗争、排斥,看不到

---

① 俞旦初:《中国近代的爱国主义史学思潮》,《史学史研究》1985年第2期。
② 参见吴怀祺《中国史学思想史》,安徽人民出版社1996年版,第327—328页。
③ 胡逢祥、张文建:《中国近代史学思潮与流派》,第15—16页。
④ 胡逢祥:《"五四"时期的"科学主义"思潮和中国史学的现代化建设》,《学术月刊》1996年第12期。

彼此的同一互渗，亦难以透视全局。"① 这样的认识确是颇有新意的。只是在中国近代史学思潮的具体界定上，似有强求与西方近现代主要史学思潮合辙的痕迹。中国近代之存在实证主义和马克思主义两大史学思潮，这是大家所公认的。第一次世界大战后，西方相对主义思潮对中国史学界产生过一些影响，这也是事实。但它究竟有没有在中国形成过堪与实证主义和马克思主义鼎足而立的大思潮，却是大可商榷的。众所周知，实证主义和马克思主义史学之所以在现代中国形成这样大的影响力，除了种种历史和现实的原因外，还因其理论内涵存在着某些与中国传统文化易于结合的因素有关。而中国自古代形成史官记事制度后，历史向来就被视为客观存在过的事物，"求历史之真"也被悬为治史的基本宗旨之一，这种文化氛围，使相对主义在中国史学界从来就未获得过充足的滋长空间。如梁启超等人虽说过一些同情相对主义史学观点的话，但直到晚年，这种观点事实上并未成为其史学实践的主导意识。至于钱穆，也不能因他重视历史研究过程中史家主体意识的作用，便将其归入相对主义史家的行列，因为与此同时，他也十分强调历史本身的客观性。这些问题，实际上都可以作进一步的探讨。

与史学思潮的分野问题比较起来，对近代史学流派的讨论似乎要更活跃一些。按照近代史学有关流派的衡量标准，中国古代的史学流派本不甚发达，章太炎甚至说："夫国学有不必讲派别者，如史学是。"② 这主要是由于封建文化专制主义的严厉控制，使史学的学科独立发展受到极大的限制，以致史学流派往往被同时的政治或经学派别所掩盖。近代早期，此种情况仍未得到根本的改变，其时比较接近学派性质的大概只有鸦片战争前后的西北史地学派和光绪朝的元史学派。直到20世纪以后，真正具有近代意义的史学流派才开始逐步产生。因此，关于近代史学流派的议论，主要集中在20世纪上半叶。还在三四十年代，就有冯友兰、钱穆、周予同、曾繁康、齐思和、金毓黻等不少学者探讨过现代史学流派的划分问题③，

---

① 张书学：《中国现代史学思潮研究·引言》，第5—6页。
② 转引自汤志钧编《章太炎年谱长编》，中华书局1979年版，第674页。
③ 详情可参见周文玖的《我国20世纪三四十年代的史学评述》，《史学理论研究》1999年第2期。

以后稍有沉寂。80年代以来，这一问题的讨论又有了重趋活跃之势。

1979年，海外学者余英时在一篇题为"中国史学的现阶段：反省与展望"（载台湾《史学评论》创刊号）的文章中提出："在现代中国史学的发展过程中，先后曾出现过很多的流派，但其中影响最大的则有两派：第一派可称之为'史料学派'，乃以史料之搜集、整理、考订与辨伪为史学的重心工作。第二派可称之为'史观学派'，乃以系统的观点通释中国史的全程为史学的主要任务。"认为两派各偏于一端，唯有起而互补，方能趋于史学正道。该文的观点，实与钱穆《国史大纲·引论》所说相近；而"史料""史观"两派的名称，则颇有取于周予同的《五十年来中国之新史学》，只是对其内涵作了新的解释。其后许冠三的《新史学九十年》（香港中文大学出版社1986年版），又将偏重于史料及史实考证的史家和"史观派"各分为若干流派加以详论，使人们对此期史学流派的基本情况有了更为清晰的概念。侯云灏在《20世纪前期中国史学流派略论》一文中，对前此各家划分此期史学流派的方法得失作了简评，认为"几种划分标准各有利弊，莫衷一是"，倒不如以史坛原来的局面，就事论事，将中国近代史学流派分为新史学派、古史辨派、南高派、考古派、国粹派、食货派、保守派、史料学派、生机史观派、生物史观派、战国策派、马克思主义派12个学派。

在中国近代史学流派的分野上出现这种意见纷纭的局面，主要是由于各家的流派划分标准不一。有的习惯以阶级或政治立场分派，如地主阶级改革派、资产阶级改良派、顽固派、革命派等史学流派概念便据此而生。这种分法虽有一定的道理，但难以充分反映史学本身的特点，且易陷入简单化，正如林甘泉所说的，"学派分野和阶级分野虽然有一定联系，却不能完全划等号"[①]。有的主张以史家工作的重心所在分派，如史料派和史观派之划分便是。但这种方法也存在问题，"因为史料是史学工作的基础，史观又是史学研究的灵魂，两者缺一不可"[②]，说史料派没有史观或史观派不采用史料，都是不可能的。也有的完全以史家的学历特别是接受国外某

[①] 林甘泉：《20世纪的中国史学》，《历史研究》1996年第2期。
[②] 侯云灏：《20世纪前期中国史学流派略论》，《史学理论研究》1999年第2期。

种史学理论的背景为依据分派，如傅斯年和陈寅恪同到德国受到过历史语言学派的影响，便都被列入了兰克式的史料学派。而实际上，中国现代的大部分史家，在吸收外来史学理论和方法时，往往并不局限于一家一派之说，而是兼收并蓄，有时甚至将相互有矛盾的学说糅合在一起，以为我用。如过分拘泥以学历背景分派，同样带有片面性。总之，对各家有关近代史学流派的划分固不必强求统一，但总期于能综合各方面的因素，使流派的划分日趋合理，以便更准确地反映中国现代史学的发展趋势与特点。

五 关于史学功能在近代社会的变化及其实际影响

中国传统史学历来十分强调自身的"经世致用"功能。在封建社会，它曾依附于经学并与之牢固结盟，作为维护封建政治的主要意识形态而盛极一时。进入近代以后，其学术地位和原有的社会功能逐渐发生变化。鸦片战争前后，当封建制度日益走向衰落之际，龚、魏重张"六经皆史"之帜，试图通过强调史学的经世功能，挽救日趋严重的社会危机。20世纪初年，眼看经学没落已成定局，梁启超提出了"史界革命"，甚至说"悠悠万事，惟此为大"，称史学为"学问之最博大而最切要者"，"今日欧洲民族主义所以发达，列国所以日进文明，史学之功居其半焉"[①]。从理论上将史学的社会功能进一步扩大。其时改良派和革命派在学术研究与宣传活动中，无不注重借史论政，便反映了这种观念。新文化运动前后，在"科学主义"的影响下，出现了一种"非功利主义"的观念，王国维、胡适、顾颉刚等都提出过这样的主张。20年代末以后，史学的经世致用功能在现实政治的刺激下和爱国救亡的时代主旋律中重新得以高扬。史学功能在近代所发生的这些变化，从根本上说，是中国社会及其整个文化巨变的反映，同时也显示了其时史家对这一问题的认识水准。

如何来评价近代史家的上述艰辛探索与实践呢？瞿林东认为，在中国近代史学史上，虽然有"为史学而史学"的种种思潮存在，但史家在关心社会并注重以史学经世的问题上"都有鲜明的认识"，即使其间"走过弯路，留下了严重的教训，但史学之关注社会，在总的方向上是不错的，是

[①] 梁启超：《新史学》，《饮冰室合集·文集》（9）。

应当肯定和坚持下去的"①。刘俐娜认为,虽然近代早期的学者已提出重新认识史学功能的问题,但未能加以解决,直至"五四"时期,全面认识和建设新史学的主客观条件才趋于成熟,其时对于史学功能的认识和重新转换,主要体现在确定了为民众服务的方向,扩大了研究的范围和视野,着眼于现实、人生和社会的进步等。②也有的提出,对于1919年后史坛出现的非功利主义史学功能观,应作具体的分析,特别是"五四"前后这一观念的提出,对于克服传统史学过分依附于封建政治、缺乏独立意识的弊端实是一种必要的针砭和"矫枉",这对确立中国近代学术形态和健全史学的学科独立发展机制无疑具有积极的意义。③张书学对此抱有类似的意见,并指出,历史研究中"求真"与"致用"的对立统一,本是其价值观不可或缺的两个基本点,但在中国现代史学史上,却常常表现为两者的分离,这对于历史科学的发展曾产生过不利影响。④王学典更以为,在现代中国史学界,存在着两种互相冲突的治史旨趣:一种是为学问而学问;另一种是为变革现实、再造未来而研究历史。前者为史料考订派推崇,后者为唯物史观派所信守。20世纪40年代以后,两派的观念有相互逆向移动的迹象,唯物史观派开始举起了求真的旗帜,而史料考订派也有关注致用之意。⑤甚至说,百年中国史学史,可以说是史料考订派与史观派的对抗史。前者的实证追求最后变成了在科学方法旗帜下乾嘉汉学的复兴,后者的阐释取向也部分演变为科学理论旗帜下晚清今文经学特征的再现。其实,他们"所追求的东西一开始很可能就是无法实现的东西,与历史学的本性不相容的东西"⑥。姜义华则从"史官史学"和"史家史学"的独特视角考察了这一问题。他说,近代以来的史家史学,对现政权及现社会持批判态度,有着较强的独立性。但由于近代中国新史观和新史学在空前严重的民

---

① 《20世纪中国历史学》(下),《光明日报》1998年1月27日。
② 参见刘俐娜《五四时期学者对史学功能的认识》,《历史研究》1996年第3期。
③ 参见胡逢祥《中国近代史学的发展进程及其特点》,《华东师范大学学报》1991年第4期。
④ 参见张书学《中国现代史学思潮研究》,第97—117页。
⑤ 参见王学典《从追求致用到向往求真》,《史学月刊》1999年第1期。
⑥ 王学典:《实证追求与阐释取向之间的百年史学》,《文史哲》1997年第6期。

族危机和社会危机中形成,其所带有的强烈政治性、党派性和阶级性,使史家史学在他们所支持的政治力量取得政权、确立了政治支配地位以后,自身很容易相应地从一种社会异己意识变为统治意识,在重建意识形态控制系统中演化为新的史官史学。正因为如此,在20世纪大部分时间中,史官史学声威不减往昔。① 这些意见,都是值得我们进一步深思的。

六 关于中国马克思主义史学发展史的反思

在中国近代史学史上,马克思主义史学居于十分重要的地位,因而史学界有关这方面的研究也比较多。限于篇幅,这里只能对一些学术界普遍关注或有争议的问题略作述评。首先是关于1919年至1949年间中国马克思主义史学的发展进程,大部分意见认为可分为三个阶段:1919年至1927年为其诞生或奠基期;1927年至1937年为成长壮大期;1937年至1949年为中国马克思主义历史科学体系的基本确立期。白寿彝、瞿林东、朱仲玉、蒋大椿、桂遵义大致持此见,其中白寿彝、瞿林东又将1937年至1949年这一阶段区分为抗日战争和解放战争两个时期。② 叶桂生和刘茂林虽然也同意将其发展分为三个阶段,但具体分期却有不同,主张以1919年至1927年为其理论准备阶段,1928年至1940年为中国马克思主义史学形成阶段,1941年至1949年为其建设阶段。③

其次是中国马克思主义史学的历史地位问题。一个时期以来,由于学术界存在某种贬低、误解,甚至否定马克思主义史学的错误倾向,这一问题已引起众多学者的关注。1997年5月,北京师范大学史学研究所还为此召开了专门的学术讨论会。会上,蒋大椿指出,1949年前的马克思主义史学是在同其他派别相互补充、斗争和竞争中成长的,虽然还不能说已成为

---

① 参见姜义华《从"史官史学"走向"史家史学":当代中国历史学家角色的转换》,《复旦学报》1995年第3期。

② 参见朱仲玉《1919至1949年间中国的马克思主义史学》,《史学史研究》1981年第3期;白寿彝、瞿林东《马克思主义史学在中国的传播和发展》,《史学史研究》1983年第1期;蒋大椿《中国史学史的回顾与展望》,载作者所著《唯物史观与史学》;桂遵义《马克思主义史学在中国》。

③ 参见叶桂生、刘茂林《略论马克思主义中国历史学的创立和发展》,《学习与研究》1982年第11期。

中国史学的主流,却是代表时代进步潮流的最先进的史学。唯物史观对历史的解释,比其他各派都要强,在史料学方面的成就也很大,这些完全应该肯定。即使是讲阶级斗争,在当时也是正确的,是真理相对性的体现。吴怀祺进而认为,"五四"以后的马克思主义史学,无论是从史学发展的趋向还是实际看,都已成为这一时期的史学主流。陈其泰和周溯源等还从马克思主义史学在历史研究成果、人才培养、理论建树、发挥史学的进步社会功能和推进历史学的科学化建设方面,对其进行了高度的评价。①

最后是对马克思主义史学发展过程中经验教训的总结。如果说新中国成立之初,人们因震于马克思主义史学取得的辉煌成就及其在史学界的主导地位,一度对这项工作比较忽略的话,那么,经过"文化大革命"的惨痛教训,学术界对此的反思已日趋自觉和深入。戴逸就指出:在马克思主义指导问题上,由于受"左"的思潮的影响,长期以来存在着教条主义与形式主义的问题。以阶级斗争为纲曾在很长的时间内占据统治地位,农民战争史代替了全部的中国历史,历史人物评价也打上了"左"的烙印,这些都需要作进一步的反思。当然,马克思主义仍然是科学的理论和方法,但它只能以自己的理论威力争取群众,而不能靠行政命令、大批判和压服的方法,这是一个教训。② 有的则从马克思主义史学史的角度对此作了探讨,认为马克思主义史学自在中国诞生之日起,便十分强调史学的"致用"也即为革命服务的功能,在相当长的一段时期内,其对历史研究虽已"具有了充分的致用自觉,尚缺乏必要的求真自觉"③。这种倾向,使其"在强化和追求历史学的战斗性、革命性的同时,就自然难免强古就今、以古证今现象的发生,尤其是为激发人民爱国、革命的义愤,不惜借古人古事说今人今事,任意作历史类比,把历史现实化,结果不仅对历史研究造成破坏性影响,而且使人辨别不清历史唯物主义和唯心主义的界限,怀疑马克思主义历史学的科学性,在马克思主义史学史上留下了深刻而沉痛的教训"。对此,范文澜、翦伯赞等老一辈马克思主义史家在中华人民共

---

① 参见许殿才《中国马克思主义史学历史地位学术讨论会纪要》,《史学史研究》1997年第3期。
② 参见《20世纪中国历史学》(下),《光明日报》1998年1月27日。
③ 王学典:《从追求致用到向往求真》,《史学月刊》1999年第1期。

和国成立初期曾作过自我反省，可惜未引起史学界足够的重视，以致后来在这方面出现了更大的偏差。不仅如此，由于大多数早期马克思主义史家都把马克思主义看作具有普遍权威性的"科学的哲学"，以为研究历史"只是发现已经发现的规律，而忽视对中国历史特殊规律的探讨；自信只要用马克思主义来研究中国历史，即可得出科学的结论，而缺少对史家主体问题的研究"，由此造成了某些盲从本本的教条主义倾向。[①] 这种反省式的讨论，虽然会有一些不同的意见，但总的来说，将对中国当代史学的发展起到积极的促进作用。

涉及中国近代史学史研究整体框架的理论问题自然还可以举出不少，如中国近代史学发展过程中政治和学术的关系、社会大变动时期史家思想多元特性的分析等。这些问题的讨论，都较集中地反映了这时学术界对近代史学发展基本趋势的认识水平，无论其观点是得是失，皆足供研究者参考借鉴。

第三节　新世纪初年的持续发展

进入 21 世纪以后，中国近代史学史研究呈现出持续发展的态势，不但传统的热门研究在继续深入和扩展，取得不少新成果，还开辟了不少新的研究领域，出现了一些新思路、新取向和新的叙事形式。这里仅从既有研究的深入、研究范围的拓展、研究新倾向的出现等方面，作一简要的梳理。

一　既有研究的深入

首先是随着新旧世纪的交替，引发了研究者的"回顾"热，从而涌现出一批总结 20 世纪中国史学发展的著作。主要有罗志田主编的《20 世纪中国的学术：史学卷》（上下两卷，山东人民出版社 2001 年版）、盛邦和主编的《现代化进程中的中国人文学科·史学卷》（上海人民出版社 2005

[①] 张书学：《中国现代史学思潮研究》，第 112、40 页。

年版)、姜义华等主编的《20世纪中国社会科学：历史学卷》(上海人民出版社2005年版)、陈高华等编著的《20世纪中国社会科学：历史学卷》(广东教育出版社2006年版) 等。此外还问世了一些专题性的回顾著作，如王学典的《20世纪中国史学评论》(山东人民出版社2001年版)、王子今的《20世纪中国历史文献研究》(清华大学出版社2002年版)、陈其泰的《中国马克思主义史学的理论成就》(国家图书馆出版社2008年版) 和《20世纪中国历史考证学研究》(北京师范大学出版社2005年版)、肖黎主编的《20世纪中国史学重大问题论争》(2007年)、张广智主编的《20世纪中外史学交流》(2007年)，等等。这些著作的编纂思路及写作体例不尽相同，有的侧重整体，有的从专门史或重大问题、重要事件、史著成就等方面入手，各有所长。

其次是出版了一批颇有分量的研究专著。主要有路新生的《中国近三百年疑古思潮研究》(上海人民出版社2001年版) 和《经学的蜕变与史学的转轨》(上海古籍出版社2006年版)、高恒文的《东南大学与"学衡派"》(广西师范大学出版社2001年版)、盛邦和的《解体与重构：现代中国史学与儒学思想变迁》(华东师范大学出版社2002年版)、张越编著的《五四时期中国史坛的学术论辩》(百花洲出版社2004年版)、朱发建的《中国近代史学"科学化"进程研究(1902—1949)》(湖南师范大学出版社2005年版)、刘俐娜的《由传统走向现代：论中国史学的转型》(社会科学文献出版社2006年版)、陈其泰的《中国近代史学(1840—1919)》(上海人民出版社2006年版)、侯云灏的《20世纪中国史学思潮与变革》(北京师范大学出版社2007年版)、张越的《新旧中西之间：五四时期的中国史学》(北京图书馆出版社2007年版)、沈卫威的《"学衡派"谱系——历史与叙事》(江西教育出版社2007年版)、谢保成的《民国史学述论稿(1912—1949)》(上海人民出版社2011年版)，等等。论文集方面则有罗志田的《近代中国史学十论》(复旦大学出版社2003年版)、瞿林东主编的《历史时代嬗变的记录：中国近现代史学研究》(北京师范大学出版社2007年版)，等等。这些专著，对中国近代史学的整体、分期，以及史学、史家、史派、史著等问题进行了不同层次的考察，十分重视史学与整个社会政治、思想文化、学术的联系，远远超出了"就史学论史学"的范围，既是以往研究的深入，也体现了新理论、新观念的运用，从纵深两方面推进了近代史学史的研究。

最后是在梁启超"新史学"、五四时期的史学、马克思主义史学流派与唯物史观、史家等备受学者关注的传统专题研究方面取得了显著的进展。

1. 关于梁启超"新史学"。刘俐娜从社会政治变革产生近代民主政治文化入手，考察了新史学的兴起与发展，指出：具有新政治文化特点的新史学观念，使学者在研究对象、内容、方法诸方面有了新的理解和认识，直接影响了新史学的诉求对象由统治阶级转向国民大众，其内容由政治史转向与民众生活相关的社会生活与文化史，由"君史"转向"国史""民史"，推动了史学现代化。① 任幸芳认为梁启超的《新民说》与《新史学》宗旨相通，在倡导近代进化观、民族主义精神、国民观念等方面有着内在的一致性，说明梁氏企图借新史学灌输近代进取精神、民族主义精神与国家观念，培养新国民以适应救亡图存的时代需求。② 王汎森指出，新史学的内容正是在"国家""国民""人群""社会"等传统没有的新的政治概念影响下开始思考和建构的。新概念开启了以国民活动为主体的历史探讨空间，以及"对复数的而非单元的历史行动者的关怀"，塑造了晚清的史学革命。③ 这一研究超越了梁启超的《新史学》是史学还是政治理论著作的分辨④，为新史学的研究提供了新思路。许小青认为，以"新史学"为中心的史学革命最初意义不仅表现于现代史学的建立，更在于新式知识分子借"史学"革新，界定"民族""国民"等近代概念，有力促进了近代民族国家观念的兴起。⑤ 一些非史学史学科的学者则从探讨新史学的本质

---

① 参见刘俐娜《晚清政治与新史学》，《史学月刊》2003 年第 8 期。
② 参见任幸芳《论梁启超〈新史学〉与〈新民说〉的内在一致性》，《浙江师大学报》2000 年第 3 期。
③ 王汎森：《晚清政治概念与"新史学"》，载罗志田主编《20 世纪的中国：学术与社会·史学卷》（上），山东人民出版社 2001 年版。
④ 主要观点见黄敏兰《梁启超〈新史学〉的真实意义及历史学的误解》，《近代史研究》1994 年第 2 期；《梁启超〈新史学〉的政治意义》，《政治学研究》1996 年第 4 期。
⑤ 参见许小青《20 世纪初新史学与民族国家观念的兴起》，《社会科学研究》2006 年第 6 期。

入手对其重新解读。有人认为新史学本质上是探讨文明史、社会史、文化或社会文化史，有人认为其本质体现为爱国主义、民族主义、科学史学和实证主义史学等。① 这些看法超出了传统范围，将"新史学"研究引入更广的领域，体现了跨学科视野，也揭示了新史学在特殊时代背景下多向度的特点。

2. 关于五四时期的史学。对这一问题的研究，主要集中在近代史学理论建设、科学对史学的影响，以及中西交融、对新史料的认识、走出经学羁绊、科学与求真精神、整理国故运动几个方面，研究思路则较以往反帝反封建的政治革命中心论更为广阔。

罗志田对五四前后的"科学"观念对国学和史学的影响进行了探讨，认为时人对科学的理解与今日一般认知的"科学"概念有相当距离。对于"五四人说到'科学'何以更注意其'精神'和'方法'并具体化为实验主义和辩证唯物论？而在实践层面又为什么一度落实在胡适提倡的'整理国故'、顾颉刚为首的'古史辨'和郭沫若为代表的'社会史研究'之上"的原因，他解释说："这既有中国学人对考据方法相对熟悉而能有所为这一技术层面的因素，也因国人隐显不一的民族主义情绪在起作用。没有科学的支撑，国学便上不了台面；没有'国故'这一多数中国学者耳熟能详的具体治学对象，以方法为依归的'科学'便不能落在实处。而传统文化和外来文化这种奇特结合与近代中国思想史和学术史上的一些特殊关怀又有着若即若离的关系。"② 刘俐娜从概念入手探讨五四时期现代史学理论体系的建设，认为当时"学者重新认识'历史'一词，厘清和界定它的基本含义，明确区分和论述了客观存在的历史、历史学和史书等概念"，为中国现代史学的建设"奠定了重要基础"，对于拓宽研究思路、扩展研究空间和范围，"建设科学的历史学以及建立中西方史学对话的环境，使

---

① 参见张昭军《梁启超的新史学是文化史》，《史学理论研究》2010 年第 2 期；罗检秋《从"新史学"到社会文化史》，《史学史研究》2011 年第 4 期；陈永霞《民族主义与 20 世纪初年的"新史学"》，《史学月刊》2012 年第 5 期。

② 罗志田：《走向国学和史学的"赛先生"——五四前后中国人心目中的"科学"一例》，《近代史研究》2000 年第 3 期。

中国史学走向世界",有"积极的意义"①。

对于整理国故,罗志田认为整理国故的口号,初起与学术相关,又超出学术,"其中形成社会参与相对广泛的思想论争至少有四次"。他从"检讨论争双方的观念本身"入手,进而"侧重于各类读书人观念的异同",将论争"置于当时思想言说之中进行考察","最后从时人关注的古今中外的时空互动角度",分析了"论争的史学启示"。② 张越分析了郭沫若明确批评胡适"整理国故"的观念和实践,却积极认同顾颉刚"古史辨派"涉及整理国故的历史研究方法,认为郭沫若这种不同评价与他运用马克思主义唯物史观看待和研究历史有关。③ 卢毅认为20世纪二三十年代"整理国故运动"风行一时,一方面缘于新史料的不断发现和新方法的逐步运用,另一方面也因为当时学者普遍抱有"与外人争胜"④的心态。葛兆光则认为"20年代以来,在整理国故的旗帜下",只是"把清代考据学的传统悄悄换了一个包装,嫁接为西方的科学方法",而东西方学者对中国的研究,"更刺激了中国学者""这种'新'史学的风气"⑤。对于"古史辨"派、整理国故与章太炎及其弟子的关系问题,卢毅通过对北大研究所国学门中章门弟子对古史辨派的复杂态度的考察,认为"既存在学术观点的分歧,又掺杂有章太炎的影响以及国学门中微妙的人脉纠葛"⑥。桑兵认为,"整理国故如果没有章氏门生的响应乃至主持,不易在学术界得到广泛反响。如果说在整个新文化运动中太炎弟子只是偏师,那么在整理国故这一领域,章门则至少分享领军作用"⑦。张越则提出:不应认为《古史辨》"曾独占一个时代",因为"疑古学说所带来的史学观念的转变即融于中国史

---

① 刘俐娜:《20世纪20年代中国史学界对历史的认识》,《史学理论研究》2003年第1期。
② 罗志田:《古今与中外的时空互动:新文化运动时期关于整理国故的思想论争》,《近代史研究》2000年第6期。
③ 参见张越《从对整理国故和"古史辨派"的评价看郭沫若的史学思想》,《郭沫若学刊》2003年第1期。
④ 卢毅:《"整理国故运动"兴盛原因探究》,《东南文化》2006年第4期。
⑤ 葛兆光:《〈新史学〉之后——1929年的中国历史学界》,《历史研究》2003年第1期。
⑥ 卢毅:《章门弟子与"古史辨派"》,《史学史研究》2007年第3期。
⑦ 桑兵:《近代学术转承:从国学到东方学——傅斯年〈历史语言研究所工作之旨趣〉解析》,《历史研究》2001年第3期。

学转型的总的趋势中"①。

五四时期史学研究的深化还表现在对南京高师史地学系和"学衡派"的研究上。南高师的史地学派是五四时期与北大新文化派遥相呼应，但观点不尽一致的史学重镇。传统的观点认为，这一学派与传统史学渊源较深，注重史地研究，反对新文化运动对传统文化的全盘否定，将之定性为守旧派。新的研究更注意客观评述，指出："就治学而言，南高师史地学派并不守旧，且与北大新文化派颇多相似之处。"② 还有学者提出，学衡派的史学思想有独到特点：主张历史发展受多方面影响，应"综合各方之长"③，既强调历史学的相对性，也肯定历史学的科学性；既重视史料和考证，更讲求史学正人心、讲史德的致用功能。

3. 关于马克思主义史学流派与唯物史观。这时的研究者开始更多从史学自身发展角度总结马克思主义史学和唯物史观。张越考察了20世纪40年代马克思主义史家对史料和历史考证方法的重视，认为马克思主义史家从理论上论述了史料及考证方法的重要性，阐述了理论观点与材料方法间的辩证关系，极大地促进了马克思主义史学的中国化。④ 洪认清研究了抗战时期延安的中国近代史研究，展现了范文澜、张闻天、何干之、艾思奇、叶蠖生、杨松等人分部门有组织地研究中国近代通史、革命史、经济史、思想文化史所取得的一系列创新性成就。⑤ 陈其泰、张爱芳认为马克思主义史家有关历史编撰与史学发展的关系、史书体裁的发展、历史编撰改革的方向以及史书编撰创新的途径等论述丰富了具有民族形式的中国马克思主义史学理论，对今天新史学的发展具有重要的启示和指导作用。⑥ 梁磊考察了早期共产党人对中国近代史学的贡献。⑦ 罗新慧以中国社会史论战的主要阵地《读书杂志》为主线，考察了由对现实中国社会性质的认

---

① 张越：《对信古、疑古、释古说的重新认识》，《辽宁师范大学学报》2001年第5期。
② 吴忠良：《评南高师的史地学研究》，《史学史研究》2004年第3期。
③ 张越：《试论学衡派的史学思想》，《辽宁师范大学学报》2002年第6期。
④ 参见张越《试析20世纪40年代中国马克思主义史学家对史料和历史考证方法的重视》，《史学集刊》2006年第2期。
⑤ 参见洪认清《论延安时期的中国近代史研究》，《史学史研究》2004年第3期。
⑥ 参见陈其泰、张爱芳《马克思主义史家论历史编撰》，《东岳论丛》2008年第2期。
⑦ 参见梁磊《早期共产党人对中国近代史学的贡献》，《渤海大学学报》2008年第6期。

识溯源中国古代社会性质的不同观点之间的论战,认为这一论战客观上扩大了唯物史观的影响,开辟了中国历史研究的新路径。① 对于马克思主义史学家的研究,吴汉全认为李大钊对历史哲学地位的科学解说和对历史本体论、认识论的研究,为建立历史哲学的中国学派做出了贡献;他还是以马克思主义指导中国近代史研究的奠基人。② 林甘泉认为吕振羽依据马克思主义社会经济形态理论,结合中国历史实际,得出了神话传说所反映的史前时代是原始社会的结论,深入探讨了殷周时代的社会性质,考察了亚细亚生产方式问题,有力批判了"中国社会之特有的停滞性"的观点,对中国马克思主义史学的建立做出了重要理论贡献。③ 胡逢祥则认为20世纪30年代初李平心运用唯物史观研究中国近现代史是开创性的,为近代史研究树立了全新模式。④

4. 关于其他史家的研究。这时,一些先前少有人问津的史家开始受到学者的关注。如邵华阐述了郭嵩焘以"礼"代"理"的历史主义态度,认为其史学思想具有现代性。郭丽萍对沈垚的西北史地学进行了研究,揭示他的西北史地研究中存在"技"与"学"的矛盾。隋淑芬对严复的历史观和历史研究方法展开研究,认为他提出从世界历史的视阈探究历史规律,讨论历史发展过程中内因和外因、历史阶段的可跨越性和不可跨越性,运用归纳法、中西比较法研究历史,突破了传统史学的局限,在史学理论和方法上均有创新和建树。李峰、王记录则探讨了陈黻宸的史学成就。⑤ 等等。民国时期的史家则是学者们关注的重点。颜军提出胡适的清代思想史研究"是其学术研究的又一个范例,鲜明地体现了他的治学特点,反映了他对中国文化发展的认识和希望"。陈以爱揭示了持疑古观念的胡适与王

---

① 参见罗新慧《〈读书杂志〉与社会史大论战》,《历史研究》2003年第2期。
② 参见吴汉全《李大钊与历史哲学理论》,《史学史研究》2002年第2期;《李大钊与中国近代史研究》,《近代史研究》2003年第3期。
③ 参见林甘泉《吕振羽与中国社会经济形态研究》,《史学史研究》2000年第4期。
④ 参见胡逢祥《李平心与中国近现代史研究》,《江西社会科学》2005年第4期。
⑤ 参见邵华《嬗变中的传承——论郭嵩焘的史学思想》,《史学史研究》2008年第2期;郭丽萍《显学的背后:沈垚西北史地学述论》,《中国边疆史地研究》2005年第1期;隋淑芬《严复的历史观与历史研究方法》,《史学史研究》2003年第4期;李峰、王记录《新旧之间:陈黻宸史学成就探析》,《史学集刊》2007年第2期。

国维学术上的不同取向。① 刘俐娜这时先后发表三篇论文，探讨了顾颉刚的史料学思想、抗战时期史学思想的变化、学术研究中的民族复兴思想。② 路新生则指出，顾颉刚的古史研究受到"崔述较深的影响……一方面能够将史事的'原始状'与'传衍状'相分离；另一方面，亦由于过分强调史料的'当下性'而忽视了史料的'滞后性'"，使他"在疑古的具体操作中不免出现了某些误区"③。刘巍、李帆从钱穆的《刘向歆父子年谱》考察其史学思想。刘巍认为该书的刊行结束了晚清以降的经今古文学之争，"反映了经学没落、史学主位或经学史学化的趋势。"李帆认为该书"以坚实的证据解决了经学史上的一个大问题——康有为所力主的刘歆伪造诸经之说不成立"。它"彻底破除了经学上的门户之见，并冲破了'六经皆史'说之樊篱，达到了将经学问题转化为史学问题的目的"。④ 徐国利连续发表三篇论文，揭示钱穆对中国史书各种体裁作出的全面分析。认为他的中西史学比较观既有积极合理性，也表现出文化保守性和民族狭隘性。其关于义理、考据和辞章的思想是他的学术文化思想的核心，在中国现代学术思想史上既有重要价值，也有不少局限。⑤ 周文玖论述了朱希祖的史学成就。田亮分别考察了柳诒徵和"学衡派"重要史家缪凤林的民族主义史学思想。⑥ 陈其泰、田园指出萧一山《清史大纲》中的"民族革命史观"对抗战产生了积极的作用。⑦ 周少川等探讨了陈垣的民族文化史观及其宗

---

① 颜军：《胡适清代思想史研究浅议》，《近代史研究》2000 年第 1 期；陈以爱：《胡适对王国维"古史新证"的回应》，《历史研究》2008 年第 6 期。

② 参见刘俐娜《论顾颉刚的史料学思想》，《史学史研究》2003 年第 2 期；《抗日战争时期顾颉刚的史学思想》，《史学史研究》2005 年第 3 期；《从〈上游集〉看抗战时期顾颉刚的学术活动及思想》，《抗日战争研究》2006 年第 3 期。

③ 路新生：《顾颉刚疑古学浅论》，《华东师范大学学报》2002 年第 1 期。

④ 刘巍：《〈刘向歆父子年谱〉的学术背景与初始反响》，《历史研究》2001 年第 3 期；李帆：《从〈刘向歆父子年谱〉看钱穆的史学理念》，《史学史研究》2005 年第 2 期。

⑤ 参见徐国利《钱穆论史体与史书》，《史学史研究》2000 年第 4 期；《钱穆的中西史学比较观》，《史学史研究》2002 年第 1 期；《钱穆的学术史方法与史识——义理、考据与辞章之辨》，《史学史研究》2005 年第 4 期。

⑥ 参见周文玖《朱希祖史学略论》，《史学史研究》2004 年第 4 期；田亮《柳诒徵的民族主义史学思想》（《史学史研究》2004 年第 2 期）、《抗战时期缪凤林的民族主义史学思想》（《史学史研究》2002 年第 4 期）。

⑦ 参见陈其泰、田园《抗战时期萧一山历史观的跃进》，《人文杂志》2010 年第 1 期。

教史研究、爱国主义史学思想。① 赵庆云考察了金毓黻对中国近代史研究的贡献。② 等等。

二 研究范围的拓展

在研究范围的拓展方面，首先是开辟了不少新的研究领域。如张海鹏、龚云的《中国近代史研究》（福建人民出版社 2005 年版），对近代中国几部不同风格的《中国近代史》著作作了系统深入的分析。刘兰肖的《晚清报刊与近代史学》（中国人民大学出版社 2007 年版）梳理了晚清报刊与近代史学兴起的关系。李春雷的《传承与更新：留美生与民国时期的史学》（中国社会科学出版社 2007 年版），探讨了留美学生这一特殊群体在民国史学发展中的作用和民族主义对其史学研究本土化的影响。田亮的《抗战时期史学研究》（人民出版社 2005 年版）讨论了抗战时期重庆、延安及日本占领区的史学。胡逢祥探讨了现代高校学术机构的体制与功能，认为北大、清华两校在现代教育史上地位特殊，在中国现代学术制度创建过程中起了开风气、具规模的作用。他还从现代学术制度的建构层面考察了清末至民国时期史学专业机构的建置与运作、体制沿革、运行模式和功能等。③ 左双文系统考察了 20 世纪三四十年代内地史学家与香港史学的关系，认为正是内地史学家推动了香港史学的起步和成长。④ 桑兵从民国时期历史教学需要和学风转变方面考察了中国科学史学史料与史观两条路径的并存与冲突。⑤ 尚小明从课程变革考察抗战前北大史学系的发展，指出前十年的课程变革在学术界有不小的影响，但在培养专业人才方面收效甚微；后十年的课程

---

① 参见周少川《论陈垣先生的民族文化史观》，《史学史研究》2002 年第 3 期；陈其泰《陈垣：宗教史的开山之祖》（《江海学刊》2005 年第 5 期）、《陈垣与抗战时期爱国主义史学——纪念陈垣先生诞辰 130 周年》（《淮阴师范学院学报》2010 年第 5 期）。

② 参见赵庆云《论金毓黻与中国近代史研究》，《史学史研究》2008 年第 2 期。

③ 参见胡逢祥《从北大国学门到清华国学研究院——对现代高校学术机构体制与功能的一项考察》（《中国图书评论》2006 年第 10 期）、《中国现代史学的制度建设及其运作》（《郑州大学学报》2004 年第 2 期）、《现代中国史学专业机构的建制与运作》（《史林》2007 年第 3 期）。

④ 参见左双文《近代史家和 20 世纪三四十年代香港史学》，《史学史研究》2004 年第 1 期。

⑤ 参见桑兵《教学需求与学风转变——近代大学史学教育的社会科学化》，《中国社会科学》2001 年第 4 期。

变革，造就出一大批史学家，对现代中国史学的发展产生了深远影响。他还从教育背景、数量、流动性、所学专业与教授专业转换诸方面考察了同时期大学中的史学教学。① 这类考察从教学教育方面深化了中国近代史学史的研究。桑兵、胡逢祥还讨论了民国时期的中国史学会。② 等等。

其次是开展了学科交叉与打通史学与经学关系的研究。在学科交叉研究方面，主要表现为不少学者将近代史学置于社会文化、思想的发展中考察。如有学者指出：进步的公羊学说与有识之士的救亡探索相激荡，有力推进了晚清时期全国民众的文化认同。③ 与此同时，还出现了民族主义史学的讨论。有学者认为，新史学的出现有着甚强的民族主义意味，当时的主要旗手梁启超提倡民族主义，一方面是为了激发国人的自尊心和爱国心，另一方面是欲借鉴世界上强大民族发展的经验改造落后的中国。人种观念也因统治者的异族性而得到倾向革命的士人的推重，倡导新史学的章太炎于是成了晚清反满革命的主将。④ 有学者明确指出：在民族主义成为主要思潮的背景下，时人试图将史学纳入民族主义宣传的轨道，作为民族主义动员的重要载体。其对历史主体或历史叙写内容的诠释、史学功能的追求、史料选择和史学批评标准的设定，都深深烙上了民族主义的痕迹。可以说，20世纪初年"新史学"的根本性质就是民族主义。⑤ 有的学者还进一步指出：是近代引入的西方民族主义和民族国家等观念学说，直接促进了史学的兴起。在晚清很多读书人眼中，史学已被提升到国与种族（即文化）存亡的高度，实即取代了经学过去种种被赋予而在近代已无力承担的社会角

---

① 参见尚小明《抗战前北大史学系的课程变革》（《近代史研究》2006年第1期）、《近代中国大学史学教授群像》（《近代史研究》2011年第1期）。
② 参见桑兵《二十世纪前半期的中国史学会》，《历史研究》2004年第5期；胡逢祥《现代中国史学专业学会的兴起与运作》，《史林》2005年第3期。
③ 参见陈其泰《公羊学说与晚清历史文化认同的推进》（《史学史研究》2010年第4期）、《晚清历史文化认同的新格局》（《河北学刊》第26卷第4期，2006年7月）、《实现"民主共和国"理想与近代历史文化认同的发展》（《山西师大学报》2007年第1期）、《民族危机刺激下近代历史文化认同面临的紧迫课题》（《人文杂志》2006年第3期）等文。
④ 参见许小青《20世纪初新史学与民族国家观念的兴起》，《社会科学研究》2006年第6期。
⑤ 参见陈永霞《民族主义与20世纪初年的"新史学"》，《史学月刊》2012年第5期。

色。章太炎讨论乱世史家更为有用时说历代"中国屡亡,而卒能复兴",皆"归功于史家"。这不是传统的认知,而是带有明显的西来民族主义色彩。①

经史地位的转变是近代史学史上的重要问题,在打通史学与经学关系的研究方面,有学者指出:近代今文经学在促成中国史学近代化的过程中发挥了重要作用。康有为斥古文经为伪,提出孔子作"六经"说,动摇了传统经学的根基,对史学近代化起到了思想启蒙作用;今文经学家兼史学家崔适不但扩大了古文伪经的范围,促使经书权威进一步动摇,而且采取由经及史的研究方法,直接开启了由经学而史学的转向;而今文经学家兼史学家梁启超和夏曾佑,则是真正受今文学影响、以进化论为指导思想,开创近代新史学的代表人物,梁氏《新史学》初步构建起近代新史学的理论体系,夏氏《中国历史教科书》则是近代中国第一部新式通史。② 另有学者探讨章太炎的经史观,认为章太炎的"六经皆史"说与近代启蒙思潮、新史学思想相结合,对前人成说有质的突破;在此基础上形成的"征信"论相对于当时的"疑古"之风,其"求真"精神相对于前人的"求实",都是对传统学术思想的重要发展;其在方法论上的贡献体现于以新史学方法治经,运用社会学、逻辑学等方法解经。③ 也有学者从廖平、蒙文通两代学人经史观的变化分析学术史上经学向史学的过渡,指出:蒙文通的两个学术重点"古史多元论"和"大势变迁论",皆牵涉到近代从经学向史学过渡的复杂背景,尤与其业师廖平的独特经学观念相关。"古史多元论"是蒙氏用历史思维处理廖平所提问题的结果,而"大势变迁论"强调史事必须联系社会、政治、文化等各个层面加以观察,说明蒙氏成了一位新学术体制中的专业史家。这一学术转变反映了那一时代价值层面深刻而广泛的变化。④ 还有学者联系晚清今古文经学之争与民国新史学家提

---

① 参见罗志田《通史致用:简析近代史学地位的一度上升》,《社会科学战线》2010 年第 2 期。
② 参见汪高鑫、邓锐《今文经学与史学的近代化——以康有为、崔适、梁启超和夏曾佑为考察中心》,《史学史研究》2009 年第 4 期。
③ 参见张昭军《论章太炎的经史观》,《史学史研究》2004 年第 2 期。
④ 参见王汎森《从经学向史学的过渡——廖平与蒙文通的例子》,《历史研究》2005 年第 2 期。

出的"六经皆史料"的口号,扼要勾勒了章学诚的"六经皆史"说在晚清民国时期的影响与折变。①

最后是开始对近代史学进行整体探讨。如对近代经世史学的研究,邬国义认为:从内在学术理路上说,经世史学与乾嘉学术的衰落有关,在形式上表现为对明末清初经世致用的回归与继承。新史学对史学经世的功能和内涵作了具有新的时代特点和阶级特色的界定阐发,把史学的社会作用提到前所未有的高度。对史学经世功能的理解与基本上延续传统的龚自珍、魏源的史学经世观有明显区别。②另有学者从经世致用的思想线索考察辛亥革命时期的史学,认为辛亥革命时期主张史学经世者,主要是主张今文经学的改良派和主张古文经学的革命派,以及其他一些爱国史学家。爱国主义、民权主义和大同主义或社会主义、无政府主义构成当时经世致用思想的三个层次。③

又如对晚清、民国时期史学的研究,罗志田通过对作为民间学者的国粹学派与办理存古学堂的官方在保存国粹方面的实际努力及其观念的异同的考察,指出:庚子后士人多以为政府不足以救亡,朝野双方在政治上相当对立,而在文化方面,国粹学派"国学保存会"的组织标志与官方同样明确以"保存国粹"为口号的"存古学堂"取向非常相近,显现出共性;双方不同程度都倾向于中西调和,对稍后所谓"欧化"取容纳态度,而非完全排斥。不过,双方保存国粹的具体取向相当不同,有时的确视对方为对立面。④刘俐娜认为,自鸦片战争至清王朝被推翻的几十年间,中国史学发生的深刻变化表现在一些悠久的传统开始受到质疑、新的历史观念渐被接受、新的著史方式出现以及编纂内容调整等,应晚清社会变革需要,渐渐发展为尝试建立新史学的趋向。具有如此特点的晚清史学,前有积淀

---

① 参见刘巍《经典的没落与章学诚"六经皆史"说的提升》,《近代史研究》2008年第2期。

② 参见邬国义《论近代经世致用史学思潮的兴起》,《史林》2003年第6期;《新史学思潮经世功能的再考察》,《华东师范大学学报》第35卷第3期,2003年5月。

③ 参见苏中立、杨正喜《辛亥革命时期的经世致用思想》,《中南民族学院学报》2001年第6期。

④ 参见罗志田《清季保存国粹的朝野努力及其观念异同》,《近代史研究》2001年第2期。

深厚的传统史学，后接五四时期现代史学的建设，介于传统和现代之间担负承前启后的使命，其特殊的历史地位和内涵显明了传统史学走向衰微，新史学开始孕育并迅速发展的趋势，迈出了中国史学由传统向现代转变的第一步。① 还有学者提出：晚清史学为民国史学的发展奠定了新的学术基础，民国初年（1912—1920）史学发展的趋势和成就，对"五四"前后的历史研究和整个学术领域的近代化产生了巨大推动作用，均值得深入研究，重新评价。②

三 研究新倾向的出现

研究新倾向的出现，主要指这时逐渐形成了一种新的研究取向和叙事方式。罗志田把这种研究新倾向称为"新文类"，并指出它的"写作旨趣与过去的史学史不完全相同，更多从社会视角观察，注重学科的发展演化及其与社会的互动……除了一般史学史中较重视的史学思想的变迁外，也希望关注历史研究的主题、写作和表述方式、所传授的历史知识（如历史课本）、与史学相关的学术建制以及社会对史学的认知等方面的变化"。其选题从具体的史学现象入手，关注以往宏大叙事忽略的现象和人物；观察问题的"眼光向下""以虚入实"，将研究重心更多转向具体的中下层机构、群体、人物和事件；而对过程的注重胜于结果，不再以寻求历史发展规律为终极目标，等等。③ 他的《近代中国史学十论》（复旦大学出版社2003年版）可说是这种研究新倾向的示范之作。具有同样意义的还有葛兆光的《〈新史学〉之后——1929年的中国历史学界》（《历史研究》2003年第1期）一文。他选择1929年发生的相关重要事件，探寻中国史学的

---

① 参见刘俐娜《晚清史学的发展与变革》，《晚清国家与社会》，社会科学文献出版社2007年版。

② 参见陈其泰《晚清典志体史学名著的时代特色——兼论晚清史学的历史地位》，《北京行政学院学报》2011年第1期；张克兰《晚清史学风气之转移与结胎》，《江汉大学学报》第26卷第1期，2007年2月；陈其泰等《民国初年历史观领域的新变革》，《陕西师范大学学报》2005年第2期。

③ 参见罗志田《近三十年中国近代史研究的变与不变——几点不系统的反思》（《社会科学研究》2008年第6期）、《编序》（《20世纪的中国：学术与社会·史学卷》）、《自序》（《近代中国史学十论》）等文。

新变化，指出：当时"一批历史学家依然在'疑古'的旗帜下强调着历史方法的科学取向、客观眼光和中立立场，而另一批历史学家却在悄悄地从'疑古'转向'重建'，使科学的历史学增添了一些新的中国式的内容，还有一批历史学家在注意着民族历史认同基础的维护……还有一些历史学家则在西方理论资源中，另外寻找到了马克思主义的解释方法，开始重新理解和叙述中国历史"。这一复杂现象表明，一方面，中国历史学者关注的领域已经从汉族中国扩展到四裔甚至世界，"新史学"正日渐试图成为"科学"并与西方"接轨"；另一方面，在历史学界种种动向与争论的背后也隐藏了什么才是"中国"的"新史学"的问题，由此引起关于世界主义与民族主义、科学取向与民族认同之间的紧张与焦虑，并一直延续至今。葛兆光认为，傅斯年唤醒了中国学者最高的民族意识，但他也看到实现"东方学正统"这种看起来具有相当民族主义色彩的学术理想，要通过使历史学成为"科学"即西方现代知识方法的途径来实现。其背后隐隐透露出西方近代历史学的影响。葛兆光还认为，1929年反映出的中国历史学与国际学术界"接轨"的努力，表现在"科学地整理史料，可能是最容易最方便将旧历史学方法转接到新历史学方法上来的一个领域"，"对于历史论题选择方向的转变，也是很容易很方便地把旧史学转接到新史学方法上来的另一个重要方向"。这些分析从东西文化汇通的宽广视野，进入深层历史实际，揭示了更为复杂的逻辑关联。

这种研究新倾向也表现在对史学内部联系的重新解读上。如围绕傅斯年史料即史学的观点及相关的历史语言研究所所作的新观察，有学者认为傅斯年把近代史学理解为史料学，强调用科学方法整理史料，把中国史学打造成"科学的东方学之正统"，虽然体现了现代性特征，却与注重解释史学的新史学和综合史观影响下的现代史学发展方向不同道。[①] 另有学者认为傅斯年在《历史语言研究所工作之旨趣》中反对国故、疏通、普及，以区别于顾颉刚的"疑古"、北大国学门等的国故整理运动，虽然提出历史学只是史料学之类的极端口号，但所主张的内容和路径与北京大学国学

[①] 刘俐娜：《试论傅斯年史学思想的现代性及局限性》，载《"傅斯年与中国文化"国际学术研讨会论文集》，天津古籍出版社2004年版。

门的趋向一脉相承。其"科学的东方学之正统",亦是推助中国史学走上世界学术大道的口号;而"动手动脚到处寻找新材料,随时扩大旧范围",是改变中国固有治学之道的思路,也造成了"只找材料不读书的偏激,脱离学术正轨。""太炎门生取代桐城文派,史学革命又推翻浙学一统,都是否认继承(对再上一代倒可以认同),而夸大差异。待到升上主流地位,立论才能不断修正,渐趋公允,但就难免被后浪赶超。而且发迹时的故意偏激在平和以后仍有巨大惯性,始作俑者或许心知肚明,顺其势者则不免每下愈况。所以,由偏激以至众从的主流派虽然人多势盛,学术路径却往往不循正轨,把握近代中国学术转承的脉络,反而不能以此为线。"① 还有学者检视傅斯年的藏书,参照其他资料,发现其留德期间并没有太多接触兰克学派及其德国的历史研究,相反对西方博古主义或古学运动研究古典文化颇有兴趣。所以尽管"史料学派"推动历史研究的科学化且常与兰克学派的理论和实践相比仿,傅所开展的一系列工作显示出他之强调史料的扩充和整理并由此推广科学史学的做法,只是介乎科学主义和博古主义之间。② 更有学者以"趋新反入旧"概括傅斯年、史语所与西方史学潮流的关系,认为史语所苦心孤诣孜孜以求接轨国际新潮,却误引兰克史学为同道,阴差阳错融入西方传统史学的末流。当时学术界努力趋新求变,但对新史学与兰克史学的学术时差缺乏明确意识。傅斯年及史语所受此制约,面对西方史学的新旧潮流取舍失当,以致走上一条与现代学术趋向逆行之路,"未曾注意西洋史学观点、选题、综合、方法和社会科学工具的重要";这一疏失、缺陷直接造成了史语所与现代学术潮流的隔膜;所欲建立的"科学的东方学之正统",不过是步已成明日黄花的欧洲传统汉学的后尘,投身衰退中的旧潮流,而与新兴的社会科学化的汉学南辕北辙,致其青出于蓝、后浪推前浪的竞胜赶超失去意义。③

又如,对陈寅恪"了解之同情"的治史取向,有学者从史料与历史诠

---

① 桑兵:《近代学术转承:从国学到东方学——傅斯年〈历史语言研究所工作之旨趣〉解析》,《历史研究》2001年第3期。
② 参见王晴佳《科学史学乎?"科学古学"乎?——傅斯年"史学便是史料学"之思想渊源新探》,《史学史研究》2007年第4期。
③ 陈峰:《趋新反入旧:傅斯年、史语所与西方史学潮流》,《文史哲》2008年第3期。

释、史料与表述两个层面进行考察,认为"注重'今典'的'了解之同情',无疑是 20 世纪以考据为基础的中国新史学的重要创获"。陈氏为文的"'牵缠反复'无意中或因'君为李煜期之以刘秀'的心态所致";"在意识层面恐怕确有让代表不同见解的相关史料毕呈于读者之前以'随人观玩'的深切用心。两者结合在一起,便形成了陈氏独特的学术论述风格"。关于陈寅恪的"不古不今之学",既然"目前似不可能"遵从"陈先生自定的标准","确定其所用何典",或亦不必"论定"其准确意思,"但仍可钩稽相关论述,借诠释此语之机,探索其思想学说,期对其治学处身之道,有稍进一步的'了解之同情'。从其对中西体用关系的处理,可看出他关于'国粹'的开放观念。他一生基本研究中国历史上文化碰撞和文化竞争明显的时代和议题,以'法后王'的取向,作'古为今用'之尝试,希望能对当代中外文化融合有所推进,体现出一个学人极有分寸的'爱国济世'之苦心"。[①] 不过,也有学者指出"了解之同情"并非陈寅恪本人治史方法的表述。陈寅恪"认为了解之同情'最易流于穿凿附会之恶习',因而不仅不主张使用,甚至认为一般不可用。否则非但不能理解古人,反而可能南辕北辙,愈有条理统系,去古人学说真相愈远"[②]。

这些研究所涉似乎都是一些不大的"小事",却不同程度地反映了这时的中国近代史学史研究的新取向和新叙事方式。他们分析文本时既重视社会历史语境的影响,也借鉴其他学科的理论概念、批评视角和分析模式,与以往研究注重文本内部、严守学科边界和自身系统,探讨对象规律和各要素的关联等明显不同,使诸多被忽略的史学现象进入了研究者的视野。这类研究能否得到史学史研究者的认同并不重要,重要的是它跨越学术史、思想史和文化史多个领域,展示了大视野的综合式思考特点,予人以更多的联想空间。彼得·基维有言,当代美学正从"只知道一件大事"的时代进入"知道很多小事"的时代。"只知道一件大事"是宏大叙事的

---

① 罗志田:《陈寅恪史料解读与学术表述臆解》,《近代中国史学十论》,复旦大学出版社 2003 年版;《陈寅恪的"不古不今之学"》,《近代史研究》2008 年第 6 期;《陈寅恪文字意趣札记》,《中国文化》第 22 期,2006 年 5 月;《知人论世:陈寅恪、傅斯年的史学与现代中国》,《读书》2008 年第 6 期。

② 桑兵:《"了解之同情"与陈寅恪的治史方法》,《社会科学战线》2008 年第 10 期。

特点，而"知道很多小事"则是新叙事的特征。如果你知道的许多小事是核心的、重要的，你就会成为整个学科的主人。① 当前的中国近代史学史研究似乎正在转向研究很多小事的时代，这些小事是否具有"核心"与"重要"地位，则是研究者能否成为把握"整个学科的主人"的关键所在。

第四节 对学科体系的新思考与展望

21世纪以来，一些研究者清楚地意识到此前的中国近代史学史研究，虽然在近代文化史、社会史和思想史等新兴学科的影响下日趋活跃，但总体说来还是多属具体的个案研究，少有整体综合研究，至于理论探讨就更不多见了。于是，他们尝试着对中国近代史学史的发展线索进行重新探索，以期建立更加科学、完善的学科体系。

陈其泰着眼于近代社会与史学发展的关系，指出1840年起史学研究在历史观、著述内容、形式上都明显不同于传统史学。这种变化既来源于社会剧变的刺激，也是学术文化内部新旧推移的结果。他把近代史学80年分为三期：鸦片战争到1860年前后为民族危机刺激下救亡图强史学勃兴时期；19世纪七八十年代到90年代末为维新变法酝酿发动与近代历史变易观和进化论传播时期；20世纪最初20年为帝制崩溃和"新史学"倡导时期。② 这一看法与白寿彝《谈谈中国近代史学》中概括的中国近代史学史线索一致，只是具体表述更为细化而已。

刘俐娜从现代化的视角探讨了近代中国史学的转型，勾勒出"从困境中觅路、变革中求新，到最终通过借鉴、吸收外来新的史学理论和观念……完成了建立现代史学的历史使命"的线索。她认为社会转型带来器物、制度、观念多层面的变化，一同构成史学转型的社会文化背景，提供了客观条件和动力，"直接推动了中国史学由传统向现代的进步"；并进而

---

① 彼得·基维：《前言》，载诺埃尔·卡罗尔《超越美学》，商务印书馆2006年版。
② 参见陈其泰《时代剧变推动下近代史学演进大势》（上、下），《北京行政学院学报》2007年第5、6期。

依据史学自身发展的特点，从学科规范、理论的破旧立新、方法的引进完善、资料整理与著作编纂等方面，详细考察了近代史学的更新变化。①

　　胡逢祥等人则从科学传播和科学方法的采用层面探究史学现代化的内在理路。胡逢祥指出："西方科学方法的输入，是推动中国学术走向现代化的一大动力，其内涵非止一般的技术手段，而实涉及整个治学的理念和路向问题。"他认为胡适等人倡导"科学方法"提示的现代人文学术研究参照自然科学的成功经验、注重外延性拓展的新思路，直接开启了从北京大学国学门、中山大学语言历史研究所到中央研究院历史语言研究所倡导的重视田野考察和现代多学科交叉研究的史学发展新路径。同时认为这一现代史学建构路线混淆了自然科学和人文科学的界限，把"近代史学"的工作范围框定在史料学领域限制了历史视野的拓展，模糊了传统考据学与现代科学方法的区别。他还尝试通过对中国近代史学史上科学与人文路向并存现象的分析，提出建设现代史学的思路，指出：作为中国现代史学发展主流的"科学化"实践本身并非十全十美，存在着明显的"泛科学主义"倾向；现代史学的建设，不仅需要广泛吸取西方现代科学的各种成果和进步方法，也离不开对传统史学优秀遗产的继承。"新人文主义的史学实践……以人文阐释与科学实证相结合的治史途径，不仅丰富了现代史学建设的理论与实践，也给今人的治学以相当的启示。"② 朱发建也认为："从史学'科学化'的角度，重新梳理近代中国史学发展的派别，认识各家各派的得失利弊，给予较为客观公正的评价，可以摆脱意识形态（包括官方、民间意识形态）与家派观念的束缚，专从知识形态演变的角度，重新认识近代史学发展的进程，不失为一条重建近代史学史的新思路。"③

　　盛邦和从文化发展的角度考察研究史学变迁，将史学与儒学联为一体，诠释中国史学与儒学在文化建设中相互连带与激励的机制。以旧史的

---

① 刘俐娜：《20世纪初期中国社会转型与史学的发展》，《教学与研究》2004年第6期；《由传统到现代——论中国史学的转型》，社会科学文献出版社2006年版。
② 胡逢祥：《科学方法输入后的中国现代史学之走向》，《学术月刊》2008年第3期；《科学与人文之间——关于现代史学建设路向的一点思索》，《史学理论研究》2003年第3期。
③ 朱发建：《史学科学化——考察中国近代史学史的新思路》，《湖南师范大学学报》第33卷第6期，2004年11月。

"通体解散"与新史的"全面创设",旧儒"火烛烟灰"与新儒何处"安身",以及中国现代文化建设从"建议""解体"到"重构""融构"的曲折发展,展现20世纪中国史学在文化解体和重构中的变化历程。①

张越还从历史观更新的角度论述了史学转型。他认为,从复古倒退和一治一乱的循环史观,到进化史观、唯物史观和"其他历史观点的引进","反映了中国史学带有根本性质的变革步履"和由传统走向近现代的"基本进程"②。谢保成循着新史学在民国时期的"逐渐谢幕"和"更新趋势"③ 出现的线索,探讨了这一时期史学的发展演变。另有学者从思潮与变革的关系考察20世纪中国史学的发展。④

桑兵具体考察了近代新史学的发展演变,指出:近代新史学的建设者常把前人的"新史学"当作不破不立的对象,以趋新为务,忽视扎实的研究功夫,拿不出超越旧史学的代表作,这是应当记取的教训。他由此认为:"史无定法,即使在新史学的大旗下,也不可能一统江山";学者治史"要志向高远,避免盲人摸象,防止以偏为新;创新的前提是温故,不必以眼空无物颠覆前人,不能以凿空蹈隙填补空白。一味趋新往往浅薄,所以趋时者容易过时。虽然偶有盲人摸象似的附庸蔚为大国,更多的却是短暂喧闹过后即销声匿迹"⑤。因而于肯定多元化研究价值的同时,又十分郑重地指出承继学统,建构整体观念的重要。

与此同时,后现代建构主义调整解构主义的影响,还引发了一些学者重写、重读、重绘、重释近代学术史的思考。有的提出"重绘民国时期学术地图"问题,认为对于中国近代史学史来说,最大的问题是如何确定唯物史观派与史料考订派各占的比例。两派被叙述位置的不断变化呈现出一再变化的重绘,迄20世纪末,"最大的问题已经转换为史料考订派内部史家的相对地位如何确定"。还提出要关注学术史书写的客观性,追求兼顾

---

① 盛邦和:《解体与重构:现代中国史学与儒学思想变迁》,华东师范大学出版社2002年版。
② 张越:《进化史观对中国史学转型的促进和影响》,《求是学刊》2003年第1期。
③ 谢保成:《民国史学述稿(1912—1949)》,上海人民出版社2011年版。
④ 参见侯云灏《20世纪中国史学思潮与变革》,北京师范大学出版社2007年版。
⑤ 桑兵:《近代中国的新史学及其流变》,《史学月刊》2007年第11期。

史观、史料和方法"客观的学术史叙事",认为要达到这一目的,"归根结底不是主观或觉悟问题,更不是史家的个人品质问题,而是要建立起一种公正的交流、评价和比较机制"。"'客观的学术史叙事'既非以'史考'为中心的叙事,也不是以'史释'为中心的叙事,而是兼顾史观、史料和方法的叙事。"① 有的甚至明确提出了"近代史学史如何'重写'?如何以一个较为客观而具共识的标准,将近代史学各家各派安置在合适的位置上"② 的问题。

  关于以什么范式书写近代中国学术史的问题,葛兆光表示:过去的研究确实有种种问题,无论是传统的以鸦片战争为起点的政治史线索,还是由"坚船利炮"到"制度法律",再由"制度法律"到"思想文化"画出若干阶段的文化史线索,基本上都把思想史看成是一批被预设为"先进分子"的新派的连续过程,以及中国上层士绅对西方文明认识的深化过程。他认为这种研究"理论上的边界清楚和历史上的清晰预设,虽然常常给研究者带来了很多便利,但也常常代替了实际历史的复杂过程"。在他看来,"罗志田的思路显然希望更深一层地讨论一种新中有旧、旧中有新的复杂性,探讨新旧转型时期的各种知识、思想与信仰的位置挪移,以及在这种近乎乾坤大挪移般的巨变中,各种地域、阶层、人物的不同感受以及命运,描绘着世纪初思想史那幅相当错综复杂而且不断变动的地图"。他希望"重新建构一幅复杂的近代历史中的思想、社会与学术地图",以展现近代社会、思想和学术"新中有旧、旧中有新"的错综复杂全貌。他还注意到史学史研究借鉴社会史公共领域、公共空间等概念,将一些边缘化的史学家纳入研究视野,认为这些"边缘知识分子"的存在,正好为解决近代思想与学术史分析框架中很多复杂的问题,提供了一个更合理更深刻的解释。在社会史之外的学术史与思想史之间需要重建一个诠释关系,因为知识变化常常是思想异动的发生背景和支持资源。他说:"当我们的思想史习惯地依照某种政治史理路描述19世纪思想变化时,虽然也大多谈论

---

① 王学典:《顾颉刚和他的弟子们》,山东画报出版社2000年版;《二十世纪中国史学是如何被叙述的——对学术史书写客观性的一种探讨》,《清华大学学报》2008年第2期。

② 朱发建:《史学科学化:考察中国近代史学史的新思路》,《湖南师范大学学报》第33卷第6期,2004年11月。

今文经学中注重微言大义的新取向,但似乎很少关心以历史考据文献诠释为中心的旧学问,可是,据说在乾嘉时代曾经席卷士人的考据学,何以一下子就变成旧学而被新知取代呢?这种新、旧切开的历史叙述,以致从乾嘉到道咸以后,无论是学术还是思想史,似乎总有些接不上榫连不上线。"①

胡逢祥、瞿林东等人早在21世纪之初,就针对中国近代史学史研究出现的新现象,表示过自己的看法②,在这时的近代史学史研究范式讨论中,他们同样没有缺席。胡逢祥提出:20世纪90年代后期近代史学史研究者视野的拓宽,使60年代形成的"以史学思想、史料学和编纂学为基本内容,而以前者为核心的研究范式"日显局促;"近十多年来研究中出现的一些新视角、新专题和新方法,更使这种旧范式与新实践之间的差距拉大,因而亟须对之作出一种理论上的回应,在认真总结60年代以来史学史研究实践的基础上,对学科研究的理论和方法展开进一步讨论,改进并建立起更为合理的研究范式,以引导和促进今后的史学史研究"。在研究内容上,他认为要增加对"史学运行制度"和"史学与社会公众互动"层面的研究。③ 瞿林东则认为,改革开放"三十多年来,中国史学史研究取得了可观的成就。一般说来,对于某一史家的某种史书的思想、体裁体例、价值与局限等问题的研究,已成为广泛使用的模式……需要在继续运用这一模式的过程中,探索新的研究路向,进而提升中国史学史研究的水准"。他从相关研究内容和研究方法的角度思考,提出要重视"理论研究、专题研究和比较研究等问题",以"推动中国史学史研究于传承中有所发展和创新"。④ 还有人主张转换研究视角,"用史学范型观照传统史学的发展历程","用国家与社会关系视角观照史学史"⑤;有人主张拓展视野,

---

① 葛兆光:《重绘近代思想、社会与学术地图——评罗志田〈权势转移:近代中国的思想、社会与学术〉》,《历史研究》2001年第1期。
② 参见瞿林东《近五十年来中国史学史研究的进展》,《史学月刊》2003年第10期;胡逢祥《历史学的自省:从经验到理性的转折——略评20世纪上半叶我国的史学史研究》,《华东师范大学学报》2004年第1期。
③ 胡逢祥:《关于改进中国史学史研究范式之我见》,《史学月刊》2012年第8期。
④ 瞿林东:《试论中国史学史研究的新路向》,《天津社会科学》2012年第1期。
⑤ 钱茂伟:《中国史学史研究视角的转换》,《学术月刊》2012年第1期。

把中国史学史放到国际中国史学、东西方史学研究和交流的大环境中考察，从历史的纵向考察和横向的比较中探寻研究的新方向[①]。

不可否认，受后现代主义和社会史研究热的双重影响，中国近代史学史研究也存在"碎片化"的现象，题目过于细化，学者各自为政，缺少沟通合作，以及共同关注的理论热点和热门话题，缺乏相对集中的学术讨论和争鸣。精深的个案研究是必要的，但不做整体性的研究，将直接影响对中国近代史学史的完整认识和理解。以预设理论支持宏大叙事，的确容易将复杂的历史简单化，但碎片式的研究也只能看到一个个零散的故事。我们研究中国近代史学史不是为了自娱自乐，而是为了通过对史学发展的了解，更好地认识历史，把握今天，预见未来。人类的认识规律告诉我们，尽管不必将某些宏大叙事框架视为无可置疑的"科学"，但理解历史需要借助这样的叙事框架。因此，在近年出现的新叙事、新视角、新方法等研究日益多元化、多样性、跨学科、模糊专门史之间的界限等趋向的基础上，如何从整体上把握中国近代史学史的逻辑线索和体系，是当下迫切需要讨论的问题，也是重新书写中国近代史学史的需要。我们应当有意识地重新认识和建构近代史学史学科本身的逻辑体系。或许这类体系还会随着认识能力的提升和研究理念的更新不断重构，但这是一个自然过程，即史学史学科发展的必然经历。

---

① 参见朱政惠《中国史学史研究的国际视野》，《学术月刊》2012年第1期。

第 十 章

中外关系史[*]

近代中外关系史研究 1949—2009 年间的发展过程，如同中国近代史研究的其他领域一样，与中华人民共和国的政治发展进程密切相关：一方面，政治形势的发展为近代中外关系史的研究提出命题，并提供相应适宜的环境，而研究结果也大致反映了这一时期社会对某一问题的认识；另一方面，近代中外关系史的研究又在一定程度上影响着社会的认识，对人们正确认识外部世界也发挥着积极影响，这在改革开放时期尤其如此。因此，近代中外关系史研究 1949—2009 年间的发展过程显然也可分为两个阶段，即以 1978 年为界，分为 1949 年到"文化大革命"结束的 30 年和改革开放后的 30 年。

第一节 发展概况

在中华人民共和国成立后相当长的一段时期内，近代中外关系史的研究以帝国主义侵华史为主要内容。出现这一现象，主要有两个方面的原因：第一，近代以来，积贫积弱的中国不断遭受列强的侵略，帝国主义侵华客观上构成了中外关系史的一个重要内容。因此，研究帝国主义侵华史

---

[*] 本文的探讨是建立在《五十年来的中国近代史研究》一书所载"中外关系史"一章基础上的，原章节由王建朗、郦永庆两位研究员执笔，本章节在撰写过程中得到王建朗研究员指导和支持，在原有章节内容的基础上进行了扩充，增加了 2000—2009 年间的出版著作。出于对后学的抬爱，王建朗研究员坚持不再在本文中署名。

是学科本身的必然要求。第二，在东西方冷战的大背景下，教育人民正确认识历史，认清帝国主义本质便成了历史学家的一个重要任务。因此，研究帝国主义侵华史也是社会和国家发展提出的要求。

这一时期出版的较有影响的综合性著作有胡绳著《帝国主义与中国政治》（生活·读书·新知三联书店1950年版），丁名楠、余绳武、张振鹍等人著《帝国主义侵华史》第1卷（科学出版社1958年版）。《帝国主义与中国政治》抓住帝国主义侵略中国、反对中国独立和反对中国发展资本主义这一主线，论述了鸦片战争后80多年间民族矛盾和阶级矛盾的发展和变化。《帝国主义侵华史》对1840—1895年间帝国主义的入侵、中国半封建半殖民地社会的形成等重大问题进行了认真的探讨。该书集众专家之力，无论在史实考证、史事叙述还是在总体框架方面都具有学术著作的规范。在此后面世的有关中外关系史专著中，我们仍能看到这一著作的影响。此外，胡滨的《十九世纪末叶帝国主义争夺中国权益史》（生活·读书·新知三联书店1957年版）有力地揭露了甲午战后帝国主义在瓜分中国的浪潮中既勾结又争夺的情况。

在对各帝国主义国家侵华活动的研究中，20世纪50年代着力最多的当是美国侵华史，这多半因为美国是当时与中国最为敌对的国家。其中最有影响的为刘大年的《美国侵华史》（人民出版社1951年版）和卿汝楫的两卷本《美国侵华史》（生活·读书·新知三联书店1952、1956年版）。这两种著作主要从政治史角度揭露美国的侵华活动，而钦本立的《美国经济侵华史》（世界知识出版社1954年版）则从经济史角度揭露了美国的侵华活动。

基于同样的背景，50年代的中苏关系研究则以宣传中苏友好为主旨，出版了曹锡珍的《中苏外交史》（上海世界知识出版社1951年版）和彭明的《中苏友谊简史》（中国青年出版社1955年版）等专著。在特定历史条件的限制下，这一时期的论著只讲苏联对华援助和友谊，不谈苏联对中国的伤害，也不提沙皇俄国对中国的侵略。60年代中后期，由于中苏关系急剧恶化，有关沙俄侵华史的研究迅速升温。中国社会科学院近代史研究所集体撰写的《沙俄侵华史》（共4卷，至1978年出版两卷，人民出版社1976、1978年版），详细地叙述了沙俄对中国的军事、政治和经济侵略。

此外，比较有影响的著作还有复旦大学历史系的《沙俄侵华史》（上海人民出版社 1975 年版）和吉林师范大学历史系的《沙俄侵华史简编》（吉林人民出版社 1976 年版）等。

但对于长期扮演列强领头羊角色的英国以及侵华最烈的日本，却缺乏系统的研究，对它们的研究主要集中于两次鸦片战争和甲午战争。这一时期先后出版了鲍正鹄《鸦片战争》（上海新知识出版社 1954 年版）、魏建猷《第二次鸦片战争》（上海人民出版社 1955 年版）、蒋孟引《第二次鸦片战争》（生活·读书·新知三联书店 1965 年版）、贾逸君《甲午中日战争》（新知识出版社 1955 年版）、陈联芳《朝鲜问题与甲午战争》（生活·读书·新知三联书店 1959 年版）、戚其章《中日甲午威海海战》（山东人民出版社 1962 年版）等专著。对其他国家的研究则更为薄弱。

与帝国主义侵华史相呼应的是中国反侵略斗争史。在这方面较有影响的主要有陈锡祺《广东三元里人民的抗英斗争》（广东人民出版社 1956 年版）、李时岳《近代中国反洋教运动》（人民出版社 1958 年版），周明绮《1905 年的反美爱国运动》（中华书局 1962 年版）等。

这一时期近代中外关系史研究所取得的成就具有开创性的意义。研究者运用马克思列宁主义的基本理论，突破了 1949 年前外交史研究的旧框框，建立了新的以马克思列宁主义为指导的学科体系。这一时期的研究涉及近代中外关系的若干重大事件，勾画出了近代中外关系发展的基本线索，搭建了学科的基本框架，为学科的进一步发展奠定了基础。

毋庸讳言，这一时期的研究不可避免地受到当时中国政治进程中不时占据主导地位的"左"的思想的影响。中外关系发展的丰富而复杂的内容基本上被侵略和反侵略模式所涵盖。除此以外的许多方面，无法进入研究者的视野。而且，即便是关于帝国主义侵华史的研究，也受到政治风潮的冲击。如《帝国主义侵华史》第 1 卷出版后，便有人指责该书犯了方向性错误，声称解放了的中国人民需要的是"扬眉吐气史"，而不是"挨打受气史"。于是，研究组被撤销。以致到 20 多年后，该书第 2 卷才得以与读者见面。

给近代中外关系史研究带来勃勃生机的是 1978 年后新时期的改革开放。它既向研究者提出了如何全面认识外部世界的课题，也创造了一个大为宽松的学术环境。同时，随着中国社会的全面对外开放，中外文化交流获得了极大发展，中国学者能够直接了解西方社会，从而大大地开拓了视野。中外关系史学科由此出现了繁荣景象。

这一时期，出现了多种近代中外关系史的综合性著作。除前述《帝国主义侵华史》第2卷（人民出版社1986年版）和《沙俄侵华史》第3、4卷（人民出版社1981、1990年版）陆续出版外，一批以中外关系史或外交史冠名的通史性著作也纷纷面世。叙述清末到1919年间（个别的到1911年或1949年）中外关系史的著作有刘培华《近代中外关系史》（北京大学出版社1986年版）、顾明义《中国近代外交史略》（吉林文史出版社1987年版）、王绍坊《中国外交史（鸦片战争至辛亥革命时期）》（河南人民出版社1988年版）、杨公素《晚清外交史》（北京大学出版社1991年版）、赵佳楹《中国近代外交史》（山西高校联合出版社1994年版）、唐培吉主编《中国近现代对外关系史》（高等教育出版社1994年版）等。这些著作对清末民初近代中外关系史上的重大事件进行了比较系统的清理和阐述。这些外交通史性著作有一个共同的特点，即它们都无一例外地是在高校教学讲义的基础上修改而成的。进入21世纪以来，又陆续出版有赵佳楹《中国现代外交史》（世界知识出版社2005年版）、黄凤志主编《中国近代外交史（1840—1949）》（吉林大学出版社2005年版）、熊志勇《中国近现代外交史》（世界知识出版社2005年版）等。

相对来说，民国时期外交史的研究是一个比较新兴的领域。其综合性专著的出版普遍晚于研究清末的专著，大抵都在20世纪90年代。其中，比较有影响的有吴东之主编《中国外交史（中华民国时期）》（河南人民出版社1990年版）、宗成康主编《百年中国对外关系（1840—1949）》（南京大学出版社1993年版）、唐培吉主编《中国近现代对外关系史》（高等教育出版社1994年版）、石源华《中华民国外交史》（上海人民出版社1994年版）、《近代中国周边外交史论》（上海辞书出版社2006年版）、杨公素《中华民国外交简史》（商务印书馆1997年版）以及程道德主编的《近代中国外交与国际法》（现代出版社1993年版），等等。吴东之著与石源华著是中华人民共和国成立以来第一批以"中华民国外交史"为研究对象的专著。这些著作在研究体系的建构、史实的准确叙述方面对于外交史学科的成长具有重要意义。

由于研究者所掌握外语语种及个人精力的限制，更大量的研究，也可以说更为深入的研究是按国别而分类进行的。中美关系、中日关系、中苏关系、中英关系、中德关系、中葡关系、中韩关系皆有不少成果面世。如陶文钊著《中美关系史（1911—1950）》（重庆出版社1993年版）、项立岭著《中美关系史全编》（华东师范大学出版社2002年版）、熊志勇著《百年中美关系》（世界知识出版社2006年版）、张振鹍等著《日本侵华七十年史》（中国社会科学出版社1992年版）、向青等著《苏联与中国革命》（中央编译出版社1994年版）、田保国著《民国时期中苏关系（1917—1949）》（济南出版社1999年版）、沈志华等著《中苏关系史纲（1911—1991）》（新华出版社2007年版）、薛衔天等著《民国时期中苏关系史（1917—1949）》（中共党史出版社2009年版）、黄鸿钊著《中英关系史》（香港开明书店1994年版）、萨本仁和潘兴明著《20世纪的中英关系》（上海人民出版社1996年版）、王为民主编《百年中英关系》（世界知识出版社2002年版）、吴景平著《从胶澳被占到科尔访华：中德关系（1861—1992）》（福建人民出版社1993年版）、马振犊等著《友乎？敌乎？德国与中国抗战》（广西人民出版社1997年版）、黄庆华著《中葡关系史（1513—1999）》（黄山书社2005年版）、石源华著《韩国独立运动与中国（1919—1945）》（上海人民出版社1995年版）等。

第二节　专题论述

一　外交理论与体系

通史性著作是一个学科基础理论和体系的代表，在中华人民共和国成立后的相当时期内，帝国主义侵华史构成了近代中外关系史研究的主要内容，与其相对应的是中国人民的反侵略斗争史。此时期的研究者运用马克思列宁主义的基本理论，突破了旧外交史研究的框架，建立了新的学科体系，而其指导思想则是马克思列宁主义。近代中外关系史研究的基本线索在此一时期亦已勾画出来，但此时尚未专门就近代中国外交的理论和体系单独提出来加以研究。① 改革开放后，近代中外关系史研究进入一个新的发展阶段，出现了一批通史性著作和双边关系史的专著，尤其是民国时期的外交史渐受重视。近代中外关系史的研究的整体推进，为研究近代的外交理论和体系提供了良好的基础。

在不平等条约体系主导中国近代外交之前，朝贡体系最能代表传统中国的对外交往体制。朝贡体系其实是传统中国对外交往体制的概念化抽象，自费正清提出朝贡体系以来，学界虽有人对其提出不同见解，但均未成系统。在学界已知的朝贡体系和不平等条约体系之外，有学者提出了新的概念——中华秩序原理，并以之来研究中国与暹罗之间的建交交涉。研究者指出，中国与暹罗之间的建交谈判之所以破裂，根本原因在于暹罗在接受西方的国际法后，开始废弃中华世界秩序原理，并因追求中暹平等地位，造成东西国际秩序原理的冲突。②

21世纪第一年，学者们更加关注中国外交近代化的进程。有学者指出，起源于西欧的近代国际体系与以中国为中心的东亚传统国际秩序之间发生过激烈冲突，第二次鸦片战争后，中西双方都试着开始调整政策，中国逐渐加入近代国际体系，晚清官员在逐渐认知和接受西方国家的外交观念上存在一个渐进的过程，对国际法的接纳是中国外交近代化的一个重要因素。③

近代外交体系的转型研究渐受重视。有研究指出，虽然还有若干重大细节需要深入探究，但大体上可以认定近代中国的外交转型起步于鸦片战争后，完成于民国北京政府时期。④ 在认识传统中国的对外观念方面，有研究者认为，近代中国人的对韩认识往往面临情感和思想的困境，体现了近代中国他者认识与自我认识的相关性，也对中国近代民族主义的形成具

---

① 此时出现了一批具有代表性的著作，具体情况请参见《五十年来的中国近代史研究》，第251—255页。
② 参见张启雄《东西国际秩序原理的冲突——清末民初中暹建交的名分交涉》，《历史研究》2007年第1期。
③ 参见计秋枫《中国加入近代国际体系的历程》，《南京大学学报》2001年第6期；王开玺文，《史学月刊》2001年第2期；田涛《国际法输入与晚清中国》，济南出版社2001年版。
④ 参见李兆祥《近代中国的外交转型研究》，中国社会科学出版社2008年版。

有一定的影响。①

在国与国之间的交往中，条约是必须遵守的，但晚清政府面临的是悖于平等交往权的不平等条约，这样的一种特殊情形给清政府提出了一个是否遵守条约的历史难题。在不同的时期，清政府在遵守条约问题上呈现出不同的特点。虽然在两次鸦片战争期间曾有过摆脱条约束缚的尝试，但最终确立了遵守条约的主体意识，并以之约束清朝官吏。②

在进入近代社会之前，中国与西方有着完全不同的外交观念和外交制度。鸦片战争后，在中西交涉中，不同的外交观念和外交制度便成为冲突与融合的焦点。中国近代外交观念和外交制度在这种冲突与融合的旋涡中发生、发展并呈现出不断演变的过渡特征。不了解这一切，就很难搞清近代中外关系中一些重大问题的起因，如鸦片战争前的中西"礼仪之争"、鸦片战争期间清政府的"剿抚"摇摆、第二次鸦片战争时期的"公使驻京"问题，以及涉及中国藩属越南和朝鲜的中法战争和中日甲午战争。但史学界关于外交思想演变的研究很不够，有关外交制度的研究取得了一定的进展，已经出版的专著有钱实甫的《清代的外交机关》（生活·读书·新知三联书店1959年版）、王立诚的《中国近代外交制度史》（甘肃人民出版社1992年版）和高伟浓的《走向近世的中国与朝贡国关系》（广东高等教育出版社1993年版）。王立诚将中国近代外交制度分为四个时期加以论述，即中西外交制度的冲突时期、试图沟通两种不同文化的洋务外交体制时期、积极适应现实的外交制度的改革时期和符合国际外交通例的外交体制形成时期。

二 不平等条约

1. 不平等条约研究中的理论与概念。不平等条约研究是一个传统的课题，得益于国际法理论的引入和实证性研究的开展，该领域的研究取得较大进展。经过前代学者努力，就条约收罗与编撰而言，虽然未能全部结集

---

① 参见王元周《认识他者与反观自我：近代中国人的韩国认识》，《近代史研究》2007年第2期。

② 参见李育民《论清政府的信守条约方针及其变化》，《近代史研究》2004年第2期。

成册，但重大条约基本上未有遗漏。不可否认，尚有部分约章，由于种种原因，并未能为现有条约集所收录。在众多条约汇编中，最广为引用的当为王铁崖编《中外旧约章汇编》全三册，该汇编由生活·读书·新知三联书店出版，第1版的出版年份分别是1957年、1959年和1962年，1982年三联书店把该汇编重新出版，目前所用的版本基本上都是1982年的重印本。在这里还有一本辞典必须提及，即《中国对外条约辞典（1689—1949）》[①]。该辞典在《中外旧约章汇编》的基础上，把中外"条约"的数目增加到1356个。虽然该辞典收集的"条约"在数目上超过了《中外旧约章汇编》，但并没有列出所增加"条约"的出处，且所给条约仅仅是部分条文的摘要，并无整体内容。

中华人民共和国诞生以来，不论是在国际法学界还是史学界，对条约概念的认识均经历了一个发展过程。国际法学界所经历的过程与史学界存在明显的区别，前者是为了适应不断变化的国际形势而相应作出的调整，后者主要是在具体运用概念过程中所存在的认识分歧。中华人民共和国成立以来，出于研究帝国主义侵华的需要，史学界更多关注的是涉外文件是否构成了侵略，而不太关注文件是否具有条约性质的甄别。这种对条约定义的模糊认识，导致大家对近代中国条约数量、不平等条约数量的认识始终未能达成一致。

中华人民共和国成立初期至20世纪90年代，关于条约定义的讨论并未引起重视。由于不平等条约确为帝国主义侵华的主要内容与载体，因此，研究帝国主义侵华必须涉及条约问题。虽然此期间对帝国主义侵华的研究并未中断，甚至一度成为中外关系史研究的主要内容，但是并未对条约概念问题展开认真讨论。在这样一个基础性问题上，大家似乎都有一个确定的标准，具体是什么，却又语焉不详。这一状况一直持续到90年代讨论不平等条约的数目时才有所改变。

进入21世纪以来，随着不平等条约研究的深入进展，学界开始在理论方面探讨什么是不平等条约这样一个耳熟能详的概念。关于不平等条约的数目，一直流传着1100多个的说法，并为国务院新闻办公室1991年的

[①] 朱寰、王恒伟主编：《中国对外条约辞典（1689—1949）》，吉林教育出版社1994年版。该书的条约年代索引中列出了条约的数目。

《中国的人权状况》白皮书采用。有学者指出，这是对《中外旧约章汇编》的错误理解。首先，该书所收入的1100多个文件并非都是条约；其次，该书所收条约也并不都是不平等条约。因此，1100多个不平等条约的数目是不能成立的。①

数目不一，根本在于评判标准的模糊，缺少一个为大家所接受的客观评判原则。新近的研究成果提出，评判一个条约是否平等，有总的标准：一是缔结形式和程序是否平等；二是条约内容是否对等，是否损害了中国的主权。约文是否对等，条约的内容是否侵害了中国的主权，是条约形式和实质上平等与否的主要根据，舍此之外，不应该有别的标准。在上述理论的指导下，新近的统计数字认为，近代中国订立有343个不平等条约，不平等条约国有23个。但由于种种客观条件的限制，该统计数字并不是最终的结果，而只是鉴于王铁崖《中外旧约章汇编》所得出的一个阶段性成果。②

不平等条约特权。中国的不平等条约特权始于中英《南京条约》，对《南京条约》的详细解读是全面认识近代中国不平等条约特权的基础。③治外法权是不平等条约特权中危害较大的一种，学界对其研究已经较为系统而全面，但近来的研究开始追溯其产生的渊源。早在鸦片战争前的1833年，英国就试图建立具有治外法权性质的法庭，1839年在未经清政府同意的情形下，义律擅自宣布成立领事法庭，鸦片战争后，英国最终通过不平等条约获得该项特权。④

治外法权的收回历程也有新的研究进展。有学者指出，由于治外法权的种种弊端与危害，中外双方都有修改它的意图，但英国于第二次鸦片战争后提出的"混合法庭"方案未被接受。甲午战争和八国联军之役，激起了收回领事裁判权的强烈要求，虽然清政府明确提出了这一问题，并采取

---

① 参见张振鹍《论不平等条约——兼析〈中外旧约章汇编〉》，《近代史研究》1993年第2期。
② 参见侯中军《近代中国不平等条约数目与评判标准的探讨》，《历史研究》2009年第2期。
③ 参见郭卫东《转折——以早期中英关系和〈南京条约〉为考察中心》，河北人民出版社2003年版。
④ 参见吴义雄《鸦片战争前英国在华治外法权之酝酿与尝试》，《历史研究》2006年第4期。

了改革司法法律制度的实质性行动，但陷入了不易解套的困境。①

2.废约研究。关于不平等条约废除历程的研究近十年来取得了较大进展，现有研究已经为废约过程勾勒出一条清晰主线，主要的废约细节也均有阐述。王建朗的《中国废除不平等条约的历程》（江西人民出版社2000年版）首先提出了"废约"这样一个极具学术价值的问题，并在诸多方面提出自己的见解，为该研究搭起了一个具体而严密的框架。李育民的《中国废约史》（中华书局2006年版）则将废约这一课题推向深入，考察了中国共产党及其他政治派别对废约的贡献。

21世纪以来，废约研究向精细化方向发展，更加注重个案研究，在关注政府废约的同时，也关注到个人及在野党派对废约运动的贡献。新近的研究指出，晚清第一任驻外公使何如璋已经明确认识到关税自主和治外法权是不平等条约的主要部分。② 整体而言，北京政府时期的废约案例仍然吸引研究者的目光，在中俄旧约废止问题上，北京政府坚持先废止旧约，再签订修约，而苏俄政府则要求订立新约后再废止旧约，最后双方妥协：新约未订立前，旧约概不施行。③ 从晚清开始的废约运动，历经民族主义运动的高涨，最终由南京国民政府完成了废约的最后一个环节。学界已经形成的共识是，中国废除不平等条约的成功不是某个政府和运动的单独成果，而是合力的作用，这其中当然也有中国共产党对废除不平等条约的贡献。④ 也有学者对北洋时期的废约提出质疑，认为北洋时期主要是修约，人们基于革命正统的角度往往忽视了修约的成果。⑤

三 晚清外交研究

1.第一次鸦片战争及近代中外不平等关系的开端。鸦片战争的原因和

---

① 参见李育民《晚清改进、收回领事裁判权的谋划及努力》，《近代史研究》2009年第1期。
② 参见戴东阳《日本修改条约交涉与何如璋的条约认识》，《近代史研究》2004年第6期。
③ 参见唐启华《1924年〈中俄协定〉与旧约废止问题——以〈密件议定书〉为中心的探讨》，《近代史研究》2006年第3期。
④ 参见王建朗《中国废除不平等条约的历程》、李育民《中国废约史》。
⑤ 参见唐启华《被废除不平等条约遮蔽的北洋修约史》，社会科学文献出版社2010年版。

起源一直是学界关注的焦点，在注重原始资料的前提下，对战争爆发原因及过程都有新的认识和发现。关于鸦片战争爆发原因，一直存在着为保护对华鸦片贸易和为开展对华自由贸易两种观点。中外学者一般分持前后不同看法。20世纪90年代，有学者提出这两种因素兼而有之的双重动因说，并指出前者是一段时间内起重大作用的直接因素，后者则是长远起作用的根本因素，是基本动因。① 近年来的研究主要集中于对影响战争的人及舆论方面的研究。如来华西人及其群体的研究，以期说明战争爆发前各种因素的交互作用。研究者注意到了来华西人群体为维护自身利益而采取的各种行动，包括成立广州外侨总商会和酝酿对华动武的舆论。作为英国商人战前成立的组织，广州外侨总商会卷入了中英双方的交涉，并产生了一定影响。②

学界注意到对华战争舆论的形成与酝酿，并探讨这种舆论对英国发动战争的影响。最新的研究成果认为，对华动武的舆论并非一蹴而就，而是有一个长期的发展过程。随着1830年前后中英冲突的演进，来华西人群体对广州贸易体制愈益不满，逐渐产生了对华武力强制的舆论。律劳卑事件后，这种主张逐渐发展为对华战争舆论，并在广州的英文报刊上引发争论，但到兴泰行商欠案发生后，西人普遍不满广东当局的解决方式，对华战争成为一致主张。③

在论及清政府对待鸦片贸易的态度时，很长时期内一直认为有严禁派和弛禁派之分。20世纪80年代中期，一些学者提出不同意见，认为道光皇帝一直是主张严禁鸦片的；清政府内只有禁烟策略之别，而无弛禁派和严禁派之分；统治集团中也不存在一个鸦片利益集团。④ 同样，在论及清政府对待英国侵略的态度时，以往都将它与抵抗派同投降派之间的斗争相

---

① 参见刘存宽《试论英国发动鸦片战争的双重动因》，《近代史研究》1998年第4期。
② 参见吴义雄《广州外侨总商会与鸦片战争前夕的中英交涉》，《近代史研究》2004年第2期。
③ 参见吴义雄《鸦片战争前在华西人与对华战争舆论的形成》，《近代史研究》2009年第2期。
④ 参见郦永庆《有关禁烟问题的几点新认识》，《历史档案》1985年第3期；林敦奎、孔祥吉《鸦片战争前期统治阶级内部斗争新探》，《近代史研究》1986年第3期。

联系。现在一些学者注意到，不少鸦片战争前期主剿的"英雄"，后期都变成了高唱主和的头面人物。他们都认为不应简单地把主张和谈视为投降，并以此划分抵抗派和投降派。①

鸦片贸易是鸦片战争的导火索，然而学界对战前鸦片贸易的数量一直未能有准确的统计，有研究者指出，由于肮脏的鸦片贸易所具有的秘密特征，完全准确、完整无缺的统计是不可能的，但并非不能得出大致的数值。鸦片战争前18年间，平均每年有1万多箱鸦片输入和1000多万两白银被掠夺，这一数字虽不如以前所认识的那样庞大，但足以揭示鸦片贩子及其背后利益集团的掠夺本性。这样一种更加符合历史事实的估计，无疑将促进我们对鸦片贸易的客观认识。②

1841年1月，英军在强占香港时曾宣称，中英之间已订立割让香港的川鼻草约。中外史学界曾长期沿袭这一说法。在20世纪80年代，有研究者通过考证指出，所谓"川鼻草约"，是英国单方面制定的条文，琦善并未在该草约上签字。英军是在没有条约依据的情况下强占香港的，后来通过《南京条约》确认了抢夺的成果。③

鸦片战争后，中西之间的交往更多地体现了朝贡体系与近代国际法体系之间的碰撞。朝贡体系作为中国固有的对外交往机制，在许多方面与近代国际法体系相凿枘，甚至连互相交往的外交文书都难以达成一致意见。中西交往体制冲突并非开始于鸦片战争之后，其实在鸦片战争前就已经发生碰撞。中英双方均曾希望获得制定交往原则的权力，1834年的律劳卑事件体现了双方的这种争夺，但义律为打破僵局，1837年擅自向清政府和广东地方让步，实现了以英国官员身份驻省的计划。④

2. 第二次鸦片战争及不平等条约体系的形成和发展。学界对第二次鸦片战争时期中外关系的研究相对分散，与第一次鸦片战争相比其研究基础

---

① 参见郦永庆《从档案看鸦片战争时期清政府的对外政策》，《历史研究》1990年第2期；茅海建《天朝的崩溃》第3章。
② 参见吴义雄《鸦片战争前的鸦片贸易再研究》，《近代史研究》2002年第2期。
③ 参见胡思庸、郑永福《川鼻草约考略》，《光明日报》1983年2月2日。
④ 参见吴义雄《权利与体制：义律与1834—1839年的中英关系》，《历史研究》2007年第1期。

相对薄弱。20世纪90年代,有研究者对于法国为何参与战争,在战争中扮演的角色,以及英法之间的关系展开探讨,认为法国参与第二次鸦片战争的原因是多方面的,既有国内因素,也有国际因素,既有政治动机,也有经济考虑,以及外交政策的自身延续性。法国虽然在军事上积极配合英军,但在外交上则与英国展开激烈竞争,力图分享英国在远东的利益。①

随着对俄国档案的深入解读,第二次鸦片战争时期的中俄关系也有研究涉及。有研究者指出,俄国虽然不是战争的直接参加者,但其较英法两国更早地获得了条约特权,并割占中国大片领土。耆英在对外交涉中由起用到弃用,其背后是晚清外交的弱势与不可为。有研究者认为,耆英复出后通过俄罗斯馆大司祭巴拉第与俄国顺利建立了联系,但为了取得俄国"调停"许诺,却轻率答应提前签订不平等的中俄《天津条约》,这导致了其获罪并自尽的结果。②

以往认为,清政府丧失海关行政职能,主要是外人的故意纵容与破坏,但这并非全是事实。有研究者指出,英国曾经帮助缉私,试图建立"公平"的海关贸易,此举未能奏效后,才试图单方面建立海关法治。清政府未能顺应时势,把海关行政职能拱手让与外人。③ 清政府在丢掉香港后,也曾试图恢复海关权力,以期挽回经济利益。1868年,清政府为打击鸦片走私曾对香港进行了为期多年的封锁,但却最终以牺牲国家主权换回有限的经济利益。④

关于不平等条约的发展,比较一致的看法是:第二次鸦片战争后中国与英、美、法、俄订立的《天津条约》和《北京条约》,极大地扩充了列强在华特权,不平等条约由此而初步形成体系。甲午战争后的《马关条约》使日本得到西方列强在华已有的一切特权。该条约还反映出列强向中国输出资本的要求,成为外国资本主义侵略转向帝国主义侵略的一个重要标志。此后不久便出现了列强近乎要瓜分中国的一系列不平等条约。义和团运动失败后的《辛丑和约》则使不平等条约体系完整化,标志着帝国主

---

① 参见葛夫平《法国与第二次鸦片战争》,《近代史研究》1997年第1期。
② 参见陈开科《耆英与第二次鸦片战争中的中俄交涉》,《近代史研究》2009年第4期。
③ 参见王立诚《英国与近代中外贸易"法治"的建立》,《历史研究》2001年第2期。
④ 参见陈新文《"封锁香港"问题研究(1868—1886)》,《近代史研究》2003年第1期。

义在华半殖民地统治的确立。①

随着研究的深入，学者们发现，在列强所获得的特权中，竟有清政府官员主动出让的。究其原因，是由于长期闭关锁国，清政府对若干近代国家主权概念茫然无知，以至丧失国家重大利权而不自觉。如领事裁判权的出让，初意只是想把涉外案件中的麻烦推给外人，以减少中外司法纠纷。而片面最惠国待遇的给予，除了显示恩惠公平赐予的"天朝"心态外，希望列强因此互相牵制也是一个重要原因。②

3. 日本侵华政策的缘起与发展。1874年日本侵台，但未能实现武力征服，中日双方在妥协的基础上达成了《北京专条》。以往的研究总是把注意力放在"丢失琉球"和赔款问题上，20世纪90年代，有学者对此做出更为精确的研究，指出中日这场斗争所要解决的根本问题是：台湾特别是台湾东部地区是不是中国的领土？日本以征伐"无主之地"的名义出兵，并在交涉中反复重申这一观点，清政府对此屡加驳斥。最后日本不得不在专条中确认了中国对台湾的主权，英、美等国外交代表也明确表态承认台湾为中国领土。中国在台湾的主权问题由此而得到澄清。③

以往认为，专条默认了日本对琉球的主权。有学者指出，这是对条文的错误理解。清政府在交涉中一直不承认琉球船民为日本国属民，条约中的"日本国属民"并非指琉球船民，而是确指在台湾遭劫的日本人，不能从专条中得出清政府承认日本拥有琉球主权的结论。④但必须承认清政府在琉球问题上的外交并不成功，新近的研究不但注重对清政府自身政策的分析，亦关注到日本的立场。有研究者指出，甲申事变前后黎庶昌的琉球案交涉，早期有声有色，后期则只是提出书面策略，这与日本立场渐趋强

---

① 参见张振鹍《论不平等条约——兼析〈中外旧约章汇编〉》，《近代史研究》1993年第2期；李育民《近代中国的条约制度》绪论。

② 参见茅海建《天朝的崩溃》第7章；郭卫东《近代中国利权丧失的另一种因由——领事裁判权在华确立过程研究》（《近代史研究》1997年第2期）、《片面最惠国待遇在近代中国的确立》（《近代史研究》1996年第1期）。

③ 参见张振鹍《关于中国在台湾主权的一场严重斗争》，载中国史学会、台湾研究会编《台湾史研究论集》，华艺出版社1994年版。

④ 参见陈在正《1874年中日〈北京专条〉辨析》，载中国史学会、台湾研究会编《台湾史研究论集》。

势有关。①

　　日本的大陆政策是贯穿近代日本对外关系史的一条主线，中国是这一政策的最主要的受害者。关于日本大陆政策形成的时间，有人认为形成于明治初年，明治天皇"开拓万里波涛，布国威于四方"的"御笔信"，定下了对外扩张的基调，同时计划分五步实施，即陆续征服台湾、朝鲜、满蒙、全中国、全世界。②另一种观点认为，大陆政策形成于山县有朋内阁时期，其标志是1890年山县有朋的《施政方略》提出了"主权线"和"利益线"问题，这是日本对外扩张的基本理论。③

　　朝鲜问题是中日之间另外一个外交议题，出于传统宗藩关系的考虑，中国力图保持朝鲜的独立自主地位，并尽力帮助朝鲜适应转变的国际形势。争取朝鲜则是日本既定侵略政策，在甲午战争的前十年，中日之间围绕朝鲜的电信权就已经展开争夺，清政府对朝鲜采用了传统的宗属外交与近代条约外交相结合的灵活外交政策；日本对中国采用了暂时放弃争夺朝鲜电信线的架设权和管理权，将获取通信手段放在首位的实用主义外交。④

　　甲午战争是日本侵华史上的重要里程碑，新兴的日本终于打败了腐朽的老大帝国，一跃成为对中国威胁最大的侵略国家。因此，甲午战争一直是研究19世纪中日关系的最大热点。改革开放后陆续出版的专著有戚其章的《甲午战争史》（人民出版社1990年版）和《甲午战争国际关系史》（人民出版社1994年版），孙克复、关捷的《甲午中日海战史》（黑龙江人民出版社1981、1984年版）等。学者们对甲午战争的起因、进程及其战败对中国的影响以及欧美各国的干预均有充分研究。进入21世纪以来，关于甲午战争的爆发原因又有了新的研究成果。通过分析金玉均被刺前后中日两国的外交活动，指出并无证据表明中国驻日使团及李鸿章父子预先

---

　　① 参见戴东阳《甲申事变前后黎庶昌的琉球策略》，《历史研究》2007年第2期。
　　② 参见万峰《日本近代史》第7章，中国社会科学出版社1978年版。
　　③ 参见米庆余《近代日本大陆政策的起源及其形成时期的特征》，载中国日本史学会编《日本史论文集》，辽宁人民出版社1985年版。
　　④ 参见郭海燕《从朝鲜电信线问题看甲午战争前的中日关系》，《近代史研究》2008年第1期。

参与了暗杀金玉均的活动，日本出兵朝鲜及挑起中日甲午战争与金玉均被刺并无关联。①

内地对甲午战争的研究虽然数量众多，但一直缺乏国际法视野下系统研究甲午战争的专著，由于内地以前在此方面的研究过于单薄，以至于在舆论上出现受害的中国却是国际法违反者的怪论。② 21 世纪初年，出版了从国际法角度研究甲午战争的专著。针对日本方面的辩解，该研究从历史事实出发对日本方面的观点予以驳斥，指出日本的行动完全违背了国际法的准则。③

甲午战争后的中日关系出现了多重面相，在中国为摆脱日本的种种侵略的同时，还存在中日结盟的倾向。近年来，这个问题得到更多关注。新近的研究认为，甲午战争后至戊戌政变发生前夕，日本联华势力在中国展开了多方活动，其内部各支力量在华联结活动及其工作对象之间虽存在区分，但同时也有交流、协作和整合④；中国维新力量在呼应日本联华活动中也存在区分和异同，并逐步形成一个颇为广泛的、复杂的日中结盟的组织圈，并对戊戌政变产生影响。除此之外，有学者围绕"兴亚会"展开探讨，分析了戊戌到庚子间的中日结盟活动。⑤

戊戌变法是清政府在甲午战后自上而下进行的救亡图存运动，起初日本对中国的这场政治运动虽表示赞许，但很少予以实质性援助。但戊戌政变后，日本对华进行"务实"外交，不但派兵进驻北京，而且援助中国内部的实力派，在华影响逐步扩大。⑥

4. 反洋教斗争与义和团运动。教案或称"反洋教斗争"，持续数十年，构成了近代中外关系中不可回避的一个特殊内容。对于教案的起因，

---

　① 参见戴东阳《中国驻日使团与金玉均——兼论金玉均被刺与甲午战争爆发之关系》，《近代史研究》2009 年第 4 期。

　② 参见王建朗《近代中外关系史研究的新视野——读〈国际法视角下的甲午战争〉》，《抗日战争研究》2002 年第 2 期。

　③ 参见戚其璋《国际法视角下的甲午战争》，人民出版社 2001 年版。

　④ 参见邱涛、郑匡民《戊戌政变前的日中结盟活动》，《近代史研究》2010 年第 1 期。

　⑤ 参见桑兵《"兴亚会"与戊戌庚子间的中日民间结盟》，《近代史研究》2006 年第 3 期。

　⑥ 参见茅海建、郑匡民《日本政府对于戊戌变法的观察与反应》，《历史研究》2004 年第 3 期。

比较一致的看法是，这是中华民族与帝国主义之间的矛盾不断激化的产物。也有人指出，教案是各种矛盾错综交织的产物，不能只讲民族矛盾而忽视别的因素，如基督教与中国封建政教礼俗的矛盾、中西文化的差异和冲突等。① 对于反洋教斗争的性质，分歧较大。有人认为，反洋教斗争既具有反侵略的性质，也具有农民革命的性质。② 另一些人认为，参加反洋教斗争的社会力量非常广泛，而地主阶级人物往往充当倡导者。因此，不能称之为农民革命。而且，反洋教运动虽以反侵略为主流，但免不了盲目排外的举动，常常是以封建主义的文化意识去对抗资本主义的文化意识，因而，它又始终带有反进步的因素。③

同样的分歧也出现在对义和团的评价上。一些人指出，义和团盲目"杀洋仇教"，对洋人不加区别一律打击。他们反对先进科技，对一切资本主义新事物统统采取横扫的态度。④ 但另一些人认为，帝国主义要灭亡中国，是义和团排外的根本原因。义和团的排外是被压迫民族在生死存亡之际的正义反抗。帝国主义在华兴办近代企业和科技，强化了对中国的经济掠夺和政治压迫。因此，义和团反对洋物，是对帝国主义侵略政策的反抗，而不是对先进生产方式的反动。⑤ 还有研究者指出，反帝与排外是有联系但性质不同的概念，反帝应该肯定，排外带有很大的盲目性，是愚昧落后的标记。因此对排外不能苛责，也不能一味辩护。⑥

---

① 参见覃光广、冯利《关于中国近代教案研究方法的反思》，吴金钟《近代中国教案史研究综述》，均载四川省哲学社会科学联合会等编《近代中国教案研究》，四川省社会科学院出版社1987年版。

② 参见牟安世《中国人民反对外国教会侵略的斗争和中国近代史的主要线索》，《社会科学研究》1985年第4期；《再论中国人民反对外国教会侵略的斗争和中国近代史的主要线索》，《近代史研究》1990年第2期。

③ 参见李时岳《反洋教斗争的性质及其他》，《近代史研究》1985年第5期；覃光广、冯利《关于中国近代教案研究方法的反思》，《近代中国教案研究》。

④ 参见王致中《封建蒙昧主义与义和团运动》，《历史研究》1980年第1期；张玉田《应当全面看待义和团运动》，《辽宁大学学报》1979年第1期。

⑤ 参见朱东安、张海鹏、刘建一《应当如何看待义和团的排外主义》，《近代史研究》1981年第2期；陈振江《义和团几个问题的辨析》，《历史研究》1981年第1期。

⑥ 参见丁名楠《义和团运动评价中的几个问题》，载路遥编《义和团运动》，巴蜀书社1985年版；李侃《关于义和团运动的评价问题》，《人民日报》1980年4月10日。

1901年，清政府与列强订立了丧权辱国的《辛丑和约》。以往，一般以"量中华之物力，结与国之欢心"作为其后清政府的外交写照，认为它从此"彻底投降"了帝国主义。有学者考察了此后10年间清政府的外交，提出不同看法，指出清政府确实做了大量危害本民族利益的事，但它同帝国主义也有矛盾，有争执，甚至可以说有斗争。"彻底投降论"是带有片面性、简单化、绝对化的提法。①

5. 门户开放政策。对门户开放政策的评价是一个长期以来极具争议性的话题。旧中国的史学界曾经流行着这是美国要保护中国免遭欧洲列强瓜分的观点。这当然不能为新中国的史学界所接受。但是，评价在一段时期内又走上了另一极端。1979年，有学者对包括门户开放政策在内的一些问题提出重新评价，认为门户开放政策包含尊重中国领土与主权完整的内容。它宣布于中国被瓜分之祸迫在眉睫之时，后来一再重申，在客观上对抑制或延缓帝国主义对中国的侵略起到一定作用。②

该文的发表引起关于门户开放政策的一场争论。批评者认为，门户开放政策是美国的侵华政策，美国打着"贸易机会均等"等旗号，同其他帝国主义激烈争夺中国，它只想占便宜而回避危险。把列强没有瓜分中国归因于门户开放政策，是不能成立的。③ 也有学者赞同重新评价，还有人提出修正意见，由此而形成了改革开放之后中外关系史研究中的一次重大的学术争论。

经过讨论，澄清了一些史实上的问题。虽然分歧犹在，但在一些问题上也形成了大多数人都能接受的看法。如关于提出这一政策的动机，学者们指出，美国决策者考虑的始终是美国垄断资本向海外扩张的现实利益和潜在利益。门户开放是一个殖民扩张的对外政策，而不是民主主义对外政策。但对它的客观作用，不少学者予以肯定，认为它在一定程度上对某些

---

① 参见张振鹍《清末十年间中外关系史的几个问题》，《近代史研究》1982年第2期。
② 参见汪熙《略论中美关系史上的几个问题》，《世界历史》1979年第3期。
③ 参见丁名楠、张振鹍《中美关系史研究：向前进，还是向后倒退》，《近代史研究》1979年第2期；丁名楠《关于美国对华门户开放政策的若干历史考察》，《档案与历史》1986年第1期。

国家如沙俄和日本瓜分中国的势力起了制衡作用。① 近年来又有学者探讨了清末中国民间和政府对这一政策的反应，指出当时在民间最有影响力的资产阶级维新派和革命派都对这一政策持批评态度。清政府对门户开放政策的态度则比较复杂，它既从中看到某种希望，持一定的欢迎态度，又对它的作用将信将疑。②

6. 辛亥革命及其前后的中外关系。辛亥革命前十年间的中外关系大体是循《辛丑和约》后的框架而展开的，近代中国的不平等条约体系至此发展到顶峰。围绕一系列商约谈判及铁路借款，晚清政府在内外交困中度过了其最后的 10 年。虽然清政府刚刚经历了八国联军之役，但在签订对外商约及处理对外关系时，并非一味妥协退让。通过研究中美《通商行船续订条约》，有学者指出，该约虽然是一个不平等条约，但由于清政府国权意识的增强，该条约在主要方面并没有实现美国"门户开放"政策的目标，也不一定都对中国的利益构成危害，甚至在某些方面较诸以前的不平等条约有所改善。③ 对于美国第一次退还庚子赔款，有研究者认为，就退款的过程来看，此次退款主要不是清朝驻美公使梁诚运动的结果，也非 1905 年抵制美货运动的结果，而是因为美国政府从赔款一开始就有退还的打算。④

对于清末新政时期的禁烟运动，先前已有较多的研究，近来的研究重点考察了英国对清政府禁烟所采取的政策及行动，关注到禁烟运动的外来压力。在鸦片利益集团的支持下，英国外交人员对清政府旨在挤压鸦片销路的"牌照捐"横加指责，最终迫使清政府将其撤销。⑤

---

① 参加讨论并阐述这一看法的文章较多，比较有代表性的有：罗荣渠：《关于中美关系史和美国史研究的一些问题》，《历史研究》1980 年第 3 期；项立岭：《怎样向前推进？中美关系史研究中的几个问题》，《世界历史》1980 年第 5 期；吴嘉静：《"门户开放"——美国对华政策史一页》，《复旦学报》1980 年第 5 期；邹明德：《美国门户开放政策起源研究》，《中美关系史论文集》第 2 辑。

② 参见张小路《中国对"门户开放"政策的反应》，《社会科学战线》1998 年第 2 期。

③ 参见崔志海《试论 1903 年中美〈通商行船续订条约〉》，《近代史研究》2001 年第 5 期。

④ 参见崔志海《关于美国第一次退还部分庚款的几个问题》，《近代史研究》2004 年第 1 期。

⑤ 参见王宏斌《清末广东禁烟运动与中英外交争执》，《近代史研究》2003 年第 6 期。

晚清政府与罗马教廷的交往是以往研究较少关注的领域，21世纪初年的研究仍不多见。有研究者指出，晚清政府曾试图联络教廷废除法国在华的保教权，但因法国的反对而未获成功。①

学界对辛亥革命时期的对外关系研究，较多地集中于列强的对华态度，尤其是日本的对华态度。在中日外交的研究上有学者提出"双重外交"的概念，强调中、日与欧美之间互相利用的双边外交关系。②

四 民国早期的外交

1. 民国初年的外交困境。武昌起义后，列强宣布对中国争取中立政策。一些学者认为，这种中立是虚伪的，列强先是支持清政府继而又扶植袁世凯，反对在中国建立资产阶级共和国，是列强对华政策的基本内容。③但不少人认为，由于列强在华利害关系错综复杂，在清政府和革命军之间，列强的政策基本是中立的。但在袁世凯和孙中山之间，列强无疑是倾向于袁世凯的。④

民国的建立并未缓解中国的外交困境。民国初年最引人注目的动向是，列强利用中国政局的动荡，在边疆地区开始了新一轮的分裂活动。俄国策动和支持了外蒙古的独立。虽然外蒙未能如俄国所愿在此时完全独立出去，但分裂进程已经启动，最后由苏联政府在30多年后完成。余绳武等的《沙俄侵华史》第4卷、丁名楠等的《帝国主义侵华史》第2卷以及内蒙古大学等编著的《沙俄侵略我国蒙古地区简史》（内蒙古人民出版社1979年版），对俄国的分裂活动作了详细论述。

21世纪以来，学界在外蒙古问题研究上取得了新进展，尤其是对俄国与外蒙古之间的关系有新认识。有学者指出，辛亥革命前后俄国与外蒙古方面在其脱离中国独立问题上存在很大分歧，为了最大限度地实现其自身利益，俄国并不希望外蒙古走向形式上的独立，而是打着"调停"旗号，

---

① 参见杨大春《晚清政府与罗马教廷的外交历程》，《史学月刊》2001年第1期。
② 参见俞辛焞《辛亥革命时期的中日外交史》，天津人民出版社2000年版。
③ 参见卿斯美《辛亥革命时期列强对华政策初探》，载《纪念辛亥革命七十周年学术讨论会论文集》中册，中华书局1983年版。
④ 参见《帝国主义侵华史》第2卷第5章。

一面唆使外蒙古脱离中国，投向俄国，另一方面利用所谓"宗主权"问题加以控制。① 也有学者论述了袁世凯政府在外蒙古独立事件上的处置方式，认为尽管《中俄蒙协约》使得俄国实现了其既定的方针，中国因此丧失了国家主权，但该约毕竟确定了中国对外蒙的领土主权，也属对强权政治下宗主权理论的一种突破。②

西藏问题是民国初年外交的另一重要议题。余素的《清季英国侵略西藏史》（世界知识出版社1959年版）、朱梓荣的《帝国主义在西藏的侵略活动》（西藏人民出版社1980年版）、周伟洲的《英俄侵略我国西藏史略》（陕西人民出版社1984年版）、吕昭义的《英属印度与西南边疆（1774—1991）》（中国社会科学出版社1996年版），均对英国以及其他列强对西藏的侵略作了充分揭露。学者们指出，英国对西藏的觊觎和侵略由来已久，辛亥革命发生后，英国加紧了分裂活动，积极支持暴动分子驱赶驻藏川军，阻止民国军队进藏平乱。

承认民国政府问题，是民国成立后所面临的重大外交议题。学界认为，列强是支持袁世凯的，不论是在南北议和，还是在当选总统问题上，袁都获得了列强或多或少的支持。虽然列强内部意见并不一致，但总体而言，对袁支持的力量超过了反对的力量。当然，即使是同一个国家，其前后态度也有变化，不过，这并不影响对该国态度的总体判断。学界还认为，在承认问题上列强是处处为难民国政府的，不论是以孙中山为首的南京临时政府，还是袁世凯当选大总统的北京政府，为了取得列强的承认似乎下了气力。在当时的主要大国中，除美国等少数几国外，无不以承认相要挟。有研究已经注意到，至少美国在承认中华民国问题上并非是基于经济利益考虑，而主要是出于意识形态。美国承认中华民国，是理想政治战胜现实政治的一个典型个案。③

美国与日本在辛亥革命中的作用及态度得到学界比较多的注意。美国是最早承认中华民国的国家，其对辛亥革命具有较多的同情，尤其是在威

---

① 参见刘存宽《中俄关系与外蒙古自中国的分离》，《历史研究》2004年第4期。
② 参见朱昭华《袁世凯政府对外蒙古独立的因应》，《史学月刊》2009年第6期。
③ 参见王立新《伍德罗·威尔逊政府承认中华民国问题再研究》，《求是学刊》2004年第6期。

尔逊当选为美国总统以后。日本在承认问题上的外交政策及活动已经比较清楚,通过目前的材料可以认为,日本在承认问题上处于一种主导地位,俄国在很多问题上与日本具有类似的立场。① 法国、英国、德国等在承认问题上虽不如美日之间分歧巨大,但各自立场并不一致。② 可以肯定,在拖延承认中华民国问题上,日本起到了主导作用。

2. 中国参加第一次世界大战与出席巴黎和会。北洋军阀政府曾经被作为卖国政府的代名词,但随着研究的深入,人们发现,对于北京政府的外交活动不能一概予以否认。进入21世纪以来,这种研究倾向得到加强,除相关的论文外,已经有相关方面的专著出版。研究者将中国参加第一次世界大战的积极作用作为论述重点,强调中国为提高自身国家地位和国际认同所做出的巨大努力,高度评价众多参战华工的历史作用。③ 对于中国参战的原因,跳出了府院之争、派系之争的研究视角,开始从外交史角度重新审视北京政府的参战决策。研究者指出,总体而言,北京政府不仅希望通过参战获得战后处分权这一远期利益,还希望获得延付庚款、提高关税等现实利益。以参战为筹码,北京政府与协约国列强展开了并不轻松的谈判。中方的要求获得了部分的满足。可以认为,参加欧战标志着中国外交政策从消极到积极的一个重大转变,北京政府后期的积极外交可以说由此而发端。④ 有研究者注意到莫理循在推动中国参加第一次世界大战中的作用,指出莫氏通过为中国政府出谋划策、向西方列强传递有关中国参战的各种信息、游说日本政界高层人物等多种途径,对中国参战起到了重要的作用。⑤

日本利用第一次世界大战的机会出兵中国山东,并迫使袁世凯政府订

---

① 参见中国社会科学院近代史研究所《日本侵华七十年史》,中国社会科学出版社1992年版,第137—148页。
② 法国在辛亥革命中的态度参见陈三井《法国与辛亥革命》,台北《"中央研究院"近代史研究所集刊》第2期,1971年6月。
③ 请参考徐国琦著,马建标译《中国与大战:寻求新的国家认同与国际化》,上海三联书店2008年版。
④ 参见王建朗《北京政府参战问题再考察》,《近代史研究》2005年第4期。
⑤ 参见蔡双全《论莫理循在推动中国参加第一次世界大战中的作用》,《民国档案》2009年第2期。

立了一系列新的不平等条约。更令中国民众深感挫折和失望的是，作为第一次世界大战的战胜国，中国在巴黎和会上所提出的收回德国在山东权益、取消日本强加给中国的"民四条约"的要求竟未被会议接受。这一外交上的失败影响极大，它激发了中国民众广泛的爱国情绪，引发了五四爱国运动，影响了中国人对救国道路的选择。

3. 华盛顿会议前后的中国外交。随着新的研究方法的引入，舆论和媒体在外交中的作用得到一定关注。有研究者认为，华盛顿会议前，中国政府外交总长颜惠庆运用公开外交原则对公众舆论进行了较为成功的疏导，不但缓解了北京政府因鲁案直接交涉问题所陷入的被动局面，而且摆脱了日本强烈要求中日两国政府直接交涉的纠缠，使山东问题得以提交华盛顿会议讨论。[1] 也有研究者特别关注关税会议时期的上海舆论，深刻分析了其对外交所产生的影响。[2] 华盛顿体系是第一次世界大战后的远东国际新秩序，围绕其展开的研究向我们揭示了大革命时期的中外关系进程。中国民族主义运动并不满足华盛顿会议的体制安排，大革命的兴起就是对该体系不满的反映。中国国民革命促使美国对华政策作出重大调整，实际上动摇了作为华盛顿体系重要构架的大国一致原则，为后来华盛顿体系的崩溃埋下了伏笔。[3]

有研究者注意到职业外交家在国内政治中的派系问题，进而将研究视角推进到外交运作的层面。该研究指出，在华盛顿会议上围绕山东问题的争夺，不但是中日之间的外交之争，同时也是职业外交家参与国内政治斗争的派系之争。中国的外交官们虽然表面上标榜独立与中立，但常常不得不依靠非正常的社会关系和非正式的制度安排来推进外交实践，甚至主动参与派系斗争。[4]

---

[1] 参见马建标《谣言与外交：华盛顿会议前鲁案直接交涉初探》，《历史研究》2008年第4期。

[2] 参见杨红林《朝野纠葛：北京政府时期的舆论与外交——以关税特别会议为个案的考察》，《史学月刊》2005年第12期。

[3] 参见王立新《华盛顿体系与中国国民革命：二十年代中美关系新探》，《历史研究》2001年第2期。

[4] 参见陈雁《外交、外债和派系——从"梁颜政争"看20世纪20年代初期北京政府的外交运作》，《近代史研究》2005年第1期。

收回关税主权和治外法权，是北京政府外交的主要任务之一。虽然华盛顿会议同意召开关税会议和调查中国治外法权状况，但进展并不顺利。日本在关税自主交涉中，坚持固有对华思维模式，拒绝承认中国有旧约废止的权利，非但为中国人民反对，也与英美态度不一致，致使其陷入孤立境地。① 虽然没有日本的支持，但关税会议仍然得以召开。北京政府的外交家成功地将关税自主列为会议议题，并说服与会代表通过了未被华盛顿会议列为讨论范围的关税自主议案，突破了华府条约二五征税的税率规定。② 在中法庚款交涉案中，北京政府较南京国民政府更好地维护了国家利益，给予北京政府更加积极的评价。③ 在谋取关税自主权的同时，北京政府亦将收回治外法权提上日程，法权会议就是北京政府的一次积极尝试。有研究者指出，在会议的全过程中，北京政府的外交家均付出了艰辛努力，以图撤废治外法权这一严重伤害中国主权的外人特权。法权会议折射出的北京政府外交是一种带有改良色彩的"修约"外交。④

现有的研究表明，苏联并非自愿放弃在华特权，1924 年签订的中俄解决悬案大纲协定所谓放弃在华旧约特权，只有在中俄会议之后才有可能，但会议未获得任何结果，苏联政府的承诺也就成为泡影。⑤

4. 国民外交概念的引入。早在晚清时期，具有国民外交性质的运动就已经兴起，1905 年的抵制美货运动即为其中之一。⑥ 目前，更多的研究成果仍然集中于民国北京政府时期的对外交往活动。有研究者指出，20 世纪 20 年代的中苏建交谈判过程具有明显的国民外交背景，加拉罕在与北京政府谈判的同时与国内民众团体保持密切联系，并与地方政府订立协定，这

---

① 参见王建朗《日本与国民政府的革命外交：对关税自主交涉的考察》，《历史研究》2002 年第 6 期。
② 参见杨天宏《北洋外交与华府会议条约规定的突破——关税会议的事实梳理与问题分析》，《历史研究》2007 年第 5 期。
③ 参见葛夫平《中法庚款案中的无利债券问题》，《近代史研究》2005 年第 2 期。
④ 参见杨天宏《北洋外交与"治外法权"的撤废——基于法权会议所做的历史考察》，《近代史研究》2005 年第 4 期。
⑤ 参见唐启华《1927 年中俄会议研究》，《近代史研究》2007 年第 4 期。
⑥ 参见贾中福《近代国民外交视角下的 1905 年抵制美货运动》，《贵州社会科学》2005 年第 4 期。

些非常规举措符合当时中国人民的激进外交心理。① 国民要参与外交，而政府也有意利用。有研究者指出，20世纪20年代的群众运动并不单纯是民意的表达，而是经常被在野或执政势力利用，借群众之力以为外交之助。五卅惨案解决过程中，执政府在沪案初期交涉中有意识地利用民众运动，迫使外人让步，并挟民意对抗强势军人，以便保持其地位。② 但在研究具体的交涉条件时，有学者指出，"十三条"之所以成为沪案交涉的正式条件，不仅仅是蔡、曾、许等特派员对北京执政府将"上海事件地方化"意图的简单贯彻，而是双方互动互补的结果。③ 通过考察关税特别会议期间的上海舆论，有学者认为，鉴于当时特殊的时代背景，各种社会舆论被全面动员起来，以汹涌澎湃之势冲击着外交领域，形成了近代史上国民外交的黄金时期。④ 有学者对北京政府外交的研究现状进行评价，分别对中国大陆及台湾地区、日本和欧美各国的研究进展提出评议，认为随着档案的开放以及研究群体的形成，北京政府外交是近代中国外交史最有可能取得突破的研究领域。⑤ 该评价可以为掌握北京政府外交的研究趋势提供相当有价值的参考。

5. 修约外交。中国先在巴黎和会，继而在华盛顿会议上提出取消列强在华不平等特权的要求，提出修改束缚中国的不平等条约。修约外交是研究北京政府外交的重要组成部分，并已有专著出版，即唐启华的《被"废除不平等条约"遮蔽的北洋修约史（1912—1928）》（社会科学文献出版社2010年版）。修约研究的学者指出，摆脱不平等条约束缚，是贯穿清末、民国北京政府、南京国民政府的一致目标，北京政府末期融合修约、废约之长，发展出"到期修改，期满作废"的可行策略，并获得成功案例，成为日后改订新约的重要依据。修约的最终目的仍是废约，在1926

---

① 参见何艳艳《国民外交背景下的中苏建交谈判（1923—1924）》，《近代史研究》2005年第4期。
② 参见冯筱才《沪案交涉、五卅运动与一九二五年的执政府》，《历史研究》2004年第1期。
③ 参见周斌《再论五卅惨案十三条交涉条件的提出》，《近代史研究》2009年第4期。
④ 参见杨红林《朝野纠葛：北京政府时期的舆论与外交——以关税特别会议为个案的考察》，《史学月刊》2005年第12期。
⑤ 参见唐启华《"北洋外交"研究评价》，《历史研究》2004年第1期。

年与比利时和西班牙政府的修约交涉中，由于这两个国家拒绝在事关中国主权的重要问题上作出让步，北京政府曾先后断然宣布废除旧的中比条约和中西条约。这种不顾列强反对而单方面宣布废约的做法，在中国近代史上是破天荒的，显示了相当的勇气和决心。①

当北京政府与列强修订不平等条约的交涉举步维艰之时，新生的苏俄政府先后三次发表对华宣言，宣布废除帝俄政府与中国订立的不平等条约。对于这一举动，学者们在总体上一致予以肯定。在具体问题的研究上也更趋深入。如关于苏俄第一次对华宣言，该宣言有两个文本，前一个文本有无偿归还中东铁路的内容，而后一个文本则无此文字。苏联学界一直否认中方所收到的前一文本是正式文件。中国学者指出，按法理和外交惯例，外交文件当然以送达对方国家政府的文本为准；而明确载有"无偿归还中东铁路"词句的文件还曾由苏俄外交人民委员部东方司出版。因此，前一文本表达的无疑是官方立场。不同文本的出现，反映了苏俄政府自身在中东铁路问题上的变化。②

6. 大革命时期的中外关系。有学者认为，华盛顿会议提出了一整套解决中国问题的政策，华盛顿方案与中国国民革命有着直接因果关系，中国激进的民族主义者对华盛顿方案的不满是大革命兴起的主要因素之一。③列强与苏俄对不平等条约态度的强烈对比，使中国民众相信，苏俄才是中国争取民族解放的同盟军。中国共产党的成立和国民党的改组都是在这一背景下发生的。其后，便有了在苏俄帮助下的广州国民政府的北伐。北伐的口号是"打倒军阀，打倒列强"。研究者指出，在实际斗争中，北伐军民并没有四处出击，而是把当时在中国享有最大权益的英国作为主要的打击对象。这一策略是明智的，它是北伐初期进展顺利的重要原因之一。④

---

① 参见王建朗《中国废除不平等条约的历史考察》，《历史研究》1997年第5期；习五一《论废止中比不平等条约》，《近代史研究》1986年第2期。

② 参见方铭《关于苏俄两次对华宣言和废除中俄不平等条约问题》，《历史研究》1980年第6期；薛衔天《试论"苏俄第一次对华宣言"内容变化问题》，《社会科学战线》1991年第3期。

③ 参见王立新《华盛顿体系与中国国民革命：二十年代中美关系新探》，《历史研究》2001年第2期。

④ 参见徐义君《试论广州武汉政府时期国民政府的反帝外交策略》，《近代史研究》1982年第3期。

面对大革命的浪潮，英国起初试图通过武力构筑一道堤坝阻挡北伐洪流。1926年10月以后，英国转而采取"怀柔"外交，并于12月提出"对华新政策"。在武汉国民政府陆续收回汉口、九江英租界后，英国调兵上海。在处理南京事件时，英国对华政策又回到"炮舰政策"的老路上。[①]有研究者注意到在关余问题上英国的态度。在南方革命政府截取关余的情况下，英国外交部为避免南方政府反英，希望在承认北京政府为中国唯一合法政府的前提下，由列强共同出面压迫北京政府就关余问题与南方达成某种妥协，但因其本国驻华使领和其他列强的反对，最终未获成功。[②]

关于北伐时期列强对华政策的研究现状，有研究者在系统总结20世纪40年代以来的研究成果后，提出了以后的发展方向，强调全方位研究各方材料以及认真厘清既有研究成果的重要性。[③] 以往的研究曾经认为，英、美、日等帝国主义国家都对大革命持敌视态度，并共同策动蒋介石反共。现在，人们都已认识到这一说法并不准确。有学者指出，日本在宁案中采取了比较妥协的低调政策，而着眼于拉拢蒋介石走上反共道路，这与英国以及美国的政策是不同的。[④] 另有学者不赞同将美国政策与英国等同观之，认为美国对中国革命营垒内部的分裂情况也早已掌握，北伐开始后，美国便极力笼络蒋介石，尽力诱迫他去压制共产党。[⑤]

济南事件是北伐时期中外关系史中的一个重大事件。有学者认为，蒋介石在济案处理中的委曲求全外交，影响长远，是其后10年对日妥协外交的开端。[⑥] 另有学者指出，济南事件是中外关系发展的一个重要转折点。在此之前，国民党在外交上全力与日本维持一种稳定的工作关系，对美外交只居于二等的位置。在此事件后，蒋介石感受到日本对中国的巨大威胁，遂放弃以日本为外交中心的取向，转而寻求与美国建立密切的关系以

[①] 参见丁宁《中国大革命时期的英国对华政策》，《近代史研究》1989年第1期。
[②] 参见张俊义《南方政府截取关余事件与英国的反应》，《历史研究》2007年第1期。
[③] 参见牛大勇、陈长伟《北伐时期列强对华政策研究评价》，《历史研究》2005年第3期。
[④] 参见沈予《四一二反革命政变与帝国主义关系的再探讨》，《历史研究》1984年第4期；《论日本币原外交破坏中国大革命》，载《中日关系史论文集》，黑龙江人民出版社1984年版。
[⑤] 参见牛大勇《美国对华政策与四一二政变的关系》，《历史研究》1985年第4期；《北伐战争时期美国分化政策与美蒋关系的形成》，《近代史研究》1986年第6期。
[⑥] 参见杨天石《济案交涉与蒋介石对日妥协的开端》，《近代史研究》1998年第1期。

制衡日本的侵略行动。① 还有学者从第一次世界大战后列强在远东争夺的角度去分析引发这一惨案的原因，认为这是日本为挣脱华会束缚而迈出的试探性步伐。事件发生后英、美虽对日本施加压力，但根本上采取的是消极旁观政策，对日本没有约束。②

关于《田中奏折》，日本学界基本认为是伪作。中国学界以往一致认定是真品，但从20世纪80年代中期开始出现了不同的声音。由中国人民抗日战争纪念馆编辑的《田中奏折探隐集》（北京出版社1993年版）收入了田中奏折讨论中具有代表性的文章。其中，大部分文章认为是存在田中奏折的。对这一奏折持有疑问的学者，则从奏折中出现的若干史实错误和行文规格分析，认为这不可能是身为首相的田中的作品。此外，他们还指出了两位当事人回忆中的矛盾之处。可以预见，田中奏折的真伪之争还会继续下去。但无论田中奏折是真是伪，都丝毫不会减轻田中内阁及日本军国主义侵华的罪责。③

五　南京国民政府时期的外交

1. 南京国民政府成立初期的外交。修订不平等条约是这一时期国民政府外交的一个重要内容，但在很长时期内，这是一个避免提及的话题。20世纪90年代以来出版的民国外交史著作大多对此作了比较客观的介绍，既展现了国民政府的外交努力，也指出了它的妥协和局限性。④ 但在对修约活动的评价上，仍然存在较大分歧。有人认为，这一被南京国民政府称

---

① 参见罗志田《济南事件与中美关系的转折》，《历史研究》1996年第2期。
② 参见申晓云《济案——"九一八"前日本挑战华会体系试探》，《江苏社会科学》2001年第6期。
③ 在这一点上，笔者与《田中奏折探隐集》编者的看法有所不同。该编者认为，如果《田中奏折》是伪造的，则需要对从九一八事变到太平洋战争的日本一系列的侵略行动的总体规划性，做另一种研究。这似乎过高估计了该奏折是否存在的重要性。笔者以为，存在这一奏折固然能说明日本此后的一系列侵略是有计划有步骤的，但不存在这一奏折，并不等于日本对中国、对远东及太平洋地区不存在侵略企图。是否形成过《田中奏折》这样一个文件，对证明日本的侵略计划，是充分条件，而不是必要条件。
④ 参见石源华《中华民国外交史》第6章；吴东之《中国外交史（中华民国时期）》第3章。

为"革命外交"的行动,实际上多是一些空洞口号和原则。国民政府除了收回一些列强已无力维持而表示愿意放弃的特权外,在实质性的问题上并未取得比北京政府更大的进展,其根本原因在于蒋介石的勇于对内、怯于对外的误国害民政策。① 另一些人认为,南京国民政府对修约活动是努力进行的,并在关税主权、租界法院以及最终收回一些租界及租借地问题上取得了一定成果。国民政府的这些活动,具有进步的历史意义。还有人指出,从东北易帜到九一八事变,是南京国民政府在外交上具有生气的积极时期。中国与各国终于订立了实现自主关税的条约,这在鸦片战争以来80年间的中外交涉史上是第一次,应予肯定。②

这一时期,中苏在中东路问题上冲突不断,1929年爆发了导致苏军出兵东北的"中东路事件"。以往史学界沿袭苏联观点,大都指责中国政府反苏反共。20世纪80年代始,有学者提出不同看法,认为中东路事件的起因是中国政府为了收复国家主权,这才是它的本质和主流。③ 在中东路事件上,张学良得到了蒋介石和南京国民政府的鼎力支持,蒋试图运用外交手段使列强压制苏联,但未得各国同意。④ 新近的研究认为,学界对中东路争议较多是由中苏"共管"体制的矛盾、地缘政治及中方决策失误等多种因素造成的。在中东路事件上,唯一的、真正的获益者是非当事国日本。⑤ 对于后来苏联政府于20世纪30年代将中东路出售给伪满,学者们大都持批评态度,认为此举违反了公认的国际法准则,侵犯了中国主权。⑥

2. 九一八事变与20世纪30年代前期国民政府的外交。关于九一八事变的研究,可以说是成果累累。比较有影响的专著有易显石等的《九一八

---

① 参见申晓云《南京国民政府"撤废不平等条约"交涉述评——兼评王正廷"革命外交"》,《近代史研究》1997年第3期。
② 参见琚贻明《南京国民政府建立初期对外政策评析》,《民国档案》1997年第1期;程道德《中华民国历届政府关于关税自主权的交涉》,《近代中国外交与国际法》。
③ 参见冯国民《评"中东路事件"》,《世界历史》1986年第12期。
④ 参见杨奎松《蒋介石、张学良与中东路之交涉》,《近代史研究》2005年第1期。
⑤ 参见刘显忠《中东路事件研究中的几个问题》,《历史研究》2009年第6期。
⑥ 参见骆拓《略论苏联出售中东路问题》,《苏联历史问题》1984年第3、4期合刊;金梅《"苏满关于中东路转让基本协定"所涉及的国际法问题》,《近代史研究》1990年第4期。

事变史》（辽宁人民出版社1981年版）、刘庭华的《九一八事变研究》（国防大学出版社1986年版）、姜念东等的《伪满洲国史》（吉林人民出版社1986年版）、解学诗的《伪满洲国史新编》（人民出版社1995年版）等。学者们对九一八事变的历史背景、经济原因、事变经过及历史教训等，都进行了比较深入的研究。

谁是九一八事变的发动者？日本一些学者认为是关东军少数人的独断专行。中国多数学者认为，这是日本军部精心策划的侵略事件。也有人持"追认说"，认为事变是由关东军的一些高级幕僚策划的，但日本军部和内阁政府在事变后给予了支持。学者们指出，日本政府并不反对军方发动战争。阴谋固然由军方策划，但政策还是出自内阁。九一八事变的发动是日本天皇制国家意志的体现。①

关于美国对九一八事变的态度，存在着不同意见。一些人认为，美国实行的是绥靖政策，对侵略者予以纵容。它提出的"不承认主义"并不是支持中国反对日本侵略，它不承认的只是日本对美国在华权益的攫取。② 另一些人认为，美国提出"不承认主义"，以明确的语言反对日本用武力手段侵占中国土地，损害中国主权，这无疑是对日本侵略的一种阻遏。不承认主义在当时的作用很有限，它是一种未来干涉主义，保留了美国将来在有利条件下加以干涉的权利。因此，它对日本的侵略不是助长，而是遏制。③

九一八事变后，在日益加深的民族危机面前，国民党政府采取了"攘外必先安内"的政策。这一政策至今仍受到学者们的一致批评。略有变化的是，在一些具体问题上出现了新的认识。有学者提出，蒋介石以需安定内部建设后方为由，否定即时抗日论，而以长期抵抗为号召，使"安内攘外"成为国民党牌号的抗日理论。这一理论不应等同于投降理论。国民政府的"安内攘外"是把"安内"作为抗日的前提。在重点"安内"的同

---

① 参见郎维成《日本军部、内阁与九一八事变》，《世界历史》1985年第2期。
② 参见胡德坤《九一八事变与绥靖政策》，《武汉大学学报》1979年第3期；王明中《"满洲危机"与史汀生主义》，《美国史论文集（1981—1983）》，三联书店1983年版。
③ 参见陶文钊《中美关系史》第4章；易显石《略论美国对九一八事变的态度》，《中美关系史论丛》，复旦大学出版社1985年版。

时，国民政府对"攘外"并非一无作为，而是做了一些抗日准备工作。[1]在内外交困中，国民政府在国民党中央政治会议之下设立了一个"特种外交委员会"作为临时性的决策机构，应对日本侵略下的外交困境。该机构虽然做了很多工作，但在对日交涉问题上最后是无计可施。[2]

九一八事变后中苏复交问题一直得到研究者的重视，此问题的不同方面逐渐得以展现。[3] 新近的研究认为，中苏复交之所以一再拖延，既有国民政府在形势判断和内外政策上的错误因素，也有内外环境本身的困难。在对苏复交的决策过程中，国民政府始终对"复交"与"联苏"严加区别。而最终促使它决定无条件复交的根本原因，不在联苏制日，而在阻止苏联亲日疏华及承认"满洲国"。在1935年初的对日和对苏关系上，蒋介石对日是亲善的，尝试以"共同访苏"换取日本对华政策的改善。但日本所提条件令中方难以接受，最终迫使蒋介石及国民政府走上对苏不惜联合与对日不应惧战的道路。[4]

这一时期，国民政府的外交逐渐走上了联络英、美以对抗日本的道路。有研究者对1933年中美棉麦借款和1935年的币制改革进行了分析，指出这两个事件都具有远远超出经济层面的影响。国民政府企图通过借款加强与欧美的联系，进而寻求其政治上、财政上和技术上的支持，以扼制日本逐步升级的入侵。而以币制改革为标志，国民政府的财政金融政策明显出现了摆脱日本而倒向英、美的趋势。[5]

中德关系在这一时期迅速发展。学者们主要对德国军事顾问来华、

---

[1] 参见陈先初《从安内攘外到联共抗日——局部抗战时期国民政府内外政策述评》，《抗日战争研究》1992年第2期。

[2] 参见左双文《"九一八"事变后南京国民政府设立的特种外交委员会》，《近代史研究》2003年第1期。

[3] 参见李义彬《南京国民政府的联苏制日方针》，《历史研究》1991年第1期；李嘉谷《九一八事变后中苏关系的调整》，《抗日战争研究》1992年第2期；金光耀《1932年中苏复交谈判中的何士渠道》，《近代史研究》1999年第2期。

[4] 参见鹿锡俊《1932年中国对苏复交的决策过程》，《近代史研究》2001年第1期；《蒋介石与1935年中日苏关系的转折》，《近代史研究》2009年第3期。

[5] 参见郑会欣《1933年的中美棉麦借款》，《历史研究》1988年第5期；吴景平《英国与1935年的中国币制改革》，《历史研究》1988年第6期。

中德之间的贸易以及德国协助中国发展国防工业这三个问题进行了比较充分的研究，认为这一时期中德关系发展的速度之快，为其他任何国家所不可比。学者们指出，德国顾问既参与了国民党的"剿共"军事，也参与了"一·二八"淞沪抗战和长城抗战。他们在协助国民党整训军队和进行军事教育方面颇有成就，使中国军队的现代化迈出了一大步，这对以后的中国抗战不无帮助。有学者把这一时期称为中德关系的"蜜月时代"。①

六　抗战外交

1. 抗战前期的中外关系。抗日战争是中国民族解放斗争史上的一个转折时期，中国对外关系在这八年中发生了巨大变化。民国以来，对中国威胁最大的日本终于被打败，美国和苏联先后成为对中国最具影响力的国家，这对以后的中国内政和外交产生了长远的影响。中国的国际地位也因这场战争而获得大幅度的提高。

与这一时期极为活跃的中外关系相适应，有关的研究成果异常丰富。除了若干抗战史著作中的有关论述外，仅就外交史专著而言，综合性专著有陶文钊、杨奎松、王建朗的《抗日战争时期中国对外关系》（中共党史出版社1995年版），王建朗的《抗战初期的远东国际关系》（台湾东大图书公司1996年版），彭敦文的《太平洋战争爆发前国民政府外交战略与对外政策》（武汉大学出版社2010年版）。双边关系专著有王淇主编的《从中立到同盟——抗日战争时期美国对华政策》，任东来的《争吵不休的伙伴——美援与中美抗日同盟》，王真的《动荡中的同盟——抗日战争时期的中苏关系》，李嘉谷的《合作与冲突：1931—1945年的中苏关系》，曹振威的《侵略与自卫——全面抗战时的中日关系》，王真的《没有硝烟的战线——抗战时期的中共外交》（以上专著均由广西师范大学出版社出版），徐蓝的《英国与中日战争（1931—1941）》（北京师范学院出版社1991年版），李世安的《太平洋战争时期的中英关系》（中国社会科学出版社1994年版），等等。专题研究专著有黄友岚的《抗日战争时期的"和

---

① 参见马振犊、戚如高《蒋介石与希特勒——民国时期的中德关系》第4章。

平工作"》（解放军出版社 1988 年版），项立岭的《转折的一年——赫尔利使华与美国对华政策》（重庆出版社 1988 年版），牛军的《从赫尔利到马歇尔——美国调处国共矛盾始末》（福建人民出版社 1988 年版）等。

抗战前期，中国的对日作战处于孤军奋战之中，这一时期中国外交的中心是争取外援。一些研究者指出，这一时期国民政府的外交基本上是成功的。中国推动美国修改立法，限制对日贸易，并给予中国财政援助，使美国外交走上了中国所期望的道路。中国还撇开意识形态的分歧，争取到了苏联大规模的援助，并尽可能地延缓了德国与日本的靠拢过程，从德国也获得相当数量的军事物资。这一尽力争取友邦、孤立敌国的外交政策是明智的。①

关于卢沟桥事件爆发后国民政府的对日政策，人们在中日秘密交涉问题上存在着不同看法。一些人将此视为蒋介石对抗战动摇，准备投降。但另一些人认为，交涉和妥协并不等于投降。蒋介石在交涉中始终坚持恢复七七事变前的状态，是有基本原则的。② 还有学者指出，国民政府与日谈判另有意图，如以谈判牵制日方，缓和日方攻势，以及要英、美提供更多援助等。③

对于这一时期英、美对华政策的评价，分歧较大。一些人认为，对日绥靖是英、美远东政策的基调，英、美不时企图以牺牲中国来与日本妥协。④ 另一些人认为，英、美的远东政策有所不同，研究中应有所区别。在总体上，英、美政策同时具有两种倾向，一是对日妥协，一是援华抗日。随着时间的推移，援华制日逐渐成为主流。他们认为并不存在"远东慕尼黑"阴谋。英、美在远东对日本做出妥协，无论在动机、程度还是后

---

① 参见章百家《抗日战争前期国民政府对美政策初探》（《中美关系史论文集》第 2 辑）、《抗日战争时期国共两党的对美政策》（《历史研究》1987 年第 3 期）；王建朗《二战爆发前国民政府外交综论》，《历史研究》1995 年第 4 期。

② 参见蔡德金《如何评价卢沟桥事变爆发后蒋介石的对日交涉》，《抗日战争研究》1996 年第 3 期。

③ 参见汪熙《太平洋战争与中国》，《复旦学报》1992 年第 4 期。

④ 参见刘天纯《远东慕尼黑阴谋与中国人民的抗日战争》，《中国社会科学院研究生院学报》1985 年第 4 期。

果上都不能和欧洲的慕尼黑相提并论。①

在以往的研究中，德、日两个法西斯国家被认为从一开始就狼狈为奸。现在，许多研究者指出，在抗战之初，德国确曾保持过一段时期的中立。德国继续向中国输出军事物资，其军事顾问继续在中国军队中发挥作用。"陶德曼调停"中，德国希望中日双方都做出妥协达成停战，而并非与日本狼狈为奸地迫使蒋介石投降。调停失败后，德国感到中日和解无望，其远东政策逐渐逆转。②

苏联是抗战前期给予中国最大援助的国家，学者们对此一致予以肯定。并指出，苏联给中国以巨大援助，自己也因此而深获其利，因为中国的抗战反过来大大减轻了日本对苏联的压力。③ 第二次世界大战爆发后，苏联与日本订立中立条约。学者们一般认为，这一条约分化了日德关系，增强了苏联的安全。但苏、日互相承认伪满和"蒙古国"，这是对中国领土主权的侵犯。也有人指出，与其说该约保证了苏联远东边境的安全，不如说是中国人民抗日战争的牵制使日本未能在东方对苏开战。④ 还有人认为，该约是一个为了本民族的利益而牺牲他国、纵容侵略的绥靖主义产物。⑤

如何评价抗战时期的中苏关系，学界也有探讨。有学者认为，评判抗战时期中苏关系是与非的标准，仅着眼于意识形态和社会制度是不够的。这一时期影响中苏关系的主要因素是两国的利益冲突，更为重要的是苏联对华政策中的大国沙文主义。还有学者认为，评论抗战期间中苏关系的是与非，必须实事求是，尊重历史，不作具体历史分析，全盘否定这一时期

---

① 参见王斯德、李巨廉《论太平洋战争前美国远东战略及其演变》，《中美关系史论文集》第 1 辑；王建朗《太平洋会议是怎么回事——关于远东慕尼黑的考察之一》（《抗日战争研究》1996 年第 3 期）、《试论太平洋战争爆发前的英美对日妥协倾向——关于远东慕尼黑的考察之二》（《抗日战争研究》1998 年第 1 期）。

② 参见王建朗《陶德曼调停中一些问题的再探讨》，《中共党史研究》1989 年第 4 期；易豪精《从"蜜月"到断交——抗日战争爆发前后中德关系的演变》，《中共党史研究》1995 年第 5 期；马振犊、戚如高《友乎？敌乎？德国与中国抗战》第 6—7 章。

③ 参见齐世荣《中国抗日战争与国际关系（1931—1941）》，《世界历史》1987 年第 4 期。

④ 参见王春良《评日苏中立条约和雅尔塔协定》，《山东师范大学学报》1985 年第 1 期。

⑤ 参见厉声《苏日中立条约试析》，《苏联历史问题》1985 年第 2 期。

苏联对华政策，或过高评价国民党政府维护国家主权的行为，都不可取。①当中苏两国的利益接近，或完全一致时，苏联的对华政策符合中国利益；当双方出现矛盾或冲突时，苏联对华政策就明显伤害中国利益。②

2. 抗战后期的中外关系。太平洋战争爆发后，中国参与领衔签署《联合国家宣言》。1943年1月，中国与英、美分别订立平等新约，废除了英、美在中国的不平等特权。战争后期，中国参与联合国的创建，并成为联合国安理会的常任理事国。中国的国际地位得到了显著的提高。学者们对此一致予以肯定，但在一些具体问题上则存在着分歧。如对1943年新约，一些学者认为应予充分肯定。中国人民争取废除不平等条约的斗争延续数十年，抗战期间得以实现，这是一个具有历史意义的事件。新约的订立，是包括中国共产党在内的全体中国人民奋勇抗战的直接结果。因此，肯定新约也是对中国全体军民抗日业绩的肯定。③还有研究者指出，既然中国沦为半殖民地是以不平等条约的签订为起点，从法理角度看，废除不平等条约则应被视为中国摆脱半殖民地状态的标志。新约的签订，标志着中国已成为一个独立自主的国家。④对此持异议者指出，新约并不标志着中国已经摆脱了半殖民地地位。新约废除的主要是政治特权，并未废除所有特权。而且英、美废弃的特权当时绝大部分为日本所占有，在打败日本前，不能说中国已成为真正的独立国家。⑤

新近的研究则从国民政府的自身外交出发，更加关注国民政府的主动外交行为。研究者指出，在走向政治大国的过程中，中国绝不只是一个被动的受提携的角色，而是有着自己的积极思考和筹划，这一思考从

---

① 参见孙才顺《如何评价抗战期间中苏关系中的是与非》，《抗日战争研究》2001年第3期；王真《实事求是，尊重历史——怎样以科学的态度研究抗战时期中苏关系的是与非》，《抗日战争研究》2001年第4期。

② 参见栾景河《抗战期间苏联对华政策再研究》，载王建朗、栾景河主编《近代中国、东亚与世界》（下），社会科学文献出版社2008年版。

③ 参见王建朗《抗战时期中外关系概论》，载《民国档案与民国史学术讨论会论文集》，档案出版社1988年版。

④ 参见陶文钊《中美关系史讨论会综述》，《近代史研究》1988年第6期。

⑤ 参见王淇《1943年"中美平等新约"签订的历史背景及其意义评析》，《中共党史研究》1989年第4期；《中美关系史讨论会综述》，《近代史研究》1988年第6期。

太平洋战争爆发后不久便已开始。无论是对周边国家抗日活动的支持，还是对设立战后国际组织的讨论，中国都有较早的筹划，并以一个大国的身份要求自己，规范自己。对于四强概念的确定与维持，对联合国组织若干原则的确立，中国都做出了自己的贡献，而不仅仅是一个美国政策的追随者。①

以英、美废约为先导，各国在战时和战后陆续与中国签订新约。然而，就在各国纷纷放弃其在华特权之时，中苏于1945年8月订立了有损中国主权的《中苏友好同盟条约》。1949年后相当长的时期内，学术界对这一条约持肯定态度。改革开放后，出现了一分为二的评价，认为苏联此举既有协助中国对日作战的一面，也有恢复沙俄在日俄战争中失去的权益的一面，不应全面肯定。② 近年来有学者明确指出，这是一个不平等条约，无论从条约谈判的背景、进程还是内容来看，其不平等性质都是不容置疑的。它对中国主权与领土完整的巨大损害，至今每一个中国人还能感受到。③ 随着宋子文档案、俄国档案文献陆续解密，《中苏友好同盟条约》第二阶段的谈判得到更为细致的解读，向世人展现了国民政府"大国背后的辛酸"历程。④

中美关系是这一时期最重要的双边关系。美国出于对中国战时对日牵制作用和战后重要战略伙伴角色的期望，使中美关系迅速发展。美国积极扶助中国成为世界大国。但是，由于历史、文化、传统、价值观、制度和实力等方面的差异，中美双方的合作充满了摩擦与冲突。史迪威的去职便是抗战后期中美之间的一个重要事件。研究者们从各种角度研

---

① 参见王建朗《大国意识与大国作为——抗战后期的中国国际角色定位与外交努力》，《历史研究》2008年第6期；《太平洋战争爆发后国民政府外交战略与对外政策》，武汉大学出版社2010年版，引言部分。

② 参见朱瑞真、单令魁《1945年的中苏友好同盟条约》，《苏联东欧问题》1984年第2期；潘志平《关于1945年中苏友好同盟条约的评价》，《世界史研究动态》1985年第9期。

③ 参见刘存宽《重新评价1945年〈中苏友好同盟条约〉》，载抗日战争研究编辑部编《抗日战争胜利五十周年纪念集》；张振鹍《"二十一条"不是条约——评〈中国近代不平等条约选编与介绍〉》，《近代史研究》1999年第3期。

④ 参见王建朗《大国背后的辛酸——再议〈中苏友好同盟条约〉谈判》，载王建朗、栾景河主编《近代中国、东亚与世界》（下）。

究后指出，史蒋矛盾不只是个人性格上的冲突，而是美国与国民党政策矛盾的体现。①

进入21世纪以来，随着美国斯坦福大学胡佛研究院开放阅览其所收藏、代管的宋子文档案、蒋介石日记等国民党要人的资料，围绕民国人物而展开的民国外交研究有了深入进展。王建朗使用蒋介石日记重新解读抗战后期的中美关系，指出太平洋战争爆发后，蒋介石对美国在欧亚战略的选择上严重不满，怀疑美国支持中国的诚意，并消极对待开罗会议，而史迪威事件进一步激化了美蒋矛盾。通过详细分析开罗会议及史迪威事件中美蒋之间所存在的分歧，认为蒋介石日记所展示的抗战后期中美之间的矛盾和冲突，其严重性大大超过人们以往的认识，而这最终导致了两者之间信任的逐渐流失。②

同为中国的同盟国，英、美对华政策及国民政府对英美外交政策仍然存在差异，有亲疏之别。中英关系在这一时期并未有多大改善，相反，双方在一些重大问题上的分歧陆续凸显出来。英国对中国成为大国持怀疑和排斥态度，国民政府对于发展中英关系也兴趣平平，两国关系始终未因成为盟国而有多大好转。中国期望借助美国对英国有所制约，但美国在中英冲突中对中国的支持相当有限。③

美国从抗战后期开始卷入中国内部的国共斗争，赫尔利使华便是一个标志性的起点，学者们对此做了大量的研究。对于赫尔利的变化和袒蒋，大多数研究者都不赞成把它看成是个人行为，而认为赫尔利的行为符合或基本符合罗斯福的对华政策。但同时指出，赫尔利在扶蒋抑共方面有时比美国政府的政策走得更远，并对美国政策的转变起了推波助澜的作用。④

---

① 参见魏楚雄《论史迪威事件及其成因》，《近代史研究》1985年第1期；章百家《抗战时期中美合作的历史经验——由史迪威在华经历所想到的》，金光耀《蒋介石与史迪威和陈纳德的关系》，均载史迪威研究中心编《史迪威将军与中国》，重庆出版社1992年版。
② 参见王建朗《信任的流失：从蒋介石日记看抗战后期的中美关系》，《近代史研究》2009年第3期。
③ 参见王建朗《从蒋介石日记看抗战后期的中英美关系》，《民国档案》2008年第4期。
④ 参见牛军《赫尔利与1945年前后的国共谈判》，《近代史研究》1986年第1期；陶文钊《赫尔利使华与美国政府扶蒋反共政策的确定》，《近代史研究》1987年第2期；章百家《美国对华政策新解》，《历史研究》1990年第4期。

战时中美关系中的朝鲜问题也引起了注意，有学者将其称为东亚冷战的序幕。出于不同的实力地位、地缘关系、与朝鲜的历史文化渊源的差别，在战后朝鲜的安排上中美意见并不一致，而且美国不希望在朝鲜问题上排斥苏联，进而影响罗斯福总统所坚持的"四强"模式，这就导致朝鲜问题留置于太平洋战争结束时由美苏各自的军事态势来决定，从而为以后的冷战埋下了伏笔。①

七　解放战争时期的对外关系

资中筠的《美国对华政策的缘起和发展（1945—1950）》（重庆出版社1987年版），屠传德的《美国特使在中国（1945.12—1947.1）》（复旦大学出版社1988年版）以及一批高质量的论文，将这一时期中美关系的研究大大推进了。学者们认为，美国希望在战后亚太地区出现一个统一的亲美的中国。它既希望国民党继续掌权，又想避免在中国发生大规模内战。于是，便有了马歇尔使华。马歇尔提出的蓝图是：共产党交出军队，国民党让出一部分权力，将共产党统一到以国民党为主的联合政府中。有学者将马歇尔调处时期的美国政策概括为"扶蒋溶共"。② 以1946年3月马歇尔返美述职为界，许多学者认为，马歇尔在此之前的调处大体上是公正的，并取得了一些积极的成果，但此后则越来越偏袒国民党。关于马歇尔调处失败的原因，研究者指出，这既在于美国政策内在的矛盾，也在于美国政策和中国现实的矛盾。美国的政策不可避免地具有不公正性。③ 还有学者从更广阔的背景上展开考察，把它与此时的美苏关系和冷战的开始联系起来。西方冷战思想的一个重要方面，是把各国共产党都视为苏联扩张的工具。苏联在东北对中国共产党的支持使美国政府更加相信这一点。这对美国的在华举措产生了重要影响。④ 学者们

---

① 参见刘晓原《东亚冷战序幕：中美战时外交中的朝鲜问题》，《史学月刊》2009年第7期。
② 参见屠传德《美国特使在中国》。
③ 参见陶文钊《马歇尔使华与杜鲁门政府对华政策》，载《中美关系史论文集》第2辑。
④ 参见资中筠《美国对华政策的缘起和发展》第4章；时殷弘《杜鲁门政府对新中国的政策》，第19—20页。

指出，马歇尔离华后，美国政策经历了一段"观望"时期，随之便转入公开的援蒋内战。但对于援蒋的方式和程度，美国政府内部存在着分歧。随着杜鲁门向国会提出援华法案，美行政当局与国会中的亲蒋势力的公开辩论达到高潮。国会最后通过的《1948年援华法》是双方妥协的结果，但比较接近政府的有限援蒋的立场，即在抢救沉船时要量力而行，并要留有脱身的余地。[①] 美国政府在1948年秋冬已开始考虑脱身问题，多次拒绝国民党政府关于扩大援助的要求。研究者一般认为，1949年1月艾奇逊接任国务卿后，设法摆脱国民党政府已成为美对华政策的主要考虑之一。但艾奇逊的政策受到了各方面的阻力，不能及时付诸实现，导致自己陷入泥沼而不能自拔。[②]

魏德迈使华及其与美国对华政策的转变问题也引起讨论。有研究者指出，尽管魏德迈的调查堪称尽心尽力，不辞劳苦，而且也的确搜集了极其丰富的资料，但是，魏德迈的调查并没有为美国的对华政策找到一条现实道路，其结果是有条件地援蒋政策的确立，这就使美国在既要干涉中国内战，又想免于卷入中国内部事务的自相矛盾的旋涡中越陷越深，无法自拔。[③]

关于国民党政府的对美政策，有学者指出，蒋介石制定战后对美政策有一个基本设想和信念，即美国将无条件地支持国民党政府，这也成为他发动并坚持内战的精神支柱。但蒋介石高估了由他领导的中国在美国全球战略中的地位，也高估了美国援助他的决心。美蒋关系是相互需要和利用的关系，各自的利益、目标和路径选择，实际上都存在着不可弥合的矛盾。[④]

有学者考察了1949年前后美国中情局间谍人员秘密潜入西藏的问

---

① 参见袁明《从1947—1948年的一场辩论看杜鲁门政府的对华政策》，载《中美关系史论文集》第2辑。
② 参见《美国对华政策的缘起和发展》第6章。
③ 参见杨婉蓉《1947年魏德迈使华与美国对华政策的转变》，载《中国社会科学院近代史研究所青年学术论坛》2008年卷，社会科学文献出版社2009年版。
④ 参见饶戈平《1945—1949年国民党政府的对美政策》，《民国档案》1988年第2期；《蒋介石、国民党政府与美国》，载袁明等编《中美关系史上沉重的一页》，北京大学出版社1989年版。

题，以美国解密的国家档案为依据，详细考证马克南、白智仁秘密入藏的经历，还原了美国企图策动西藏分裂势力与新中国对抗的历史事实。① 依据已经公开的美国情报机构在中国内战时期的情报，有学者认为此一时期美国的对华情报工作存在许多问题，因而也影响到了其准确性和涵盖面。但大体上还是客观和可信的，依旧对美国的政策制定有一定的参考价值。②

战后初期，苏联表示了支持国民党政府统一中国的立场，但苏联并未认真地履行这一承诺。根据对新解密苏联档案文献的研究，有学者认为马歇尔调处与苏联政策的转变存在着内在联系。在马歇尔调处时期，苏联对华政策已经开始发生重大转变，即从支持国民党政府转变为有条件地支持中国革命。③ 有学者指出，直到渡江战役前，苏联都是"脚踩两只船"，分别做与国共两个政府发展关系的两手准备。④ 一些研究者认为，1949年初期斯大林曾派米高扬来华劝中国共产党不要打过长江，并有人回忆曾亲自听到毛泽东有关苏联劝阻中国共产党不要过江的谈话。⑤ 但另一些人认为这只是一个传说而已，并没有档案材料的依据。当时担任毛泽东翻译的师哲也否认此事。⑥ 1994年，俄罗斯方面公布了1949年1月斯大林和毛泽东就国共谈判问题的往来电文。斯大林电文的基本精神是不赞成和谈，告诫中国共产党不要停止军事行动。研究者据此认为，所谓斯大林主张"划江而治"的说法是难以成立的。⑦ 在中华人民共和国成立前夕，苏联驻华使

---

① 参见程早霞、李晔《一九四九年前后美国中情局谍员秘密入藏探析》，《历史研究》2009年第5期。
② 参见杨奎松《中国内战时期美国在华情报工作研究（1945—1949）》，《史学月刊》2009年第3期。
③ 参见陈晖《马歇尔使华与苏联对华政策》，《历史研究》2008年第6期。
④ 参见曲星《苏联在新中国建国前后的对华政策》，《国际共运》1986年第6期。
⑤ 参见向青《关于苏联劝阻解放大军过江之我见》，《党的文献》1989年第6期；廖盖隆《抗日战争后期和解放战争时期苏联与中国革命的关系》，《中共党史研究》1990年增刊；王方名《要实事求是，独立思考——回忆毛主席1957年的一次亲切谈话》，《人民日报》1979年1月2日。
⑥ 参见余湛、张光佑《关于斯大林曾否劝阻我过长江的问题》，《党的文献》1989年第1期；师哲《陪同毛主席访苏》，《人物》1988年第5期。
⑦ 参见王真《斯大林与毛泽东1949年1月往来电文译析》，《近代史研究》1998年第2期。

馆却追随国民党政权由南京迁至广州,对此看似奇怪的现象,有学者指出,实际上,苏联驻华使馆撤离事件是苏联方面采取历史上惯用的双重对华政策的必然结果,既不是苏联方面对中国革命的进程判断失误,也不是苏联方面坚持了不干涉中国内政的原则。①

八 相关专题史的研究

1. 香港史和澳门史研究。对香港史的研究很长时期内未受到应有的重视。20世纪80年代初,中国政府表明了收回香港主权的立场,而英方则辩称《南京条约》是符合国际法的。这一争论为香港史研究的发展提供了契机,中国学者开始重视香港史的研究。90年代初,一批重要的科研成果纷纷问世,如余绳武、刘存宽主编的《19世纪的香港》(香港麒麟书业公司、中华书局1994年版),余绳武、刘蜀永主编的《20世纪的香港》(香港麒麟书业公司、中国大百科全书出版社1995年版),刘蜀永主编的《简明香港史》(香港三联书店1998年版)以及刘存宽的《香港史论丛》(香港麒麟书业公司1998年版)等。这些论著以大量的历史事实证明了割、租香港的三个不平等条约的不平等性,指出它们是以暴力方式强加给中国的,是对中国主权和领土完整的野蛮侵犯,从根本上违反了国际法的基本原则,因而没有任何法律效力。这些论著充分肯定香港华人对香港社会发展的重大贡献,将香港社会制度的发展、香港与内地的关系及中英之间的外交谈判,如实地展现于世人面前。学者们还从不同的角度探讨了香港对近代中国社会的各方面影响。②

同香港史研究相似,澳门史研究在20世纪80年代以来有了较大发展。先后出版的专著和论文集主要有费成康的《澳门四百年》(上海人民出版社1988年版),黄鸿钊的《澳门史纲要》(福建人民出版社1990年版)以及《中国边疆史地研究》1999年第2期的澳门专号等。对于1887年前葡人窃据澳门,而中国政府仍保有主权的历史,学者们看法基本一致,但

---

① 参见栾景河《新中国成立前期苏联对华政策剖析——以苏联将使馆由南京撤至广州事件为中心》,《当代中国史研究》2003年第2期。

② 参见刘蜀永《从香港史看西方对近代中国社会的影响》,《史学集刊》1991年第2期。

对1887年后澳门的地位有着不同的看法。有的说是殖民地，认为中国由此对澳门失去了主权。① 有的认为是葡萄牙"永驻"的准殖民地。② 另有学者认为，葡萄牙虽然获得了永居权和管理权，却仍然承认澳门是中国的领土，领土主权仍在中国手中。澳门是由葡国管理的一块特殊的中国领土。此后，中国历届政府开展了对澳门恢复行使主权的长期斗争。③ 21世纪以来，有学者对赫德与"澳门属地""澳门地位"问题的关系进行探究，认为这是赫德以牺牲中国国家权益为代价，实现扩大自己权势和维护英国及列强在华权益的真实写照。④

2. 租界史研究。20世纪80年代后期，租界史研究形成高潮，涌现了一批有较高学术价值的论文和专著。其中，比较有影响的专著有袁继成的《近代中国租界史稿》（中国财经出版社1988年版），费成康的《中国租界史》（上海社会科学院出版社1991年版），张洪祥的《近代中国通商口岸与租界》（天津人民出版社1993年版），尚克强、刘海岩主编的《天津租界社会研究》（天津人民出版社1996年版）。这些著作叙述了近代中国通商口岸、租界、租借地的形成和发展的过程及其客观影响，对租界的土地、法律和行政制度，租界的社会生活和租界文化等做了相当的研究，并介绍了中国收回租界和租借地的历史过程。

租界史研究中争论最大的一个问题是对租界历史作用的评价。有人认为，租界是帝国主义侵略中国的据点，租界的设立加深了中国的半殖民地化。⑤ 另一些人则认为，租界对中国社会的影响是多方面的。租界以其复杂的历史内容影响着中国早期的现代化，在中国近代历史运动中兼动力与阻力于一身。它既是侵害中国主权的"国中之国"，又以现代化的市政建

---

① 参见许剑英《澳门沦丧略述》，《沈阳师院社会科学学报》1985年第2期；王昭明《鸦片战争前后澳门地位的变化》，《近代史研究》1986年第3期。
② 参见陈诗启《海关总税务司对鸦片税厘并征与粤海常关权力的争夺和葡萄牙的永驻澳门》，《中国社会经济史研究》1982年第1期。
③ 参见黄鸿钊《澳门问题的历史回顾》，《南京大学学报》1987年第1期；黄启臣《澳门主权问题始末》，《中国边疆史地问题研究》1999年第2期。
④ 参见黄庆华《"澳门地位"、"澳门属地"与赫德》，载王建朗、栾景河主编《近代中国、东亚与世界》（下）。
⑤ 参见袁继成《近代中国租界史稿》。

设和市政管理对中国城市的建设和管理起着示范作用；它既是殖民地侵略的桥头堡，又是资本主义世界在封建主义中国的一块"飞地"，客观上具有扩散资本主义文化促进中国社会新陈代谢的功能。租界刺激了沿海沿江城市经济和民族工业的发展。①

3. 传教士的活动与作用。20 世纪 80 年代之前，有关基督教在华传播史的研究非常薄弱。传教基本被看作是宗教侵华和文化侵略。顾长声的《传教士与近代中国》（上海人民出版社 1981 年版）可称为内地全面研究传教士问题的拓荒性著作，资料丰富翔实，但该书未能超越文化侵略模式。顾长声于 1985 年出版的《从马礼逊到司徒雷登》，其观点则有所变化，对一些在中西文化交流中起过桥梁作用的传教士作了肯定的评价。80 年代下半期以来，传教史研究逐渐成为热点之一。顾卫民的《基督教与近代中国社会》（上海人民出版社 1996 年版）和王立新的《美国传教士与晚清中国现代化》（天津人民出版社 1997 年版），是近年较有影响的全面探讨传教士在华活动的综合性著作。

多数学者认为，传教士的活动是在中国沦为半殖民地的背景下展开的，他们既是西方殖民势力的一员，也是西方文化的传播者，对其活动作绝对肯定或绝对否定的评价都是片面的。传播西学并非传教士来华的初衷，但传教士的文化活动在客观上起到积极作用，他们把西方的科学知识和技术引入中国，对中国的教育、医药、新闻、出版等事业的发展产生了推动作用。② 在肯定传教士积极作用的同时，有学者进一步指出，传教士对中国现代化的进程还产生着逆向作用。传教士的知识水平、宗教和种族偏见以及功利目标限制了他们的视野，降低了其活动的进步性、科学性和应有的价值，甚至造成对中国现代化的误导。③

---

① 参见张仲礼等《近代上海城市的发展、特点和研究理论》，《近代史研究》1991 年第 4 期；丁日初《再论上海成为近代中国经济中心的条件》，《近代史研究》1994 年第 1 期；周积明《租界与中国早期现代化》，《江汉论坛》1997 年第 6 期。

② 参见史静寰《狄考文和司徒雷登在华教育活动》，台湾文津出版社 1991 年版；梁碧莹《美国传教士与近代中西文化交流》，载《新的视野——中美关系史论文集》第 3 辑。

③ 参见王立新《美国传教士与晚清中国现代化》，结语部分。

第三节　几点感想

近代中外关系史研究已经发展成一个包含着若干子学科的大型学科。成就很大，但问题还是存在的。要把近代中外关系史研究继续向前推进，需要更宽广的视野、更宏观的思维和更严谨的学风。

一是更宽广的视野。列强在对中国进行侵略的同时，也输入了资本主义的生产方式和资产阶级的政治学说，从而为中国传统社会的变革注入了新的因素。对于近代中外关系史，应该有，也应该允许有不同角度的考察。已有的研究大体上是从两个角度着眼的：一种是从国家主权和民族地位的角度，研究列强的侵略如何使中国一步步沦为半殖民地，中国人民如何反抗和斗争，终于迎来民族独立国家振兴；一种是从社会发展的角度，研究中国人认识西方学习西方的过程，从认识船坚炮利到兴办近代工业，从接受科学知识到接受政治观念，进而进行民族革命和社会革命。在这两种不同的视角之间，常常会出现一些并非必要的论争。然而，强求以一种标准来统一视角是不可取的。放眼看来，恰恰是这两个看似矛盾的方面共同构成了中外关系发展的统一体。只有注意从这两个方面去考察历史发展，才能全面地说明近代中外关系史的内容。

宽广的视野也是研究每一个具体问题时所必须具备的。近代中国是列强在东方汇聚的最大舞台（在亚洲其他国家，大抵是某个列强发挥着主要影响），各种关系错综复杂。以中美关系而言，研究19世纪的美国对华外交就不能离开研究英国，研究民国初年到20世纪40年代中期则不能离开日本，40年代中后期又不能离开苏联。这些国家在很大程度上影响了美国对华政策的方向和程度。一些从事双边关系史研究的学者，常常容易犯忽视多边关系影响的错误。如一些学者在探讨40年代后期美国对华政策的若干问题时，忽略了美苏关系对此时美国决策的极大影响，这便影响了研究成果的深度和精确性。

二是更宏观的思维。我们对若干重大事件的微观研究都取得了相当的进展，但在宏观的观察上则远远不够。比如，对于近代中外关系发展线索的描述，我们依据的常常是革命史的发展线索和阶段划分，而忽视了中外关系本身的特殊性质。对近代中国人的民族观和世界观的演变、中国近代外交思想和外交战略的演变以及外交家群体的研究等，都是极为薄弱的环节。我们尚无外交思想发展史的专著，文章也很少见。缺少了对外交思想史的研究，就很难说近代中外关系史研究已经成为一个门类齐全的学科。

缺乏宏观的眼光，历史的叙述便失去了连续性。一些具体事件的评论大多是就事论事，而很少在历史发展的长河中探索这一事件的存在意义，它的发展性或它的转折性。比如说，对民国历届政府在修订不平等条约方面的努力，如果不考虑处于弱势的中国在强大阻力面前的一步步的艰难前进，不作纵向的前后比较，而只是指责其缺乏勇气彻底废约，便似乎有违历史地考察问题的方法。关于这一点，列宁曾经说过："判断历史的功绩，不是根据历史活动家没有提供现代所要求的东西，而是根据他们比他们的前辈提供了新的东西。"[①]

三是更严谨的学风。从事学术研究的一个基本前提，就是必须对设定课题的已有成果有一个通盘的了解。唯有如此，才能谈得上深入。然而，不愿做深入细致的检索，忽视前人研究成果的现象并不少见。由此，便出现了大量的重复研究。在若干问题上，我们都可以看到既没有新资料又没有新观点的面孔类似的文章。有低水平的重复，也有对已被公开指正的错误史实或论断的重复，还有的人费了不少心力，到头来做的只是无用功。如关于引发九一八事变的柳条湖事件，在日方当事人公开发表文章对此供认不讳多年后，还有人仅仅依据中方史料，撰文推断日方制造该事件。

严谨的学风还要求在研究中（无论是在措辞还是在观点上）避免过分情绪化。近年来，那些非学术性的措辞、陈套已不多见，但情绪化的思考方法仍然存在。中国一跨入近代社会便处于屈辱的地位，这使得人们对列强的侵略、对中国旧政府的妥协自然地产生出憎恨情绪，在研究中便容易产生责之唯恐不严的倾向。在涉及统治者的对外交涉—妥协—投降的关系时，常常有人将交涉看作是妥协甚至是投降的代名词。如与林则徐同样主张睁眼看世界的徐继畲，在神光寺事件中，他和林则徐都想驱逐英人出

[①] 列宁：《评经济浪漫主义》，《列宁全集》第2卷，人民出版社1959年版，第150页。

城，但提出的解决问题的方法不同，徐就被视为投降派人物，这是不公正的。

在近代中外关系史学科内，各个专门领域的发展是不平衡的。以国别而言，除了美、日、俄（苏）、英等几个大国外，对中国与包括法国在内的其他国家的双边关系研究都很薄弱；以门类而言，对中外经济和文化关系的研究有所进展，但仍显薄弱。近代中外关系史的研究要向前推进，除了要在已有相当基础的问题上进一步深入外，还需花大力气去开拓和发展新领域，提出和探索新课题。只有在这一方面也取得重大进展，近代中外关系史研究才能真正成为一门系统的科学的全面发展的学科。

第十一章

社　会　史

　　1987年春,《历史研究》推出一组关于社会史研究的论文和相关的学术研究综述[①],为改革开放以后的新时期的历史研究提示了一个新的愿景。许多学者表达了对未来前景的憧憬或向往:"可以预计,随着社会史研究的开展,历史学将进入一个新阶段,将出现繁荣局面。"[②] "我们有理由相信,社会史复兴的势头不可逆转,蓓蕾初现的社会史之花,必将以自己绚丽色彩的独特风貌,盛开于万紫千红的学术园林。"[③] 这种期待在学者的共同努力下,经过短短几年的辛勤耕耘,就赢得了学界的瞩目,"社会史,或者说新社会史、新史学的研究在历史学界似乎已经成为一种'显学',或被视为史学界的主流"[④]。然而,勃然而起的社会史研究及其理论追求的原动力,显然不是学者个人的心血来潮,而是史学内在追求与时代需求相互促动的历史成果。

第一节　史学困局与社会史的萌动

　　尽管"重视社会史研究是中国史学的一个传统","1949年以前,学

[①] 参见冯尔康《开展社会史研究》、陆震《关于社会史研究的学科对象诸问题》、宋德金《开拓研究领域　促进史学繁荣——中国社会史研讨会述评》,均载《历史研究》1987年第1期。
[②] 冯尔康:《开展社会史研究》,《历史研究》1987年第1期。
[③] 陆震:《关于社会史研究的学科对象诸问题》,《历史研究》1987年第1期。
[④] 冯尔康:《中国社会史概论·前言》,高等教育出版社2004年版,第1页。

者们在社会史研究方面就程度不同地有过相当不错的理念和著作"①，而且仅就研究内容而言，1949年至1966年共出版中国社会史书籍58种②，但实际上就基本理念、研究范式而言，这些成果仍属于"革命史"或"阶级斗争史"或"社会形态史"中的一部分，与今天人们所理解的社会史研究尚有时代性差别。严格意义上的社会史研究应该是改革开放以后的新时期的产物。

20世纪80年代，当思想领域改革开放的春天出现后，史学界的理论思考也进入极为活跃的时期。"历史发展动力论"和"历史创造者"的大讨论③，成为中国史学界思想、理论转向的一个重要风向标。在批判"文革史学"的同时，人们也对以阶级斗争为主线、以"革命运动"为主导内容的史学理念提出了强烈质疑并进行深刻反省。同时，面对"以经济建设为中心"的时代任务，面对人们社会生活的新变动，中国历史学如何确立自己在新时期应有的地位和实现自身的学术价值等问题，就成为人们必须关注却又并非能够即刻解决的课题。只有在充满选择的时代，才能激发出富有思想意义的课题。正是在这种特定历史条件下，人们感受到了所谓"史学危机"的存在和由此而生成的压力。

"在1983—1985年三年间，'史学危机'成了史学界的一个主题词，其先，是由大学生和青年学者提出，继而，整个史学界都卷入了'是否存在史学危机，史学危机症结何在？'的讨论。"④张芝联在总结1976—1989年中国史学成绩的基础上，提出了四个值得注意的问题，其中即包括"史学危机"⑤。80年代以来，随着社会主义市场经济的确立，史学对于政治生活、对于当时的市场经济已显得无用武之地，于是，注重当前社会，为现实、为社会服务的史学传统促使史学工作者以新的时代眼光去审视史

---

① 李良玉、蔡少卿：《六十年来的中国近代社会史研究》，《南京晓庄学院学报》2010年第4期。
② 据冯尔康等的《中国社会史研究概述》（天津教育出版社1988年版）所载书目。
③ 1979年3月，中国社会科学院在成都召开历史科学规划会议，与会学者提出了"历史发展动力问题的讨论"，随即，在全国学术界（已经超出历史学界而成为整个思想界的热点）出现了关于"历史动力论"讨论潮。不久，关于"历史创造者"的讨论又掀起另一轮热潮。
④ 邹兆辰、江湄、邓京力：《新时期中国史学思潮》，当代中国出版社2001年版，第35页。
⑤ 张芝联：《当代中国史学的成就与困惑》，《史学理论研究》1994年第4期。

学，在更大的范围内挖掘史学的功用，为史学的发展寻找出路。这一阶段进行的探讨呈现出多角度、多方位的特点，它既表现出学者们的理性思维，也透露出学者们的急切心情。学者们从考察"史学危机"的原因入手，有人认为，是居主导地位的马克思主义史学体系及其理论在理解和具体运用上发生的偏差，导致其理论体系的功能衰竭而引起史学危机；有人认为，是由于商品经济大潮的冲击，史学传统价值被颠覆，从而导致历史学面临严峻考验；也有人认为，"史学危机"根本就不存在，所谓的"危机"，对史学来说，不过是史学向自身的正常回归，对史学家来说，是由史学家自身的体验对比而产生的一种失落感。上述"危机论"表明了史学家在共同关注着同一个问题，即在新的历史时期，史学家如何运用新的科学理论方法，开展有效的科学工作来充分发挥史学的社会功能，从而使史学得到健康繁荣的发展。于是，这一问题再度掀起对"历史与现实关系"和"史学的社会功能"等问题的讨论高潮。虽然人们对于"史学危机"本身还难以完全取得认同，但却不能不承认史学本身面临着不容回避的时代挑战和寻求新突破的巨大压力的问题。

面对所谓"史学危机"，史学界提出种种解决的途径和方案，有人提出了"应用史学"的理论。应用史学理论显然在强调史学的社会功能和现实关怀，以充分体现史学的实用价值。1949年以后的中国史学，与其他人文学科一样，曾经包裹了一层浓厚的意识形态外壳，成为历次政治运动、政治宣传的附庸和工具。80年代以来，史学逐步挣脱意识形态的硬壳，还原为史学本身，但也因此引发了一场不大不小的"史学危机"。不管意识形态史学原来在方法上是多么机械、简陋，总是提供了一个自成一体的宏大叙事。一旦这套模式解体，将如何阐释历史？整个80年代都为此而焦虑，希望重新建构一个替代性的宏大叙事模式。各种试图冲破陈规旧矩的创新和努力，就在"史学危机"深沉的压力下萌动了——"社会史"不过是当时众多含苞待放花蕾中较为独特的一枝而已。

"史学危机"无疑是"新时期"史学转向的历史前提。"于是，有关'史学危机'的讨论成为史学的自我反省和重新定位，成为对史学发展道路的探讨和预见。""与'史学危机'讨论同时兴起的，是'三论'热、历史发展合力论和'历史创造者'的争鸣"，是"'文化史'与'社会史'

的倡导"。① 当人们着意于新的史学领域的开拓和新史学理论的建构时，强烈的批判意识和深刻的反思情怀必然如影随形。田居俭在《中国社会史研究的反思与展望》(《社会科学战线》1989年第3期)中说："由于'左'的思潮影响和教条主义的束缚，人们对历史唯物主义的认识和理解日益僵化和片面，过分夸大阶级斗争效应，绝对固守单因果的阶级分析方法，把错综复杂的社会历史简单地归结为阶级斗争的历史……从而摒弃了阶级关系之外的其他社会关系，将丰富多彩的社会生活斥之为'庸俗'、'烦琐'、'宣扬剥削阶级腐朽生活方式'，粗暴地驱逐于史学殿堂的门槛之外，轻率地中断了中国治史的优良传统。"因此，"史学危机"之所以形成的深层原因之一就在于"把'历史的内容'排出了历史，史学研究必然要出现偏颇和失误"。从而，"积极倡导'复兴和加强社会生活史的研究'"就是"史学走出'危机'的一条切实可行的途径"。②

作为中国社会史首倡者的冯尔康也怀有强烈的解脱"史学危机"的意识。他认为："开展社会史研究是历史学走向繁荣的途径和走向新阶段的起点，这是进行社会史研究的第三个意义。现在有些历史学工作者认为史学处在危机中，不被人重视，因而思考史学的功能与出路。"而"社会史恰能充当此任"。可以看出，"史学危机"给人们的主动进取和谋求新突破造成了不容忽视的现实压力，并由此转变为符合时代需求的动力。"开展社会史研究的实践，会证明社会史带动史学突破性发展的积极作用。"③ 史学发展的内在要求构成"社会史"萌发的动因，是当时积极倡导社会史研究的学者共同的切身感受。"就历史学说，研究领域日趋窄小，研究课题严重老化，而史学领域中的这种重症或者说是危机，也可以看作哲学社会科学各学科状况的一个缩影。"在思想解放已经渐成气候的情况下，"人们对上述病症的反应，随着生活实践，从隐隐约约的感受发展为明确而强烈的认识"。"社会史研究在今天复兴，正是上述反省的必然结果。"④ 由危机而形成压力，由压力而生成动力，无疑是"新时期"众多史学工作者走向社会史研究的必由之

---

① 邹兆辰、江湄、邓京力：《新时期中国史学思潮》，当代中国出版社2001年版，第35页。
② 田居俭：《史学通向"柳暗花明"的一条途径》，《光明日报》1986年6月20日。
③ 冯尔康：《开展社会史研究》，《历史研究》1987年第1期。
④ 陆震：《关于社会史研究的学科对象诸问题》，《历史研究》1987年第1期。

路。王家范的认识具有相当代表性,他说:"社会史首先应作为传统史学的叛逆角色出现在学术舞台上。""当前史学遇到的危机实质上是社会信任的危机。以政治史为核心、深深纠缠于'史件—人物'固定框架的史学传统,显得老态龙钟,无力回应社会变革对史学提出的一系列斯芬克斯之谜。"正是"其深重得多的危机意识迫使史学工作者由西方的启示而找寻解脱的生机。文化史与社会史的崛起,便是由不同角度作出的选择"。①

龚自珍说过,"一代之兴必有一代之学"。是的,"十余年后,当我们为行程中的当代史学回首来路时,不难发现:响彻当时史学界的'危机'之声正是一个新的史学发展时期的开端"②。而且,那份旨在解脱"史学危机"的使命感和责任意识,已经融化于"社会史"的学术诉求之中,成为其与生俱来的特性之一。1987年第1期《历史研究》评论员文章就以《把历史的内容还给历史》为题,表达了这种学术情怀:吁请史学界扩大视野,复兴和加强关于社会生活发展的研究,以"突破流行半个多世纪的经济、政治、文化三足鼎立的通史、断代史等著述格局"。

"社会史"的兴起,既是当代社会对于史学研究的一种时代呼唤,也是史学对这一时代要求的自觉回应。③ 因此,社会史学对于冲破传统史学的僵化模式、片面注重政治史和革命史的著史格局、理论方法单一的倾向具有"革命"意义,也正由于此,社会史学在短短几年时间里异军突起,备受瞩目。人们惊喜地发现:超脱既往的研究模式和束缚之后,社会史展现给人们的是更为广阔的领地,而且这一领域的开拓所具备的学术价值和社会意义将是深远而持久的。

第二节 三个发展阶段

1986年10月,由南开大学、天津人民出版社、《历史研究》编辑部等

---

① 王家范:《中国社会史学科建设刍议》,《历史研究》1989年第3期。
② 邹兆辰、江湄、邓京力:《新时期中国史学思潮》,第35页。
③ 参见王先明《中国近代社会史研究的理论思考——兼论历史学的社会学化》,《近代史研究》1993年第4期。

单位共同发起,在天津召开了第一届中国社会史研讨会。这次会议大致上可以看作学术界有计划地恢复社会史研究活动的开始。会后《历史研究》集中刊发了一组讨论"中国社会史研究对象和研究范围"的论文,并且还发表了《历史研究》评论员文章:《把历史的内容还给历史》。这在学术界引起了很大震动和反响,标志着中国历史学研究理论和方法的新转向。当时,中国近现代史学者是倡导和推动社会史研究的主要力量。由此开始,中国近代社会史研究日渐兴盛繁荣,成为中国近现代史领域最令人瞩目和最富有活力的方向。概括起来,20年间的中国近代社会史研究历程可分为三个阶段。

一 学科复兴阶段（1986—1990）

1986年10月第一届中国社会史学术讨论会召开,宣告了中国社会史学科的诞生。此后,在各方面共同努力下,不间断地举行每两年一届的全国性研讨活动,使得社会史研究稳步扎实地持续发展,取得了令人欣喜的成就。20世纪80年代后期以来,中国人民大学、中国社会科学院近代史研究所和历史研究所、南开大学、山西大学、南京大学等院所先后组织了一批社会史研究课题,或建立了研究室,不少高校开设了社会史课程。社会史学科开始获得学术界的基本认同而得以复兴。

1986年至1990年,天津人民出版社率先推出社会史丛书4种。1989年起浙江人民出版社与南京大学合作,前后历时7年,组织出版了中国社会史丛书全套20种。据粗略统计,仅1986年至1994年间出版的中国社会史图书就有120多种,同期发表论文700多篇,其中中国近代社会史240篇。

总体而言,在社会史复兴的第一阶段,其成就主要体现为对于"社会史学科对象及其研究范围"形成了相对的共识。1986年10月中国社会史研讨会的主题围绕着社会史学科的基本问题展开:即"中国社会史的研究对象、范畴""社会史与其他学科的关系"和"开展社会史研究的意义以及若干属于社会史研究范畴"等。这次会议将社会史定位成专门史或一个流派,在研究方法上提出要借鉴社会学、民俗学、人类学等学科的理论与方法,可以看作学术界有计划组织和推动社会史研究活动的开始,对重建和复兴中国社会史研究工作意义重大。其后的三次学术会议，虽然主题略有不同，但对社会史研究对象、社会史的学科特征和研究方法的关注仍很强烈。对这一问题的讨论持续到20世纪90年代初，它也构成了这一阶段中国近代社会史研究的主要课题。关于这一问题的基本成果可以概述为几点：

第一，认为社会史研究历史上人们社会生活的运动体系，亦即以人们的群体生活与生活方式为研究对象，以社会组织、社会结构、人口社会、社会生活方式、物质与精神生活习俗为研究范畴，揭示其在历史上的发展变化及在历史进程中的地位和作用。

第二，认为社会史是一种整体的历史。因为真正能够反映一个过去的时代全部面貌的应该是通史，而通史总是社会史。史学研究应当注意人们在生产中形成的，与一定生产力发展程度相适应的生产关系的总和。因而，由此延伸出来的以经济活动为基础的种种人际关系都应成为社会史研究的对象。

第三，认为社会史的专门研究领域是社会，即是不包含政治、经济、文化等在内的所有社会生活。此种观点认为，社会史的内容应当包括三个层次，即社会构成、社会生活、社会功能。近似的观点认为社会史的研究领域包括社会环境、社会构成、社会关系、社会意识、社会问题、社会变迁等方面。

第四，认为社会史不是一个特定的史学领域，而是一种新的视角、新的路径，亦即一种"自下而上"地研究历史的史学范式。

第五，认为社会史是以"人"为轴心的历史。它应当注意自觉地造就人，准确地把握人，真实地再现人，合理地批评人，强烈地感染人。还有人指出，社会史以"人"为核心，不是指某个具体的人，而是作为某个阶级、阶层或集团的整体意义的人的历史的演变。

对这些问题的讨论，学术界至今也还未能达成完全一致的认识，但却在学科理论层面上形成了大致认可的范围。通过对社会史定义、研究对象和范畴的阐释，在广泛争论的基础上，学界形成了相对稳定的"专史说""通史说""范式说""视角说"等观点，由此掀起了社会史研究的一次高潮。上述问题的提出和争论，对于推进中国近代社会史的研究具有重要意义。

二 体系建构阶段（1991—2000）

1990年之前，已有若干专题性的中国近代社会史研究成果面世，如关于中国近代秘密社会史的研究就有蔡少卿的《中国近代会党史研究》（中华书局1987年版）、秦宝琦的《清前期天地会研究》（中国人民大学出版社1988年版）。20世纪90年代以后社会史研究呈现更加强劲的势头，专题性的中国近代社会史研究成果层出不穷，成为成果丰硕的学术方向之一。如关于中国近代秘密社会史的研究就有李世瑜的《现代华北秘密宗教》（上海文艺出版社1990年影印版）、濮文起的《中国民间秘密宗教》（浙江人民出版社1991年版）、苏智良的《近代上海黑社会研究》（浙江人民出版社1991年版）、周育民和邵雍的《中国帮会史》（上海人民出版社1993年版）、黄建远的《清、红、黑》（江苏人民出版社1998年版）、刘才赋的《通天教主》（江苏人民出版社1998年版）等著作的出版。在近代社会生活和社团研究方面有严昌洪的《中国近代社会风俗史》（浙江人民出版社1992年版）、桑兵的《清末新知识界的社团与活动》（生活·读书·新知三联书店1995年版）、李良玉的《动荡时代的知识分子》（浙江人民出版社1990年版）等著作。在中国近代社会结构史方面有姜涛的《中国近代人口史》（浙江人民出版社1993年版）、王先明的《近代绅士：一个封建阶层的历史命运》（天津人民出版社1997年版）、马敏的《官商之间——社会剧变中的近代绅商》（天津人民出版社1994年版）、贺跃夫的《晚清士绅与近代社会变迁：兼与日本士族比较》（广东人民出版社1998年版）等著作。1998年前后，上海文艺出版社、江苏人民出版社等，也相继出版社会史丛书近20种。似乎可以说，中国近代社会史研究走向繁荣的阶段已经开始。

虽然专题性的中国近代社会史研究成果颇多，但真正对于学科发展具有影响意义的，却是社会史学科体系研究的成果。1992年，出版了乔志强主编的《中国近代社会史》（人民出版社1992年版）和陈旭麓的《中国近代社会的新陈代谢》（上海人民出版社1992年版）。其后，龚书铎主编的8卷本《中国社会通史》（山西教育出版社1996年版）问世。这些著作的出版，为当时的社会史研究划出了一个相对明晰的研究范围，并且将理论架构与史实结合起来，使社会史的学科特征得到相对完整的体现。它们的出版标志着中国近代社会史学科体系的初步形成。

《中国近代社会史》一书提出了社会史的学科体系，认为它主要包括三个方面，即"社会构成；社会生活；社会功能等"。与《中国近代社会史》所持专史说不同，陈旭麓则提出社会史实际上就是通史，他认为"经济史、文化史毕竟以专史为归属，其意旨和范围都有限度，真正能够反映一个过去了时代全部面貌的应该是通史，而通史总是社会史"。这一阶段社会史学科体系研究呈现出以下一些特色：第一，在研究时段上，大多选取了变化剧烈的近代社会作为研究对象，近代社会史在中国社会史复兴与研究中扮演了重要角色。第二，中国近代社会史的理论建构，更多地借鉴和运用了社会学的理论和方法；"社会学化"倾向一定程度上导致了史学特征的失落。第三，近代社会史理论构架虽有分歧，特点各异，但从总体理论构建上却有惊人的相似性。首先，都是以"社会"来观照内容，并把近代社会史析分为三个方面，并赋予其具体的内容。其次，都是从历史上的社会（横断面）而不是从社会的历史（纵剖面）来确定整体的理论体系。

对此，我称之为"三板块结构"，即近代中国社会嬗替变迁的总体历史进程，在"社会构成、社会生活、社会职能（或社会意识）"的"社会学化"理论体系中根本无法凸显，导致社会史变为"社会学的历史投影"。这等于是从三个侧面表现的历史的社会，而不是"社会的历史"。中国近代社会史的理论架构具有将社会学理论简单移植的倾向，这导致了历史学的社会学化的趋向，应该引起学术界的重视。[①]

三 稳步发展阶段（2001年后）

关于中国近代社会史学科体系的讨论，在20世纪之末已经趋于沉寂，不再成为学界关注的话题。学术研究的兴趣更多地集中在专题社会史的研究方面，或者说更着重于问题意识的凸显和新领域的开拓，由此推动着中

---

① 王先明：《中国近代社会史研究的理论思考——兼论历史学的社会学化》，《近代史研究》1993年第4期。

国近代社会史研究走上稳步发展的轨道。就这一阶段的研究特点而言，当可关注以下几个方面。

一是问题意识的突出。21世纪以来的中国近代社会史研究更加突出问题意识。这在20世纪末就已经成为共识，即不再继续讨论宏观性的学科对象和范畴，而是坚持以问题为导向，使社会史研究逐步走向深入。1998年苏州第七届研讨会将"家庭、社区、大众心态变迁"确定为会议主题；2002年上海会议主题为"国家、地方民众互动与社会变迁"；2004年厦门会议主题为"仪式、习俗与社会变迁"。社会史学术讨论会的"问题"的凝练，使得全国学者能够相对集中地从不同角度和知识背景对同一问题展开研究，相对而言，既可避免学术研究中的"自言自语"（即因为学术话语不同，研究课题不同，无法展开讨论和对话，社会史学界称之为"自言自语"），也能促使研究课题的深化。而且这些"问题"的集合，事实上就揭示着社会史研究逐步走向深入的历史进程。

二是研究领域的扩展。近代区域社会史研究的兴盛，近代城市史、乡村史以及近代灾荒史研究的发展等，极大地扩展着中国近代社会史研究的领域。特别需要关注的是，社会史学界开始注意研究基层"社会空间"的构造及其转换问题，以区别于以往史学界对上层政治空间与制度安排的单纯关注，使社会史研究在方法论意义上实现了"区域转向"。"区域社会史"逐渐成为中国社会史研究的主流，在学术界约定俗成地出现了诸如"华北模式""关中模式""江南模式""岭南模式"等的研究范式。

三是历史人类学的兴起。随着社会史的深入发展和区域社会史的兴起，人类学的方法对社会史研究的影响越来越大，在具体研究中得到了较为普遍的运用。勒高夫曾在《新史学》中指出，历史学要"优先与人类学对话"，新史学的发展"可能是历史学、人类学和社会学这三门最接近的社会科学实行合作"。勒高夫称之为"历史人类学"。一批中青年学者一方面开始注意建立具有自己特色的人文社会科学研究的方法体系和学术范畴，一方面重视民间文献和口述资料的搜集和整理。它代表着人类学与历史学，尤其是与社会史学科整合的一种努力。

第三节 近代社会史研究的新走向

中国近代社会史研究在20世纪90年代后进入持续稳定的发展状态，其研究领域和选题呈现着日趋扩大的趋势，其研究理论和方法在某些方面也走向成熟。中国近代社会史研究的新成果不断涌现，为新时期中国史学发展做出了新的贡献。它所呈现出的时代趋向主要是：

1. 区域社会史研究成果突出，其理论研究也日趋深化。20世纪90年代以后，区域社会史研究日见繁盛，并呈现出中国社会史研究路向选取的区域化特征。区域史研究成果的丰富多样和千姿百态，对于史学研究传统取向的转换、研究问题的深入展开和基本研究格局的改变，具有显而易见的作用。因而，区域史研究构成中国近代社会史研究的主要方面。

王笛的《跨出封闭的世界：长江上游区域社会研究（1644—1911）》（中华书局2001年版）是较早的有代表性的区域社会史研究专著。它分别从自然地理与经济地理，人口、耕地与粮食，农村经济与农业发展，区域贸易与市场网络，手工业与工业，政治结构与地方社会秩序，新旧教育体制的变动，社会组织及其功能的变化，社区、社会阶层与社会生活，传统文化与近代意识等方面，对这一区域的近代化进程做了整体的研究。江南区域社会史研究的成果相对集中，段本洛《苏南近代社会经济史》（中国商业出版社1997年版）、马俊亚《混合与发展：江南地区传统社会经济的现代演变（1900—1950）》（社会科学文献出版社2003年版）、小田《江南乡镇社会的近代转型》（中国商业出版社1997年版）等，分别从区域经济社会的现代演变、乡镇社会转型进程方面，对近代江南区域社会进行了比较深入的研究。李学昌主编的《20世纪南汇农村社会变迁》（华东师范大学出版社2001年版）也是特色鲜明的著作，它从历史典籍、民间文献与实地调查入手，围绕社会变迁的主要层面和变数，追踪和描述了南汇农村社会变迁轨迹，并提出了区域社会变迁的理论认识。

华北区域社会史研究也是近年来研究比较集中的领域。乔志强主编《近代华北农村社会变迁》（人民出版社1998年版），苑书义等人著《艰难的转轨历程——近代华北经济与社会发展研究》（人民出版社1997年版），郑起东著《转型期的华北农村社会》（上海书店出版社2004年版）等著作，推动着近代华北区域社会史研究走向深入。苑著主要立足于经济因素，从农业与农村、城市经济与社会结构、政治制度的变迁几方面入手，探讨近代华北经济与社会发展的相关性。郑著则以专题展开，从农村权力结构、社会组织、国家对农村的征派、农村经济生活要素、农民物质生活状况方面讨论了近代华北区域社会变迁问题。相对而言，乔编的视野更为广阔，它以19章的篇幅从人口、婚姻、家庭、宗族、阶级、阶层、市场交换、城市化与城乡关系、物质生活、社会风俗、民间信仰、社会心理、人际关系、乡村教育、基层政权、地方自治、灾荒救治、社会问题以及社会变迁诸多方面，对这一区域社会变迁进行了系统研究。而且此书力求在社会史的"知识体系"中寻找"一条主线贯穿其中"，并以"传统社会向近代社会的演化"作为其"主线"（见此书《绪论》第17页）。魏宏运主编的《二十世纪三四十年代太行山地区社会调查与研究》（人民出版社2003年版）从自然环境与社会制度、小农社会的农业变革、农村商业集市、工矿业的兴起、村落、家庭与家族的变迁、农村新文化与新风尚等多角度，对这一区域的乡村社会变迁做了全面系统的研究。张利民等著的《近代环渤海地区经济与社会研究》（天津社会科学院出版社2003年版），是内地第一部研究环渤海区域社会现代化的专著。作者不仅探讨了农业经济、沿海贸易、农村市场、交通体系、工业体系在区域社会发展中的作用，而且也着重描述了区域市场网络、区域现代化进程以及社会流动、社会生活、社会结构的近代变动，并力求揭示区域社会近代化的特点。

伴随着近代区域社会史专题研究的深入，区域社会史研究的理论指向也十分明显。李文海认为，研究区域史首先要着重发现和揭示这个区域同其他区域不同的特色；其次要树立全局观念，不能就区域谈区域；再次要有综合观念，要揭示区域内各种要素的相互联系；最后要特别强调学科的交叉。[①] 就此问题，《学术月刊》2006年以专栏形式发表一组集中讨论的

[①] 参见李文海《深化区域史研究的一点思考》，《安徽大学学报（哲学社会科学版）》2007年第3期。

论文：唐力行认为从事区域史研究必须在三个层面上拓展视野：其一是要注意区域与周边地区的关系；其二是要进行区域比较研究；其三是区域史的研究要与整体史相结合。① 王先明提出，研究问题的空间特征决定了区域史研究的选择，而不是人为的空间取舍形成区域史研究，即将研究对象简单地地域化或地方化。因此，可以这样把握区域史研究，即一定时空内具有同质性或共趋性的区域历史进程的研究。② 张利民提出了区域史的空间范围界定问题，认为科学地规范和界定区域的空间是最基本的，是区域史研究不能回避的基础问题。区域史研究对空间的界定应该是理性的，如果随意地冠名区域史，既有失偏颇，也影响区域史的科学性和严谨性，不利于区域史的深入开展和各学科的交叉研究。③ 吴宏岐认为，区域史研究已经成为中国历史学科各主要分支学科研究中的一个新取向，但其碎化现象也引起了不少学者的担忧。区域化的中国社会史研究要避免碎化现象回归整体史研究的正途，必然借鉴社会科学其他相关学科的成果、视角和理论方法来实现自我建设和理论创新。④

杨念群针对目前区域史研究多趋向于探讨"宗族"和"庙宇"功能的现状，提出"跨区域研究"的角度，认为应该在尊重既有地方史研究成果的基础上，重新理解政治变迁的跨地方性逻辑的问题。⑤ 徐国利认为，区域史（学）就是研究社会历史发展中由具有均质（同质）性社会诸要素或单要素有机构成的、具有自身社会历史特征和系统性的区域历史，进而揭示区域历史发展系统性和独特性的史学分支学科。⑥

近代区域社会史研究在江南区域和华北区域方面取得了突出的成绩，不仅成为学界特别关注的领域之一，并且在研究内容和理念上也引出了一些新的思考。面对中国广阔的区域，进一步拓展的空间相当宽阔，未来的

---

① 参见唐力行《从徽学研究看区域化的中国近代史研究》，《学术月刊》2006年第3期。
② 参见王先明《"区域化"取向与近代史研究》，《学术月刊》2006年第3期。
③ 参见张利民《区域史研究中的空间范围界定》，《学术月刊》2006年第3期。
④ 参见吴宏岐《历史地理学视野下的中国近代社会史研究》，《学术月刊》2006年第3期。
⑤ 参见杨念群《"地方性知识"、"地方感"与"跨区域研究"的前景》，《天津社会科学》2004年第6期。
⑥ 参见徐国利《关于区域史研究中的理论问题——区域史的定义及其区域的界定和选择》，《学术月刊》2007年第3期。

研究无论在地域范围还是在理论方法上，都会有持续的进一步的发展。

2. 近代乡村史研究方兴未艾，走向深入。乡村社会变迁始终是中国历史变迁的主体内容，这不仅因为在区位结构中乡村占据绝对的优势，而且因为乡村的生活模式和文化传统从更深层次上代表了中国历史的传统。近代乡村史也成为近年来学界主要关注的课题。王先明著文《开展二十世纪的中国乡村史研究》（《光明日报》2000年12月1日），不久又主持了第一次中国近代乡村史研讨会。特别是当"三农问题"构成制约中国社会发展和实现现代化进程的突出问题时，对它的关注和寻求解脱之路的现实需求，催促着我们不得不对其进行学理或学术层面的分析。近年来的近代中国乡村史研究突出表现在以下几个方面。

其一，乡村社区及历史研究。王庆成对明代以降，河北、山东等地华北村落的人口构成及其历史来源、村落规模与结构特征等，做了相当深入和系统的研究，认为华北的"镇"，不一定是商业聚落，不少"镇"人口不多，又无商店市集，只是一般村庄。村镇户均人口多在五人左右，入学者只占人口百分之一二。穷民、残疾、节孝等类人员在人口中占有相当比例，老年人口比例偏低，性别比例普遍严重失衡，就人口年龄分配而言基本上是稳定的人口类型。[①] 还有学者利用田野调查所搜集到的水井碑刻及访问材料，研究了水井在建构乡村社区空间、规定社会秩序、管理社区人口、营造公共空间、影响村际关系等方面所起的重要作用。[②]

其二，乡村土地关系、阶级关系与权力结构研究。土地产权中不同性质的永佃权问题的研究有所深化。曹树基认为从1927年后浙江省推行二五减租实践过程看，尽管浙江各地区大都存在"一田二主"现象，但是，由于土地来源不同，"田面田"的性质也有不同。由于两种"田面田"的地租率不同，所以，在政府推动的减租过程中，拥有"相对的田面田"的田主积极推动"二五减租"，而"公认的田面田"田主则反对"二五减

[①] 参见王庆成《晚清华北乡村：历史与规模》，《历史研究》2007年第2期；《晚清华北村镇人口》，《历史研究》2002年第6期；《晚清华北村落》，《近代史研究》2002年第3期。

[②] 参见胡英泽《水井与北方乡村社会——基于山西、陕西、河南省部分地区乡村水井的田野考察》，《近代史研究》2006年第1期。

租",后者成为浙江"二五减租"的最大障碍。① 李德英对成都平原的租佃制度研究表明,近代成都平原的押租制度(押租与押扣)并非如有关学者所说的仅仅是加强剥削的手段,它们有着更广泛的内涵,是该地区自然生态和社会生态环境的产物。缴纳押租,佃农不仅获得了土地的佃种权,而且通过押扣的方式使自己交出去的押租金获得了一定的利息。从制度上看,租佃双方的经济关系比清代以前更趋平等。② 李氏更详尽的研究体现在其专著《国家法令与民间习惯:民国时期成都平原租佃制度新探》(中国社会科学出版社2006年版)中。不过,刘克祥本着"以理服人""以史实服人"和"揭示押租制的历名原貌"的原则,稍后发表了《关于押租和近代封建租佃制度的若干问题——答李德英先生》(《近代史研究》2012年第1期)一文,指出:"押租原是地主防止佃农欠租而预收的保证金,是经济强制取代非经济强制的产物,不久蜕变为名目繁多的高利贷剥削。成都平原和四川的押租最为流行和苛重。'押扣'不过是地主榨取押租的一种手段。租佃制度……产生的根本原因是土地与生产者的分离,同市场或市场经济没有内在联系。近代特别是民国时期,增押增租、频繁撤佃成为地主压榨佃农的主要途径,押租、地租交替上升,进一步加剧了佃农的贫困化和贫农雇农化,押租和封建租佃制度已经成为农业生产和社会经济发展的桎梏,彻底废除封建土地制度和包括押租在内的封建租佃制度,实现'耕者有其田'是顺应社会发展的历史要求。"

黄道炫对20世纪30年代革命与土地之间的相关性问题作了探讨,认为江西、福建是30年代中国南方苏维埃运动的中心区域,从当时各种调查材料提供的数据综合看,这一地区地主、富农占地约30%,贫雇农占地约20%。在什么情况下发生革命,在什么地方形成革命中心,并不必然和当地的土地占有状况相联系。③ 徐畅以抗战前湖南、湖北、江西、安徽、江苏和浙江六省农村为中心,以农家负债和地权异动为视角,从农户土地

---

① 参见曹树基《两种"田面田"与浙江的"二五减租"》,《历史研究》2007年第2期。
② 参见李德英《民国时期成都平原的押租与押扣——兼与刘克祥先生商榷》,《近代史研究》2007年第1期。
③ 参见黄道炫《一九二〇——一九四〇年代中国东南地区的土地占有——兼谈地主、农民与土地革命》,《历史研究》2005年第1期。

典押借贷比例、由土地典押借贷到丧失地权的可能性与现实性,农户因土地典押借贷引起地权丧失的实况,微观和宏观两个层面的地权变化等方面,论证抗战前长江中下游地区地权处于集中时期;并由此说明 20 世纪 30 年代前期中国农村所面临的前所未有的严峻形势。①

在乡村雇工阶层研究上,胡成认为,近代江南农村的工价持续上涨,但比照实际购买并扣除通货膨胀的因素,雇工收入仍然偏低,从而导致雇工短缺。该区经营式农场未能发展起来的原因,不在于小农转向更为便宜的家庭劳动力,而在于这时发生了单纯依靠农业已无法维持生存,不得不重新配置资源的近代转型。② 王先明认为,20 世纪前期山西乡村雇佣关系有较大发展,但雇佣关系的社会构成涉及乡村社会各主要阶层,雇主和雇工双方角色并不完全固化。雇佣关系的普遍化是通过雇工身份的非固化或雇佣角色的互换性得以实现的。山西乡村社会的雇佣关系,是一种多重身份、地位和角色交叉的"网型构造",对于雇工群体的时代性认识,有必要置于当时乡村社会普遍贫困化的事实中进行研究。③

新旧制度的更易导致了乡村士人阶层的剧烈变动。关晓红通过区域性的比较考察认为,科举停废虽导致传统意义的"士"阶层消失,但多数旧学出身者通过各种渠道重新分化组合,直至清末民初仍然占据社会权势的重要位置。清廷虽为士子多方宽筹出路,可是无法遏止中年士人文化心理的失衡以及青年学生对国家命运的关注。④ 徐茂明《江南士绅与东南社会(1368—1911)》(商务印书馆 2004 年版)以一章的内容对"近代社会变迁中的东南士绅"作了专门探讨,并提出一些具有新意的见解。

此外,渠桂萍与王先明的论文从"乡土资源"的角度提出了乡村民众的社会分层问题,认为 20 世纪 20 年代至 40 年代初,华北乡村民众在接受

---

① 参见徐畅《农家负债与地权异动——以 20 世纪 30 年代前期长江中下游地区农村为中心》,《近代史研究》2005 年第 2 期。
② 参见胡成《近代江南农村的工价及其影响——兼论小农与经营式农场衰败的关系》,《历史研究》2000 年第 6 期。
③ 参见王先明、牛文琴《二十世纪前期的山西乡村雇工》,《历史研究》2006 年第 5 期。
④ 参见关晓红《科举停废与近代乡村士子——以刘大鹏、朱峙三日记为视角的比较考察》,《历史研究》2005 年第 5 期。

"阶级"理念之前，对于自身生活社区的层级结构，有一整套内生的评价标准与区分体系。这种社会分层的维度是根植于乡村文化脉络的"乡土资源"。①

关于乡村权力结构的研究，有李怀印的《晚清及民国时期华北村庄中的乡地制——以河北获鹿县为例》（《历史研究》2001年第6期）、邱捷的《民国初年广东乡村的基层权力机构》（《史学月刊》2003年第5期）等。李文认为，晚清及民国时期河北省获鹿县的乡地，属半官方人员，由村民轮任，负责催征或代垫粮银及地方治安等事务。这种以村民集合体为特色的乡地制在获鹿一带流行。乡地制使当地的权力关系格局，既区别于华北多数地方涣散无力的自耕农社会，又不同于华南强大的士绅。宗族统治，应视作这一时期国家与乡村关系的第三种形态。邱文探讨了民国初年广东乡村基层权力重建中的问题，认为由于广东政局动荡，省、县政府对乡村往往不能充分行使权力，乡村基层权力机构获得很大的独立性。国民政府成立后，广东实行新县政，但民国初年形成的乡村基层权力机构的格局，在不少地区一直延续到40年代末。

其三，农村社会经济与农民生活问题研究。近年来，有关近代华北农村社会的研究存在着一种引人注目的倾向，即"素来被认为是衰落破败的华北农村，被不少学者描述出农村资本主义自由发展的耀眼图景"。对此，夏明方在注重定量分析和系统调查基础上提出了完全不同的意见。② 温锐认为，20世纪初期即苏区革命前赣闽边农村民间传统借贷关系具有普遍性，利息也不是学术界长期所认定的那么高，而且它对当地农村社会经济运行与发展具有不可或缺性。民间借贷不是需要不需要的问题，而是政府如何加以规制与调控的问题。③ 李金铮对此问题做了专门研究，其专著《借贷关系与乡村变动——民国时期华北乡村借贷之研究》（河北大学出版

---

① 参见渠桂萍、王先明《乡村民众视野中的社会分层——以二十世纪二十至四十年代初的华北乡村为例》，《人文杂志》2004年第6期。

② 夏明方：《发展的幻象——近代华北农村农户收入状况与农民生活水平辨析》，《近代史研究》2002年第2期。

③ 参见温锐《民间传统借贷与农村社会经济——以20世纪初期（1900—1930）赣闽边区为例》，《近代史研究》2004年第3期。

社2000年版）、《民国乡村借贷关系研究》（人民出版社2003年版）分别对华北和长江中下游区域的乡村借贷作了比较翔实和深入的考察，从一个侧面揭示了近代乡村经济—社会演变进程中的新旧借贷关系与农民的生存状况。李金铮的另一部著作《近代中国乡村社会经济探微》（人民出版社2004年版），则汇集了他近年来对近代中国乡村社会经济研究的主要成果，从乡村区域研究理论与方法、近代华北与长江中下游地区的农家经济与生活、华北抗日根据地与解放区的农业经济与社会发展等方面，做了比较微观的区域研究。

学者们也关注到近代乡村工业化问题。张思认为，19世纪末，直鲁农村手工纺织业在外国棉制品的冲击下经历了一个严重衰落的低谷，也迎来与国内发达地区并驾齐驱、与机器棉制品比肩竞争的发展转机。一些学者认为，关于洋布、洋货未能打入华北内地，甚至纠缠于"帝国主义是现实还是神话"的看法值得商榷，"封建、落后"的农村经济在突来的冲击面前所表现出的强韧性和对抗能力，在机遇面前所显示出的与时俱进的品质以及对新技术和新生产方式的持续容纳能力也同样值得关注。[①] 彭南生则提出了半工业化问题，认为多元共存的生产形式使半工业化在市场波动时具有较大的灵活性。半工业化是一种在落后国家和地区所存在的既不同于农村传统手工业也不同于原始工业化的现象，需要更加深入的研究。[②]

黄正林主要依据地方档案资料对陕甘宁边区的农村市场、经济与社会发展做了研究，认为在市场构成、专业市场的形成等方面，既有全国农村市场的共性，也有西北区域市场的特性。晚清以来，周期性的社会动荡和自然灾害，以及地方军阀的横征暴敛，造成人口锐减，农村经济凋敝，农民日益贫困，购买力低下，农村市场衰退。同时，鸦片的大量种植，导致了西北农村市场畸形发展，出现了专门的鸦片市场。这些现象直到新中国成立前夕也没有多大改观。[③] 同时，他也对这一区域的经济财政、社会变

---

① 参见张思《遭遇与机遇：19世纪末中国农村手工业的曲折经历——以直鲁农村手工纺织业为例》，《史学月刊》2003年第11期。
② 参见彭南生《半工业化：近代乡村手工业发展进程的一种描述》，《史学月刊》2003年第7期。
③ 参见黄正林《近代甘宁青农村市场研究》，《近代史研究》2004年第4期。

迁和社会风尚等问题做了探讨，这方面的成果集中在他新近出版的《陕甘宁边区乡村的经济与社会》（人民出版社 2006 年版）一书中。

此外，一些学者还对农民离村问题[1]、农村分家行为[2]以及役畜等问题[3]做了研究。

3. 社会性别史的发端与研究。社会性别史也在最近几年进入人们的视野，并在突破妇女运动史前提下生成新的研究理念。李细珠对民初女子参政做了研究，认为民初女子参政权案是男性权势对女性政治诉求的整体压抑与排斥，体现了鲜明的性别歧视面相。民初女子参政权运动的失败，不能简单地仅仅归咎于以袁世凯为代表的封建专制势力的阻碍与破坏。[4] 夏春涛则对太平军中的婚姻与两性关系做了新的探讨。[5] 然而，值得关注的问题却正如李伯重所说，20 世纪末期受国际学坛风气的激荡，此项研究也成为中国史坛上一个值得注意的新动向。[6] 研究者显然不再拘泥于以前"妇女运动史"的立场，而有着全新的"社会性别史"和历史人类学的特征。所以，定宜庄认为"妇女史是在社会史的大背景之下产生的""一个新的研究领域"[7]。如杨兴梅不仅注意到"在对近代四川反缠足运动的历史进程进行重建时，也可看出清季官绅权力的调适与再分配的一些面相，以及禁罚方式的确立对民国反缠足努力的影响"[8]，而且也从社会观念上观察到"缠足"造成的"两个世界"问题："由于近代社会变动导致从价值取向到生存竞争方式都有较大的差异的'两个世界'的存在，多数不能受教育的女性很难享受与'新世界'相伴随的社会待遇，缠足实际成为保障她们婚姻成功的一个基本条件；这样的社会因素又反过来强化了这一'世

---

[1] 参见王印焕《1911—1937 年冀鲁豫农民离村问题研究》，中国社会出版社 2004 年版。
[2] 参见王跃生《20 世纪三四十年代冀南农村分家行为研究》，《近代史研究》2002 年第 4 期。
[3] 参见王建革《役畜与近代华北乡村社会》，《社会科学研究》2006 年第 2 期。
[4] 参见李细珠《性别冲突与民初政治民主化的限度——以民初女子参政权案为例》，《历史研究》2005 年第 4 期。
[5] 参见夏春涛《太平军中的婚姻状况与两性关系探析》，《近代史研究》2003 年第 1 期。
[6] 参见李伯重《问题与希望：有感于中国妇女史研究现状》，《历史研究》2002 年第 6 期。
[7] 定宜庄：《妇女史与社会性别史研究的史料问题》，《历史研究》2002 年第 6 期。
[8] 杨兴梅：《从劝导到禁罚：清季四川反缠足努力述略》，《历史研究》2000 年第 6 期。

界'小脚美的观念"①。

第四节　社会史研究的学科影响

社会史方向的开拓和日趋繁盛的态势，一定程度上改塑了中国近代史研究的基本格局，其学术影响值得关注。其学术贡献在三个方面表现明显：

第一，突破教条，重构体系。以往的中国近代史研究，政治史范式代表了主流方向。作为基本线索和基本理论分析框架，具体表现为一条线索、两个过程、三次高潮、八大事件的革命史叙事脉络。在一个特定的历史时期，"两个过程"或许是中国近代史研究的最佳视角，但中国近代社会变革的全面性、复杂性显然未能全部纳入这一研究框架。况且，要全面理解中国革命的过程，不研究这一时期社会演变的诸侧面也是不全面不深透的。所以，如何适度突破已有的研究模式，建构新的研究框架，是中国近代社会史研究兴起之初面临的首要问题。

20世纪80年代中国近代社会史的复兴，是在对旧有研究模式的反思、改革开放形势的转变、国外社会史理论的引入以及中国社会史的复兴与重建这样一种大背景下进行的。开展社会史研究适应了学术发展的需要，也顺应了时代发展的潮流。社会史复兴之初的主要目标是"把历史的内容还给历史"。在近代社会史研究成果的推动下，中国近代史的研究理念、研究视角和研究方法均发生了根本性变化，简单化、教条化的"革命史"和"阶级斗争史"模式已经被突破，使中国近代史的内容获得了重新建构的新的知识体系，并由此丰富、深化、扩展了中国近代史的内容。这应该是具有时代性的变化。

第二，汲取新知，更新方法。社会史的兴起一开始就体现着一种高度的学科开放性特征。作为"新史学"的社会史实际上是在历史学和社会学

---

① 杨兴梅：《观念与社会：女子小脚的美丑与近代中国的两个世界》，《近代史研究》2000年第4期。

的交叉渗透基础上产生的新学科，因而，社会学概念、范畴、理论方法的植入似无可非议。"在所有的社会科学中，社会学和人类学在观点上与历史学最为接近。当代社会与过去社会之间的分界线是微妙的，不断变动的，而且是人为的。"社会学的理论、范畴、方法大量引入历史学，显然是从社会史开始的。而且，"从严格的逻辑意义上说，社会科学家使用的唯一证据——无论其研究领域多么特殊——只能是历史的证据"。① 因而，"新术语滔滔不绝地涌向历史科学，它们更一般、更抽象和更严谨，其性质与传统历史概念迥然相异。这一科学术语向历史科学的'大迁徙'绝对是一个进步过程"②。由此，"不管历史学家愿意与否，社会学将成为史料外知识中的一个重要组成部分，历史学家缺此将无法应付任何最具体的研究"③。正是从社会史的兴起开始，中国近代史研究的理论和方法呈现出日新月异之势，并大量引入西方学者的理论模式，如施坚雅的"区域经济理论"、萧公权与周锡瑞等的"士绅社会"理论、罗威廉的"市民社会"分析、黄宗智的"经济过密化"分析、杜赞奇的"权力的文化网络"及乡村基层政权"内卷化"的研究、吉尔兹的"地方性知识"、艾尔曼的"文化资本"解释方法等。近年来，中国学者提倡"新史学"或"新社会史"的研究，试图在引入过程中建构起"本土化"的解释体系。

社会史在坚持历史学基本方法的同时，主要还是较多借用了社会学、民俗学、历史地理学等学科的方法。随着社会史的深入发展和区域社会史的兴起，人类学的方法对社会史研究的影响越来越大，在具体研究中得到了较为普遍的运用，如张佩国的《近代江南乡村地权的历史人类学研究》（上海人民出版社2002年版）。当代史学变动的一个突出趋向是，一方面在研究内容上表现出"社会化"，另一方面在理论和方法上也呈现出"社会学化"倾向，以社会学的理论模式和术语去说明历史。这种趋向也某种程度上体现着社会史学科的高度开放性。

第三，三大转向，完成转型。社会史的兴起，对于中国近代史研究或

---

① [英] 巴勒克拉夫：《当代史学主要趋势》，上海译文出版社1987年版，第76页。
② [苏] 米罗诺夫：《历史学家和社会学》，华夏出版社1988年版，第32页。
③ 同上书，第97页。

者说对于整个中国历史学而言，具有划时代的意义。我认为它使得中国的历史学研究内容实现了三大转向：

一是由精英的历史转向普通民众的历史。传统史学所关注的大多是历史舞台上的主角，虽然新中国的史学在唯物史观指导下，学者们大都接受了"人民群众创造历史"的历史观，但即使在以农民战争为主线的史著中，也仍然是以农民起义英雄、领袖为中心，而对真正意义上的社会大众——农民的研究却并不深入。社会史倡导研究普通人的历史，试图通过对社会大众日常生活的探讨揭示出"英雄"们借以出演的历史正剧的社会内容，从而全面而深刻地揭示社会历史运动的必然规律和基本趋向。许多与普通人相关的内容，如贱民、娼妓、太监、游民、流民、乞丐、妇女、秘密社会，都成为社会史学者的研究课题。社会史导致的研究对象的日趋"下层化"或"大众化"，是它的时代特征之一。

二是由政治的历史转向日常社会生活的历史。人类社会的历史规律绝不外在于日常社会生活。不论社会变革最终爆发的形式和强度如何，事实上它的爆发力量和变动趋向，早在社会生活的一般进程中缓慢聚积着和体现着。传统史学格外关注历史事变的最终结果或重大的事变本身，而相对漠视事变酝酿、孕育、发生的不经意的历史过程。新时期的社会史则相反。与以往的历史著述侧重于政治事件不同，社会史研究密切关注的是同社会大众日常生活相关的内容，诸如民俗风情、历史称谓、婚丧嫁娶、灾荒救治以及衣、食、住、行等社会物质生活和精神生活的历史演变，这使得历史学研究内容带有了浓郁的生活气息。

三是由一般历史事件转向了重大的社会问题。社会史崛起伊始，就以强烈的社会责任感着力于人口问题、灾荒问题、流民问题、社会犯罪等专题的研究，试图从历史的纵向探索中为现实的社会问题的化解提供历史借鉴，并借以强化史学的社会功能。

正是在这一历史性转向中，实现了中国近代史研究由"革命史"向"整体史"或"社会史"的转型。如果说"革命史"代表了20世纪80年代之前的中国近代史研究的主流趋向的话，那么，社会史就标志着"新时期"中国近代史研究的主要方向和发展趋势。

第五节　未来发展态势

社会史以高度开放的姿态形成了自己独有的学科特色。跨学科的交叉渗透，多学科理论方法的汲取，为社会史的创新和发展提供了深广的学理基础和诱人的前景。但是，这种特性也给学科的发展带来一些与生俱来的问题，有必要引起我们的重视。

首先，就中国近代社会史学科体系而言，基本上还局限于"三板块的结构"（即社会构成、社会生活、社会功能或"社会意识"）体系之中。这其实是一个典型的社会学的知识框架，与历史学旨在揭示纵向变迁及其内在动因的主旨并不完全相符。历史学的价值和意义在这种"社会学化"理论体系中根本无法凸显，导致社会史变为"社会学"的"历史投影"。"三板块"结构的近代社会史，实际上是分别从不同角度叙述的近代人口史，婚姻史，家庭史，衣、食、住、行史以及灾荒史、教养史等。"三板块"之间以及"三板块"所叙具体内容之间，缺少了体现学科理论体系的最主要的一种内存关联。这等于是从三个侧面表现历史的社会，而不是"社会的历史"。

单纯的"社会学化"只能失落历史学本身的学科特征，使之远离史学而趋近于历史社会学。毫无疑问，作为综合性很强的新兴的近代社会史，在当代社会科学的相互渗透、扩散中，理应积极吸取社会学的理论成果。问题在于，近代社会史的学科本位却只能是历史学而不能是社会学，如果在学科渗透中失落了史学特征，那么社会史就会日渐失去其独立存在的学科意义。

其次，新的理论方法的引入，有利于近代史研究领域的扩展和传统模式的突破。但另一方面，非规范性的引入和运用也导致了近代史研究的失范化与破碎化。比如"区域化取向"就造成了历史学研究的失范。任何研究都有自己特定的规范性，区域史研究亦然。但是，大量的研究者及其成果，并不遵循区域史的规范要求，而只是在追逐时尚中张扬着区域史的旗号。一些专门性很强的主题，如资源史、环境史研究等，也以省区的限定挂上了"区域史研究"招牌，而无视其学科本身的规范性要求。那么，何谓规范的区域划分？区域史研究的基本规范是什么？这些最基本的问题并没有在研究中有所观照，以至于形成极为泛化的"区域化取向"。

"区域化取向"造成了近代史研究的"碎化"。在研究对象的区位选择方面呈现出严重的不平衡性，有跨省区的大区域史研究，有省区史研究，更有县域史研究，还有村域史研究，等等。如果没有可以相对认同的标准，研究的"区域单元"似乎可以无限地细分下去，不仅可以划分到"村域"，甚至可以划分到"家族界域"。这种趋向不仅割裂了历史演进的整体性，也背离了"区域社会史把特定地域视为一个整体"的研究宗旨。如上等等，表明中国近代社会史研究中还存在许多学科发展中亟待注意和解决的问题。

中国近代社会史研究取得了令人瞩目的成绩，至今仍保持着强劲的发展趋势。从目前的发展景况不难预见，中国近代社会史研究将在以下几个方面获得新的拓展：

一是区域社会史持续发展。20世纪90年代以后，区域社会史研究日见繁盛，并呈现出中国社会史研究路向选取的区域化特征。区域史是史学研究自身发展的必然趋势，也是史学服务于地方社会文化发展的客观要求。区域史研究成果的丰富多样和千姿百态，对于史学研究传统取向的转换、研究问题的深入展开和基本研究格局的改变，具有显而易见的作用。因而，区域史研究构成中国社会史研究的主要方面。现有的区域社会史研究在江南区域和华北区域方面取得了突出的成绩，不仅成为学界特别关注的领域之一，并且在研究内容和理念上也引出了一些新的思考。但面对中国广阔的区域，进一步拓展的空间相当宽阔，未来的研究无论在地域范围还是在理论方法上，都会有持续的进一步的发展。

二是乡村史研究的纵深展开。乡村社会变迁始终是中国历史变迁的主体内容，这不仅因为在区位结构中乡村占据绝对的优势，而且因为乡村的生活模式和文化传统，从更深层次上代表了中国历史的传统。因此，乡村史也是社会史学界主要关注的课题。2000年我发表了论文《开展二十世纪中国乡村史研究》，一年后我主持了第一次中国近代乡村史研讨会，此后中国近代乡村史研究也成为学界关注的热点之一。

特别是当"三农问题"构成制约中国社会发展和实现现代化进程的突出问题时，对它的关注和寻求解脱之路的现实需求，催促着我们不得不对其进行学理或学术层面的分析。因此，由现代回观历史，从历史审视现代，就必然成为现代史学一个不容回避的课题。因为"三农问题"不仅仅是一个现实问题，而且根本上也是一个历史的产物；困扰当代社会发展的"三农问题"，有着近代以来自身形成、发展和演变的线索；近代中国农村社会变迁的凸显，可以说是伴随着工业化、城市化乃至现代化的历史进程而出现的历史主题。回观历史，并将当代三农问题置于近代历史进程中审视，才能够厘清其形成、演变的趋向，也才可以认清其时代特征。这是时代给予史学的要求，也是历史学回应并作用于时代的基本功能。

三是社会史新方向的拓展。多学科的交叉、融通，会使得社会史拥有着持久的活力和研究领域的创新力。近年来的社会史研究因应着时代的需求，不断在摄取新的学科理念和方法中扩展着自己的研究领域，形成了新的学科丛。

其一是社会生态史或环境社会史。近来，随着环境史和社会史研究的深入发展，两者逐渐对接和互渗。越来越多的研究者认识到：社会史研究不仅需要考虑各种社会因素的相互作用，而且需要考虑生态环境因素在社会发展变迁中"角色"和"地位"；不能仅仅将生态环境视为社会发展的一种"背景"，而是要将生态因素视为社会运动的重要参与变量，对这些变量之于社会历史的实际影响进行具体实证的考察。如李玉尚《地理环境与近代江南地区的传染病》（《社会科学研究》2005 年第 6 期）、余新忠《清代江南的卫生观念与行为及其近代变迁初探——以环境和用水卫生为中心》（《清史研究》2006 年第 2 期）等。

社会生态史以一种新的社会史学理念为基础，认为人类社会首先是一个生物类群，是地球生物圈内的一个特殊生命系统，与周围环境存在着广泛的物质、能量和信息交流，始终受到生态规律的支配和影响。因此，社会的历史也就存在着采用生态学理论方法加以考察的必要性与可能性。近年来，中国生态史（或称环境史）成果引人瞩目，预示着一个崭新分支——生态史学或环境史学正在逐步建立之中。

其二是医疗社会史。这也是"新史学"向纵深发展而产生的一门社会史分支学科。最近几年,这方面的研究成果十分令人关注,如梁其姿《麻风隔离与近代中国》(《历史研究》2003 年第 5 期)、李玉尚《近代中国的鼠疫应对机制——以云南、广东和福建为例》(《历史研究》2002 年第 1 期)、焦润明《1910—1911 年的东北大鼠疫及朝野应对措施》(《近代史研究》2006 年第 3 期)、余新忠《咸同之际江南瘟疫探略——兼论战争与瘟疫之关系》(《近代史研究》2002 年第 5 期)等。相关的专著则有余新忠的《清代江南的瘟疫与社会:一项医疗社会史研究》(中国人民大学出版社 2003 年版)、张大庆的《中国近代疾病社会史(1912—1937)》(山东教育出版社 2006 年版)等。这些论题的问题意识十分强烈,而且提示着近代社会史乃至整个中国近代史研究的一个新的群体和发展方向的生成。

无论从社会史中心议题的深入研讨,还是从新的研究领域的拓展来看,社会史仍然展示出诱人的发展前景。而社会史的发展又始终与其特有的学术关怀和强烈的问题意识密切相关。"使历史研究的内容更为丰富"[①],应该成为当代社会史学及社会史学家的追求。

---

① 王先明:《社会史的学术关注与问题意识》,《人民日报》2006 年 2 月 24 日 (15)。

第十二章

城 市 史

中国城市源远流长，自古迄今，发展的历史，从未中断。20世纪30年代，学界曾围绕中国是以农立国还是以工业立国，开展一场中国经济发展道路的争论，有学者对城市的地位和作用给予了高度评价，提出发展都市以救济农村的观点。不过，还少有学者对城市进行深入研究，因而没有形成一门新的学科。

中华人民共和国成立后的前30年，在以阶级斗争为纲的年代，城市被视为产生资产阶级思想的温床，城市史研究没有开展的可能。改革开放以后，城市现代化建设，突飞猛进。城市的巨变呼唤社会科学工作者从理论上对城市进行深入研究，引起了有关部门的领导和学者的高度重视。1986年，国家社会科学基金评审委员会历史组召开专家评审会，与会学者认为，随着中国社会主义现代化建设的发展，构建历史学与经济学、社会学、城市管理学诸学科相结合、交叉的新学科——城市史学已经成为社会与学术发展的必需与必然。在他们的提议下，研究上海、天津、重庆、武汉等近代新兴城市被列入国家"七五"社会科学规划的重点研究项目。"城市学"异军突起，成了一门新兴学科。可以说，城市史研究作为一门新兴学科的兴起，是以上海、天津、重庆、武汉四个近代新兴城市的研究列入1986年国家"七五"社会科学重点研究项目为起点的。

中国城市史研究起步虽晚，但发展很快，自1988年7月上海社会科学院历史研究所、上海历史学会以租界对中国的双重影响为议题，首次举办"租界与近代中国社会"讨论会以来，上海社会科学院、四川大学城市研究中心、中国社会科学院近代史研究所等单位又或单独或联合其他国内外高校先后举办过"近代上海城市研究国际学术讨论会""近代中国城市讨论会""城市研究与上海研究国际学术讨论会""城市进步、企业发展与中国现代化国际学术讨论会""近代中国城市发展史国际学术讨论会""中国近代城市史国际研讨会""上海开埠160周年国际学术讨论会""近代中国的'城市·乡村·民间文化'——首届中国近代社会史国际学术研讨会""'城市空间与人'国际学术研讨会""中国城市史国际学术讨论会""中国城市文化史国际会议"等15次规模不等的学术讨论会①，逐渐形成了上海、天津、重庆和武汉四个近代城市史研究基地。不少高校教师和社科院系统的研究人员纷纷加入城市史研究行列，部分高校开始设立以研究中国近代城市史为主的科研机构，并开始招收中国近代城市史专业的硕士、博士研究生，形成了一个可观的城市史研究群体。近代城市史研究经过1986—2009年20余年的发展，取得了令人瞩目的进展。

第一节 丰硕的成果

近代城市史研究从20世纪80年代兴起到21世纪初，短短20余年间发展成为生机勃勃的新兴学科，研究成果十分丰硕。有学者统计，仅1979年至1994年，内地出版的关于近代中国城市史的专著、资料集、论文集便多达534部。②论文更是不计其数，据中国期刊全文数据库统计，自1986年至2008年，仅《历史研究》《近代史研究》《中国史研究》《史学月刊》《史林》《中国历史地理论丛》《史学集刊》《历史档案》《中国社会经济史研究》9家主要cssci期刊便刊发城市史及相关研究文章505篇，占9家刊物发表论文总数的2.8%。主要表现在以下几个方面：

一 单体城市研究

近代城市史研究起步于单体城市研究，已问世20余部专著。就其代

---

① 参见熊月之、张生《中国城市史研究综述（1986—2006）》，《史林》2008年第1期。
② 参见张利民《近代中国城市史论著索引》，《城市史研究》第13—14辑，天津古籍出版社1997年版。

表作而言，应首推以下四部，即张仲礼主编的《近代上海城市研究》（上海人民出版社 1990 年版）、隗瀛涛主编的《近代重庆城市史》（四川大学出版社 1991 年版）、罗澍伟主编的《近代天津城市史》（中国社会科学出版社 1993 年版）、皮明庥主编的《近代武汉城市史》（中国社会科学出版社 1993 年版）。这四部著作是新中国出版的第一批近代城市史学术专著，具有开创意义。它们的共同点是，皆以城市的近代化历程为主线，透视城市内部各方面的发展状况，展现城市发展的阶段性波动，总结城市发展的特点，揭示城市发展的规律。在具体的研究方法和编撰体例上虽各有特色，但都既运用了历史研究方法，又突破了传统史学的研究方式，采用社会学、经济学、政治学、地理学、人口学等多学科的理论和方法进行综合研究，重点突出，分析深入，颇有说服力。不仅拓宽了地方史和近代史的研究领域，为城市史研究开辟了蹊径，也为当代各地的城市规划、建设、管理以及城市化道路提供了历史借鉴，具有重要的学术价值和现实意义。

常宗虎的《南通现代化：1895—1938》（中国社会科学出版社 1998 年版）也具有较高的学术水平。谢本书和李江主编的《近代昆明城市史》（云南大学出版社 1997 年版）、程子良和李清银主编的《开封城市史》（社会科学文献出版社 1993 年版）、刘景玉和智喜君主编的《鞍山城市史》（社会科学文献出版社 1994 年版）、王瓒叔主编的《宝鸡城市史》（社会科学文献出版社 1994 年版）、王仁远等编著的《自贡城市史》（社会科学文献出版社 1995 年版）、曹子西主编的《北京通史》（中国书店 1994 年起陆续出版）、张学君和张莉红著《成都城市史》（成都出版社 1993 年版）、傅崇兰主编的《拉萨史》（中国社会科学出版社 1994 年版）等专著则各具特色。

二 近代区域城市史研究

早在 20 世纪 80 年代，就有一些研究者试图从区域的角度来研究城市，如武斯的《区域中原城市史略》（湖北人民出版社 1980 年版）、傅崇兰的《中国运河城市发展史》（四川人民出版社 1985 年版）、王长升等的《长城沿线城市》（东方出版社 1990 年版）。但这些著作主要是以研究古代城市发展为主，较少涉及近代城市。王玲的《北京与周围城市关系史》（北京燕山出版社1988年版）应是较早涉及近代城市的一部区域城市史研究论著。它以北京为主体，将其周围的城市结合成群体，研究北京与这些城市相互间的关系。这一研究初步反映了城市群体研究注重整体性、历史性、联系性的理论特色。①

90年代后，一些学者将近代城市史研究从个案研究提升为区域研究，对东南沿海、华北、长江流域等区域城市系统、城市群体研究展开探索，并取得了一定成果。区域城市史研究被一致认定为拓宽和深化城市史研究的重要途径。由张仲礼主持的国家"八五"社科重点研究课题"东南沿海城市与中国近代化"，第一次将东南沿海城市作为一个城市群来研究。他们紧扣东南沿海城市与中国近代化这一主题，或就上海、宁波、福州、厦门、广州这五个最早对外开放的通商口岸与中国近代化的关系，逐一从政治、经济、文化、社会等方面进行专题研究、对比研究和综合研究，既勾勒出每个城市的个性，又归纳出五口通商城市的共性，较好地把握了东南沿海地区以五口通商城市为主体的城市群体在带动区域近代化和中国近代化中的历史地位和作用，改变了以往个案城市研究存在的孤立、静止的缺陷，提升了城市史研究的层次，扩大了研究视野，开拓了城市史研究的新领域。其最终研究成果《东南沿海城市与中国近代化》，1996年7月由上海人民出版社出版。

此外，先后问世的具有代表意义的近代区域城市史研究著作，还有茅家琦主编的《横看成岭侧成峰——长江下游城市近代化的轨迹》（江苏人民出版社1993年版）、曲晓范著《近代东北城市的历史变迁》（东北师范大学出版社2001年版）、张仲礼、熊月之、沈祖炜主编的《长江沿江城市与中国近代化》（上海人民出版社2002年版），以及隗瀛涛主编的《近代长江上游城乡关系研究》（四川出版集团、天地出版社2003年版）、何一民主编的《成都城市早期现代化研究》（四川大学出版社2002年版）与《20世纪中国西部中等城市与区域发展》（巴蜀书社2005年版）。如果说《东南沿海城市与中国近代化》是从上海单体城市向区域城市研究的初步

---

① 参见余棣《开创群体城市史研究先例——〈北京与周围城市关系史〉评述》，《北京社会科学》1992年第1期。

转轨的话，那么《长江沿江城市与中国近代化》就是使三步曲趋于完善的快板音符。该书开篇即放弃对单体城市的烦琐描述，直接切入长江流域主题，以宏观的总论对全书进行把握和交代后，用 15 章的篇幅对长江沿江城市的经济、交通、城乡关系、人口、风俗、居民素质、会馆公所和帮会组织、中西文化交流以及宗教九个方面进行系统的论述。而《20 世纪中国西部中等城市与区域发展》一书则研究了以往城市史学界所忽略的诸如新疆、甘肃、青海、宁夏、陕西、云南、贵州、广西、四川等西部地区的中等城市。

与此同时，研究区域城市的论文也日渐增多。张仲礼《上海城市经济近代化及对长江流经济的影响》（《上海社会科学院学术季刊》1992 年第 3 期），隗瀛涛、谢放《上海开埠与长江流城市近代化》（《城市史研究》第 10 辑）从不同角度论述了近代上海城市与长江流域各城市间的互动关系。王笛《近代长江上游城市系统与市场结构》（《近代史研究》1991 年第 6 期）分析了东南沿海城市的发展对中国近代化的影响。茅家琦《长江下游城市近代化的轨迹》（《湖北大学学报》1994 年第 3 期）从经济、政治、文化方面论述了长江下游城市的近代化进程。戴鞍钢《近代上海与周围农村》（《史学月刊》1994 年第 2 期）着重探讨了近代上海城市的崛起与周围农村经济互动互补的紧密关系。蔡云辉《城乡关系与近代中国的城市化问题》（《西南师范大学学报》2003 年第 5 期）对近代中国城乡关系的特点、城乡关系与城市化间的关系，以及近代中国城乡关系对城市、乡村，尤其是城市化发展的影响进行了系统分析。

天津学者推出了一批富有特色的近代华北区域城市系统变迁的前期研究成果。如罗澍伟的《试论近代华北的区域城市系统》（《天津社会科学》1992 年第 5 期）、胡光明的《北洋新政与华北城市近代化》（《城市史研究》第 6 辑）、周俊旗的《清末华北城市文化的转型与城市成长》（《城市史研究》第 13—14 辑）、张利民的《近代华北城市人口发展及其不平衡性》（《近代史研究》1998 年第 1 期），等等。区域城市群体和区域城市系统研究的重要内容之一，是研究区域内部和区域之间的城市联系。胡光明《清末民初京津冀地区城市城市化快速发展的历史根源与启示》（《河北大学学报》1997 年第 1 期）一文，通过对清末民初京津冀城市网络发展演变状况及其内外因素的剖析，认为这一时期京津冀城市化和城市近代化大大加快的历程充分说明京津冀共生于一个生存空间，三方应更进一步密切携手，发挥各自的优势。

东北地区所发表的区域城市研究成果，主要有沈毅《近代旅、大租借地的农业与城乡关系研究》(《华东师大学报》1992年第3期)、高晓燕《试论东北边疆地区城市发展的特点》(《学习与探索》1993年第2期)、王革生《清代东北沿海通商口岸的演变》(《东北地方史研究》1991年第3期) 和《清代东北商埠》(《社会科学辑刊》1994年第1期)、杨天宏《清季东北"自开商埠"述论》(《长白学刊》1998年第1期) 和《清季自开商埠海关的设置及其运作制度》(《社会科学研究》1998年第3期)、吴晓松《交通拓展与近代东北城市建设》(《城市规划汇刊》1996年第3期)，等等。

三 近代城市整体研究

20世纪80年代末，有学者撰文称："迄今为止，国内还没有一篇从整体上探讨近代中国城市变化和发展的文章。"[①] 这种局面自90年代初开始发生变化，不仅发表了相当数量的从整体上探讨近代中国城市变化和发展的文章，而且出版了多部从整体上研究中国城市变化和发展的专著。如戴均良的《中国城市发展史》(黑龙江人民出版社1992年版)、何一民的《中国城市史纲》(四川大学出版社1994年版)、宁越敏等的《中国城市发展史》(安徽科技出版社1994年版)、顾朝林的《中国城镇体系：历史、现状与展望》(商务印书馆1992年版)、曹洪涛等的《中国近现代城市的发展》(中国城市出版社1998年版)、隗瀛涛主编的《中国近代不同类型城市综合研究》(四川大学出版社1998年版)，以及何一民主编的《近代中国城市发展与社会变迁 (1840—1949)》(科学出版社2004年版)。

前三部均为城市通史性著作，比较全面、系统地从城市的经济、政治、文化、社会等方面研究了中国城市的起源、古代的发展、近现代的发展，堪称中国城市史的开创性著作。顾朝林的《中国城镇体系：历史、现状与展望》也是一部城市通史性著作，所不同的是，其内容主要集中在中

---

① 罗澍伟：《中国城市史研究述要》，《城市史研究》第1辑，天津教育出版社1989年版。

国城镇体系的形成、发展和演变，而对城市政治、经济、文化、社会等方面的演变几乎没有涉及。曹洪涛等人的《中国近现代城市的发展》对近现代以来一些主要城市的发展演变作了比较全面的描述，资料比较丰富，但由于缺乏理论指导，未能从整体上对近现代中国城市的发展进行研究，因而稍欠深度。

中国近代城市发展在客观上存在两种差异：即地区性差异和类型差异。这两大差异构成近代城市史中观层次研究的学术前提。区域城市研究以城市发展的地区性差异和发展不平衡性为前提。城市类型研究以城市类型差异和近代转型时期城市类型的复杂性为前提。区域城市研究更多关注城市网络体系和城市化。城市类型研究则较多关注城市性质、特征、发展的动力、条件以及城市发展的历史继承和时代变革，亦即城市近代化问题。这两种研究方向相结合，即可解决近代城市化和城市近代化这两个近代城市史研究的主要问题，为在宏观层次上把握中国近代城市发展规律和道路问题奠定了扎实的基础。

隗瀛涛主编的《中国近代不同类型城市综合研究》，以现代化为主线对近代中国的城市类型进行了划分，对不同类型的城市的兴衰、发展原因、发展动力、相互关系进行了深入的研究。其学术成就主要表现在以下几方面：一是第一部较为全面、系统地对近代中国城市进行分类综合研究的学术著作，具有开创意义。二是在理论上，对城市进行分类综合研究有所突破。三是坚持以马克思主义理论为指导，辩证地、历史地分析城市史和近代化过程中的复杂现象，提出了不少新见解。它的出版，标志着近代城市研究从单体城市研究、区域城市研究进入整体的、综合性的宏观研究，对中国近代城市史研究起了重要推动作用。

四　对城市经济与城市发展动力的研究

在近代城市史的研究领域中，对城市经济的研究自始便是学界的重点着力对象。21世纪以来，对城市经济和城市发展动力的研究更向纵深发展，甚至出现了对近代中国衰落城市的开拓性研究。

近代中国半殖民地半封建的社会性质，决定中国不可能具备合理的经济发展环境，也不可能走上正常的发展道路，因而近代以来城市经济发展受外力影响较大。为此,城市史研究者对城市经济、发展动力的探讨,历来十分重视开埠与租界产生的外力在推动城市经济发展中的作用,强调对外交流交往改善了经济发展的外部环境。如有学者认为鼓浪屿租界华侨在商业、金融、实业等方面的投资促进了厦门城市经济的发展[1];大连自由港制度确立后的对外交往促进了城市经济发展,并推动了城市化和工业化[2];九江开埠引起了传统商路变迁,从而引起江西城市重心位移和城镇结构变化,形成"以九江—南昌为中轴的市镇格局",促使江西经济向近代缓慢转型[3]。另有学者肯定自开商埠城市对地区经济发展和商埠城市繁荣及城市近代化的推动作用。[4] 还有学者认为天津的进出口贸易对市场内部结构和外部环境的影响,推动了天津市场发展及华北经济中心地位的确立。[5]

关于城市发展动力问题的研究,主要表现在有学者认为:强调新兴城市的发展和现代化转型,的确能反映中国近代历史的特征。然而,要真实反映近代中国城市发展的整体状况和水平,仅考虑部分城市的发展是远远不够的。把握和研究"衰落城市"类型衰落的原因、特点及其规律,也是当代城市发展寻求历史借鉴的客观需要。[6] 于是,不少学者开始将研究视角转向衰落城市及其衰落原因的探讨。何一民主编的《近代中国衰落城市研究》(巴蜀书社2007年版)便是这方面的代表作。该书认为新陈代谢是宇宙间的普遍规律,兴盛与衰落是相对的概念,有兴盛就有衰落,世上万物都有一个从兴盛发展到衰落的过程。近代中国城市衰落程度、表现和分

---

[1] 参见何其颖《鼓浪屿租界与近代厦门经济与市政建设的发展》,《中国社会经济史研究》2005年第4期。
[2] 参见吕绍坤《近代大连自由港制度的实施及其对城市经济的影响》,《社会科学辑刊》2004年第3期。
[3] 参见陈晓鸣《九江开埠与近代江西社会经济的变迁》,《史林》2004年第4期。
[4] 参见徐柳等《自开商埠与地区社会经济的发展》,《安徽师范大学学报(社会科学版)》2000年第4期。
[5] 参见汪青松《对外贸易与近代天津市场》,《城市史研究》第21辑,天津社会科学院出版社2002年版。
[6] 参见何一民《近代中国衰落城市:一个被忽视的重要研究领域》,《四川师范大学学报(社会科学版)》2007年第4期。

布是不平衡的，这种不平衡性是近代中国政治、经济、社会及城市发展不平衡规律的集中体现，同时也进一步加剧了中国政治、经济、社会及城市发展的不平衡。该书首次提出要分别从农业时代和工业时代对城市发展周期进行研究。重点探讨了近代社会政治、经济变动、交通地理变迁、战争及自然灾害等因素造成的城市衰落现象，并就"衰落城市"进行了典型的个案分析。

五 对市政建设与城市管理的研究

随着传统政治消费型城市向近代经济生产型城市的转变，列强把西方的市政观念带入中国在一定程度上促进了市政转型。市政现代化很大程度上改变了近代中国的市民生活，并影响传统中国市民的思想意识和思维方式。

市政建设是政府尤其是近代政府重要城市管理工作之一。周子峰将1920—1937年厦门市政建设分为缓慢发展和较快发展两个阶段，认为近代厦门在物质、市民意识、社会结构等方面的发展也影响着厦门社会。[①] 曹胜认为德占时期青岛城市建设带有浓厚的殖民色彩。[②] 赵可认为20世纪广州引进的欧美近代政治体制推动了广州市政崛起。[③] 张伟则从越界筑路角度分析其对上海城市建设的影响。[④]

公共交通是市政建设的重要方面，主要集中在公共交通演进及新旧交通方式的冲突上。邱国盛认为人力车与电车的先后引进改善了上海交通状况，但两者呈现矛盾与共存的局面。[⑤] 王印焕指出，交通近代化过程中出

---

① 参见周子峰《近代厦门的市政建设运动及其影响（1920—1937）》，《中国社会经济史研究》2004年第2期。
② 参见曹胜《德占时期青岛城市建设的特点与启示》，《青岛科技大学学报（社会科学版）》2004年第1期。
③ 参见赵可《体制创新与20世纪20年代广州市政的崛起》，《广西社会科学》2006年第3期。
④ 参见张伟《简论上海租界的越界筑路》，《学术月刊》2000年第8期。
⑤ 邱国盛：《从人力车看近代上海城市公共交通的演变》，《华东师范大学学报（哲学社会科学版）》2004年第2期；《人力车与近代城市公共交通的演变》，《中国社会经济史研究》2004年第4期。

现了人力车与电车两种交通工具的矛盾，但两种交通工具并存于城市公共交通体系中。① 陈文彬认为，上海自开埠后其城市社会经济的发展、城市生活节奏的加快促使了城市公共交通向现代转型。②

公共事业管理是城市公共事业的重要内容之一。邱国盛指出，近代以来，在外来人口增加及政府管理不足的情况下，上海的同乡组织在管理外来人口方面发挥了重大作用并推动了上海城市化进程。③ 杜丽红探讨20世纪30年代北京污物管理改革，指出官办到官商合办的转变使北京污物管理改革初见成效。④ 汪朝光通过考察上海市电影检查委员会的发展历程，讨论了国家政权对文化艺术的控制。⑤

六 对城市社会、公共空间以及大众文化的研究

城市社会、公共空间是城市史研究的主要领域，也是中华人民共和国成立以来城市史研究中一个新的趋势。步入21世纪以后，更是超越以往研究范式，突出了"从上到下"的城市史研究取向。

在城市社会方面，学者们的研究主要集中在社会阶层（如绅商、人力车夫、娼妓等城市中、底层群体）、社会组织（如社团、会馆、商会等）、市民生活等几个方面。关于绅商阶层的研究，比较有代表性的论著是余子明的《从乡村到城市：晚清绅士群体的城市化》(《史学月刊》2002年第8期)、关文斌的《文明初曙——近代天津盐商与社会》（天津人民出版社1999年版）、邱捷的《近代广东商人与广东的早期现代化》(《广东社会科学》2002年第2期)、侯宣杰的《清末商会与城市粮食管理——以天津商会为个案研究》(《华南农业大学学报（社会科学版）》2006年第1期)、任云兰的《论华北灾荒期间天津商会的贩济活动（1903—1936）》(《史学

---

① 王印焕：《交通近代化过程中人力车与电车的矛盾分析》，《史学月刊》2003年第4期。
② 陈文彬：《城市节奏的演进与近代上海公共交通的结构变迁》，《学术月刊》2005年第7期。
③ 邱国盛：《从国家让渡到民间介入——同乡组织与近代上海外来人口管理》，《华东师范大学学报（哲学社会科学版）》2005年第3期。
④ 杜丽红：《1930年代北平城市污物管理改革》，《近代史研究》2005年第5期。
⑤ 汪朝光：《检查、控制与导向——上海市电影检查委员会研究》，《近代史研究》2004年第6期。

月刊》2006年第4期),等等。关于人力车夫等底层群体的研究,主要有孔祥成的《现代化进程中的上海人力车夫群体研究——以20世纪20—30年代为中心》(《学术探索》2004年第10期)、江沛的《二十世纪上半叶天津娼业结构述论》(《近代史研究》2003年第2期)。关于社会组织的研究,主要有王云骏的《民国时期城市市民参政意识刍议——以南京城市社团组织(1927—1937)为个案》(《江苏社会科学》2002年第1期)、李柏槐的《民国商会与同业公会关系探析——以1929—1949年的成都为例》(《四川师范大学学报(社会科学版)》2005年第2期)、郭绪印的《城市转型中近代上海会馆的特点》(《学术月刊》2003年第3期)、王春英的《官商互动的多元图景呈现——清末商会成立形式初探》(《华中师范大学学报(人文社会科学版)》2005年第5期)、宋美云的《论商会在市场化进程中的作用——以近代天津为例》(《天津师范大学学报(社会科学版)》2005年第3期)。关于市民生活的研究,忻平著《从上海发现历史——现代化进程中的上海人及其社会生活》(上海人民出版社1996年版)可说是这方面的代表性著作。作者运用全息史观研究现代化进程中的上海人及其社会生活,在理论和方法上均有较大的创新。论文方面有王毅的《徘徊于传统与现代之间:从竹枝词看近代上海文化风气的变迁》(《史林》2008年第6期)、赵楠的《十九世纪中叶上海城市生活——以〈上海新报〉为视点》(《史林》2004年第1期)、葛涛的《照相与清末民初上海社会生活》(《史林》2003年第4期)、谯珊的《近代城市消费生活变迁的原因及其特点》(《中华文化论坛》2001年第2期)、褚晓奇的《近代上海菜场研究》(《史林》2005年第5期)、李德英的《城市公共空间与社会生活——以近代城市公园为例》(《城市史研究》第19—20辑,天津社会科学院出版社2000年版),等等。

对于城市公共空间的研究,学者们在关注城市建筑物理空间的同时,还对城市人文空间即公共领域展开了研究。前者有刘海岩的专著《空间与社会:近代天津城市的演变》(天津社会科学院出版社2003年版)为代表,后者则涌现了一大批论文,主要有李微的《近代上海电影院与城市公共空间(1908—1937)》(《档案与史学》2004年第3期)、陈蕴茜和齐旭的《近代城市空间重组中的精英文化与大众文化——以江苏南通更俗剧场为中心的考察》(《江苏社会科学》2008年第6期)、王炜的《近代北京公园开放与公共空间的拓展》(《北京社会科学》2008年第2期)、叶中强的《近代上海市民文化消费空间的形成及其社会功能》(《上海财经大学学报(哲学社会科学版)》2006年第4期),等等。

第二节　理论探索

城市史研究开展至今,学者们一直十分重视城市史理论问题的探讨,初步形成了多元化的具有中国特色的近代城市史研究理论模式和研究方法。他们探讨的重点和热点,可归纳为以下几个方面。

一　城市史研究的基本内容

对近代城市史研究的基本内容与线索的探讨,这是20世纪80年代中期到90年代初期城市史研究者经常面临和争议的一个问题。城市是一个由众多因素复杂地结合在一起的有机整体,涉及的范围相当广泛。多数研究者承认近代城市史和其他理论著作相比,具有不同的特色,既不同于以政治为主要内容,严格按照时间顺序编写的一般编年史,也不同于探讨某一特定领域的专史,更不同于旨在整理、研究、保存史实的地方志、城市志。但对如何区别近代城市史研究与其他学科的特点,确定其内涵,又发生了较大的争议,意见颇不一致。

有学者认为城市史和地方史的确不同,强调城市史作为三级学科在国外属于社会史分支,由历史学家和社会学家合作完成,因而城市史就是城市社会、经济史。城市史研究的重点应该放在城市社会和经济上,应将研究的触角伸向城市社会的各个侧面和深层,探讨近代城市社会的演进,城市经济结构的变化,以及阶级、阶层、民间社团与政党、市民运动与市民心理及生活方式和社会风貌、风俗的变化,中西文明交汇和冲突,社会管理、市政交通、文教兴革等。这种观点在当时被称为"社会学派"。另有学者提出不同意见,认为城市社会虽然是城市的重要方面,但不是城市史研究的全部内容,因而主张城市史应以研究城市的结构和功能的发展演变为基本内容。强调城市史是一个有机社会实体,是在特定环境和历史条件下发生的一个广泛的社会运动过程。城市史研究要着重探讨城市结构和功能由简单初级形式向复杂高级形式的演变,只有抓住这条主线,才能清楚确定城市史研究的领域和内涵,使城市史形成有别于地方史和地方志的鲜明特色。还要区分两种类型,一是以国家或地区城市体系或城市群体为研究对象的城市史,二是以单体城市为研究对象的城市史。这两种类型的内容既有联系,又有区别,前者着重研究城市体系或城市总体结构和功能,后者着重研究某一城市的具体结构和功能。不管哪种类型,皆可通过城市地域、经济、社会、政治和文化等五个方面的研究,揭示其结构和功能的发展演变。当时人们称这类研究者为"结构—功能学派"。这种观点在今天看来并不完善,但在当时的确产生了重要的影响,对初涉城市史的研究者较快把握城市史的基本内容起了重要作用。

此外,还有学者提出应加强城市史的综合研究,因为城市是综合的实体,包括政治、经济、文化、社会、人口等方面,城市史应是诸方面综合发展的历史。被称为"综合分析学派"。有学者认为城市是一个结构,一个动态的立体社会,主张以城市社会和城市文明的演进和特点的把握与研究作为城市研究的主线。研究者的视野必须占有整个城市社会、城市文明及其历史。研究城市史,纵向上要研究城市形成、发展的脉络和阶段性,研究不同历史时期社会中城市形态和发展状况及其历史特点。横向上要研究城市的各子系统,如城市地理地貌、自然景观、园林,城市工业、商贸和金融,城市建筑、公用事业、交通、市政工程、科技等,这些子系统有其侧面和分支,又可延伸出许多子系统,因而可以从不同的视角切入。进而言之,城市社会和文明的兴衰,乃是城市史研究的基本线索,应重点把握以下几个要素:一是城市的生成和盛衰荣枯,发展链条和区段;二是城市社会形态和社会结构(地理空间结构、城市行政及市政结构、经济结构、人口和阶层结构等);三是城市性质和功能演变,包括经济、政治、军事、文化等多重功能,并从辐射和吸收的双方对流中加以展示;四是城市文化特质,包括城市风貌、风尚、市民气质和生活方式、社会心理、文化流派乃至风味产品等。

关于城市史的研究方法和导向,有学者提出可有四大方向,它们是区域、社会、空间和文化。另有学者强调城市史研究要注重历史，并认为尽管应从不同学科去探索城市发展的规律，但是通过历史学科去研究城市是其最基本的途径。不过，也不是所有学者都认同这一观点，因为城市史研究本身就是综合性的。他们甚至在此基础上提出应将建筑史领域的研究与城市史研究紧密结合起来，以便让城市史在更加开放的同时也更加专门化。

二　城市现代化与城市化

城市是一个国家或地区的政治、经济、文化中心，因而也是发展现代化的基地。城市还是一个国家的窗口或镜子，透过这个窗口或镜子可以看到这个国家的现代化的发展状况。因此，研究近代城市史的学者都十分重视对城市现代化的研究。可以说，内地学者关于近代城市史研究多以此为主线而展开，仅具体的切入点有所不同而已。

有学者提出近代中国城市史研究有两条互相推动、相互制约的主线，一条是近代城市化过程，一条是城市现代化过程。但在不同类型的城市中，这两条主线应有所侧重，全国或区域城市体系中，人口在不同城镇中的分布、密度有所不同，城镇的等级、层次、空间分布，城镇的社会经济类型、产业布局以及城镇之间的社会经济联系也有所不同，因而区域城市研究的重点以城市化为主线。而以某一城市为研究对象的单体城市研究，则可侧重于城市近代化这一主线，重点探讨城区结构、功能的近代化过程。而这两条主线的划分，在一定程度上是为了表述上的方便，实际上这两条主线又是同一历史过程，城市化本身就是现代化的一个重要标志，而城市现代化不过是城市化水平提高的反映。至于城市早期现代化的特征，主要是：近代民族工商业在城市的聚集和发展，反帝反封建民族民主运动在城市的兴起和发展，近代教育、科技、文化在城市的兴起与发展，以及由上述因素的变动导致的社会结构、阶级结构、社会组织、价值观念等的变迁。

另有学者提出中国近代城市化与西方国家的城市化不尽相同，其特点主要表现为以下三点：一是中西城市化的动力不同，西方城市化的动力主要是工业化，而近代中国城市化的动力主要是商业化；二是中西城市化的差异较大，主要原因在于近代中国城市对农村的"拉力"和农村对城市的"推力"太小；三是在世界近代化进程中，西方主要国家是世界经济交往中的"终极利益"的获得者，因为西方国家的城市处于中心地位，而落后国家则处于外围依附地位，中心城市对外围城市有很强的经济控制力，迫使财富由外围城市流向中心城市，外围城市只能在财富外流的过程中获得一些连带利益或中间利益。这样一种经济关系反映出中国近代城市化过程中的某些半殖民地色彩，也反映出中西方近代城市化中的不同功能与特点。

对城市化的研究也涉及很多理论问题。如关于城市化的内涵就有不同看法：一种意见认为城市化是指人口居住重心由农村转向城市，因而主张将农村人口向城市迁移作为城市化的核心；另一种意见则认为近代城市化不仅是人口城市化的过程，还应包括第二、第三产业向城市聚集，城市数量的增加，城市状态在地域内的扩大，城市的生产和生活方式、价值观念的普及和在乡村的传播等更为广泛的内容。历史学研究者对这一问题的思考，与人口学、城市学、地理学、经济学、社会学等领域的研究者对当代城市化的研究有相互呼应之处。近年来内地其他学科对城市化的研究在理论上有很大发展，因而各学科之间可以互相借鉴，取长补短。

三　半殖民地化与城市发展

中国城市的近代化是在外国资本主义入侵后才出现的，因此，大多数学者认为中国城市现代化和城市化与殖民地化、半殖民地化同步进行，错综复杂地纠缠在一起。外国资本主义侵略中国后，中国被迫或不自觉地采用外国的文明，侵略成了不自觉的历史工具，刺激了中国城市的变化，开始了曲折的近代化历程。特别值得注意的是，近年来，大多数学者不仅能客观地、辩证地看待半殖民地化与近代化的关系，同进还能针对过去完全强调殖民主义侵略对中国的破坏的一边倒的研究倾向，提出客观的正确评价外国资本主义入侵在中国的作用。不少学者指出殖民主义者的动机和效果发生背离的现象是经常存在的。在近代史上，殖民主义者对中国侵略的动机和效果有一致的地方，也有不一致的地方。他们指出殖民主义者对中国的侵略不管其目的有多么卑鄙，但在刺激城市进步方面客观上起了一定的作用。

学者们普遍认为近代中国城市的半殖民地化具有以下四方面的特征：一是城市功能和结构打上了半殖民地化的烙印；二是城市的畸形发展和布局极不平衡；三是民族资本受到挤压和买办的活跃；四是"城市病"流行。对于西方影响和半殖民地化问题，强调要注意两个问题：一是中国近代文明不全来自西方；二是西方文明向落后国家和地区渗透，其途径和形式可能不同，却是一种历史趋势。外国资本主义的侵略，虽然带来了一些西方文明，但正是这种侵略对中国独立自主权的破坏和在中国的特权，又在很大程度上阻碍了中国人民更快更好地学习西方的先进文化。帝国主义与中国封建主义相结合，使中国的近代化进程十分缓慢，并带上殖民地附属国的色彩。所以，在研究中国城市近代化时，对于中国人民自身的作用要有充分的认识，对帝国主义的促进作用与阻碍作用也要充分分析。

租界是近代中国城市中的一种特殊现象，是中国城市殖民地化半殖民地化的重要标志。租界的存在对中国近代城市的发展影响甚巨。20世纪80年代中期以来，上海、天津、重庆、武汉、北京等地的学者对租界进行了比较深入的研究。一些学者探讨了西方现代城市建设和管理经验，对中国城市近代化带来的客观影响，指出租界与华界是相互联系，相互影响的。早期租界依傍于华界，繁荣以后的租界则对华界产生了较大影响，刺激了华界的近代化发展，如：租界先进的市政设施和市政管理，不断地为华界所仿效；租界的经济对华界也有很强的辐射作用，引起华界及市郊一些产业结构的变化。他们还就殖民主义者的动机与效果进行了辩证分析，指出殖民主义者设租界、开工厂、经商，主要是从自身的利益出发，目的是赚取利润，对中国进行经济侵略。这一方面加深了中国的半殖民地化程度，另一方面也加速了中国自然经济的解体，创造了近代工业发展的环境，促进了城市近代化的发展。

四 城市现代化和城市化的动力

学者们普遍认为推动中国近代城市发展的动力存在内外两种力量。例如，张仲礼等人认为中国古典城市孕育不出与封建社会相对抗的市民阶层、市民运动，发动不了与封建自然经济相对立的工业革命，也无法启动城市近代化的闸门。他们认为上海城市的近代化是外国殖民侵略者用武力迫使中国将上海开埠和建立租界开始的，又是在外国资本主义经营的新模式的示范下进行的。上海的近代化与外国的影响有密切的关系，深深地打上了西方的印记。但外国的影响又只是外因，外因只能通过内因的变化才能充分表现出来。这种内因就是上海人对西方民主政治思想、城市管理方式、企业管理方式和技术等的学习、理解和创新。他们还认为上海与外国的交流不是单向的，而是双向的，一方面，西方的民主政治思想、城市管理方式、企业管理方式和技术等对上海的近代化起了促进作用，另一方面，上海也为西方与各国的繁荣做出了贡献。[1] 何一民也认为中国城市现代化的启动和发展动力，主要来自两个方面：一是外力，即外国资本主义侵华势力；二是内力，即中国社会内部结构变革所产生的推动力。两种力又由各种力组合而成，形成相互作用的综合力量，推动中国城市的现代化起步。而外力对中国城市的影响则是双重的，既有负面的，也有正面的。负面的主要表现在使部分城市沦为殖民地半殖民地城市，压制、阻碍着中国资本主义的发展，造成中国城市的畸形发展。正面的便是对中国城市现代化起着推动作用。首先，外力推动了开埠城市经济向早期现代化转轨，导致城市经济结构和功能的演变。其次，外力改变了城市面貌，促进了城市建设向早期现代化发展，还为中国城市资本主义产生创造了一定条件。他还指出：中国城市早期现代化的进程、速度、规模、范围、性质等，尽管受到外力的影响，最终还是取决于中国社会内部结构变革的方式、程度、性质和范围等条件，现代化的推动力量主要还是来自中国社会内部，来自中国人为适应新局面，为推动现代化所做的种种努力。[2] 但也有学者更强调外力对中国近代城市现代化的推动作用。例如，吴松弟主编的《中国百年经济拼图：港口城市及其腹地与中国现代化》（山东画报出版社2006年版），就依据丰富的旧海关资料和地方性资料，从全球现代化浪潮和中国面积广大、区域差异的视角出发，全面论述了1840年以后的中国现代化进程，从沿海沿江的港口城市开始，沿着重要交通路线向广大内陆

---

[1] 参见张仲礼主编《近代上海城市研究·总论》，上海人民出版社1990年版，第30页。
[2] 参见何一民《中国城市史纲》，四川大学出版社1994年版。

延伸的过程以及港口城市与其腹地的关系。不仅研究了上海等12个重要港口城市的贸易和经济发展及其与腹地的双向互动，也论及长三角、珠三角等区域的港口、城市与地区的关系，以及对当前的区域经济发展和现代化的影响。

另有一些学者认为商业化才是中国近代城市发展的主要动力。中国近代工业发展缓慢，近代中国的乡村人口向城市聚集只有通过商业化来实现。商业对人口的吸纳性远远低于工业，造成中国近代城市化水平的低下。如乐正认为开埠通商和由此产生的巨大商业力量，是近代中国城市化进程的启动器，是城市发展的新动力和新特征。① 也有学者不同意这种观点，如李运华认为只有工业化才是中国城市近代化和城市化的命脉。他强调中国工业化的发展过程也就是城市近代化和城市化的发展过程，工业化的发展速度和发展水平决定着城市近代化和城市化的发展速度和发展水平，中国近代工业的性质和发展特点在一定程度上决定了中国城市近代化的性质及其发展特点。② 更多的研究者则十分重视开埠通商对城市发展的作用，认为开埠通商城市在中国城市发展进程中是一种新的形式，是一种有别于原始城市、传统城市的开放型城市。它的开放性首先表现在经济的开放，以通商贸易为特征的城市经济决定了它必然要与外界交往，与国内外的其他城市，以及它能够辐射到的广大乡村腹地经常地、大量地、不停顿地进行物资的、能量的、信息的以及各种精神成果的交流，保持城市的新陈代谢。同时还表现在它不断地吸收发达城市的先进技术、先进设备、先进的科研成果和各种技术人才，不断地从周围地域输入各种生产原料和生活资料。又不断地发挥巨大的辐射作用，从政治、经济、文化、技术、设备、物资、人才、知识等各方面影响着其他城市和周围广大农村的发展。因此，近代中国的城市一旦开埠之后，都得到不同程度的发展。开埠通商促进了一批新兴工商业城市的崛起。到20世纪中前期，开埠通商城市成为中国新兴城市的主体，其中部分城

---

① 参见乐正《开埠通商与近代中国的城市化问题》，《中山大学学报》1991年第1期。
② 参见李运华《中国城市近代化和近代中国城市化之命脉》，《城市史研究》第7辑，天津教育出版社1992年版。

市成为区域性甚至是全国性的经济中心城市，初步形成了以这些城市为中心的区域性和全国性经济网络。他们认为开埠通商对城市发展的作用，主要表现在以下几方面：第一，通商口岸的被迫开放，外国租界的建立，以及西方各主要国家对中国政治、经济、文化等多方面的渗透，使许多城市纳入了世界资本主义体系。第二，开埠后的城市成为外国资本主义在华输入商品与输出原材料的集散地，由此推动了开埠城市的发展。第三，开埠使这些城市首先接触到西方工业文明，从而为中国资本主义的发展和城市近代化奠定基础。另外，他们也很强调这些城市的发展与工业的关系，认为工业化才是中国近代城市发展的内在动力。因为这些开埠城市虽然因商而兴，但却是因工而发，一方面，工业的发展使城市的吸引力倍增，刺激了城市规模的扩大，另一方面，工业化直接为城市发展提供物质基础，促进城市的近代化。

五　城乡关系

城市，在社会、经济、文化、建筑等方方面面皆不同于乡村，但却与乡村有着密切的关系，城市的存在和发展必须以一定范围内的乡村作为自己的腹地。因此，城市史研究不能仅仅局限于城市本身，而必须扩大视野，将其与一定范围内的乡村联系起来考察，才能深切了解城市化的过程。中国是一个农业大国，研究城市史更须特别注意城乡关系的研究。

有学者认为，在西方城市发展中，城乡分离对立的运动，主要表现为城乡之间的社会分工和城市资本权与乡村土地权的对立，而中国城市发展中，城乡社会分工不明显，也没有资本权和土地权的尖锐对立，这是中西方城乡关系很不同的特点。近代中国的城乡关系，一方面表现为城市作为经济中心的功能，对乡村产生了较大的辐射力和吸引力，一定程度上了加强了城乡之间的联系，另一方面又扩大了城乡之间的差别和对立，城市在政治上压迫乡村，经济上剥削乡村，造成乡村的落后、破产，使乡村固有的矛盾激化，最终延缓了中国城市化和城市现代化的进程。但也应该看到，近代中国城乡关系的发展演变也是一个错综复杂的历史过程，既要注意城市现代化因素对乡村的传播、影响，导致乡村社会、经济的变迁，也要注意乡村落后的、中世纪的因素对城市的渗透。①

还有学者提出,要在近代世界范围内,从不同层次来研究城乡关系。上海在中国是城市,但从世界范围看却是西方国家的农村;重庆是西南地区的城市,却是上海的农村,因为上海在近代是西方国家的工业品的市场和原料供应地,而重庆又是上海的工业品的市场和原料供应地。这种观点有其新颖之处,将中国城乡关系的发展放在世界范围内进行考察也有其道理,但其将上海称为西方的农村,重庆称为上海的农村的表述,则引起了不少研究者的异议,认为它将导致中国近代城市史研究走向新的误区。

另有学者认为,进入近代以来,由于外国资本主义的入侵,以及中国资本主义的成长,城乡关系也发生了相应的变化。主要表现在,一方面,城市经济功能有所发展,并对农村地区产生了较广泛的辐射力和吸引力,扩大了城乡之间的经济联系。另一方面,城乡之间的社会分工有了较明显的发展,主要表现在机器工业大多集中于城市,而城市工业所需的原料,市民生活物资的供应又主要来自农村。随着城市功能的变换和城市生活条件的改善,近代城市和乡村的差距拉大,"乡土"的传统被逐渐打破,城市对乡村人口的吸引力加大。越来越多的农村人口进入城市后,不再返回农村,成为永久性的城市人口,而打破了传统的城乡关系。但也有学者认为,传统的城乡关系在近代中国并未改变,城乡之间并没有形成明显的社会分工,城市经济生活中地主、商人和高利贷者三位一体起主导作用,城市在政治上压迫乡村,并在经济上多方面剥削、掠夺乡村,使农村经济破产,延缓了乡村城市化的进程。

还有学者认为,乡村城市化进程的延缓,对于城市现代化的发展也反过来产生了制约。西方发达的资本主义国家,以城市为发展现代化的基地,带动包括农村在内的整个地区的现代化发展,城市乡村之间的对立冲突相对说来不是那么严重。但在中国,早期现代化并非一个自然渐进的历史进程,而是在西方列强的侵略下,为了维护清王朝的统治和中华民族的生存需要而被迫采取的传播式现代化进程。由清廷倡导的早期现代化以优先发展军事工业和重工业为满足这一需要的保障,由此便决定了近代中国

---

① 参见隗瀛涛主编《近代重庆城市史·绪论》,四川大学出版社1991年版。

城乡之间的历史定位：早期现代化只能是发生于城市的孤军突进，现代化与农村基层社会严重脱节。这样，晚清现代化从一开始就只能在城乡分裂的空间中展开，这种分裂的空间结构使农村被抛在现代化的进程之外，不但难以品尝现代化的初期成果，反而必须承担现代化启动的重负。在这种情况下，农村陷入了严重的衰败与动荡之中，而农村的衰败与动荡反作用于早期现代化运动，构成了中国早期现代化受挫的一个深层原因。

六 区域城市史研究

近代区域城市研究是当前城市史研究的最新趋向。其特点是将中国按空间分解为若干个较小的研究单位，把各研究单位存在着相互联系、相互影响的自然地理、经济、社会、政治、文化等要素纳入同一个体系之中进行整体性、综合性研究。区域城市史研究方法的理论前提立足于经济社会发展水平极不平衡，区域性和地方性变异幅度很大的客观国情。必须精密细致地剖析地域性变异的形式、内容和程度，才有可能准确把握城市史的全貌。

区域城市史研究在一定程度上受到美国学者施坚雅理论模式的影响，但不少学者在检讨施氏理论的基础上也在努力着手构架具有中国特色的区域城市史研究理论和方法。

一是关于区域城市史的学科性质和界定。有学者认为：区域城市史既是区域史的一个分支，又是城市史的一个分支；确切地说，是区域史和城市史相结合而形成的一个新的研究领域。他们主张区域城市史的界定应该是"以一个政治、经济、社会、文化诸方面有共同联系和特色的地区的城市体系、城市群体为研究对象的城市史"[1]。另有学者倾向于认为区域城市史属于区域史研究的内容，是区域史的分支。[2] 表面看，两种论点并无太大分歧，但因会导致研究内容和侧重点的不同，故而前者获得较为广泛的城市史学者的认同。

二是关于区域城市史的研究内容和对象。有学者提出区域城市史的研

---

[1] 隗瀛涛、谢放：《近代中国区域城市研究的初步构想》，《天津社会科学》1992年第1期。
[2] 参见万灵《中国区域史研究理论和方法散论》，《南京师大学报》1992年第3期。

究对象是区域内的城市体系、城市群体;最基本的研究内容至少包括区域内城市体系发育演变的历史、区域城市化的历史道路和发展水平、区域内的城乡关系三个方面。① 另有学者较为关注区域对城市化的作用和影响,认为区域城市史就是以在政治、经济、社会、文化诸方面存在许多共性,并拥有密切联系的城市群体的区域为对象,研究区域内城市体系的形成和发展,以及各类城市之间和城乡之间关系的历史变迁。② 区域城市研究所注重的应是存在以一个或若干个城市为中心,并具有一定规模的城市体系、内部结构功能一体化的大型空间单位。区域城市研究应注意区域发展周期性变化对城市化的影响,区域城市系统的结构性特征,区域间城市系统的差异性。③ 区域城市研究作为区域史和城市史相互交叉而形成的新的研究领域,既要研究区域这一背景,又要研究城市发展这一主题,两者不可或缺。目前研究者对两者各有侧重,这也是可以理解的。为了区别区域城市史和一般区域史的研究界限,突出近代城市史的研究特色,区域城市史的研究在一定时期内以区域内的城市体系、城市群体的发展演变为重点较为恰当。

　　三是关于区域的划分问题。区域城市研究遇到的首要问题就是区域的划分。施坚雅关于中国宏观区域的划分对中国学者产生了较大影响,但由于施氏理论本身存在若干不足,其区域研究缺乏可操作性,因而越来越多的研究者对施氏所划分的区域提出质疑。施氏主要是以自然地理条件作为划分区域的依据④,然而划分区域的标准是多种多样的,其参照系数可以是经济的、政治的、文化的,也可以是自然的、地理的或民族的,等等。因此,有学者主张对于区域范围的划分问题,除了考虑行政的、地理的、经济的具体情况确定研究范围外,还应考虑结合城市史的特点来确定划分标准。首先要考虑中心城市在城市体系中的作用和影响范围,这可以视为

---

① 参见隗瀛涛、谢放《近代中国区域城市研究的初步构想》,《天津社会科学》1992年第1期。
② 参见任云兰《第三届近代中国城市研究学术讨论会综述》,《城市史研究》第6辑,天津教育出版社1991年版。
③ 参见刘海岩《近代中国城市史研究的回顾与展望》,《历史研究》1992年第3期。
④ 参见施坚雅《中华帝国晚期城市研究》,吉林教育出版社1989年版。

区域城市史研究的范围，其次要考虑城市体系区域范围的动态性，因而区域城市史研究的区域范围也应根据城市体系的发展演变，采取历史的动态的划分标准。① 另一些学者则认为区域城市系统是指在一定的区域范围内，不同类型、不同层序城市的地理分布。这种分布不仅构成了该区域的城市系统，也是该区域经济制度和经济发展的综合反映。② 在城市系统概念中确立的应是一种多学科参与的、多角度思维的史学概念。城市系统反映的并非仅仅是经济制度和经济发展，而是多种因素（经济、政治、文化、社会等）相互交织的综合系统。因此，区域城市系统的概念应表述为：在特定区域内，不同城市之间因一定频率的政治、经济、文化、社会等诸方面联系而形成的城市群体，城市作为一个大的系统是综合各种因素的整体，在城市群内各城市之间存在着错综复杂的各种联系，应重视城市系统的整体性和联系性。区域城市系统研究的主要任务，是揭示特定区域内群体城市之间的联系、发展、变化，以及该城市系统的形成和发展。③ 区域城市系统概念和研究思路的提出，反映了中国学者在研究近代区域城市史方面力求突破施坚雅等外国学者过分偏重经济地理学的角度研究区域城市的思维模式，力求借鉴各种新学科的理论和方法，对中国区域城市进行综合的、整体的、相互联系的研究的新趋向。

七 关于城市发展规律的探讨

城市史学家的历史责任与使命，就是要通过深入的城市史研究，揭示中国城市发展的内在规律。这不仅对城市史研究具有重要的学术意义，而且对指导当前的城市发展也具有重要的现实意义。当代城市是近代城市的延续和发展，通过对近代城市发展和社会变迁的研究，可以为当代城市建设提供历史的经验教训，起到以史为鉴的作用。经过20多年的探讨和研究，学者们在这方面主要提出了以下几点认识。

---

① 参见隗瀛涛、谢放《近代中国区域城市研究的初步构想》，《天津社会科学》1992年第1期。
② 参见罗澍伟《试论近代华北的区域城市系统》，《天津社会科学》1992年第5期。
③ 参见周俊旗《关于近代区域城市系统研究的几个问题》，《天津社会科学》1994年第5期。

一是农业时代政治行政中心城市优先发展的规律。城市是一个复杂的综合体，影响城市发展的因素很多，既有经济的、政治的因素，也有文化的、社会心理的因素。但是，在不同时期，各个因素所起作用的程度又是不同的。在农业时代，政治因素就大于经济等其他因素，从秦朝以来实行的高度中央集权政治体制决定了中国城市发展的首要因素就是该城市在封建政权中的政治地位。政治行政中心城市优先发展规律的形成与中国中央集权政治制度的不断强化有着直接的联系。所有的城市都被纳入政治行政等级网络中，城市的规划、建设受到政治行政等级体系的制约，因而政治行政中心城市可以通过行政权力更容易获得资本、劳动力和技术，所以说行政中心通常比其他城市发展得快，行政级别越高的城市发展速度越快、发展规模越大，都城往往是一个时期最大的城市，省会一般也都大于府县城。

二是工业时代经济中心城市优先发展的规律。步入工业时代之后，在政治中心优先发展规律的基础上，经济中心优先发展也成为新的规律。19世纪中叶以来，世界经济向一体化方向转化，中国城市的外部条件发生了变化，城市发展的动力机制也随之而发生变化，外部的因素也越来越多地影响着中国城市的发展演变。由于西方势力的入侵，传统政治因素决定城市发展规模这一规律受到了外力的挑战，导致城市发展的动力机制发生变化。中国城市不再只是政治中心城市优先发展，经济中心城市优先发展也成为一条新的规律，一批新兴经济中心城市崛起，它们的成长不仅对个别地区产生了影响，而且对整个中国，甚至对世界的经济格局也有着多种影响，并初步奠定了中国现代城市发展格局。经济中心城市之所以优先发展，主要原因在于工业革命以来，以现代工业、商业、金融为主体的城市经济在整个社会经济中所占比重日渐上升，城市经济在国民经济中占据主导地位，城市成为国家和地区的经济中心。城市经济的繁荣不仅使其对行政权力的依赖日益减弱，而且也促进了社会进步。此一时期的城市是建立在机械化大工业生产和商品大流通为主要内容的开放型经济基础之上，现代大生产工业品的生产目的主要不是针对城市内部的消费，而是对外部的交换，通过商品流通获得利润，然后不断扩大再生产，保持资本的增值和企业的发展。因此，工业时代的城市性质已有了质的改变，它不再是单纯的消费中心，而首先是一个生产中心。外向型城市经济使城市处于社会化大生产状态，特别是社会生产深刻的地域分工与广泛的商品交换的经济大环境中，城市的发展依赖于工业产品的对外交换和商业贸易。为了更好在经济上对外交流，需要大力发展以城市为枢纽的现代交通网络，同时现代交通的兴起也为打破地域限制提供了最有利的工具。交通运输的发展加强了城市的开放性，促进了城市与乡村、城市与城市之间的横向联系，打破了城市在地域上的封闭状态，为它的发展创造了更广阔的空间。工业时代城市发展与工业化同步。工业化是城市发展的驱动力，城市发展反过来又推动工业化的发展，两者互相影响，互相促进。

不过，需要注意的是，城市的经济中心作用和经济中心城市是不同的概念。不是所有的城市都可以成为经济中心，在一个国家或地区，只有部分城市可以成为经济中心。在工业化和近代城市发展的初期，经济发展的特点不是分散，而是集中。由于部分城市所具有的良好经济规模效益、社会规模效益、环境规模效益、建设规模效益等，是其他城市所不具备的，或无法相比的，因而人口和生产要素、社会文化要素都向这部分城市聚集，由此产生的聚集效益成为大城市超前发展的重要原因。

三是城市发展的周期性规律问题。学者们认为，城市发展是有周期性规律的，城市衰落与城市的兴起、发展、繁荣一样，是城市发展演变的一个必经阶段，城市的兴起、发展、繁荣和衰落共同构成了城市的周期性发展。城市在多个连续的周期性循环发展中不断地进行量的积累和质的提升，从而完成了从农业时代向工业时代、从工业时代向信息时代的飞跃。他们首次提出，要分别从农业时代和工业时代对城市发展周期进行研究。中国是一个传统的农业大国，有几千年的农业文明发展史。在整个农业社会中，中国城市文明从来没有中断过，这构成了中国城市的突出特点。中国城市发展与衰落总是同封建王朝的兴盛及更替相一致，王朝兴盛则城市繁荣，王朝后期的战争又使城市遭到破坏而迅速衰落，另一个王朝兴起后城市恢复繁荣。毫无疑问，农业社会中城市所表现出来的与王朝更替相一致的发展—衰落—破坏—恢复—发展的周而复始的低水平循环，仅仅是城市发展周期性的一个外在的表现形式，要深入了解农业社会城市发展周期的内在规律，还需要结合农业社会的城乡关系以及它们的各自特点的分析来把握城市发展的周期。工业时代的城市以经济为引力急骤扩张并分化，导致不平衡加剧，其城市发展周期出现了新的表现形式，如：城市发展速度加快，变数增大，城市发展的周期缩短；城市的类型增多，不同的城市有不同的发展周期；城市发展周期所受外部影响越来越大，等等。①

第三节　问题与展望

近代城市史研究在改革开放后异军突起，充分显示出蓬勃的学术生命力和强劲的发展势头。但也应看到这才迈出第一步，作为一个新兴学科仅初具规模，在理论体系、研究方法、研究领域等方面都还存在若干问题与不足，亟须努力解决。

内地学界在近代城市史研究理论方面已初步形成具有中国特色的理论框架，但至今还没有产生某种权威性的理论模式；不少研究者在理论方面还存在若干模糊不清的认识或生搬硬套的情况，如关于城市史的内涵、基本线索，城市现代化的内涵、发展动力机制等理论问题都还需要进一步深化；对城市发展分期、城市类型划分、区域划分的标准等理论问题的认识也比较混乱；在区域城市史研究领域内一些学者受国外的理论束缚仍然较大。在研究方法上，一些研究者已经注意到多样性问题，力求运用多学科的研究方法，将社会科学与自然科学的理论、方法相结合进行研究，并取得了一定的成绩。但仍有相当一部分的研究者未给予高度重视，他们基本上还是沿用传统的单一的历史研究方法，并满足于对城市发展状况的一般性描述。在研究领域和选题方面也存在一些问题。单体城市研究主要集中在少数大中城市，而各地差异巨大的大多数中小城市和小城镇的研究还处于薄弱状态。这种状况严重制约了区域城市史研究和整体的宏观研究的全面展开。单体城市的研究和城市各层面研究的现状导致从经济角度研究区域城市史的成果相对较多，而从文化、社会等角度进行区域城市史研究的成果偏少。这种状况的出现与研究难度直接相关，也有理论与方法的贫乏

---

① 参见何一民编《近代中国衰落城市研究》，巴蜀书社2007年版。

问题。已有学者提出应综合研究区域城市史，从政治、经济、文化、社会等方面多角度揭示城市之间、城乡之间的联系形式和联系内容。另外，加强区域城市的文化和社会研究，也可能是最有学术创新希望的方向，应该引起高度重视。

区域城市史研究迄今仍停留在对少数区域性中心城市和次中心城市以及部分地区性中心城市的发展与相互关系的研究上，很少研究区域范围之内数量众多、功能各异的地区性城市和小城镇以及集市等的互动关系，难以充分反映区域城市群系统的多层次特征。另外，对直接联系城市和乡村的广大市镇、集市等研究的不足，也将导致区域城乡关系研究缺乏扎实的基础。区域城市史研究还面临着如何在单体城市研究的基础上提高、综合，充分体现"整体性、综合性研究"的优势和特色，避免区域城市史研究成果仅以单体城市研究成果简单拼凑组合面目出现的问题。

近代城市史研究作为一门新兴学科，有着很大的包容性和综合性。它吸引着越来越多的研究者从事这一领域的学习与探索。21世纪中国城市的快速发展，必将对近代城市史研究产生巨大的推动力。可以预期，在不久的将来，近代城市史研究将出现多元发展的繁荣局面。其学术生长点和研究趋势，或许将主要在以下几方面展开：

其一，宏观理论的研究将成为一个热点，呈现突进趋势，故而需要进一步加强城市史理论和研究方法的探讨与争鸣。近代城市史研究要突破现有的研究水平，取得创新性研究成果，首先就必须在理论和方法上创新，要依赖于多学科的理论和方法的综合运用。这是城市史研究深入发展的一个主要努力方向。这里需要特别强调的一点是，在借鉴其他学科的理论和方法方面，必须注意同层引进问题，具体讲就是在宏观研究方面引进宏观研究的理论和方法，在中观研究方面引进中观的理论和方法，在微观研究方面引进微观研究的理论和方法。如果非同层引进，难免发生不相适应性或排斥性，也难免出现生搬硬套或标签式的引进。要促进理论建设，还需要广泛开展学术争鸣，要进一步解放思想，广泛吸取世界各国的学术精华，同时要有创新意识，力求在理论上、方法上有所创新，逐步形成一支具有现代观念和现代知识的中国近代城市史理论研究队伍。

其二，进一步加强城市发展的整体性宏观研究和个体的微观研究，以及两者相结合的综合研究。随着城市现代化的广泛开展，迫切需要对城市发展进行宏观研究，探讨城市发展的规律和特点。如果中国进入变动剧烈、充满矛盾和机遇的重要转折时期，许多城市将因全球性的结构调整而面临严峻的考验，因而对不同类型城市发展周期和发展规律进行及时的研究，开展城市发展的宏观研究，不仅有着重要的学术意义，而且有着直接的现实意义。因此，在适当的时候，组织力量编著一部或多部具有权威性的鸿篇巨制的多卷本中国城市史，以及各宏观区域的城市发展史是十分必要的。

在深入开展城市发展宏观研究的同时，必须进一步加强对城市的微观研究。城市的宏观研究应建立在微观研究的基础之上，如果微观研究十分薄弱，就难以为宏观研究提供坚实的基础。因而进一步拓宽城市各层面的微观研究领域，特别是结合更多的学科，加强对城市社会、文化的微观研究，便是 21 世纪近代城市史研究的任务之一。

宏观研究与微观研究相结合的方法也应成为一种新的研究趋势。如上所述，城市的宏观研究应建立在微观研究的基础之上，没有微观研究，或者研究得十分薄弱，宏观研究就没有基础，就立不起来。但如果缺乏宏观的研究，就会只见树木，不见森林，因而必须加强宏观研究与微观研究的有机结合，将城市史研究提升到一个深入发展的新阶段。

其三，进一步拓展城市发展研究的领域。广泛开展区域城市研究、城市发展类型研究和众多中小城市的研究。此外，城市各层面的研究领域，特别是城市社会、城市文化的研究也将成为 21 世纪城市史研究的任务之一。

其四，广泛开展城市史比较研究。中外城市比较研究、中国不同区域和不同类型城市比较研究方兴未艾，在未来很长一段时期内也将成为一个重要的学术生长点，受到研究者的青睐。对于比较研究，尤需注意纵向比较和横向比较，而且不能忽视城市间的可比性。

其五，城市历史研究与现代城市发展研究相结合的新趋势。重视历史研究与现实的结合是近年来城市史研究者的一个共识，也是城市研究的魅力所在，有关的城市研究者对此进行了不懈的努力和探索。不同的城市研究者可以从不同的角度寻找结合点和切入点，但有一点是共同的，那就是城市研究者应该具有很强的时代感、使命感和历史透视感。城市研究者应该站在历史与未来的交汇点上，关注与国家社会经济发展紧密联系的课题，以便有助于寻找历史和现实的结合点和切入点。

当代中国城市，特别是中等以上的城市，绝大多数都具有悠久历史，都是在近代城市的基础上发展演变而来，与近代以来城市政治、经济、军事、文化等各个领域的发展变化息息相关。研究城市历史特别是近代城市史，有助于揭示近代以来城市发展的特征、规律，对于我们今天认识和推动城市现代化和城市化进程有着重要的意义，可为当代城市的发展提供战略思路、深层次的文化内涵和坚实的发展依据，起到启迪思想、激发灵感、挖掘和利用潜在文化力的作用。因此，加强城市史研究不仅是学术问题，而且已是时代的迫切要求。

此外，还要很好把握以下几个近代城市史研究中的具体问题：

第一，要注意对城市个性的研究和对城市发展关节点的把握。中国城市的数量非常多，城市间的个体差异很大，不同区域的城市有差异，同一区域的城市之间也有差异，因而在研究近代中国城市发展史时，应对城市发展的道路或现代化的道路有一个确切的认识，而且围绕着发展道路找出它在各方面的特征，并抓住最主要的特征，即该城市的个性。城市个性的把握，是城市史研究得以深入展开的关键。城市的发展史，往往是该城市的类型特征不断丰富的历史。在这些丰富的城市类型特征中，只有那些恒久地影响城市成长、壮大的特征才能构成该城市的个性。研究城市个性还要注意对城市发展的关节点的把握。所谓城市发展的关节点就是明显影响城市发展的内因和外因，包括一些重要历史事件，大者如战争，次者如开埠、修路以及某种制度的创立、机构的设置、条约的签订、政策的制订、法规的出台，等等。抓住了这些关节点，城市发展的阶段性随即凸现。通过对城市发展的关节点的探析，进而把握城市发展的脉搏，揭示城市发展的规律。

第二，要注意将城市的发展放在全球现代化和城市化潮流中加以考察。对城市早期现代化的研究是近代中国城市史研究中的一个核心问题。目前学术界对这个问题的研究逐渐改变了以西方为中心的研究模式，呈现多元化的研究趋向。除了仍需不断理论创新以外，在方法上还有几个问题需要引起注意：一是要注意城市早期现代化的动态性和阶段性。城市现代化是一个不断发展演变的过程，处于不断的运动中，有产生、发展和完成等多个发展阶段，不同的阶段有不同的特点和内容。这是毋庸置疑的。二是要注意城市现代化的整体性和系统性。从总体的特征来看，现代化是从传统农业社会向现代工业社会转变的过程，是一个全方位、多层面变革的历史进程，其核心是工业化和由此导致的现代经济增长，随着经济的现代化，城市政治、文化、人的价值观念都要实现由传统向现代的转变。值得注意的是，有部分研究者往往过于强调经济领域的现代化，认为现代化就是工业化，因而对于城市早期现代化只强调城市现代经济的发展，强调大机器工业的发展水平，对于城市其他领域的现代化发展则往往注意不够，比如对城市基础设施、管理、文化教育等方面的现代化研究则往往多有忽略，未能放在一个应有的位置上加以考察。三是要注意城市现代化的不平衡性和波浪性。现代化发展的不平衡性和波浪性是世界的一个普遍现象。现代化的发展进程也不是直线式，而是呈波浪式非线型的发展。在中国早期现代化是由外力楔入而启动的，特别是城市经济现代化是与对外开放紧密联系在一起的。开放是城市发展的重要契机，城市经济现代化则是开放的坚实基础。与沿海沿江地区形成对比的是内陆地区的城市，由于内陆地区的城市在近代以来因交通运输和通信手段等方面都处于较落后水平，故在不断扩大的中外经济贸易中很难实行现代化过程中的越区贸易和越项贸易，商品经济优势不能得到充分发挥。因此，本来就经济落伍的内陆地区，在整个现代化变动中，落后得更远，城市早期现代化发展的不平衡不断加剧。四是不能孤立地研究城市早期现代化，必须将其放在一个广阔的背景下加以考查，进行多学科、多层面的研究。一方面，城市现代化必须与整个国家现代化或地区的现代化相协调，充分发挥城市带动农村和推动区域甚至国家现代化的中心作用；另一方面，城市现代化又要受到国家或地区许多因素的制约，城市现代化是在国家或地区的经济、政治、人文环境中进行的，城市之外的大环境好坏将对城市现代化的发展产生直接的影响。现代化和城市化是一个全球性的共同进程，中国的现代化和城市化固然有其自己的特殊规律，但也必然受到全球现代化和城市化的一般规律的制约和影响。因而在研究中国近代城市发展时，应注意将所研究的对象放在全球现代化和城市化潮流中加以考察。同时，由于19世纪以来世界越来越趋于一体化，一个国家或地区的发展越来越受到国际政治、经济、社会秩序发展的制约，故研究城市现代化也不能够离开国际环境。这样就要求我们研究城市早期现代化，在空间上要站在全球的视角来思考，在时间方面要进行长时段的研究。只有这样，才能高屋建瓴，视野开阔。而由于城市现代化研究与国家或地区现代化研究在许多方面是相互重叠的，因此，为反映城市现代化的特色，还要重点研究最能体现城市现代化内涵的一些问题，如城市基础设施、城市建设和管理、城市社会结构和社会生活以及城市人等方面的现代化。

第三，要注意研究城市在全国或区域城市体系、城乡网络中的地位和作用。任何一个城市，不论其规模大小，都会对其腹地内较次一级的城镇和乡村产生影响。城市越发展，这种影响力就越强，作用范围也越广。反之，该城市腹地内较次一级城镇和乡村的社会变迁也会促进或阻碍该城市的发展。在探讨城市本身内部的历史进程时，应将其与该城市在全国或区域城市体系、城乡网络中的地位和作用的发展变化联系起来，这是全面、深刻地揭示该城市发展史的重要一环。

第四，要注意对同城市发展关系密切的人物的思想、活动和相关重大历史事件的研究。人是城市的主体，城市的任何活动都离不开人，因而城市的发展史，在很大程度上即是城市人的生产、生活的历史，尤其是上层社会的人物的言行对城市发展的影响很直接、很大。但下层社会人物的言行对城市的具体发展也必然产生不可忽视的影响，因而也应予以充分重视。城市史研究的深入进行，还要求将在城市发生的重大历史事件从城市内在发展的角度加以深刻理解，而不仅仅视其为个别在全国范围内发生的历史事件在某些城市的简单反应。从个别城市或几个相关城市社会内部政治、经济、民众意识等的相互关系、发展变化的角度来理解某些重大历史事件发生的原因及其进程、结果，将会更加丰富城市史研究的内容。

第五，要注意发挥图片、地图在研究中的作用。与城市相关的图片、地图资料对于增加城市史研究的感性认识有时会起到文字所不能起到的作用，往往一幅地图或一张图片就能很直观地说明许多问题。因此，在城市史研究中，应通过各种途径，采用各种方法，尽可能收集地图和图片，增强对城市历史发展的感性认识。

21世纪是中华民族复兴的伟大世纪，也是中国文化再造的新世纪，历史学在这个充满希望的新世纪将重新确立自己的地位和作用。作为新兴研究领域的近代城市史研究，不仅自身具有重要的学术意义，而且由于与国民经济的主场有着直接、间接的联系，因而将受到学术界的高度重视。为此，如何在新世纪进行学术创新，为城市史研究深入开展创造条件，将是每个研究者应该思考和为之努力的重要工作。城市是一部"活的历史"，它联系着历史与现实，过去和未来。城市史研究就是要透过城市的历史去观照现实与未来。社会殷切期待有更多的学术新人加入这一研究行列，共同为中国城市的腾飞尽一份绵薄之力。

第十三章

工人运动史

　　中国民主革命时期工运史研究，在五四运动前后，实际上已经开始。从"五四"至中华人民共和国成立前，中国共产党在领导工人阶级进行反帝反封建的革命斗争中，运用马克思主义理论，对中国工人阶级状况、工人斗争的经验教训不断地进行研究、总结，写出了一些著作和大量文章，为中华人民共和国成立以后民主革命时期工运史的研究奠定了基础。此外，国民党及国民政府属下的管理劳工运动的机构和人员，以及社会科学工作者，也对工人运动进行研究，正式发表和出版了一些有关的著作和资料书。其中内容涉及工人劳动状况和斗争情况的调查、劳动立法和劳动政策的讨论、中国劳动运动的国际联系等方面，尽管有些著作观点不正确，但资料比较丰富，对中华人民共和国成立以后学术界研究民主革命时期工运史有一定参考价值。

　　中华人民共和国成立后，特别是中共十一届三中全会以来，工运史研究取得了很大进展。据不完全统计，截至2009年，正式出版的工运史书有210余种。其中学术性较强的通史、专史、传记约占半数。此外，还发表了有关文章近900篇。从现有的成果中，可以看出中国学术界经过60年努力，在工运史研究领域取得了很大成绩。

　　1949—2009年的工运史研究，经历了曲折发展的过程。大体可分为四个阶段：1949年10月中华人民共和国成立至1978年底中共十一届三中全会前的30年是工运史研究的兴起和曲折发展阶段；十一届三中全会至1989年的10年是工运史研究的恢复、广泛开展和空前繁荣阶段；1989年至1999年的10年是深入开展阶段；21世纪以来的10年，工运史研究规模缩小，但研究的领域有新的拓展，认识有新的进展。

第一节　兴起与严重挫折

　　1949年10月中华人民共和国成立至1978年底中共十一届三中全会前的30年，新中国工人运动史的研究经历了兴起、初步繁荣和严重挫折。30年的工运史研究又可划分为两段："文化大革命"前的17年；"文化大革命"及向新时期过渡的13年。

　　从中华人民共和国成立到"文化大革命"开始前的17年，是工运史的研究由起步到初步繁荣的阶段。17年间，正式出版的工运史书近60种，发表文章170余篇。这一时期的工运史研究主要是为了配合对干部、群众进行阶级教育和革命传统教育。当时出版的工运史著作中，多数是叙述工人斗争的通俗小册子。如《二七大罢工》《五卅运动》《省港大罢工》《上海工人的三次武装起义》《大革命时期苏州纺织工人的罢工斗争》《解放前的景德镇陶工运动》，等等。这些小册子以通俗易懂的语言，从不同侧面反映了中国工人阶级的英勇斗争。此外，也有个别较有学术水平的著作。例如，刘立凯、王真的《一九一九至一九二七年的中国工人运动》，较系统介绍了中国近代工业的发展和中国工人阶级的形成过程，叙述了中国共产党成立前后和第一次国内革命战争时期的工人运动，论证了中国工人阶级在中国革命中的伟大历史作用。

　　在这一时期出版的工运史书中，特别值得一提的是厂矿史。其中质量较好、影响较大的即达20余种。如《红色的安源》《北方红星——长辛店车辆厂六十年》《门头沟煤矿史稿》《清河制呢厂的五十年》《三十六棚——哈尔滨车辆工厂六十年》以及《列车的摇篮》（沈阳机车车辆厂厂史）和《大隆机器厂的发生、发展与改造》，等等。这些厂矿史生动、具体地反映了工人阶级的苦难生活和英勇曲折的斗争，具有一定的学术价值。

　　丰富、翔实的史料是开展工运史研究必不可少的条件。这一时期，中华全国总工会中国职工运动史研究室在史料的搜集、整理和编辑出版方面做了大量工作，取得了丰硕成果。1957年由该室编辑出版的《中国历次全国劳动大会文献》，汇集了从1922年第一次全国劳动大会至1948年第六次全国劳动大会的主要文件。1958年，该室又编辑出版了5卷本的《中国工会历史文献》。这套多达220余万字的文献，汇编了中国工会领导机关从中国共产党诞生到中华人民共和国成立，在各个革命时期发布的重要文件，包括决议、指示、宣言、通电、报告、书信、传单及党和工会负责同志以其个人名义发表的一些重要文章，以及地方工会、产业工会的有关资料等，内容十分丰富。1958年，该室为了进一步提供历史资料，发表研究成果，促进工运史研究，还创办了内部刊物《中国工运史料》，至"文化大革命"前出版了8期。除上述汇编资料外，50年代还由中共中央宣传部和全国总工会提供原件，由人民出版社和工人出版社影印发行了《中国工人》《上海伙友》《劳动界》《工人之路》《工人宝鉴》《劳动》《全总通讯》《苏区工人》8种工运报刊。上述资料的汇编出版，大大便利了工运史研究的开展。此外，严中平等编的《中国近代经济史统计资料选辑》，孙毓棠、汪敬虞、陈真等分别编辑的两套《中国近代工业史资料》，彭泽益编的《中国近代手工业史资料》，对研究民主革命时期的工人运动也有重要的参考价值。

这一时期报刊上发表的百余篇工运史文章中，有些是学术水平较高的。举其要者，有系统论述民主革命时期工运经验和"五一"节纪念历史的，如李立三的《中国工会运动的经验和教训》，宫韵史①的《五一劳动节的起源、发展及其在中国的四十年》，张注洪的《中国劳动人民纪念五一节的历史》；有论述"五四"前后工人阶级和工运历史问题的，如黎澍的《十月革命与中国工人运动》，赵亲的《辛亥革命前后的中国工人运动》《五四运动前中国工人运动史的分期问题》，尚钺的《关于中国无产阶级的发生、发展形成的问题》，刘明逵的《1912—1921年中国工人阶级状况》，李时岳的《辛亥革命前后的中国工人运动和中华民国工党》，项立岭的《试论中国工人阶级由自发到自觉的转变》，李星等的《再论中国工

---

① "宫韵史"是当时全国总工会工运史研究室在报刊上发表文章使用的化名，主要执笔人为唐玉良。

人阶级由自在阶级到自为阶级的转变》，梁家河①的《二七斗争的历史意义》，等等；有论述大革命时期工人运动的，如梁家河的《五卅运动的历史意义》，齐武的《五卅运动的历史意义和经验教训》，金应熙的《四一五反革命政变前广东工人对国民党右派的斗争》，马洪林的《上海工人三次武装起义》；有论述土地革命战争时期工人运动的，如金应熙的《从四·一二到九·一八的上海工人运动》，雪竹的《九·一八事变前抚顺煤矿工人斗争》，等等；有论述抗日战争时期工人运动的，如宫韵史的《1937—1945年国民党统治区工人阶级的状况》，傅尚文的《1938年开滦煤矿工人反日大罢工》，李义彬的《哈尔滨电车工人的抗日斗争》，等等。

在这一时期的工运史研究中，学术争鸣已初步开展起来。1960—1962年，学术界围绕中国工人阶级何时实现由自在阶级向自为阶级转变的问题展开了讨论。参加讨论的论文近20篇，主要观点有以下三种：

一是认为在五四运动中工人阶级已成为自为阶级。持这种观点的论者认为，工人阶级对自身所处的社会是否达到理性认识，即本质的认识，是区别工人阶级处在自在阶级或自为阶级的决定因素。五四运动中，中国工人阶级在马克思主义的影响下，已开始认识到自己所处的半殖民地半封建社会的本质，并以独立阶级的姿态自觉地投入运动中，在斗争中表现出具有鲜明的政治意识、独立的政治行动、一定的水平和较广泛的阶级团结四个特点，在时局的演变中起了决定性作用，因此无愧于自为阶级的称号。他们还认为：既然理论界普遍承认五四运动是新民主主义革命的开端，区别新旧民主主义革命的根本标志是领导权问题，新民主主义革命是无产阶级领导，那就很难想象，当工人阶级还没有成为自觉阶级时能够成为革命的领导者。②

二是认为中国工人阶级由自在阶级转变成为自为阶级是一个较长的历史过程。1914—1919年"五四"前是转变的准备阶段；"五四"后迅速由

---

① "梁家河"是当时全国总工会工运史研究室与中国科学院近代史研究所工运史组合作，在报刊上发表文章使用的化名，执笔人为唐玉良、刘明逵。
② 参见荣天琳、张注洪、周承恩《五四前后的中国工人阶级》，《北大史学论丛》1959年；张琦《中国工人阶级在"五四时期"是否已开始成为"自为"的阶级》，《江汉学报》1962年第4期。

自在阶级向自为阶级转变；1921年中国共产党成立标志着工人阶级已由自在阶级转变为自为阶级。持这种观点的论者认为，中国工人阶级由自在到自为的转变，需要具备三个条件：第一，阶级队伍的形成和壮大；第二，在阶级斗争中积累了一定的经验；第三，马克思主义传入中国和一批初具共产主义思想的、愿意同工农群众相结合的革命知识分子的出现。三个条件不是互不相关的。衡量工人阶级由自在向自为转变的标志，是知识分子是否与工人阶级相结合了。五四运动中，革命知识分子已经迈开了与工人阶级相结合的最初一步，工人阶级已经开始表现出自己的力量，并且已开始接受马克思主义的影响，因此应当说工人阶级已开始向自为阶级转变。但不能说五四运动是工人阶级由自在阶级转变为自为阶级的标志。因为"五四"时期工人阶级在政治上还不够成熟，还没有达到理解中国半殖民地半封建社会的本质和无产阶级历史使命的水平；还没有自己的组织。五四运动后，初具共产主义思想的革命知识分子加速了与工人结合的步伐，特别是1920年5月上海共产主义小组成立后，一方面加强马克思主义的宣传灌输，一方面加紧了在工人中组织工会的工作，并初步取得成绩。这种马克思主义日益与工人运动相结合的过程，就是工人阶级由自在向自为转变的过程。[①]

三是认为在中国共产党成立前，工人阶级完全处于自在阶段。中国共产党的建立，使工人阶级开始进入自为阶段。持这种观点的论者认为，工人阶级要实现从自在到自为的转变，第一，在思想方面必须做到三个理解，即理解资本主义社会的本质，理解社会阶级的剥削关系，理解无产阶级的历史任务。而要做到三个理解，就必须向工人阶级进行全国统一的、有组织的、有计划的灌输社会主义意识的工作。五四运动后，初具共产主义思想的知识分子在工人中进行了初步的灌输工作，但远没有使工人做到三个理解。这项工作必须由无产阶级政党来进行才能做到。第二，在组织上必须使自己形成一个统一的阶级力量向整个旧政权进行冲击。不仅要组

[①] 参见李星、赵亲、黄杜《论中国工人阶级由自在阶级到自为阶级的转变》，《学术月刊》1961年第2期；李星、黄杜《再论中国工人阶级由自在阶级到自为阶级的转变》，《学术月刊》1961年第7期。

织工会，还必须组织党，并且要首先成立党来统一工人的行动成为阶级的行动。五四运动中及五四运动后，在共产主义小组影响下虽然成立了一些工会，但还只是地方性的、行业性的、个别的，而且不巩固。第三，工人阶级的斗争必须是有意识的、有组织的经济和政治斗争。"五四"至中国共产党成立前，工人的罢工斗争虽有较大发展，但基本上还是分散的经济斗争。个别的政治斗争也是局部的、零散的、缺乏政治目标的。因此不能认为中国共产党成立前工人阶级已开始由自在向自为转变。中国共产党成立后，有组织有计划地向工人灌输社会主义意识，大力从事将工人组织起来的工作，工人斗争才有了鲜明的经济要求和政治目的，成为有组织的统一的斗争。工人阶级也才开始进入自为阶段。[1]

在中国工人阶级由自在向自为转变问题上之所以存在三种不同意见，主要原因是对转变所需条件的理解不同。大家对毛泽东在《实践论》中提出的，以三个理解作为衡量是否转变为自为阶级的标准，基本上没有不同意见。问题是在中国半殖民地半封建社会条件下，联系工人阶级成长的实际，具备哪些条件才能使工人阶级达到三个理解，实际上看法是不同的。此外，对"五四"至建党前后工人运动发展程度的认识不同，也是导致意见分歧的一个原因。

"文化大革命"前的工运史研究，还需要特别提出来说明的是，1960年全国总工会工运史研究室曾与科研部门和有关大专院校协作，召开全国工运史工作座谈会，共同探讨了工运史的学科体系问题。会议提出工运史研究的基本内容应当包括以下几个方面：（1）在各个革命发展阶段和历史时期中国工人群众的处境和状况；（2）中国共产党对于中国工人群众运动的领导，以及党内两条路线斗争在工人群众运动中的反映；（3）中国工人阶级的斗争（阶级斗争和生产斗争）；（4）中国工人群众的组织和工人队伍的统一团结；（5）中国工人群众运动在中国革命运动中的地位、作用，以及中国工人群众运动和其他革命群众运动的关系；（6）中国工人运动和国际工人运动的关系。这一关于中国工运史学科体系的设想，对深入工人运动史的研究，无疑是非常重要的。会后，全国总工会工运史研究组邀请

---

[1] 参见项立岭《试论中国工人运动由自发到自觉的转变》，《学术月刊》1961年第7期。

中国科学院近代史研究所工运史研究组和中国人民大学中共党史系工运史教研室的学者，根据座谈会达成的共识，进行《中国民主革命时期工人运动史》的编写工作。到 1962 年，书稿已基本完成，并发给有关单位征求意见。虽然这次编写史稿的工作，在中共八届十一中全会以后，受到新的"左"倾思想的干扰，特别是受到"文化大革命"的冲击，没能最后完成，但是，已经编成的部分书稿，在一定程度上反映了"文化大革命"前工运史研究的主要成果，为"文化大革命"后系统编写出版工运史著作奠定了初步基础。

从 1966 年 5 月至 1976 年 10 月的十年动乱期间，中国工运史的研究遭到严重破坏。遍览 10 年中出版的图书杂志，在工运史方面，仅见严重歪曲历史事实的数篇文章和几本小册子。在这个阶段中，随着党和国家的各级领导人被错误批判、打倒，工运史上除了对毛泽东指导过的安源罢工等事件进行了不符合事实的宣传外，其他几乎都成了禁区。只有当"大批判"需要时，才把某些工运史上的事件拿来，从中寻找打倒某人的根据。刘少奇等工运历史上的许多领袖人物和英雄、烈士，都遭到了肆意诬蔑攻击，而"文化大革命"前如实论述过涉及他们的一些事迹的工运史研究工作者，则大多遭到了不应有的种种指责和批判。在"四人帮"帮派势力操纵下出版的《五卅运动》一书就是这方面的典型代表。该书为了达到诬蔑攻击刘少奇的目的，不惜篡改和伪造历史，把奉中国共产党派遣参与领导"五卅"反帝大罢工的刘少奇说成是怀着不可告人的目的、窜到上海钻进上海总工会破坏五卅运动的"工贼"。该书还借批判"五卅"中的"投降派"为名，影射攻击中央其他领导人。从这本书中，可以看出工运史研究在"文化大革命"中被破坏到何种程度。

1976 年 10 月，中共中央一举粉碎"四人帮"，结束了持续 10 年的"文化大革命"。在这之后的两年间，随着揭发批判"四人帮"、平反"文化大革命"中的冤假错案、清理"文化大革命"前历次政治运动遗留下来的问题和开始恢复国民经济等工作的展开，工运史研究工作也开始恢复。1977 年，为纪念上海工人三次武装起义，上海、北京等地发表了一些纪念文章。1978 年秋，全国总工会已开始恢复工运史研究室等机构，为工运史研究的恢复和发展做了准备。

第二节　恢复、开展和繁荣

1978年12月中共十一届三中全会后，工运史研究步入黄金时期。十一届三中全会确立的一切从实际出发、实事求是的思想路线，使广大工运史研究者得以摆脱长期形成的"左"的思想束缚，焕发出空前的创造精神。党和政府的重视和提倡，则使工运史研究的广泛开展，有了组织上和物质上的保证。在上述有利形势下，20世纪80年代的工运史研究获得了大发展，呈现出空前繁荣的局面。

这一时期工人运动史研究的空前繁荣局面的形成，中华全国总工会在其中起了重要作用。1979年，中华全国总工会向各级工会发出关于搜集中国工运史料的通知。全国总工会工运史研究室于1980年10月召开了第一次全国工运史工作座谈会，确定恢复和建立各级工运史研究机构，切实开展工运史料的征集、整理和编纂工作。之后，又于1983年6月和1986年6月召开第二、第三次全国工运史工作座谈会，研究如何深入广泛开展工运史研究的问题。在全国总工会的统一部署和大力促进下，工会系统的工运史研究出现空前繁荣的局面。到1986年，据全总工运史研究室统计，已有26个省、自治区、直辖市建立了工运史工作机构，包括地、市、县各级地方工会和铁路、邮电、海员等产业工会，全国工会系统的工运史研究机构总计380多个，有专职人员540多人，加上聘请、借调和兼职的，从事工运史研究工作的共计1300多人。全总工运史研究室和各省市工运史研究室编印的公开出版或内部发行的刊物60多种。各地通过查阅档案、报刊，征集的文献资料有7万多份，3.6亿多字，文物和照片6000多件；通过调查访问，抢救了活材料2万多份，2100多万字。在搜集资料的基础上，整理编印史料专辑40多本，编写工运史稿130多本，编写工运史大事记约200份，地方工会志110多篇，撰写论文700多篇。其中部分已正式出版或发表。在工会系统重视工运史研究的同时，社会科学院系统、党校系统和高等院校系统的中共党史和工运史研究者也潜心研究，发表了大量成果。据不完全统计，10年间正式出版的工运史著作和资料书60余部

90余本，发表的文章400余篇。这些成果不仅在数量上超过了前30年，尤其在质量上有较大提高。

首先，这10年在工运史资料的整理出版方面成果显著。在已出版的资料书中，大致有三类：一是通史性的。其中最重要的有：（1）刘明逵主编的大型资料书《中国工人阶级历史状况》第1卷第1册（中共中央党校出版社1985年版），详细收录了从1840年至1927年有关中国产业工人队伍的产生和发展，中国工人阶级的劳动条件、工资和生活状况，手工业工人和其他劳动者的状况，有关劳动问题的政策法令等方面的大量史料。（2）中华全国总工会编纂的《中共中央关于工人运动的文件选编》（档案出版社1985年版）。该书分上、中、下3册，共96万余字，系统选编了从1921年中国共产党成立到1949年中华人民共和国成立前，各个时期中国共产党中央和部分中央局关于工人运动的决议、批示、宣言、通告、通知、电文等文件，为系统研究各个时期中国共产党领导工人运动的方针和策略，提供了方便。（3）全国总工会工运史研究室将"文化大革命"前创刊的《中国工运史料》改为按时期和年份汇编工运史料的专辑，继续出版。从1979年出版的总第9期到1986年的总第29期，共出版21期，平均每期20余万字，为工运史研究者提供了该室珍藏的从五四运动到1937年的大量翔实的工运史料。二是专题性的。已出版的主要有《二七大罢工资料选编》（工人出版社1983年版）、《上海工人三次武装起义》（上海人民出版社1983年版）、《五卅运动史料》（第1、2卷）（上海人民出版社1981、1986年版）、《五卅运动与省港罢工》（江苏古籍出版社1985年版）、《华工出国史料汇编》（中华书局1981—1984年版）、《焦作煤矿工人运动史资料选编》（河南人民出版社1984年版）、《省港大罢工资料》（广东人民出版社1986年版）、《湖南劳工会研究论文及史料》（湖南人民出版社1986年版）、《刘少奇论工人运动》（中央文献出版社1988年版）、《上海工会联合会》（档案出版社1989年版）等。三是地区性的。已正式出版的有《江西工人运动史料选编》（江西人民出版社1986年版）、《闽浙赣苏区工人运动史料》（江西人民出版社1989年版）、《自贡盐业工人斗争史档案资料选编（1915—1949）》（四川人民出版社1986年版）、《四川工人运动史料选编》（四川大学出版社1988年版）、《北方地区工人运动资料选编（1921—1923）》（北京出版社1981年版）、《陕甘宁边区工人运动史料选编》（上、下）（工人出版社1988年版）、《云南工人运动史料汇编》（云南人民出版社1989年版）、《北京工运史料》（4册）（工人出版社1982年版）等。10年来众多翔实、准确的档案史料的出版，为工运史研究的进一步开展创造了有利条件。

其次，在工运史大事记方面，20世纪80年代全国工会系统编写的200余种工运大事记，大多只是内部印行。

最后，在已出版的工运史书中，宣传性的通俗小册子已不多见，大多是学术性较强的著作。这些著作在许多方面填补了工运史研究的空白。已出版的工运史著作，按其内容大体可分成以下几类：

通论民主革命各个时期的工运史著作。在这方面，10年中已出版了7种。其中，首先应提到的是唐玉良编写的《中国民主革命时期工人运动史略》（工人出版社1985年版）。该书虽然只有10万字，分量不算大，但十分精练，可以说是作者多年从事工运史研究的结晶，是第一本通论中国民主革命时期工运史的简要著作。它在内容和结构上为后人编写全国、地方和产业工运史提供了有益的启迪和借鉴。其次是王建初等主编的《中国工人运动史》（辽宁人民出版社1987年版）。该书是为了满足工会系统院校开设中国工运史课的需要编写的。全书40余万字，是第一部通史性的工运史专著。除上述两书外，值得一提的还有盖军等编写的《中国工人运动史教材简编（1919—1949）》（华东师范大学出版社1988年版）。该书在20余万字的篇幅中，简明扼要地描述了民主革命时期的工人运动，较详细地考察了中国共产党工运的策略的演变，力求作出客观的、准确的评价。

论述民主革命中一个时期的工运史著作。齐武的《抗日战争时期中国工人运动史稿》（人民出版社1986年版），是继新中国成立之初出版的刘立凯、王真的《一九一九至一九二七年的中国工人运动》（工人出版社1953年版）之后又一本论述一个时期的工运史著作。全书28万余字，首次对抗日战争时期中国共产党领导下的解放区、日本统治的沦陷区和国民党统治区的工人运动，作了比较广泛、深入的论述和探讨。

地方工运史。早在"文化大革命"前，上海、唐山、浙江等少数省市已做了一些编写地方工运史的准备工作。中共十一届三中全会后，这项工作在全国各地广泛开展起来。地方工运史的撰写，成为各省市工运史研究的重点。经过几年的潜心研究，在1985—1989年间，先后出版了《石家庄工人运动史》（工人出版社1985年版）、《重庆工人运动史》（西南师范大学出版社1986年版）、《武汉工人运动史》（辽宁人民出版社1987年版）、《浙江工人运动史》（浙江人民出版社1988年版）、《山东工人运动史》（山东人民出版社1988年版）、《天津工人运动史》（天津人民出版社1989年版）、《大连工人运动史》（辽宁人民出版社1989年版）、《青岛工人运动史》（中共党史资料出版社1989年版）8种。这些地方工运史不拘一格，各具特色，都是在广泛深入地进行调查研究的基础上编写成的，都较好地论述了各自地区工人运动的历史特点和经验教训。它们同全国性的工运通史呼应，再现了中国工人运动波澜壮阔多姿多彩的画卷。

产业工运史。薛世孝编著的《中国煤矿工人运动史》（河南人民出版社1986年版），是新中国第一部完整的产业工人运动史，填补了工运史研究的一个空白。

专题史。比较重要的有陈卫民的《中国劳动组合书记部在上海》（知识出版社1989年版），任建树、张铨的《五卅运动简史》（上海人民出版社1985年版），蔡洛、卢权的《省港大罢工》（广东人民出版社1980年版），周尚文、贺世友的《上海工人三次武装起义史》（上海人民出版社1987年版），陆象贤主编的《中国劳动协会简史》（上海人民出版社1987年版），等等。这些专题性的工运史著作，都对所论述的专题进行了深入的研究，在史实和论断方面都有不少创见，对推动这些问题的进一步研究，具有积极意义。此外，根据地工人运动史的研究有了突破。中央苏区工运史征编协作小组编著的《中央革命根据地工人运动史》（改革出版社1989年版）填补了这方面的空白。该书对中央根据地的工人运动进行了比较系统的论述和总结，并附录了一些亲历者的回忆录、有关中央苏区工运的历史文献、工会组织沿革和工人运动史大事记。

回忆录和工运人物研究。10年间出版的回忆录中，有许多涉及工人运动的内容。其中罗章龙的《椿园载记》（生活·读书·新知三联书店1984年版）和《张金保回忆录》（湖南人民出版社1985年版），较有参考价值。在已出版的工运历史人物传记中，较有分量的是魏巍、钱小惠的《邓中夏传》（人民出版社1981年版），唐纯良的《李立三传》（黑龙江人民出版社1984年版），卢权、禤倩红的《苏兆征》（上海人民出版社1986年版）。此外，值得重视的还有中国工运学院编辑出版的《刘少奇与中国工人运动》（吉林人民出版社1988年版），陈君聪、曹宏遂编写的《刘少奇工运思想研究》（工人出版社1988年版），对刘少奇在中国工运的理论策略和实践方面的贡献，作了比较深入的研究和探讨。

10年间，内地报刊发表的工运史文章不仅数量众多，而且相当一部分学术水平较高。其特点，一是研究的范围大大拓展了。不仅是早期、中国共产党的创立和大革命时期的，其他各时期也都有了一定数量的有学术价值的论文；不仅研究工业中心上海、广州的工人运动，而且研究沿海其他城市和内陆城市的工人运动；不仅有关于白区工运的内容，而且有苏区工运的内容；不仅有共产党领导的工人运动，而且开始研究国民党控制的和日伪统治下的工人运动；不仅研究中国工运本身，而且涉及共产国际与中国工运的关系。二是研究的内容深化了。不是停留在对工人斗争过程的叙述和一般性地阐述斗争的意义和作用，而是试图比较全面地探讨斗争发生的原因、斗争中各种力量的作用、斗争策略的评估。在人物研究上，摒弃了对则全对、错则全错的形而上学的方法，力求具体地实事求是地分析和评价。这一时期工运史研究的深化，集中体现在以下两个方面：

一是加强了对工人运动理论和策略的研究。10年来，学术界在对工运理论和策略的探讨中，提出了不少新问题和新见解。

关于工人阶级内部统一战线。长期以来，关于统一战线的研究都是在工人阶级与其他阶级之间，而对工人阶级内部是否存在统一战线的问题，没有讨论。1985年以来学者们撰文指出，中国工人阶级内部存在统一战线是客观事实，并对其特点作了初步探讨。有的文章集中考察了中国共产党关于工人阶级内部统一战线概念提出的过程，有的在叙述工人阶级内部统一战线理论在新民主主义革命时期的实践的基础上，注重探讨中国工人阶级内部统一战线的特点。如漆文锋、邹小孟的文章认为中国工人阶级内部的统一战线的特点是：（1）不存在共产党与其他工人政党的统一战线问题；（2）基本上是处于秘密隐蔽状态；（3）主要任务是配合农村根据地的斗争；(4) 同中国共产党领导的整个革命统一战线的关系是密不可分的。① 作者认为中国共产党把马克思主义的工人阶级内部统一战线观运用于中国工运实际的过程中，在一定程度上丰富和发展了工人阶级内部统一战线理论。

关于工人运动的策略。这期间，陆续有文章探讨这一问题。刘晶芳通过对大革命失败后中国共产党白区工运策略的演变和白区赤色工会的历史考察，认为这一时期中国共产党的白区工作策略中，以赤色工会为白区工人阶级同反动派斗争的主要组织形式是错误的，应予否定。② 汪洋撰文对中国共产党在白区工运中长期实行的消灭黄色工会的策略进行了考察，指出中国共产党把本来属于中间营垒的改良主义的黄色工会简单地认定是反革命性质的，从而不加分析一概否定，采取打倒的策略是错误的。正确的策略是尽可能利用黄色工会。③

关于中国共产党的工运策略与共产国际和赤色职工国际的关系。中国共产党是共产国际的支部。在遵义会议前，中国共产党的重大决策几乎都与共产国际有关。中国共产党领导的工会，直接受赤色职工国际指导。学者们利用新发掘的史料，深入研究了中国共产党的白区工运策略的形成、发展和变化与共产国际的关系。盖军、刘晶芳对这一时期共产国际对中国革命的指导进行了较系统的考察，指出中国共产党白区工运策略的发展变化，特别是脱离中国工运实际的"左"倾策略，是与共产国际指导中的错误分不开的。④ 之后，唐玉良的文章在充分肯定1927年以前赤色职工国际对中国工运的支持和援助的同时，指出赤色职工国际"四大"以后的一些"左"倾的决定，对中国工运的错误和挫折，也负有一定的领导责任。文章总结国际工运的经验教训，肯定各国无产阶级之间的团结合作是必要

---

① 参见漆文锋、邹小孟《马克思主义的工人阶级内部统一战线观及其对中国革命和建设的影响》，《宜春师范专科学校学报》1986年第1期。
② 参见刘晶芳《土地革命战争时期白区的赤色工会》，《近代史研究》1987年第4期。
③ 参见汪洋《略论关于黄色工会的两种策略》，《辽宁大学学报（哲学社会科学版）》1989年第2期。
④ 参见盖军、刘晶芳《土地革命战争时期的白区工运策略与共产国际》，《党史研究》1987年第2期。

的，但采取赤色职工国际这样的集中统一的组织形式，由一个远离各国的世界性的指挥中心来指挥各国的工人运动是不好的。①

关于刘少奇的工运理论和策略的评价。刘少奇作为中国工人运动的领袖，他关于工人运动的理论和策略对中国工运发生过重要影响，因而受到研究者的高度重视。在这10年中，正式发表的研究刘少奇工运理论的文章有近50篇，其中大部分是研究他的民主革命时期的工运理论和策略的。学者肯定了刘少奇在指导苏区工运中提出的工人在自己政权下应有主人翁的劳动态度的思想，高度评价了他的白区工运策略思想，认为他的策略思想是马克思主义与中国工运实际相结合的创造。在对他的工运策略思想形成的研究上，学者们注意克服过去长期在人物评价中的绝对化的形而上学的倾向，指出刘少奇是人不是神，他的正确的策略思想也有一个形成发展过程，并非一蹴而就。在其认识过程中的某一阶段，也会是正确错误交织，也要经历从不清楚到清楚，由不正确到正确的过程。因此，研究伟大人物的思想，也应客观、实事求是。②

二是较广泛地开展了学术争鸣。随着实践是检验真理的唯一标准、一切从实际出发、实事求是的思想路线的确立，随着举国上下平反冤假错案和拨乱反正工作的开展，学术界对工运史中许多已有定论的理论、实践、人物重新评估，并本着实事求是的精神深入探讨一些疑难问题，促进了工运史研究的深化。20世纪80年代主要讨论的问题有：

1. 半殖民地半封建中国知识分子和雇农是否是工人阶级的一部分。一种意见认为旧中国大多数知识分子是无产阶级的一部分。理由是他们不占有任何生产资料，受雇于人，靠出卖劳动力维持生活。因此，以生产资料占有关系，以及人们在社会经济结构中的地位作用为划分阶级的唯一标准来衡量，应当说旧中国知识分子的大多数是无产阶级的一部分。③另一种

---

① 参见唐玉良《赤色职工国际与中国工运相互关系的初步探讨》，《中国工运学院学报》1989年第3期。
② 参见刘晶芳《"九一八"至"一二八"前后刘少奇白区工运策略思想述评》，《刘少奇研究论文集》，中央文献出版社1989年版。
③ 参见顾邦文《旧中国大多数知识分子是无产阶级的一部分》，上海《社会科学》1985年第3期。

意见则不同意上述分析，认为旧中国知识分子大多数不属于工人阶级的一部分。① 对农村中的雇农是否是无产阶级的一部分，也有不同看法。一种意见认为，雇农是无产阶级的一部分。认为这样看，比较符合中国无产阶级形成的客观历史条件，比较符合毛泽东思想对中国无产阶级概念使用的客观事实，也比较符合中国共产党及其领导下的工会组织中国无产阶级团结斗争的历史。② 另一种意见则认为雇农是无产阶级，但不是工人阶级的一部分。理由是无产阶级和工人阶级并不是相同的概念。雇农不与近代机器工业相联系，也不具备工人阶级集中、富于革命的坚定性和彻底性、有严格的组织纪律性等特点。③

2. 产业工人的集中性是否为中国无产阶级的特殊优点。毛泽东在《中国革命和中国共产党》中概括为三条：第一，深受三种压迫，革命比任何阶级都坚决和彻底，除极少数工贼，整个阶级都是最革命的。第二，开始走上革命舞台就在本阶级的革命政党——中国共产党的领导下。第三，和广大农民有一种天然联系，便于结成亲密联盟。此后直至20世纪50年代初，毛泽东概括出的特殊优点一直为学术界沿用。50年代中期有变化，将毛泽东概括的三条中的第一、第二条合并，增加"集中"一条。新三条提出后，普遍为理论界认可和运用，30年无大变化。1983年底，缪楚黄撰文对"集中"是中国无产阶级的特殊优点表示异议。他指出："陈伯达从大工厂和中小工厂集中工人人数多少比例这一角度，说中国工人集中程度比资本主义国家产业工人更高，是片面的，故不应采用集中是特殊优点这一提法。"④ 其后，有的文章则从中国无产阶级的形成及结构不同于西方资本主义国家入手分析，指出中国无产阶级的内涵比西方资本主义国家无产阶级的内涵大得多，不仅包括产业工人，而且主要成分是手工业工人和农业工人。由此自然不能得出集中是无产阶级特殊优点的结论。⑤

---

① 参见郑兆安《旧中国知识分子大多数不属于工人阶级的一部分》，《湖南师范大学学报（哲学社会科学版）》1986年增刊。
② 参见刘星星《中国无产阶级概念与中国工运史研究》，《工人日报》1985年7月5日。
③ 参见郑庆声《中国工人运动史的研究对象问题》，《史林》1986年第3期。
④ 缪楚黄：《毛泽东思想的历史发展》，《党史通讯》1983年第23—24期。
⑤ 参见刘星星《"集中"不是中国无产阶级的特殊优点》，《江汉论坛》1984年第12期。

3. 关于中国无产阶级的局限性问题。长期以来，工运史研究中凡是论到无产阶级时，总是论其先进性。1980年，学术界有人对中国无产阶级的特点进行了辩证思考，提出了中国无产阶级有局限性的特点。1981—1982年间，学术界就这一问题展开了争鸣。参加讨论的文章近10篇，主要观点有两种。

一种观点认为中国无产阶级有局限性。主要表现为落后、保守、迷信、不懂尊重科学等弊病。这些弊病在社会政治经济生活中就表现为封建主义的意识和平均主义思想。他们认为产生局限性的主要原因有两个。其一是中国无产阶级先天不足，到1919年城市无产阶级总共不到200万人，仅占全国人口的1/200，而且大都受小手工业的影响，保留着狭隘、自私和涣散性。其二是中国无产阶级身上具有农民属性。中国无产阶级是直接从农民转化来的。而农民中即使最革命的雇农阶层，也缺乏成为无产阶级的必要物质条件，不可能具备无产阶级那样高的组织纪律性。刚刚从农民队伍跨入工人阶级队伍中的无产阶级不可能一下子摆脱农民属性的影响。这种或多或少带有的农民属性，是产生无产阶级局限性的根源。他们认为无产阶级的局限性给革命和建设事业带来损害，承认和研究无产阶级的局限性有利于无产阶级的自我改造与改造世界。[①]

另一种观点认为中国无产阶级没有局限性。他们认为肯定无产阶级具有局限性的学者是混淆了有限和无限的概念，把阶级局限同具体事物存在的暂时性、历史性混为一谈。阶级的根本缺陷是由其经济地位决定的，是不能改变的。历史上的剥削阶级都有其局限性。而无产阶级由于同先进的生产方式相联系，其经济地位使其具有伟大的团结性、互助性、组织性、纪律性、进步性和对财产的公有观念。其本性是先进性而不是局限性。虽然无产阶级由于与农民联系紧密会受到农民思想的影响，但这种影响毕竟是外因，是第二位的，况且农民从加入无产阶级队伍起，就不断得到思想改造，从而逐渐融化掉农民意识。全面地看问题，应当说这种改造占了主

[①] 参见黄万盛、尹继佐《试论中国无产阶级局限性》（上海《社会科学》1980年第5期）、《再论中国无产阶级局限性——兼答几位批评者》（上海《社会科学》1982年第3期）；徐高《对〈论中国工人阶级的先进性〉一文的意见》，上海《社会科学》1982年第2期。

导地位。因此，说中国无产阶级有局限性既没有马克思主义理论作为依据，又不符合中国无产阶级实际，是错误的。持这种观点的同志还认为，强调无产阶级的弱点，并把它上升到局限性的理论高度是有害的。这会导致抹杀或歪曲党的性质，从而不利于共产党的领导。[①]

除上述两种观点外，还有一种看法认为肯定先进性与承认局限性并不冲突。理由是，任何一种历史特有现象，绝不会仅给社会带来好处而无弊端。中国无产阶级与农民联系异常紧密，对工农联盟、动员和组织起强大的反帝反封建力量无疑是一个很大的优越性。但也应看到，正是由于同一原因，农民的心理、农民的习惯和农民的思想对无产阶级的影响较深，使得诸如平均主义、自由散漫等小生产习气在无产阶级队伍中长期存在，而且只要中国还是一个农民占大多数的国家，只要工农、城乡差别存在，农民属性就一定会在无产阶级身上有所反映。但这并不等于改变了无产阶级的本质属性。[②]

4. 香港海员大罢工是谁领导的。长期以来在工运史研究中一般认为香港海员大罢工是中国共产党领导的，但也存在着不同意见。近年来报刊发表了几篇专门讨论这个问题的文章。主要有两种看法：

一种看法认为是国民党领导的。理由是香港海员大罢工发生时中国共产党刚刚成立，党员人数少，处在秘密活动下，力量有限，中国共产党广东党组织的力量尤其弱。加上中国共产党当时的工运重点在北方，中国共产党没有也不可能发动和领导香港海员大罢工。持这种观点的学者列举了以下史实证明罢工是由孙中山为首的国民党所发动和领导的：（1）罢工的领导机构——中华海员工业联合总会是在孙中山等人发动下形成的，是经国民党广东政府注册的；（2）罢工是国民党的联义社主持的，苏兆征、林伟民以联义社成员的身份参加并领导了罢工；（3）罢工的活动经费，大都

[①] 参见徐一鸣、马程华《所谓中国无产阶级局限性析辩》，上海《社会科学》1982年第6期；曹仲彬《论中国工人阶级的先进性——〈论中国无产阶级局限性〉一文质疑》，上海《社会科学》1981年第5期；王兆锋《认识中国无产阶级局限性的几个问题》，上海《社会科学》1982年第6期。

[②] 参见程继尧《肯定先进性和承认局限性并不冲突——也谈中国无产阶级局限性问题》，上海《社会科学》1981年第6期。

来自国民党方面。从罢工开始到结束，广东政府始终起着重要作用。①

另一种看法是，香港海员大罢工不是国民党领导的。它是在当时的国内外潮流的影响下，以苏兆征、林伟民为骨干的香港海员工会自己发动和领导的。它得到了国内外人民的声援、国民党的重要支持以及共产党的大力支持和领导。其理由是，香港海员工会是在孙中山支持下成立的，但与孙中山和国民党之间并无直接隶属关系，联义社是香港海员工人的社团，不是国民党的组织，事实上也完全没有用过联义社的名义领导罢工；苏兆征、林伟民在领导香港海员罢工时，绝不是以国民党党员的身份出现的。至今仍未发现孙中山或者国民党就如何发动和领导这场罢工斗争公开发表过任何宣言、文件或言论，至今也无法找到体现国民党的领导作用的任何资料。②

5. 关于省港大罢工的领导问题。一种意见认为，省港大罢工是在中国共产党广东区委和全总直接领导下进行的。其根据是：（1）罢工是共产党发动的。"五卅"惨案第二天，中国共产党广东区委会议决定成立临时委员会领导广东人民开展声援上海人民的斗争。6月8日，中共党员邓中夏等去香港发动。临委会决定罢工后，指定黄平、邓中夏、杨殷、苏兆征、杨匏安五人组织党团为罢工指挥机关。（2）罢工是共产党领导的。罢工起来后，"临时省港罢工委员会"作为罢工指挥部，创造了罢工工人代表大会和工人武装纠察队的组织形式，制定了"特许证制度"，确定了"单独对英"的原则，等等。正是中国共产党的正确领导，保证了省港大罢工顺利进行，并取得了重大胜利。③

另一种意见认为，不应只提共产党领导了省港大罢工，而应当承认国民党也起了领导作用。国民党拟订了罢工计划，并派员以中央代表身份带着国民党的密令到香港和沙面发动罢工，发出让香港、沙面工人返回广州的命令。罢工实现后，广州政府在对英封锁，解决回省工人食宿、交通等

---

① 参见刘丽《香港海员大罢工是国民党领导的》，《近代史研究》1986 年第 2 期。
② 参见禤倩红、卢权《香港海员大罢工是国民党领导的吗？》，《近代史研究》1987 年第 5 期。
③ 参见卢权《略述省港大罢工的几个问题》，广州《学术研究》1979 年第 4 期；陈善光《第一次国共合作与工人运动的新发展》，广州《学术研究》1985 年第 1 期。

方面采取了一系列有效措施，使罢工得以坚持。国民党制定了区别列强、单独对英的方针，制定了复工条件，成功地进行了外交斗争。在省港大罢工中，国民党左派代表人物汪精卫、廖仲恺、宋庆龄、何香凝等做出了重大贡献。廖仲恺实际成了罢工总指挥。汪精卫起的作用也很大。上述事实说明国民党对罢工起了领导作用。考虑到当时是国共合作，国民党中的共产党员又是省港大罢工的重要组织者和领导者，因此应当认为省港大罢工是国共两党以国民党名义共同领导的反帝政治运动。①

6. 关于武汉政府时期工人运动中的"左"倾错误。武汉政府时期工人运动中存在着"左"倾错误，是刘少奇1937年在《关于大革命历史教训中的一个问题》一文中首次提出的。在这之后直至1981年前，学术界没有展开讨论。1981—1982年间，陆续有几篇文章就这一问题展开了争鸣。论者对武汉政府时期工人运动中存在"左"的错误的认识是一致的，但在错误的程度、持续的时间以及造成后果的评价上存在分歧。

一种意见认为，武汉政府时期工运中"左"的错误是严重的。从开始即存在，越到后来越"左"。表现在：（1）不断地提出使企业商店无法承担的要求；（2）无限制地游行集会，组织政治经济罢工；（3）经济上侵犯小资产阶级的利益；（4）政治上执行政府机关职能，随便捉人，戴帽游行，擅自关闭厂店，强取什物，强制雇工，武力解决劳资纠纷，等等。"左"的错误造成生产不断下降，加剧了经济政治危机，使资产阶级、小资产阶级、农民产生不满情绪，造成党、工会与工人，工人与士兵农民，工人纠察队与市民之间关系的紧张。总之，"左"倾是武汉政府时期工运中的主要错误倾向。②

另一种意见认为，武汉政府时期工运主流是好的，"左"的错误有，但没有那么严重。事实上，"左"的错误不是贯穿武汉政府时期工运始终，而主要存在于这一时期的第一阶段（1926年10—12月）。第二阶段（1927年1—5月）"左"倾逐步得到纠正，右的错误逐渐发展。第三阶段

---

① 参见李晓勇《国民党与省港大罢工》，《近代史研究》1987年第4期。
② 参见刘继增、毛磊、袁继承《武汉政府时期工人运动中的"左"倾错误》，《江汉论坛》1981年第4期。

(1927年5月6日—7月15日）主要危险是右倾。事实上工人没有不断地提出使企业商店无法承担的要求。工人名义工资虽增加较多，但考虑到工人原有工资极低，而武汉地区生活费用很高的实际情况，应当说增加一倍工资亦不为高。工人罢工游行集会较多，但并不是无限制的。湖北省委和中央政治局会议通过的《工人政治行动议决案》曾对罢工进行了比较严格的限制。从已举行的罢工和游行集会来看，大多数是必要的。持这种观点的论者认为，要从全局上把握对武汉政府时期工运的评价，既要看到工运中确有"左"的错误，又要看到，在整体上犯的是右的错误，后者是占主导地位的。引起大革命失败的主要是右倾错误。因此，不能把工运中的"左"倾错误说过头，只能在基本肯定的前提下，恰如其分地指出其不足。①

7. 如何看待武汉工人纠察队交枪事件。对1927年6月28日武汉工人纠察队交枪事件，中共"八七"会议认为是党内机会主义错误在工人运动中的典型事例。之后几十年里，党内、学术界均作如是观。

1980年有文章首次肯定了交枪事件，认为它是"从实际出发，对于保存和发展革命力量有利的必要妥协"。文章考察了大革命后期武汉地区的形势、敌我力量对比和武汉工人纠察队的情况，认为在革命面临失败、敌我力量对比悬殊的情况下，工人纠察队既不可能组织有效的抵抗，也不可能拖走，自动缴械是保存力量的唯一可行的办法。从交枪的实际情况看，只交了1000支坏枪，约占总枪数的30%，而将好枪隐藏起来。这些枪后来交给了叶、贺部队，成为中国共产党日后发动武装起义所用武器的来源之一。从后果上看，交枪在政治上使党变被动为主动，争取了时间，集中了力量，为掀起更大规模的反抗国民党的武装斗争做了准备。因此，绝不能把交枪看作是投降主义。② 上述文章发表后，在学术界引起较强烈的反响，一些学者撰文与之商榷。他们考察了取消工人纠察队决策的形成过

---

① 参见曾宪林《武汉政府时期工人运动中"左"倾错误有关问题之商榷》，《党史资料通讯》1982年第2期；程涛平《怎样看待武汉政府时期工人运动中的"左"倾错误?》，《党史研究》1982年第3期。

② 参见刘继增、毛磊、袁继承《武汉工人纠察队交枪事件的考察》，《历史研究》1980年第6期。

程，认为中共中央的意图绝不是出于策略考虑，根本不是为了保存和发展革命力量，而是屈服于汪精卫等人对纠察队的非议，以解散工人纠察队的行动表示对国民党、汪精卫无条件服从和拥戴的诚意。这个决定是陈独秀右倾机会主义在工人运动中贯彻的结果。有的文章考察了1927年6月底武汉的形势和敌我力量对比，认为并非只有交枪一条路好走，把纠察队拉过江去，保存力量不是不可能。还有的文章对交枪的实际情况进行了考察，认为事实上所有的枪支基本都交了，没有根据说明好枪保存下来交给叶、贺部队了。一些文章还注重对交枪后果的考察，认为纠察队的解散不仅没有任何积极影响，反而给革命带来了令人痛心的严重后果。它引起了革命队伍的极大混乱，加剧了革命的危机，助长了汪精卫集团的叛变。它是陈独秀放弃武装斗争领导权的典型表现，是一个右倾投降主义的事件。[①]

除上述主要争鸣的问题外，学术界还就劳动组合书记部成立的时间、安源大罢工的领导、"二七"大罢工的领导、五卅运动中陈独秀的评价、总商会的作用的评价等问题展开了讨论，推动了对这些问题的深入研究。

第三节 20世纪90年代的深入开展

20世纪80年代工运史研究的广泛开展，为90年代的工运史研究奠定了坚实的基础。与80年代相比，90年代的工运史研究呈现出更加广泛和深入的特点。据不完全统计，这10年中，国内出版的工运史著作80余部，发表文章240余篇。

与80年代相比，90年代出版的工运史书中，资料书的数量大大减少了，但大多质量较高。由刘明逵编著的《中国工人阶级历史状况》大型资料书，继1985年出版第1册之后，又于1990年出版了第1卷第2册。全书近80万字，辑录了从1840年鸦片战争后到1919年五四运动前中国工人

---

① 参见阎铁城《解散武汉工人纠察队的决定应该肯定吗？——与刘继增等同志商榷》，《党史研究》1982年第2期；张光宇《浅论武汉工人纠察队交枪事件的性质——与刘继增等同志商榷》，《武汉大学学报》1982年第4期。

阶级自发的经济斗争、反帝反封建的政治斗争、早期组织的情况、辛亥革命前后与工人运动有关的政治派别、海外华工反压迫斗争及对革命的贡献的资料。上海市档案馆编辑的上海档案史料丛编继 1989 年出版了《上海工会联合会》后，又编辑出版了《五卅运动》（共 3 辑）（上海人民出版社 1991 年版）。中共上海市委党史研究室还编了《解放战争时期第二条战线：工人运动和市民斗争卷》（上）（中共党史出版社 1999 年版）。

90 年代各地继续编印了一些地方和产业的工运史大事记。特别是由唐玉良、王瑞丰主编的《民主革命时期中国工运大事记》（辽宁人民出版社 1990 年版），是一部资料翔实、准确的书。大事记较全面地记述了民主革命各个时期工人运动各方面的重大事件；注意了所记事件在地区分布上的广泛性；突出了工运史不同于近代史、中共党史、革命史的专业性质和特点，从而给读者研究和检索 1840—1988 年间的中国工人运动重大事件提供了方便。

在工具书方面，由常凯主编的《中国工运史辞典》（劳动人事出版社 1990 年版），填补了中国工运史研究的一项空白。这部辞典在收条标准、框架结构、条目释文等方面体现了历史内容的连续性、完整性，注意了评述的科学性。这部辞典突破了以往工运史研究中存在的仅仅研究中国共产党领导的工人运动的局限，力求全面系统地反映敌、我、友三方组织的工人运动的历史，体现了拨乱反正的精神，对工运史上的重要理论观点、重大是非、重要著作（包括台湾国民党官方编纂的《中国劳工运动史》）尽可能作了客观、公正、全面的评价。此外，中华全国总工会编辑出版的《中国工会百科全书》（经济管理出版社 1998 年版）、汝信主编的《中国工人阶级百科》（中国国际广播出版社 1992 年版）、李国忠主编的《中国共产党工运思想文库》（中国工人出版社 1993 年版），也为中国工运史的研究提供了方便。

90 年代工运史研究的深入，更重要的表现是一批学术水平较高，论述比较全面系统的工运史专著纷纷出版。其中特别突出的是由刘明逵、唐玉良主编的 6 卷本《中国工人运动史》（广东人民出版社 1998 年版）。全书 250 余万字，是 1949 年以来论述中国民主革命时期工人运动历史的内容最全、量最大、学术水平较高的具有一定权威性的一部工运史著作。该书是在编辑出版大型史料书《中国工人阶级历史状况》的基础上编写的,在写作过程中注意广泛参考、吸收已有的研究成果,因此做到了史料丰富、翔实,立论准确,较深刻地反映了中国工人阶级和工人运动的历史特点及其在各个时期的经验教训。在此之前,王尔玺等主编的《中国工会史》(中共党史出版社1992年版)、全国总工会组织编写的《中华全国总工会七十年》(中国工人出版社1995年版),也都以中国工会的产生及其组织、活动为中心,概述了新中国成立前后百余年的工运史,是较有分量的著作。

邹沛、刘真编写的《中国工人运动史话》(中国工人出版社1993年版),是颇有特点的工运通史。该书共5册130余万字,采用章回小说的技法,用通俗的语言,深入浅出地描绘了自中国工人阶级产生至新中国成立各个时期的工运的历史发展,突出了一些重大事件。该书是将近代中国工运史通俗化的有益尝试。

90年代在地方工运史研究方面也有较大进展,出版的著作主要有上海社会科学院历史研究所沈以行等主编的《上海工人运动史》(上、下卷)(辽宁人民出版社1991、1996年版),上海总工会工运史研究室编写的《抗日战争时期上海工人运动史》(上海远东出版社1992年版)、《解放战争时期上海工人运动史》(上海远东出版社1992年版)和《上海工运志》(上海社会科学院出版社1997年版),以及《福建工人运动史》(中国工人出版社1990年版)、《福建工人运动史要录(1927—1949)》(厦门大学出版社1999年版)、《济南工人运动史》(中国工人出版社1992年版)、《开封工人运动史》(河南人民出版社1992年版)、《洛阳工人运动史》(河南人民出版社1992年版)、《许昌工人运动史(1897—1992)》(河南人民出版社1993年版)、《宁波工人运动史》(中国工人出版社1994年版)、《湖州工人运动史》(中国广播电视出版社1992年版)、《唐山工人运动史》(中央文献出版社1993年版)、《秦皇岛工人运动史》(1998年)、《大连市工会志(1923—1990)》(辽宁人民出版社1993年版)、《保定工人运动史》(中国工人出版社1994年版)、《长沙工人运动史》(国防科技大学出版社1993年版)、《湖南工人运动史》(中国工人出版社1994年版)、《湖北工人运动史(1863—1949)》(湖北人民出版社1996年版)、《江西工人运动史》(江西人民出版社1995年版)、《郑州工人运动史》

(河南人民出版社1995年版)、《杭州工人运动史（1876—1992）》（工商出版社1996年版）、《绍兴工人运动史》（浙江人民出版社1999年版）、《厦门工人运动史》（厦门大学出版社1991年版）、《广东工人运动史》（广东人民出版社1997年版）、《乐清工人运动史（1925年—1990年）》（中国工人出版社1995年版）等20余种。这些书大都内容丰富，具有较高的学术水平。特别是沈以行等主编的《上海工人运动史》（上、下卷），共107万余字，详细地论述了1949年5月上海解放前各个时期的工人运动，着重论述了各个时期中国共产党领导上海工人斗争的经验教训，并对上海的招牌工会、黄色工会、国民党官办工会以及其他反动势力和民主力量在上海工人中的影响和活动，作了较多的论述和分析。该书在结构上还有一个突出的特点，就是它不像一般工运历史著作那样按革命时期分章，而是以各个时期上海工人运动发展中的中心、重点问题作为专题，按这些专题的先后顺序，将全书上下卷共分30章进行论述。这种做法是否得当，自然还可讨论，但作者通过这种做法力图打破套用中共党史和革命史分期分章的老框框，设法创造出一种具有工运专史特色的框架体系，其用心和想法是可取的。

由于历史的原因，东北三省有编写统一的《东北工人运动史》的必要。为此，东北三省总工会的工运史研究室曾于80年代中期联合建立了协作组，共同编写了《东北工人运动大事记》，为进一步编写《东北工人运动史》做了准备。齐武撰写的《东北工人运动史纲（1866—1949）》（中共中央党校出版社1992年版），18万余字，第一次简要地论述了从1866年至1949年东北地区工人运动的概况，为进一步全面系统地研究和编写东北工运史做了有益的尝试。

80年代中期兴起的几省协作编写革命根据地工运史的工作，90年代已见成效。湘赣两省工会的工运史工作者合作编写的《湘赣革命根据地工人运动史》（江西人民出版社1991年版），概括地论述了毛泽东领导创建的革命根据地工会运动的兴起、作用和经验教训，并附有一些重要的文献史料。1991年1月至1992年11月，中国工人出版社又连续出版了山西、河北、山东、河南、北京、天津、内蒙古七省市自治区工会历时6年合作编写的《晋冀鲁豫革命根据地工人运动史》（中国工人出版社1991年版）、

《晋绥革命根据地工人运动史》和《晋察冀革命根据地工人运动史》(中国工人出版社 1992 年版)。书中翔实地记叙了"三晋"革命根据地工人阶级在中国共产党领导下，紧密团结各民族、各阶层人民，在抗日战争和解放战争时期，为民族独立、人民解放英勇奋斗的光辉历程，是已出版的根据地工运史中最有分量的著作。这三本书的出版，大大丰富了根据地工人运动史的研究。此外，90 年代出版的《福建工人运动史》《江西工人运动史》《湖南工人运动史》也都以较多篇幅论述革命根据地的工人运动。张希坡著《革命根据地的工运纲领和劳动立法史》(中国劳动出版社 1993 年版)，是唯一一本研究根据地劳动立法的专著。该书系统地考察了根据地劳动法规产生和发展的历史脉络，认真研究了解放区的劳动纲领和劳动立法的成就和存在问题，总结了劳动立法的经验教训。这也是革命根据地工运史研究开始深入的一个表现。

从 80 年代起，在中共中央和地方各级党委编纂的中国共产党的组织史资料工作的推动下，县以上各级地方工会大多进行了工会组织史资料的编纂工作。与此同时，在各级政府组织编写地方志的工作推动下，县以上各级地方工会也大都进行了工会志的编写工作。到 90 年代，各级工会在这两方面都取得了大量成果。特别是在工会志方面，到 1998 年，已有河南、河北、上海、江苏、浙江、山东、湖南等省级工会志和常州、徐州等地市级工会志公开出版。这些也都是地方工运史研究成果的一部分。

90 年代还出版了一批具有学术价值的厂矿企业工人运动史，如《安源路矿工人运动史》(中共党史出版社 1991 年版)、《开滦工人运动史》(新华出版社 1992 年版)、《山东煤矿工人运动史》(煤炭工业出版社 1995 年版)、《广东海员工人运动史》(广东人民出版社 1993 年版)等。特别是中共上海市委党史研究室和上海市总工会在 20 世纪 50 年代以来对上海各产业系统的工厂企业党史工运史进行长期调查研究的基础上，抽调一批专业人员，编写一套《上海工厂企业党史工运史丛书》。经过 10 年的努力，从 1991 年起，陆续由中共党史出版社公开出版。该丛书的第 1 辑 19 本已基本出齐，第 2 辑 13 本还在陆续出版。这套工厂企业工人运动史，一改以往仅限于罢工斗争的写法，增加了对本产业或本企业发展沿革和职工队伍的形成发展及在各时期处境的叙述，目的是说明工人运动发生和发展的基础和条件。对工人运动的描写，除着重于工人的重大政治斗争、经济斗争外，也反映了工人的组织状况、工人教育等内容。为了增加史料的权威性，便于读者查考，每本书中都收录了与本书内容密切相关的史料。

90年代继续出版了一些专题性的工运史著作，其中较重要的有卢权、禤倩红著《省港大罢工》（广东人民出版社1997年版），朱义宽著《狂飙——上海工人三次武装起义70周年祭》（上海学林出版社1997年版）等，特别是卢、禤合著的《省港大罢工》一书，共29万余言，从"具有反帝传统的广东工人阶级"谈起，对这次震动中外，具有伟大意义的反帝大罢工的全过程，对它的历史作用和意义，作了全面系统的论述。该书不论在深度还是广度上，都超过了以往的有关著作。

在回忆录和人物传记方面，较有价值的是张祺《上海工运纪事》（中国大百科全书出版社上海分社1991年版）、杨长春《一个联络员的自述——杨长春回忆录》（中共党史出版社1999年版）、《何孟雄传》（吉林大学出版社1990年版）、《工人将军梁广》（广东人民出版社1995年版）、卢权和禤倩红《苏兆征传》（广东人民出版社1993年版）[①]。

除以上成果外，沈以行、姜沛南、郑庆声主编的《中国工运史论》（辽宁人民出版社1996年版）是新中国成立以来最有分量的一本工运史论文集。该书收论文40篇，内容包括对中国工运史上一些重大事件、人物作用的较为详细的论述，对中国工人运动史的一些理论问题的探讨，可谓新见迭出。

90年代发表的工运史论文数量上没有80年代多，但研究的深度和广度却比80年代有较大进展。这10年的新进展主要是：

1. 关于中华人民共和国成立前的帮会与工人运动。半殖民地半封建的中国国情使中国工人运动具有不同于西方资本主义国家和俄国的重要特点之一是，帮会与工人运动的关系密切。这种状况在中国工运中心上海尤其突出。正确处理帮会问题，是中国共产党领导工人运动的一个难题。长期

[①] 卢权、禤倩红的《苏兆征传》是在1985年撰写的同名传记的基础上重新编写的。由于使用了大量档案、报刊和调查访问所得的口碑史料，吸收了新的研究成果，不论内容还是分量都比过去有了较大充实和提高。

以来，工运史研究中对这个问题重视不够。80年代中期以后，逐渐有学者发表文章，分析帮会与工人发生关系的原因，阐述了帮会在工人运动中的作用，考察了中国共产党对帮会的策略，总结了历史经验。1985年朱学范在上海人民政协编辑部出版的《旧上海的帮会》（上海人民出版社1986年版）一书中发表《上海工人运动与帮会二三事》一文，根据亲身经历和深刻体会，论述了帮会问题在上海工人运动中的严重性及其利用帮会在上海工人中开展活动的经验，是研究中国工运史上帮会问题的一篇值得重视的文章。进入90年代以后，上海社会科学院历史研究所工运史研究室集中力量攻关，对上海工人运动与帮会关系的研究取得重大成果。陈卫民的《解放前的帮会与上海工人运动》，张军、黄美珠的《秘密社会与第一次工人运动高潮》，邵雍的《五卅运动中的工人帮会问题》，饶景英的《三十年代上海的帮会与工会》，是研究这个问题的有代表性的文章。此外，刘明逵、唐玉良主编的《中国工人运动史》也没有回避这个问题。该书第1卷较全面地对中国工运影响很大的各种帮会的产生、特点和作用进行了探讨；第4卷分析了国民党工会和帮会的关系，探讨了20世纪30年代中国工人运动深受封建帮会影响的原因。学者们在论著中客观地分析了帮会在上海工人运动中的作用，指出它在早期曾领导工人进行罢工，使工人得到一些经济利益，起到一些进步作用。在某些特定的时期和特定的历史条件下，也能参加反帝反军阀斗争。但是，随着中国共产党的成立和劳工运动的真正开始，帮会逐步成为开展工人运动的绊脚石。1927年上海青帮与蒋介石勾结，参与"四一二"政变，复又依附国民党上海市党部，组织工会，与中国共产党争夺工运领导权，捣毁革命工会，破坏，甚至武力镇压罢工，给工人运动带来了极大危害。特别是30年代，上海帮会势力在帝国主义和国民党政权的支持下迅速膨胀，并渗入工会，通过在工会中组织各种会社团体控制工人运动，以至国民党控制的上海市总工会的领导成员和各主要工会的领导人基本上都是杜月笙的门徒。学者们分析了产生这种现象的原因，认为与上海的经济政治状况有密切关系。在经济上，受世界经济危机和日本侵略的影响，民族工业陷于破产半破产境地，工人的就业和人身安全没有保障，为与恶劣环境抗衡，维持职业，保住饭碗，不得不寻求帮会保护。在政治上，国民党上海市总工会带头组织帮会社团；国民党为分化工人团结，控制工会和工人运动有意识地利用；中国共产党"左"倾领导人不顾白色恐怖严重，组织赤色工会，开展冒险活动造成的严重损失，使持中间立场的工人不敢接近赤色工会，又不愿依附国民党，于是选择帮会作为暂时保护自己的工具。学者们对中国共产党在领导上海工人运动中对帮会的策略进行了研究，指出党在长期斗争中形成的打入帮会，发动群众，利用帮会矛盾，各个击破，团结帮会下层群众，坚决打击明显破坏罢工的"老头子"，在某种情况下利用帮会的"调节"等策略，取得好的效果。经过长期艰难曲折的斗争，不断排除帮会阻力，赢得革命胜利。①

2. 关于国民党的劳工政策和国民党工会。大革命失败后，国民党在全国建立了政权。国民党有关劳工运动的理论、政策、法令、措施和组织活动演变和实施情况，同中国共产党制定正确的工人运动理论和政策，胜利地领导工人斗争关系极大。虽然在土地革命战争后期和抗日战争、解放战争时期，中国共产党为了合法开展国统区的工人运动，曾注意研究国民党的劳工政策、法令及国民党控制的工会的活动，但是新中国成立后，工运史学界却长期不重视对这些问题的研究，影响了工运史研究的深入。80年代学者们已注意到这个问题，开始下功夫研究，但成果较少。90年代这方面的研究取得了一些进展。仅上海社会科学院历史研究所的学者发表的文章，就有陈卫民的《南方工会初探》和《"南方工会"再探——广东机器工会剖析》、周永祥的《评国民党御用工具——上海工统会和上海工总会》、郑庆声的《论一九二八年上海的"七大工会"》、饶景英的《关于"上海邮务工会"——中国黄色工会的一个剖析》等多篇。陈卫民在文章中详细解剖了广东机器工会，展示了国民党御用工会中最反动的一种类型。郑庆声则对大革命失败后上海盛极一时的七大工会进行了细致的分析，提出了与传统观点不同的看法，指出七大工会是在大革命失败后的白色恐怖下，在赤色工会受到致命打击，无法公开存在，国民党御用的工统会、工总会不得人心，工人群众需要工会保障他们利益的情况下产生的，

---

① 参见张军、黄美珠《秘密社会与第一次工人运动高潮》，《党史研究与教学》1993年第2期；邵雍《五卅运动中的工人帮会问题》，《党史研究与教学》1993年第3期；陈卫民《解放前的帮会与上海工人运动》，上海《史林》1993年第2期；饶景英《三十年代上海的帮会与工会》，上海《史林》1993年第3期。

尽管七大工会政治上反共，拥护国民党，但应当看到它能在一定程度上为工人说些话，为工人争得经济上的利益。因此不能把七大工会看作黄色工会。它们是中间性质的工会。与七大工会类似的工会，在国民党统治区是很多的。对这类工会，应当采取团结、争取的策略。饶景英的文章则在分析上海邮务工会演变的基础上，揭示了中国黄色工会的基本特征，即：以国民党为靠山，建立和维持自己的统治地位；运用帮会组织强化统治；与邮政当局互相勾结，在政治上反共，在经济上施小惠。文章分析了邮务工会成为黄色工会的诸多条件，指出除了国民党的操纵外，与其内部条件有关。邮政作为国家企业，经济条件较好，有改良主义的土壤；邮务工人大多出身于知识分子，其先进分子容易接受革命思想，同时也有一部分人成为改良主义思想的支柱。从邮务工会的行为看，既有与西方黄色工会相似之处，又有自己的特点，属于西方黄色工会的变种。作者认为在中国，这种黄色工会是极少的，在民族解放的潮流中，也是在不断发生变化的。中国共产党正确的策略应当在对黄色工会特点的正确把握中产生。①

对国民党的劳工政策的研究仍比较缺乏。刘明逵、唐玉良主编的《中国工人运动史》第4卷用两节的篇幅对大革命失败前后国民党劳工政策的变化，南京国民政府的劳工立法，国民党和国民政府主管劳工运动的机构，国民党对各地工会的整理、控制和国民党控制的工会的状况，以及国民党控制下的工会的国际联系作了较为系统的阐述，揭露了国民党背叛孙中山的扶助工农的政策，重在控制、限制和压制劳工运动的反革命实质。作者利用内地所能搜集到的大量统计资料，勾画了国民党控制的工会的发展状况，分析了这些工会的不同类型，指出中国黄色工会与党派关系密切、与帮会关系密切的两大特点。指出国民党统治区工会的情况是相当复杂的，真正的黄色工会只是其中的一部分，绝不可将非共产党领导的工会一律看作黄色工会。即使是其中的黄色工会，也与资本主义国家黄色工会有很大不同，应当根据各种工会的具体特点及其内部的实际情况，采取正确的策略，利用其合法性，抵制和限制其反动性，以利于革命职工运动的

---

① 三篇文章曾在《史林》杂志发表，后收入姜沛南《中国工运史论》，辽宁人民出版社1996年版。

开展，不应不加分析地统筹打倒。①

3. 关于抗日战争时期工人运动的几个问题。1995年抗日战争胜利50周年的全国性纪念活动，推动了抗日战争时期工人运动史的研究，使之取得了较大进展。10年中发表的论文有20余篇。内容涉及这一时期工人运动的特点、工人的抗日武装斗争、沦陷区工人斗争、华侨工人与抗战，等等。其中，沦陷区工人运动的研究比较深入。九一八事变东北沦陷后，随着中日民族矛盾成为主要矛盾，东北工运很快实现了由国内战争向抗日斗争的转变。肖同水的《九一八事变后黑龙江工人抗日救亡运动》（《学术交流》1994年第1期），孙继英的《1931年至1937年东北工人的抗日斗争》《1938年和1939年的东北工人反满抗日运动》（长春《社会科学战线》1995年第1期），较详细反映了东北工人阶级的反日斗争，写出了斗争极其艰难曲折的特点。

沦陷时期的上海工运是学者关注的重点。黄美真在《沦陷区的上海工运》（《历史研究》1994年第4期）的文章中，分析了上海沦陷后社会矛盾变化对工运的影响及由此产生的新特点，论述1938年工运低潮的原因及1939年以后再趋活跃的社会背景和种种表现，揭示了促进工运高涨的经济驱动力和各种政治力量的引导作用，充分肯定了中国共产党在上海工运中采取的一系列正确策略。文章还对这一时期出现在沦陷区上海工运中的一股逆流——日伪工运团体的形成和活动进行了详细的考察。饶景英撰写的《上海沦陷时期"伪工会"述评》，对沦陷初期的伪工会、汪伪时期的伪工会和太平洋战争爆发后上海全面沦陷时期的伪工会进行了考察，指出这些工运团体具有稳定性、独立性极差，号召力和凝聚力极差的特点，阐述了面对错综复杂的环境和伪工会组织的不同状况，中国共产党采取的不同的策略。王仰清的《论孤岛时期上海工人求生存斗争及其策略运用——兼评日伪势力对租界的渗透》一文，引用较多的统计资料，详细地论述了工人斗争渐次萌发、形成高潮和曲折回落，日伪势力向租界渗透控制工人斗争的情况，以及中国共产党如何同日伪工会较量，采取正确策

---

① 参见《中国工人运动史》第4卷，第60—106、265—290页。

略，有效地防止日伪利用工人，争取罢工胜利。①

4. 关于革命根据地工人运动。中国半殖民地半封建农业大国的特殊国情，决定了中国革命必须走农村包围城市，武装夺取政权的道路。这就使中国的工人运动不仅是在城市中进行，而且在中国共产党领导的革命根据地也存在，并且随着根据地的形成和发展，在中国共产党领导的工人运动中所占比重逐渐增大。在中国共产党的领导下，根据地的工人阶级为新民主主义革命的胜利做出了重要贡献。90年代学者们加强了对根据地工人运动史的研究，陆续有一批成果问世。其内容包括中国共产党的革命根据地工会工作方针的演变；土地革命战争时期左右江、湘赣、中央苏区的工人运动；抗日战争时期中国共产党对抗日根据地工会工作的理论和实践、晋冀鲁豫边区工人阶级在建立和巩固民主政权中的作用、根据地的工会整风运动、赵占魁运动的作用及其经验；解放战争时期解放区职工生产竞赛运动等。论文的覆盖面较广，有关各个时期根据地工运的文章都有一些。其中，有些文章的学术水平也是较高的。

第四节 21世纪初的进展和深化

进入21世纪以来，工运史研究整体上是萎缩的，表现为专业研究人员流失严重，研究成果数量减少。10年中出版图书10余种，发表论文60余篇。这一阶段虽总体状况不好，但在以往几十年研究的基础上，仍有一些进展。

这10年最值得肯定的是在史料的整理出版方面成就卓著。刘明逵、唐玉良主编的《中国近代工人阶级和工人运动》（中共中央党校出版社2001年版），14册1000万字，辑录了自鸦片战争至中华人民共和国成立100多年间中国工人阶级和工人运动的大量史料。该书作者历时近20年，在广泛搜集各时期中外各种史籍、报刊和有关方面的档案、文件，并适当收录有关当事人的回忆和重要著述的基础上，分时期辑录成册，每册按内

---

① 《中国工运史论》，辽宁人民出版社1996年版，第419—431、403—418页。

容分列章、节、目及细目，精编有关工人阶级队伍状况、劳动生活状况和组织斗争（即运动）状况的史料，并在各章之首撰有编者说明，在书后列有重要参考书目索引。这套书不仅在史料选编上下了功夫，而且撰写的编者说明反映了编著者对史料研究的见解。《中国工会运动史料全书》是中华全国总工会组织所属各部门，历时8年编辑的一套规模空前的史料书。该书共62卷1.5亿多字。分综合编（反映各个历史时期全国工运概况和工会的国际联系）、产业编（每个全国产业总工会系统1卷）、地方编（除港、澳、台地区3卷待编外，其余各省、自治区、直辖市各1卷）。全书为电子版，此外，纸质的出版了22卷。全书收编史料范围，上起1840年，下至1993年，展现了一个半世纪的历史进程中，中国工人阶级及工会运动的光辉历程和伟大贡献。在编辑体例上，各卷按该时期工运历史的中心、重点内容分列章、节、目编辑有关史料，每卷均编有工运大事记、先进模范人物和工运领导人简介和名录、工会组织机构沿革、工运统计资料选录、重要参考书目索引等项附录。它的编辑出版，对于了解中国工人运动的历史，总结经验教训，继承和发扬工人运动的优良传统，具有重要意义；同时，对于深入研究中国近现代史、中共党史、中国人民革命史、新民主主义和社会主义建设史，也具有重要的参考价值。

在已出版的著作中，刘明逵主编的《中国工人运动图史》（广东人民出版社2006年版）是1998年出版的6卷本《中国工人运动史》的姐妹篇。全书共收2500幅历史图片，通过图片形象、感性、全面、系统地展现了中国工人阶级在民主革命时期走过的光辉历程。在地方工运史中，云南省总工会、省党史研究室编著，王元辅、李继红主编的《云南工人运动史（1872—2000）》（云南民族出版社2003年版），客观、全面地展现了云南工人运动的历史，讴歌了云南工人阶级在革命和建设中做出的巨大贡献。刘功成、王彦静著《20世纪大连工人运动史》（辽宁人民出版社2001年版）80万字，其中有一多半的篇幅描述了新中国成立前大连工人阶级的状况和工人斗争。刘功成、林伟著《大连工运风云100事》（吉林文史出版社2005年版），翔实记述了大连工人运动发生至中华人民共和国成立之前的70年间鲜为人知的100件大事、要事，真实、生动地反映了大连工人阶级在大连近现代社会发展进程中所发挥的主力军作用，以及所做出的巨大贡献。此外，解福谦主编的《山西军事工业工人运动史通览》（山西人民出版社 2008 年版），分图集、组织沿革、工运纪要、人物传录、文献选辑、回忆录、大事记及附录等部分，反映了 1898 年至 2002 年间山西军事工业工人运动的全貌。裴宜理著，刘平译《上海罢工——中国工人政治研究》（江苏人民出版社 2001 年版），是学术价值很高的一部译著。其第一部分"地缘政治，1839—1919"，追溯了上海工人力量在地理上与文化上的源流，认为早期上海工人的反抗因籍贯的不同而存在差异。第二部分"党派政治，1919—1949"，描述了 20 世纪 20—40 年代上海工人运动的基本状况，指出外来的组织者为达到其目的不得不接受工人中的传统组织形态和观念，即使是与组织者思想信仰相抵触的东西，有些共产党人也以加入封建帮会的方式组织工人运动。第三部分"产业政治"，对烟草、纺织和运输三大行业做了详尽的个案研究，揭示出不同行业的工人在不同时期对当时政治形势的反应。该书不以党派为中心，而以工人的自身诉求为研究中心，对他们与各种政治势力之间的关系以及工人运动与中国近代政治变迁的关系做了独到而深刻的分析，不论在观点还是研究方法上都令人耳目一新，颇多启发。

这 10 年工运史研究中还出了几本论文集，收录了一批工运史研究者的研究成果。曹延平主编的《中国工人运动史研究文集》（中国工人出版社 2000 年版），收录了 50 余篇文章，分"工运春秋""人物研究""组织史迹""史实考证""研究述评"5 个专题，从不同的角度，记述和分析了中国工人运动史上的重大事件、代表人物、组织机构和研究现状。刘功成著《工人运动史研究文摭》（中国社会出版社 2003 年版），收入文章 100 篇，其中较大部分内容是民主革命时期大连以及中国工人运动史，集中展现了作者 20 年潜心研究工人运动的成果。颜辉、王尔玺主编的《中国工会纵横谈》（中共党史出版社 2008 年版），以专题的形式，全面系统地追踪与研究中国工人阶级与工会运动的全过程。该研究探讨了中国共产党领导下的工人阶级与工会运动的历史演变与方针政策；中国共产党创建工会的宗旨、组织原则、运行机制、工会职能的确立及实践活动。此外，书中还对港、澳、台地区，欧美等国的工会历史与现状作了简介与述评；对苏联与东欧诸国工会运动的兴衰利弊也进行了初步剖析评价。

21世纪头10年工运史研究的进展，主要表现在以下方面：

1. 关于中国共产党的工人运动理论策略。学者们对中国共产党在民主革命时期的工人运动理论和策略进行了较深入的研究。何刚、曹延平在《中国共产党与中国工会关系的历史回顾》一文中认为，从中国劳动组合书记部成立到六次劳大，中国共产党对工会的指导思想是：（1）始终把建立和领导工会作为自己的一项重要任务。（2）指导工会坚持正确的政治方向，根据各个阶段的革命形势和任务确定自己的工作方针。（3）在坚持对工会工作领导的同时，强调要尊重工会的组织系统及其工作的相对独立性，反对包办代替和党群不分。（4）坚持按照群众组织的性质和特点做工会工作。① 戴文献在《中国马克思列宁主义工会理论发展的历史回顾与思考》一文中，对新民主主义时期各个历史阶段工会理论的产生与发展作了全面系统的考察，并结合每一阶段中国工人运动的实践概括了理论的内容及特点。②

新民主主义社会的劳动关系应该怎样处理，是中国共产党领导建立的新民主主义政权遇到的新问题。学者们对李立三、刘少奇、毛泽东的新民主主义社会劳动关系理论做了较深入的研究。

高爱娣认为李立三在中华人民共和国成立前后处理复杂的劳资关系中，阐述了处理劳资关系和劳资纠纷的思想。其内容包括：（1）回答了新民主主义政权下劳资关系的特点，指出工人阶级和资产阶级的矛盾和斗争依然存在，但斗争的性质和方式发生了根本的改变。首先，在无产阶级领导的新民主主义政权中，资产阶级是工人阶级的同盟者，"是朋友而不是敌人"。因此，工人阶级和资产阶级斗争是为了更好的团结，通过斗争实现劳资两利。其次，在人民民主政权下，工人阶级的任何一个斗争，都是为了巩固这个政权。（2）根据新的历史条件下存在的劳资关系，提出了一套适合新民主主义政策的、处理劳资纠纷的原则、途径和手段：第一，"公私兼顾、劳资两利"是处理劳资纠纷的基本原则。第二，政府的劳动

---

① 参见《中国工人运动史研究文集》，中国工人出版社2000年版，第27—31页。
② 参见颜辉、王尔玺主编《中国工会纵横谈》，中共党史出版社2008年版，第125—143页。

法令和企业的集体合同是实现劳资两利、处理劳资纠纷的主要途径。第三，协商谈判、调解仲裁是处理劳资纠纷的基本手段。（3）明确指出在新民主主义政权下实行的"劳资两利"，同欧洲社会民主党提倡的改良主义的"劳资合作"的根本不同点。（4）明确提出在解决劳资纠纷时，工会是代表工人群众的利益与资方交涉，代表工人进行谈判、协商，而不是站在两个阶级之间进行调解、仲裁，摆正了工会在处理劳资关系问题中的位置。作者认为李立三关于新民主主义时期劳动关系的理论，对贯彻中国共产党的"公私兼顾、劳资两利"的政策，指导工会在新民主主义政权下正确处理劳资关系和劳资纠纷，实现社会安定，推动生产发展，起了重要的作用。① 王晓明、贺赞认为李立三对工会理论进行了富有开创性的探索。他对当时情形下工会继续存在的合理性及必然性，工会组织理论及立法工作，如何正确处理工会和行政之间的矛盾，如何正确处理党、政、工之间的关系，如何正确处理工会与工人之间关系，工会在私营企业中的作用等方面的理论问题所进行的大胆探索和开拓性的工作，对于工会理论的完善、工会作用的发挥，有着重大的影响。这不仅奠定了当时工会工作的理论基础，甚至对于今天，也尚有巨大的指导作用。②

王尔玺的《建国前夕刘少奇天津之行和工会理论的新探索》（《工会理论与实践》第 13 卷第 1 期，1999 年 2 月）一文，充分肯定了刘少奇的天津讲话在工会理论建设史上的意义。作者认为刘少奇阐述的"必须全心全意地依靠工人阶级，团结其他劳动群众，争取知识分子，争取尽可能多的能够同我们合作的自由资产阶级分子及其代表人物站在我们方面，或者使他们保持中立，以便向帝国主义者、国民党、官僚资产阶级作坚决的斗争，一步一步地去战胜这些敌人。同时即开始着手我们的建设事业，一步一步地学会管理城市，恢复和发展城市中的生产事业"的城市工作总路线、总方针，为中华人民共和国成立前后工人运动的根本转变指明了方向，为工会工作制定方针政策提供了理论依据。刘少奇在天津有关工会创

---

① 高爱娣：《李立三关于新民主主义时期劳动关系理论概述》，《工会博览》2000 年第 24 期。

② 参见王晓明、贺赞《建国前后李立三对工会理论的探索及成果》，《工会论坛》第 13 卷第 5 期，2007 年 9 月。

建的讲话和指示，以及他所阐明的原则、方法与程序，促进了这期间广大职工迅速参加工会，从而为大中城市的接收、改造和各级人民政权的创建、巩固以及国民经济的恢复、发展，提供了坚实、广泛的群众基础和组织保证。刘少奇关于加强对工人教育，加强工人阶级内部团结，解决国营企业中厂长，即管理者与被管理者职工之间的矛盾，教育职工积极投入生产，应以提高政治觉悟、文化知识和技术水平为主等思想，为中华人民共和国成立前后工会组织教育职工规定了内容重点和方式、方法。讲话对新中国成立前后工会的地位、作用提出的新见解，对各级工会组织内部的机构和任务划分、工会经费的收缴及管理等作的初步设想，为中华人民共和国成立前后把生产列为各级工会的首要任务和中心工作提供了理论依据，从而有利于动员和组织广大职工群众全力投入恢复和发展国民经济以及后来的建设高潮中去。

王强在《"劳资两利"中的国家利益——毛泽东新民主主义劳资关系思想探析》（《中国矿业大学学报（社会科学版）》2004年第4期）一文中认为毛泽东新民主主义劳资关系思想的精神实质，是在实施"劳资两利"方针中逐渐突出国家利益的重要性，并以国家利益引导、平衡和评判劳资双方的利益。毛泽东做到了在解决劳资纠纷中保障国家利益，在教育党内外各方人士中维护国家利益，在执行新中国经济建设方针中体现国家利益。

2. 关于国民党和国民政府的劳工理论和政策。21世纪的头10年，国民党和国民政府的劳工理论和政策引起了研究者的关注。

赵洪顺的《国民党政府劳工政策研究（1927—1949）》（硕士学位论文，山东师范大学，2007年），分析了国民政府劳工政策制定的国际、国内背景，考察了政策的演变，着重分析了劳资协调政策和劳资福利政策。在对国民政府劳工政策的评价上，作者认为其积极作用有两点：一是促进了中国近代劳工立法；二是部分地实现了工人阶级的利益，在一定程度上缓和了阶级矛盾。其局限性也有两点：一是部分劳工政策脱离了中国的实际；二是"保障""控制"并存，以控制劳工为目的。作者认为国民党政府成立初期，对于劳工阶级的"保障"还是比较积极的，只是到了后期，国民党政府对劳工阶级"保障"的成分逐渐减弱，"控制"的成分逐渐增强。到了第三次国内战争时期，国民党政府对劳工阶级的"控制"达到了顶点，窒息了劳工阶级的生存活力，最终导致了自身的覆亡。周良书、汪华的《国民党初掌政权后的劳工政策解析》(《学术界》总第118期，2006年3月)则认为1927年国民党上海市政权建立以后制定并实施了一系列劳工政策，既是国民党对大革命时向劳工所作各项承诺的兑现，同时也反映了新政权有利用这些劳动法规来安抚劳工、控制社会的政治企图。在对工人的若干权益作出承诺的同时，都以极其明确的话语规定了对劳工行动的限制。鉴于雇主除了停业这一对付工人的办法外，尚有解雇、罚款、减资、降职等手段来压制工人的抗争，而对于劳工来说，除了罢工这一途径能与资方相抗争外，再无他途，因此上述法规虽然都明令雇主劳工不得有擅自停业、罢工等直接行动，看似平等公允，但实际上更多针对的是处于弱势的劳工群体。

陈竹君的《南京国民政府劳工福利政策研究》(《江汉论坛》2002年第6期)，分析了国民政府推行劳工福利政策的原因和劳工福利各项政策及其实施概况，并对其采取两分法的评价，既肯定"南京国民政府统治时期，劳工福利政策从无到有，从分散到系统，最终形成了比较完整的体系"，同时也指出"由于历史的种种局限，国民政府的劳工福利政策及其推行措施都存在着诸多弊端，因此实施效果远未达到理想的目标"。陈竹君的《试论抗战时期国民政府的劳工福利政策及其缺陷》(《民国档案》2003年第1期)，描述了国民政府在坚持抗战的需要和工人斗争的促进下对增进劳工福利事业做出的努力，肯定了抗战期间国民政府推行的劳工福利政策在维持社会稳定、提高劳工素质、推动生产力发展、支持持久抗战等方面起到积极作用。同时，也指出其在政策本身和政策的实施方面存在的劳工福利制度不完善，劳工福利政策推行的地域范围有限，且地区间、企业间发展极不平衡，经费奇缺，人才不够等缺陷。

陶炎武的《南京国民政府的劳工工资改良政策》(《咸宁师专学报》第21卷第4期，2001年8月)，分析了南京政府劳工工资改良政策的背景，概括了政策的内容，并对其作出评价。作者认为"国民党政权是近代中国历届政府中第一个用比较现代观念来看待和处理劳工问题的。一些劳工法规的第一次颁布，用法律形式肯定了工人的一些基本权利，毕竟是历史的一大进步"。南京政府制定的一些改善工人工资待遇的政策，颁布的

《最低工资法》等几部法规，在一定程度上限制了资本家对工人的剥削。但是由于种种原因，其实际效果并不理想。

3. 关于民国时期的劳工立法。这一问题得到较多关注，研究的深度和广度都有较大拓展。较全面研究近代主要是南京国民政府劳工立法的论文，如刘长英的《中国多元劳工法制的近代考察》（硕士学位论文，广西师范大学，2006 年），从历史纵向的发展角度出发，辅以横向的比较分析，对近代中国北洋政府、广东革命政府、南京国民政府和中国共产党领导下的革命政权的劳工法制的多元变迁及其演进过程、特点、对中国社会的影响等方面，做一历史的梳理与探讨。衡芳珍的《1927—1936 年南京国民政府劳工立法研究》（硕士学位论文，河南大学，2005 年），对南京国民政府在劳工立法方面的成就给予充分肯定，认为"这些法律覆盖了除劳工保险的一切领域，形成了比较完备的法律体系。从立法成就上看，超过当时的殖民地半殖民地国家。这些法律有利于改变工人与资本家的不平等地位，规定了工人享有的广泛权利，顺应了历史发展的潮流，同时国民政府通过这些法律在一定程度上控制了工人运动，协调了劳资纠纷，限制了劳资双方的过激行为，从而安定了生产秩序"。论文也指出劳工法中存在一些不足之处：（1）与中国产业落后的情况不符，脱离实际，如《工厂法》中对工作时间、休息、休假、女工分娩、学徒等方面的规定，与中国产业不发达的情况不协调、不对应。所以颁布以后，两次延展实行日期，并且仍遭到民族资产阶级的反对。在当时情况下，《最低工资法》也难以实施。（2）这些法律反映了国民政府通过劳工立法控制工人运动的企图，如限制公有事业工人组织工会，限制工人团体契约权和罢工权的行使，规定了一些烦琐的不必要的呈报、备案、核准手续。在立法上控制工人运动是必要的，这也是国际劳工立法的一种趋势，但如果对工人运动在法律上规定过严，则会限制工人运动，阻碍其活力的发挥，从而使整个社会失去在互动中的和谐，有时反而引起更大的不稳定。

在南京国民政府制定的单行劳动法规中，《劳资争议处理法》适用范围广泛，是非常值得关注的。在以往的研究中，学者们一般关注其限制工人权利、压制工人斗争、有利于资本家的方面。邓慧明《南京国民政府劳资争议立法研究（1927—1937）》（硕士学位论文，华东政法学院，2007

年），则从立法的角度对其作了较多肯定，认为南京国民政府的《劳资争议处理法》经过了严格的立法程序，详细规定了适用范围、处理程序等内容，其权威性、完备性是毋庸置疑的。认为它充分吸收了西方资本主义国家立法的优秀成果，把近代中国法律制度的建设推向了一个新阶段。作者也认为《劳资争议处理法》具有很大的阶级局限性，指出南京政府制定《劳资争议处理法》的政治目的主要是缓和阶级矛盾，镇压和控制工人运动，而对工人阶级的利益的体现和保护措施都很不到位，加上种种因素的制约作用，最后发挥的效力可以说是微乎其微。

在对南京政府制定的《工厂法》的研究方面，研究者也不再局限于从工人利益的角度观察和评价，而多将其扩展到近代中国法制建设和经济发展的全局考虑。夏慧玲的《南京国民政府〈工厂法〉研究（1927—1937)》（硕士学位论文，湖南师范大学，2006年）认为，南京国民政府《工厂法》充分吸收了西方资本主义国家法律的优秀成果，把近代中国法律制度的建设推向一个新阶段。其法律制度有积极、科学的一面，既适应了中国社会经济发展的需要，也顺应了当时国际发展的总趋势。从立法的阶级实质来看，南京国民政府《工厂法》具有很大的阶级局限性。它制定《工厂法》的政治目的主要是缓和阶级矛盾，镇压和控制工人运动，而对工人阶级利益的体现和保护措施都很不到位，较大革命时期制定的工厂法规落后了很多。纵观南京国民政府《工厂法》的制定实施过程，尽管在一定程度上满足了当时社会发展的客观需要，一定程度上维护了劳资双方的利益，缓和了阶级矛盾，对中国劳动法体系的构建起到了一定的积极作用，但总的来看，南京国民政府《工厂法》的制定和实施是不成功的，对当时经济建设所发挥的作用也是有限的。饶水利的《南京国民政府〈工厂法〉研究：1927—1936》（硕士学位论文，华中师范大学，2007年），则对《工厂法》作了充分肯定的评价，认为国民政府对劳资双方"本无轩轾"，其在制定劳工立法的过程中追求的是"社会安定、经济事业之保养发展和社会各种利益之间的调节平衡"。既要保住资本家的既得利益又要抑制他们过分飞扬跋扈；既要改善劳工待遇又要防止劳动者铤而走险，从而不利于国民政府。《工厂法》的制定本身就宣告了劳工阶层的一项胜利。作为中国现代史上第一部比较全面的调整劳资双方关系、维护劳工权利的全国性劳动立法，其对中国工厂工业的发展无疑是有积极的促进作用的。彭南生、饶水利的《简论 1929 年的〈工厂法〉》(《安徽史学》2006 年第 4 期)，对 1929 年《工厂法》出台的原因、特点和影响进行比较全面的分析。作者认为南京政府之所以制定《工厂法》，客观上，是因为工厂工人劳动条件的恶劣，劳动待遇的低下，使得劳资矛盾日趋尖锐，城市社会秩序动荡不定，进而威胁到新生的国民政府统治的稳定。主观上，南京国民政府希望借此缓解劳资纠纷，维护劳工的基本权利，为工业的发展创造一个较为和谐的环境，培固税源，巩固南京政府的统治基础。作者分析了《工厂法》具有移植性、继承和超越性、过度超前性等特点，认为这是阻碍《工厂法》实施的重要原因。作者对《工厂法》作了充分肯定的评价，认为《工厂法》带动了其他劳工法规的制定，逐步形成了以《工厂法》为中心，包括众多地方劳动法规在内的规范国家、劳工、资本家三方关系，保护劳工基本权益的法制体系；在一定程度上有利于国民政府依法从西方国家手中索回以前丧失的国权，维护中华民族的权利；在一定程度上有利于改善劳工的工作条件、生活状况和维护他们的权益。同时也指出，该法对工人的法律保护仍然是片面的，作为一部单行法，它对于工厂标准的规定将手工业和商业中人数大大超过工厂工人的、广泛存在的劳工问题排斥在法律的保护范围之外。不仅如此，它听任传统手工业对工人法律外的使用，在客观上造成了落后生产方式对中国早期工业化进程的阻碍。朱正业的《南京国民政府〈工厂法〉述论》(《广西社会科学》2007 年第 7 期)，也对《工厂法》作了充分肯定的评价，认为《工厂法》是近代中国第一部真正意义上的劳动法，其实施有利于保护劳工利益，在一定程度上推动了社会经济的发展；该法明确了劳资双方的权利和义务，但主要保护了劳工的权利。(1) 严格限制资方单方解约，可保障工人不被轻易解雇，而对劳工解约，限制却较少。(2) 工人一定程度上作为工厂主人，可以参与工厂的年终分红、管理和决策。比如，作为工厂管理和决策机构的工厂会议，应由劳资双方推选相等数量的代表参加，会议主席也由双方各推选一人轮流担任。这些规定极大地调动了工人的劳动积极性和主动性。(3) 工资制度的改革，彻底改变了工资完全由资本家决定的状况，保障了工人及其家庭的正常生活。(4) 工作时间、休息和休假制度对恢复工人的精力和体力，保障工人健康起了积极作用。《工厂法》的制定实施，提高了工人的参与意识与劳动效率，有力地推动了经济的进一步发展。（5）自《工厂法》颁布实施后，劳资双方的矛盾趋于缓和，南京国民政府的统治得到巩固。

4. 关于劳资争议中的工人、资本家、国民党关系。长期以来，中国工运史研究被限定在中共党史和中国革命史的范围内，在阐释工人与资本家的关系时往往又偏重于阶级斗争的对抗层面，并将其普遍模式化，而忽视对其合作方面的探讨。近年来学者们通过对工人运动中典型事件的个案研究，揭示了三者关系中十分复杂的现象。

以往对省港大罢工的研究，多将工人、商人两大阵营各自分立，并且多是从传统工运史的角度来分析的，以中国共产党领导的省港罢工委员会对商人所采取的反帝革命统一战线策略为重点，而对商人在罢工中的"心态及行为"层面则着墨甚少。以二者的互动关系为分析视野的专题论著更是少见。在前人研究成果的基础上，霍新宾在《"爱国"与"私利"之间——国民革命时期一例民族主义运动中的工商关系》(《安徽史学》2006年第5期)一文中，以工人、商人二者的互动关系为切入点，力求客观平实地反映当时的历史真相。国民革命时期，"爱国"与"私利"的权衡始终左右着商人参与民族主义运动的持久程度。省港罢工伊始，粤商基于反帝爱国的民族情感，多能牺牲"私利"而积极参加对外经济抵制运动。然而，随着运动的开展，"私利"的严重受损驱使其对投资此次罢工的"风险和成本"重新审视。而"特许证"取消后，商人更以合作的姿态援助罢工。与上海"五卅"运动中短暂的"劳资同盟"相比，省港罢工中的"工商联合"却呈现出稳固、持久的特点。此种在阶级、民族利益博弈中形成的"工商联合"，不仅与中国共产党民族主义运动统一战线策略的成熟、国民党"袒工抑商"的劳资政策关系密切，同时也与广州"工商合行"的行会传统及商人国民革命性的提高不无关联；更重要的是罢工促进了经济发展，使商人深受其惠。正是"爱国"与"私利"的双重动因，共同谱奏着民族主义运动中工商关系绵延跌宕交响乐章的主题曲。霍新宾在《"无情鸡"事件：国民革命后期劳资纠纷的实证考察》(《近代史研究》2007年第1期)一文中，通过对1926年底1927年初广东商人解雇工人所引起的劳资纠纷的细致考察，集中反映了国民革命后期广州工商两界在利益冲突中迥异的心态及行为，体现了国共两党对待劳资问题政策的差别，折射出以"阶级协调"标榜的国民党政权在社会整合中为抉择劳资之间的"公正"立场而面临的两难境遇。同时，从阶级斗争与"工商合行"两种理念交锋而导致以劳资合作来应对此次纠纷的事实中，也可知中国共产党对工人的政治与阶级动员能力是有限的。

王奇生的《工人、资本家与国民党——20 世纪 30 年代一例劳资纠纷的个案分析》(《历史研究》2001 年第 5 期)，以 1932—1933 年间发生在上海的，由三友实业社停业引发的一场持续近两年之久的大规模的劳资冲突为个案，通过对其发生发展全过程细致的描述和剖析，客观真实地展示了工人与资本家、资本家与国民党政权、工人与国民党政权三者之间的复杂关系。三者的博弈，反映了 20 世纪 30 年代劳资关系中，主动权逐渐由劳方向资方转移的趋势，工人明显处于被动和弱势地位，反映了资本家阶级对国民党日益扩张的政治权力的不满和反抗，以及相当强的政治独立意识和自主组织能力，反映了声称代表"全民"的国民党，在应对劳资冲突时左右为难的尴尬处境，说明国民党中央并不单纯是代表某一方的利益，而主要是为了维护其统治秩序，也反映了在共产党领导的赤色工会和国民党控制的黄色工会之外的工会组织和工人运动的活动方式、特点及其作用。

徐思彦的《合作与冲突：劳资纠纷中的资本家阶级》一文，在对 20 世纪上半叶中国的劳资纠纷中资本家的态度作了细致的考察后认为，在认知层面，资本家阶级高倡劳资合作主义，鲜有例外。在实践层面，资方往往能本着合作主义之精神，做出某种程度的妥协，求得冲突的缓和或解决，但也不乏坚持顽抗者。资方是否做出妥协，主要取决于对其利益得失的权衡，但也与劳方组织的发展、阶级意识及权利意识的增强、具体进退策略的取舍，不无关联。实际上，劳资合作的运行空间相当有限。

5. 关于帮会与工会的关系。高爱娣的《行帮对早期工人运动的影响》(《工会理论与实践》第 17 卷第 3 期，2003 年 6 月)，对行帮与工会的关系作了较为全面客观的分析。指出早期工人运动中行帮是工人运动的主要组织者，是早期工人组织的主要参照模式；同时，由于行帮狭隘的利益观,又影响了工人阶级的内部团结,妨碍了工人群众阶级意识的提高,并在一些情况下弱化了工人斗争的有效性,给早期工人运动带来了诸多负面影响。多数论者认为,中国共产党对帮会的性质有深刻的认识,看到它可以成为一种革命力量的一面,也注意到它对工人运动的危害。对中国共产党在革命实践中逐步摸索的对待帮会的策略予以积极的肯定。①

综上所述,1949—2009年间的工运史研究成绩斐然。这些成果突出表现在上述各方面。概括说,一是在资料的搜集、整理和出版方面做出很大成绩,为工运史研究奠定了坚实的基础。二是出版了大量研究成果。这些成果较为全面地反映了工人阶级产生和成长的内外环境、工人阶级的状况、工人的经济斗争和反帝反封建的政治斗争、工人组织的发展。三是对工运史上的若干重点难点问题做了较为深入的研究,发表了一些非常有见地的看法。尤其是21世纪以来的10年工运史研究开始突破作为中共党史研究附庸的框架,融合历史学、政治学和社会学的研究方法,学术研究较广泛深入地开展起来。四是对工运史学科体系作了初步探讨,学者们曾提出促进学科建设的宝贵意见。五是曾形成一支有一定规模的工运史研究的队伍。

在充分肯定工运史研究取得的辉煌成就的同时,也应当看到存在的问题。主要是:

第一,缺乏深入的理论研究。对民主革命时期工人运动理论的研究,虽然已开始为学术界所重视,并取得初步进展,但是成果不多。许多重要的理论问题,如:中国共产党是如何从中国的实际出发运用和发展马克思主义工运理论的?半殖民地半封建中国的工人阶级和工人运动与资本主义国家工人阶级和工人运动相比较,有哪些特点?工人运动在民主革命中的地位和作用、与武装斗争的关系、与各个时期的战略任务关系如何?在实行反帝反封建的民主革命中,在中国现代化的进程中,工人阶级对资产阶级应采取何种政策和策略?尚缺乏应有的重视和深入的研究。

第二,研究内容不平衡,存在畸轻畸重的现象,学术争鸣不够活跃。如在研究的内容上,偏重于早期工运的研究。在已发表的成果中,论述大

---

① 参见邵雍《中国秘密社会》第6卷《民国帮会》,福建人民出版社2002年版。

革命及此前的工运的文章较多，研究土地革命战争时期、抗日战争时期的文章较少，解放战争时期的文章更少；对国民党及非国共两党领导的劳工运动的研究虽有一些进展，但仍不够深入；一些重要的产业和重要地区的工运史研究还是空白，一些重要问题提出来了，但缺乏深入的研讨和不同观点的交锋。这在一定程度上妨碍了研究的深入。

第三，在资料建设上仍应加强。几十年来，全总各级工运研究机构搜集了大量资料，在资料的整理和出版方面取得了重要成就，但仍有许多重要史料还有待进一步挖掘利用。如对国民党和国民政府有关工运的文献资料缺乏挖掘和整理，对旧中国社会科学工作者初步整理的资料和研究成果也很少加以利用。工运史研究要深入，资料的进一步挖掘、搜集和整理、出版仍是必不可少的。

第四，工运史学科体系尚未真正建立起来。1991年春，北京大学教授张注洪在为全国工人运动史研究会拟召开的中国工人运动史学术会议撰写的《关于加强中国工人运动史研究的几个问题》一文中，对几十年的工运史研究作了总的评估，认为工运史学界经过多年探索，对中国工运史的对象、任务、分期、方法以及它与其他学科的关系，中国工人阶级的内涵、特点、主要事件和人物的认识等重大问题上，大家的意见渐趋一致。这说明中国工人运动史正在发展成为一门独立的学科，它的科学体系也在形成。但是他认为从中国工人运动史的科学体系所应具有的内涵，即它不仅要求有专门著作，能科学地阐明工运史学科的对象、任务及学科的重大问题，还应该基本消灭本学科的重大空白部分；它不仅要求运用马列主义创造性地阐述中国工运史，还要求总结出运用马列主义研究本学科形成的理论成果；它不仅要求对中国工运史研究所用的史料下搜集、整理和利用的功夫，还要求上升为规律性的东西，形成科学论述；它不仅要求对国内以至国外中国工运史研究的信息和进程作一般的了解，还要求对工运史学史作出系统的总结并形成专门著作；它不仅要求掌握历史唯物主义，吸收中国传统史学和西方研究工运史方法的合理部分，还应根据自己的实践经验加以系统化的总结，以形成方法论的科学成果来衡量，似乎还不能说已形成了学科的科学体系。要充实和完善中国工运史学科的科学体系，至少还应当在加强中国工人运动史的理论研究，拓宽工运史的研究领域，消灭工运史研究上的某些空白，建立中国工人运动史史料学，重视中国工运研究的进程和经验的总结，吸收中国史研究的有效方法，借鉴和运用多学科的研究方法等方面下一番切实的功夫。应当说，上述总结是非常有见地的。严格说来，工运史学科体系的确还没有完整形成。

第五，缺乏专门的机构和基本的队伍。自20世纪90年代初全总撤销工运史研究室后，工会系统已少有专职的工运史研究人员。社科院系统设有工运史研究机构的也只是极个别的，从事研究的人员极少。高校系统自取消中共党史和中国革命史课程设置后，原开有工运史课的也极少保留。2005年成立的中国工人历史与现状研究会，开展了一些学术活动，但重点放在研究中国工人阶级的现状上。由于没有常设的专门的研究机构，没有基本的队伍，学术活动的开展受到很大限制。工运史研究人员流失严重，基本是散兵游勇，各自为政，严重地制约了工运史研究的深入和广泛开展。

总之，工运史研究是中国社会科学研究中不可缺少的部分。非常希望有关部门能重视起来，有志于工运史研究的学者能行动起来，共同推进研究的深入开展。衷心祝愿工运史研究这枝学术之花能够长开不败，像我们的伟大祖国一样繁荣昌盛。

第十四章

妇 女 史

中华人民共和国成立以来，尤其是改革开放后，史学界关于中国近代妇女史的研究有了长足进展，取得了可喜的成绩。

关于妇女史的定义，有学者将其分为两类：一种为按传统史学方法描述妇女群体活动的历史；一种是以女性性别立场与视角去观察和编纂的妇女历史。[①] 还有学者根据目前妇女史研究的一般范式，将改革开放后兴起的具有西方女性主义色彩和新社会史特征的妇女史称之为"新妇女史"。[②] 但不管哪一种妇女史都是把女性作为研究对象和研究主体。通过妇女史研究达到全面、科学地认识社会发展及人类自身，既是妇女史研究的最终目标，也是其研究的价值所在。

近代以来，妇女一向是学者十分关注的社会群体。回顾"五四"时期的历史，不难发现，当时凡是主张新文化的人，都极大地关注妇女问题，关注妇女的历史与现实。陈独秀、李大钊、胡适、鲁迅、周作人、毛泽东等，撰写了一大批有关妇女问题的文章，产生了重大社会影响。其后20年，中国妇女史研究出现了第一个高潮。

1949—2009年，近代妇女史研究经历了三个历史阶段。1966年"文化大革命"爆发前为第一阶段，这一时期，由于思想认识及政治等多方面原因，妇女史研究未能引起史学界应有的重视，研究成果不多，视野也极为有限。就旧民主主义革命时期而言，人们的兴趣主要在太平天国妇女问

[①] 参见高世瑜《妇女史研究三议》，《妇女研究论丛》1997年第3期。
[②] 参见刘文明《"新妇女史"在大陆的兴起》，《史学理论研究》2003年第1期。

题上，妇女人物研究也只在秋瑾等个别人物方面有较大的进展。新民主主义革命时期的妇女史研究，则大体局限于中国革命史范围。妇女史研究明显处于低潮。全国妇联曾于1964年设立妇女运动历史资料组，在全国各地搜集妇女运动历史资料，但不久便陷于夭折。"文化大革命"时期，学术研究遭到严重摧残与扭曲，数量极其有限的近代妇女史文章，也多和批林批孔、批儒评法紧紧挂钩，成为政治斗争的工具而脱离了学术轨道。1978年中共十一届三中全会之后，妇女史研究进入了新的高潮期。特别是后十几年，随着世界范围内性别主流化的推进及社会性别理论与方法的引进，妇女史研究出现了前所未有的繁荣，出现了由边缘向主流转化的可喜趋势。据不完全统计，改革开放后30年间，有关中国近代妇女史的文章已发表2000余篇，出版的专著和教材达100余种，还有一批近代妇女史的文献资料正式出版。另有一些论著及资料汇编，虽然并非专门的妇女史研究，但有专门章节或较大篇幅涉及近代妇女问题。这些专著和一大批学术论文的出版发表，反映了新时期以来中国近代妇女史的研究状况与研究水平。

第一节　妇女运动与妇女解放思想

中国近代妇女史研究，60年间成果最多的是关于妇女运动方面的。仅专著就有10余部，主要有刘巨才的《中国近代妇女运动史（新民主主义时期）》（中国妇女出版社1989年版）、吕美颐和郑永福的《中国妇女运动（1840—1921）》（河南人民出版社1990年版）、唐亚辉的《中国妇女百年奋斗史》（湖南师范大学出版社1999年版）、上海市妇联妇运史编纂委员会编写的《上海妇女运动史（1919—1949）》（上海人民出版社1990年版），全国妇联1989年组织人力编写出版了《中国妇女运动史（新民主主义时期）》（中国妇女出版社），2008年又组织专家学者撰写出版了《20世纪中国妇女运动史》上卷（中国妇女出版社）。这些专著与众多相关论文，主要对以下问题进行了探讨。

一 中国近代妇女运动的分期与特点

妇女运动，是为了提高妇女社会地位，恢复妇女诸种社会权利，以实现女性作为"社会人"的价值而进行的社会运动。从本质上说，它是人类对自身存在方式的变革。学术界的讨论，围绕着中国妇女运动的发生、发展及其特点进行。

评价太平天国革命是否是一场妇女解放运动，涉及妇女运动的定义以及中国近代妇女运动何时产生的问题。史学界对此一度存在不同看法。罗尔纲1955年发表的《太平天国与妇女》一文认为，"太平天国是一个反封建的革命，男女平等是它的革命政纲之一"。太平天国是"妇女解放的第一个实行者。这样广大彻底的妇女解放运动，在俄国十月革命以前，世界历史上不曾有过，真是人类最光荣最先进的行动"。①郑鹤声②、林增平③大体沿袭了罗尔纲的看法。他们代表了"文化大革命"前学术界对太平天国妇女问题性质的基本看法。尽管今天看来这些观点多有可商榷之处，但当时是一场严肃的学术讨论，并且在材料发掘和史实考证方面贡献颇多。

20世纪80年代初，不少学者对传统看法提出质疑，主张对太平天国的妇女解放问题给予实事求是的评价。张寄谦指出：对于妇女参加劳动、参军、参加政治活动，"不宜把它描绘成得到了彻底的解放"，因为在太平天国起义的故乡广西少数民族地区，劳动妇女在家庭中的地位一向比较高，这一传统对起义队伍影响很深。相反，洪秀全"集中继承了封建伦理观念中男子对妇女的压制和歧视"。④王戎笙也说："太平天国提倡男女平等的光辉思想，就是通常引用的那么几句……而大量的、连篇累牍的，却是宣扬妇女低贱，鼓吹三从四德的言论。"太平天国北伐中甚至拿女人作为赏赐品，妇女在这种场合连做人的资格都没有，哪有男女平等可谈？⑤

---

① 《太平天国史事考》，生活·读书·新知三联书店1979年第2版，第340页。
② 《太平天国妇女解放运动及其评价》，《文史哲》1955年第8期。
③ 《中国近代史》，湖南人民出版社1958年版，第132—133页。
④ 《论洪秀全》，载《太平天国史学术讨论会论文选集》第3册，中华书局1981年版。
⑤ 《如何看待太平天国的平均主义》，载《太平天国史论文集》，广东人民出版社、广西人民出版社1983年版，第173—174页。

郑焱、汤可可进一步指出，农民的"阶级局限和几千年封建意识的传统束缚，使他们在当时不可能具有近代的男女平等思想，妇女也不可能真正认识自己所处的社会地位，并自觉地为自身的解放而奋战"①。饶任坤认为，太平天国提出的男女平等口号，实际上不是政治口号，而是宗教的教条。②

值得注意的是，在对太平天国妇女政策的评价上，至今仍然存在不尽相同的看法。21世纪伊始王绯重新提出，"太平天国这一创举的原创性影响不可低估"，太平天国革命一度将妇女带到解放线上，"为它之后的资产阶级革命勇开先路"，并使之"能够在时间、途径和方式上超越英美妇女运动"③。

关于妇女运动产生的历史条件，刘巨才指出，妇女解放运动的产生需要四个条件：工业文明是产生妇女运动的物质前提；性别矛盾尖锐化，妇女问题已成为严重的社会问题，是产生妇女运动的社会基础；性别觉悟是产生妇女运动的思想基础；具有民主思想和平等观念的妇女队伍，是妇女运动的群众基础。④

另有学者提出："妇女解放运动的兴起，一方面需要社会生产力发展到一定水平，能够为女性回归社会提供相当的物质基础；另一方面则要求人类有能力重新审视自身的存在价值。"⑤

中国妇女运动何时发端是一个分歧较大的问题。荣铁生指出："中国近代意义的妇女解放运动"，"19世纪末是它的启蒙阶段，辛亥革命前后形成高潮"⑥。多数学者在各自的著述中以戊戌维新运动作为中国妇女运动开端。以李静之为代表的研究者则认为戊戌维新只是"中国妇女运动的序幕"，辛亥革命高潮中才"诞生了以妇女为主体，有纲领、有组织、有一

---

① 《太平天国并不是一次妇女解放运动》，《史学月刊》1981年第2期。
② 参见《太平天国妇女问题再探》，《学术月刊》1990年第6期。
③ 《妇女：法律上的死亡与复活——太平天国革命与妇女解放》，《中国文化研究》总第33期，2001年秋。
④ 参见《对中国妇女运动的几点看法》，《妇女研究论丛》1994年第1期。
⑤ 吕美颐、郑永福：《中国妇女运动（1840—1921）》，河南人民出版社1990年版，第12页。
⑥ 《辛亥革命前后的中国妇女运动》，载《纪念辛亥革命七十周年学术讨论会论文集》上册，中华书局1983年版，第650页。

定规模的妇女运动"①。2008 年新出版的《20 世纪中国妇女运动史》上卷，即坚持后一种观点。

关于中国近代妇女运动分期问题，学术界一般以中国共产党成立的1921 年为界，分为前后两大阶段，每个大段又分为若干小段。刘巨才认为，前一大阶段是与旧民主主义革命同步的知识妇女解放运动（1898—1921），后一大阶段是与新民主主义革命同步，以无产阶级为领导、以工农劳动妇女为主体、以知识妇女为先锋的妇女解放运动。②

关于旧民主主义革命时期妇女运动的特点，有研究者将其概括为三个方面。其一，中国近代妇女解放运动始终是中国人民反帝反封建的资产阶级民主革命的有机组成部分，妇女运动的高涨往往与政治革命的高潮同步出现。但是，反帝反封建任务的艰巨性，使资产阶级往往着眼于女性的力量和作用，而忽视女性应得的权利，广大妇女在严峻的政治斗争面前也强化了"天下兴亡，匹妇亦有责焉"的社会责任感，相对淡化了自我权利意识。其二，由于中国民族资本主义生长艰难，发展缓慢，为妇女解放运动创造的必要的历史条件极其有限；而民族资产阶级在力量弱小的情况下，就担负了妇女运动的领导责任，使得中国妇女运动在条件不充分的情况下超前产生，并由此引发出男性充当妇女解放的积极倡导者而女性反为追随者的特殊现象。由此说明，中国近代不仅缺乏独立于反帝反封建斗争的妇女运动，也缺少独立于男性的妇女解放运动。其三，中国妇女运动具有特殊的艰巨性和复杂性。中国妇女受压制、受屈辱不仅是男性和家庭的需要，更是历代统治者"齐家、治国、平天下"策略的需要，任何改变妇女社会地位的努力都会遭遇来自多方面的强大阻力。③ 李桂海将近代中国妇女解放运动的时代特征归纳为以下四点："与资产阶级革命联系在一起；从批判封建家庭伦理的角度探讨妇女解放；男性思想家发挥启蒙作用；关注妇女的社会权利。"④

中国近代妇女运动的"男性特色"问题，引起了众多学者的关注。孙

---

① 《伟大的七十年》，中共党史出版社 1992 年版，第 174 页。
② 参见《对中国妇女运动的几点看法》，《妇女研究论丛》1994 年第 1 期。
③ 参见《中国妇女运动（1840—1921）》，第 12—15 页。
④ 《近代中国妇女解放运动的特点》，《船山学刊》2003 年第 2 期。

兰英指出：由于社会基础、经济条件尚不具备，从明清之际启蒙思想的兴起直到辛亥革命成功，"解放妇女的宣传者、倡导者、组织者都是男性"，他们与先进的妇女共同构成了近代妇女运动的主体。这种"男性特色"使中国所进行的运动实际上是"解放妇女运动，而不是妇女解放运动"。文章还认为，中国妇女在男性思想家启蒙下，不仅认同了他们的观点，"还把在父权制下一直处于优势地位的男子当作理想的化身"。男性也由于"没有针对大男子主义传统进行自我否定而获得精神上的彻底解放"，因而往往在认为目的已经达到时，就重弹封建伦理的老调。①桑兵的《近代中国女性史研究散论》（《近代史研究》1996年第3期）一文，也对近代妇女解放多由男性发端现象，从多角度探究其根源。他强调，除了男性受教育的比例大大高于女性外，以下几条原因也应予以考虑：其一，在中国传统社会中，母亲对子女的教育成长所负责任往往较父亲为大，影响也较深，由此产生的文化意义上的恋母情绪，会左右后代对待女性的态度。其二，身受家长压抑的男性，对于比自己地位更为低下的女性，易产生强烈的同情心，而对统治社会和主宰家庭的男性油然生厌。怜悯与颂扬女性，正可抒发对人间压抑不平的愤懑。王晓丹等更多强调从女性自我意识缺失、女性主体意识错位方面，来分析中国近代妇女运动的"非女性化"特征。②

关于中国共产党领导的新民主主义革命时期妇女运动的特点，有研究者将其概括为六个方面：以马克思主义妇女观为指导的理论形态；同革命运动紧密结合；注重确立男女平等的法律地位；唤起女性主体意识；以劳动妇女为主体广泛团结各界妇女；建立中国共产党领导下的妇女团体以代表和维护妇女的利益。③

还有学者提出，妇女运动对于社会发展与进步的推动作用不应忽视。认为：妇女运动的直接与间接成果一般表现在两个方面，"一是女性的社会地位得到某种程度的改善与提高，两性关系的错位逐步得到纠正，性别

---

① 《论中国近代妇女运动的"男性特色"》，《史学月刊》1996年第3期。
② 参见《论中国近代妇女运动的非女性化特征》，《中华女子学院学报》2002年第4期。
③ 参见李静之等《马克思主义的妇女观》，中国人民大学出版社1992年版。

群体利益不断得到调整。二是妇女运动在整个社会产生了强大冲击波，对人们的价值观念、行为准则和生活方式发生着重大影响，使人们逐步接受某些新事物，产生某种新共识"，推动了"正向"社会变迁①。

二　关于妇女解放思想

关于妇女解放思想已经有不少专著先后出版，如夏晓虹的《晚清文人妇女观》（作家出版社1995年版），王政、陈雁主编的《百年中国女权思潮研究》（复旦大学出版社2005年版），张莲波的《中国近代妇女解放思想历程》（河南大学出版社2006年版）等。2005年6月，复旦大学历史系和美国密歇根大学中国文化研究所在上海共同主办了"百年中国女权思潮研究"国际学术研讨会，120位中外学者与会，集中展现了近代妇女思想史研究的最新成果。

熊月之所著《中国近代民主思想史》（上海人民出版社1986年版）与吴雁南等主编的《中国近代社会思潮》（湖南教育出版社1998年版）两书，对近代妇女解放思潮的兴起与发展作了系统论述。书中多有突破传统看法之处，如对传教士的评价，认为鸦片战争以后来华的部分传教士，自觉或不自觉地宣传了西方资产阶级男女平等、妇女解放等新观念，客观上对中国妇女运动起了思想启蒙作用。再如对于早期维新派，认为他们对妇女问题的关注与探索，已不同于历史上封建士大夫中的开明人士，而带有若干资产阶级民主思想的色彩，对于中国妇女解放思潮的兴起具有前驱先路的作用。

在讨论男女平等思想的产生时，研究者普遍认为，自晚明起，随着中国资本主义萌芽的产生，思想领域产生了代表市民阶层的人文主义思潮，于是出现了男女平等的思想萌芽，即有自觉意识（包括男女两性）地追求男女平等。这一萌芽延续了近300年，但一直没有形成完整的男女平等理论。李国彤较早明确提出了这一观点。② 多数学者取得共识的另一点，是

---

① 吕美颐：《论中国近代妇女运动对社会变迁的推动作用》，《郑州大学学报》1999年第4期。

② 参见《近代前夜妇女解放思想的萌动及其影响》，载北京大学中外妇女研究中心编《北京大学妇女问题第三届国际研讨会论文集》。

认为近代妇女解放思想,是在西方天赋人权学说及资产阶级自由、民主、平等思想传入中国后才在中国思想界产生的。孟新安认为,男女平等思想产生于戊戌时期,"成为一个时代的里程碑"①。何黎萍却认为,戊戌时期维新派的男女平等思想还不成熟,存在思想与理论中的自我矛盾。20世纪初,在西方女权思想的影响下,中国才出现了"妇女解放思想的重大飞跃"②。不少学者对于20世纪初的女权主义代表作——《女界钟》进行了深入研究,认为"金天翮的名著《女界钟》,代表了晚清女权主义思想的最好水平"③。

对于妇女解放思想在中国产生的渊源,王美秀认为这一问题既不能完全溯源于西方文化的传播和影响,也不能只追根于本土,而应看作是中西文化碰撞、交融的结果。"在近代东西文化交流碰撞的过程中,东方国家普遍出现与传统文化离异并趋向西方文明的潮流。"④夏晓虹指出,西学东渐一个极其可观的思想成果,便是平等观念的阐扬,它形成于戊戌变法前后,"迨到二十世纪初,已越来越多地被'男女平权'尤其是'女权'的说法所置换"⑤。

可以看出,研究者在诸如近代妇女解放思想何时产生、渊源何在,早期维新派是否具有妇女解放思想等问题上,认识略有差异。

关于"五四"时期的妇女解放思潮,相关论述较多。有学者总结了这一时期妇女解放思潮的特点:一是以人格独立意识为核心的个性解放观念的高扬;二是妇女解放思潮与当时改造社会的探索结合紧密,呈现出异常活跃驳杂的多元竞进格局;三是此时的妇女解放思潮,具有社会基础的广泛性和思想理论的深刻性。同时,马克思主义妇女理论的初步传播,使这一时期妇女解放思潮跃进到一个新的境界和层次。⑥王如青对

---

① 《中国近代男女平等思想刍论》,《江汉论坛》1994年第12期。
② 《论中国近代女权思想的形成》,《中国人民大学学报》1997年第3期。
③ 熊月之:《晚清上海:女权主义实践与理论》,《学术月刊》2003年第11期。
④ 《西学东渐影响下的中国近代妇女运动》,《北京大学学报》1995年第4期。
⑤ 《从男女平等到女权意识——晚清的妇女思潮》,《北京大学学报》1995年第4期。
⑥ 参见吴雁南、冯祖贻等主编《中国近代社会思潮》第2卷,湖南教育出版社1998年版,第七编第五章。

陈独秀、李大钊与胡适、周作人代表的倾向不同的两种妇女解放思想进行了比较和分析，指出，前者代表的是"阶级解放"论，注重妇女整体解放，后者代表"个体觉醒"论，更加关注女性的个体自觉。两者对妇女解放理论都具有开创意义，又都潜在着偏颇与局限。① 吴效马等人从时代特点出发，将"五四"时期与戊戌维新及辛亥时期的妇女解放思潮进行了对比。②

关于马克思主义妇女观在中国近代的传播，有不少著述论及。石巧兰、李兴芝认为，马克思主义妇女观在中国近代的传播可分为三个阶段：辛亥革命前后为早期介绍阶段，五四运动前后为初步传播阶段，中国共产党成立至中共二大是马克思主义妇女观的确立阶段。以中共二大《关于妇女问题的决议》为起点，马克思主义妇女观作为观察和解决妇女问题的根本观念以党的决议形式确立下来，成为马克思主义妇女观在中国确立的标志。③

刘巨才指出，马克思主义妇女观同中国妇女运动的实际相结合，形成了有中国特色的新民主主义妇女解放理论。这个理论的基本内容是：主张中国妇女解放运动是反帝反封建的新民主主义革命的重要组成部分；工农劳动妇女是妇女运动的主力军和基本力量；先进知识妇女是妇女解放运动的先锋和桥梁；中国共产党的领导是妇女运动健康发展的可靠保证；建立和健全各类妇女组织是开展妇女运动的组织基础；建立妇女运动统一战线的思想和策略、支援和参加武装斗争是新民主主义妇女运动的主要内容；妇女特殊利益与阶级整体利益的关系，劳动群众中的男女不平等问题，是必须关注的重要问题。④ 李静之指出，中国共产党妇女运动指导思想的确立和发展经历了漫长的历史过程，大革命时期已经正式确立，苏区时期又明确地提出了发展农妇运动的指导思想，抗日战争和解放战争时期妇女运

---

① 参见《"阶级的解放"与"个体的觉醒"——"五四"时期知识分子的两种妇女解放观刍议》，《河北大学学报》2000 年第 5 期。
② 参见《"五四"时期妇女解放思潮的特点》，《浙江学刊》2001 年第 4 期。
③ 参见《马克思主义妇女观在我国的早期传播及其中国化》，《妇女研究论丛》1992 年第 1 期。
④ 参见《新民主主义妇女解放理论初探》，《妇女研究论丛》1992 年第 1 期。

动指导思想得到进一步的发展。①

一些文章还分别对著名政治家、思想家的妇女解放思想进行了研究，因为在他们身上，集中体现了一个时代的妇女观，体现着当时先进的人对妇女问题的态度。研究较多的有康有为、梁启超、谭嗣同、黄遵宪、严复、秋瑾、孙中山、吴虞、李大钊、胡适、鲁迅、蔡元培、毛泽东、向警予、宋庆龄等人。进入21世纪以来，研究的视野更加扩大，涉及了王明、陈望道、邵力子、沈兹九等多党派人士。这一研究的意义在于，突出了妇女解放思想的时代特色，也显示了妇女解放思想的丰富多彩的个性。

三 不缠足、兴女学、创报刊、结团体

关于中国近代妇女运动的切入点，学术界大体接受了陈东原20世纪30年代提出的观点，以不缠足运动和兴女学运动的兴起作为中国妇女运动的起点。因为形体解放是妇女解放的先决条件，思想解放则是妇女解放的关键所在。两项运动均肇始于戊戌时期。

20世纪80年代以前，对不缠足运动缺乏学术性研究，只有康同璧1957年发表过一篇回忆文章。1983年樊心的《近代妇女解放的先声：浅谈戊戌变法时期的不缠足运动》(《上海师院学报》1983年第1期）一文，重提不缠足运动。此后出现的一系列论述不缠足运动的文章，成为新时期妇女史研究热潮中一个醒目之点。文章研究的重点在晚清，内容涉及维新派倡导不缠足运动的运作过程、外国传教士在提倡不缠足运动中的宣传和示范作用，以及清政府在推行新政中提倡不缠足的意义。

进入20世纪90年代，不缠足运动的研究有了新的进展。李凤飞、暴鸿昌的文章全面考察了缠足的地域、民族、阶层的分布情况，并分析了清代以来反对缠足的各种立场和视角，包括审美的、实用的、国家兴亡的、人道文明与卫生的、妇女解放的不同方面。② 有人从文化视角来透视不缠足运动的产生，认为"当一个社会或民族在经历文化变迁时作为其外在行

---

① 参见《新民主主义革命时期中国共产党妇女运动指导思想的确立和发展》，《妇女研究论丛》2001年第4期。

② 参见《中国妇女缠足与反缠足的历史考察》，《学习与探索》1997年第3期。

为表现的风俗断无不变之理"①。应当一提的是杨兴梅所撰《南京国民政府禁止妇女缠足的努力及其成效》(《历史研究》1998年第3期)一文。文中不同意史学界认为辛亥后缠足现象已成强弩之末，新文化运动期间"缠足陋俗出现了根除的趋势"②的认识，提出，"实际上，新文化运动以后中国女性缠足现象远比过去所认知的更广泛"。文章对南京政府在禁止缠足方面所做的"积极持久的努力"给予肯定，并指出："这是一次由中央政府统一领导并在全国范围内普遍推行、以禁罚为重要手段的不缠足运动，说它是近代不缠足运动的高潮阶段，或不为过。"文章还强调，由于各级人员执行禁罚过程中常常违反民间风习，使得"此项政策的实施至少在方式方法上大有使人民不满之处"。另有一些文章从身体史或观念史的角度开展研究，如杨念群的《从科学话语到国家控制——对女子缠足由美变丑的历史进程的多元分析》(《北京档案史料》2001年第4期)、杨兴梅的《观念与社会：女子小脚的美丑与近代中国的两个世界》(《近代史研究》2000年第4期)等。

近代女子教育的产生与发展影响重大，一直是研究中国近代妇女史的重点之一。20世纪80年代以来，除了黄新宪所著《中国近现代女子教育》(福建教育出版社1992年版)等专著，专门论述近代女子教育的文章已有90余篇。多数文章着重于中国女子教育的近代化及女子教育体制的建立，阎文芬的《中国女子教育的近代化历程、特点及启示》(《华东师范大学学报》1996年第2期)一文提出近代女子教育的三个特点，即"复杂性""多元性"及"女子教育总体发展上的落后性"。梁景和的文章揭示了近代女子教育发展的脉络，并对1907年清政府颁布的两个女学章程和民初的"壬子癸丑"学制在近代女子教育发展中的地位与作用，进行了分析。③

研究比较集中的是清末女学，首先是确定了中国人自办的第一所女学堂所属问题，多种近现代教育史都曾认为是1902年创办的务本女校或爱

---

① 湖北大学中国思想文化史研究所：《中国文化的现代转型》，湖北教育出版社1996年版，第370—371、383—387页。
② 梁景时：《中国近代不缠足运动始末》，《山西师大学报》1995年第1期。
③ 参见《近代中国女学演变的历史考察》，《辽宁师范大学学报》1993年第6期。

国女校。1980年初朱有瓛、钱曼倩发表文章指出，1898年创办的经正女学是中国自办的最早女学堂，并进行了全面考证。① 还有不少文章考察了20世纪初中国女学兴起的过程、办学宗旨及特点。

教会女学问题，是研究的热点之一。1988年，章开沅、顾学禄等学者与美国普林斯顿大学合作，开创了中国教会大学研究，推出一批研究成果。崔运武的文章把教会女子教育分成了两个阶段：一是教会女校发展的初期阶段（1844—1860），二是教会女校的扩张时期（1860年至20世纪20年代）。前一阶段的特点是学校数量少、程度低，学生以贫民子女为主；后一阶段则已形成从小学到大学规格齐全的教育体系，学生向富家子女转向。文章肯定了教会女子教育在"提倡男女教育平等"、"以洋风移旧俗"、促进"中国女界一定范围、一定程度的解放"方面的作用，但强调这"不是教会集团的初衷"。② 王奇生的文章研究了教会女子高等教育的历史演变与特点，认为教会女子大学开创了中国女子高等教育的先河，并在这一领域"始终处于领先地位"，无论在创办时间、女学生人数、女生在全部学生中所占比例方面，都远远超过了同期的中国大学。因而"在第一代中国知识女性的成长过程中，教会大学扮演了十分重要的母体角色"。③ 乔素玲认为，中国近代女学的创立与发展不仅受到西方教育制度的影响，而且受日本影响很大，"从而使中国近代女学带有浓重的日本色彩"④。朱峰于2002年出版了《基督教与近代中国女子高等教育》（福建教育出版社）一书，以金陵女子大学及华南女子大学为考察对象，全方位探讨了教会女子大学发展的坎坷历程。

女子留学问题也是研究的热点之一。已经出版的几部留学生史都比较多的涉及或以专门章节论述了女子留学。⑤ 在这些研究的基础上，1995年

---

① 参见《经正女学是我国自办的最早女学堂》，《上海师范大学学报》1980年第1期。
② 《近代中国教会女子教育浅析》，《史学月刊》1988年第2期。
③ 《教会女子高等教育的历史演变》，《华中师范大学学报》1996年第2期。
④ 《近代中国女学与日本》，《广东社会科学》2001年第1期。
⑤ 参见李喜所《近代留学生与中外文化》，天津人民出版社1992年版；王奇生《中国留学生的历史轨迹》，湖北教育出版社1992年版；留学生丛书编委会《中国留学史萃》，友谊出版社1992年版。

又有一部女子留学史专著出版。① 这些书介绍了早期的教会女子留学、清末女子留日热、民初女子留美热、"五四"时期女子留法勤工俭学热、20世纪20年代的女子留苏、抗战胜利后的女子留美趋向等一系列问题，介绍了不同时期政府的留学制度和政策，以及女留学生的生活和她们对社会的贡献。论文中，论及清末留日女留学生的较多，周一川的《清末留日学生中的女性》（《历史研究》1989年第6期）与谢长法的《清末的留日女学生》（《近代史研究》1995年第2期）等文章，详细考订女子留日的基本情况。郭常英与苏小环的文章探讨了清末女子留学的初始动因。蔡峰对民国时期女子留学的途径及留学专业领域进行了全面考察。②

近代女子教育对于妇女运动及妇女生活的影响，本是极为重要的问题，但这方面的研究成果相对较少。宋瑞芝指出，戊戌时期的兴妇学运动"为妇女解放进行了思想启蒙"，辛亥时期女子教育的发展，"唤醒了妇女革命的自觉意识"，"五四"时期平民教育的兴起和大学开放女禁，使"妇女解放运动突破了知识女性的圈子，扩展到了工农大众之中"，从而"揭开了中国妇女真正觉醒时代的帷幕"③。一些文章则强调，近代女子教育制度的确立是中国妇女最早获取的权利；女子教育的发展大大提高了妇女的整体素质；从某种意义上说，中国女性的启蒙，应归功于女子教育的产生和发展。④

早期的女子报刊，曾是对妇女进行启蒙教育的有效工具，也是向社会伸张女权的重要阵地。20世纪60年代初，新闻界曾就中国第一份女子报刊问题有过一场争论。当时，秋瑾创办的《中国女报》和陈撷芬1902年创办的《女学报》都被视为中国第一份女报。1963年，潘天桢、杜继琨分别发表文章指出，中国第一份女子报刊是1898年上海桂墅里中国女学会创办的《女学报》，并介绍了该报宣传"男女平等，施教劝学"等内容

---

① 参见孙石月《中国近代女子留学史》，中国和平出版社1995年版。
② 参见《近代中国女子留学探析》，《史学月刊》1991年第3期；《民国时期女子留学的途径及留学专业领域》，《中华女子学院学报》2003年第1期。
③ 《近代女子教育的兴起与妇女觉醒》，《河北学刊》1995年第5期。
④ 参见何黎萍《中国近代妇女教育平等权的演进》，《社会科学辑刊》2000年第6期。

和出版发行情况。[①] 但争论并未引起人们对这一问题的研究兴趣。20 年以后，《女学报》重新受到妇女史学者的重视，80 年代初，林虹发表了《中国第一份女报》，刘巨才发表了《中国历史上第一份女报》[②]，方汉奇等学者也纷纷著文，论证了与《女学报》相关的问题。研究的深入，使人们发现了维新派妇女以往鲜为人知的一系列活动，如创办女学会与女学报、参与创办女学堂等，了解了她们关于妇女解放的主张。这一研究的意义，不仅仅在于确定第一份女报的所属，而是涉及戊戌时期是否形成了妇女运动、中国妇女运动何时开端等重要问题。

近代女子报刊创办状况的研究也有进展。各种近代报刊史以及辛亥时期、"五四"时期的期刊介绍，都以专门章节介绍了不同时期的女子报刊。1990 年出版的《北京妇女报刊考》（光明日报出版社 1990 年版），对 1949 年以前北京出版的 110 种女子报刊，进行了评介。女子期刊的个案研究则涉及了不少著名妇女杂志，如《中国新女界杂志》《妇女杂志》《劳动与妇女》《妇女评论》《新妇女》《妇女声》《妇女周报》《女星》《妇女生活》《妇女之友》等。还涉及了一些有影响的大报的妇女专栏，如《大公报》的《妇女与家庭》、《民国日报》副刊《妇女周报》等。[③]

女子报刊与妇女解放的关系，受到研究者的重视。周昭宜的《近代女子报刊的兴起及意义》（《河北师范大学学报》1997 年第 1 期）一文指出，女子报刊的兴起，不但"在中国报刊史上具有里程碑的性质和划时代的意义"，而且"它自诞生之日起，就成了妇女争取自身解放的喉舌"。而女性跻身于报刊活动，也"体现了社会的进步和女性主体意识的觉醒"。"五四"时期的《新青年》虽然不是妇女刊物，但曾对妇女解放起过重要作用。张晓丽的《〈新青年〉的女权思想及其影响》（《史学月刊》1996 年第 4 期）一文指出，《新青年》的女权思想集近代妇女解放理论之大成，对中国妇女思想启蒙发挥了重要作用，"它表现的锋芒与锐气，不但当时使社会震惊，即使在今日也颇有启发意义"。应当指出，中国近代女子报

[①] 参见《图书馆》1963 年第 3、4 期。
[②] 参见《史学月刊》1982 年第 1 期；《新闻研究资料》1983 年第 17 期。
[③] 参见李秀云《从两性对立到两性超越》，《天津师范大学学报》2008 年第 4 期；李瑞生《向警予与上海〈民国日报〉副刊〈妇女周报〉》，《怀化师专学报》2001 年第 4 期。

刊总量很多，对妇女运动和妇女生活的影响极大，但迄今为止研究还很不够，蕴藏其中的丰富史料也未得到充分利用。

关于妇女团体。戊戌时期建立的"女学会"是中国最早的近代意义上的妇女团体，这一论断已被多数学者所公认，只是由于资料欠缺还难以窥其全貌。近代妇女团体的研究，集中在团体的分类、活动内容与形式、社会影响等方面。多数论者根据妇女团体的倾向将其划分为三种类型：一种以振兴女权为目标，一种侧重于参加当时的政治斗争，还有一种以改良社会风习或举办慈善事业为主。妇女团体的出现，表明中国妇女开始以群体面貌参与社会生活，影响十分深远。张莲波的文章列举了辛亥时期的35个妇女团体，分析了这一时期妇女团体的特征，并指出，辛亥革命前出现的众多妇女团体，"为武昌起义后女权运动掀起高潮奠定了思想基础和组织基础"[①]。一些文章强调了早期妇女团体政治参与意识不强和政治上软弱与幼稚的问题，还有一些文章对共爱会、中国妇人会等女子团体进行了个案研究。

抗日战争时期是女子团体发展最快的时期。黄晓瑜把这一时期的妇女组织分为如下几类：全面抗战爆发前自发组织的妇女抗日团体；统一战线建立后全国性的妇女抗日组织；各根据地的妇女联合会和妇女救国会。[②]刘静的《抗日战争时期国民党统治区新成立的妇女组织简介》（《妇运史研究资料》1985年第3期）一文估计，1940年前后国统区的妇女抗日组织大约有358个，其中影响最大的全国性组织有中国妇女抗敌后援会、中国妇女慰劳自卫抗战将士总会、战时儿童保育会、新生活运动促进总会妇女指导委员会、中苏文化协会妇女委员会等。并对这些组织的来龙去脉、内部组织、活动特点进行了评述。武锦莲的《抗战前期的〈妇指会〉及其活动》（《上海师范大学学报》1989年第2期）一文强调了妇指会1938年改组后，虽然仍旧由宋美龄任指导长，但性质已发生变化，成为"国民党、共产党和无党派的妇女，站在平等地位"的统一战线组织，并在抗战和妇女参政等运动中发挥了重要作用。另有一些文章介绍了妇女战地服务

---

① 《二十世纪初的妇女团体》，《史学月刊》1991年第2期。
② 参见《抗日救亡中的妇女组织》，《历史教学》1986年第9期。

团等有影响的妇女团体的创建过程、活动情况与社会影响。① 日伪统治区的新民会的妇女会、"国防妇人会"和"全满妇人团体联合会",也开始进入研究者的视野。②

如果说近代妇女团体的研究有了某些突破,主要是指对于抗战时期国民政府领导下的妇女组织的介绍和评价已比较真实和客观,不足之处则是研究中侧重于政治性妇女团体,女子职业团体、实业团体、学术团体、文化艺术与宗教性质团体涉及较少。

四 女子参政运动

女子参政运动,是中国近代女权运动的重要内容之一,也是研究者比较关注的问题。李细珠提出,"清末存在正反两股相悖的思想潮流"。一是少数男性女权主义者与个别先进女性,"认为女性与男性一样都是国民的一部分","则当然具有相应的参政等方面的权利";二是大多数人在探讨国民意识时"或是有意无意地忽视性别这个问题,或是贬低甚至否定女性的国民资格及其相应的参政等方面的权利"。但是,两种思想潮流中"双方的力量是极不成比例的",影响了妇女参政运动的成败。③ 在对历次女子参政运动的考察中,涉及民初这一时期的文章较多。严昌洪强调民初女子参政运动发生的历史必然性,指出:"从横向来说,它是国际女权主义思潮与妇女参政运动在中国的反映。从纵向来说,它是戊戌以来民主思潮与革命运动的继续发展。从历史来说,它是对中国几千年男女不平等的偏枯现象的反动。从现实来说,它是对革命以后仍然压制女性的顽固传统的反抗。"文章分析了此次运动失败的原因,认为:"这一场具有重要意义的社会运动遭到了男人的压制,也受到了女人的冷遇,成为少数勇敢分子的行

---

① 参见罗义俊《何香凝和中国妇女抗敌后援会》,《历史教学》1987年第9期;丁卫平《南京妇女救国会——全国第一个救国会组织的建立与活动探析》,《长白学刊》1994年第5期。

② 参见刘晶辉《关东军的"铳后援"——"全满妇人团体联合会"初探》,《辽宁师范大学学报》2003年第6期。

③ 《略论清末国民意识中的性别与权利之关系——以女子参政权为中心的历史考察》,《妇女研究论丛》2005年第2期。

动,这是失败的直接原因。根本原因则是辛亥革命的不彻底与迅速的失败。"① 蒋婷薇认为,民元妇女参政运动之所以失败,主要原因在于支持与反对的双方"在性别定义上形成的分歧导致双方无法对话"②,也无法取得共识。

关于1921年至1922年间女子参政运动的第二次高潮,吴淑珍在分析其产生背景时强调,五四运动进一步启迪了妇女的觉悟和参政意识;1921年各省发生自治运动,重新制定省宪使妇女参政出现新机遇。认为1922年的妇女参政斗争,缺少民国初年的女子参政派那种激奋和勇猛精神,但却带有强烈时代色彩,"反映了从旧民主主义向新民主主义过渡的某些特征"③。张莲波进一步指出,"这次参政已超出了资产阶级女权运动的范畴,带有无产阶级妇女解放的性质","得到了共产党的及时指导"④。由于仍然存在缺乏思想基础与群众基础等问题,因此仍旧难免陷于失败。

吴淑珍还对人们关注较少的大革命时期国共合作下的妇女参政运动作了考察。她认为国民革命使妇女参政的观念不断更新,很多人逐渐认识到:妇女参政运动"要和大多数妇女群众结合"才有意义;国民革命是推进女子参政运动的"先决条件";不应把妇女参政运动弄成"做官当议员运动"。文章还认为,1924年冬掀起的女界国民会议运动,将妇女参政运动推向了新阶段,使中国妇女运动首次实现了组织上的统一,开始"在同一的目标同一的策略之下"进行。同时,妇女参政被置于反军阀和争取民族独立的基础之上,说明妇女运动开始加入新民主主义革命阵线。⑤

20世纪三四十年代的妇女宪政运动延续了10余年,国统区广大妇女为争取参政权进行了不懈斗争,尤其是重庆各界妇女掀起的宪政运动,声势浩大影响广泛。但专题研究论文相对较少。

中国共产党领导的根据地妇女参政运动,备受研究者重视。周亚平的文章指出:"凡是建立革命政权的地方,广大劳动妇女便真正获得了参政

---

① 《唐群英与民初女子参政运动》,《贵州社会科学》1998年第4期。
② 《民国元年的妇女参政运动》,《江海学刊》2001年第4期。
③ 《中国妇女参政运动的历史考察》,《中山大学学报》1990年第2期。
④ 《1922年前后中国妇女参政的特点》,《山西师大学报》2001年第3期。
⑤ 《中国妇女参政运动的历史考察》,《中山大学学报》1990年第2期。

权，不论是苏区，还是抗日根据地和解放区都证明了这一点。"① 张永英指出，中国共产党成立后，不但在理论上提高了对于妇女参政的认识，而且形成了一系列妇女参政的政策，包括："在法律上赋予妇女同男子平等的参政权"；"以最低比例保障妇女的参政权"；以"女工农妇代表会议及妇女代表大会成为妇女参政的主要形式"；在"土地、婚姻、教育等公共政策中保障妇女参政的基本条件"，使得中国共产党领导的各根据地劳动妇女参政的水平，走在了全国最前列。②

应当说，中国近代女子参政问题的研究已取得比较大的进展，但尚存在一些薄弱环节，特别是在探讨中国妇女参政运动的规律，总结其中得与失方面，还需进一步加强。

五　国共两党与妇女运动

近代中国，资产阶级维新派、资产阶级革命派、共产党、国民党等不同政派与政党都曾与近代妇女运动有过直接关系，或充当过妇女运动的领导角色。国共两党与妇女运动的关系，是近30年来研究者较为关注的问题。研究进展较快的是共产党建党初期对妇女工作的领导、抗战时期妇女统一战线以及其国统区妇女运动等问题。

对于中国共产党建党初期妇女运动的方针政策及对妇女运动的领导问题，全国妇联的《中国妇女运动史（新民主主义时期）》③作了较为系统的考察，指出：中国共产党建立后于同年8月帮助上海中华女界联合会进行改组，使之成为建党初期党领导的重要妇女组织；1922年中共二大产生的《关于妇女问题的决议》，是中国妇女运动史上第一个以政党名义通过的关于妇女运动的决议。畅引婷在充分肯定建党初期党对妇女运动的领导与贡献的同时，指出妇女运动的开展受到的"种种局限"，如"帝国主义、反动军阀的高压政策""封建的束缚，妇女人才缺乏""经济困难，经费无着"，以及经验缺乏、工作失误等，比较客观地反映了当时中国共产党

---

① 《中国妇女参政的历史轨迹》，《吉首大学学报》1993年第1期。
② 《中国共产党成立后关于妇女参政的理论认识与实践经验》，《妇女研究论丛》2001年增刊。
③ 春秋出版社1989年版，第145—147页。

领导妇女运动的实际情况。① 此外，叶孟魁提供了一则中国共产党建党前夕有关妇女政策的新史料，即张太雷致共产国际的报告，其中第五部分特别报告了中国的妇女问题及妇女解放的必由之路，强调妇女是无产阶级可以依靠的革命力量，是"统一的革命机器的有用的螺丝钉"②。新的资料，反映了中国共产党早期领导人对于中国妇女问题的认识水平。

对于抗日战争时期国共两党建立妇运统一战线的研究，主要涉及宋美龄主持的庐山谈话会，以及统一战线的形成、特点、对妇女运动的推动等问题。研究者普遍认为，1938 年 5 月宋美龄出面召开的庐山谈话会，实现了各界妇女大联合，标志着中国妇女抗日统一战线正式成立。董妙玲指出，妇女抗日统一战线"具有地域、政治成分和阶级成分的广泛性"，"组织形式的统一完整性"，"抗日方向的连续性"以及"内部阶级斗争的尖锐性"。统一战线中始终存在着左中右三派，是"带有阶级对抗性的合作"。而宋美龄"对抗日的态度，对共产党和进步人士的态度，归根到底取决于蒋介石的总体部署"。③ 关于中共在妇女统一战线中的作用，李媛认为，邓颖超领导下的南方局妇委，成功运用了"发展进步势力，争取中间妇女，孤立顽固妇女"④ 的统战策略，最大限度团结了各阶层妇女，推动了国统区妇女运动的全面高涨。国民党对待妇运统一战线的态度、政策等问题，受到不少研究者的重视，武锦莲的《抗战前期的"妇指会"及其活动》、李媛的《宋美龄与第二次国共合作时期的妇女界统一战线》、侯德础的《宋氏姊妹与"工合"运动》⑤ 等文章，对此进行了有意义的研究。

研究国统区妇女运动的文章近年有所增加，一些文章正面展示了南京国民政府于 20 世纪二三十年代领导戒缠足等风俗改良运动的运作过程，以及取得的效果。晁海燕著文论述了国统区的"妇女训练"，认为这次对

---

① 《论建党初期党对妇女运动的领导》，《青海师范大学学报》1992 年第 1 期。
② 《中共最早关于妇女运动的文献》，《北京党史研究》1997 年第 1 期。
③ 董妙玲：《中国妇女抗日统一战线组织的特点和作用》，《中州学刊》1995 年第 5 期；杨慧：《论国统区妇女界抗日救亡统一战线》，《东南大学学报》2001 年第 2 期。
④ 《邓颖超与抗日民族统一中的妇女运动》，《中共党史研究》1988 年第 3 期。
⑤ 分别载《上海师范大学学报》1989 年第 2 期、《党史研究与教学》1993 年第 2 期、《文史杂志》1995 年第 4 期。

城乡妇女干部和普通妇女民众进行的大规模训练,"是对各阶层广大妇女进行的有组织的一项思想和文化教育活动"。文章还对江西、南京、广东、四川等地开展妇女干部训练和妇女民众训练的概况进行了介绍,并对这一活动产生的广泛影响给予了充分肯定。① 水世琤的文章,介绍了社会学家雷洁琼接受妇指会之邀,在江西卓有成效地开展妇女组训工作的情况。②

研究成果最多的还是中国共产党领导下的妇女运动。多数文章着重分阶段、分区域、分专题论述在中国共产党领导下妇女运动发展的状况,一些文章侧重于总结与探讨其中的规律与历史经验。③ 总体看,对于各党派妇女政策、妇运方针、妇运组织形式的研究,比起对妇女运动的过程、内容、成果的研究明显不足。国共两党相比,国民党与妇女运动关系的研究更显薄弱,如关于第一次国共合作时期国民党中央妇女部及其工作、抗战时期的妇女国民参政会等问题,涉及文章较少且缺乏力作。

第二节 妇女生活

严格说,对于近代妇女生活的研究,兴起于改革开放之后。文化史研究热与社会史研究的深入,是最初的推动力。性别理论的传播与运用,则促使更多学者将眼光转向了普通妇女的普通生活。20世纪90年代以来,一批研究近代妇女生活变迁的专著陆续出版,涉及妇女生活中物质与精神的各个层面。如郑永福和吕美颐的《近代中国妇女生活》(河南人民出版社1993年版)、李小江等主编的《性别与中国》(生活·读书·新知三联书店1994年版)、罗苏文的《女性与近代中国社会》(上海人民出版社1996年版)、夏晓虹的《晚清女性与近代中国》(北京大学出版社2004年版)等。此外,冯尔康和常建华所著《清人社会生活》(天津人民出版社

---

① 《抗战时期国统区的妇女训练》,《西北大学学报》1997年第4期。
② 参见《雷洁琼在抗日战争期间的峥嵘岁月》,《团结报》1992年6月17日、7月1日、8月11日。
③ 参见畅引婷《第一次国内革命战争时期妇女运动的特点》,《山西师大学报》1992年第3期;邱松庆《中央革命根据地的妇女运动》,《江西社会科学》1983年第1期。

1990年版)、乔志强主编的《中国近代社会史》(人民出版社1992年版)、严昌洪著《西俗东渐记——中国近代社会风俗的演变》(湖南出版社1991年版)与《20世纪中国社会生活变迁史》(人民出版社2007年版)、孙燕京《晚清社会风尚研究》(中国人民大学出版社2002年版)、李长莉《晚清上海社会变迁——生活与伦理的近代化》(天津人民出版社2002年版)等著述,都以相当篇幅研究了与妇女生活相关的一些专题。加之一批专题论文的发表,近代妇女生活史的研究提升到一个新的水平。

一 民族民主革命中的妇女

妇女生活融入反帝反封建时代主旋律,是近代中国妇女生活的主要特点之一。在历次反侵略战争和反封建势力的斗争中,广大妇女表现了高度的爱国主义精神和大无畏的英雄气概,并做出了重大贡献。长期以来的妇女史研究,对这些方面给予了充分肯定,相关文章很多,此处不再赘述。

需要提及的是,随着抗日战争史研究的深入,妇女战时生活的研究取得了显著成果。一些学者对抗战时期女性因战争受到的伤害及在争取战争胜利过程中的英勇表现,进行了细致梳理和系统论述。如卞修跃的《抗日战争时期中国妇女伤亡及日军对中国妇女的残害——二战期间日本国家军人在华反人道暴行系列研究之一》一文,以各省统计为基础,对中国人口因战争伤亡的性别比、女性伤亡具体人数、日寇侮辱中国妇女的残暴手段,进行了详细统计。[1] 丁卫平的《中国妇女抗战史研究》(吉林人民出版社1999年版)一书,则"用详尽的史实说话,真实具体的再现中国妇女在全国各地的抗日斗争历程",分别对"中国共产党领导的抗日根据地、国民党统治区和日本帝国主义占领区的环境和斗争方式"[2] 进行了系统阐述。这些研究成果,为抗战时期妇女史研究的深入提供了重要资料支持。

---

[1] 参见《中国社会科学院近代史研究所青年学术论坛》2003年卷,社会科学文献出版社2005年版。

[2] 陈瑞云:《让史实说话——读〈中国妇女抗战史研究〉》,《史学集刊》2001年第2期。

长期被遮掩真相的慰安妇问题，20世纪90年代后引起了多方面关注，取得了重要研究成果，一批论著与调查报告先后出版。苏智良、陈丽菲经过长达10余年的调查研究，撰写出《慰安妇研究》（上海书店1999年版）、《日军性奴隶：中国"慰安妇"真相》（人民出版社2000年版）、《侵华日军慰安妇制度略论》等专著与论文，以确凿的史实推翻了日本一些学者认为充当慰安妇的主要是朝鲜和日本妇女而"极少中国姑娘"的论断，指出："中国是日本法西斯慰安妇制度的最大实施地"，"慰安妇人数最多，遭遇最惨"。他们考察了日军在华慰安所的类型、分布，慰安妇的来源、人数，日军强迫中国妇女充当慰安妇的方式等问题，以确凿的证据证明，第二次世界大战期间日军在中国设立的慰安所分布于中国21个省市广大地区，有的长达14年，中国慰安妇的人数总计在20万以上，多是被日军抢夺，在战场上被俘，被诱骗而来，也有的被汉奸强迫或从妓女中强征而来。文章尖锐指出，作为一种制度，"一旦日军中'强奸'的观念置换为'性服务'之后，军队中集团性的强奸不但合法，而且受到军方的保护"，这是问题的实质所在。① 相关的文章还有王海华的调查报告《侵华日军性暴力对中国女性的摧残——抗战时期山西盂县日军性暴力受害者调查》（《妇女研究论丛》1999年第2期）等。慰安妇问题的研究，带有较强的政治色彩，超出了一般妇女生活史的研究范畴。

二　不同阶层妇女的生活

一些研究者注意对近代不同阶层的妇女进行具体研究，在抓住妇女共性的同时，力求掌握其特殊性，以避免研究中的简单化与模式化。研究涉及近代产业女工、近代知识女性、职业妇女、农村妇女，以及妓女、奴婢等特殊阶层。

产业女工是近代新崛起的阶层，它除了具有工人阶级的一般特征外，还具有自己的特点。郑永福、罗苏文、何黎萍等均在书中或文章中论述了近代女工的产生与发展、分布特点、数量变化、工资收入等基本情况。他们的统计资料表明，近代女工的人数一直占产业工人总数（矿山之外）的

---

① 《侵华日军慰安妇制度略论》，《历史研究》1998年第4期。

30%—40%，是一支不容忽视的力量。罗苏文强调，近代"女性作为一种可观的劳动力资源被纳入资本主义劳动力市场，参与商品交换"①，但男女劳动力商品却不能得到平等对待。其书中还论述了女工的家庭生活、业余消遣等生活侧面。池子华的《近代史上的"打工妹"》(《妇女研究论丛》2000年第1期)指出，"打工妹"一词出现于清末民初，这一群体的出现是社会转型的伴生现象，是一股进步的时代潮流，文章还分析了近代"打工妹"的流向与职业分布等问题。李年终以20世纪20年代上海厚生纱厂在湖南招募女工为例，探讨由此引发的对女工人格等问题的争论，唤起民众对劳工问题的关注。② 此外，上海纱厂的"包身工"制度、上海缫丝业的"女子工业进德会"等，也有研究涉及。

职业妇女也是近代新崛起的阶层。何黎萍在文章中指出，近代妇女进入社会后最早从事的职业是工人，稍晚是教师和医生。民初出现的女子实业运动，是妇女就业的一次大预演；20世纪20年代末30年代初，国家从法律上确认妇女职业平等权，妇女得以涉足社会大部分职业。但是"妇女并没有获得真正的职业平等权。社会许多职业还没有对妇女开放，尤其是高层次的职业"③。另有文章提出，20世纪二三十年代妇女就业领域迅速拓展，部分女性开始进入高层次职业领域，出现了一批女教授、女校长、女经理、女银行家、女行政长官等，这是当时女性职业的新特点。④ 何黎萍对解放战争时期妇女职业状况进行了考察，将国统区女性职业环境的恶化与解放区女职工得到广泛就业平等权的状况进行了对比。⑤ 女招待、女警察也有专题研究。⑥

社会对于女性职业的态度，以及由此引发的关于贤妻良母的女性角色问题，一直是学者关注和有所争论的问题。20世纪90年代中期臧建发表

---

① 《女性与近代中国社会》，上海人民出版社1996年版，第286—316页。
② 参见《20年代湖南女工问题研究》，《山东社会科学》2002年第1期。
③ 《试论近代中国妇女争取职业及职业平等权的斗争》，《近代史研究》1998年第2期。
④ 参见吕美颐、郑永福《20世纪20、30年代女子职业简论：从上海女子商业储蓄银行谈起》，《郑州大学学报》2002年第6期。
⑤ 参见《解放战争时期妇女职业状况考察》，《史学月刊》2003年第1期。
⑥ 参见张艳丽《民国时期的女子警察》，《民国春秋》2001年第6期。

《妇女职业角色冲突的历史回顾——关于"妇女回家的三次论争"》(《北京党史研究》1994 年第 2 期)、吕美颐发表《评中国近代关于贤妻良母主义的论争》(《天津社会科学》1995 年第 5 期)。进入 21 世纪以来这一问题的研究有了新的进展,夏蓉的文章具体考察了"贤妻良母主义"论争中男女两性的观点歧异,指出其"根本分歧是如何看待女性家庭角色与社会角色之间的关系问题"[①];程郁的《二十世纪初中国提倡女子就业思潮与贤妻良母主义的形成》(《史林》2005 年第 6 期)一文指出,"至少在中国贤妻良母主义形成初期,近代各个政治派别几乎都主张妇女自谋生路,认为女子教育的目的之一是制造更多的职业妇女";李卓在比较中日两国的贤妻良母观时,认为日本的贤妻良母主义传入中国,是一个逆向传播过程,而贤妻良母的内涵中是否包含有知识和受教育,是两国贤妻良母观的根本区别[②]。职业妇女的主体——知识妇女群也受到了研究者的重视,一些文章从不同侧面论述了近代知识女性表现出的自立精神、自救意识、爱国情结等。[③]

关于近代农村妇女。近代经济史学家较早注意到,鸦片战争后外国棉纱与棉织品的输入,对中国传统的耕织结合的自然经济产生了瓦解作用,促成纺与织以及耕与织的分离,对农村妇女及其家庭产生了重大影响。但这种研究没有与妇女史接轨。20 世纪 90 年代以来,一些学者开始在更广阔的视野内研究近代农村妇女。《近代中国妇女生活》一书,从农村妇女的家庭生活、岁时风俗、农业生产活动、家庭手工业等方面,探讨了近代农村妇女生活的变化。并且尝试运用定量分析的手段,对农妇的生产劳动占家庭农业劳动总量的比例进行量化分析。《女性与近代中国社会》一书,选择华北定县与江苏江村两地,对南北方不同地域农妇的生活环境、生产中的性别分工、女性家庭地位等问题进行了对比分析。王思梅、黄正林等人的文章,则对特定历史时期和特定地区——根据地的农村妇女,在政

[①] 《20 世纪 30 年代中期关于"妇女回家"与"贤妻良母"的论争》,《华南师范大学学报》2004 年第 6 期。

[②] 参见《中国的贤妻良母观及其与日本良妻贤母观的比较》,《天津社会科学》2002 年第 3 期。

[③] 参见黄新宪《进步知识妇女群体的崛起与近代社会变革》,《福建论坛》1990 年第 6 期。

治、经济、社会生活方面发生的巨大变化进行了研究。① 小田探讨了江南地区乡村妇女职业结构的变化，认为这不仅拓展了农村妇女的生存手段，而且对于现代江南乡土工业的产生和发展也是有益的。②

娼妓是女性中一个特殊而复杂的群体。20世纪80年代以来出版了几部以介绍为主的娼妓史。忻平、江沛分别以上海和天津为例，从社会发展多元化方面探讨了娼妓业兴盛的原因与特点；分析了娼妓业的群体结构、行规、经营与分配，娼妓与嫖客的生活实态等一系列问题，主张从社会经济方面来寻求娼妓业存在的社会基础。③ 张百庆从分析城市早期近代化出发，探讨近代城市娼妓业兴盛的社会原因。④ 一些文章还涉及近代废娼运动问题。林红的文章论述了从太平天国的"废娼"，到"五四"前后的废娼讨论，认为近代废娼运动是"人权意识觉醒和妇女解放思潮的直接产物。它在观念上撼动了男性中心社会的'卖淫社会必要论'的一统天下，引发人们对娼妓问题的人道主义思考"。而人权意识的先天不足是中国废娼理论始终得不到长足发展的主要原因。⑤

对妇女进行分层研究，是近代妇女史研究中需要重视和加速推广的方法，目前只有少量贴近社会史的妇女史专著和文章有所运用，制约了妇女史研究在广度与深度方面的扩展。尤其是作为近代女性人口最多的农村妇女阶层，对其生存状况关注不够，是研究中一大缺憾。

三 婚姻与家庭

婚姻与家庭是人类社会生活的重要组成部分，也是绝大多数人生活的必然经历。20世纪五六十年代，近代婚姻家庭制度研究中涉及最多的是太平天国的婚姻家庭问题。当时研究者对于太平天国男女别营、建立女馆及

---

① 参见王思梅《试论中国共产党推进农村妇女解放的理论与实践》，《妇女研究论丛》2001年第4期；黄正林《抗战时期陕甘宁边区的乡村妇女》，《抗日战争研究》2004年第2期。
② 参见《江南乡村妇女职业结构的近代变动》，《历史档案》2001年第3期。
③ 参见《20—30年代上海青楼业兴盛的原因及特点》，《史学月刊》1998年第1期；《20世纪上半叶天津娼业结构论述》，《近代史研究》2003年第2期。
④ 参见《中国城市早期现代化过程中的娼妓问题》，《史学月刊》1999年第1期。
⑤ 《废娼与妇女解放的历史反思》，《妇女研究论丛》1997年第2期。

改革婚姻论财的陋俗，给予了很高评价。太平天国的"龙凤合挥"文书发现后，更增加了人们的研究兴趣。此后，近代婚姻家庭史的研究基本处于中断状态。80年代以来，学术界对近代婚姻家庭的研究重新启动，内容包括了婚姻观念、婚姻制度、婚姻立法、婚嫁习俗以及家庭制度在近代的基本状况及其变迁。

陈振江认为，近代婚姻家庭变革是一场深刻的社会革命，"发端于19世纪末期的维新改良运动时期，高涨于20世纪初期民主革命勃兴之时，及至'五四'运动前后形成了前所未有的高潮"。他强调婚姻家庭的变革，"实质上是反对专制制度和争取民主自由的女权运动，也是人性觉醒的重要标志"。他还特别指出，辛亥革命前后革命派与无政府主义者从两个方面"倡言婚姻变革"，尽管激进人士"把家庭视为万恶之源，把废除婚姻家庭当作拯救中国的灵丹妙药"，只是乌托邦式的空想，但所形成的"婚姻家庭革命"的社会思潮，有着"不可磨灭的积极效果"。①

徐建生指出，人们从三个方面对旧式婚姻及其习俗进行揭露和批判：其一，对旧式婚姻中"包办、买卖和强迫性质"的批判。认为这些做法"是对爱情的扼杀，是家庭中尊长压制和取消卑幼人格的最为露骨的表现"。其二，对"早聘早婚恶俗"的批判。认为这些恶俗不仅有损个人身心，而且"阻碍社会进步，国家强盛"。其三，对"贞操、出妻与一夫多妻"的批判。认为把片面的贞操强加于女子，"乃是畸形的道德，即不道德"；而"七出"的规定，"其含义即是要求女子在家庭中放弃最起码最正当的权利"；一夫多妻制对于出嫁的女子"就是长期的卖身"，与娼妓的区别"仅仅在于时间的长短和出卖的方式不同"。作者认为，近代以来对旧式婚姻的批判颇具深度，"尖锐而深刻地触及了其本质的各个方面"。②

行龙对清末民初婚姻生活中的新潮流作了进一步分析，指出近代婚姻变革思潮受到西方"天赋人权，自由平等的理想原则"的影响，因此人们多对中国传统的"礼法婚姻"持否定态度，而对西方实行的由两人之契约而成的"法制婚姻"十分推崇。文章重点研究了清末民初婚姻变革中出现

---

① 《清末民初婚姻家庭变革运动的趋向》，《南开大学学报》1997年第4期。
② 《近代中国婚姻家庭变革思潮述论》，《近代史研究》1991年第3期。

的值得注意的新动向：一方面是在主婚权利、媒介形式、择偶标准与范围、离婚再嫁等方面追求开放自由；婚礼习俗删繁就简趋向文明。另一方面则是清末民初买卖婚姻陋俗有增无减，"无论贫富，无论娶妇嫁女，聘礼嫁奁十分丰厚"，使得人们的生活负担因婚嫁更为沉重，造成婚姻中各种流弊，带来一系列社会问题。①

还有些学者利用20世纪二三十年代社会学的研究成果，考察民国年间婚姻状况的变化。陈蕴茜、叶青的文章，以大量统计数据，说明在对待婚姻决定权、婚姻目的等问题上，人们的态度都有很大改变。例如，由以"良善子女的产生"为结婚目的，发展到以"寻求生活伴侣"为第一目的；女性对待丈夫纳妾持反对态度的愈来愈多；自由离婚观念逐渐被多数人所接受。并认为民国时期城市婚姻制度的变迁，"是长期历史积淀形成的传统婚姻制度在新的历史条件下的变革和发展"，这一"转型过程的完成取决于整个社会的转型"。②

一些学者对近代结婚礼俗的演化进行了研究。严昌洪《旧式婚礼所折射的妇女地位问题》③，认为婚礼中的各种禁忌与厌胜仪式、跪茶之俗、闹房与验贞之习，反映的都是妇女无个人意志与独立人格可言。文章在探索中国婚俗从传统"六礼"向文明婚礼演进之后指出，文明婚礼中的"新旧结合，不中不西，又中又西"的特点，是"中西习尚走向融合的积极成果"。结婚礼俗的改革，不仅"折射出妇女地位的有限提高"，而且"可以避免因旧式婚礼的诸多弊端而引起的家庭关系的潜在危机"。李少兵对民国时期婚姻习俗的变化也进行了考察。④

一些学者强调，婚俗作为一种观念形态的文化，具有历史惰性。长时期内"新的婚俗可能在'质'的方面具有很强的生命力，旧的婚俗则在'量'的方面仍占'统治'地位，有普遍性的影响，迟迟无法革除"。同时，近代社会经济发展的不平衡性，也会使婚姻制度的变革呈现不平衡

---

① 《清末民初婚姻生活中的新潮》，《近代史研究》1991年第3期。
② 《论民国时期城市婚姻的变迁》，《近代史研究》1998年第6期。
③ 《中南民族大学学报》2003年第1期；《西俗东渐记——中国近代社会风俗的变迁》，湖南出版社1991年版，第220—228页。
④ 参见《民国时期的西式风俗文化》，北京师范大学出版社1994年版，第238—245页。

性。因此不应忽视长期保存在近代社会生活中的各种婚姻陋俗，如娶妾、早婚、童养媳、未生子先抱媳的"望郎妇"与"花等女"、典妻与租妻、通过为女家做工而等待幼女长大成亲的"站年汉"、男子兼祧两房时得娶两妻，以及刁难寡妇再嫁等陋俗。① 一些文章论述了近代广东特有的"自梳女"与"不落家"婚俗形成的社会经济背景。这种通过特定的仪式自行易辫为髻以独身终老，或结婚不落夫家、不与丈夫同居的生活方式，深受海内外学者的重视。有文章认为"自梳女"现象之发生在近代珠三角地区，与当地经济发展的特点有关，也与女性个人能否具有经济独立的条件直接相关。② 还有文章进一步对近代女性的独身问题进行了研究，刘正刚、乔素玲认为女性独身现象的出现，主要是社会经济变迁、生活水平提高的结果，是社会从传统向现代转型的标志。③ 近代少数民族婚姻制度研究中最热的是中国西南地区纳西族的"走婚"制（即阿注婚）。20世纪五六十年代，刘光汉、严汝娴、宋兆麟等对这种特别的婚姻制度进行过系统调查，1983年正式出版《永宁纳西族的母系制》一书，将其定性为母系制遗存。当今学者的研究角度有多种，或来自民族学、人类学，或来自社会学、历史学。一些人还认同以往纳西族学者的研究结论，如和钟华就认为摩梭人（纳西族的一支）的"走婚"，产生于"特定的地理条件、社会经济发展状况及文化心理背景。它是摩梭人的一种选择，一种适合于他们的生存环境的生活方式"④。

关于法律变革与婚姻制度变革的关系。学者普遍认为近代婚姻立法的特点，是在法律制度上对妇女在婚姻生活中的平等地位趋向肯定。研究重点在于国共两党的婚姻立法改革。孙晓指出，1924年《中国国民党第一次全国代表大会宣言》和1926年国民党二大的《妇女运动决议案》

---

① 参见张树栋等《中国婚姻家庭的嬗变》，浙江人民出版社1990年版，第239—242页；郑永福等《近代中国妇女生活》，第146—179页；罗苏文《女性与近代中国社会》，第229—236页。
② 参见王丽《近代广东女性独身现象：自梳与不落夫家》，《广西民族学院学报》2001年第3期；叶春生《珠三角的"自梳女"》，《妇女研究》2001年第3期。
③ 参见《近代中国女性的独身现象》，《史学月刊》2001年第3期。
④ 《对摩梭母系家庭的再认识》，载李小江、朱虹、董秀玉主编《性别与中国》，生活·读书·新知三联书店1994年版，第470页。

中有关婚姻制度改革的规定，都具有立法意义。① 对于1930年国民政府公布的《民法·亲属编》，多有文章涉及。张树栋、李秀领等从两方面对《民法·亲属编》进行了分析：一方面充分肯定民法中关于"一夫一妻""婚姻自由""男女平等"方面的新规定；一方面对于民法中允许娶妾、限制妇女离婚请求权所表现出来的"虚伪性"进行批判。② 谭志云以20世纪二三十年代南京国民政府时期江苏省高等法院民事案例为例，剖析了妇女在法律上获得与男子平等的离婚权利后，仍然受到来自法律、社会、文化等方面因素的困扰和制约的原因。③ 程郁考察了《民国时期"妾"的法律地位及其变迁》（《史林》1999年第4期），指出与北洋政府时期相比，南京政府时期妾与家长的关系从合法契约变成了家属身份，为司法解释所承认，两者并没有本质区别。对于中国共产党领导的根据地1931年公布的《中华苏维埃共和国婚姻条例》和1934年公布的《中华苏维埃共和国婚姻法》，以及抗日战争时期各边区政府制定的婚姻条例的进步性，不少文章给予了高度评价。岳珑等人指出，陕甘宁边区婚姻制度改革，不仅"给广大妇女生产、生活带来全新的变化"，而且"为新中国婚姻法的制定、颁布与实施提供了宝贵的经验"④。总体来说，对于婚姻立法问题的关注正在加强，但对中国近代婚姻立法的进程、性质、效果，以及婚姻制度变革对女性的影响，尤其是婚姻变革对家庭的影响问题，尚缺乏系统研究。

四 妇女与宗教

宗教是一种意识形态，也是一种生活方式。由于长期受到歧视与压制，一些女性精神世界更需要精神寄托，因此与宗教结下了不解之缘。在相关研究中，女性与基督教的关系论著较多，在教会女子大学的研究方面成果突出；女性与佛教的研究文章有限，但出现了一些比较有深度的文

---

① 参见《中国婚姻小史》，光明日报出版社1988年版，第231—232页。
② 参见《中国婚姻家庭的嬗变》，浙江人民出版社1990年版，第246页。
③ 参见《民国南京政府时期的妇女离婚问题——以江苏省高等法院1927—1936年民事案例为例》，《妇女研究论丛》2007年第4期。
④ 《论陕甘宁边区婚俗改革与妇女地位的转变》，《西北大学学报》2004年第1期。

章;女性与近代伊斯兰教的研究则有了突破性进展,水镜君与玛利亚·雅绍克(英)合作出版《中国清真女寺史》(生活·读书·新知三联书店2002年版),开辟了这一专题研究的全新领域。近年的近代妇女与宗教的研究,既有领域拓展,也有观念更新,在宗教对妇女影响的评价方面,已从全盘否定转变为实事求是的评价。

天主教与基督教新教对近代中国曾产生过重大影响。在研究中国妇女运动的兴起、近代女子教育的产生、早期不缠足运动等问题时,不少文章都论述到了基督教的正面影响。《基督教和近代中国妇女运动》《基督教在近代中国妇女中的传播及其影响》等文,在考察天主教与基督教在近代中国妇女中传播的概况,勾勒中国修女、贞女与一般女教徒信仰生活的同时,还指出,"基督教对近代妇女生活的影响,已超出了宗教范围",无论在传播男女平等妇女观、促进女子教育产生与发展、推动改革残害妇女的陋俗方面,还是在向女性传播带有近代色彩的生活方式方面,都起到了推动作用。只是,西方文化中一些有益的东西,"在长期敌对的气氛下,人们也很难平心静气地加以辨别、吸收"。[1] 一些论著,客观分析了基督教能够吸引相当数量妇女的原因,认为是由基督教在组织、人才、经济上有国际宗教组织的支持和指导,其活动方式具有教育性、娱乐性和服务性这些特点决定的。[2]

基督教女青年会及其活动是研究中的重点之一。早期女青年会主要通过集体活动和有教育意义的各项事工来吸引广大妇女。周蕾等人的文章,介绍了20世纪二三十年代女青年会的劳工事业与乡村事业,指出基督教团体比较早地注意到了工厂女工问题,创办了多所平民学校、女工夜校、劳动服务处等,以帮助女性为主的弱势群体。[3] 还有文章进一步探索了女青年会的活动与中国妇女运动的关系问题,将其视为"另一种妇女运动"

---

[1] 裔昭印:《基督教和近代中国妇女运动》,《上海师范大学学报》2000年第4期;郑永福:《基督教在近代中国妇女中的传播及其影响》,载《性别与中国》,第236—249页。
[2] 参见《中国妇女运动史(新民主主义时期)》相关章节。
[3] 参见《基督教女青年会的劳工事业和乡村事业之历史考察(1927—1937)》,《天风》2008年第23期;《基督教与劳工问题——以上海基督教女青年会女工夜校为中心》,载陶飞亚主编《性别与历史:近代中国妇女与基督教》,上海人民出版社2006年版。

或"寻找男女平等的另种途径"①。此外,对中国妇女影响较大的基督教报刊,如《万国公报》《女铎》《女星》《女青年报》《妇女》等,也有文章进行了考察。②

陶飞亚主编的《性别与历史:近代中国妇女与基督教》一书,出版于2006年(上海人民出版社),是一部研究基督教与中国妇女关系的专题论文集,搜集文章17篇。内容涉及女基督徒的身份、信仰,宗教生活,女青年会事工、来华女传教士、中国女基督徒中的著名人士等,集中展现了这一研究领域的新成果。

郑永福《佛教与近代中国女性》及郑永福、吕美颐《佛教与基督教在近代中国女性中影响之比较》两文,论述了近代佛教女教徒的来源和分布、比丘尼与女居士(优婆夷)的宗教修持生活,以及近代社会变革对她们生活的影响,并论及民间妇女对佛教的宗教迷信问题,分析了民间妇女崇佛成风的社会、心理因素及佛教自身特点的影响。并通过与基督教进行对比,探寻近代佛教在妇女中影响衰退的原因。③ 何建明对其中一些问题持有异议,提出这一时期出现了"佛教文化复兴运动","佛教女众逐步走出传统束缚,在创办社会事业、组织现代女众团体和佛教学术研究等方面都取得了举世瞩目的成绩",是佛教复兴事业的重要组成部分。文中还列举了当时有影响的比丘尼量海、恒宝、觉明及居士张圣慧、吕碧城等人的活动。④ 此后何建明连续发表了《近代中国佛教的女性观》《中国近代的佛教女众教育》等文,指出在社会变革的大潮中,中国佛教积极调适近代女权思想,开掘佛教的男女平等精神,合理阐释佛典中某些贬责女性的言

---

① 《另一种妇女运动——以中华基督教女青年会农工事业为例(1904—1933)》,载陶飞亚主编《性别与历史:近代中国妇女与基督教》;王丽:《中华基督教女青年会:寻找男女平等的另种途径》,《光明日报》2008年11月28日。
② 参见王林《西学与变法——万国公报研究》,齐鲁书社2004年版;马长林、杨红《宗教·家庭·社会:面向女性基督徒的宣教——以〈女铎〉、〈女星〉、〈女青年报〉、〈妇女〉为中心》,载陶飞亚主编《性别与历史:近代中国妇女与基督教》。
③ 参见《佛教与近代中国女性》,载陶飞亚主编《性别与中国:近代中国妇女与基督教》;《佛教与基督教在近代中国女性中影响之比较》,《佛学研究》1996年第5期。
④ 参见《略论清末民初的中国佛教女众——兼与郑永福、吕美颐先生商榷》,《佛学研究》1997年第6期。

论，强调佛教女众受教育权的重要性以及享受权利与承担责任的关系。但是佛教女性观念的近代转变，是一个艰难的过程。①

近代中国妇女与伊斯兰教关系的研究起步较晚，一些文章涉及的问题集中于伊斯兰教的女子教育及信仰特征等方面。② 水镜君与英国的玛利亚·雅绍克对中国近代清真女寺进行了多年研究，为近代中国妇女与伊斯兰教关系的研究开辟了新的领域。她们揭示了这些矗立在中原地区和广大回民集居区的清真女寺，是在何种历史背景及何种动力之下，由清真女学发展而来，又对广大穆斯林妇女产生何种影响。以往对于这一问题的研究几乎是空白，该书则进行了有意义的开掘与探索。她们指出：这种出现于清代中后期的"由女阿訇主持的清真女寺是伊斯兰教在中国本土化的产物，是远离伊斯兰世界的中国穆斯林在适应主流文化过程中的一种集体创新"。这种独立的女寺礼拜场所的出现，使伊斯兰妇女从此有了"专属于自己的公共活动空间"，尽管女寺的功能比较单一，且无法根本改变伊斯兰教中男女不平等的现实，但男女寺并存、并称的现象已"隐含着一种平等或平等的要求"。③ 此书的写作建立在大量的调查和访谈基础之上，采用了人类学、口述史与历史研究、文本分析互补的研究方法。两位研究者的文化背景差异较大，使用的理论与分析思路也不尽相同，但并未影响给人们留下清晰完整的概念。

总体上看，近代妇女与宗教的研究已有突破性进展，但因研究基础薄弱和难度较大，研究水平尚有很大提升空间。

五 与妇女生活相关的其他问题

关于女性生育问题。生孩子不仅是关乎女人命运的大事，也是人类自身再生产的大事，但以往较少被妇女史学者所关注。秦燕、岳珑1997年出版的《走出封闭——陕北妇女的婚姻与生育（1900—1949）》一书，是较早研究这一问题的专著。书中运用文献资料和口述史料分析了陕北地区

---

① 参见《佛学研究》1998年第7期；《佛教文化》1999年第6期。
② 参见丁国勇《回族女子教育的兴办与发展》，《回族研究》1992年第2期；戴建宁《试论回族妇女信仰伊斯兰教的心理特征》，《回族研究》1992年第4期。
③ 水镜君、[英]玛利亚·雅绍克：《中国清真女寺史》，第1、124、127页。

生育习俗的特殊性，指出"在传统社会里，妇女的生育行为、生育观念均受到当地生活方式、社会习俗的制约和影响"。陕北地区特殊的自然与社会环境，使得这里的人们有着强烈的生殖愿望，有着重男但不嫌女的性别价值取向。书中还以不少篇幅论述在中国共产党领导下陕甘宁地区进行生育革命和推广新法接生给这一地区妇女带来的福音。① 吕美颐、郑永福《近代中国新法接生的引进与推广》（《山西师大学报》2007 年第 5 期）一文，着重指出：南京国民政府将妇幼保健列入公共卫生事业，为推广新法接生采取了一系列措施。大力培养新式助产士，制定有关助产士的法规，将助产士管理纳入卫生行政，在一些城市和农村设点，以尝试建立妇幼保健网络。这是国民政府在发展公共卫生事业中最见成效的一项工作。

溺女婴是与生育相关的恶俗。徐永志考察了山西、湖南、浙江、福建、广西等省的溺女习俗，指出"近代溺女泛滥成灾，流弊成风，是中国历史上溺女的全盛时期"，"遍及贫富两大阶级"。他认为，造成这种现象的根本原因，一方面是人口过剩及重男轻女思想的影响，一方面是"厚嫁之俗"，使一般人家对嫁女"力所不及"。溺女背后隐藏着深刻的经济原因。文章认为，溺女之风造成了严重社会危害，导致全国男女比例严重失衡，助长了民间各种收养婚姻陋俗的流行，影响家庭与社会的稳定。② 与生育问题相关的还有节制生育、优生优育、性教育等一系列问题，但是研究文章很少。③

关于女性服饰的变迁。由于服饰生动具体地反映了妇女生活的变化，反映了社会习俗的变迁，因此一直受到研究者的关注。金炳亮的《民初女子服饰改革述论》（《史学月刊》1994 年第 6 期），从民初女子服饰的改革潮流出发，提出经过社会变革洗礼的广大妇女，"力求从后台走到前台，在社会大舞台上充当重要角色，改变传统妇女的形象。表现在服饰上，就是大胆奔放，不拘一格"。认为虽然"民初妇女在服饰上的创新有冲击传统的成分"，但也"带有盲目性和与女权运动脱轨的缺点"。罗苏文强调，

---

① 《走出封闭——陕北妇女的婚姻与生育（1900—1949）》，陕西人民出版社 1997 年版，第 163—205 页。
② 《近代溺女之风盛行探析》，《近代史研究》1992 年第 5 期。
③ 参见关威《五四时期张竞生的妇女问题思想》，《中华女子学院》2006 年第 3 期。

民初以后,"等级贵贱、性别尊卑的陈规陋俗开始受到冲刷、荡涤,女性妆饰呈现出诱人的时代色彩",这种变化"使女性兼有了审美主体、客体的双重身份,也使女性妆饰转为彰显个性的手段"。文中还以上海、北京、西安、兰州为代表,对不同地域女子服饰的变化,做了对比研究。① 张敏的文章则对妓女、职业妇女、下层妇女等不同人群的穿着特点进行了分析。② 另有一些文章,以经济发展为依托,强调除了"审美观念的变化、时装表演与选美活动的展开、大众传媒的推波助澜"之外,"近代服装服饰产业的产生与发展,则为民国时期女性服饰演变提供了重要物质基础"③。

1998年后,妇女生活研究所触及的问题越来越广泛。诸如近代体育在女性中的开展及与妇女解放的关系④、20世纪二三十年代女性自杀的社会现象⑤、近代女性的赈灾实践及角色变化⑥、关于近代妇女的财产问题⑦,等等,均有文章涉及。应当说,女性的社会生活是个包罗万象的议题,近代社会又变化万千,因此,只有不断发掘新的研究领域,才能真实再现妇女生活变迁的全貌。

第三节 妇女人物

妇女人物是近代中国妇女史研究的重要领域。研究对象集中于三种类

---

① 《女性与近代中国社会》,第168页。
② 参见《试论晚清上海服饰风尚与社会变迁》,《史林》1999年第1期。
③ 郑永福、吕美颐:《论民国时期影响女性服饰演变的诸因素》,《中州学刊》2007年第5期。
④ 参见陈晴《中国近代女子体育与妇女解放》,《武汉体育学院学报》1999年第4期;郑志林《略论我国近代女子体育的兴起》,《体育文史》1994年第3期。
⑤ 参见邵晓芙、池子华《20世纪二三十年代上海女性自杀现象解读》,《徐州师范大学学报》2006年第2期;乔素玲《痛苦诀别:1920年广州市民自杀透视》,《广东史志》2002年第3期。
⑥ 参见赵晓华《清末民初女性的赈灾实践及角色变化》,《妇女研究论丛》2008年第3期。
⑦ 参见何黎萍《中国妇女争取财产权和继承权的斗争历程》,《北京社会科学》1998年第4期;张佩国《近代江南农村妇女的"财产权"》,《史学月刊》2002年第1期。

型：一是晚清后妃及相关人物，如慈禧太后、珍妃、裕德龄姐妹等人；二是农民起义中有影响的女英雄，涉及较多的是太平天国和义和团时期的洪宣娇、傅善祥、苏三娘、周秀英、林黑儿等；三是中国近代妇女解放运动的先驱者以及中国民主主义革命中的妇女领袖、知名人士、英雄人物等，前者如秋瑾、唐群英、徐宗汉、尹锐志、尹维竣、吴芝英、张竹君、张默君、刘青霞、吕碧城等，后者如何香凝、宋庆龄、蔡畅、向警予、邓颖超、康克清、史良、沈兹九、雷洁琼等。此外，还有一些风云一时或在某一方面影响较大的妇女人物，也受到了研究者的关注，如出自青楼的赛金花、小凤仙，中国近代第一个女报人裘毓芳，早期走出国门的女性代表人物单士厘，晚清外交女英才刘瑞芬、女企业家董竹君等。研究成果较多的是那拉氏、秋瑾、向警予、宋庆龄等人。

关于那拉氏等。有关慈禧的文章已超过百篇，水平良莠不齐。有关专著有魏鉴勋的《专权太后慈禧》（辽宁民族出版社1992年版）、宝成关的《奕䜣慈禧政争记》（吉林人民出版社1993年版）、徐彻的《慈禧大传》（辽海出版社1994年版）等。研究的内容，主要涉及慈禧生平及其政治活动，加之大量的宫廷逸事。李锦全、苏全有等人的文章，以探讨戊戌变法和清末新政中慈禧的政治作为与影响为主。[①] 作为女性中的特殊人物，如何从性别视角审视她的政治活动和全部生活，内地少有文章涉及。从某种意义上来说，关于慈禧的研究，还没有进入妇女/性别史的研究视野。洪宣娇曾被作为太平天国的女英雄而广泛传播，但随着改革开放新时期的到来，经钟文典、罗尔纲、梁义群等专家学者的严谨考证，已证明并无其人，实由萧朝贵之妻杨宣娇讹传而来。[②]

关于秋瑾。在旧民主主义革命时期的妇女人物中，最受关注的要属秋瑾，有关文章达300篇之多。《秋瑾集》（中华书局1960年版）、《秋瑾年谱及传记资料》（中华书局1983年版）、《秋瑾年谱》（齐鲁书社1983年

[①] 参见《论戊戌变法和清末新政中的慈禧》，《文史哲》1999年第1期；《慈禧为何成为康有为的继承人》，《河南师范大学学报》2000年第1期。

[②] 参见钟文典《试说洪宣娇》，《广西师范学院学报》1980年第1期；罗尔纲《重考"洪宣娇"从何而来》，《历史研究》1987年第5期；梁义群《洪宣娇的来历及事迹辨》，《学术研究》1998年第1期。

版），以及郑云山的《秋瑾评传》（河南教育出版社1986年版）的出版，推动了秋瑾研究热潮的一再出现。有关秋瑾史实的考订，争论最多的是其出生年份，郭延礼等主张1877年说，另有1875年、1878年、1879年说。① 相关的学术论著，以探讨秋瑾的爱国反帝活动及其民主思想者居多，对其争取妇女解放、抨击封建礼教、反对封建婚姻、要求男女平等的思想予以充分肯定。② 21世纪头10年，人们已从对其生平事迹和有关史实的考订，逐渐深入探究其作为女性的主体觉醒，以及妇女解放思想产生的动态过程。夏晓虹研究了1902年前后秋瑾的北京之行，认为这一时期是她萌生女性独立观念的一大契机，争取妇女解放的信念从此确立。③ 沈倩则探讨了秋瑾从依附状态到独立状态的转变过程、转化动因。④

关于向警予。对中国共产党早期杰出妇女领袖的研究，关注向警予的较多，除了戴绪恭等编《向警予文集》（湖南人民出版社1985年版）及其传记的出版，相关文章不下几十篇。刘华清的《试论向警予妇女解放思想体系》（《中华女子学院学报》1997年第1期），全面探讨了向警予妇女解放思想的内涵，以及她对妇女解放根本目标、根本途径的认识。文章认为，向警予把唯物史观贯穿于整个妇女解放思想体系之中，具有开拓性、深刻性。李卫平的文章研究了向警予关于妇女运动统一战线的思想，指出向警予主张共产党在积极开展劳动妇女运动的同时，必须联合并指导其他的资产阶级妇女运动，必须制定正确的策略，在组织上建立妇女运动的统一战线。⑤ 文章认为，妇女统一战线的思想与策略，对于推动建党初期妇女运动的发展有着积极影响。对于向警予的活动与生平，学术界尚在某些问题上存在分歧。如向警予是汉族人还是土家族人⑥，中共二大至四大期

---

① 分别参见《关于秋瑾生平、卒年和生地》，《华东师范大学学报》1981年第3期；《关于秋瑾生年的再探讨》，《浙江学刊》1983年第2期；《秋瑾出生应为1878年》，《浙江学刊》1983年第2期；《秋瑾研究中的几个问题》，《江淮论坛》1982年第6期。
② 参见张玉芬《略论秋瑾》，《辽宁师范学院学报》1981年第5期。
③ 参见《秋瑾北京时期思想研究》，《浙江社会科学》2000年第4期。
④ 参见《秋瑾：从依附到独立的人生选择》，《南京社会科学》2001年第2期。
⑤ 参见《向警予论妇女运动的统一战线》，《求索》1985年第5期。
⑥ 参见《红旗》1984年第9期，封三。

间向警予是否当选为中央委员并任中央妇女部部长①，等等，均有不同看法。

关于宋庆龄。60年间，对于这位"中国历史上最伟大的女性"的研究，可谓硕果累累。《宋庆龄文选》（人民出版社1992年版）之外，有关专著已出版40多部，其中包括各类《宋庆龄传》5部，文章500余篇。学术界对于宋庆龄的研究是将其作为政治领袖与社会活动家来定位的，主要涉及宋庆龄一生不平凡的经历、对中国革命的伟大历史功绩、从民主主义者向共产主义者的转变等。关于宋庆龄与妇女解放运动的关系，也受到研究者的重视，文章虽不多但有较高的研究起点。

宋庆龄的一生，始终与中国革命紧密相连并为之做出了重大贡献，大量文章涉及这方面的内容，主要包括：投身中国革命，始终站在斗争第一线；坚持和发展孙中山的新三民主义，并且形成了宋庆龄思想；促成第一次、第二次国共合作，为维护革命统一战线不懈斗争；为保护妇女与儿童利益做了大量工作，有效推动了社会救济与福利事业的发展；作为世界和平运动领袖在国际舞台上的活动。②一些文章涉及了宋庆龄人生中一系列具体问题，如祖籍、出生地、在美留学、与孙中山结合、对国民党右派的斗争、开展工合运动，以及宋庆龄与基督教的关系等。③其中，对有些问题的研究尚有分歧。

关于宋庆龄从爱国主义、民主主义战士到国际主义、共产主义战士的重大转变问题，长期以来一直是研究重点。内容包括转变的思想基础、促成转变的内外因条件、完成这一转变的标志等方面。学者们普遍认为，宋庆龄在30年代初发表的几篇论著，尤其是1933年9月《中国的自由与反战斗争》的发表，是她已完成向共产主义者转变的标志。④

---

① 参见姜华宣《向警予是否担任过中央委员和妇女部长》，《党史资料丛刊》1983年第3辑。

② 参见韩新路《宋庆龄与抗日民族统一战线》，《中华女子学院学报》1999年第4期；傅绍昌《宋庆龄与"八一三"淞沪抗战》，《学术月刊》2001年第3期；韩新路《浅析宋庆龄的崇高精神风范》，《中华女子学院学报》1998年第4期。

③ 参见盛永华《宋庆龄与基督教》，《学术研究》2000年第3期。

④ 参见朱敏彦《近年来宋庆龄研究综述》，《党史教学与研究》1992年第6期；徐叶丽《近年来宋庆龄研究综述》，载《纪念宋庆龄文集》，上海人民出版社1993年版。

作为中国妇女解放的光辉旗帜，宋庆龄的妇女解放理论与实践已越来越多地进入研究者的视野。盛永华的《宋庆龄与中国妇女解放运动》①、程绍珍的《宋庆龄民主革命时期的妇女解放思想》（《郑州大学学报》1991年第5期），着重探讨宋庆龄关于妇女解放的理论体系，认为把妇女解放与推翻剥削制度联系起来，把中国妇女解放运动视为中国民族民主革命和世界无产阶级解放事业的一部分，是宋庆龄在妇女理论问题上本质性的飞跃，是其妇女解放理论最重要的内容。紧紧依靠中国共产党，坚持妇女运动统一战线的思想和策略，是宋庆龄关于妇女解放理论的另一重要内容。强调全世界妇女需要解放、需要和平，强调妇女是人类解放运动与和平事业的伟大动力，也是宋庆龄妇女解放理论不可或缺的部分。还有文章提出，20世纪20年代宋庆龄就已经指出，"妇女地位是一个民族发展的尺度"，这表明"与同代人相比较，宋庆龄对于妇女问题的认识起点是相当高的"。

吴淑珍等人的文章，论述了宋庆龄在各个历史阶段投身妇女解放运动的实践活动。文章认为，宋庆龄的妇女解放思想发端于在美留学期间；投身妇女解放运动始于1921年建立妇女"出征军人慰劳会"等组织以支持护法军政府；国民党二大以后，她以中央妇女部部长的身份直接领导妇女运动；抗战时期，她以自己崇高的声望和积极行动，推动了妇女统一战线的建立，促使宋氏三姐妹摒除政见分歧，携手推动妇女救亡新局面。文章指出，"在整个民主革命阶段，无论是处于顺境还是逆境，宋庆龄都始终高举妇女解放的旗帜，一开始就表现出与资产阶级女权运动领袖不同的特点"。② 尚明轩等人的文章就抗日战争时期宋庆龄对妇女运动的特殊贡献，进行了专题研究，突出了两点内容：一是在争取国际妇女界对中国抗战的同情和支持方面做出了努力；二是在香港期间，直接领导港、澳地区和广大华侨妇女支援内地的抗日战争。文章强调，宋庆龄在这些方面起到的作用，是任何人无法替代的。③

---

① 《宋庆龄论》，广东人民出版社1993年版。
② 《宋庆龄与中国妇女解放运动》，载《宋庆龄学术研讨会论文集》，中国和平出版社1994年版；《宋庆龄——中国妇女解放运动的先驱》，载《纪念宋庆龄文集》。
③ 参见《宋庆龄与抗战时期的妇女运动》，《抗日战争研究》1995年第4期。

总体来看，作为政治领袖和妇女领袖的宋庆龄，两种角色都应是研究中不可或缺的内容。但是长期以来，后一种角色的研究明显薄弱，尤其是宋庆龄领导、影响中国妇女运动的特殊方式、特殊贡献，是研究中特别需要加强的。

近年来关于近代妇女人物的研究，涉及范围有了很大拓展。曾宝荪和曾纪芬的《曾宝荪回忆录》（岳麓书社1986年版）、董竹君的《我的一个世纪》（生活·读书·新知三联书店1997年版）等回忆录，为研究这些杰出妇女人物提供了难得的历史资料。先后出版的重要女性传记还有《唐群英评传》（湖南出版社1995年版）、《豪门女杰刘青霞》（河南文艺出版社2005年版）、《厚生务实巾帼楷模——金陵女子大学校长吴贻芳》（山东教育出版社2004年版），以及《中华女英烈》（文物出版社1988年版）之类的纪念性传记，虽然从学术角度看有些参差不齐，但还是对推动妇女人物专题研究有积极意义。论文中所涉及的妇女人物一般集中于特定事件，作为个案研究的特点是较易深入透视当时的社会。如夏晓虹的文章，以清末女学生杜成淑在报纸上公开拒绝翻译馆男学生屈彊求爱事件，探讨了社会转折时期新教育与旧道德的尖锐矛盾；以惠兴以身殉学的自杀事件，探讨兴办女学的艰难，揭示出复杂的社会矛盾对新事物成长的干扰。① 再如，对因为放足被翁姑逼迫自杀的胡彷兰一案，研究者解读的角度不尽相同，有的通过分析民众、舆论、官方、妇女团体对此案的态度，探讨女性在争取自身权利的过程中与社会各种势力的交互关系，有的则通过解剖这一事件由案例到新闻到小说的演变过程，探讨社会舆论对于妇女解放进程的影响程度。② 侯杰、秦方、李德珠以张嗣清、吕碧城、刘清扬、郭隆真等"新女性"为研究对象，揭示了生活在男权社会和男权秩序下，新女性遭遇的种种人生矛盾。③ 至于近代女性作家这一特殊群体，她们作为时代骄子，其个人及作品的影响往往长久不衰，但对她们的研究大多被纳入了文

---

① 参见夏晓虹编著《晚清女性与近代中国》，北京大学出版社2004年版，第38—56、223—257页。
② 参见鞠萍《从胡彷兰案看清末女性放足与兴女学运动》，《华中师范大学研究生学报》2007年第3期；夏晓虹编著《晚清女性与近代中国》，第257—282页。
③ 参见王政、陈雁《百年中国女权思潮研究》，复旦大学出版社2005年版。

学史范畴。

人物个案研究是历史研究的重要组成部分，女性人物的深入研究于妇女史研究的重要性不言而喻。已有的成果中，大量有影响的妇女人物，包括清末民初妇女运动发轫阶段、民主革命的各个历史时期不同党派不同民族的妇女代表人物、领袖人物，以及作为芸芸众生的普通妇女，还未很好地纳入研究视野。这种状况已经成为妇女史整体水平难以提高的制约因素之一。积极调整研究思路，在不同层面上开展对各种类型妇女人物的深入研究，是人们所期待的。

第四节　研究中的几个问题

60年间，近代妇女史研究走过了曲折发展的道路，改革开放后进入了发展的第二个高峰期。妇女史对于历史学的贡献，不仅在于拓宽了史学研究的领域，而且带来了新的理论与方法。可以说，妇女史在研究对象、途径、范围和分析范畴等方面都取得了突出进步。在研究对象方面，它把目光对准了全体妇女，开始对城市和乡村普通妇女，包括女工、女奴、女仆、修女、女巫、寡妇、娼妓等不同群体的妇女展开研究；在研究途径方面，它从孤立地考察妇女状况，或者简单地把妇女的历史活动填入以男性为中心的传统历史的做法，发展到对两性关系进行研究；在研究的范围方面，它从研究妇女的政治、经济活动，家庭婚姻，进一步扩展到她们的宗教、文化活动以及日常生活的方方面面；在分析范畴方面，妇女史最重要的成就是把社会性别概念引入历史研究之中，并把它用作历史分析的一个范畴。[1]"它对历史研究在整体上已经产生了深远影响"[2]，甚至具有史学革命的意义。但是，由于起步较晚，近代妇女史研究还有诸多问题需要认真思考。

---

[1] 参见裔昭印《妇女史对历史学的贡献》，《史学理论研究》2004年第3期。
[2] 刘文明：《妇女史与社会性别的启示》，《史学理论研究》2004年第3期。

一　关于妇女史研究的理论

当今的妇女史已具备专门史的特点，显示出双重身份，既是历史学的分支，又是妇女学的分支。作为前者，它必然遵循史学研究的基本理论与方法，并不断汲取史学理论与方法更新的成果；而作为后者，它又必不可避免地接受女性主义理论，受到这一理论发展的深刻影响。中华人民共和国成立后的头 30 年，近代妇女史作为历史研究的一部分，采纳的是以马克思主义历史观和实证主义方法为指导的研究方法，由于研究基础薄弱，始终未能发展为独立学科，也未能摆脱学术边缘的处境。改革开放后 30 年间，妇女史研究主要受到了来自两方面的推动：一方面是史学内部新社会史的兴起及文化史研究热的出现；一方面是现代化浪潮和当代妇女运动推动下的西方女性主义的迅猛发展。近代妇女史由单纯的历史学分支，逐渐发展为妇女/性别研究，"开始摆脱长期作为政治附庸、历史点缀和商业卖点的尴尬地位，迈向独立发展成长的阶段"[1]。

近代妇女史研究最大的突破，是吸收和采用了西方女性主义理论的核心内容之一——社会性别理论，并进行了本土化改造。女性主义作为西方妇女运动的产物，20 世纪 70 年代孕育出了社会性别（gender）理论，在西方妇女学界，社会性别理论作为同阶级和种族一样的分析社会制度的基本范畴，被广泛使用。90 年代初，性别理论传入中国，受到中国妇女学与妇女史学界的普遍重视，不少学者开始尝试将这一理论引入妇女史研究，发表了一系列研究成果。1997 年高世瑜在评价中国妇女史研究状况时，曾指出研究者对于性别理论的采纳程度不尽相同，并以此为根据，将当时的研究成果划分为妇女史与女性主义妇女史两种类型，认为"前者似乎只是历史学的一个曾被忽视、遗漏的研究领域，而后者则是用一种全新的史学研究角度与方法，或者说是一种史观去重新编写历史"[2]。在一个时期内，近代妇女史研究也是以第一种类型为主，偏重于钩沉发微以再现女性在近代的生存状态。但是不少学者一直在积极研究并有意识地在研究中运用性

---

[1] 杜芳琴：《妇女学和妇女史的本土探索》，天津人民出版社 2002 年版，第 231 页。
[2] 《妇女史研究三议》，《妇女研究论丛》1997 年第 3 期。

别理论，一些带有明显女性主义色彩的著述不断涌现出来。有代表性的，诸如黄育馥1998年出版的《京剧、跷和中国的性别关系（1902—1937）》（生活·读书·新知三联书店）一书。该书以独特的视角研究京剧中的"跷"———一种作为道具模仿妇女缠足的木制小脚。通过这一舞台道具在20世纪头几十年中国京剧舞台上的兴衰，揭示了当时中国社会性别关系的变化以及这一艺术现象在性别关系方面的深刻内涵。2004年出版的夏晓虹所著《晚清女性与近代中国》（北京大学出版社），也是一部以性别观照贯穿全书为特点而使人耳目一新的专著，书中不仅对于清末一些人云亦云的女性人物和相关事件，重新进行了深入考订，而且以细致的文本分析和对性别理论的有效运用，使全书新意盎然。应当说，社会性别理论在妇女史研究中的运用，体现的是一种学术意识，为妇女史研究从根本上发展为学术范例奠定了理论基础。

一些学者还在运用社会性别理论建立妇女史自己的体系方面进行了有意义的尝试，力图使近代妇女史走出革命史的框架。她们试图从"社会性别制度"入手，在制度层面探讨一个社会的性别秩序和性别的社会结构建立的机制，并探讨这一制度的内在结构——纵横交错的规范网络，以及自身的运作机制。[①]希望从研究性别制度的构建与变迁中重建妇女史的体系与框架。

但是，近代妇女史研究中，理论的欠缺依然是一个需要重视的问题，是制约研究水平的重要因素。其中，性别理论本土化是关键所在。目前，有些妇女史研究只是停留在对性别理论认同的宣示上，有些则停留于简单的模仿与比拟，缺乏对这一理论的深入理解和卓有成效的运用。切实在研究中借鉴性别理论，才能体现妇女史研究的理论创新。

二 关于妇女史研究的方法

妇女史研究在方法论方面的突破，主要体现在多学科交叉研究方法的运用以及口述历史方法的运用等方面。新的研究方法，使妇女史研究朝着

---

① 参见杜芳琴、王政主编《中国历史中的妇女与性别》，天津人民出版社2004年版，第78—79页；吕美颐《性别制度与社会规范》，《郑州大学学报》2009年第2期。

多视角、跨学科、综合性的妇女/性别史的方向有了实质性进展。

妇女史研究在发展中逐渐打破传统学科界限，从多种学科汲取了理论与方法，包括社会学、人类学、女性学、民族学、人种学、人口学、民俗学、宗教学、新闻学、统计学等相关学科。多学科带来的多种研究方法和研究手段，弥补了一个时期妇女史研究领域难以拓展的窘境，为解决妇女史资料来源不足打开了新的门径。

这其中，社会学对妇女史的影响最大。20世纪70年代末在法国年鉴学派影响下，新社会史研究在中国出现高潮。把妇女作为性别群体纳入近代社会史研究成为学者们的共识，一些社会史论著对此做了有益尝试，《清人社会生活》《中国近代社会史》《20世纪中国社会生活变迁史》等近代社会史专著中，都有相当篇幅论及妇女生活的方方面面及相关问题。妇女史还一再作为专题被列入社会史丛书系列。新时期的近代妇女史研究，最早借用的新研究方法即来自社会学和社会史，如罗苏文的《女性与近代中国社会》、郑永福的《近代中国妇女生活》（河南人民出版社1993年版）、蒋美华的《20世纪中国女性角色变迁》（天津人民出版社2009年版）等著作，都明显借鉴了社会史的理论与框架，采纳了社会史分层研究、群体研究、角色研究等方法。一些论文，也大量引用20世纪二三十年代《社会学杂志》《社会学界》《社会问题》《社会调查集刊》等刊物的调查数据资料，显示出研究方法的创新。当然，近代社会史研究替代不了近代妇女史研究，但在拓展妇女史研究视野和丰富研究方法方面，给了妇女史研究很多有益的启发。

口述史是近十几年来备受中外史学界重视的新研究方法，虽非妇女研究所独创，但与妇女史具有天然盟友关系。传入中国后亦首先在妇女史研究中得到应用，成为妇女史研究在方法论方面的又一突破。口述历史打破了单纯以文献为资料、以史学家为代言人的传统史学规范，将生命体验融入史学，并把录像、录音等现代技术引入历史研究，是中国史学史上一种开拓性尝试。

不少学者在研究近现代与当代妇女史时使用了口述方法，很快取得一批成果。如定宜庄的《最后的记忆：十六位旗人妇女的口述历史》（中国广播电视出版社1999年版），和钟华、杜芳琴主编的《大山的女儿》西南卷、华北卷（贵州民族出版社 1998 年版），张晓的《西江苗族妇女口述史研究》（贵州人民出版社 1997 年版）等。

李小江主持的"20 世纪中国妇女口述史"是规模较大的妇女口述史项目。1992 年启动，历经 10 余年，参与者达到近千人次，至 2003 年正式出版了名为《让女人自己说话》（生活·读书·新知三联书店）的妇女口述史丛书。该丛书分独立历程、经历战争、文化寻踪、民族叙事四部分，全方位展现了近代妇女的历史命运与独特风采。项目进行过程中曾就口述史的理论与实践召开了两次研讨会，对口述史的功能、妇女口述史与正史的关系、口述资料与一般资料的区别、口述资料的真实性、资料的使用权及操作技术等一系列问题进行了研讨，推进了妇女史研究中口述史的应用。丛书的出版，是一次比较成功运用口述方法完成近代妇女史的大制作，不仅为妇女史研究提供了文字之外的丰富资料，而且其本身就是一部别样妇女史。其意义在于"将历史记载从英雄推及普通人，将历史的解释权由男子推及妇女"。在妇女于正史中基本缺席的情况下，口述历史"将妇女载入史册，即是其价值体现"。[①]

可以预料，妇女口述史将会对近代妇女史乃至整个近代史的研究产生更加积极的影响。但是，妇女史学界熟悉口述史操作方法的人数较少，口述史的启动又需要资金与人力等较多外部条件，一些急需抢救的口述资料，随时又有失去的危险。如何继续坚持和进一步推广这一研究方法，是一个需要给予特别关注的问题。

妇女史研究中还有另一种正被一些学者尝试和运用的方法，即文本分析的方法。文本意识促使性别史研究者不断探寻适当的文本，拓展资料空间，在历史研究惯用的官书、档案、地方志等资料之外，口述历史、碑刻、墓志铭、诗歌、对联、挽词、传说、故事、民谣、戏曲、歌词、图画、雕像、宗教经典和宣传品等，都被纳入了文本范围，从而大大弥补了妇女史资料的不足。此外，文本分析的切入点与视角，尤其是解读方法，更加适合社会性别理论的运用。侯杰在强调文本解读是重要环节时，指出："解读并不是对文本意涵的被动接受，而是融入了解读者的理解和主

---

① 杨洁：《妇女口述史国际学术研讨会综述》，《历史研究》1999 年第 2 期。

观想象。"因而，给研究者留下了更大的阐释空间和采用多视角分析的余地。文本分析的方法对于妇女史研究的意义在于，通过"给文本以适当的界定和解读，从而使中国近代性别史得到更丰富的再现"，展示出更加深刻的内涵。① 妇女史研究或许因此能够走出容易流于肤浅的窘境。夏晓虹、侯杰等学者在自己著述中对如何运用文本分析作出了成功尝试。由此看来，文本分析是一种有推广价值和发展前景的研究方法。

当前，不少妇女史研究者对于理论的重视超过了对于方法的重视，在研究中习惯于沿用传统的史学研究方法，较少尝试新方法。殊不知性别理论与方法是一个整体，没有方法的更新，就难以有理论的突破。

三 妇女史研究中值得注意的几个问题

与整个中国史研究相比，近代妇女史研究还处于发展的初级阶段，在水平与成熟度方面，存在着诸多需要解决的问题。

其一，缺少研究范例，低层次重复现象不时出现。研究范例是指具有标志性、为学术界认可的研究成果。它是衡量某一学术领域研究水准的指标之一。对于妇女史来说，大批研究范例的涌现也是其发展为专门史和走向独立学科必不可少的条件。一个时期内，近代妇女史研究徘徊在初级阶段，未能涌现出大批有学术影响的成果，这是由多种因素造成的，除了起步较晚、研究理论与方法创新不足，还存在一些认识误区。刘志琴对此列出了三种情形：一是以革命史代替妇女史；二是以精英史代替妇女的大众史；三是以观念史代替妇女的社会史。② 结果既造成对妇女史的定位不准，也造成眼界偏窄，无法充分展现近代妇女生活丰富多彩的各个侧面和时尚风貌。另一个影响因素是，一些研究未建立在充分掌握史料的基础上，常常出现论证和结论比较勉强的状况，如桑兵所言："从片断与片面的资料中不可能得到真实的历史映像，而失却历史本身的复杂性，必然导致历史学术价值的降低。"再者，研究中存在的简单化倾向，也造成了顾此失彼，难以把握妇女史的全部信息，如不去区分今日的女性观与昨日的女性观、

---

① 《文本分析与中国近现代性别史研究》，《郑州大学学报》2009 年第 2 期。
② 参见《中国妇女史研究在理论上何以薄弱？》，《北京日报》1999 年 7 月 7 日。

男性的女性观与女性的女性观、上流的女性观与下层的女性观、本土的女性观与外来的女性观，结果就难以避免研究中存在主观性与片面性。①

其二，研究视野不够开阔。妇女史的研究领域属于开放类型，始终在不断拓展之中。如果研究者思路过于单一，如果妇女史的研究赶不上近代史研究的步伐，就会影响研究的视野。近代妇女史研究领域拓展相对缓慢，薄弱环节较多，还有一些需要填补的空白之处。因此，对处于不同时代、地域、民族、阶层的妇女进行具体分析，突出不平衡性、差异性是提高近代妇女史研究水平的重要环节之一。由于中国地域辽阔、民族众多，各地区各民族妇女的社会、家庭地位与生活习俗差别较大，甚至迥然不同；同时，近代新思潮、新观念由沿海或中心城市向内地和农村的扩散存在不平衡性，对不同阶层和不同地域妇女产生的影响也存在很大差异。我们在妇女史研究中对这些因素考虑很不够，求同多而寻找差异少。实际上，在研究中注重差异，是性别理论发展的重要趋势。通过对比的方法寻找差异以提高研究水准，应是可行的办法。如在对国共两党妇女运动的方针、政策的比较研究中，探求它们在妇女运动中所起作用和所具影响的异同；在对中国妇女运动与国际妇女运动的比较中，了解其相互关系和影响等。

其三，妇女史史料的挖掘、搜集、整理，落后于研究的发展，已经成为提高研究水平的障碍。已整理出版的有张玉法、李又宁主编的《近代中国女权运动史料》（台湾传记文学出版社1975年版）、全国妇联妇运研究室编辑的《五四时期妇女问题文选》（生活·读书·新知三联书店1981年版）、《中国妇女运动历史资料》（中国妇女出版社1991年版）、全国妇联主编的《蔡畅、邓颖超、康克清妇女解放问题文选》（人民出版社1983年版）等，以及江西、广东等省市出版的一批妇女运动历史资料。在浩如烟海的近代史资料中，这些只能算九牛一毛，无法满足研究之需。妇女史资料的特点是少而分散，搜集和整理的难度很大。若能在较短的时间内，整合人力、物力，分门别类地对有关近代妇女史的资料进行搜集、整理和出版，将是妇女史学界一大幸事，也是近代妇女史研究更上一层楼的必要条件。

---

① 《近代中国女性史研究散论》，《近代史研究》1996年第3期。

第十五章

青年运动史

中国青年运动史是中国近代史研究中一个亟待深入开发和完善的领域，尽管中华人民共和国成立以来有部分研究者曾经涉足这方面的研究，并且伴随中国社会的发展和进步取得了一定的研究成果，但是与近代史研究的其他领域相比差距和不足还是很大，需要学术界的关注、扶植和帮助。这个研究领域有待通过进一步加强资料汇集整理工作和开展广泛深入的学术研究活动来促使其向学术化发展。

第一节 三个发展阶段

自中华人民共和国成立以来，青年运动史研究随着国家社会科学研究事业的发展，逐步从主要为满足青年团组织各方面工作需要而开展研究向创建独立学科门类方向发展，特别是在改革开放以来较之前有了一定的进步。回顾这一发展过程，大体经历了以下三个发展阶段。

一 为适应青年团工作需要而开展研究阶段

1949年10月中华人民共和国成立后，从新民主主义青年团承担的工作任务出发，为满足团干部培训的需要，青运史研究被提上工作日程。在这个阶段，从事青运史研究工作的主要力量是青年团内的一些教学人员，研究内容主要是中国共产党在民主革命时期开展青年工作的经验和教训、中国青年团发展的历史以及中国学生运动史。在这个阶段，也有一些史学工作者从研究革命史的角度开展学生运动史的研究，并且在20世纪50年代出版了一些记述民主革命时期重要学生运动的小册子。这一时期的青运史研究主要围绕青年团的现实工作需要和政治运动的需要进行。

中国青年运动史作为一门课程最早是在内地中央团校开设的，后来随着地方团校的陆续开办，在一些地方团校也开设了中国青年运动史的课程。起初这门课在中央团校主要由中央领导和在民主革命时期从事党的青年工作的人来讲授。当时的团中央书记冯文彬曾在中央团校讲授青运简史，内容涉及民主革命时期中国青年和青年团员的斗争事迹、主要历史事件、青年工作中的成绩和失误，并着重分析了民主革命时期青年运动的历史教训。冯文彬的讲授为团校系统的青运史教学与研究奠定了基础。20世纪50年代中期以后，中央团校的青运史教学和研究工作逐步展开，1956年6月中央团校团的工作教研室编印了《中国现代青年运动简史讲义》，1957年1月该教研室写成《中国现代革命青年运动简史讲稿》，6月对《讲稿》稍加整理并更名为《"五四"以来中国革命青年运动简史》。这个10万字左右的讲稿是当时对中国青年运动史最系统的记述，同时也是全面系统研究中国青运史的最初成果。

另外，中华人民共和国成立后，青年组织的对外交往活动日渐频繁，为了向国外介绍中国青年运动的历史，1956年中共中央审定了团中央起草的《关于中国青年运动的情况和经验教训（提纲）》。这个提纲突破了以往记述中国青年运动史的旧框框，突破了中共党史的历史分期，按照青年团组织发展的三个时期（社会主义青年团至共产主义青年团时期、抗日战争和青救会时期、新民主主义青年团时期）来记述，比较系统扼要地论述了各个历史时期青年运动的主要事件、主要成绩，对各个历史时期青年运动缺点和错误的表现、原因及经验教训都作了具体的分析和总结。

在中华人民共和国成立10周年前夕，因开展外事活动的需要，团中央再次组织编写《中国青年运动的情况和经验介绍提纲》。这个《提纲》概述了1919年至1959年间中国革命和建设时期中国青年运动的历程，集中论述了40年来中国青年运动的历史经验。其主要内容有五个方面：关于青年运动的方向问题、关于青年运动的地位和作用问题、关于青年运动的核心组织问题、过去青年的思想教育问题、关于党的领导问题。

1961年，为满足团干部培训的要求，团中央组织中央团校教员编写了《中国青年运动讲稿》。在《讲稿》编写过程中，团中央书记处第一书记胡耀邦两次就编写工作提出了许多精辟的意见。《中国青年运动讲稿》分两部分，其一是中国民主革命时期青年运动的几个问题，其二是中国社会主义革命和社会主义建设时期的青年运动。这个讲稿的第二部分写得比较简单，只介绍了中国青年在保卫祖国和世界和平、支持各国青年的正义斗争、加强同各国青年的友谊与团结等方面的情况以及参加中国社会主义革命和建设的重要事迹。讲稿的重点是第一部分。在这个部分中，对民主革命时期青年运动的经验进行了更加系统的提炼和总结，增强了理论色彩。这个讲稿的内容主要是围绕青年运动的六个根本问题进行讲述的，这六个问题是青年运动的任务、青年运动的组织、青年运动中的统一战线、学生运动、青年运动中的斗争策略、青年运动中党的领导。这个讲稿的编写为后来的青运史研究工作打下了一定的基础。

在这一阶段，有关中国青年运动史资料的搜集整理工作开始起步。1957年至1961年间，团中央组织编辑了《中国青年运动历史资料》，共10本。这套资料集收入了1915年至1932年5月底有关中国青年运动的国内外重要文献、文件及部分报刊刊载的文稿，还有一些有关青年生活、思想状况的调查报告等资料。① 这套资料集的印行，推进了青运史研究的进程，同时也为青运史研究的深入发展奠定了基础。

"文化大革命"开始后，青运史研究工作停顿下来。在极"左"思潮的冲击下，大量的青运史研究成果和资料在动乱中散失，一些青运史研究者也停止了青运史的研究工作。

二 在拨乱反正和改革开放中有组织地开展研究工作的阶段

十年动乱结束后，伴随着共青团十大的召开，青运史研究工作开始恢复。1978年12月中共十一届三中全会召开，实现了新中国成立以来党的历

---

① 这套资料集在1988年以后又由团中央青运史研究室和中国青少年研究中心续编，至今已经编辑出版了第11至第19集，收入了1932年6月至1949年9月底的青运史资料，将民主革命时期的青运史资料全部整理完毕。

史上具有深远意义的伟大转折。1979 年 12 月，共青团中央研究室、中央团校、中国青年出版社在北京联合举办了中国青年运动史研究座谈会，与会者就青年运动的历史和经验教训、青年运动史研究的方法等问题阐述了意见。这次会议对于推动和加强青运史研究工作起了良好的作用。会议闭幕不久，1980 年初，团中央书记处决定，成立青运史编辑委员会，委员会下设青运史研究室，并创办《青运史研究资料》，到 1981 年 1 月改刊名为《青运史研究》。在这段时间里，青运史的研究经历了一段相对兴盛的发展阶段。

在此阶段，青运史研究的一个突出特点是共青团组织积极领导各地团组织开展青运史研究。自第一次全国青运史研究座谈会后，各地相继建立一批非常设的青运史研究机构，开始了对地方青运史的研究工作。中国青年出版社出版了青运史题材的回忆录专辑"中国青年的光荣传统丛书"，包括《青春的脚步》（1980 年）、《在第二条战线上》（1980 年）、《激流》（1981 年）、《团旗为什么这样红》（1981 年）、《春天的摇篮》（1982 年）等，还出版了《革命烈士书信》（1979 年）、《革命烈士书信续编》（1983 年）等与青运史研究相关的资料性书籍。个别地方青运史研究机构也出版了青年运动回忆录专集。在此期间，中央团校青运史研究室积极组织人力，先后编写出《新民主主义革命时期中国青年运动大事记》（《青运史研究》1981 年第 4—8 期）等重要资料。1983 年团中央青运史研究室建立后，一些省级团委也陆续建立了青运史工作机构。团中央青运史研究室接连组织召开青运史工作会议或专题学术会议，推动各地工作的开展。从 80 年代初开始，团中央青运史研究室先后组织召开了"中国社会主义青年团创建讨论会""第一次国共合作时期的共青团专题讨论会""留法勤工俭学运动与旅欧共青团创建讨论会""第二次国内革命战争时期苏区共青团专题讨论会""抗日战争时期青年运动学术讨论会""解放战争时期学生运动学术讨论会""'九一八'至'七七'中国青年抗日救亡运动学术讨论会"共 7 次全国性的青运史专题研讨会。由团中央青运史研究室编写的《中国青年运动史》（中国青年出版社 1984 年版）一书是中华人民共和国成立以来正式出版的第一本青运史研究专著。中国社会科学院和共青团中央还联合组建了青少年研究所。这个研究所专门设立了青运史研究室，开展青运史资料的搜集和研究工作，同时编印了"青运史研究与资料丛书"，到1987年该研究所并入中国社会科学院社会学研究所时，共印行了4本。

由于从中央到地方都基本设立了专门的青运史工作机构，并且通过团的组织系统推动工作开展，所以这一时期青运史研究工作开展得比较活跃，也取得了较多的研究成果。

首先，各地广泛召开老同志座谈会，抓紧抢救"活资料"。从1983年到1987年，团中央和地方的青运史工作者先后召开了"安吴青训班""晋绥青年运动""西北民主青年社""西安事变前后陕西青年运动""解放战争时期东北三省青年运动""解放战争时期杭州学运""山东抗日战争时期青年运动""三十年代上海共青团""解放战争时期全国学联""浙江英士大学""华东南下服务团""西南服务团""上海抗日战争、解放战争时期学生运动"等老同志座谈会，以及"江西抗战时期青运资料征集工作座谈会""中山大学（坪石时期）学生运动和香港学生赈济会史料征集会议"等，征集了一批重要的青运史资料。与此同时，各地还通过访问、书信等形式与一批和青运史有关的老同志建立了联系，为征集、整理和校勘历史资料提供了方便条件。

其次，各地青运史研究者还大力开展了文献、档案等文字资料的搜集和整理工作。部分省、自治区、直辖市基本完成了民主革命时期青运史的文献、档案、报刊、图书资料的搜集整理工作，并且进行了认真的分类归档和编目工作。与此同时，各地还搜集了一批有史料价值的照片、文物。在此基础上，有20多个省、自治区、直辖市编写了青年运动历史大事记，部分地区初步完成了青年组织沿革与领导人名录的编写工作。

再次，各地青运史研究者编纂出版了一批青运史史料。主要有《中共中央青年运动文件选编（1921—1949）》（中国青年出版社1988年版）、《青年共产国际与中国青年运动》（中国青年出版社1985年版）、《安吴古堡的钟声——安吴青训班史料集》（中共党史资料出版社1987年版）、《广东青运文件汇编》[①]、《西安事变前后和抗战初期陕西国统区青年运动》（陕西人民出版社1989年版）、《西北民主青年社与陕西国统区学生运动》（陕西人民出版社1989年版）、《山西青年运动历史资料》、《四川青年运

[①] 本章凡未注出版单位的书籍均为内部印行的非正式出版物。

动史料选编》、《川陕革命根据地青年运动文献资料选编》、《山东青年运动档案史料选编》、《新学生社史料》、《抗日战争时期的广东青年运动》、《广东青年抗日先锋队文献选编》、《广东学生运动史料选编》、《五四运动在广州资料选编》、《江苏青年运动历史档案选编》、《新安旅行团纪念专辑》、《南昌青年运动三十年》、《一二·九运动在河南》（河南人民出版社1986年版）、《大后方青年运动：新华日报文选》（重庆出版社1984年版）、《大后方青年运动参考资料》（重庆出版社1984年版）等一批青运史资料集。另外，据不完全统计，这一时期有17个省、自治区、直辖市团委和11个省辖市及地区团委出版了青运史研究刊物，例如，《上海青运史资料》《广东青运史资料》《湖南青运史研究》《江苏青运史资料》《浙江青运史研究参考资料》《广州青运史资料》等。虽然这些刊物出刊时间有长有短，但都不同程度地推进了青运史研究的开展，并且向社会提供了一批研究青运史的资料。

最后，一批青运史专著、人物传记和通俗读物得以出版。主要有中国青年出版社编辑的第一、第二次国内革命战争及解放战争时期的《青年英烈》（1986年、1991年）、《青年团的初建》（1987年）等，共青团北京市委编著的《北京青运简史（1919—1949）》，共青团四川省委青运史研究室编写的《追求之歌——四川青年运动》（成都科技大学出版社1986年版）、《川北学运三十年》，共青团山东省委研究室编写的《青岛反甄审运动》《当我二十岁的时候》《山东青运人物》，共青团江苏省委编辑的《金陵风雨》（中国青年出版社1983年版），共青团浙江省委编写的《青年先驱者之歌》，共青团江西省委编写的《真的猛士》，共青团杭州市委青运史办公室和杭州市团校教研室合编的《杭州青年运动史话》，吉林省扶余县青运史工作委员会编写的《革命烈士梁士英传略》，以及《南通青运史话》《连云港青运史话》等。此外，社会科学界的一些致力于学生运动史及与青年运动相关课题研究的学者也出版了研究专著，如《中国学生运动简史》（河北人民出版社1985年版）等。

三　在经济转型和社会发展形势下自然发展阶段

进入20世纪90年代以后，中国的改革开放事业进一步深入发展。这种新的形势给青运史研究的发展带来了深刻的影响。形势要求青运史研究工作必须适应社会发展的趋势，改变通过行政组织的方式开展研究的做法，让青运史研究按社会化的运作机制来进行。根据这一形势的要求，1991年9月团中央书记处决定撤销团中央青运史研究室，成立团中央青运史工作指导委员会和中国青少年研究中心，试图用一种新的机制来拓宽青运史研究的领域并吸纳社会力量及资源，推进青运史研究工作的深入开展。这样一来，青运史研究在进入90年代以后，有组织的研究活动逐渐减少，研究工作伴随社会需要扎实进行。

90年代以后，由于研讨选题能够紧扣社会和时代的脉搏，参加青运史研究的人员也突破了共青团系统，并且研究人员的研究特长和专业兴趣得到充分的发挥，所以从80年代末期开始，以《中国青年运动六十年》（中国青年出版社1990年版）为代表的一批有较高学术水平和价值的学生运动史、青年运动史专著先后出版。其中主要有《中国现代学生运动史长编》（东北师范大学出版社1988年版）、《中国学生运动史》（上海人民出版社1992年版）、《中国学生的光荣历程：近代中国学生运动简史》（人民教育出版社1989年版）、《中国近代学生运动史》（河南人民出版社1992年版）、《解放战争时期北平学生运动史》（北京出版社1995年版）、《中国共青团史》（华中师范大学出版社1992年版）、《中国共青团简史》（中国青年出版社1992年版）、《中国共青团团史简编》（中国青年出版社1997年版）、《中国青年运动主题曲——二十世纪中国共青团的历程》（文津出版社1999年版）、《中国近代青年史》（红旗出版社2004年版）、《温州地区第二条战线史》（当代中国出版社2005年版）等。在此期间，还有一批地方青运史专著出版。例如，《北京青年运动史》（北京出版社1989年版）、《广东青年运动史》（广东高等教育出版社1994年版）、《四川青年运动史稿》（四川人民出版社1990年版）、《浙江青年运动史》（中国文史出版社1990年版）、《黑龙江青年运动史》（黑龙江人民出版社1990年版）、《山东青年运动简史》、《福建共青团简史》（福建人民出版社1992年版）、《贵州青年运动史》（贵州人民出版社1999年版）等。此外还出版了一些专题性的研究专著，例如，《沉浮录：中国青运与基督教男女青年会》（同济大学出版社1989年版）、《青年共产国际与中国青年运动关系史》(吉林人民出版社 1990 年版) 等。

另外，进入 90 年代以后，各地从事青运史工作的人都把在 80 年代积累的青运史资料整理出版，因此在世纪之交和进入 21 世纪以后，北京、广东、黑龙江、吉林、辽宁、浙江、四川、陕西、江西、山西、福建、山东、天津、河南、河北等省市都编辑出版了青运史资料丛书或资料集、回忆录集和论文集。其中比较重要的是中国青年出版社在 2002 年出版的 6 本《中国青年运动历史资料》(14—19 集)，这 6 本资料集的出版标志着民主革命时期的青运史资料集的编辑工作宣告完成。另外，中国青年出版社在 2005 年 12 月出版了《红岩儿女》第一部和第二部，汇集了 1939 年到 1949 年国民党统治区青年运动的资料，而且这两部书的编者都是这段历史的见证人，更可以显现这两部书的史料价值。2009 年 4 月中共党史出版社出版的《中央苏区青年运动史》是第一本研究中央苏区青运史的成果。这本书融历史综述和历史资料于一体，并且配发了照片，增强书的史料性。在这个时期，各省市关于青年运动的志书也在当地政府的组织领导下，完成编纂出版工作，其中也荟萃了大量的青运史研究成果。此外，各地还配合革命英烈诞辰的纪念活动出版了一批早期青年运动领导人的传记或纪念文集，例如，《华岗传》(浙江人民出版社 1993 年版)、《恽代英传》(中国青年出版社 1995 年版)、《俞秀松纪念文集》(当代中国出版社 1999 年版)、《李求实文集》(中国文史出版社 1991 年版)、《纪念施复亮百岁华诞专辑》、《张太雷研究史料选》(中央文献出版社 2007 年版) 等，也汇集了一些青运史资料。

总之，进入 20 世纪 90 年代以后，伴随国内改革开放事业的深入发展，青运史研究的格局开始出现重要的变化，研究工作逐步向学术化方向发展，青运史也作为史学领域的一门新兴学科开始步入新的发展阶段。

第二节　成果概述

经过半个多世纪的探索与开拓，青运史研究初步形成了自身的学科体系，尽管不是十分完善，但已经有了一个较好的基础。现将其主要研究成果，择要介绍如下。

一 中国社会主义青年团创建问题

中国社会主义青年团的创建经历了一个从早期组织到正式建立的过程，因此曾经有"团先于党"的说法。① 对此，研究者达成了共识。对于一部分早期团员而言，可能在1921年中国共产党正式成立之前就加入了青年团，从个人经历角度看，似乎是"团先于党"，但事实上中国社会主义青年团组织的正式成立是在中国共产党成立之后。这是因为，青年团组织也和共产党组织一样，经历了一个建立早期组织的阶段。其早期组织是在共产党的早期组织帮助指导下才建立起来的，而其正式组织的建立也是在中国共产党的帮助指导下，于1922年5月召开中国社会主义青年团第一次代表大会才最后完成的。② 所以，"团先于党"的说法是不确切的。中国青年团组织是在1922年5月才正式成立的这一观点不仅客观地反映了历史，而且能够准确地揭示党团关系。

与此同时，研究者考订了一些地方团的早期组织创建的时间。以往人们只知道上海社会主义青年团于1920年8月建立，但是不知道具体日期。经考订得知，1920年8月22日在上海建立了中国第一个青年团组织。③ 另外，中国共产党成立后一些地方相继建立了青年团组织：天津地方团——据"天津 S. Y." 1922年3月16日给施存统的信称，"天津 S. Y. 正式成立了"，"成立日期：（民国）十一年二月十二日（1922年2月12日）"；保定地方团——据1922年3月15日张仲毅给施存统的信称，"是本年2月10日成立的"；唐山地方团——据1922年3月27日树彝给上海的信称，唐山地方团成立于1921年7月6日；济南地方团——据王复元1922年12月10日给施存统的信称，是1922年9月16日成立的。此外，还搞清了中国社会主义青年团第一次代表大会举行时间、地点的更改过程，查证了出席大会代

---

① 参见任弼时《在中国新民主主义青年团第一次代表大会上的政治报告》，《任弼时选集》，人民出版社1987年版，第489页。
② 参见郑洸、罗成全主编《中国青年运动六十年》，中国青年出版社1990年版，第69页。
③ 参见郑洸、罗成全《中国社会主义青年团的创建（综述）》，载《中国社会主义青年团创建问题论文集》，第12页。

表的人数及其所代表的地方团，搞清了会议议程，确证陈独秀出席了团一大的开幕式并发表讲话，证实团的一大的确决定申请加入青年共产国际。①

进入21世纪以后，随着保存在苏联的共产国际的资料的整理出版，关于中国社会主义青年团建立的一些细节问题也逐渐厘清，原来团史或青运史著作中表述不准确、不正确的地方都相应得到纠正。

二 留法勤工俭学运动和旅欧共青团的创建问题

旅欧共青团初名为"少年共产党"，关于这个组织的性质存在着意见分歧，但是多数人认为，旅欧少年共产党是青年团性质，不是党的组织。主要论据是：第一，赵世炎在1922年4月26日，即旅欧少年共产党正式成立前一个多月，写给无名（又名吴明，即陈公培）的信中说，"欧洲方面决定成立一个'青年团'"，"我们已认定青年团之内幕即'少年共产党'"②。第二，周恩来1923年3月13日给团中央的报告中也谈到："我们今年1月得着这封信后，益觉我们团体的名称组织有急于改换的必要，于是乃有多数同志提议以待国内信至而实行改组，立即归属国内本团，以明我们去年6月大会组织旅欧少共团体的始衷。"③ 第三，当事人李维汉回忆自己入党的经历，也说明旅欧少年共产党是团而不是党。④

在开展对旅欧共青团的研究中，有的学者认为，在青年团的早期组织中，旅欧共青团的工作是富有特色的。主要表现在以下四个方面：第一，率先举起共产主义的旗帜，强调团员必须有对共产主义的信仰；第二，有严格的组织生活，注意不断提高团员的政治素质；第三，能够开展积极的思想斗争，勇敢抵制各种错误思想的侵蚀，积极宣传马克思主义；第四，注意广泛团结旅法华人，组成革命统一战线，壮大革命力量。⑤ 有的认为，

---

① 参见赵朴《中国社会主义青年团第一次全国代表大会前后的若干问题》，载《中国社会主义青年团创建问题论文集》，第26页。

② 中国社会科学院青少年研究所青运史研究室编：《青运史资料与研究》第1集，第110页。

③ 同上书，第98—99页。

④ 参见《新民学会资料》，人民出版社1980年版，第487页。

⑤ 参见郑洸《对留法勤工俭学与旅欧共青团创建研究成果述评》，载团中央青运史研究室编《留法勤工俭学运动与旅欧共青团创建专题论文集》，第1页。

旅法共青团所表现出的这些特色，以及在留法勤工俭学学生中成长起一大批中国革命的栋梁之才是有深刻原因的。其一，他们在留法期间，能够认真学习马克思主义，和法国工人阶级打成一片，努力做工，养成劳动习惯，在共同的劳动中增强对工人阶级的感情，走与工人相结合的道路。此外，在当时发达的资本主义国家的生活，也使他们开阔了眼界，学习到一些先进的文化、科学和技术知识，为他们的日后成长奠定了良好的基础。其二，旅欧生活使他们能够真切地看到和感受到资本主义社会内部的种种矛盾和弊端，经济危机的严酷现实也促使他们抛弃在中国建立资产阶级共和国的理想，认真从欧洲工人运动的斗争实践中寻找新的思想武器，探索拯救祖国的道路。其三，他们积极投身革命斗争实践，注意结合斗争实践学习革命理论，坚持真理，修正错误，这些也是其健康成长的重要原因。例如，旅欧勤工俭学学生开展的三次斗争，对他们中的许多人实现思想的迅速转变起到重要的推动作用。[1]

另外，许多研究者认为，对于旅欧勤工俭学历史中的人物和事件，一定要本着历史唯物主义的原则，给予实事求是的评价。例如，对蔡和森在留法勤工俭学运动中的贡献，特别是他在旅欧建党建团准备阶段所发挥的作用，应给予充分的重视和肯定。又如，对于萧子升在湖南留法勤工俭学运动中的作用，也要给予必要的肯定。再如，对"工学世界社"以及所谓"勤工派"的评价，也存在一定问题，需要通过研究加以解决。此外，对于部分留法勤工俭学学生坚持教育救国、实业救国的道路，留学期间奋发学习，努力掌握先进文化、科学和技术，归国后报效祖国的历史，以及他们对中华民族科学文化发展所做贡献的研究有待加强。[2]

三　第一次国内革命战争时期的共青团问题

学者研究的主要问题是，第一次国内革命战争时期青年团的组织状况、主要活动、历史作用等。一致认为，作为中国共产党的助手，这个时

---

[1] 参见曾昭顺《留法勤工俭学活动及其在中国革命史中的地位》，载《留法勤工俭学运动与旅欧共青团创建专题论文集》，第39页。

[2] 参见郑洸《对留法勤工俭学与旅欧共青团创建研究成果的述评》，载《留法勤工俭学运动与旅欧共青团创建专题论文集》，第1页。

期的青年团起了十分重要的作用。主要体现在以下几个方面：（1）积极协助中国共产党建立和发展革命统一战线，在帮助国民党改组和建立地方组织中发挥了重要作用；（2）在为国民革命培养军事和群众运动骨干方面，共青团发挥了积极作用；（3）青年团带领广大团员青年掀起反帝爱国运动的高潮，为推动国民革命运动的深入发展发挥了先锋和桥梁作用；（4）为维护无产阶级的革命领导权，同各种反动思潮进行了坚决的斗争，团中央的机关刊物《中国青年》发挥了特别重要的作用；（5）带领团员青年积极投身打倒封建军阀的北伐战争和工农群众运动，是一支十分重要的生力军；（6）维护中国共产党的正确主张，在坚决反对右倾投降主义的斗争中有突出的表现。①

多数研究者认为青年团在这个时期的活动对以后青年团的工作是富有启示意义的，揭示了共青团工作必须遵循的三个原则：其一，要坚决维护和服从共产党的领导，这是共青团发挥助手和后备军作用的根本保证；其二，青年团要始终坚持青年运动同全民革命运动的密切结合，要在推动全民革命运动的过程中充分发挥自身的先锋和桥梁作用；其三，青年团要发挥青年运动的核心作用，就要注意用马列主义教育青年，积极开展对不利于青年健康成长的各种错误思想和思潮的斗争，不断在实践中提高青年的政治觉悟。②

此外，研究者也提出了一些需要深入探讨的问题。主要有：在维护无产阶级的革命领导权方面，青年团的主要表现和经验；在加强自身建设、体现青年组织的特点方面，青年团探索的历程和主要经验；青年团开展思想理论战线斗争，开展群众工作的历史及其经验；建立和发展青年统一战线工作的历史经验等。另外，这个时期一些青年运动的人物的生平也需要研究，团的组织史方面也有空白，例如团四大选出的中央委员就没有搞清楚。

四　第二次国内革命战争时期的共青团问题

第二次国内革命战争时期是中国共产党独立领导中国革命、探索中国

---

① 参见郑洸《有益的探讨》，载团中央青运史研究室编《第一次国共合作时期的共青团专题论文集》，第1页。

② 同上。

革命道路的重要时期。这时国内外形势复杂、多变，革命进程也波澜起伏、曲折艰辛。因此，这一时期青年运动的历史跌宕起伏，值得认真研究和探讨。但是，相关研究比较薄弱，许多问题有待探索。

研究成果较多的是关于革命根据地的共青团历史。有学者指出，从整个革命根据地而言，当时面临三大任务：一是开展土地革命、建立革命武装和革命政权；二是抗击国民党当局的军事"围剿"和打破经济封锁，保卫革命根据地；三是在服从革命战争的前提下，积极推进根据地的政治、经济、文化建设事业。根据地的共青团工作是紧紧围绕这些任务展开的。其历史作用具体表现在：第一，带领团员青年参加土地革命，维护社会治安和抓捕反革命分子，保卫土地革命的胜利果实，保证土地革命顺利进行；第二，配合党政组织开展扩大红军的工作，动员团员青年参军参战，投身武装保卫革命根据地的斗争；第三，响应党政组织的号召，加紧生产，保障红军供给和根据地人们生活需求，开展拥军优属、支援前线活动；第四，在党政组织的统一领导下，在青少年中开展文化教育活动，发展根据地的文化教育事业；第五，加强共青团自身建设和其他青少年组织建设，向党政组织输送新鲜血液和后备力量。关于根据地共青团工作的历史教训，多数人认为主要在于"左"倾错误。[①]

这个时期青运史研究有待深入的主要问题是共青团组织史方面有许多空白，国民党统治区青年工作和共青团工作的情况，青年工作中"左"的问题产生的根源、影响和危害及其历史教训，青年文化现象和当时青年社会问题的研究等。

五 青年抗日救亡运动问题

1931年日本发动九一八事变，以青年为先锋的中国抗日救亡运动走向高潮。青运史的研究，主要集中在以下几个问题上。

关于"九一八"时期青年抗日救亡运动问题。有的学者认为，对"九一八"时期青年抗日救亡运动的评价应该按照实事求是的原则来认识和分

---

① 参见郑洸《苏区共青团与苏区红色政权》，载《第二次国内革命战争时期苏区共青团专题论文集》，福建人民出版社1986年版，第1页。

析。其焦点是承认还是不承认有王明"左"倾路线的影响和怎样实事求是地估计这个影响。多数人认为，青年抗日救亡运动受到了"左"的影响。首先，执行王明"左"倾错误的领导错误地估计了形势，提出了错误的行动口号，并且在学生运动中贯彻施行，使得一些救亡运动积极分子脱离了广大群众；其次，在策略上不注意广泛团结群众，采取打倒一切的政策，导致自我孤立；再次，在组织上搞宗派主义和关门主义，不注意团结一切可以团结的人；最后，在行动上是盲动主义，不懂得利用合法的斗争方式，不顾主客观条件蛮干，搞公开示威或"飞行集会"，导致进步青年和党团员被捕。所以有些老同志说，这个时期的青年抗日救亡运动只开花不结果。不过，在这个问题上还有一些不同看法。

关于"一二·九"运动问题。讨论主要集中在"一二·九"运动究竟是自发的还是由党领导的问题上。许多当事人就这个问题写了一些有说服力的文章，明确指出"一二·九"运动是共产党领导的。但是有人提出两个问题：一是"一二·九"运动的领导核心究竟是谁；二是当时在北平党的力量那么弱小，有没有可能领导这场运动。经过探讨，关于"一二·九"运动的领导核心问题已经进一步搞清：1934年中共北平市委再次遭到破坏后，在1935年春夏之交，中共河北省委特派员李常青来到北平，建立了中共北平市工作委员会。11月中共河北省委决定撤销北平市工委，由李常青直接领导成立了北平市临时工作委员会，并且在北平市临委的直接领导下成立了北平学生联合会。"一二·九"运动就是在中共北平市临委领导下，由北平学联组织发动的。实际上这个问题的核心是怎么看待党的领导问题。为什么党的力量比较弱小还能领导这场大的运动？这是因为这场运动的一些口号、要求都是根据共产党《八一宣言》精神提出来的。党所提出的这些口号和纲领代表了包括青年在内的全国人民抗日救国的意愿，代表了中华民族的根本利益，所以必然获得全国人民的拥护和响应，这就能够把广大群众动员和组织起来，团结在共产党所倡导的抗日民族统一战线的旗帜下，领导广大人民群众开展抗日救亡斗争。[①]

[①] 参见郑洸《成果与启示》，载《中国青年抗日救亡运动论文集》，广东人民出版社1992年版，第1页。

关于中共中央决定改造共青团的问题。中共中央决定改造共青团是这个时期青运史上的一个重要问题，但是许多情况长期没有搞清。20 世纪 80 年代，经多方努力这个问题得到了基本解决。首先是中共中央决定改造共青团的时间。过去有两个说法，一说在 1935 年 11 月 1 日，一说在 1936 年 11 月 1 日。通过档案、回忆资料等多方面查证，中共中央发出《关于青年工作的决定》的时间是 1936 年 11 月 1 日。这样又带来了第二个问题：既然党中央在 1936 年才做出改造共青团的决定，那么团中央在 1935 年 12 月 20 日发出的《为抗日救国告全国各界学生和各界青年同胞宣言》中所提出的建立抗日救国青年团究竟是怎么回事？经过查证得知，团中央的这个宣言和《八一宣言》一样，是由中国共产党驻共产国际代表团起草和发出的。最初发表在 1936 年 1 月 14 日巴黎出版的《救国时报》上，然后于 1 月 27 日由中国共产党驻共产国际代表将《宣言》连同共青团东北代表在青年共产国际六大上的发言一起送给上海中央局。另外，研究表明，事实上共青团改造工作并非中共中央做出决定后才开始的。1936 年 2 月平津学生在南下宣传团的基础上成立中华民族解放先锋队就是一次试验。中共中央 1936 年春、夏陆续得到共产国际七大的有关会议精神后，于当年 8 月两次向中共北方局和河北省委发出指示信，要求把共青团改造成为青年群众组织。中共北方局根据这些指示，于 9 月 20 日做出了《关于青年团的决定》，提出改造共青团的任务。此后，北方局领导的青年团组织即实行了改造。东北地区由于较早得到共产国际的有关指示，所以团的改造工作开展较早，到 1936 年夏天，共青团组织就不存在了。1937 年 4 月西北地区青年第一次救国代表大会召开后，团组织正式撤销，青年救国会取代了共青团。而在南方和其他地区，由于处于国民党当局的严密控制之下，有些地区共青团组织的改造直到 1938 年初才最后完成。①

六　抗日战争时期的青年运动问题

在开展抗日战争时期青运史研究中，人们普遍认为，抗日战争时期是中国共产党走向成熟，毛泽东思想正式形成的时期，在这个时期，中国共

---

① 参见黄启钧《关于共青团改造的几个问题》，《青运史研究》1985 年第 3 期。

产党把马列主义的普遍原理与中国青年运动相结合,为中国青年运动制定了一系列正确的路线、方针、政策及指导原则,使得这个时期的青年运动战胜各种困难,蓬勃发展。中国共产党关于这个时期青年运动的正确的路线、方针、政策及指导原则是毛泽东思想的重要组成部分,是开展青年工作的重要精神财富。许多研究者指出,抗日战争时期中国青年为反抗日本帝国主义的侵略,支援世界反法西斯战争,表现出了崇高的爱国主义和国际主义精神,同时付出了巨大牺牲,做出了突出的贡献;中国青年运动在中国共产党倡导的抗日民族统一战线的旗帜下得到了空前广泛的发展,同时也积累了丰富的经验;共青团为适应建立抗日民族统一战线的形势要求,进行了根本改造,建立了青救会和各种青年抗日救国团体,改变了青年团第二党的工作方式,在实际工作中取得了良好的成效,同时也为青年组织建设和发展提供了重要的实践和理论基础;在抗日战争的烽火中成长起一大批青年干部,后来成为新中国党和国家的栋梁和骨干,研究和总结他们在抗日战争时期锻炼和成长的历程,对于青年工作和青年教育有十分重要的现实意义。

改革开放以来,有关抗日战争时期青年运动的研究有了较大的进展,主要表现在研究的面拓宽了,研究的问题深入了,不再仅仅把研究的视角放在抗日根据地和进步青年运动方面,对国民党统治区和沦陷区的青年状况也有研究,并且有研究三青团的专著问世。但是从整体上看,对抗日战争时期的青运史研究还应该说是仅仅有了一个良好的开端,还有不少课题需要研究。例如,沦陷区和国民党统治区青年及青年运动的状况,抗日战争时期青年运动的基本经验和教训,青救会组织的历史作用和历史局限性,青年抗战文学、文艺活动的特点及其历史作用,国共两党不同的抗日路线在青年运动中的影响及斗争情况,抗战时期非共产党领导的青年组织的历史,青年共产国际对当时青年运动的影响等。[①]

七 解放战争时期的青年运动问题

关于解放战争时期的青年运动史研究,重点是青年团的重建和国民党

[①] 参见郑洸《民主革命时期青运史专题研究综述》,《中国青运》1989年第6期。

统治区学生运动问题。关于青年团重建问题，历史资料相对丰富，伴随着《青年团的重建》《青年团重建史料集粹》《团旗在这里重新升起》等一批历史资料书的出版，青年团重建的历史过程基本清晰。尽管地方建团的历史有待继续勾勒，但总体上的框架和脉络是清楚的。

关于国民党统治区学生运动问题，主要对学生运动的历史作用及其主要经验进行了探讨。关于学生运动的作用，普遍赞同毛泽东概括表述的"人民解放战争的第二条战线"的提法，认为这个概括充分反映了解放战争时期学生运动的性质、特点和作用。但是在对"第二条战线"概念的内涵及"第二条战线"的起点、形成的标志和发展等问题的认识上却有不同的观点。关于"起点"，有些人认为应以"一二·一"运动为起点，但是多数人认为应以抗暴运动为起点。持后一种意见者的主要理由是，"一二·一"运动时期人民解放战争还没有全面展开，第一条军事战线还没有正式形成，因此在"一二·一"时期还谈不上第二条战线。同时还指出，认为"一二·一"运动不是第二条战线的起点，并不等于否定"一二·一"运动在解放战争时期的作用。人们普遍认为，"一二·一"运动冲破了国民党的反动统治，掀起了抗战胜利后国民党统治区人们要和平、争民主斗争的第一次高潮，是解放战争时期国民党统治区爱国民主运动的先声。关于概念的内涵，有三种看法，一是认为"第二条战线"专指学生运动，二是认为指整个国民党统治区的人民革命运动，三是认为指以学生运动为先锋的国民党统治区人民反美反蒋的爱国民主运动。多数人持第三种观点。①

在如何实事求是地评价学生运动的历史地位和作用问题上，有人认为必须强调以下三点：首先，在估计和探讨一次学生运动和一个地区斗争的作用和意义时，要统观全局，把这场斗争放在全局中观察，从宏观角度分析，否则容易出现片面性。其次，应看到中国共产党领导下的国民党统治区学生运动之所以能起重要作用，是与中国共产党的许多系统（特工、情报、交通、统战、文委、职工、妇女）组织的支持、配合、保护分不开

---

① 参见陈修良《"五二〇"学生运动与开辟第二条战线》，载《解放战争时期学生运动》，同济大学出版社1988年版，第47页。

的。如果没有这些组织的协调、配合，学生运动不可能持久。最后，解放战争时期学生运动与历史上学生运动的最大区别，是有广大的解放区为依托和有可靠的后方基地，解放区对学生运动起到了支持、关怀和保护作用，是这个时期学生运动能够蓬勃发展的得天独厚的条件。总之，研究这一时期学生运动的历史作用时，要联系上述各方面因素，进而对学生运动作出恰当的评价。孤立地就学生运动评学生运动，是难以得出实事求是的结论来的。①

关于解放战争时期学生运动的基本经验，普遍认为主要有以下四条：第一，学生运动只有在反映历史前进的要求和人民群众的愿望，与整个革命斗争相配合并担负起时代的使命时，才能具有深刻的内容，强大的生命力和较大的历史意义。第二，学生运动只有在中国共产党的领导下，开展有组织的自觉的斗争，才能把握正确的方向，走向通往胜利的道路。第三，学生斗争的胜利，不仅要有革命热情，而且要掌握巧妙的斗争艺术，即必须把原则的坚定性和策略的灵活性结合起来。第四，在参加学生运动的实践中，通过学习马克思主义和实行同工农民众相结合，使自己逐步从民主主义者转变为共产主义者，是当时青年学生中的先进分子所走的共同道路。②

第三节　未来走向

在经历了半个多世纪的研究和探索后，青年运动史作为中国近代史的分支学科正在中国史学园地里发育成长。它在一个独特的领域内，以独特的知识和方法为社会各界人士尤其是青年提供了新的信息，从而开阔了人们的视野；它以独特的研究对象和研究任务及内容构筑起自身的历史学框架体系，丰富了中国的史学园地。但是，在看到成绩的同时，也应该清醒

---

① 参见郑洸《解放战争时期国统区学运史研究的几个问题》，载《解放战争时期学生运动》，第 115 页。

② 参见沙健孙《论全国解放战争时期的学生运动（代序）》，载《解放战争时期学生运动》，第 1 页。

地认识到，青年运动史毕竟是中国史学园地的新葩，要使其根深叶茂，茁壮成长，还需要进一步的努力。

从研究现状和研究成果看，青运史研究还没有走出奠定学科基础的发展阶段，因此促使青运史研究学术化，建立相应的学科理论体系，进一步完善历史资料的搜集、整理、考证工作是青运史研究继续深入发展的重要任务，同时也是21世纪青运史研究领域的重要课题。

一　关于青运史研究的学术化问题

这个问题在20世纪80年代末期就已经有人提出了，但是由于多方面的因素，至今青运史研究的学术化依然是一个亟待解决的问题。因为任何一门学科的建立，都不是轻而易举的，都必须经历一个学术化的发展过程，学术化是保证一门学科获得生存并向深度和广度发展的重要前提。由于作为社会群体的青年是在中国进入近代社会以后才为社会所瞩目，并且在历史舞台上展示了这个群体的风采，所以反映这个群体社会活动的历史也只能逐步从中国近代史中分离出来，演化成独立的学科门类，这就决定这个学科必然是中国史学领域中的一个新兴的学科。历史学科的发展史表明，其许多分支学科的发展都要经历搜集、整理资料和理性认识这样一个走向学术化的发展阶段。就青运史学科而言，尽管经过多年的研究和积累，已经取得了很大的成绩，但是距离学术化的目标还有很长的路程。例如，对于青运史的研究对象、研究内容、分期划分等基本理论问题还未进行认真透彻的研究，整个学科的理论框架还未形成；研究的领域还没有完全打开，很多应该研究的课题还没有研究；研究成果多是复述资料和过程的，多是叙事式而少分析式，缺乏理论概括；研究方法比较单一，基本是单线型、平面型，缺少交叉型和立体型的研究等。这些情况无一不在表明，青运史研究必须加快其科学化发展的进程，强化本学科的理论意识，以便尽快跨入科学的门槛，真正成为"人类科学中的科学"。

从青运史研究的现状看，要实现青运史研究的学术化，必须注意解决以下三个问题：

第一，奠定马克思主义的理论基础，吸收和运用新学科的理论和方法。马克思主义是青运史研究的指导思想和理论基础，在实际研究中一定要科学地理解马克思主义的原理，掌握其科学方法，绝不能把马克思主义当成教条，要努力避免那种把丰富、深刻的马克思主义庸俗化的现象发生。另外，还必须明确，马克思主义是青运史研究的指南，但它并不能代替青运史研究。青运史研究有其自身的内容和规律。青运史作为一门正在建设中的新学科，应该在充分发挥马克思主义理论指导作用的基础上，注意吸收、移植和综合其他相关学科的理论和方法，引进新的科学观念，扩大研究的领域。当今科学发展的趋势表明，任何学科都不是一个孤立的、封闭的系统，都处于学科群体互相影响的整体运动之中。因此，实现青运史研究学术化的任务本身就已经表明必须善于学习各种新学科的知识，即不但要学习史学的新理论、新方法，还要吸收青年学、社会学、人类学等其他社会科学门类的研究成果和研究方法，同时还应借鉴自然科学的研究方法和手段。只有广泛涉猎，博采众长，为我所用，青运史研究的学术化目标才可能实现。

第二，加强基础理论研究，建构学科科学体系。任何一门新兴学科在完成科学化的进程中，都必然存在和面临体系的建构问题。青运史学也必然如此。青运史研究要保证所建构的学科体系的科学性，加强基础理论应该是不言而喻的。在过去的青运史研究中，已经有许多基础理论研究问题提了出来，但是限于各方面的条件，这些问题至今没能得到圆满的解决。其中主要有：其一，关于青运史研究对象问题。笼统地讲，这似乎不成问题，研究对象就是中国青年运动发生、发展的过程及其规律。但是青年运动的含义并不是那么清晰，在相当长的时间内，研究者都把研究共产党领导下的青年政治运动、青年团的历史作为青运史的研究对象，并且提出"中国青年运动在发展的各个历史阶段，由于革命性质和任务的不同，其具体研究对象和基本内容也是会有某些差别的"这样一种观点。针对这个主流观点，有人提出这样确定研究对象不全面，青年运动应该研究"敌、我、友三方面青年运动的历史"，提出要研究青年文化史、青年思想史等主张。就学术研究而言，应赋予青年运动以新的含义，对青年运动不宜作政治化的理解，要把青年与社会的相互作用，即社会对青年施加影响，青年通过参与社会活动对社会进步与发展产生作用这样一种互动状态称为青年运动。之所以要这样解释青年运动的含义，是因为作为政治运动的青运动只是青年社会活动的一个组成部分，青年大量的社会活动都是非政治性的，甚至有很大一部分活动是属于社会生活性质的。更何况青年政治活动的发生也与其他日常社会生活状态及社会生活环境有直接的关系。所以，如果把研究的视角仅仅局限于政治活动，是无法反映青年运动全貌的。而对青年运动作这种互动的理解，就能够比较确切地揭示青年的社会生活状态。当然，这种解释还仅仅是一种假设，还有待于作进一步的完善和充实，更有待于学术界的认可。总之，有关青运史研究对象及其基本内容的问题还有待进一步探讨和研究。其二，关于青运史的上限问题。现在出版的青运史专著，一般认为五四运动是中国新民主主义青年运动的开端，并没有十分明确说五四运动是青年运动的开端。但是在青运史研究论文中，对这个问题却是看法各异，有人认为应以1902年中国留日学生的爱国斗争和国内的学界风潮作为青运史开端的标志，有人认为应以孙中山建立同盟会为标志作为青运史的开端，也有人提出早期青年运动的概念，把五四运动前的新式学生群的爱国斗争称为早期青年运动，把五四运动认定为青年运动的开端。其三，关于中国青年运动的主体究竟是工农青年还是知识青年的问题。有人认为是工农青年，有人认为是知识青年，甚至有人主张青年运动就是学生运动，至今莫衷一是，争论还在继续。仅凭上述三例即可说明青年运动史研究存在许多基本理论问题，开展对于这类基本理论问题的研究，是推进青运史研究深入发展，进行学科建设的一个重要步骤。

第三，加强资料整理和专题研究工作，构筑坚实基础。在青运史研究中，坚持实事求是的原则是实现研究科学化的基础，而资料工作和专题研究工作则是坚持实事求是原则的重要保证。因为掌握翔实、可靠的资料和进行深入细致的专题研究是确保立论准确、叙事客观公正的前提，在史学研究中如果缺少这个前提，科学化就无从谈起。为青运史研究的对象和内容所决定，青运史的文献或文字资料的搜集和整理的难度较大，是一项耗神费力而又难以收到效益的工作。青年的社会生活和社会活动包含于大众的社会生活和社会活动之中，很少有或无法简单地获取现成的可供研究使用的资料。除了少量的历史档案资料可供研究外，大量的有价值的资料散见于各种报刊中。这类文字资料浩如烟海，许多重要资料需要研究者或资料工作者认真寻找和捕捉。在过去的青运史研究中，限于人力、财力和其他因素，在这方面虽然取得了一定的成绩，但是还不可能满足青运史研究发展的要求，青运史资料的征集、校勘、整理工作是制约青运史研究发展的一个大问题。特别是在过去复杂的社会历史条件下，在国内外，党团组织内外复杂的政治斗争的背景下，所保留下的大量史料，存在不少伪造的、歪曲的、不准确的内容。这种情况要求青运史工作者必须以正确的观点和科学的方法，对之进行考据、辨伪、校勘，去粗取精，去伪存真，以保证史料的真实性和可靠性。另外，在青年运动的历史研究中，过去只是对一部分专题开展了初步的研究，还存在许多空白有待填补，还有许多领域有待进入。应该认识到过去专题研究的面比较窄，今后要拓宽。从时间上看，不仅要对20世纪前半叶的青年运动历史进行研究，而且还要对后半叶的历史进行研究。如果从史学研究的现实意义考虑，可能对后半叶青运史的研究意义更为重大，加大研究力度的要求也显得更为迫切。从研究专题的内容看，不仅应该有政治斗争、军事斗争方面的专题，还要有经济、思想、文化、组织、生活等方面的专题。总之，今后要多侧面、多角度、多层次地开展青运史的专题研究，以切实推进青运史研究科学化的进程。

二 关于改进青运史研究方法、更新史学工作观念问题

从60年青运史研究的成果看，青运史研究的方法和研究理念存在一些有待改进和更新的问题。这主要表现在研究方法单一，多为简单叙事型、考据型和总结经验教训型；在研究理念上习惯于按行政工作方式开展工作。伴随中国社会的进步和社会主义市场经济的逐步建立，如果依然固守这类研究方法和研究理念，将会对青运史研究工作的发展产生不利的影响。首先，过去的研究方法容易使研究者把着眼点仅仅放在历史过程上，而忽视对历史问题进行深入阐发，揭示出带有规律性的内容。即使是总结经验教训，也容易出现就事论事、浮光掠影的毛病。其次，过去的研究方法容易限制研究者的眼界，导致研究者仅仅把研究的视野局限在青年运动本身，而忽视青年运动与整个中国社会政治、经济发展的联系和国际上重大历史事件对中国青年运动的影响，这将妨碍研究的深入。再次，简单叙

述历史的发展过程，也容易造成研究成果的枯燥乏味，缺乏可读性，不仅影响研究成果的社会效益和经济效益，而且也不利于青运史学功能的充分发挥。最后，按照过去的研究方法和研究理念开展研究工作，如果不考虑社会的需求，就会导致研究工作与现实工作脱节、与青年的需求脱节，许多成果完成后会被束之高阁，无人问津。青运史的这种研究情况在市场经济条件下是无法维持的，必须改弦更张。

三 关于青运史研究人员的队伍建设问题

在长期的青运史研究中，共青团系统内的研究或教学人员一直是青运史研究的主要力量，特别是在20世纪80年代，这种现象更为突出。但是，随着中国社会的进步与发展，这种局面必将发生改变，青运史研究一定要走社会化的发展道路。为史学工作的特点所决定，青运史研究只能平稳渐进发展，而不会形成某种热潮，即使在共青团内也是如此。从事这项研究的人员力量相对弱小的局面很难改变，而这必将制约青运史研究的发展，制约青运史研究水平的尽快提高。在这种情况下，很容易让人按传统的思路考虑问题，希望能够依靠行政方式解决青运史研究人员的队伍建设问题。但是不难预见，这条道路是走不通的。未来青运史研究的发展，只能依靠广泛吸纳社会各方面的力量来进行。青年运动与社会发展是紧密联系在一起的。随着社会的进步与发展，青年的社会作用会日益扩大，同时会日益引起社会的关注，所以许多与青年社会活动相关的学科的研究工作都把视角定位在青年的身上，以至于出现了诸如青年学、青年社会学、青年心理学、青年伦理学、青年美学等新的学科门类。这就使得青运史研究有了可靠的可资借助的社会力量。随着社会的进步，任何一门学科都不可能走封闭的发展道路，互相兼容、互相促进、互相提高是社会科学研究深入发展的必然趋势。